Dictionnaire de géographie

5e édition

Dictionnaire de géographie

5e édition

Pascal Baud
Agrégé de géographie

Serge Bourgeat
Agrégé de géographie

Catherine Bras
Agrégée de géographie

initial

Hatier

Conception maquette : Sophie Duclos
Édition : Sophie Huttepain
Mise en pages : CGI
Cartographie et infographie : Domino

© HATIER, Paris, août 2013, ISBN : 978-2-218-97141-9

Ce *Dictionnaire de géographie* (5e édition) s'adresse à toute personne intéressée par cette discipline, et plus particulièrement aux étudiants en géographie et en histoire, aux élèves des classes préparatoires, ainsi qu'aux enseignants du Secondaire. Il définit plus de **3 000 termes** référencés dans l'index p. 573-607, qui sont situés dans leur contexte par le biais de **51 articles** (sommaire p. 6-7). Un terme peut apparaître à plusieurs reprises, ce qui permet d'en avoir plusieurs approches. Certains articles sont nouveaux, d'autres ont été refondus. Ils traitent des grands thèmes de la géographie et soulèvent les interrogations actuelles. Les articles sont complétés par des graphiques, des cartes et des encadrés qui approfondissent tel ou tel aspect. Un système de renvois aux autres articles complète le tout (*cf.* « Lire aussi »).

La géographie a connu depuis les années 1970-1980 une mutation profonde passant d'une géographie classique à forte empreinte naturaliste à une géographie considérée comme une science sociale. Il en résulte l'apparition de nombreux concepts, notions et termes, qui coexistent désormais avec une profusion de concepts et termes anciens, encore employés mais parfois avec un sens nouveau. Une rapide lecture de l'index montre la diversité d'une discipline qui étudie aussi bien les conflits que les grandes religions, les territoires que les transports aériens. Il n'était donc pas possible en 608 pages de prétendre à l'exhaustivité. Sans négliger aucun des aspects de la géographie, plusieurs directions ont pourtant été privilégiées.

Les **champs actuels de la géographie** sont replacés dans leur contexte dans les articles *Géographie* (*histoire de la*) et *Géographie* (*techniques et méthodes de la*) et font l'objet de plusieurs articles. De même, l'article *Géographie naturaliste, géomorphologie* relie le recul de la géographie physique à l'histoire de la discipline. La géographie peut manifestement s'analyser comme une science sociale, mais la diversité des approches reste réelle, de l'analyse spatiale à une conception purement sociale, d'une géographie culturelle à une géographie économique rénovée…

Les grands thèmes de la **géographie humaine générale** sont abordés dans leur approche classique, mais aussi selon les principales problématiques récentes. Ces branches de la géographie sont en effet en profonde mutation et se renouvellent dans leurs thématiques et leurs méthodes. La **géographie économique**, qui vise notamment à la compréhension des implications territoriales des phénomènes économiques mondiaux, a connu un renouveau certain avec la mondialisation. Elle est l'objet de plusieurs chapitres et est indirectement abordée dans certains articles de géographie classique. Par ailleurs, plusieurs articles ou encadrés sont à considérer comme des outils donnant le contexte dans lequel se déroulent les phénomènes économiques étudiés par la géographie, même s'ils ne relèvent pas en tant que tels de la discipline. La **géopolitique** est également abordée à plusieurs reprises. La **géographie de la population** fait l'objet de plusieurs articles qui proposent à la fois la présentation des outils de la discipline et une mise en perspective dans l'évolution de la géographie. Centrale il y a quarante ans, la **géographie physique** a laissé en héritage un nombre considérable de termes qui sont définis dans plusieurs articles. Si son statut au sein de la géographie pose problème, les récentes préoccupations environnementales lui redonnent une certaine audience.

Conséquence de ce qui précède, on trouvera dans l'ouvrage aussi bien la définition de « torrent » que d'« artialisation », aussi bien celles de « transition démographique » que de « métapole ». Car, même en considérant la géographie comme une science sociale, on ne peut ignorer son histoire et sa diversité.

Les Auteurs

Sommaire

Agriculture

L'agriculture a longtemps été un objet d'étude privilégié par la géographie classique, qui en a analysé les conditions historiques et naturelles mais s'est aussi intéressé aux structures agraires. Cependant, dès le début des années 1960, plusieurs géographes ont mis le fait social, notamment la question de la propriété de la terre, au cœur de leurs préoccupations. Parallèlement, la modernisation de l'agriculture, le développement de l'agroalimentaire et les rapports entre agriculture et alimentation ont amené les géographes à étudier les rôles économique et politique croissants de l'agriculture. Actuellement, le champ des préoccupations s'élargit encore en reliant par exemple l'étude de l'agriculture aux thématiques de la géographie culturelle, de la géographie de la santé ou encore au développement durable.

Les conditions de l'agriculture, longtemps au cœur de la géographie

L'**agriculture** est, littéralement, la culture de l'**ager**, c'est-à-dire du champ. Elle désigne le travail de la terre en vue d'une production végétale et, dans un sens élargi, d'une production animale. La culture proprement dite est donc fondamentalement liée aux structures agraires. Il en est de même pour l'élevage, mais à un degré moindre, puisque celui-ci peut se produire dans un cadre urbain, hors-sol, sans rapport avec une tradition agricole.

L'agriculture a évolué avec la croissance démographique

C'est au Néolithique que les sociétés sont progressivement passées de la **cueillette** (ramassage ou récolte des produits comestibles) et de la chasse, à la culture et à l'élevage. Ce changement de mode de vie (la **néolithisation**), qui provient probablement d'une pression démographique, n'a pas été général. Des économies de cueillette ont pu survivre jusqu'à nos jours dans des régions comme l'Amazonie, où la nature pouvait subvenir aux besoins d'une population limitée. La néolithisation s'est traduite par une maîtrise de la nature par l'homme, par la naissance de préoccupations d'ordre économique et probablement par la guerre.

L'histoire de l'agriculture va dans le sens de la recherche de productions et de **rendements** (production à l'hectare) supérieurs : passage progressif d'une agriculture temporaire, itinérante, à une agriculture stabilisée en un lieu, suppression progressive des jachères, amélioration des espèces animales et végétales. Ces phénomènes se sont produits à des époques différentes selon les continents. En France, au XVIIIe siècle, le mouvement des **physiocrates** joua un rôle moteur autour de Quesnay, Turgot, Mirabeau... Cette doctrine mettait au premier plan « l'ordre naturel » et la conception économique du « **produit net** » (excédent de la richesse créée par rapport à la richesse dépensée, grâce au travail). Elle contribua au développement de la grande culture, des engrais... et donc à l'augmentation de la **productivité agricole**, définie comme le rapport entre la production et les moyens mis en œuvre pour l'obtenir, en général évaluée par unité de temps de travail. La modernisation de l'agriculture a pu également se faire par la force. Ainsi, la disparition du nomadisme est souvent « encouragée » par les gouvernements de plusieurs pays africains et du Moyen-Orient (**sédentarisation forcée**) (*cf.* p. 86 article *Déserts arides*).

L'augmentation des productions est allée de pair avec une croissance démographique, l'agriculture étant capable de nourrir des populations de plus en plus importantes. Néanmoins, les **crises de subsistance** ont persisté en Europe jusqu'au XIXe siècle. Ces chutes brutales de la production liées à différentes causes (intempéries, guerres...) disparurent peu à peu avec la révolution agricole. Mais elles existent encore dans certains pays en développement.

Des progrès agricoles indissociables des progrès techniques

Agriculture et élevage sont étroitement liés au milieu et, en premier lieu, au climat, qui a aussi fixé les grandes zones agricoles. Le facteur primordial est la présence d'eau mais le froid peut être un facteur limitant. Le relief importe aussi : une agriculture de montagne est souvent une agriculture extensive. Mais le déterminisme est loin d'être absolu et les conditions techniques et socio-économiques sont tout aussi importantes. Ce sont elles qui conditionnent en grande partie les systèmes agricoles.

Les **systèmes de culture** ou **systèmes agricoles** (l'ensemble des pratiques de culture ou d'élevage) désignent au sens strict les associations de végétaux cultivés, leur éventuelle rotation dans le cadre de l'**assolement**, et les calendriers employés. Dans un sens plus large, ils tiennent également compte des techniques utilisées. Ces systèmes varient donc à l'infini en fonction de nombreux facteurs, notamment naturels et financiers. Plus généralement, l'agriculture dépend aussi des **structures agraires**, c'est-à-dire des conditions sociales et foncières, ainsi que des conditions du marché.

L'agriculture s'est donc développée dans un cadre technique en plein bouleversement, même si toutes les régions du monde n'ont pas été directement concernées. La **révolution agricole**, qui correspond à la première industrialisation, est née en Angleterre il y a plus de deux cents ans ; elle aboutit à la suppression de la **jachère** (mise au repos de la terre), par la création notamment de **prairies artificielles** semées de trèfle, par exemple, afin de restituer l'azote à la terre (on parle parfois de « **révolution de l'azote** »), et déboucha sur l'intensification des productions et la mécanisation. Cette révolution a cependant connu des limites même dans les grands pays riches. Ainsi, la **monoculture**, culture d'un seul produit, qui fut pratiquée notamment dans des régions américaines nommées ***belts***, c'est-à-dire « ceintures » (*corn belt*, *cotton belt*...), a conduit dans les années 1930 à un appauvrissement dramatique des sols, le ***dust bowl*** (*cf.* article *Sols*). La monoculture est donc réservée à quelques productions comme la vigne, voire le soja au Brésil. Elle est remplacée par la **polyculture**, associant une production dominante et des productions complémentaires. Partout, la mécanisation et l'utilisation massive d'engrais et de pesticides se sont généralisées. Cette évolution permet de très hauts rendements et une forte productivité, mais elle engendre aussi de graves inconvénients comme la pollution des eaux et des risques sanitaires.

La **révolution verte**, véritable seconde révolution agricole, a été marquée par l'apparition, dans les années 1960, de plants hybrides comme les blés ou riz aux très hauts rendements (**VHR** ou **variétés à haut rendement**). Implantés dans les pays du Sud, ces hybrides devaient atténuer le problème de la faim dans le monde. L'agronome Norman **Borlaug** (1914-2009), « inventeur des blés miracles », reçut en 1970 le prix Nobel de la paix. Le succès de cette révolution fut cependant relatif, du fait des conditions socio-économiques, l'augmentation des rendements supposant entre autres des investissements énormes, hors de portée des budgets de la plupart des paysans.

Lancée en 1994, la « **révolution doublement verte** » (parfois nommée durablement verte) tente de concilier l'augmentation des rendements et la protection de l'environnement, tout en essayant de s'adapter aux conditions locales, notamment en développant les zones à faible potentialité agricole. Pratiquée avec succès en Inde, mais aussi au Brésil, et malgré de nombreux échecs en Afrique, elle privilégie le développement sur le long terme par rapport à l'augmentation spectaculaire de la production de la révolution verte. Elle s'inscrit dans le cadre du développement durable (*cf.* article *Développement durable*).

Le problème de la propriété de la terre

Les conditions socio-économiques de l'agriculture dépendent de très nombreux facteurs. L'héritage colonial, le poids des multinationales agroalimentaires, l'évolution des cours mondiaux font partie des facteurs externes. Parmi les facteurs internes, la question essentielle est celle de la propriété de la terre qui conditionne pour une large part les paysages agraires, mais aussi les productions et les rendements.

Dans de nombreux pays, l'agriculture fut souvent pratiquée dans le cadre de la collectivité. L'openfield européen, le ***mir*** de la Russie tsariste, l'***ejido*** mexicain étaient tous des **communautés rurales**, généralement comprises dans un cadre villageois, avec un partage des activités de production et souvent des règles de vie communautaires.

De nombreux bouleversements sont intervenus au cours du XXᵉ siècle. Ce furent les **réformes agraires** qui, de l'Italie à l'Amérique latine, procédèrent à une redistribution des terres en faveur de petits propriétaires ou d'exploitations communautaires. Elles connurent des bilans très variables, les grands propriétaires dépossédés d'une part de leurs terres s'opposant avec plus ou moins de succès à ces mesures. En Amérique latine coexistent toujours de petites, voire très petites, exploitations qui ne suffisent pas aux besoins d'une famille de paysans et de grandes exploitations issues de l'époque coloniale et cultivées de façon extensive. Dans le premier cas, on parle, selon la terminologie hispanique, de *microfundios* (***microfundio*** au singulier) et de *minifundios* (***minifundio*** au singulier) ou, en reprenant le mot latin, de *minifundia* (***minifundium*** au singulier). Dans le second cas, on utilise les termes de *latifundios* (***latifundio*** au singulier) ou de ***latifundia*** (*latifundium* au singulier). Les ***haciendas*** (ou ***fazendas*** au Brésil) sont quant à elles de grandes propriétés agricoles. Le terme argentin d'***estancia*** est réservé aux immenses propriétés consacrées à l'élevage extensif.

L'autre bouleversement du xxe siècle fut la collectivisation, particulièrement dans le monde socialiste. Aujourd'hui, les exploitations collectives sont soit des vestiges d'une époque précoloniale, soit un héritage socialiste. Les **communes populaires** chinoises, vastes exploitations collectives de plusieurs milliers d'habitants, ont été démantelées ; dans l'ex-URSS, les exploitations coopératives, les **kolkhozes**, ont été rapidement supprimés, dès 1992 en Russie. En revanche, la privatisation des fermes d'État, les **sovkhozes**, est beaucoup plus difficile, et la situation diffère sensiblement d'un État à l'autre : au Tadjikistan, en 2006, soit 15 ans après la fin de l'URSS, une partie des anciens sovkhozes était encore la propriété d'un État qui ne trouvait guère d'acheteurs en raison de la situation financière désastreuse des fermes toutes déficitaires et de la mentalité d'agriculteurs peu habitués à l'économie de marché. En Russie comme ailleurs, le retour de la terre aux particuliers s'est fait soit par accès direct à la propriété, soit par l'établissement de baux (un **bail** est un contrat de location, ici de la terre) : officiellement propriété d'État, les terres sont louées à un exploitant pour une durée assez longue.

Dans certains cas, seule la propriété et parfois le travail de la terre sont mis en commun, comme en France avec les **GAEC** (**Groupements agricoles d'exploitation en commun**). Ce type de société civile, composé de 2 à 10 associés, permet à ses adhérents « la mise en valeur en commun des exploitations des agriculteurs associés [et peut] également avoir pour objet la vente en commun du fruit du travail des associés » (loi d'orientation agricole de 2006). Il y avait en France plus de 38 000 GAEC en 2010. Leur nombre est toutefois en baisse du fait du succès des **EARL** (**Exploitations agricoles à responsabilité limitée**) qui, depuis 1986, permettent d'associer les agriculteurs dans un cadre plus souple : un tiers des 70 000 EARL sont désormais constituées de deux conjoints.

Dans d'autres cas, ce sont de véritables communautés villageoises : les *kibboutzim* (***kibboutz***, au singulier) israéliens ont mis en commun non seulement les structures de production, mais aussi bon nombre d'éléments de la vie sociale.

Les exploitations individuelles peuvent être en **faire-valoir direct**, l'exploitant étant propriétaire, aidé ou non de salariés, ou en **faire-valoir indirect** : dans ce cas, l'exploitant loue sa terre à un propriétaire qui reçoit un loyer – une somme d'argent indépendante du résultat obtenu dans le cas du **fermage**, ou une partie de la récolte dans le cas du **métayage**. Système ancestral, le métayage connaît dans les pays développés, dotés d'une législation sociale importante, un certain nombre de garde-fous, ce qui n'est pas le cas dans certains pays du Sud. En effet, la fraction de la récolte peut être plus ou moins importante selon le système de métayage. Un des systèmes les plus durs se trouve en Afrique du Nord : dans le ***khammesat***, officiellement supprimé, l'exploitant ou ***khammès*** ne gardait qu'un cinquième des récoltes. L'exploitant d'une très grande exploitation peut également employer des ouvriers agricoles, qu'il rémunère au mois ou à la journée (**journalier**). C'est le lot des ***boias frias*** (littéralement « bols froids ») au Brésil, qui travaillent notamment dans les champs de canne à sucre. Ces modes de faire-valoir varient selon les régions et les régimes politiques.

De nos jours, ce problème de la propriété de la terre prend une nouvelle dimension dans le cadre de la mondialisation avec le ***land grabbing***, l'« **accaparement** » **de terres à l'étranger** (achat ou plus souvent location pour une durée très longue). De 2006 à 2011, entre 15 et 20 millions d'hectares de terres agricoles ont fait l'objet de transactions internationales. Les principaux hôtes sont des pays du Sud, africains et asiatiques (Soudan, Ouganda, Indonésie…) tandis que les principaux investisseurs sont des États, notamment du Golfe persique, et des sociétés multinationales de pays émergents (Chine…) mais aussi d'Allemagne ou des États-Unis. Cette tendance de fond, accélérée par la flambée du prix des denrées alimentaires, est dénoncée par l'ONU qui y voit un danger pour la sécurité alimentaire des populations des pays hôtes.

Les caractéristiques d'une agriculture résultent donc de nombreux facteurs et les considérations naturelles ne sont pas plus importantes que le contexte économique. Témoin, l'Inde : à conditions climatiques comparables, souvent qualifiées de contraignantes, ce pays est aussi bien celui d'une agriculture qualifiée d'archaïque, que celui des multinationales de l'agroalimentaire investissant en Éthiopie et des plus forts rendements agricoles de blé au monde, dans le Pendjab.

Les grands types d'agriculture dans le monde

Agriculture sèche, agriculture irriguée

La maîtrise de l'eau est un facteur essentiel pour la culture comme pour l'élevage. Une trop grande quantité d'eau impose son évacuation, c'est-à-dire le **drainage**, qui peut se faire par la pose de drains ou par des labours spéciaux, dits en **billons**, qui créent des creux jouant le rôle de rigoles. Un cas particulier est constitué par les **polders**, qui sont des terrains gagnés sur la mer par endiguement. Le drainage des terres qui suit l'endiguement s'accompagne d'un dessalement progressif des eaux et des sols. Cette technique est néanmoins en recul comme semble le prouver le succès des opérations de **dépoldérisation** le long des littoraux européens (*cf.* p. 297).

L'**irrigation** est l'ensemble des techniques qui permettent de fournir de l'eau, au moment désiré, à différentes cultures. Dans certaines régions sèches, elle est indispensable, c'est l'**irrigation de nécessité**. Dans d'autres zones, elle fournit un appoint d'eau notamment en saison sèche, c'est l'**irrigation de complément**. En premier lieu, il convient de distinguer les techniques d'inondation des techniques d'irrigation proprement dite. L'irrigation suppose de pouvoir amener l'eau au moment voulu ; l'**inondation** est la simple utilisation, à des fins agricoles, des eaux d'une crue, par exemple, que l'on retient dans des **casiers**, c'est-à-dire dans des champs entourés par des diguettes. L'archétype de la culture d'inondation était celle des paysans égyptiens avant la mise en service du haut barrage d'Assouan. La mise en place du barrage a permis le passage à une culture irriguée. Le captage de l'eau peut se faire à partir d'une rivière « au fil de l'eau », à partir d'une nappe souterraine par la création de puits, ou par la création d'un barrage de retenue. Le transport se fait ensuite par canaux, aériens ou souterrains (***foggaras*** dans le Sahara, ***qanat*** en Iran ; *cf.* article *Déserts arides*) lorsqu'ils charrient l'eau des nappes. Enfin, la distribution de l'eau au champ peut se faire par **aspersion**, l'eau étant restituée sous forme d'arrosage, ou par **submersion**, le champ étant entièrement recouvert, ou encore par **goutte-à-goutte**, seul le pied des plantes étant arrosé.

Toutes ces techniques ont été particulièrement étudiées, notamment par les géographes : rizières asiatiques, systèmes d'irrigation andins hérités de l'époque précolombienne, canaux des marges sahariennes. Elles créent non seulement une agriculture et des paysages spécifiques mais aussi une société particulière, la répartition de l'eau ayant imposé le travail communautaire.

Agriculture intensive, agriculture extensive

L'**agriculture intensive**, caractérisée par des rendements élevés, s'oppose à l'**agriculture extensive**, peu productive du fait de conditions naturelles difficiles ou d'investissements limités. Ainsi, l'**agriculture itinérante**, se déplaçant selon les saisons, existe toujours dans les marges désertiques tout comme la **culture temporaire sur brûlis** (les friches incendiées et ainsi fertilisées sont cultivées plusieurs années consécutives jusqu'à épuisement du sol). D'une façon générale, l'agriculture sédentaire sèche, c'est-à-dire non irriguée, (ou **agriculture pluviale**) a souvent des rendements faibles. Les héritages de la colonisation contribuent aussi à l'extensivité. Ainsi, les *latifundios* sud-américains de plusieurs milliers d'hectares sont généralement sous-exploités.

La division Nord-Sud n'est pas forcément la plus pertinente pour expliquer les différences d'intensivité. Plusieurs exemples l'attestent :
– dans plusieurs régions d'Europe, notamment dans les Pyrénées, la persistance de l'**écobuage** (le défrichement des landes et taillis par un feu, destiné à enrichir la terre, système qui se rapproche de la culture sur brûlis) montre bien qu'une agriculture traditionnelle extensive peut coexister dans une même région avec l'agriculture productiviste ;
– à l'inverse, dans bon nombre de pays en développement existent des zones de fort rendement soit du fait de petits propriétaires (rizières d'Indonésie...) soit dans de grandes exploitations capitalistes comme les **plantations**. Le terme, qui peut également désigner des exploitations familiales, s'applique le plus souvent à de très grandes exploitations de type capitaliste, centrées sur une culture dominante et vouées à l'exportation (ananas, café, coton, hévéa...). Elles possèdent parfois leur propre laboratoire de recherche agronomique et pratiquent une agriculture très intensive. Elles peuvent même être liées à des compagnies de transport maritime et sont souvent contrôlées par des firmes de pays riches. Ce sont donc de véritables **enclaves économiques** dans les pays d'agriculture extensive : elles ne dépendent que très peu du pays d'accueil et ne lui apportent quasiment rien ;
– autre exemple, en URSS, malgré des moyens matériels parfois importants, les rendements des kolkhozes étaient faibles par rapport aux possibilités d'un milieu moins défavorable que ne tentait de le faire croire la propagande. Les membres de ces coopératives possédaient en pleine propriété des petites parcelles de terre ou **lopins** (ou ***dvors***). Sur ces derniers, existait une agriculture intensive aux rendements très supérieurs à ceux du kolkhoze.

Les facteurs de l'intensivité de l'agriculture sont donc multiples, techniques bien sûrs, mais aussi économiques, voire politiques. Le niveau d'intensivité est souvent lié à la finalité de l'agriculture. On oppose classiquement agriculture vivrière ou de subsistance et **agriculture commerciale**. Cette dernière est souvent une agriculture intensive qui produit des excédents, une accumulation commercialisable et donc des profits. L'exemple type est fourni en Espagne et en France (Comtat Venaissin), notamment par les ***huertas***, ces vastes zones de jardinage irriguées, marquées par des haies de cyprès brise-vent (on parle dans le Comtat Venaissin de « *huerta* **bocagère** ») et destinées à produire des quantités considérables de fruits et légumes. L'agriculture a ainsi un rôle économique, local bien sûr, mais aussi international. En revanche, dans le cas de l'**agriculture vivrière** ou **de subsistance**, les stocks, et donc la commercialisation, sont exceptionnels. Cette distinction est toutefois assez datée, un des phénomènes essentiels de la fin du xxe siècle étant la commercialisation de produits viviriers (le **vivrier marchand**) et l'intégration de cette agriculture « vivrière » dans des réseaux commerciaux locaux, mais aussi régionaux, voire internationaux.

Un rôle économique et politique accru

Un poids économique considérable

Le rôle de l'agriculture dans une économie locale peut être considérable, notamment dans les PED, mais aussi dans un certain nombre de pays du Nord. L'exemple de la viticulture française est symbolique d'une agriculture régionale qui acquiert une réputation mondiale et une puissance économique dépassant le cadre local. D'une façon générale, la commercialisation croissante des produits agricoles génère des flux qui dépassent depuis longtemps l'échelle locale. Ainsi, les **MIN** (**marchés d'intérêt national**) – ou **marchés gare** – ont une importance économique considérable ; ce sont des marchés de gros, modernes, bien intégrés à la filière agroalimentaire. Ils sont situés pour la plupart dans les grandes villes (MIN de Rungis à Paris) ou dans des villes de taille moyenne mais fortes pourvoyeuses en produits agricoles, comme Cavaillon.

L'agriculture est de plus en plus intégrée dans la mondialisation. Partout les cultures vivrières reculent devant les cultures commerciales. Et ceci concerne aussi bien la France qui importe des ananas de Côte d'Ivoire... que la Côte d'Ivoire qui achète du blé à la France. Ce développement des cultures commerciales va de pair avec l'internationalisation de l'économie et avec le développement de la filière agroalimentaire. Si le terme américain ***agrobusiness*** peut désigner toute activité agricole fortement capitalistique, les expressions **filière agroalimentaire** ou **complexe agroalimentaire** englobent les secteurs situés en amont de la production agricole (industries chimiques pour les produits phytosanitaires, par exemple) et en aval. L'agriculture et l'élevage sont de plus en plus liés aux **industries agroalimentaires (IAA)**, qui transforment les produits végétaux ou animaux en aliments, ainsi qu'à des réseaux de distribution. Ces entreprises passant contrat avec les agriculteurs peuvent même être des multinationales implantées sur les cinq continents et avoir des productions diverses : un groupe comme Agnelli produit aussi bien des voitures que des aliments.

Du fait des IAA, le secteur agricole est économiquement essentiel. En outre, l'agriculture et l'élevage restent fondamentaux pour de grands pays développés tels l'Australie ou la Nouvelle-Zélande (élevage ovin). D'une façon générale, l'agriculture s'internationalisant sensiblement, les profits qu'elle permet sont de plus en plus importants. À l'échelle des États et dans un monde industriel, voire postindustriel, l'agriculture proprement dite occupe donc encore une place importante, même si, du fait des gains de productivité et de la concurrence internationale, le nombre d'agriculteurs a tendance à diminuer.

Ce fait explique que de nombreux États ou certains groupes d'États aient une politique agricole. Les États européens ont longtemps encouragé les agriculteurs âgés, supposés moins productifs, à prendre leur retraite. Néanmoins, une large majorité des retraités de l'agriculture française touchaient en 2012 une retraite inférieure au seuil de pauvreté. Économiquement, la **Politique agricole commune (PAC)** menée depuis 1962 dans le cadre de la Communauté économique européenne puis de l'Union européenne, fixe les prix, les aides aux agriculteurs et accélère le passage d'une agriculture vivrière à une **agriculture productiviste**, c'est-à-dire une agriculture commerciale performante et à haut rendement. Pratiquant la « préférence communautaire », c'est-à-dire un protectionnisme de fait, elle se heurte à d'autres organismes internationaux, l'OMC (Organisation mondiale du commerce) notamment, et à des associations de pays agro-exportateurs comme le **Groupe de Cairns**, créé en 1986, qui regroupe 19 pays d'Amérique, d'Afrique et d'Asie dont trois PID (Australie, Canada et Nouvelle-Zélande). Déjà réformée en 1999, la PAC a dû également faire face entre 2004 et 2007 à l'entrée de 12 nouveaux membres au sein de l'UE : le **compromis de Luxembourg** de 2003 repousse une troisième réforme à la date butoir de 2013.

Cependant, l'agriculture productiviste est de plus en plus remise en cause dans les pays développés, du fait d'un certain nombre de crises qui ont secoué le monde agricole depuis une dizaine d'années : défiance vis-à-vis des **OGM** (Organismes génétiquement modifiés), crise de « la vache folle »… En réaction, des agriculteurs de plus en plus nombreux essaient de privilégier la qualité au détriment de la quantité, tentant aussi de conserver une certaine spécificité. Ils s'appuient sur la mise en œuvre de techniques particulières de productions, sur l'obtention de labels (**labellisation**)..., ce qui suppose l'existence de moyens de contrôle par l'État. C'est par exemple le cas des **AOC** (Appellation d'origine contrôlée), synonymes de qualité, pour les vins ou les fromages, ou encore le développement de l'**agriculture biologique**. Reconnue par la CEE en 1991, puis dans le cas français aidée et réglementée par les pouvoirs publics (en 1992, puis en 1999 pour l'élevage), elle comprend un cahier des charges strict (méthodes de culture, présence ou non d'engrais...) qui détermine ou non l'attribution du logo « agriculture biologique » aux différents produits. L'État encourage de même les **AMAP** – Associations pour le maintien d'une agriculture paysanne – qui favorisent l'agriculture paysanne et biologique. Toutes ces nouvelles orientations de l'agriculture, comme l'**agriculture raisonnée** (qui vise à préserver l'environnement et la qualité des produits en utilisant à bon escient et de façon aussi limitée que possible les traitements chimiques divers), s'inscrivent de près ou de loin dans la recherche d'un développement durable.

La mondialisation de l'agriculture est à l'origine de flux et de marchés considérables. Le principal est celui du blé. Concernant plus de 111 millions de tonnes par an, il nécessite des moyens de transport gigantesques, se pratique à l'échelle mondiale et a des conséquences politiques. La fluctuation des cours mondiaux des produits agricoles a un impact décisif sur les producteurs (la baisse des prix pouvant entraîner des difficultés financières, voire des faillites), mais c'est aujourd'hui la hausse des prix des produits alimentaires qui devient source d'inquiétude. Elle proviendrait de récoltes moins favorables mais aussi d'une augmentation des quantités consommées, en partie du fait de la croissance démographique, mais surtout du fait de l'augmentation du niveau de vie d'une partie des populations du Sud, notamment dans les pays émergents d'Asie et plus particulièrement en Chine, qui désormais consomment davantage. Cette augmentation des prix de l'alimentaire est d'autant plus douloureuse pour les populations les plus pauvres. Elle pose également la question de la compétition qui s'est installée entre l'agriculture à visée alimentaire et la production d'agrocarburants (*cf.* p. 164).

L'élevage : un secteur en mutation

L'**élevage**, soit la production et l'entretien d'animaux domestiques ou utiles, est une activité traditionnelle, qui vient souvent en complément de l'agriculture (mode de production **agropastoral**) et, en montagne, également de l'exploitation de la forêt (système **agro-sylvo-pastoral** ou **agro-sylvo-élevage**). Mais il peut aussi être une monoactivité structurant des sociétés (sociétés nomades, par exemple) ; on parle alors de **pastoralisme** pour des modes d'élevage extensif, fondés sur l'exploitation de la végétation naturelle.

L'ensemble des animaux de l'exploitation, le **cheptel**, est élevé dans un but d'autoconsommation ou pour la vente. Les finalités de l'élevage sont diverses : la plus fréquente est l'alimentation (viande, lait), mais l'animal peut aussi être utilisé pour sa force de travail (bête de trait) ou pour d'autres apports (cuir, laine, fourrure...), sans oublier l'agrément. La nature des élevages est ainsi très diverse : élevage bovin, porcin, ovin... mais aussi **aviculture** (élevage de volailles), **héliciculture** (escargots) ou encore pisciculture (*cf.* p. 375).

Dans les sociétés des PID, les liens entre agriculture et élevage tendent à se modifier. Certaines pratiques d'élevage intensif sont certes anciennes, comme la **stabulation** (le fait de laisser le bétail à l'étable, notamment pour récupérer le fumier ou le lisier) ou l'**embouche** (le fait d'engraisser les bœufs dans des champs clos spécialement réservés à cet usage). Cependant, l'élevage connaît aujourd'hui une modernisation d'ensemble et une intégration croissante à la filière agroalimentaire. L'élevage des porcs ou des poulets notamment peut se pratiquer en milieu urbain, sans rapport avec une tradition agricole. Ainsi, dans le cas de l'**élevage hors-sol**, localisé aussi bien en milieu rural que périurbain, les animaux sont élevés dans des bâtiments clos et alimentés à l'aide de produits fournis par le complexe agro-industriel (farines, tourteaux d'oléagineux...). Ainsi, l'**élevage en batterie** des volailles se fait dans des séries de cages. Aux États-Unis ou en Argentine, le procédé classique d'élevage extensif des bœufs dans de vastes exploitations, le ***ranching***, laisse de plus en plus la place aux ***feed-lots***, immenses parcs de stabulation pouvant compter plusieurs milliers de bêtes regroupées par âge.

Ces modifications ont permis une baisse du coût de la viande, mais elles peuvent aussi entraîner des dérives inquiétantes en ce qui concerne la qualité des produits, comme dans le cas de la crise de la « vache folle » ou **ESB** (encéphalopathie spongiforme bovine) qui a secoué l'Europe à partir de 1996, ou encore de la **grippe aviaire** depuis 2003. De telles crises ont des conséquences importantes : augmentation dans un premier temps du coût de production de la viande, diminution de la consommation et baisse des prix consécutive, faillite de nombreuses exploitations, abattage en série... D'un point de vue géographique, la crise de la « vache folle » a profondément modifié les sources d'approvisionnement en viande et donc les flux ; elle a aussi contribué, en réaction, au développement de l'élevage biologique dont témoigne par exemple le retour des **veaux** élevés **« sous la mère »**, nourris au lait maternel, et des **broutards** (qui combinent lait maternel et herbe) conformément aux pratiques agro-pastorales classiques.

Agriculture, mondialisation et alimentation

Globalement, les pays du Nord surproduisent. À l'inverse, de nombreux pays en développement se heurtent au double problème d'une croissance démographique importante et d'une agriculture moins performante. Même si la famine proprement dite est en recul, la sous-nutrition et la malnutrition restent des caractéristiques majeures de ces pays. Des programmes d'aide ont été mis en place (dons ou ventes à bas prix), dans des cadres divers : coopération interétatique, accords régionaux, dans le cadre de l'ONU par la **FAO** (*Food and Agriculture Organization* ou Organisation pour l'alimentation et l'agriculture). Mais cette aide est aussi considérée comme une arme, l'**arme alimentaire** (nommée ***food power*** aux États-Unis), c'est-à-dire un moyen de pression politique. Deux raisons expliquent cela : elle peut être un moyen pour écouler une surproduction gênante et elle entraîne une dépendance. Cette dépendance peut être culturelle, par les changements d'habitudes qu'elle crée : les céréales locales, le mil par exemple, étant peu à peu remplacées par la céréale du Nord, le blé. Elle peut être économique, car les pays concernés sont obligés de se convertir à une agriculture commerciale pour obtenir les devises nécessaires à l'opération. Enfin, elle peut être directement politique : la législation des pays riches (aux États-Unis, la loi de 1954 dite « **PL 480** », reconduite en 2008) peut fixer la liste des « pays amis » à qui est réservée cette « aide ». Cette arme alimentaire a été utilisée à plusieurs reprises sous forme d'**embargo**, c'est-à-dire d'interdiction des exportations à titre de représailles ou de moyens de pression.

Cette situation de domination du Nord et des pays émergents sur le Sud a trouvé une nouvelle dimension avec l'apparition des **OGM**, **Organismes génétiquement modifiés**, créés par adjonction d'un gène leur donnant par exemple une meilleure résistance à tel insecte, à telle maladie. Ces OGM sont produits en laboratoire par quelques grandes FMN essentiellement américaines, comme Monsanto ou Novartis. Outre les incertitudes nombreuses sur les conséquences sanitaires et écologiques de la diffusion de telles semences, les conséquences géographiques ou économiques sont fondamentales :

– il s'agit selon les détracteurs d'une « privatisation du vivant » qui contribuerait à une destruction de l'agriculture traditionnelle. En effet, bon nombre des plants d'OGM sont des hybrides, et donc ne se réensemencent pas. Ainsi, les agriculteurs des PED, qui traditionnellement gardaient des grains de leur récolte passée pour réensemencer, ne peuvent plus le faire et doivent acheter des plants aux grandes firmes détentrices des brevets. De plus, les OGM contribuent à un appauvrissement, voire à une disparition programmée, de céréales locales, non génétiquement modifiées. Ils font aussi peser un risque de développer des insectes résistants aux insecticides ;

– la diffusion de ces semences renforce la domination des États-Unis, qui possèdent 48 % des surfaces mondiales plantées en OGM en 2010, et elle modifie donc profondément les flux céréaliers. L'Argentine, le Brésil et le Canada sont les autres grands producteurs. En France, la production d'OGM dans un but commercial est interdite ; cependant, des cultures expérimentales existent mais qui doivent faire l'objet d'un accord de l'**INRA** (Institut national de la recherche agronomique) et du ministère de l'Agriculture ;

– à l'inverse, les partisans des OGM soulignent la diminution corollaire des pesticides ; les OGM auraient donc un véritable rôle écologique ! Enfin, dans une optique libérale, la généralisation des OGM accélère la mondialisation, en intégrant à marche forcée les pays en développement.

La question de l'avenir alimentaire de la planète reste donc posée avec comme enjeu nourrir, vers 2050, une population d'environ 9 milliards d'individus, alors que 870 millions de personnes ont souffert de sous-alimentation chronique entre 2010 et 2012 selon la FAO. C'est dans cette perspective que l'INRA et le **Cirad** (Centre de coopération internationale en recherche agronomique pour le développement) ont réalisé les études prospectives **Agrimonde GO** (pour *Global Orchestration*) et Agrimonde 1.

Vers une mondialisation de l'alimentation et du goût ?

Dans le contexte de la mondialisation, une activité aussi traditionnelle et ancrée localement que s'alimenter connaît des mutations importantes. La **géographie alimentaire** et plus précisément la « **géographie du goût** » est sensiblement modifiée par la diffusion de pratiques alimentaires mondialisées. En effet, l'alimentation a une dimension culturelle et, tout autant qu'à l'agriculture locale, on peut faire référence aux notions d'aire culturelle (*cf.* p. 78) et d'aire religieuse (*cf.* p. 432) pour comprendre les types d'aliments les plus consommés. Or, avec la mondialisation, l'uniformisation des produits consommés et des goûts est un fait indéniable, comme en témoigne par exemple le triomphe du blé au détriment du riz, y compris en Asie du Sud. Il convient toutefois de nuancer ce diagnostic : si le plat emblématique le plus consommé au monde est la pizza, la consommation de plats locaux reste prééminente comme en témoigne la place occupée par le riz. Cette évolution semble de plus s'accompagner d'une **transition alimentaire** (ou **transition nutritionnelle**) : la population mondiale consommerait de plus en plus de calories et passerait progressivement d'une consommation à base de céréales à une consommation accrue de protéines, essentiellement d'origine carnée. La mondialisation de l'alimentation est porteuse d'enjeux géopolitiques nouveaux : par exemple, le développement de la consommation de pain en Égypte se traduit par l'intensification des importations de blé, qui proviennent à 95 % des États-Unis depuis les années 1990. Cette mondialisation du goût se traduit aussi à une autre échelle dans les paysages et a des implications spatiales comme en témoigne le paysage urbain de certains quartiers, notamment les entrées de villes, dans lesquels se développent les *fast-foods.*

Différents types de régimes alimentaires

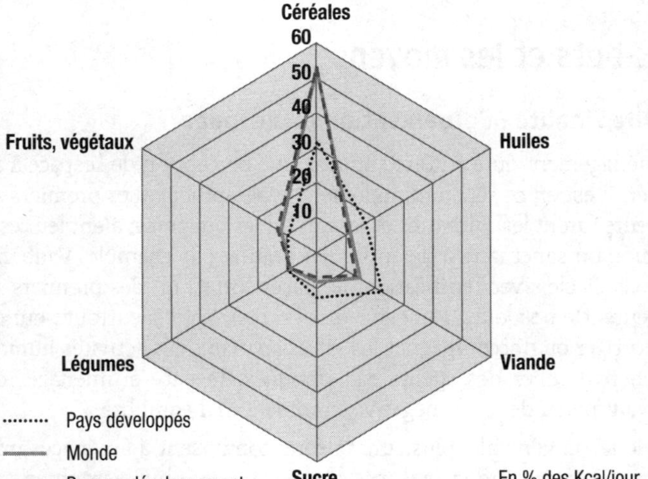

Source : FAO 2010.

Lire aussi Développement durable – Eau – Énergie, matières premières – Espace rural – Sols

Aménagement du / des territoire(s)

L'aménagement des territoires est depuis les années 1970 au cœur des préoccupations d'une géographie sensibilisée au politique et à l'économique, étudiant les acteurs et les logiques de la production de territoires. Correspondant souvent à la volonté de corriger les déséquilibres d'un espace national ou régional, il suppose, d'une part, une perception et une conception d'ensemble d'un territoire et, d'autre part, une analyse prospective. Le géographe peut ainsi voir les résultats concrets de ses analyses et de ses propositions.

Les buts et les moyens

Une finalité : l'organisation de l'espace

L'aménagement du territoire suppose une perception de l'espace à aménager. Il est en ce sens profondément géographique. Les premiers aménageurs furent les militaires et les politiques qui percevaient leur espace comme un sanctuaire à défendre. En France, par exemple, Vauban fut, au XVIIe siècle, avec l'édification de places fortes, un des premiers aménageurs. De nos jours, l'aménagement du territoire a surtout pour objet de corriger ou d'accompagner les effets spatiaux des activités humaines et en particulier des agents économiques, l'espace à aménager étant souvent perçu de façon négative, comme « mal équilibré ».

D'une façon générale, plusieurs raisons conduisent à aménager un territoire. Ce peut être la présence d'une capitale « hypertrophiée », très peuplée et concentrant les pouvoirs politiques, économiques... Ce peut être aussi un déséquilibre entre deux régions. Aménager tend donc à mettre en valeur certains territoires, qui peuvent être dans les cas extrêmes des espaces pionniers. Enfin, dans les pays issus du démembrement colonial et créés de toutes pièces, l'aménagement du territoire fut longtemps fondamental pour donner une cohésion nationale à un pays hétérogène. Le cas mauritanien est révélateur : la Mauritanie, partie intégrante de l'ancienne Afrique occidentale française, a longtemps eu des relations avec le Sénégal voisin. L'indépendance a créé un État sans cohésion nationale, centré sur une nouvelle capitale, Nouakchott, et un nouveau centre, la région côtière, au détriment du cours du fleuve Sénégal, devenu frontière. Ici, l'aménagement du territoire a pour but de créer une identité et une économie nationales : les réseaux routiers sont redessinés en faveur de Nouakchott et la construction en 1974 d'une route « de l'espoir » reliant les grands centres évite les anciens tracés trop proches du Sénégal concurrent.

Une action multiscalaire

L'aménagement des territoires est **multiscalaire** (pratiqué à différentes échelles). Un maire attribuant ou non tel permis de construire est un aménageur de l'espace communal, alors que l'État privilégie l'action au niveau national. En outre, avec la mondialisation, l'aménagement prend de plus en plus une dimension supranationale.

Cet emboîtement d'échelles pose un double problème. Le premier, variable selon les pays, est celui de la compétence, c'est-à-dire du pouvoir réel de tel ou tel aménageur, de tel ou tel acteur. Le second se pose en termes de concurrence : tel plan d'aménagement national, un schéma autoroutier par exemple, peut se heurter à une opposition communale sur le choix du tracé, et à celle d'autres acteurs comme des associations de particuliers. Ces oppositions correspondent souvent au phénomène **Nimby** (*not in my backyard*, littéralement « *pas dans mon jardin* ») : un aménagement peut être reconnu comme utile par les citoyens tant qu'il n'est pas porteur de nuisances pour eux. Par conséquent, l'aménagement suppose une volonté commune, un consensus de tous ses acteurs... à moins que l'un d'eux n'impose sa volonté aux autres !

Des moyens d'action très variables

On distingue souvent quatre grands moyens d'action pour l'aménagement des territoires : la **compensation financière** et la réparation (un apport financier et / ou technique dans une zone défavorisée comme c'est le cas de la politique européenne), la création *ex nihilo* (par exemple une ville nouvelle, une unité touristique nouvelle...), la protection d'un espace patrimonialisé (comme pour les parcs nationaux), la redistribution (comme dans le cas de la déconcentration). Il est toutefois important dans un premier temps de différencier l'aménagement dans les dictatures des autres cas, où l'**aménagement** est généralement **concerté**.

Dans le premier cas de figure, l'État, disposant de moyens parfois illimités, peut pratiquer un **aménagement autoritaire** et applique sans état d'âme sa conception de l'aménagement du territoire. Au XXe siècle, des géographes furent tentés de collaborer à des dictatures, pour mettre leurs idées en pratique. Un des plus grands théoriciens de géographie urbaine, **Christaller**, conseillait à Hitler de refaire le réseau des villes polonaises. L'étude du cas soviétique permet de saisir l'action d'un État tout-puissant disposant de la longue durée et ayant une très forte volonté d'aménagement du territoire. Les moyens mis en œuvre furent spectaculaires et visaient pour l'essentiel à la mise en valeur du Grand Nord et de la Sibérie : déportation de population, démontage et déplacement d'entreprises, création de voies de communication d'importance continentale (le **BAM**, ***Baïkal Amour Magistral***) et de grands centres urbains *ex nihilo*. La conception soviétique était d'un volontarisme poussé à l'extrême niant tout déterminisme naturel : un État peut tout faire quel que soit le milieu. Les projets étaient à l'échelle d'un continent et les réalisations furent importantes. On n'hésita guère dans les années 1950 à pratiquer, dans le cadre du programme des « Terres Vierges », la céréaliculture dans les régions sèches et peu fertiles du Kazakhstan, suivant en cela les conseils de l'agronome Lyssenko, fondateur de « la biologie prolétarienne », qui avait décrété la génétique « boukharinienne, trotskiste et bourgeoise ». L'échec désastreux de ces théories montre que l'aménagement ne peut se faire sans tenir compte du milieu et que, d'une façon plus globale, le volontarisme effréné est porteur de dangers, comme la pollution mais aussi le traumatisme des populations.

Les moyens dont disposent les démocraties et les buts qu'elles se fixent sont d'une autre nature. Cependant, le volontarisme imposé par une volonté politique forte peut s'exprimer de façon souvent symbolique, comme dans le cas du déplacement de capitales : Berlin est logiquement choisie comme capitale de l'Allemagne réunifiée, Brasilia fut créée en 1960 pour répondre à la volonté d'un rééquilibrage du territoire brésilien vers l'ouest. En revanche, le choix de Yamoussoukro comme capitale de la Côte d'Ivoire répondait moins à une volonté d'aménagement qu'au désir personnel du Président Houphouët-Boigny dont c'était la ville natale.

Plus généralement, les formes et les moyens d'action des démocraties sont moins radicaux. En France, la municipalité organise le territoire par un **Plan local d'urbanisme** (**PLU**), succèdent aux anciens **Plans d'occupation des sols** (**POS**) délimitant les zones constructibles, agricoles... (*cf.* article *Urbanisation*). À cette occasion, comme à d'autres échelles de l'aménagement, des cartes spécifiques sont élaborées pour obtenir une vision globale du territoire concerné. L'État agit par des plans divers ou par des redécoupages régionaux. Les **Schémas directeurs des transports** sont un instrument privilégié qui permet d'orienter les grands flux économiques. On peut favoriser telle ou telle région par le choix du tracé des autoroutes, des lignes de chemin de fer et, plus généralement, par la philosophie d'ensemble qui guide la gestion des sociétés de transport nationalisées : faut-il, dans le cas français, favoriser les liaisons ferroviaires à grande vitesse et directes entre les métropoles provinciales et Paris ou, au contraire, favoriser les lignes contribuant à une meilleure desserte du territoire ?

L'aménagement des territoires passe enfin par les financements directs. Le cas italien montre une volonté de rééquilibrage national au profit d'un Sud déshérité, le ***Mezzogiorno***, par des subventions nationales importantes. Ces subventions peuvent aussi être décidées à un niveau supranational : dans le cadre de l'Union européenne, le **FEDER** (**Fonds européen de développement régional**) a contribué à subventionner jusqu'en 2007 de nombreuses régions en fonction d'un certain nombre d'**objectifs**, correspondant à des besoins spécifiques. L'Objectif 1 (territorial) visait au rattrapage des régions en retard de développement. L'Objectif 2 (également territorial) soutenait la reconversion économique et sociale dans les zones en difficulté. L'Objectif 3 (thématique) avait pour but la modernisation des systèmes de formation et la promotion de l'emploi. Au total, près des trois quarts des régions françaises ont bénéficié à un titre ou à un autre de ces aides. Mais après une période transitoire (2001-2006), ces subventions ont été stoppées en 2007 du fait de l'élargissement de l'UE à l'Est qui a accentué les disparités économiques et sociales au sein de l'Union. Dans le cadre de la politique régionale 2007-2013, les régions d'Europe de l'Est ayant un PIB inférieur à 75 % de la moyenne de l'UE ont bénéficié de la plupart des subventions dans le cadre d'un « **Objectif de convergence** ».

Tout aménagement du territoire a donc un étroit rapport avec les choix politiques dominants. Et un même constat sur l'état d'un territoire peut engendrer des aménagements différents. En France, le poids énorme de Paris est perçu depuis au moins deux siècles. Il n'a pas toujours été considéré comme excessif du fait d'une idéologie centralisatrice dominante en partie héritée du **jacobinisme** : cette doctrine issue des idées des Jacobins pendant la Révolution française défend notamment l'indivisibilité de la République française et un fort centralisme parisien (avant elle, la monarchie absolue et après elle, le bonapartisme étaient également centralisateurs). De nos jours, après une période de décentralisation, des voix s'élèvent à nouveau pour renforcer le poids de Paris dans la compétition entre villes mondiales : tel est le sens du **Grand Paris**, établissement public chargé de créer des synergies entre Paris et son agglomération et prévoyant notamment la fusion des départements de la petite couronne avec celui de Paris.

En France, de l'aménagement du territoire à l'aménagement des territoires

Jusqu'aux années 1980 : un aménagement impulsé par l'État

L'aménagement du territoire est, en France, une idée relativement récente puisqu'il faut attendre les années 1960 pour voir l'État engager une réflexion globale sur le problème.

Avant cette époque, des opérations d'aménagement du territoire avaient été menées, notamment à l'initiative de Charles de **Freycinet** (1828-1923) qui, afin de mieux desservir le territoire français, multiplia les lignes de chemin de fer (Plan Freycinet, en 1878) et modernisa les voies fluviales par l'établissement d'une nouvelle norme pour les écluses (**gabarit Freycinet**). Le développement régional fut encouragé par la création d'organismes dont le plus célèbre est la **CNR** (**Compagnie nationale du Rhône**), fondée dès 1933. Elle avait pour mission d'aménager le fleuve pour son utilisation hydraulique : pour la navigation, mais aussi l'irrigation « et les autres emplois agricoles » ; il s'agissait donc d'un véritable but d'aménagement du territoire. L'ouvrage du géographe Jean-François **Gravier** (1915-2005), *Paris et le désert français*, paru en 1947, contribua de façon décisive à la prise de conscience du déséquilibre Paris-province. À partir de 1955, l'État prit en compte la dimension régionale dans le cadre de la planification en créant les vingt-deux « régions de programme ».Les années 1960 furent celles des grandes mesures : les Trente Glorieuses ont permis, par une répartition des fruits de la croissance, le financement de grands projets. Le premier problème était l'essor urbain et notamment la croissance de l'agglomération parisienne. Une première réponse fut donnée par la création, en 1965, d'un **Schéma directeur d'aménagement et d'urbanisme** (**SDAU**). Celui-ci déterminait la ceinture verte à protéger, prévoyait l'urbanisation future et aboutissait, sur le modèle anglais, à la création de **villes nouvelles**, c'est-à-dire de communes créées *ex nihilo* et dotées d'équipements divers. Éloignées de Paris, elles ont été reliées à la capitale par un **Réseau de transport express régional** (**RER**). À l'échelle nationale, des structures furent créées : la principale est la **DATAR**. Créée en 1963 sous la désignation de Délégation à l'aménagement du territoire et à l'action régionale, elle fut chargée de coordonner et d'impulser plusieurs politiques. Transformée en **DIACT** en 2006 (**Délégation interministérielle à l'aménagement et à la compétitivité des territoires**), puis à nouveau en DATAR en 2009 mais sous le nom de **Délégation interministérielle à l'aménagement du territoire et à l'attractivité régionale**, elle continue à jouer un rôle essentiel.

Les villes nouvelles et le développement de Paris

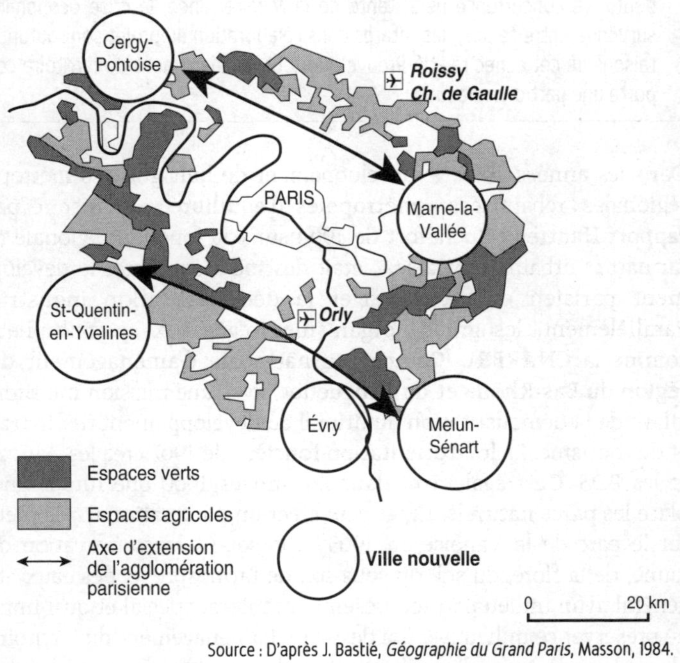

Source : D'après J. Bastié, *Géographie du Grand Paris*, Masson, 1984.

Tourisme et aménagement du territoire impulsé par l'État : l'exemple des littoraux français

En Languedoc comme en Aquitaine, et dans un contexte de croissance économique, l'État décida dans les années 1960 de lancer d'importants programmes d'aménagement touristique. Ce fut tout d'abord en 1963 la **Mission interministérielle d'aménagement du Languedoc-Roussillon (MIALR)** (ou **mission Racine**) qui nécessitait une concertation entre l'État (voirie, distribution d'eau...), le département et les collectivités locales. Ce plan prévoyait la construction de six ensembles touristiques nommés **Unités touristiques nouvelles** ou **UTN** (Le Cap d'Agde, Port-Camargue...). D'une capacité d'accueil de 400 000 lits, elles seraient séparées par des zones naturelles. Ainsi, encore aujourd'hui, la côte sableuse comprise entre Le Cap d'Agde et Sète n'est guère urbanisée. Ce fut globalement une réussite économique qui incita l'État à prolonger l'expérience sur la côte aquitaine.
Ainsi naquit en 1967 la **Mission interministérielle d'aménagement de la côte aquitaine (MIACA)**, conçue selon les mêmes principes : la construction de neuf UPA (**Unités principales d'aménagement**), la protection des secteurs côtiers et notamment des dunes et des pinèdes littorales. La réussite fut moins évidente. La concurrence persistante de la Méditerranée, la crise économique survenue entre-temps, des retards dans l'élaboration du projet sont autant de raisons de cet échec relatif. Preuve que tout aménagement du territoire comporte une part d'incertitude !

Dans les années 1960, le développement de huit grandes métropoles régionales, rebaptisées « **métropoles d'équilibre** », et inspiré par le **rapport Hautreux-Rochefort** de 1964 sur « la fonction régionale dans l'armature urbaine française », était destiné à équilibrer le développement parisien et à encourager la décentralisation industrielle. Parallèlement, les grands organismes régionaux se multiplièrent, comme la **CNARBRL** (**Compagnie nationale d'aménagement de la région du Bas-Rhône et du Languedoc**) avec une mission multiforme, allant de la démoustication du littoral au développement de l'irrigation et du tourisme. La **loi d'orientation foncière** de 1967 créa les ZAC, ZAD et les POS. C'est également dans les années 1960 que furent mis en place les **parcs naturels**. L'État peut créer un **parc national** – le premier fut le parc de la Vanoise en 1963 –, lorsque « la conservation de la faune, de la flore, du sol, du sous-sol, de l'atmosphère, des eaux et, en général, d'un milieu naturel présente un intérêt spécial et qu'il importe de préserver ce milieu... » (loi de 1960). L'aménagement du territoire va alors dans le sens d'une limitation des équipements et des infra-

Parcs nationaux et parcs régionaux en France

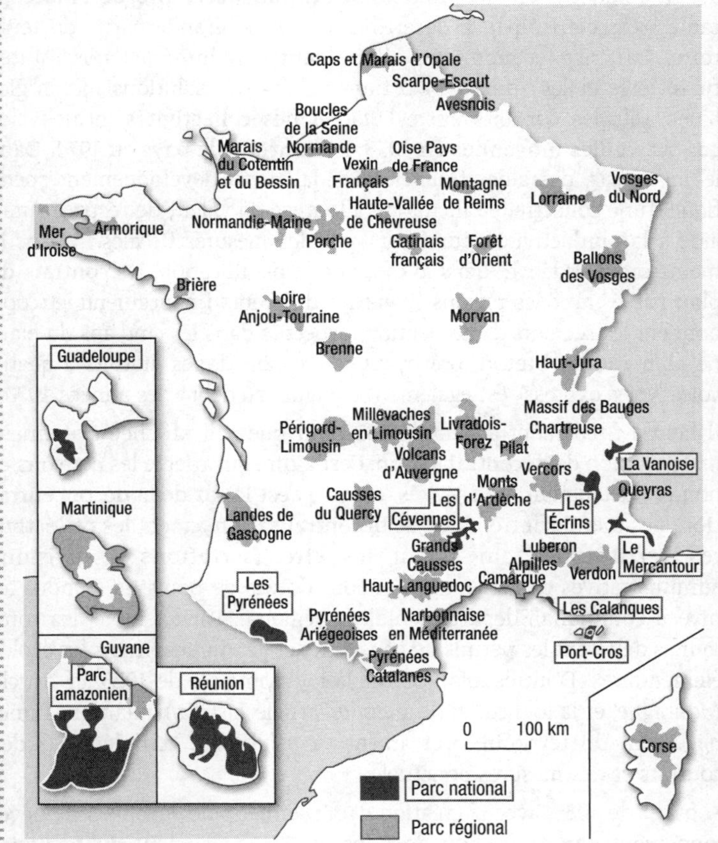

structures, contrairement à la plupart des politiques d'aménagement. Les parcs nationaux possèdent un **cœur de parc** (anciennement nommé **zone centrale**) sanctuarisé et une **zone d'adhésion** (anciennement **zone périphérique**) qui peut être peuplée. Les **parcs naturels régionaux**, institués en 1967, mettent davantage l'accent sur le développement d'activités rurales et de fonctions d'accueil.

Pourtant, à l'orée des années 1970, les problèmes d'aménagement du territoire restaient nombreux : Paris continuait sa croissance, les régions de programme n'avaient aucun pouvoir, la décentralisation industrielle était globalement insuffisante et toutes les décisions majeures étaient prises à Paris. En 1971, la DATAR lançait un cri d'alarme, prédisant, si aucun aménagement réel n'était conduit, un « **scénario de l'inacceptable** » caractérisé par la désertification d'une grande partie du territoire. La crise économique allait bientôt réduire les possibilités financières et les années 1970 furent celles des solutions moins globales, tels les contrats entre l'État et des collectivités locales : les **contrats villes moyennes** en 1973, les **contrats de pays** en 1974. Dans les deux cas, des aides financières aidaient au développement spécifique d'une collectivité : incitation à la mise en valeur de l'espace rural, aide à la pluriactivité notamment par des mesures fiscales... Dans le même ordre d'idée, et dans le cadre de la planification, les **contrats de plan** passés avec les régions fixent les différents financements et coordonnent les secteurs d'intervention respectifs dans les cinq ans du plan. Le **plan routier breton**, prévoyant la création d'axes gratuits à quatre voies (voies express), est également inauguré au début des années 1970.

Il faudra finalement attendre 1982 pour que soit affichée clairement une ambition de **décentralisation**, c'est-à-dire qui affecte les pouvoirs et non pas seulement les activités, comme c'est le cas de la **déconcentration**. Les **lois Defferre**, dites **de décentralisation**, créent les **collectivités territoriales** qui gèrent les **circonscriptions** – divisions administratives du territoire – et sont dotées de pouvoirs étendus au niveau communal, départemental ou régional. Par exemple, les communes délivrent les permis de construire et gèrent désormais les écoles élémentaires. D'autres lois, comme la loi montagne de 1985 (*cf.* article *Montagne*) et la loi littoral de 1986 (*cf.* article *Littoral*), relancent l'aménagement du territoire. Cet arsenal législatif est complété par des contrats et des mesures ponctuels.

À partir de 1985, avec la création d'un premier pôle européen de développement dans la région de Longwy, l'aménagement du territoire prend une dimension supranationale. Il s'agit notamment d'aider des régions industrielles frontalières en reconversion. À partir de 1989, des programmes **INTERREG**, financés par le FEDER, vont organiser la coopération interrégionale et transfrontalière européenne. En 1992, le **Plan Université 2000** lance une réflexion et des investissements à moyen terme dans un certain nombre de villes de province. Les schémas de transport, notamment le **Schéma directeur des routes et autoroutes** de 1992, essaient de privilégier les liaisons transversales, parfois peu rentables. Ainsi, l'autoroute Clermont-Ferrand – Montpellier peut s'ouvrir sans être d'un intérêt économique prioritaire et malgré son coût élevé. À la même époque, l'État relance des mesures de **délocalisation** des entreprises publiques. Le premier projet datait de 1955, mais il fallut attendre 1991 pour prendre des mesures concrètes et symboliques : 15 000 emplois furent transférés vers 70 villes de province dont la SEITA à Angoulême et, symbole majeur, l'ENA à Strasbourg. Ceci dit, les résistances à cette dernière délocalisation furent nombreuses et, vingt ans plus tard, la délocalisation de l'ENA demeure partielle, plusieurs locaux restant à Paris.

L'État a donc eu un souci d'aménagement du territoire. Mais, durant cette même période, l'Île-de-France fut encore favorisée : la politique de grands travaux parisiens, souvent monumentaux et spectaculaires (Grand Louvre, Grande Arche de la Défense, Musée du quai Branly…), les subventions privilégiant les agriculteurs de la Beauce, les quatre universités créées en Île-de-France dans le cadre du Plan Université 2000 montrent bien les hésitations et les ambiguïtés d'une politique ambivalente.

● Les années 1990-2000 : la « République décentralisée » et le « mille-feuille » des territoires

En 1993, le Conseil des ministres exceptionnellement réuni à Mende, préfecture du plus déshérité des départements (la Lozère), lance un grand projet, « Demain la France », proposant une réflexion sur la France de 2015. Quatre constats fondamentaux sont à la base de cette réflexion qui a pour but de rééquilibrer le territoire. Vingt ans plus tard, à l'heure des bilans, que penser de ces constatations ?

Premier constat, l'opposition entre une France du vide et une France du plein : 80 % des Français habitent sur 20 % du territoire. Ce phénomène semble cependant diminuer de lui-même. L'exode rural est marginal, la « **désertification** » du territoire et la prolifération des **friches agricoles**, c'est-à-dire des terres qui ne sont plus cultivées, est une image médiatisée mais globalement fausse : il y a plus de ruraux en 2012 qu'en 1800, même si leurs occupations ont changé. Les friches sont en régression (il y en a deux fois moins qu'en 1950) et le maillage du territoire en « pays » centrés sur des bourgs et des petites villes n'a guère évolué. Le phénomène concerne donc des régions très précises, non pas l'ensemble du territoire.

Second constat, certaines régions concentrent les activités non rentables et les friches agricoles ou industrielles. Vingt ans plus tard, ce constat reste d'actualité.

Troisième constat, issu du second, les déséquilibres sont tels qu'on risque d'arriver à « une dislocation du territoire ». Pourtant, les déséquilibres existent toujours, le but ultime d'établir « l'équité » des activités, de créer un espace où tout soit « bien » réparti est non seulement utopique, mais souvent critiqué.

Enfin, quatrième constat, un aménagement du territoire doit se concevoir à l'échelle européenne. Or, la majorité du territoire français est à l'écart de la **dorsale européenne** dite aussi « mégalopole européenne » (*cf.* p. 536), c'est-à-dire le centre de gravité de l'économie européenne correspondant plus ou moins à l'espace rhénan, prolongé au nord jusqu'à Londres et au sud jusqu'à la plaine du Pô. Cette dorsale fut dans les années 1990 surnommée « **banane bleue** », l'expression s'expliquant par la forme de la représentation cartographique de cette zone et par la modification de la couleur de la première image (rose) la mentionnant en bleu dans un journal. Vingt ans après le conseil des ministres de Mende, le constat est toujours valable. Mais, est-ce un véritable handicap que de ne pas être situé dans cette région marquée par de nombreuses nuisances, à l'heure des communications rapides, voire instantanées ?

Ces quatre constats pessimistes peuvent donc être critiqués, mais ils mettent en évidence le problème essentiel : tout aménagement du territoire repose sur une perception rarement incontestable d'un espace, et toute mesure prospective d'aménagement suppose un choix politique, voire idéologique. De 1993 à 2003, les interrogations sont donc restées les mêmes : comment faire coïncider l'aménagement du territoire français et l'intégration européenne et comment éviter un repli hexagonal ? Quel doit être le maillage privilégié par les mesures d'aménagement ?

Enfin, la question du rôle de l'État se pose également. Les moyens d'action actuels sont de plusieurs ordres : certains privilégient encore le rôle « structurant » des transports, qui contribuent à l'atténuation de l'isolement géographique de nombreux secteurs et à leur **désenclavement**. Pourtant le contexte global a changé : la création de nouveaux territoires (*cf.* article *Région*) a entraîné une complexité croissante et le passage à un aménagement des territoires et non plus du territoire. On parle à ce propos de **mille-feuille** administratif ou de mille-feuille des territoires. C'est l'État qui a donné le « la » et a contribué à un accroissement de la décentralisation : la loi constitutionnelle du 17 mars 2003 relative à l'organisation décentralisée de la République proclame en effet l'existence de « la **République décentralisée** », donne des pouvoirs en termes de démocratie locale aux collectivités territoriales et leur transfère divers personnels et compétences : par exemple, ce sont désormais les départements qui gèrent la majorité des routes autrefois nationales, tout comme le logement social ou le RSA. On est donc moins dans une logique descendante (***top down***) impulsée par l'État vers les collectivités locales que dans une logique de gouvernance (*cf.* p. 484), voire ascendante (***bottom up***) où les collectivités locales font remonter leurs projets à l'État.

Pourtant, dans le même temps, l'État continue à jouer un rôle majeur comme en témoigne la politique des **pôles de compétitivité**, mise en place en 2004. Il s'agit d'une politique industrielle qui aboutit à la définition de 71 pôles de compétitivité dont 6 d'ampleur mondiale, comme Aerospace Valley à Toulouse ou Minalogic à Grenoble. Dans ces pôles, avec l'arbitrage de l'État, est définie une stratégie commune de développement économique cohérente avec la stratégie globale du territoire, qui se traduit par la mise en réseau des acteurs de l'innovation technologique. Une telle politique conçoit l'aménagement des territoires dans un contexte de concurrence accrue entre pôles européens, voire mondiaux.

De nouvelles données doivent donc désormais être prises en compte dans toute politique d'aménagement des territoires : la mondialisation, mais aussi le développement durable comme en témoigne le Grenelle de l'Environnement de 2007 (*cf.* p. 97).

Lire aussi **Développement durable – État, nation, pays – Frontière – Région – Systèmes politiques et économiques (géographie et) – Urbanisation – Ville**

Carte, histoire de la cartographie

La carte est l'un des instruments privilégiés du géographe. La cartographie a évolué, au fur et à mesure des progrès techniques et théoriques, ainsi qu'en fonction des représentations mentales. L'utilisation des cartes a aujourd'hui dépassé, même dans le grand public, la seule fonction de repérage. Mais si les cartes sont devenues des produits de consommation courante, elles restent parfois contrôlées par les États.

Représenter la Terre

Si toute carte résulte de choix plus ou moins conscients, elle repose toutefois sur une volonté de représenter le réel et donc sur la recherche de l'exactitude.

Cartographie et géographie

Le terme de **cartographie**, apparu seulement au début du XIXe siècle, recouvre deux notions différentes, bien que liées. Il s'agit d'abord de la discipline chargée d'établir des cartes en faisant appel à différentes techniques graphiques et sémiologiques. Faire une **carte** revient à représenter sur un plan une réduction du réel. Mais le terme désigne aussi un instrument de recherche de la géographie, qui vise à établir des relations et à trouver des éléments d'explication. La **carte topographique**, qui s'apparente à un inventaire, et la **carte de synthèse**, qui suppose une problématique, illustrent la diversité des productions cartographiques. On observe aujourd'hui une plus grande convergence entre la géographie et la cartographie, la première s'intéressant de plus en plus à la graphique, la seconde tendant à établir davantage de cartes thématiques.

L'histoire de la cartographie est révélatrice de ces tendances : d'abord essentiellement conçue comme simple représentation de la réalité dans un but de repérage, la carte vise aujourd'hui à la compréhension et à l'explication de phénomènes complexes et met donc en avant des relations. Mais, quelle que soit l'époque, la réalisation de cartes est presque toujours soumise à des aspirations contradictoires : un souci d'exactitude, de précision et d'exhaustivité, mais aussi la nécessité d'un choix guidé par la finalité de la carte, par des problèmes techniques et par la représentation que l'on a de la réalité, du monde ce qu'illustre le paradoxe de la carte de l'Empire. L'étude des cartes renseigne donc aussi sur leurs concepteurs et leur époque.

Le paradoxe de la carte de l'Empire... ou le problème de la carte à l'échelle 1/1

Dans un texte publié en 1946, Jorge Borges attribua à un auteur de son invention la citation suivante.

« En cet empire, l´Art de la Cartographie fut poussé à une telle Perfection que la Carte d´une seule Province occupait toute une ville et la Carte de l´Empire toute une Province. Avec le temps, ces Cartes Démesurées cessèrent de donner satisfaction et les Collèges de Cartographes levèrent une Carte de l´Empire, qui avait le Format de l´Empire et qui coïncidait avec lui, point par point. Moins passionnées pour l´étude de la cartographie, les générations suivantes réfléchirent que cette Carte Dilatée était inutile et, non sans impiété, elles l´abandonnèrent à l´inclémence du Soleil et des Hivers. Dans les Déserts de l´Ouest, subsistent des ruines très abîmées de la Carte. Des Animaux et des Mendiants les habitent. Dans tout le pays, il n´y a plus d´autre trace des Disciplines Géographiques. »

Une carte à l'échelle 1/1 n'aurait aucun intérêt. Elle serait inutile et illisible et, en recouvrant la réalité, la cacherait à notre regard. Le choix même de l'échelle amène à une sélection des informations. Ce texte a servi à de nombreux géographes pour rappeler qu'une carte n'est en aucun cas la reconstruction de la réalité à l'identique : elle est une modélisation et une simplification de la réalité, elle est également le reflet des conditions de sa production et des normes et valeurs de celui qui la crée.

Les coordonnées géographiques

Tout point de l'espace peut s'identifier, se cartographier par sa latitude, sa longitude et possède un **antipode** de latitude et de longitude diamétralement opposés. La **latitude** est la position par rapport à l'équateur, définie par l'angle fait entre le plan de l'équateur et la verticale passant par le point considéré. L'**équateur**, de latitude 0, plus grand cercle de la Terre, sépare les deux moitiés du globe terrestre ou **hémisphères** (hémisphère **boréal** au nord de l'équateur, **austral** au sud). Les **pôles**, correspondant aux deux extrémités de l'axe de rotation de la Terre sur elle-même (ou **axe de révolution**) ont une latitude de 90°. Entre les pôles et l'équateur, les deux hémisphères sont parcourus par un système de lignes imaginaires parallèles à l'équateur, qui permettent de se repérer en latitude : les **parallèles**. Plusieurs d'entre eux sont remarquables : le parallèle de latitude 23° 26' est le **tropique du Cancer** dans l'hémisphère Nord, **du Capricorne** dans l'hémisphère Sud. Le Soleil y passe au zénith une fois par an, lors du solstice. La zone comprise entre ces deux tropiques est appelée **zone intertropicale**. Quant aux **cercles polaires** (**arctique** au nord, **antarctique** au sud), ils correspondent à une latitude de 66° 33' et limitent la zone où la nuit peut durer jusqu'à 24 heures en hiver.

La **longitude** est l'angle fait par le méridien de référence et la verticale du point. On appelle **méridien** le demi-cercle imaginaire passant par les pôles et perpendiculaire à l'équateur et à tout parallèle. Le **méridien de référence**, ou **méridien d'origine**, est celui auquel on a, arbitrairement, attribué la longitude 0. Il a fluctué avec le temps : Ératosthène calculait la longitude à partir du méridien de Rhodes et le méridien de Paris servit longtemps de base aux calculs français avant que le **méridien de Greenwich** (en Angleterre) ne s'impose définitivement en 1884. L'heure universelle, ou **heure GMT** (*Greenwich Mean Time*), est désormais celle de Greenwich. La zone comprise entre deux méridiens est un **fuseau**. En théorie, tous les points d'un fuseau, quelle que soit leur latitude, ont la même heure, mais les **fuseaux horaires** correspondent à des réalités plus complexes, beaucoup de pays aménageant ce principe en fonction de leur intérêt.

L'évolution de la cartographie

Représentation symbolique du monde, souvent à but religieux, la carte acquiert peu à peu une finalité utilitaire.

La cartographie antique

Dès l'Antiquité se dessinent deux conceptions de la cartographie, reflets de préoccupations différentes : une conception philosophique pour les Grecs, une fonction utilitaire chez les Romains.

Les Grecs, du VIe siècle au IIIe siècle avant J.-C., cherchant à comprendre les phénomènes naturels, élaborent une cosmographie indissociable de la réflexion philosophique, et font progresser la représentation du monde. À la fin du VIe siècle avant J.-C., les Pythagoriciens conçoivent la Terre comme une sphère, elle-même au centre de la sphère céleste (**géocentrisme**), théorie reprise par Aristote au IVe siècle avant J.-C. Les astronomes fondant leurs recherches sur ces deux hypothèses – sphéricité terrestre et géocentrisme – aboutissent par l'observation solaire aux notions d'équateur et de tropique et donc à l'idée de coordonnées géographiques. Mais la latitude et la longitude ne seront longtemps mesurées que de façon approximative faute de moyens techniques. **Ératosthène** (v. 276 – v. 194 avant J.-C.) calcule presque exactement la circonférence de la Terre. Les cartographes, qui bénéficient aussi de renseignements glanés à l'occasion de voyages ou d'expéditions, s'efforcent dès le IIIe siècle de représenter le monde connu, monde méditerranéen et asiatique, en tenant compte des latitudes et longitudes. La carte dite d'Ératosthène a largement été utilisée par la suite.

Dans l'Empire romain, des hommes comme **Strabon** (v. 58 av. J.-C. – entre 21 et 25 après J.-C.), avec sa *Géographie* (*cf.* article *Géographie (histoire de la)*, rassemblent les découvertes grecques et contribuent à les diffuser. Mais la nécessité de contrôler, d'administrer et d'équiper l'Empire amène les Romains à développer une cartographie à fins utilitaires. Fondés sur des mesures précises, cadastres, itinéraires et tables se multiplient. Les **cadastres** servaient de base, à Rome comme dans l'Égypte antique, au calcul de l'impôt et à l'attribution des terres. Éléments essentiels pour le pouvoir, ils furent donc parmi les premiers documents cartographiques. De nos jours, le cadastre désigne toujours le découpage du territoire en propriétés et indique encore le nom des propriétaires, recensés dans une **matrice cadastrale**. Les **itinéraires** indiquent les distances précises entre les villes et donnent des renseignements pratiques. Plus complètes, les ***tabulae*** sont de véritables cartes très étirées car présentées pour des raisons pratiques sous forme de rouleaux. Une seule de ces tables nous est parvenue, sous forme de copie : la table de Peutinger.

L'œuvre de **Ptolémée** (100-170) offre une synthèse de la cartographie antique : sa *Géographie*, accompagnée de nombreuses cartes, fait le point des connaissances en vue d'établir une carte du monde. Le pourtour méditerranéen et l'Europe du Nord apparaissent toujours mieux connus que l'Asie et l'Afrique qui, reliées, encerclent l'océan Indien. Cette vision du monde sera redécouverte à la fin du Moyen Âge en Occident, grâce aux copies des Byzantins et des Arabes.

La cartographie, du Moyen Âge à la Renaissance

La cartographie médiévale occidentale est marquée, jusqu'au XIIe siècle, par une certaine régression. Les *mappae mundi* ou **mappemondes** qui ornent les œuvres théologiques sont une vision symbolique du monde mêlant connaissances géographiques, croyances religieuses et monstres mythiques.

C'est aux XIIe et XIIIe siècles, grâce à la redécouverte de Ptolémée, que les cartographes cherchent à donner des connaissances géographiques concrètes, connaissances enrichies par les croisades et les voyages de découverte comme celui de Marco Polo en 1271. Est alors remise à l'honneur la mappemonde figurant une terre divisée en cinq zones climatiques : deux zones glaciales encadrant deux zones tempérées habitées, elles-mêmes séparées par une zone torride.

Mais, avec l'intensification de la navigation en Méditerranée, apparaît au XIIIe siècle un renouveau dans la cartographie. Les marins italiens mettent au point des **cartes nautiques** accompagnées de **portulans**. Ces parchemins qui, par extension, désignent la carte qu'ils complètent, contiennent la description précise des côtes, donnent des indications sur les distances, les ports... Sur la carte, un réseau de lignes, ou **lignes de rumbs**, organisé autour d'une ou plusieurs roses des vents, indique la direction à suivre pour aller d'un point à un autre à l'aide d'une boussole, ce qui explique que les cartes nautiques soient orientées vers le nord magnétique. La **boussole**, qui associe, dans un boîtier, une aiguille aimantée indiquant le nord magnétique et une rose des vents fixe, a été mise au point par des marins italiens au XIIIe siècle ; l'usage de l'aiguille aimantée était déjà connu des Chinois et des Arabes aux XIe et XIIe siècles.

Comme dans d'autres domaines, la Renaissance amène un renouveau de la cartographie fondé sur la redécouverte de l'Antiquité, stimulée par les voyages de découvertes et diffusée par l'imprimerie naissante. Les cartes retraçant les grands voyages se multiplient, l'espace cartographié s'étend. Les progrès scientifiques, notamment pour le calcul des coordonnées, permettent de corriger les portulans et de préciser les cartes régionales souvent élaborées à partir des travaux de Ptolémée.

En 1569, le flamand **Mercator** entreprend la constitution de son *Atlas*, ouvrage qui est une nouveauté à double titre. Il s'agit d'abord du premier véritable **atlas**, c'est-à-dire d'un recueil cohérent de cartes visant, à l'origine, à la description de l'ensemble de la Terre. La désignation choisie par Mercator fait référence à Atlas, héros légendaire qu'il fit figurer portant le globe au frontispice de son ouvrage. En second lieu, c'est à cette occasion que Mercator, s'inspirant des portulans, mit au point de façon empirique la projection cylindrique qui porte son nom. Si le XVIIe siècle voit se multiplier les atlas, c'est au XVIIIe siècle que les progrès scientifiques vont être décisifs.

Les TO cartes, des représentations mentales

Au Moyen Âge se développent des cartes particulières du monde habité (*terra habitabilis*). Elles inscrivent le monde dans un cercle, représenté par un disque plat, entouré d'un fleuve océan. Au centre de ce monde est situé Jérusalem. Les trois continents, l'Asie, l'Europe et l'Afrique (ou Éthiopie) sont disposés autour d'un T, dont les branches sont formées par la Méditerranée, représentée verticalement, et les fleuves Don (Tanais) et Nil, représentés horizontalement.
Cette configuration, qui explique le nom de ces cartes représentant un T dans un O, a une connotation symbolique : le T est le symbole de la Trinité, mais aussi de la croix, le T dans le O signifie l'harmonie d'un monde centré sur Jérusalem.
Mais ces cartes ont aussi d'autres significations : leurs « pôles » correspondent aux saisons, aux signes du zodiaque, à l'opposition du froid et du chaud, mais également à l'opposition des élus et des damnés. Enfin, construites en sept cerces imbriquées, les TO cartes symbolisent les sept jours de la création, avec au centre l'Alliance, la Jérusalem Céleste.
Ces cartes de très grande dimension, souvent peintes sur les murs des cathédrales, et dont la géométrie symbolise la perfection de la Création, sont des représentations mentales du monde.

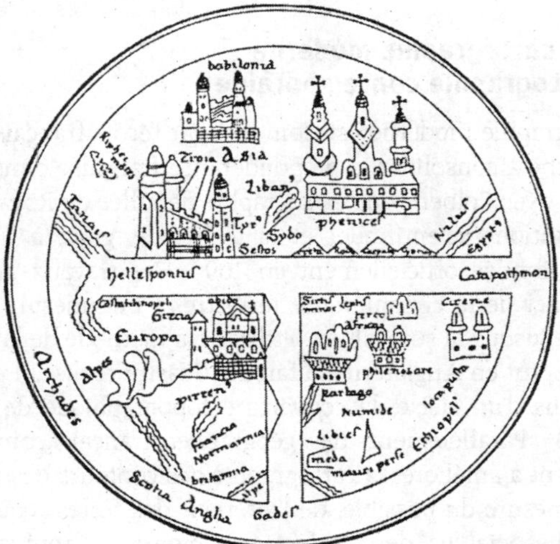

Codex de Leipzig, XIe siècle.

Combien de continents ?

Un **continent** est une immense étendue de terre émergée, mais l'emploi du terme n'est pas toujours conforme à cette définition, sans doute trop vague. Au Moyen Âge, dans une perspective européocentrée, on distinguait classiquement l'Asie, l'Afrique et l'Europe, alors même que l'Europe n'est en fait qu'une **péninsule** de l'Asie, c'est-à-dire une avancée de terre ou **presqu'île** de grande taille. Aussi parle-t-on de nos jours parfois de continent eurasiatique.

Tout change avec la découverte des *terra incognita* au XVIe siècle. C'est la révélation quasi simultanée de l'Amérique du Sud et du Nord qui explique le paradoxe de ne considérer qu'un seul continent américain, alors que l'Amérique du Nord et l'Amérique du Sud ne sont reliées que par une bande de terre très étroite, un **isthme**, en Amérique centrale. De même, la découverte tardive de l'Australie et des terres éparses des « mers du Sud » a amené à parler de continent pour l'Océanie, littéralement « patrie des océans », formée de multiples îles.

L'ensemble des terres émergées, soit un quart de la surface du globe, est donc subdivisé traditionnellement en cinq continents : l'Afrique, l'Amérique, l'Asie, l'Europe et l'Océanie, subdivision qui concerne donc l'espace habité. Cette division, visible par exemple sur le drapeau officiel des Jeux Olympiques qui comporte cinq anneaux, pose le problème de l'Antarctique, vaste ensemble de terres désertes, mais que l'on peut considérer néanmoins comme le sixième continent.

De la cartographie moderne à la cartographie contemporaine

La cartographie moderne est dominée par l'école française. Louis XIV, qui cherche à consolider la prépondérance française dans le monde et souhaite, avec Colbert, une cartographie détaillée du Royaume, favorise les expéditions scientifiques et la recherche, grâce à l'Académie des sciences, fondée officiellement en 1699. Ces travaux aboutissent au calcul exact de la circonférence terrestre, à une mesure précise de la longitude jusque-là surévaluée. Utilisant la méthode de la triangulation mise au point en Angleterre, la famille **Cassini** réalise, à partir de 1682 et sur plus d'un siècle, la couverture topographique de la France au 1/86 400e. Parallèlement, des géographes français comme d'Anville contribuent à améliorer la cartographie des contours des continents et, dans la mesure du possible, de l'intérieur des terres. Tous ces progrès sont indissociables des perfectionnements techniques accomplis, notamment dans le domaine des mesures.

Au XIXe siècle, les progrès techniques, la multiplication des voyages scientifiques et la colonisation permettent de cartographier la quasi-totalité de la Terre. Réalistes, les grandes puissances s'entendent sur l'adoption du système métrique en 1875 et du **méridien de Greenwich** comme méridien d'origine en 1884. À l'exemple des cartes de Cassini, chaque puissance fait cartographier son territoire. En France, c'est l'armée qui est chargée de renouveler les cartes topographiques ; c'est pourquoi elles sont nommées **cartes d'état-major** jusqu'en 1940, date de création de l'**IGN** (Institut géographique national devenu en 2012 l'**Institut national de l'information géographique et forestière**). Ces cartes d'état-major, aujourd'hui accessibles par **Géoportail** (site gouvernemental géré par l'IGN), donnent pour la première fois une foule d'informations sur les étendues cartographiées concernant le relief, la toponymie, l'état des chemins, la nature des bâtiments (moulin, usine…). Destinées dans un premier temps à l'armée, donc à d'éventuelles manœuvres, ces cartes omettent de nombreuses données comme la nature des cultures.

Petit à petit apparaissent des cartes thématiques, comme les cartes géologiques, destinées entre autres à faciliter l'exploitation du sous-sol dans le contexte de la révolution industrielle. En Allemagne, Heinrich **Berghaus** (1797-1884) publie un *Atlas Physique*, complément du traité d'Alexander **von Humboldt** (1769-1859), tandis que Karl **Ritter** (1779-1859) entreprend une réflexion plus générale sur la nature même des cartes. Dans sa *Géographie générale*, il élabore des cartes thématiques afin de confronter les objets de la surface terrestre selon leur forme, leur position, leur étendue, de manière à déterminer leurs points communs, leurs particularismes, leurs rapports et surtout leur influence sur les hommes. Récusant l'idée que la carte « est » la réalité, il dénonce « la dictature de la cartographie sur la géographie ». La géographie n'a plus pour seul but d'élaborer des cartes ; Ritter est ainsi souvent considéré comme le fondateur de la géographie comparée, voire de la géographie générale.

Les cartes actuelles : élaboration et utilisation

Une élaboration désormais informatisée

L'élaboration d'une carte comporte deux étapes principales : la collecte des informations et la représentation des données sélectionnées. La collecte des données s'accompagne d'une sélection indissociable de la finalité de la carte. Les méthodes de relevés et de choix des informations ont connu d'énormes évolutions depuis une trentaine d'années.

La collecte peut se faire sur le terrain. C'est le rôle de la **géodésie** et des opérations géodésiques, c'est-à-dire de mesures sur le terrain par l'arpentage, la triangulation, l'établissement des altitudes (l'**altimétrie**), latitudes et longitudes d'un certain nombre de points remarquables dits **points côtés**. Ces collectes, dont certaines sont au point depuis le XVIe siècle, sont aujourd'hui complétées, voire remplacées, par la photographie aérienne et les données satellitaires. La pratique de la photographie aérienne est généralisée dans la plupart des pays. Photographie oblique, mais surtout verticale, elle permet, grâce aux vues stéréoscopiques, l'**analyse photogramétrique**, c'est-à-dire la mesure des formes du terrain à distance. Les cartographes utilisent systématiquement les **images satellitales** obtenues grâce à la **télédétection**, qui permet de mesurer des phénomènes grâce à des capteurs installés sur des satellites. Cette technique permet de recueillir des informations jusque-là très fragmentées, voire inaccessibles, qui sont ensuite traitées et analysées. Les **spatiocartes** sont réalisées à partir d'images satellitaires auxquelles on superpose des éléments de topographie. Elles permettent de pallier l'absence de carte disponible pour certaines régions désertiques.

La gestion des données a également considérablement évolué. Elle est, de nos jours, largement informatisée par la saisie numérique des informations. Mais l'informatique est également utilisée à d'autres stades : dans le filtrage des données sélectionnées en fonction de l'échelle ou du but de la carte, dans la mise en forme graphique… Les bases de données peuvent regrouper sur des supports performants des informations jusque-là éparses, en leur adjoignant des systèmes de classement et de sélection. Elles constituent alors un **SIG** (GIS en anglais) ou **Système d'information géographique**, particulièrement utilisé par les professionnels, mais qui atteint peu à peu le grand public grâce à des logiciels accessibles.

Ainsi les systèmes de repérage sont de plus en plus utilisés. On appelle **système de repérage** un système qui, à l'aide d'un ensemble de satellites et de leurs signaux radio, permet de déterminer la position exacte d'un objet sur la surface terrestre. Le plus connu et le plus développé est le système américain **GPS** (*Global Positionning System*), d'origine militaire. Les systèmes de repérage sont de plus en plus sollicités dans la vie courante, du fait de leurs applications variées : le GPS est installé en série sur de nombreux véhicules ; les systèmes de repérage sont aussi utiles pour l'aide à la navigation dans les transports aériens, maritimes ou sur les plates-formes *offshore*. Il s'agit aussi d'un instrument technique utilisé dans plusieurs sciences de la terre (par exemple pour évaluer les catastrophes naturelles), d'un instrument de travail pour la police, les pompiers ou les services de sauvetage en mer, les agences de gestion d'énergie… En 2002, l'Union européenne a décidé de lancer un système concurrent, **Galileo**, qui sera mis en service à partir de 2015 et achevé en 2019-2020. Il repose sur un système de 30 satellites équipés d'horloges atomiques et se base sur le principe de la triangulation. Le but de cette opération est de créer une véritable indépendance européenne par rapport aux États-Unis. En prévision de cette concurrence, les Américains renforcent leur position en rendant l'accès au GPS gratuit pour l'utilisateur de base, même si ses données sont beaucoup moins précises que celles de Galileo… Il s'agit là d'une guerre commerciale entre Europe et États-Unis.

Enfin, dans un autre domaine, le succès médiatique des logiciels et des sites de visualisation du globe terrestre sur Internet (Géoportail, Google Earth…), résultat du développement mais aussi de la vulgarisation de l'informatique, pose la question du statut de la carte : celle-ci tend en effet à être remplacée, même dans certaines communications scientifiques, par d'autres types d'images de la surface terrestre, y compris aujourd'hui en trois dimensions.

D'une façon générale, c'est donc notre rapport aux lieux qui évolue du fait du développement de la **géolocalisation**, c'est-à-dire de l'ensemble des procédés qui permettent de localiser de façon informatisée à l'aide de coordonnées géographiques. Celle-ci devient un élément de la vie quotidienne : GPS dans les voitures et sur les smartphones intégrant des reconnaissances d'itinéraires, alertes publicitaires SMS lorsque l'on se trouve à proximité d'un commerce censé nous intéresser…

Le problème de l'exactitude des cartes

L'utilisation de technologies, même relativement sophistiquées, ne résout pas le problème de l'exactitude des cartes.

La Terre étant une sphère, il est impossible de la représenter à plat tout en respectant les distances, les superficies et les angles. Le choix d'une **projection** s'impose ; il est essentiel dans le cas des **planisphères**, cartes qui représentent la totalité d'une sphère : sphère céleste, astre et, en particulier, la Terre ; on parle aussi dans ce cas de **mappemonde** (*mappae mundi*). Si la **projection de Mercator** respecte les angles, elle déforme considérablement les superficies : le Groenland, par exemple, a une taille démesurée. En revanche, la **projection de Peters** respecte les surfaces, mais déforme les distances. D'autres modes de projection tentent de limiter les inconvénients des deux précédents, comme les **projections Bertin** qui déforment peu les angles. Quant à la **projection polaire** (utilisée p. 152), elle crée des déformations de plus en plus importantes à mesure que l'on s'éloigne du centre de la carte.

Un autre problème concerne le relief. La carte étant une représentation en deux dimensions d'une réalité tridimensionnelle, le relief ne peut être rendu que par des artifices. Ce sont, par exemple, sur les cartes topographiques de l'IGN, les points côtés, les techniques d'**estompage** qui mettent en grisé les zones d'ombre dans le cas d'un ensoleillement de nord-ouest, et les **courbes de niveau** ou **isohypses**, lignes reliant tous les points de même **altitude** (hauteur par rapport à un niveau de référence supposé invariable : le niveau des mers ou **zéro marin**). On parle d'**isobathes** pour les lignes d'égale profondeur. Il existe aujourd'hui des **modèles numériques de terrain.** Ce sont des images tridimensionnelles procurées par l'ordinateur, qui sont plus « parlantes » que les cartes.

Un problème important est celui de la réduction, qui passe par le choix d'une **échelle cartographique**, c'est-à-dire du rapport entre les distances mesurées et les distances cartographiées. Plus l'échelle cartographique est petite (1/1 000 000e par exemple), plus le cartographe sélectionne les informations. En revanche, une carte à grande échelle (1/25 000e par exemple) peut être plus proche de l'exhaustivité.

Trois exemples de mode de projection

La projection de Mercator respecte les angles et déforme les surfaces

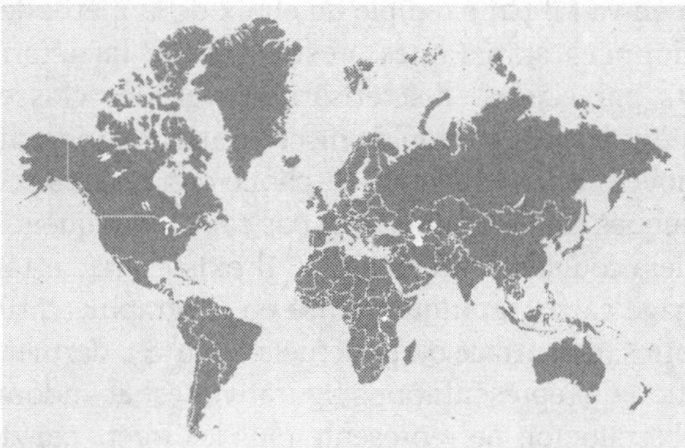

La projection de Mollweide privilégie les surfaces au détriment des angles

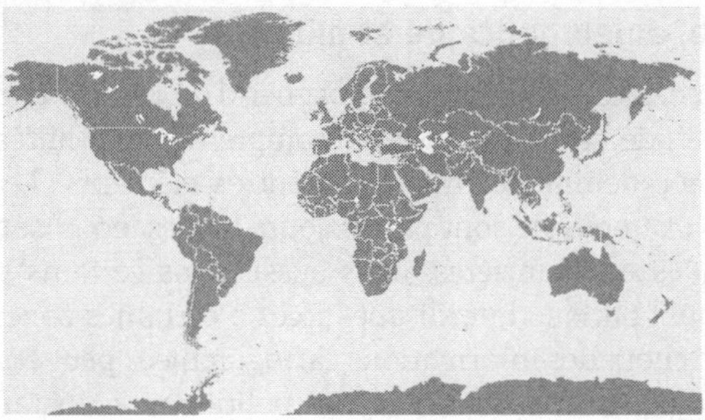

La projection de Bertin, compromis très utilisé, respecte les surfaces et déforme peu les angles

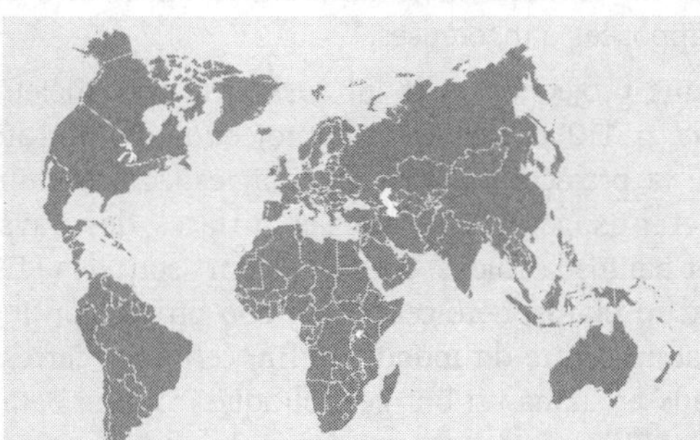

Enfin, quels que soient leurs conditions d'élaboration et leur degré d'exactitude, les cartes ne sont que des images d'une réalité. Des choix différents peuvent donner à voir des images différentes d'un phénomène. Ainsi en va-t-il par exemple du choix de la méthode de **discrétisation** de données statistiques, c'est-à-dire de la détermination de groupements par classe : discrétisation avec des classes d'effectifs égaux (en quintiles par exemple), discrétisation standardisée par rapport à la moyenne... De même, le choix des **figurés**, c'est-à-dire de signes graphiques élémentaires, n'est pas sans conséquences (choix des formes, tailles, couleurs, intensités...). Il existe une certaine codification du **langage cartographique** utilisé en géographie, qu'il s'agisse des figurés linéaires, de surface ou ponctuels. Pour ces derniers en particulier, l'utilisation de représentations figuratives est abandonnée au profit de figurés abstraits (on ne représente plus les forêts par des arbres ou les aéroports par des avions...).

● La carte, enjeu politique et militaire

L'utilisation des cartes doit s'accompagner d'un certain nombre de précautions. L'étude critique doit tenir compte des difficultés techniques évoquées précédemment ainsi que d'autres éléments. Les relevés de terrain, par exemple, ne sont pas toujours fiables, en raison de difficultés techniques et financières, mais aussi, dans certains pays, du fait d'une volonté politique interdisant l'accès à certaines zones. Plus généralement, le choix des informations cartographiées peut être le reflet de choix idéologiques : plusieurs régimes politiques, à l'instar de l'Iran de la fin des années 1970 ou des États issus du démantèlement de l'ex-Yougoslavie dans les années 1990, ont élaboré des cartes de répartition religieuse et / ou ethnique de manière à localiser et à contrôler des minorités supposées dangereuses.

Le choix d'une projection peut lui aussi être tendancieux. Les tiers-mondistes (*cf.* p. 112) dénonçaient la projection de Mercator, préférant par exemple la projection de Peters, qui respecte la taille réelle des continents et n'exagère donc pas les surfaces des pays situés aux moyennes et hautes latitudes, dont la plupart sont des PID. De même, l'utilisation d'un planisphère centré sur son propre continent renforce l'idée qu'il est au centre du monde. Enfin, certaines cartes sont volontairement fausses, dans un but géopolitique, comme c'était le cas des cartes de l'ex-URSS : il y avait par exemple environ 30 « villes interdites », non localisées sur les cartes, où étaient situés des usines et instituts militaires. De même, certains systèmes de projections cartographiques comprenaient volontairement de faux systèmes de coordonnées, de manière à ce que certains gisements de matières premières soient difficiles à localiser.

Beaucoup d'instituts de cartographie sont sous le contrôle des militaires, ce qui conforte l'affirmation d'Yves **Lacoste**, dans un ouvrage de référence en 1976 : *La Géographie, ça sert, d'abord, à faire la guerre*. Le fait que, dans nombre de pays, la diffusion des cartes se heurte à diverses interdictions rappelle aussi leur rôle politique ou militaire.

Enfin, lorsqu'une frontière est contestée par plusieurs pays, la carte est un support idéal du discours politique. Ainsi, pour le Cachemire, le Sahara occidental, en Équateur, les cartes peuvent différer de la traditionnelle cartographie internationale. De même, la parution de planisphères mentionnant le terme « Israël » fut longtemps interdite dans les pays du Moyen-Orient. Le problème se retrouve au niveau supranational : les agences spécialisées de l'ONU prennent soin de signaler que la représentation des frontières est symbolique et ne relève pas de leur responsabilité : la Banque mondiale a ainsi demandé à son service cartographique de ne plus produire de cartes du sous-continent indien mettant trop en évidence la région du Cachemire.

À condition de ne pas perdre de vue toutes ces réserves, la carte apparaît comme fondamentale en géographie. Elle sert de base de données, est un outil du raisonnement ou encore constitue l'aboutissement de la réflexion.

Lire aussi **Géographie (histoire de la) – Géographie (techniques et méthodes de la)**

Climat

Dépendants de la latitude, de la continentalité et de l'altitude, les climats sont souvent considérés comme stables à l'échelle historique ; ils connaissent pourtant des évolutions sensibles. Le thème du changement climatique est ainsi aujourd'hui au cœur des problématiques environnementales.

Les problèmes de définition

Climatologie et géographie

La **climatologie**, science qui étudie les climats, est une des sciences connexes de la géographie, qui en utilise les résultats mais aussi les méthodes. Le climat fut longtemps étudié en géographie classique dans le contexte du possibilisme (*cf.* p. 212). Mis en relation avec les activités humaines (agriculture, peuplement...), le climat offrait un cadre dans lequel les genres de vie pouvaient s'épanouir. Dans les écrits géographiques imprégnés de déterminisme naturel, le climat apparaissait souvent comme l'élément clé, déterminant, ce qui est erroné, sauf exception rare. Plus encore, de nombreux géographes ont adhéré à la « **théorie des climats** », mise en place dès le XVIIIe siècle par Montesquieu et remobilisée par la **géographie coloniale**. Celle-ci n'hésitait pas à établir des corrélations entre les aptitudes des peuples et le climat : les climats chauds favorisant la sensualité, la langueur et la paresse, les climats froids le courage et le travail !

De nos jours, les géographes s'intéressent à l'étude des climats selon d'autres problématiques : les famines sont-elles liées aux sécheresses, à des déséquilibres socio-économiques ou à des raisons politiques ? En quoi les systèmes agricoles modernes dépendent-ils des conditions climatiques et comment les sociétés tentent-elles de s'en affranchir partiellement ou totalement ? Quelles sont les conséquences de l'évolution actuelle des climats et, en particulier, le réchauffement de la planète ? Quelles sont les incidences de la déforestation sur le climat ? Quels liens peut-on établir entre climat et pollution, et ce à différentes échelles ? La géographie tente donc d'évaluer le rôle et le poids du climat dans les différents géosystèmes.

Comment définir un climat ?

Le **climat** est l'ensemble des caractéristiques de l'atmosphère et de leurs variations, en un lieu donné, sur une longue période. Le climat se différencie du **temps**, qui est l'état du ciel à un moment donné. La détermination d'un climat ne peut donc se faire qu'à l'aide de mesures établies durant une période de référence, assez longue pour ne pas tenir compte des années exceptionnelles, et assez courte pour ne pas être affectée par d'éventuels changements climatiques. C'est pourquoi on utilise généralement des séries trentenaires.

Les principaux paramètres pris en compte sont les précipitations et les températures. Mais une étude plus précise du climat nécessite d'autres indicateurs, comme la nature des précipitations (pluvieuses, neigeuses...), la **pluviosité** (importance de la pluie en fréquence et en quantité), l'humidité, les vents, la **nébulosité** (proportion du ciel couverte par les nuages), les **brouillards** (nuages dont la base se trouve au sol, appelés **brumes** lorsque la visibilité est supérieure à 1 km), l'**insolation** ou l'**ensoleillement**. Ces deux termes sont parfois employés comme synonymes pour désigner l'exposition aux rayons du soleil ; l'ensoleillement peut désigner, plus précisément, le nombre d'heures de soleil par unité de mesure (jour, mois...).

C'est à partir de ces mesures que l'on établit des indices (d'aridité, d'ensoleillement...), des moyennes, des écarts à la moyenne, etc. On détermine ainsi des moyennes de températures et des totaux de précipitations annuels, mais aussi des variations diurnes ou saisonnières. L'**amplitude thermique annuelle**, par exemple, est la différence entre la température moyenne du mois le plus chaud et celle du mois le plus froid. Un climat peut aussi se caractériser par une **saison sèche** (période où les précipitations mensuelles mesurées en millimètres sont inférieures à deux fois les températures, mesurées en degrés Celsius).

Différentes échelles

La notion de climat étant très générale, il convient de distinguer différentes échelles. Le **microclimat** concerne une partie très réduite de territoire : on parle de microclimat urbain, par exemple celui de Strasbourg. Cette notion est parfois confondue avec celle de **climat local**, qui concerne un territoire pourtant plus vaste. Le **climat régional** concerne une étendue beaucoup plus vaste encore ; on distingue par exemple le climat de montagne froid et humide des Vosges, du climat de l'Alsace plus sec car en position d'abri. Mais les grandes divisions

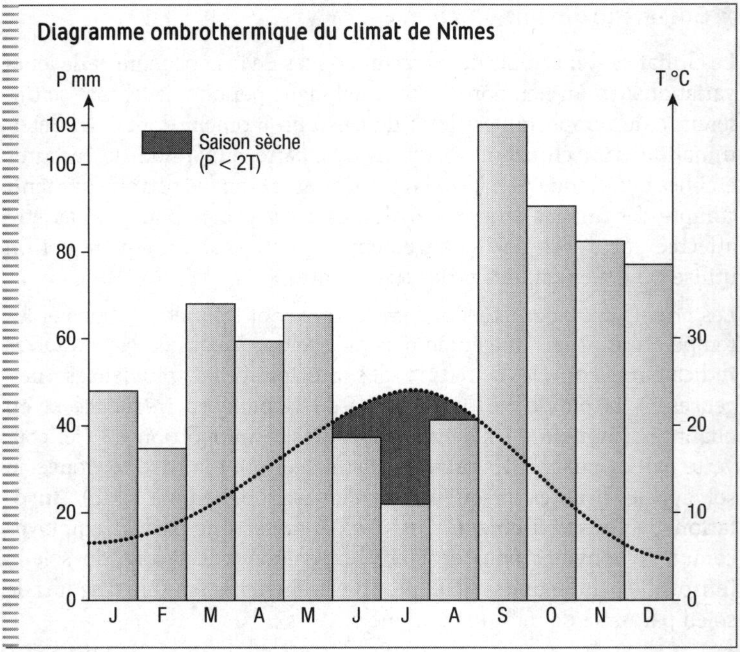

climatiques, à l'échelle planétaire, différencient les climats à la fois en fonction de la latitude, ce sont les **climats zonaux**, et de la continentalité. Ainsi, les climats de Strasbourg, de l'Alsace ou des Vosges sont tous des climats tempérés des latitudes moyennes et correspondent à une dégradation continentale.

Les facteurs d'explication

La latitude, l'inclinaison de la Terre et ses mouvements par rapport au Soleil, la continentalité et, dans une moindre mesure, l'altitude expliquent la variété des climats.

● L'influence de la latitude : les climats zonaux

À l'échelle du globe, les grands ensembles climatiques correspondent à des divisions zonales. Cette différenciation tient avant tout à la zonation thermique du globe liée aux variations du **bilan radiatif**, soit la différence entre la chaleur que reçoit un espace et la chaleur qu'il

restitue. Si le bilan radiatif moyen du globe est équilibré, il ne l'est pas pour toutes les régions. Il dépend en effet de trois phénomènes :
– la sphéricité de la Terre, qui fait que l'**angle d'incidence** du rayonnement solaire varie en fonction de la latitude : l'énergie emmagasinée est maximale dans la zone intertropicale, où les rayons peuvent être verticaux quand le Soleil est à son **zénith**, et décroît vers les pôles, où ils sont rasants ;
– l'atmosphère, dont le rôle est déterminant pour le bilan radiatif, bien que plus difficile à cerner : un ciel clair laisse passer facilement les rayons solaires mais aussi la chaleur réfléchie par le sol, l'inverse se produisant pour les ciels souvent nuageux de la zone équatoriale ;
– l'**albédo**, c'est-à-dire le pourcentage d'énergie solaire réfléchie sur une surface par rapport aux rayons incidents, qui varie fortement en fonction de la nature et surtout de la couleur de la surface : contrairement aux déserts de sable et aux régions enneigées ou englacées, les océans et les forêts réfléchissent peu d'énergie.

Résultant de ces facteurs, le bilan radiatif est déficitaire aux pôles, excédentaire entre les tropiques et variable, en fonction des saisons, aux latitudes moyennes.

L'existence de **saisons**, déterminante pour la différenciation des climats, est liée à deux phénomènes majeurs : l'inclinaison de la Terre et sa révolution annuelle autour du Soleil. Les quatre saisons thermiques, surtout sensibles aux latitudes moyennes, correspondent aux intervalles compris entre les solstices et les équinoxes. Le **solstice** coïncide avec le moment où le Soleil est au zénith à l'un des deux tropiques. Il marque ainsi le jour le plus long lors du solstice d'été et le jour le plus court lors du solstice d'hiver. Le 21 juin inaugure donc l'été de l'hémisphère Nord et l'hiver de l'hémisphère Sud. Entre les deux solstices se situent les **équinoxes**, où la durée du jour équivaut à celle de la nuit sur toute la surface de la Terre.

En fonction de la latitude, les climats ont donc des caractéristiques particulières. Les climats des hautes latitudes, situés au-delà du cercle polaire, sont des climats froids qui connaissent la **nuit polaire**, c'est-à-dire l'absence totale de jour pendant 24 heures pendant une partie de l'hiver : lorsque l'on passe le cercle polaire, plus on va vers le pôle, plus le nombre de jours durant lesquels le Soleil ne se lève pas augmente. Inversement, le **jour polaire** est de 6 mois au pôle en été ; il est parfois baptisé **Soleil de minuit**. Les **climats** des latitudes moyennes sont dits **tempérés** : ils présentent des températures et des précipitations « moyennes », en fait intermédiaires entre les climats des hautes et des basses latitudes et ont des saisons thermiques très marquées. Quant aux climats des basses latitudes, ils occupent la **zone intertropicale**, comprise entre les deux **tropiques** (23° 26'), latitudes où le Soleil passe au zénith lors du solstice. Situés de part et d'autre de l'équateur, ces climats sont donc les plus chauds et les saisons thermiques sont peu contrastées contrairement aux saisons pluviométriques. Le nombre des saisons comme leur nature (thermique, pluviométrique) dépend largement de la circulation en grandes cellules (*cf.* p. 305). La proximité plus ou moins grande de l'équateur joue aussi un rôle dans le mécanisme de la **mousson**. Le terme, issu de l'arabe *mounsoun*, c'est-à-dire saison, désigne les vents accompagnés de pluies tropicales souvent fortes qui proviennent de la remontée de l'alizé austral dans l'hémisphère Nord (*cf.* article *Météorologie*).

La continentalité

Les climats zonaux se subdivisent selon l'éloignement plus ou moins grand des océans (la **continentalité**).

Étant donné la rotation de la Terre, les masses d'air se dirigent globalement d'ouest en est, du fait de la **force de Coriolis**. Les façades occidentales des continents reçoivent donc de plein fouet les dépressions qui se sont formées, surtout en zone tempérée, sur les océans et connaissent des climats de type océanique. Ces dépressions, freinées par la rugosité supérieure des continents, provoquent des pluies qui sont d'autant plus abondantes que les reliefs côtiers sont proéminents. Les montagnes côtières engendrent des précipitations très fortes, comme c'est le cas sur les côtes norvégiennes. Vers l'est, on assiste à un assèchement progressif, les dépressions « se vidant » peu à peu. Ceci se traduit par une aridité croissante, qui peut être accentuée, en cas de relief, par le phénomène d'**abri** : le **versant sous le vent**, protégé, est nettement moins humide que le **versant au vent** qui reçoit des **précipitations orographiques** (liées au relief).

La proximité plus ou moins grande des océans intervient également par l'**inertie thermique** importante de ces masses d'eau. En hiver, les océans se refroidissent moins rapidement que les continents et procurent donc aux régions côtières des climats plus doux. Au contraire, se réchauffant moins vite, ils sont responsables d'étés plus frais que dans les régions continentales. Enfin, les courants marins, chauds ou froids, modifient sensiblement les climats des régions côtières.

Dans les régions très continentales, on assiste au contraire à une **continentalisation** des masses d'air, qui subissent des modifications thermiques liées aux caractéristiques propres de ces régions. C'est le cas, par exemple, des masses d'air en provenance d'Europe de l'Ouest qui se refroidissent dans les plaines russes en hiver.

Les différents climats

Si les grandes divisions climatiques sont unanimement reconnues, les limites proposées peuvent varier d'un auteur à l'autre. En effet, la limite tranchée entre deux aires climatiques est l'exception, souvent engendrée par la présence de reliefs importants. La terminologie varie également selon les auteurs : le climat de l'Allemagne, par exemple, est qualifié de « continental », d'« océanique dégradé » ou encore de « dégradation continentale ». Il faut aussi souligner les importantes différences de températures et de précipitations pour un même type de climat, qui ne permettent pas de donner des valeurs types. Enfin, aux grands types de climats, correspondant à des divisions zonales, s'ajoute le **climat de montagne** (*cf.* article *Montagne*), largement azonal du fait de l'ampleur des dégradations thermiques et pluviométriques. Très froid, il est marqué par la forte part des précipitations neigeuses et du gel.

Les principaux climats dans le monde

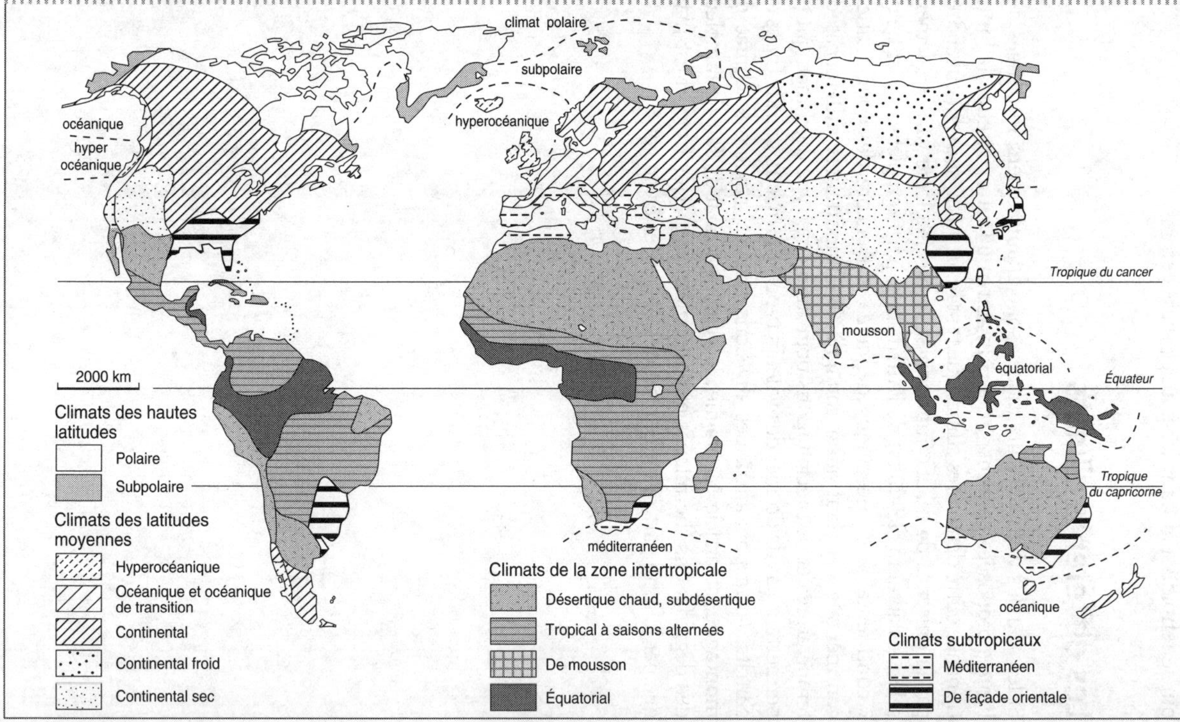

Les climats des hautes latitudes

Climat	Valeur des températures	Saisons thermiques	Importance des précipitations	Saisons pluviométriques	Particularités
Polaire	Très faibles et ne dépassant pas 10 °C de moyenne mensuelle, particulièrement au centre des inlandsis et en zone continentale	Très forte amplitude thermique annuelle du fait de la nuit polaire, absence d'été	Peu importantes, souvent solides et difficilement mesurables	Précipitations lors des épisodes les moins froids, sécheresse générale	Très fort vent, existence d'un sol toujours gelé (***pergélisol***), nuit polaire
Subpolaire	Faibles	Forte amplitude thermique annuelle, existence d'un court été	Très variables, pouvant être importantes dans les zones subpolaires océaniques	Précipitations plus importantes en été, mais pouvant se produire toute l'année, sécheresse hivernale	Très fort vent, le pergélisol fond en surface (**mollisol**), extrême variabilité de ces climats en fonction de la localisation plus ou moins océanique

Les climats des latitudes moyennes

Climat	Valeur des températures	Saisons thermiques	Importance des précipitations	Saisons pluviométriques	Particularités
Hyper-océanique	Modérées	Peu contrastées, été frais, hiver doux	Très abondantes sur les reliefs, fréquentes sous forme de crachin	Max. d'hiver, mais pas de sécheresse estivale	Instabilité des types de temps, vent fréquent, gel et neige rares
Océanique et océanique de transition	Modérées, mais déjà contrastées du fait des influences continentales	Été plus chaud qu'en hyperocéanique	Abondantes, neige probable au moins quelques jours par an	Max. de printemps, parfois d'été (en cas de forte influence continentale), pas de sécheresse estivale	Brouillards de rayonnement plus fréquents
Continental	Moyennes assez faibles	Été chaud, hiver long et froid, printemps très court, très forte amplitude thermique annuelle	Peu importantes, tombant surtout sous forme de neige	Automne et hiver secs, été pluvieux	Orages d'été, tempêtes de neige possibles, grande variabilité des intersaisons du fait des invasions possibles d'air froid
Continental froid	Très contrastées mais globalement basses	Été avec températures supérieures à 10 °C, hiver très long d'une rigueur extrême	Moins de 500 mm par an	Neige d'intersaisons, très longue sécheresse d'été malgré quelques pluies	Très grande variabilité interannuelle des températures, tempêtes de neige et de vent (**blizzard**) fréquentes
Continental sec	Amplitude thermique annuelle très élevée	Été chaud, parfois > 30 °C, invasions d'air polaire l'hiver	Aridité	Pluies d'été, existence d'un printemps	Irrégularité de la neige, variabilité des types de temps en hiver

Les climats subtropicaux

Climat	Valeur des températures	Saisons thermiques	Importance des précipitations	Saisons pluviométriques	Particularités
Méditerranéen	Températures rarement négatives, moyenne annuelle élevée	Été chaud, hiver doux, amplitude thermique annuelle parfois importante	Abondantes	Sécheresse estivale marquée, précipitations d'hiver ou d'intersaisons	Orages et fortes averses d'automne fréquents
De façade orientale (dit chinois)	Très contrastées	Été très chaud, invasions d'air froid l'hiver, forte amplitude thermique annuelle	Très abondantes	Fort maximum d'été (localement de type « mousson »), gel et neige possibles en hiver	Très fortes irrégularités, tornades possibles

Les climats de la zone intertropicale

Climat	Valeur des températures	Saisons thermiques	Importance des précipitations	Saisons pluviométriques	Particularités
Désertique chaud et subdésertique	Très élevées	Chaleur toute l'année	Aridité extrême ou moins forte en climat subdésertique	Très rares pluies, plutôt l'été	Très forts vents possibles (**khamsin** en Égypte), forte amplitude thermique diurne
Tropical à saisons alternées	Élevées	Chaleur toute l'année avec un maximum en fin de saison sèche	De 500 à 1 500 mm par an environ	Sécheresse d'hiver (**carême** aux Antilles) et saison des pluies l'été (**hivernage**)	Forts vents possibles en hiver (**harmattan** en Afrique occidentale)
Mousson	Élevées	Faible amplitude thermique, maximum de pré-mousson	Très importantes, voire diluviennes selon la région	Alternance d'une saison sèche et d'une saison hyperhumide, la mousson proprement dite	Très grande variabilité de la mousson d'une année sur l'autre
Équatorial	Très élevées	Chaleur toute l'année	Très importantes	Saisons peu marquées	Variabilité interannuelle des régimes pluviométriques, saison sèche de fin d'été possible

Les variations climatiques

Le climat connaît un certain nombre de variations sur le temps long. Si les recherches effectuées par des historiens et des géologues sur les climats du passé ont longtemps été dominantes, le contexte de réchauffement climatique amène aujourd'hui les scientifiques et l'opinion publique à se préoccuper des évolutions ultérieures du climat.

Les climats du passé : les moyens d'investigation

La **paléoclimatologie**, l'étude des climats du passé ou **paléoclimats**, ne relève pas de la géographie : domaine des géologues quaternaristes, pour les changements anciens, elle intéresse les historiens, pour les plus récents. Ce fut notamment Emmanuel Le Roy Ladurie qui, dès 1967, dans un ouvrage fondateur, *L'Histoire du climat depuis l'an 1000*, mettait en évidence, par un travail d'archives, des périodes plus chaudes – le XIe siècle, vers 1750 et vers 1850 –, alternant avec des périodes de froid plus intense – le XIIIe siècle et surtout la période qui va de 1550 à 1850, nommée « **petit âge glaciaire** ». Ces travaux confortaient les analyses des géomorphologues. Ceux-ci étudient ces phénomènes pour les traces qu'ils ont laissées : les **héritages paléoclimatiques**. Les formes identifiées (moraines, terrasses, surfaces d'érosion...) sont datées et cartographiées pour réaliser une véritable histoire du paysage. Les principales techniques utilisées pour la datation sont l'étude de carottes glaciaires, issues des forages, la datation au carbone 14 des éléments organiques, la **palynologie** (étude des pollens des tourbières), la **dendrochronologie** (étude des cercles annuels de croissance des arbres). Ces méthodes, qui relèvent en partie du travail de laboratoire et permettent d'obtenir des résultats précis, sont aussi utilisées par les sciences de la nature (géologie, glaciologie, botanique...).

Les climats du passé : glaciations et principaux paléoclimats

Les causes astronomiques semblent jouer un rôle majeur dans les variations climatiques. Ce sont la **précession des équinoxes**, avance annuelle de l'instant de l'équinoxe de printemps liée à la variation de l'obliquité de la Terre, mais aussi les transformations de l'ellipse que décrit la Terre autour du Soleil qui ont le plus d'impact. Les changements de composition de l'atmosphère, par exemple lors d'éruptions volcaniques, ont sans doute également modifié les équilibres climatiques. D'autres raisons, comme l'activité solaire, la température interne du globe, peuvent aussi jouer un rôle.

Le **Quaternaire** a été marqué par une alternance de périodes glaciaires et de périodes interglaciaires. Le **Würm** (dernière grande glaciation qui a duré de – 15 000 à – 80 000 ans environ) a été précédé par d'autres périodes glaciaires, tels le **Riss** (300 000 à 120 000 ans), le **Mindel** (650 000 à 350 000 ans) ou le **Günz** (1,2 million à 700 000 ans) qui avaient déjà modifié les avant-pays montagnards et créé par exemple les grands lacs italiens ou suisses. Ces glaciations montrent qu'il y a donc, au moins depuis un million d'années, une succession de périodes froides glaciaires et de périodes plus chaudes ou interglaciaires. On peut donc affirmer que si l'ère quaternaire est généralement définie par les paléontologues comme l'ère de l'**hominisation** (ensemble des processus évolutifs permettant le passage du primate à l'homme), c'est également la période des grandes glaciations, c'est-à-dire d'avancée générale et prolongée des glaciers, du fait de conditions climatiques favorables.

En Europe, le Würm s'est achevé il y a moins de 15 000 ans, par une ultime série d'avancées, d'importance sensiblement inférieure aux précédentes, lors du **tardiglaciaire**. Durant cette période, les Alpes étaient le siège d'immenses glaciers et le Jura était recouvert d'une calotte glaciaire assez comparable aux calottes polaires. Les émissaires de ces glaciers, parfois longs de plusieurs centaines de kilomètres, ont façonné des auges glaciaires à leur dimension, comme les grandes vallées suisses. En zone de surcreusement se sont formés ou agrandis des lacs. Une grande partie de l'Europe du Nord était recouverte par une calotte et, phénomène connexe, du fait de l'énorme rétention en eau, le niveau de la mer était bien plus bas qu'aujourd'hui. Les phases **anaglaciaires**, c'est-à-dire de froid et d'avancée des glaciers, se sont traduites par des **régressions marines** : le niveau de la mer s'est ainsi abaissé de 180 mètres lors de la dernière glaciation. Des populations asiatiques ont sans doute pu franchir le détroit de Béring vers l'Amérique. Des îles rattachées aux continents ont été peuplées d'une flore et d'une faune **allochtones** (d'implantation récente). Dans le même temps, les processus d'érosion froids dominaient, même à des latitudes assez basses.

Inversement, les phases de fonte des glaciers, dites **cataglaciaires**, ont entraîné la disparition d'espèces froides ou leur repli dans des zones refuges, comme les montagnes. La fonte des grands inlandsis a provoqué la remontée du niveau marin – la **transgression marine** – et parfois le **relèvement isostasique** de parties de continents, comme en Scandinavie : l'allègement de la charge a en effet créé un mouvement de compensation de la croûte terrestre.

À l'échelle mondiale, le synchronisme des glaciations est avéré : elles ont touché à la même époque, ou avec un léger décalage, les différentes montagnes du globe et les deux calottes polaires. Ainsi, la dernière glaciation alpine, le Würm, a coïncidé avec les calottes glaciaires du **Weischel** et du **Valdaï**, touchant respectivement l'Allemagne du Nord et la Russie, et avec la glaciation des Rocheuses américaines, le **Wisconsin**. Un tel synchronisme est logique, puisque les grandes glaciations sont liées à des causes climatiques planétaires. Elles paraissent correspondre aux **pluviaux**, épisodes humides ayant touché le Sahara par exemple. La taille des glaciers joue un rôle dans la durée de la fonte, les plus petits réagissant plus vite. Ainsi, il y a 6 500 ans, les Alpes et les Pyrénées avaient le même aspect qu'aujourd'hui, alors que l'inlandsis était encore présent au Québec.

Les changements climatiques actuels

Aujourd'hui, on assiste à un changement climatique qui semble s'accélérer et résulter davantage des activités humaines que des cycles astronomiques. Il se traduit par un **réchauffement climatique** global mais d'inégale ampleur en fonction des régions : les hautes latitudes se réchauffent deux fois plus vite que les régions tempérées, ce qui se traduit notamment par la fonte accélérée de la banquise en Arctique et de la calotte glaciaire groenlandaise. Mais le réchauffement n'est pas la seule évolution : il s'agit d'un **changement climatique** global (***global change***), marqué par la modification des régimes pluviométriques (sécheresses accrues dans certaines régions, amplification des précipitations ailleurs), voire par une extrémisation des caractéristiques de ces climats. La tempête Xynthia qui toucha La Tranche-sur-Mer en 2010 est souvent reliée à cette extrémisation du climat, tout comme celles qui touchèrent la France en décembre 1999 et s'apparentaient à des tempêtes tropicales. De même, les crues catastrophiques liées à de fortes pluies, ou au contraire les périodes de **canicule** (période de chaleur exceptionnelle et prolongée) sont plus fréquentes ; la canicule de 2003 fut particulièrement importante.

Les changements climatiques actuels sont étudiés par le **GIEC** (Groupe d'experts intergouvernemental sur l'évolution du climat). Plusieurs causes sont souvent mises en avant pour expliquer ces changements climatiques. C'est d'abord le **trou dans la couche d'ozone**, longtemps favorisé par l'émission de chlorofluorocarbures (CFC). Ce gaz s'attaque à l'ozone situé dans la stratosphère et crée donc « un trou » qui laisse passer une plus grande quantité d'énergie solaire. Malgré l'interdiction de ce gaz, ce trou ne pourra sans doute se résorber avant des décennies. Situé aux pôles, il contribue en outre à une fonte de la banquise antarctique et engendre ainsi directement une élévation du niveau de la mer.

Il s'agit ensuite de l'**effet de serre**, lié à une concentration croissante en gaz carbonique dans l'atmosphère, du fait d'une augmentation de la combustion de pétrole, de charbon, mais aussi de méthane (du fait de l'agriculture). Le CO_2 bloque en partie les rayonnements renvoyés par la surface terrestre, ce qui contribue directement au réchauffement. De tels faits sont indéniables. Sur 150 ans de mesures météorologiques au niveau international, 13 des 15 années les plus chaudes qu'a connues la planète se situent entre 1997 et 2011. Le niveau de la mer s'est relevé de plus de 10 cm entre 1900 et 2000. La production de CO_2 s'est accrue de plus de 30 % depuis 1750, mais les prévisions sont beaucoup plus alarmantes : sa concentration dans l'atmosphère devrait doubler d'ici 2050.

Cependant les prévisions fluctuent beaucoup en fonction des modèles climatiques : selon les évaluations, le réchauffement pourrait être de 1 à 3,5 °C d'ici 2100, ce qui entraînerait évidemment des conséquences très différentes selon les cas. Ces conséquences sont d'ailleurs difficiles à prévoir : modification des écosystèmes, remontée dramatique du niveau des mers pour certaines zones littorales, sécheresses dans d'autres régions, conséquences sur l'économie difficilement prévisibles. Certaines conséquences supposées de l'effet de serre peuvent aller en sens inverse de l'évolution climatique générale : ainsi, le réchauffement pourrait affecter la dérive nord-atlantique, ce qui pourrait paradoxalement provoquer un refroidissement du climat en Europe occidentale. La prévention de tels changements climatiques est encore balbutiante et repose pour l'instant sur de grandes conférences (*cf.* article *Risques, pollution*) inspirées des pactes de développement durable.

Lire aussi **Déserts arides – Développement durable – Eau – Météorologie – Montagne – Risques, pollution**

Cours d'eau, hydrologie

Les cours d'eau sont des lieux de polarisation et de fixation des populations depuis des millénaires. Ils font l'objet de travaux géographiques et restent un objet d'étude essentiel.

Les cours d'eau, facteurs de structuration de l'espace

Les cours d'eau, ruptures territoriales ou axes privilégiés ?

Les populations se sont souvent installées à proximité ou le long des fleuves : ceux-ci servaient en effet d'axes privilégiés pour les transports (*cf.* p. 526) et le commerce. L'histoire du peuplement des régions désertes ou inconnues a souvent privilégié les fleuves comme **axes de pénétration** comme ce fut le cas de la conquête de l'Afrique au XIXe siècle par la remontée du Nil ou du Congo. Dans des régions où l'emprise humaine était forte, l'aménagement des cours d'eau est souvent passé par des systèmes de **digues**, remblais artificiels protégeant les populations des inondations, mais aussi de routes qui ont souvent plus ou moins suivi les grands cours d'eau en évitant le lit mineur pour les mêmes raisons. Pendant longtemps, ce lit mineur fut peu peuplé, laissé aux champs ou aux pâturages, tandis que les villages s'installaient sur des terrasses protégées des inondations.

Les cours d'eau ont donc au fil du temps structuré l'espace, au point que pendant longtemps les divisions territoriales se sont faites en partie en fonction de ceux-ci : la division départementale française obéit en grande partie à ce critère puisque 66 départements portent, au moins en partie, le nom d'une rivière. Par ailleurs, de nombreux sites de villes correspondent à des **sites de franchissement** dotés d'un pont ou d'un **gué**, endroit où l'on peut traverser le cours d'eau à pied. Ces aspects, ainsi que le rôle des cours d'eau pour les besoins domestiques, agricoles et industriels, ont été particulièrement étudiés par la géographie classique. Ils illustrent le fait que le cours d'eau est une structure linéaire organisant l'espace : axe majeur dans le sens du fleuve, rupture territoriale perpendiculairement à celui-ci ; le cours d'eau peut être coupure, limite ou au contraire lien, contact. D'où l'intérêt que lui portent les géographes, notamment dans le cadre de l'**analyse spatiale** (*cf.* p. 247) : dans le système « point-ligne-surface », elle est même la principale **structure linéaire**.

Paysages de cours d'eau

« Si le paysage est un tout, ce tout peut être ramené à un élément dominant qui lui donne sens, la ville ou la campagne, la plaine ou la montagne. Il en va de même pour l'eau [...]. Un fleuve comme le Mississippi multiplie les méandres, les faux bras et les lits abandonnés, de sorte que son lit majeur s'étend sur une largeur de plus de cent kilomètres à l'amont de Vicksburg. D'autres fleuves dits réguliers comme l'Amazone ou le Congo incluent dans leur lit moyen de vastes zones marécageuses. [...] Dans le cadre des économies pré-industrielles, le cours d'eau a fourni l'eau de boisson, l'eau des processus artisanaux et un mode de circulation extérieur et intérieur à la ville. Amiens offrait un exemple remarquable de cette intégration, avec le réseau de canaux qui sillonnait la ville. [...] C'est [au XIXe siècle] que s'est amorcé le divorce entre la ville et le fleuve par [...] la construction des quais hauts intégrés à l'espace urbain [...]. Plus tard encore, les quais seront transformés en entrepôts ou en parcs de stationnement automobile. Ce processus se retrouve sur tous les fleuves, parfois au détriment des sites patrimoniaux [...], les canaux et rivières qui traversaient les villes, comme la Bièvre à Paris, l'Erdre à Nantes, [...] ont été transformés en égouts puis recouverts au nom de l'hygiène et oubliés. [...] C'est également au nom de l'hygiène que des **laisses de crue** [espaces alternativement couverts et découverts lors de crues] ont été transformées en parcs urbains comme le parc de la Tête d'Or à Lyon ou Hyde Park à Londres. [...] Autre lieu chargé de symboles, le confluent est le point de jonction de deux branches d'un même fleuve. [...] Les flots chargés du Missouri évoquent la rudesse de l'Ouest américain face aux flots plus calmes du Mississippi-Ohio. Le confluent lyonnais mêle de la même façon les eaux calmes de la Saône aux eaux quasi torrentielles du Haut-Rhône. »

Jacques Bethemond, Anne Honegger-Rivière et Yves-François Le Lay, « Les paysages des eaux douces » *in Le Paysage dans tous ses états*, site internet Géoconfluences (geoconfluences.ens-lyon.fr), DGESCO-ENS de Lyon, 26 mars 2006.

Mais la géographie culturelle s'est également approprié l'objet cours d'eau. Les rapports entre fleuve et ville ont par exemple fait l'objet de nombreuses études dans lesquelles intervenaient aussi des urbanistes et des sociologues : plusieurs communes tentent d'ailleurs de se réapproprier leur fleuve par des opérations ludiques comme à Paris-Plage, ou par l'aménagement de leurs berges ou de leurs **quais** (section de berge permettant l'accostage des navires ou des péniches), comme à Nantes ou Bordeaux. Enfin, le paysage des cours d'eau en tant que tel a fait l'objet de différentes études.

Avec la montée des préoccupations environnementalistes et du développement durable, d'autres géographes s'intéressent aux conséquences des pollutions ou encore aux acteurs intervenant dans le cadre de la loi sur l'eau (*cf.* p. 136). Les cours d'eau restent donc un objet important pour la géographie, qu'elle soit sociale, culturelle ou environnementale.

Les variations saisonnières des cours d'eau

D'une façon générale, la quantité d'eau d'un cours d'eau dépend de plusieurs facteurs, et en premier des précipitations. Or, seule une faible partie des eaux de pluie va à la rivière, la part principale s'évaporant. Toute précipitation tombée sur un espace donné peut s'évaporer, s'écouler en surface ou s'infiltrer dans le sol. Le **bilan hydrologique** mesure la répartition de ces modes d'évacuation. Il varie en fonction de facteurs nombreux. L'évaporation est toujours importante, surtout dans les régions chaudes ou lorsqu'une couverture végétale, par « transpiration », augmente cette évaporation. On parle alors d'**évapotranspiration**. La quantité s'infiltrant dans le sol dépend principalement de la perméabilité du substrat : un sol calcaire fissuré est plus propice aux infiltrations qu'un sol argileux. Enfin, la partie restante s'écoule pour donner naissance aux rivières. Seules quelques régions arides connaissent une absence quasi totale d'écoulement (**aréisme**). On peut ainsi calculer le **coefficient d'écoulement** d'un bassin-versant, qui est le rapport entre la lame d'eau écoulée par la rivière et celle reçue sous forme de précipitations. De même, le **bilan spécifique** – le rapport entre le débit de la rivière et l'étendue du bassin-versant – permet de comparer l'écoulement de rivières dans des bassins-versants de taille fort différente. Le **débit hydrologique**, exprimé en m^3 par seconde, correspond au volume d'eau écoulé en une seconde par un cours d'eau en un point de son cours. Celui-ci dépend du climat et de la configuration du bassin-versant. Il varie aussi, pour un même cours d'eau, de la source à l'embouchure et en fonction des saisons.

Toute rivière connaît un certain nombre de variations de son alimentation en eau durant l'année (**régime hydrologique**). On observe généralement l'existence d'une période de basses eaux, l'**étiage**, et d'une ou deux périodes de hautes eaux, la **crue**. Une autre acception du terme le réduit au sens de **crue catastrophique**, la rivière sortant de son tracé d'écoulement habituel, le **lit mineur**, limité par des talus, les berges, pour s'étaler dans son **champ d'inondation** ou **lit majeur** (*cf.* p. 440). Toute crue est suivie d'une période de baisse des eaux, la **décrue**. Inondations et crues peuvent aussi être liées aux phénomènes d'embâcle et de débâcle. L'**embâcle** se caractérise par l'obstruction d'un cours d'eau par des glaces flottantes, voire, par extension, par d'autres objets flottants (arbres...). Il provoque donc, en amont, des inondations. Lors du dégel, l'inverse se produit : c'est la **débâcle**, qui engendre crue et inondation en aval.

Les régimes hydrologiques dépendent aussi de la taille et des caractéristiques des bassins-versants : un fleuve immense peut traverser des régions de climat montagnard, puis continental, puis océanique. Il convient donc de distinguer les **régimes simples** des petites rivières de climat homogène, des **régimes complexes** marqués par la coexistence de deux ou trois régimes climatiques. Les régimes nivaux et glaciaires présentent une particularité : la crue ne correspond jamais avec la période des fortes précipitations, celles-ci étant stockées sous forme de neige ou de glace dans les zones montagneuses (c'est la **rétention nivale**). La crue correspond à la période de réchauffement et de fonte des neiges.

Les régimes naturels, ainsi que les débits, sont largement modifiés par l'intervention humaine : prélèvements et barrages tendent à diminuer les débits et à régulariser les régimes. De même, l'action anthropique entraîne la transformation des tracés des cours d'eau, ne serait-ce que par la création de digues.

Les différents types de cours d'eau et leurs embouchures

On a parfois nommé dans le langage courant « **eaux vives** » les eaux qui alimentent les torrents, fleuves et rivières, les eaux des lacs et des nappes phréatiques étant, par opposition, les « **eaux dormantes** ». L'image est cependant excessive, les lacs et les nappes phréatiques étant animés de courants et mouvements divers. Contrairement aux **fleuves** qui débouchent dans la mer par une **embouchure**, les **rivières** sont des cours d'eau qui se jettent dans un autre cours d'eau, en un lieu nommé **confluence** (ou **confluent**). Elles constituent donc des **affluents**. Le terme de **rio** est utilisé, quant à lui, dans le monde hispanique indifféremment pour les fleuves et rivières. Quant aux termes de **ruisseau**, de **ru** et de **ruisselet**, ils désignent des éléments de taille décroissante. Les rivières peuvent être **pérennes** (permanentes), ou temporaires, comme les **oueds** d'Afrique du Nord. Les **torrents** sont des rivières de montagne à l'écoulement turbulent. Tous ces cours d'eau ont des caractéristiques sensiblement différentes en fonction de la topographie et du climat ambiant.

Un fleuve se jette dans la mer par un estuaire ou un delta. L'**estuaire** est la partie terminale du fleuve, de forme évasée, dans laquelle se fait sentir la marée. Celle-ci remonte le cours d'eau, parfois sur de nombreux kilomètres, engendrant quelquefois des phénomènes spectaculaires comme le **mascaret**, vague déferlante vers l'amont. Les estuaires ont pu se former lors d'un abaissement du niveau marin, entraînant le creusement de vallées, immergées lors de la remontée de la mer. Ce type d'estuaire concerne notamment en Bretagne les **rias** et les **abers**, plus petits. Les **fjords** constituent un cas particulier : ces vallées glaciaires, parfois très longues, ont été envahies par la mer, et leur partie amont, souvent occupée par une rivière, constitue un estuaire.

Les **deltas**, dont la forme évoque la lettre grecque Δ, correspondent à une nette avancée du fleuve dans la mer, créant une zone d'accumulation d'alluvions. Ce sont les fleuves les plus chargés en alluvions, les plus rapides, qui ont tendance à édifier des deltas. On peut distinguer plusieurs types de deltas en fonction de leur forme. Aux deltas lobés, digités, témoignant des apports nombreux du fleuve, s'opposent les formes plus régulières des deltas arrondis dans lesquels l'érosion marine joue un rôle important. Le fleuve, qui peut se subdiviser en plusieurs branches à l'intérieur du delta, est toujours limitée par des berges naturelles, le fleuve formant ses propres digues. Celles-ci restent néanmoins fragiles et peuvent se rompre lors des crues exceptionnelles.

Hydrologie et hydrographie fluviales

L'**hydrologie** est l'étude des eaux, notamment de leurs mouvements, leurs propriétés chimiques et physiques. On distingue l'**océanographie**, ou hydrologie marine, de l'**hydrologie continentale**. Cette dernière se subdivise en plusieurs branches aux champs d'étude différents : l'**hydrologie lacustre**, ou **limnologie**, s'intéresse aux lacs, l'**hydrogéologie** et l'**hydrologie souterraine** s'occupent des nappes phréatiques et l'**hydrologie fluviale** ou **potamologie** concerne l'étude des cours d'eau. L'**hydrographie**, quant à elle, se concentre sur l'étude des tracés et des réseaux.

L'organisation des réseaux hydrographiques

Un **réseau hydrographique** est l'ensemble constitué par un cours d'eau et ses affluents ; il draine une région plus ou moins vaste (le **bassin-versant**, l'espace drainé par la rivière) ; son **chevelu**, plus ou moins ramifié, est souvent hiérarchisé autour du cours d'eau principal. Le bassin-versant peut être très étendu : celui de la Seine couvre des milliers de km^2, du Massif central au Nord de la France et celui de l'Amazone dépasse les 6 millions de km^2. Les bassins-versants sont séparés les uns des autres par des **lignes de partage des eaux**, généralement situées sur des zones plus élevées, les **interfluves**, parfois nommés **seuils** – ou **portes** – quand ils séparent les bassins-versants de fleuves importants : le seuil de Bourgogne sépare les bassins-versants de la Seine et du Rhône. Certains seuils séparent aussi de grands bassins sédimentaires (seuil de Poitou) et la plupart ont été exploités par les hommes comme espaces de passage. Il arrive, mais très rarement, que la ligne de partage des eaux soit dans la rivière elle-même : la ligne de partage des eaux Amazone-Orénoque passe au milieu de ce dernier, qui se divise en deux pour donner naissance au Rio Negro, affluent de l'Amazone.

Le relief détermine généralement l'organisation des réseaux hydrographiques : il y a alors une **adaptation** du réseau hydrographique au relief. Ainsi, le réseau radial et le réseau annulaire sont toujours issus d'un sommet : plusieurs volcans du Massif central engendrent ce type de réseaux. À l'inverse, les réseaux centripètes correspondent à des dépressions marquées comme celle de l'Okavango au Botswana.

Toutefois, un cours d'eau peut, en s'encaissant, s'installer sur une structure de roches résistantes. Traversant alors souvent des gorges étroites, il est inadapté à la structure (bien que l'on parle parfois d'**inadaptation** au relief). Ce phénomène, l'**épigénie**, peut soit se produire par **antécédence** (le cours d'eau étant installé avant un mouvement tectonique), soit par **surimposition** (le cours d'eau coulant sur une surface d'érosion garde le même tracé lorsqu'en s'encaissant il arrive aux terrains plus résistants).

Les glaciations ont pu aussi déterminer la configuration des réseaux hydrographiques. Les chenaux d'écoulement (***pradolina*** en polonais, urstromtäler en allemand – ***urstromtal***, au singulier) des grands glaciers quaternaires ont souvent favorisé les tracés en baïonnette de nombreuses rivières polonaises ou russes. L'Oder, la Vistule ou le Niemen correspondent à autant de stades du recul de l'inlandsis.

Quelques types de réseaux hydrographiques

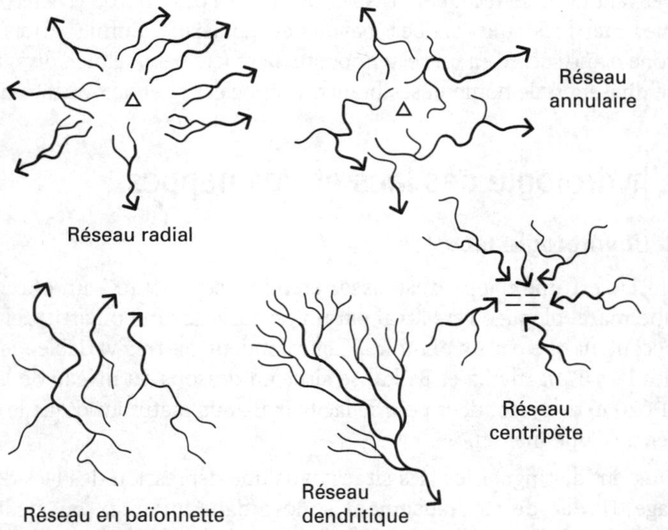

Les profils hydrographiques

Le **profil en long** de la rivière, qui représente les différentes altitudes du cours d'eau par rapport à la distance parcourue, peut être marqué par des ruptures de pente ou au contraire être homogène. Une rupture de pente, liée par exemple au passage brutal d'une zone de montagne à une zone de plaine, se traduit par des changements nets dans le comportement de la rivière. Dans des zones de forte pente, l'écoulement devient turbulent et la vitesse du courant importante. Dans les zones très raides liées à des accidents tectoniques ou à des terminaisons de coulées volcaniques, les chutes d'eau peuvent même concerner des fleuves immenses, telles les chutes du Zambèze. Pour de tels cours d'eau, les termes de **chute d'eau** ou de **cataracte** sont préférables à celui de **cascade**, plutôt réservé à des rivières de petite taille. La section comprise entre deux chutes ou deux barrages se nomme un **bief**.

Dans le cas d'une faible pente, la vitesse du courant s'amoindrit, ce qui influence notamment son **profil en travers**. La rivière peut décrire des sinuosités ou **méandres** qui, souvent groupés par cinq ou six, forment des **trains de méandres**, parfois encaissés, parfois libres. Dans ce dernier cas, ils sont en constante transformation, la rivière érodant la rive concave et déposant des alluvions sur la rive convexe. Les méandres peuvent donc se recouper et isoler des lacs et des bras de rivières, nommés **marigots** aux Caraïbes, **bayous** en Louisiane. Enfin, parfois, si la zone plane succède à un secteur pentu, la rivière peut s'étaler, divaguer et se diviser en de nombreuses branches, appelées **chenaux anastomosés**.

L'hydrologie des lacs et des nappes

L'hydrologie lacustre

Un **lac** est une nappe d'eau assez étendue, supérieure à un **étang** et à une **mare**, bloquée vers l'aval par un obstacle naturel ou artificiel et ne s'écoulant que par un exutoire. La profondeur est très variable : le fond des lacs Tanganyika et Baïkal se situe en dessous du niveau de la mer (1 620 m de profondeur pour le lac Baïkal). Son statut juridique le différencie d'une mer (*cf.* p 360).

On peut distinguer les lacs situés dans une dépression des lacs de barrage. Un **lac de surcreusement** se loge dans un creux qui peut être causé par l'érosion glaciaire, tels les grands lacs italiens ou le lac du Bourget, en France. Un **lac tectonique** est lié à l'existence de fossés d'effondrement comme c'est le cas pour les grands lacs africains. Mais, le plus souvent, les lacs liés à l'érosion glaciaire ont une origine également tectonique, le glacier ayant emprunté un val, une zone fracturée ou un sillon entre deux grands ensembles tectoniques. Les **lacs de barrage** peuvent être d'origine naturelle, une coulée volcanique, un éboulement créant parfois en amont une retenue d'eau. Le lac de Saint-Laurent, dans les Alpes, provoqué par un barrage lié à des avalanches fut, pendant un temps, au Moyen Âge, le plus grand lac français. D'autres lacs de barrage sont d'origine anthropique, destinés pour la plupart à la production hydroélectrique et situés à l'amont de **centrales hydroélectriques** dites aussi **centrales-lacs** (**centrales de haute chute** ou **de moyenne chute**) qui permettent, grâce au stockage saisonnier de l'eau, une production modulée d'électricité. Tous ces phénomènes peuvent se combiner, un lac pouvant avoir des origines multiples.

L'hydrologie des lacs possède des traits spécifiques. Les marées s'y font peu sentir et les courants sont souvent tourbillonnants car déviés à de multiples reprises par les rives, du moins pour les plus petits d'entre eux. Leur alimentation en eau provient de rivières, les **déversoirs** ou **tributaires**, plus ou moins nombreux. Le trop-plein s'évacue par un ou plusieurs cours d'eau, les **exutoires** (ou **émissaires**, ou **effluents**). Souvent, la même rivière sert d'exutoire et de déversoir, comme c'est le cas du Rhône traversant le lac Léman. Les conséquences sont nombreuses. La crue du tributaire s'étale sur le lac et ressort amoindrie par l'émissaire : les lacs jouent donc un rôle fondamental d'**écrêteurs de crue**. De nombreux barrages artificiels fonctionnent de même sur des rivières aux crues jugées dangereuses, notamment la Loire. Parfois, dans les régions chaudes, aucun exutoire aérien n'existe et l'eau s'évacue par infiltration ou évaporation.

La salinité, enfin, varie en fonction du climat et des apports en eau. De nombreuses dépressions salines, les **sebkhas** (en Afrique du Nord), ou **salars** (en Amérique du Sud), sont alimentées par l'affleurement des eaux souterraines.

Les nappes et l'hydrologie souterraine

On appelle **nappe aquifère** les eaux du sous-sol. Les **nappes phréatiques** qui alimentent les puits (*phreatos* en grec) sont les plus proches de la surface. Leur alimentation en eau varie donc énormément en fonction des pluies et de la saison. Les tracés sont plus ou moins complexes en fonction des roches traversées : certaines sont poreuses et retiennent l'eau, d'autres sont perméables et la laissent passer. Il faut mettre à part le calcaire qui, lorsqu'il est fissuré, engendre des réseaux hydrologiques de taille importante, les réseaux karstiques (*cf.* p. 428), marqués par des grottes de grande ampleur, ou **avens**, et des rivières souterraines parfois importantes.

Toutes ces nappes affleurent par des **sources**, qui restituent leur eau à l'air libre. Lorsque la nappe est étendue, plusieurs sources peuvent exister le long d'une courbe de niveau, la **ligne de source**. On distingue différents types de sources. Les **sources thermales** restituent de l'eau chaude et sont fréquemment des **sources minérales**, notamment dans les régions montagneuses. En région calcaire, de véritables rivières peuvent surgir à l'air libre : ce sont les **résurgences** ou **sources vauclusiennes**. Dans ces mêmes régions, les **sources** peuvent être **pétrifiantes**, c'est-à-dire qu'elles laissent à leur sortie des dépôts calcaires, les **travertins**. Enfin, certaines nappes ont des **sources artésiennes**, c'est-à-dire jaillissantes, car situées au-dessous du niveau de la nappe proprement dite.

Lire aussi Eau – Géographie naturaliste, géomorphologie – Risques, pollution

Culture, géographie culturelle

En première approche, le terme de culture désigne, par opposition à celui de nature, l'ensemble des formes acquises de comportement, de croyances et de connaissances qui caractérisent un groupe social. La géographie culturelle correspond à une approche ancienne en géographie. Si elle s'est surtout développée à l'étranger, elle connaît un essor important en France depuis une vingtaine d'années.

L'approche culturelle en géographie

La **géographie sociale et culturelle** a pour but « de décrire et d'expliquer les aspects de la vie en société, qui contribuent à la différenciation du monde » (Paul Claval). On différencie toutefois ce qui relève d'une géographie purement sociale (*cf.* article *Société, géographie sociale*) d'une **géographie culturelle**. Cette dernière recouvre l'étude des répartitions des langues, des religions, des organisations sociales (la place de la famille, par exemple), les comportements démographiques, mais aussi tout ce qui fonde l'univers social comme par exemple les pratiques récréatives. La géographie culturelle étudie donc les faits de culture, mais on nomme également géographie culturelle, de manière sans doute plus vague, la géographie qui prend en compte l'approche par la culture des réalités géographiques.

Aux sources de la géographie culturelle

La géographie culturelle est née en Allemagne et aux États-Unis. En Allemagne, même si Alexander **Von Humboldt** (1769-1859) a joué un grand rôle dans la prise en compte du fait culturel, c'est Fredrich **Ratzel** (1844-1904) qui a introduit la culture comme facteur essentiel de la géographie humaine. Les géographes allemands de cette époque ont popularisé l'idée du **diffusionnisme** : la culture d'un groupe se développe et se transforme par le biais d'emprunts culturels auprès des groupes humains voisins. Malgré son succès au début du XXe siècle, cette théorie fut vivement critiquée car elle n'explique pas les similitudes de phénomènes culturels dans des populations sans contact. En France, ces approches sont longtemps restées très secondaires. On peut toutefois citer Jean **Brunhes** (1869-1930), ancien élève de Vidal de la Blache, qui fut sans doute le premier dans un ouvrage (*Géographie humaine – Essai de classification positive*, 1911) à affirmer que la géographie devait être plus attentive aux faits sociaux et aux formes d'organisation des sociétés. Il est donc à la fois considéré comme un des précurseurs d'une géographie sociale (*cf.* article *Société, géographie sociale*) et d'une géographie culturelle : il se consacra principalement à l'étude des paysages et relia le concept vidalien de **genre de vie** (*cf.* p. 212) à l'ethnographie. Ce concept de genre de vie a également été approfondi par Pierre **Deffontaines** (1894-1978), élève de Jean Brunhes, grâce à des thématiques nouvelles (l'homme et la charrue, l'homme et les plantes cultivées…). Mais c'est Pierre **Gourou** (1900-1999) qui a le plus contribué à intégrer le concept de culture dans les préoccupations des géographes, en le reliant à celui de civilisation (*cf.* p. 78).

L'ouverture de la géographie aux préoccupations de la géographie culturelle est pour une grande part issue du monde anglo-saxon. Aux États-Unis, dès les années 1930, la géographie culturelle est développée par l'**École de Berkeley**, principalement grâce à Carl O. **Sauer** (1889-1975). Celui-ci, étudiant les rapports des sociétés à leur environnement, notamment dans le Mexique précolombien et dans les sociétés indiennes d'Amérique du Nord, a fait appel à l'histoire et a montré comment la culture contribue à transformer le milieu. À sa suite et au milieu des années 1980 se développe ainsi une ***New cultural geography*** qui tente de comprendre l'interprétation symbolique que les sociétés donnent de leur environnement.

De manière plus globale, la géographie culturelle a été fortement influencée par les ***cultural studies***. Ce mouvement anglo-saxon, né dans les années 1960, se veut à la fois fortement critique par rapport à la culture académique (il se définit comme une « anti-discipline ») et transdisciplinaire, faisant appel à des disciplines comme la sociologie, l'histoire, la littérature, l'anthropologie culturelle ou la philosophie. Les politiques culturelles (***cultural policies***) deviennent aussi un objet de recherche. Une **géographie du bien-être** se préoccupe, quant à elle, de la recherche d'une meilleure qualité de vie selon des données individuelles (la famille…), socio-économiques (l'emploi…), mais aussi spatiales. Les ***gender studies*** qui constituent une approche pluridisciplinaire de la question du genre donnent naissance à une **géographie du genre**. Le **genre** (aussi bien féminin que masculin), contrairement au sexe qui est une réalité biologique, est la résultante d'une construction sociale liée à la socialisation. La géographie du genre peut être par exemple une géographie de l'inégalité entre les genres, mais il s'agit aussi d'une géographie comportementale (analyse de pratiques spatiales...).

Il a cependant fallu attendre les années 1980 pour que la culture soit considérée comme un élément majeur dans les approches des géographes français. Avec le succès de l'espace vécu, puis de la géographie des représentations (*cf.* p. 166), l'approche culturelle a pris de plus en plus de place dans les discours et les recherches des géographes. D'une façon plus générale, ce courant humaniste, parfois nommé **géographie humaniste**, prône une géographie qui confronte le lieu et l'appropriation de ce lieu en opposition à une géographie quantitative en plein essor à la même période. Selon le courant humaniste, les « lois » de l'espace, support de l'analyse spatiale, ne prennent pas en compte les hommes et leurs comportements. L'expression de **géographie humanistique**, issue d'un néologisme (de l'anglais ***humanistic geography***), est parfois employée. Dès cette période, un double mouvement traverse la géographie culturelle : le foisonnement de ses branches et sa structuration, notamment par la création d'une revue (***Géographie et Cultures***) et par les travaux de son fondateur Paul **Claval** (né en 1932) puis d'autres géographes comme Jean-François Staszack. L'attention se porte par exemple sur des groupes comme les femmes ou les jeunes. Parallèlement, des objets de recherche, jusque-là ignorés, sont mis en avant : l'étude des fêtes, de la musique, de la création artistique, des pratiques sportives, ou encore l'étude des sens (la géographie du goût, celle des odeurs...). De même, si la géographie s'est intéressée depuis longtemps au cinéma en tant qu'activité économique (localisation de la production ou des salles de cinéma), il a fallu attendre les années 1990 pour que, dans le cadre d'une géographie culturelle, des travaux s'intéressent aux représentations par le cinéma des paysages ou des sociétés (« géographie du western », « ville et cinéma »). Créé en 2006, le festival **Géocinéma** de Bordeaux est consacré à ces approches, avec par exemple en 2013 « la route » comme fil directeur.

Ainsi, selon ses partisans et selon les mots même de Paul Claval, il y aurait eu dans les années 1990 un **tournant culturel** de la géographie : l'approche culturelle n'est pas une simple discipline, voire une simple méthodologie de la « géographie humaine ». Elle oblige à repenser la discipline.

La fête, un objet d'étude

« Les fêtes et les festivals, dans tous les pays développés, forment une catégorie événementielle de la culture et mettent en avant caractère d'exception et capacité à rassembler. [...] L'intégration des fêtes et des festivals à une économie symbolique dans lesquels les espaces sont un élément majeur, attire notre intérêt. La culture permet désormais de particulariser les espaces mais aussi d'en transformer les représentations en s'inscrivant dans un discours de la distinction et de la performance. Fêtes et festivals servent également à reconstituer dans un temps bref un idéal, celui de la proximité tant sociale que spatiale. »

Isabelle Garat, « La fête et le festival, éléments de promotion des espaces et représentation d'une société idéale », *Annales de géographie* n° 643, 2005.

Le système culturel

Le sociologue américain Talcott **Parsons** (1902-1979) et le géographe Joël **Bonnemaison** (1940-1997) ont montré que la culture s'ordonne autour de quatre pôles : la croyance, le savoir, la compétence technique et un espace considéré comme le support physique des trois pôles précédents. Ces quatre pôles sont interdépendants et constituent un véritable système (*cf.* p. 246) beaucoup plus englobant que le seul système social : le **système culturel**. Le territoire est, dans cette acception, un mode d'appropriation de l'espace mais surtout une représentation de celui-ci. L'approche culturelle en géographie revient donc à étudier par une analyse systémique non seulement les particularités, mais surtout les interrelations entre les quatre éléments de ce système. L'espace joue évidemment un rôle essentiel pour des géographes qui montrent comment se crée le territoire et comment on passe, par un changement d'échelles, du foyer culturel à la région, puis aux aires culturelles. La diffusion est en effet la dernière étape du processus de construction du fait culturel, après la découverte, l'invention et l'innovation. Ces théories restent cependant contestées à la fois par certains anthropologues, par la plupart des philosophes, mais aussi par des géographes, qui soulignent le caractère schématique de telles généralisations.

Les sociétés au cœur de l'approche culturelle

Puisque toute culture est une création collective, l'étude des différentes communautés, sociétés, est partie prenante de la géographie culturelle. Les problématiques s'expriment à plusieurs échelles : de l'échelle domestique à l'échelle mondiale (étude des aires culturelles) en passant par les différentes communautés. Les géographes ont longtemps analysé ces dernières selon une approche anthropologique **européocentrée** qui visait à établir une typologie à partir du « modèle » européen, opposant ainsi sociétés traditionnelles et sociétés industrielles. De nos jours, il s'agit plutôt de comprendre comment et par quels moyens la culture de ces groupes crée une organisation particulière de l'espace.

Les aires culturelles

On appelle **aire culturelle** dans son sens le plus simple l'aire d'extension d'une culture. Des sociétés différentes peuvent donc appartenir à une même aire culturelle dès lors qu'elles sont marquées par une homogénéité culturelle ou de mode de vie. Par ailleurs, le terme de culture supposant un ensemble de formes d'organisation (les structures sociales, les structures politiques, les valeurs éthiques et les religions), les grandes aires religieuses (*cf.* p. 432) sont une forme particulière d'aires culturelles.

Mais de nos jours, par une généralisation fréquente, liée à une terminologie floue (en allemand, civilisation se dit *Kultur* ou *Zivilisation*), l'expression d'aire culturelle est parfois assimilée à celle d'**aire de civilisation** (*cf.* p. 259), médiatisée par S. Huntington. Néanmoins, le terme de civilisation reste plutôt réservé à un usage extérieur, social, tandis que celui de culture souligne davantage l'aspect intérieur, voire spirituel, ce qui est d'ailleurs conforme à l'emploi des termes en allemand. Toute aire culturelle est donc aussi par définition une aire historique.

La notion de **civilisation occidentale** illustre bien ce flou sémantique. Concept discuté par les historiens et les philosophes (il caractériserait les sociétés marquées par les héritages de la pensée gréco-romaine, de la pensée judéo-chrétienne, puis de la Renaissance), il aurait acquis d'autres valeurs au XIXe siècle dans le contexte de l'industrialisation de l'Europe et du positivisme, telles celle de progrès économique et social, puis de démocratie. Dans le cadre de la Guerre froide, certains politologues ont repris cette notion pour qualifier une aire centrée sur l'Europe de l'Ouest catholique et protestante en l'étendant à des espaces marqués majoritairement par ces influences : Amérique anglo-saxonne, Australie, Nouvelle-Zélande. L'exclusion du monde slave – soviétique – puis la volonté d'y intégrer désormais l'Europe orientale depuis la fin de l'URSS et les récents élargissements de l'Union européenne témoignent de sa finalité géopolitique et non culturelle.

La notion d'aire culturelle connaît actuellement un certain succès du fait du contexte de mondialisation. Selon certains, les aires culturelles auraient tendance à s'estomper au profit d'un **village planétaire** ou d'un **village global**, qui supposerait une culture universelle issue d'un **métissage culturel** (un mélange des cultures). Cette uniformisation supposée est parfois analysée, là aussi de manière excessive, comme une « occidentalisation », voire une américanisation du monde (*cf.* article *Mondialisation, système-monde*).

La vie sociale, support des cultures et de l'organisation de l'espace

L'analyse ethnographique et les géographes classiques ont souvent différencié les sociétés traditionnelles des sociétés industrielles. Dans une analyse de géographie culturelle, cette distinction, bien que schématique et datée, peut toutefois être prise en compte dans une perspective de géohistoire (*cf.* p. 220) et dans le but de comprendre par exemple les mécanismes de transmission des données culturelles ou les formes de la vie sociale. L'opposition entre sociétés traditionnelles et sociétés industrielles est schématique car nous sommes probablement en train de vivre une **transition culturelle**, notion popularisée par le politologue américain Ronald F. **Inglehart** (né en 1934). Comme les sociétés archaïques sont progressivement passées aux sociétés traditionnelles (une première transition culturelle), le monde entier serait en train de passer directement d'une société industrielle et matérialiste à une société postindustrielle et postmatérialiste (*cf.* article *Service, secteur tertiaire*).

En première approche et dans son sens le plus courant, une **société traditionnelle** est une **société préindustrielle**, c'est-à-dire qui n'a pas connu le développement massif de l'industrie qui débuta au milieu du XVIIIe siècle en Europe de l'Ouest. Les sociétés comme celles de la forêt amazonienne ou d'Irian Jaya (Indonésie) sont qualifiées de **peuples premiers** ou **peuples autochtones**, selon une terminologie qui exprime l'ancienneté de leur présence et leur fort rapport au territoire. Les termes de **sociétés primitives** ou **archaïques**, parfois employés à leur égard sont contestables. En effet, le terme « primitif » utilisé pour les qualifier suppose un état infantile, une évolution à peine entamée. Il correspond mal à la stabilité de ces sociétés qui présentent également une forme de richesse et d'aboutissement, une organisation sociale originale et complexe et des systèmes de représentation aussi riches que ceux des sociétés industrielles. Il s'agit surtout de **micro-sociétés** (sociétés d'extension réduite) qui sont très peu ouvertes sur l'extérieur et peuvent, dans les cas extrêmes, vivre en autarcie. Elles ont donc une territorialité très développée. L'agriculture, peu productive, se réduit à l'exploitation de parcelles peu importantes dans le but d'apporter un complément d'alimentation. L'élevage est également très réduit. Ces sociétés possèdent une organisation car elles sont structurées par des rapports de parenté qui déterminent les droits des individus sur le sol, les obligations de différente nature, les relations d'autorité. La division du travail et les distinctions sociales sont peu marquées et fondées essentiellement sur le sexe et l'âge. Ce sont enfin parfois des **sociétés guerrières**, pour lesquelles l'affrontement reste un mode de confrontation avec les sociétés voisines. Les différents travaux des chercheurs portent donc à la fois sur la représentation du monde, de ces sociétés, mais aussi sur les contacts culturels qu'elles entretiennent avec l'extérieur.

Les sociétés traditionnelles classiques présentent aujourd'hui une réelle dynamique d'évolution. Elles sont par exemple très souvent encore en cours de transition démographique. Ce sont d'abord des **sociétés agraires** dans lesquelles les productions agricoles sont prédominantes. C'est le cas par exemple des espaces sahéliens ou des sociétés de Sibérie du Nord et de l'Est. Ce sont donc des **sociétés rurales**, où les urbains demeurent le plus souvent minoritaires, et des **sociétés paysannes**, dont les agriculteurs constituent la population majoritaire. Ce sont parfois des **sociétés routinières** où les activités économiques sont restées très liées à l'habitude, à la coutume ou à la religion. Les plus actives d'entre elles sont souvent des **sociétés duales**, au sein desquelles se juxtaposent un secteur moderne et un secteur traditionnel. Ce sont également des **sociétés cloisonnées** dans lesquelles règne encore une certaine autonomie de chaque famille ou de chaque village. Ce sont également des **sociétés communautaires** dans lesquelles les rapports se traduisent souvent par un certain effacement de l'individu devant les intérêts de la communauté. La conséquence en est une forte **cohésion sociale** (le degré d'unité d'une société). Ce sont souvent des sociétés hiérarchiques ou sociétés inégalitaires ou encore excluantes, dans lesquelles les systèmes d'ordres sont fréquents et difficilement contestables.

Dans la vie courante, un grand rôle est joué par les structures intermédiaires, comme la famille qui est à la fois le lieu principal d'apprentissage des valeurs, de l'éducation des enfants, de la production économique et de la transmission des croyances. Ce peuvent être des **sociétés mystiques** au sein desquelles le poids de la religion et de ses rites, des croyances (tel le vaudou) est majeur. Elles sont parfois marquées par l'**endogamie** – le fait de se marier avec un membre d'un même groupe social – et par la présence d'un fort pouvoir des hommes et des aînés, caractéristique des **sociétés patriarcales**. Ceux-ci entretiennent parfois la pratique de la **polygamie** – le fait d'avoir plusieurs conjoint(e)s – ou plus exactement la **polygynie**, qui permet à un homme d'avoir plusieurs épouses.

Les **sociétés industrielles** ont été également très étudiées par les sociologues et par certains géographes. Ce sont des sociétés fondées sur l'accumulation et la production de biens destinés à être vendus sur des marchés intérieurs ou extérieurs. D'après le philosophe et sociologue Raymond Aron, elles sont marquées par la séparation entre la famille et l'activité de production, la distinction entre production et consommation et une organisation du travail qui n'est plus dictée par les structures sociales (âge, sexe, parenté) mais par des exigences techniques, une accumulation du capital et la prépondérance du calcul économique et marchand. Ce sont donc des **sociétés rationnelles** où la décision et l'action sont commandées par des logiques de gestion et de profit.

Les progrès agricoles et le développement de l'industrie et des services ont contribué à faire de ces sociétés des **sociétés urbaines**, caractérisées par des taux d'urbanisation importants et un rapport plus distancié au milieu. En évoluant, les sociétés modernes sont devenues des **sociétés individualistes**, marquées par la conscience des intérêts individuels ou de classe, l'expression des revendications collectives ou personnelles. Il y a cependant tous les intermédiaires et les sociétés japonaises ou coréennes, toujours en partie marquées par une organisation traditionnelle, sont de bons exemples de cette évolution. La moindre emprise actuelle du **confucianisme**, doctrine qui fonde l'ordre social sur la subordination de chacun à son supérieur naturel, a longtemps permis d'éviter les conflits sociaux mais semble ne pas résister à l'évolution libérale de ces États.

Ce sont également des **sociétés de consommation** (dans lesquelles le ressort principal est la consommation des ménages stimulée par les nouveautés et l'omniprésence de la publicité) et des **sociétés d'abondance** (car la masse des produits consommables dépasse largement les besoins courants) dans lesquelles la capacité à consommer détermine largement la position sociale. Les produits ne sont plus conçus en fonction des besoins exprimés par une clientèle mais devancent la demande et la guident vers des horizons pensés par ceux qui les créent. Il en résulte une uniformisation du comportement liée à la consommation. On parle de **société de masse** pour qualifier ces sociétés uniformisées par la consommation et dans lesquelles les catégories moyennes deviendraient la norme. Le même terme est utilisé pour montrer le déclin, dans les sociétés modernes, des groupes primaires (la famille, le clan, la tribu) au profit d'une atomisation de la société qui a favorisé le repli sur les intérêts individuels.

Ces sociétés industrielles évoluent peu à peu en **sociétés postindustrielles** (*cf.* article *Services, secteur tertiaire*), caractérisées notamment par le poids croissant des services dans l'emploi et la production de richesses. Ce sont également des **sociétés de communication** marquées par l'accélération de la transmission de l'information.

Si les géographes ont longtemps analysé les sociétés avec un regard ethnographique et selon une trame historique, ils en ont aujourd'hui une approche **postmoderne**. La **modernité** est fondée sur la croyance dans le progrès technique et scientifique (ce qui signifie pour les géographes par exemple la maîtrise de la nature), mais également dans le fait que ce progrès scientifique est porteur d'émancipation de l'homme. Au contraire, la **postmodernité** stipule que la modernité a échoué (faillite des idéologies par exemple) et envisage le monde de manière beaucoup plus « résignée ». Une telle opinion fut par exemple médiatisée par l'ouvrage de Francis Fukuyama en 1992 (*La Fin de l'histoire*). Les géographes étudiant les sociétés ont donc un regard beaucoup moins linéaire sur cette évolution, une vision beaucoup moins proche d'un **positivisme** (foi absolue dans le progrès), insistant davantage sur les chocs culturels entre ces sociétés et sur les tensions éventuelles entre elles.

Lire aussi **Géographie (histoire de la) – Mondialisation, système-monde – Paysage – Société, géographie sociale**

Déserts arides

Au sens strict, le terme désert qualifie des espaces dont l'homme est absent. Cette acception est conforme à l'usage premier du terme qui parlait par exemple de désert pour qualifier, au Moyen Âge, l'implantation de monastères dans des zones inhabitées. Les zones polaires, la haute montagne, certaines forêts tropicales peuvent donc être qualifiées de déserts. Pourtant, du fait d'une confusion liée à l'histoire coloniale, on assimile souvent la notion de désert à celle de désert biologique, marquée par l'aridité, voire à celle de désert chaud comme le Sahara. Les déserts arides couvrent de vastes espaces de la zone intertropicale aux hautes latitudes. Les géographes les ont largement étudiés, donnant naissance à de nombreux termes spécifiques.

Désert et aridité

Qu'est-ce qu'un désert aride ?

Les zones marquées par une absence totale et permanente de précipitations n'existent pas. Dans une confusion sémantique assimilant désert à aridité, on parle cependant dans une optique naturaliste de **déserts vrais**, touchés par l'**hyperaridité** (précipitations de l'ordre de 10 à 50 mm par an) et un **indice xérothermique** (nombre de jours secs par an) de plus de 350, et de **semi-déserts** arides mais dans lesquels le manque d'eau est un peu moins marqué et constant : de 50 à 150 mm/an de précipitations et un indice xérothermique de 290 à 350. L'indice xérothermique est également nommé **second indice de Gaussen** et ne doit pas être confondu avec l'autre indice de Gaussen : P en mm = 2T en °C (*cf.* p. 130).

Les déserts arides sont bordés par des **régions semi-arides** dans lesquelles une courte saison humide apparaît (150 à 300 mm de précipitations par an et un indice de Gaussen de 100 à 290), ainsi que des formes de vies végétale et animale plus conséquentes. À l'image du **Sahel**, la bordure du Sahara, littéralement « rivage du désert », qui représente l'archétype de ces espaces semi-arides, la présence de l'homme y est également plus régulière.

L'**aridité** caractérise un milieu dans lequel l'eau est rare ou absente. Elle suppose un **bilan hydrique** déficitaire dans lequel la quantité d'eau évaporée par le sol et transpirée par les plantes excède l'apport en précipitations. On estime que 40 % des terres émergées sont des terres arides, situées à 40 % en Afrique, 40 % en Asie, le reste étant réparti entre l'Australie, l'Amérique latine et le pourtour méditerranéen. L'aridité se traduit également par un manque d'humidité atmosphérique et des sols secs et nus. Si l'aridité est un état quasi permanent, la **sécheresse** qualifie au contraire une situation temporaire qui touche généralement des espaces semi-arides. Sur une longue période, les espaces arides et semi-arides peuvent être également soumis à une **aridification**, c'est-à-dire à une diminution lente de la moyenne des précipitations.

Les grands types de déserts arides

Dans une optique naturaliste, les typologies des déserts arides sont nombreuses et essentiellement basées sur l'analyse de leur origine climatique et plus particulièrement des causes de l'aridité. Elles trouvent leurs limites dans le fait que le phénomène désertique est complexe, la plupart des **déserts** étant **polygéniques** (nés de plusieurs origines qui se combinent). On distingue cinq types principaux de déserts arides :
– les **déserts zonaux**, liés à la présence de hautes pressions tropicales (ou subtropicales) qui donnent naissance à un air stable et lourd dans lequel les ascendances ne peuvent s'effectuer. Ce sont des déserts tropicaux, situés entre 15° et 35° de latitude, qui se localisent sur la diagonale aride qui s'étire de la côte mauritanienne à l'Arabie (Sahara, Néfoud…), au nord du Mexique (Chihuahua) et en Australie (Gibson, Simpson…). Implantés dans de vastes régions continentales, ils sont également en partie liés à l'éloignement des masses d'air maritimes ;
– les **déserts côtiers** sont liés à la présence de courants froids qui refroidissent l'air au contact de leurs eaux ce qui gêne les ascendances et empêche donc les précipitations. En provoquant des inversions de température, ces courants génèrent des condensations et donc des brouillards d'inversion, comme la ***garua*** péruvienne. Les déserts de Namib et d'Atacama font partie de cette catégorie, bien qu'ils soient situés dans la zone tropicale et donc influencés par les masses d'air stables anticycloniques ;

– les **déserts d'abri** sont liés à la présence de hautes montagnes proches qui obligent les masses d'air à s'élever pour les franchir, ce qui provoque condensation et pluies. Ces masses d'air redescendent asséchées sur les régions situées en contrebas et créent des hautes pressions qui empêchent les ascendances. Les déserts des États-Unis (Grand Bassin, Sonora, Mojave), de Patagonie, du sud de Madagascar appartiennent à cette catégorie ;

– les **déserts continentaux** sont liés à la **continentalité** – à l'éloignement des masses océaniques – qui provoque l'assèchement, pendant son trajet, de l'air venu des océans. Ce sont essentiellement les déserts eurasiens : Gobi, Taklamakan et le désert du Tibet dans lequel l'altitude renforce les effets de l'aridité ;

– les **déserts polaires** ou **déserts de haute latitude** représentent un cas particulier. Situés au-delà du 60° degré de latitude nord ou sud, ils constituent de vastes étendues (environ 5 millions de km^2 sur terre), principalement en Antarctique, au Groënland et dans les parties septentrionales de l'Amérique du Nord, de la Scandinavie et de la Russie.

Les déserts polaires ou déserts de haute latitude

Ils répondent bien à la double définition du concept de désert aride car les densités de population y sont extrêmement faibles (0,02 hab./km^2 au Groenland) et les précipitations également (250 mm au maximum). Par contre, le bilan hydrique reste le plus souvent excédentaire en raison du froid et d'une évaporation limitée. Ils font partie des **déserts zonaux**, dont l'origine climatique est liée à la présence d'un air froid dû à la faiblesse du rayonnement solaire près des pôles (la température moyenne des mois les plus chauds ne dépasse pas les 10 °C) qui engendre de hautes pressions permanentes, celles-ci entretenant un air stable. Les paysages sont spécifiques : paysages englacés de grands glaciers continentaux dont l'épaisseur, en Antarctique, peut atteindre les 2 000 mètres ou de banquise sur les zones maritimes ; végétation rase (toundra) et espaces forestiers de conifères (taïga).
Le peuplement de ces déserts est marqué par un fort pourcentage de population d'implantation ancienne, que l'on qualifie aujourd'hui de **peuples premiers**. Ces populations se caractérisent par les formes d'organisation sociale très anciennes qu'ils conservent, par des pratiques culturelles spécifiques (chamanisme des peuples de Sibérie par exemple) et, enfin, par la perception qu'ils ont de leur indigénisme qui s'associe aujourd'hui fréquemment à la revendication d'un certain particularisme. Ces populations vivent souvent dans un relatif **isolement spatial** (ou **enclavement**) lié aux distances qui les séparent

des régions les plus peuplées et aux conditions climatiques qui rendent les transports difficiles. Cet isolement est aujourd'hui partiellement rompu par les modes modernes d'information et de communication (satellites, Internet...) et par l'amélioration des réseaux de transports dans le cadre de politiques d'aménagement du territoire, dont une des motivations est la mise en exploitation des ressources.

Le réchauffement climatique semble affecter aujourd'hui de manière accélérée ces espaces, ce qui provoque la diminution des surfaces englacées et de l'épaisseur des inlandsis, ainsi que des modifications dans la répartition des formations végétales et des espèces animales. Il fait également apparaître de nouveaux enjeux géopolitiques liés à la découverte de gisements miniers ou énergétiques et à la possibilité d'ouvrir de nouvelles routes maritimes, par exemple dans l'Arctique (*cf.* article *Océan*).

L'occupation humaine des déserts arides

Le désert, espace de mobilité

Les déserts et notamment les déserts arides sont des lieux privilégiés des mobilités : celles-ci y sont beaucoup plus concentrées que dans les zones non désertiques. Organisés selon des nœuds de passage privilégiés, voire obligatoires (telles les oasis par exemple), les déserts concentrent les flux le long d'axes préférentiels obligés. Ainsi, de nos jours, le Sahara est parcouru de manière permanente, non seulement par les populations nomades, mais aussi et surtout par des réseaux internes aux différents pays (liaisons entre le Sud et le Nord de l'Algérie par exemple) et par des routes qui relient le Sahel au Maghreb. Toutes reprennent les vieilles voies transsahariennes. De fait, près de la moitié des routes sahariennes algériennes et un tiers des nigériennes sont désormais revêtues, les autres n'étant que des pistes. Elles sont empruntées par de nombreux camions qui véhiculent marchandises mais aussi migrants, le Sahara étant aussi un espace migratoire.

Les déserts arides ont toujours été parcourus le long de grandes routes (routes de la soie...) et notamment par des éleveurs itinérants qui pratiquent le **nomadisme pastoral**. Les Bédouins et les Touaregs sont ces éleveurs nomades du Sahara qui passent d'un campement à l'autre au gré des disponibilités en pâturage. Ils ne reconnaissent donc que partiellement l'existence de frontières, ce qui les conduit parfois à des conflits avec les autorités qui souhaitent leur **sédentarisation**, c'est-à-dire leur fixation dans

Les grands types de déserts (déserts polaires exclus)

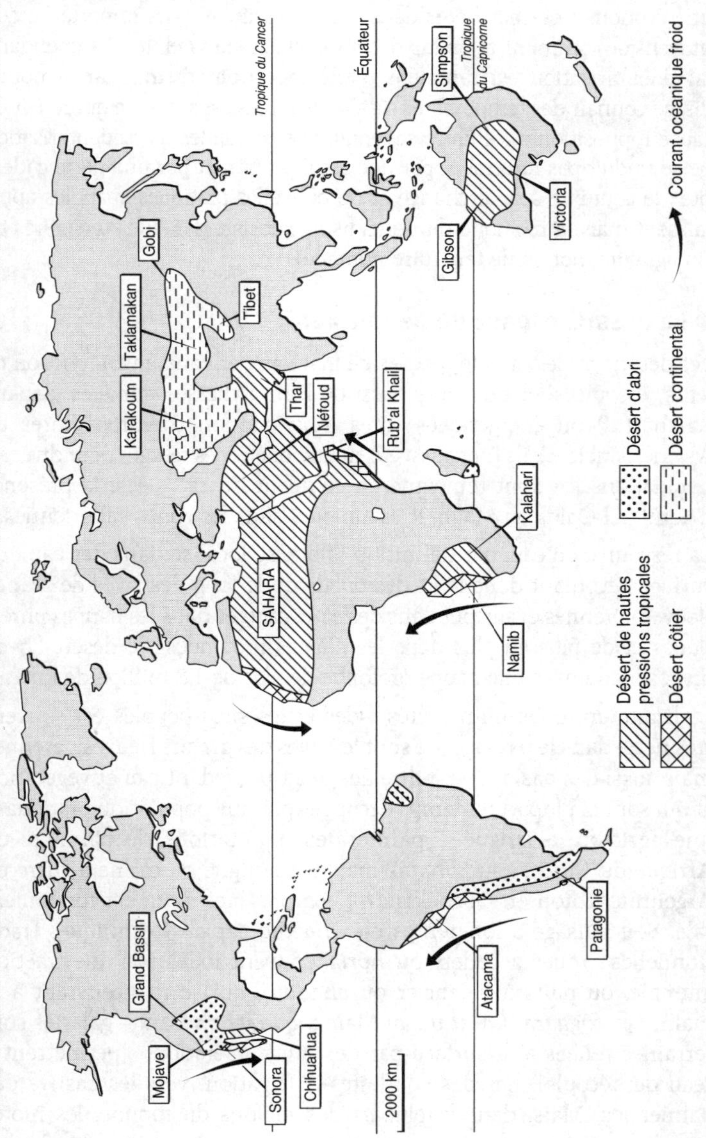

des lieux de peuplement stables. Mais les causes de la sédentarisation des nomades sont également à rechercher dans leur insertion accélérée dans une économie de marché et dans une accessibilité plus importante aux moyens de communication rapides (4x4, téléphone satellite...). Cependant, la sédentarisation est rarement totale (**néo-nomadisme**) car le nomadisme connaît des temporalités différentes, plus espacées, ce qui remet en cause l'opposition figée entre sédentaires et nomades. La sédentarisation ne se traduit pas forcément par une acculturation et par une perte d'identité : le contexte spatial change et de nouvelles pratiques spatiales apparaissent mais la mémoire du nomadisme subsiste dans des territoires de l'imaginaire (notion de **territoire nomade**).

Le désert, espace de peuplement

Les déserts arides ont été peuplés de manière permanente en fonction de leurs ressources en eau, mais aussi de leurs richesses minières (Sahara, Kalahari...) ou énergétiques (sites d'exploitation d'hydrocarbures en Algérie, Arabie...). Ils l'ont aussi été en tant que zones refuges pour diverses populations, ce dont témoigne en ce début de XXIe siècle la présence d'Aqmi (Al-Qaida au Maghreb islamique) dans les zones sahariennes.

La ressource en eau, par définition faible, se localise dans des eaux de surface s'écoulant dans le lit des oueds ou le long des rives de grands fleuves pérennes et surtout dans des eaux captées dans les nappes phréatiques et de plus en plus dans les nappes profondes : le désert libyen disposerait ainsi d'une nappe profonde de plus de 1,8 million de km^2.

La limite entre les immensités vides et les sites peuplés est souvent très nette dans le paysage. Ce sont les rives des grands fleuves pérennes mais aussi des **oasis**, c'est-à-dire des lieux possédant eau et végétation et qui sont la plupart du temps occupées par une population pratiquant une agriculture irriguée : **palmeraies** (plantations de palmiers en Afrique du Nord et au Sahara), mais aussi vigne ou canne à sucre en Argentine, coton en Ouzbékistan... La présence d'eau est fondamentale. Son puisage a longtemps été effectué par des techniques traditionnelles : roues à godets ou ***noria***, souvent mues par une traction animale, ou puits à balancier ou ***chadouf***, qui se manœuvrent à la main. Les ***foggara*** (***khettara*** au Maroc, ***qanats*** en Iran) – galeries souterraines reliées à la surface par des puits d'aération – permettent à l'eau de s'écouler, par des conduites d'irrigation, vers les casiers des palmeraies. Mais, dans la plupart des régions du monde, les motopompes se substituent à ces techniques, le tout dans un cadre d'urbanisation accélérée : l'oasis algérienne d'Ouargla est désormais une ville de 200 000 habitants. Dans une concurrence pour l'espace, les palmeraies reculent au profit de la croissance urbaine

L'intensité de l'occupation humaine actuelle dépend étroitement de la capacité des sociétés à utiliser des techniques élaborées pour compenser les contraintes du milieu. C'est la raison pour laquelle l'occupation des déserts est différente selon le niveau de développement. La mise en valeur des espaces désertiques est parfois intensive grâce à la mobilisation de sommes importantes qui permettent de coûteux aménagements agricoles (Californie, Australie...) mais aussi urbains et touristiques (Las Vegas, Dubaï...).

Une modification trop importante d'un milieu désertique peut cependant avoir de lourdes conséquences. En Asie centrale anciennement soviétique, par exemple, des prélèvements excessifs ont été effectués sur l'Amou-Daria et le Syr-Daria et ont modifié le système endoréique équilibré de la région. Ils ont provoqué le recul de la mer d'Aral qui a perdu depuis 1960 environ 80 % de sa superficie et 90 % de son volume. L'évaporation n'est plus compensée par l'apport des fleuves, les dépôts de sel transportés par les vents ont stérilisé les espaces environnants, le niveau des nappes a beaucoup baissé et l'approvisionnement en eau potable est devenu difficile. Le climat local a été modifié avec une augmentation de l'amplitude thermique. Les conséquences pour l'homme sont importantes avec la disparition de l'industrie de la pêche et une forte dépopulation. Depuis 2001, des travaux (digues de protection) ont permis d'enrayer l'évolution en permettant une remontée du niveau de la partie nord de cette mer (la Petite Aral) et la baisse de son taux de sel.

L'importance du contrôle de l'eau dans les zones arides entraîne fréquemment des tensions géopolitiques entre les États situés sur le cours des grands fleuves pérennes, qu'ils désirent parfois aménager, ou à la verticale de grands **aquifères**, des nappes profondes, dont dépend pour partie leur alimentation en eau. C'est ainsi que le Soudan et l'Égypte s'opposent parfois sur la gestion des eaux du Nil et que l'Irak et la Syrie se trouvent en situation de dépendance vis-à-vis de la Turquie. Celle-ci possède en effet les parties amont du Tigre et de l'Euphrate sur lesquels elle a construit de grands barrages (notamment le projet **GAP** notamment, littéralement **projet d'Anatolie du Sud-Est**, qui envisage à terme la création de vingt-deux barrages sur les bassins-versants de ces deux fleuves), ce qui affecte leur débit à l'aval et pénalise les deux États concernés. De même, le contrôle du Jourdain et de la nappe de Cisjordanie, dans laquelle Israël puise largement pour sa consommation, est un des enjeux du conflit entre Israéliens et Palestiniens dans cet espace.

Les caractéristiques environnementales des déserts arides et leur évolution

Les composantes environnementales du milieu désertique

Les milieux désertiques sont marqués par le poids des héritages de périodes plus humides pendant lesquelles se sont façonnées des vallées aujourd'hui abandonnées, des gorges ou des méandres encaissés. Leur couvert végétal est absent ou réduit, le plus souvent, à une maigre steppe parfois arborée (Kalahari par exemple). Les plantes sont **xérophiles** (adaptées à l'aridité). Ce sont des **plantes éphémères**, à courte durée de vie (deux à trois semaines), ou au contraire des formations vivaces et très résistantes ; des plantes à systèmes radiculaires développés en surface pour récupérer les eaux de rosée ou en profondeur pour chercher l'eau dans les basses couches du sol ; des **plantes grasses** ou succulentes ou des **plantes coriaces**, à épines, qui ne transpirent presque pas et gardent l'eau en réserve. Les sols reflètent la pauvreté du développement biologique et sont peu évolués, peu épais et discontinus.

Les pluies étant brèves et rares dans les déserts, l'écoulement y est le plus souvent intermittent. Au-delà de quelques grands **fleuves pérennes** (à écoulement permanent), généralement **allogènes** (qui prennent leur source dans un milieu non aride), comme le Nil, l'essentiel du réseau hydrographique concerne des **oueds** (cours d'eau intermittents) qui suivent souvent le cours d'anciennes rivières et ne coulent effectivement qu'en périodes de crues. L'**écoulement** est très souvent **endoréique**, c'est-à-dire sans débouché sur l'extérieur mais aboutissant dans un lac intérieur ou une ***sebkha***, dépression saline, également nommée ***sebkhra*** au Maghreb et ***salar*** en Amérique latine. L'**aréisme** – l'absence d'écoulement permanent ou saisonnier – touche les déserts les moins arrosés.

Le relief des déserts arides s'apparente dans l'imaginaire commun à des grandes plaines de sable et de dunes, appelées **ergs**, qui sont pourtant beaucoup moins étendus que les déserts de pierre ou **regs**. Une **dune** peut être **vive**, fréquemment remaniée ou mouvante, ou **morte**, c'est-à-dire stabilisée par la végétation. Il existe un grand nombre de formes de dunes et un riche vocabulaire pour les qualifier. On distingue notamment les ***nebkha*** (dunes d'abri développées dans une dépression ou à partir d'un obstacle), des ***barkhanes*** (dunes libres et mouvantes qui se présentent souvent en essaim et s'ouvrent du côté où va le vent), des **dunes paraboliques** qui s'ouvrent du côté d'où vient le vent, ou encore des **dunes pyramidales** ou ***ghourd*** (*oghroud* au pluriel), hautes et isolées.

Les **regs** sont des régions planes caillouteuses. Ils sont notamment formés de cailloux très durs et usés avec des formes en facettes (ou ***dreikanter***), de **rochers-champignons**, sculptés par le vent et à base plus étroite que le sommet, et de buttes- témoins (***gour***, *gara* au pluriel) à sommet plat, dégagées d'un plateau pierreux proche (***hamada***, ou ***chapadas*** au Brésil) par d'anciens cours d'eau lors de périodes plus humides. On parle de ***tassili*** quand le plateau est gréseux et de ***kreb*** pour qualifier son front.

Les déserts peuvent être montagneux (Hoggar...) et présenter des pentes raides dues principalement à l'action des processus de gélifraction. Les versants de ces montagnes ont été particulièrement étudiés par la géographie coloniale jusqu'aux années 1960. En contrebas du versant se trouve fréquemment une **plaine d'épandage** (dans laquelle s'étalent les alluvions d'un cours d'eau) ou ***playa***, parfois occupée par une sebkha. Le terme de *playa*, d'origine latino-américaine, est lié à la présence de ces formations au Mexique et en Bolivie. L'auréole inondable qui entoure un *salar* ou une *sebkha* est moins salée et est qualifiée de ***chott*** en Afrique du Nord.

La désertification des zones semi-arides

D'un point de vue naturel, la **désertification** est un phénomène complexe qui aboutit à la transformation d'un espace en désert. Elle suppose une transformation des conditions d'un milieu qui entraîne son aridification, puis la **stérilisation** des sols, c'est-à-dire la perte progressive de sa fertilité, ce qui conduit souvent ses populations à émigrer, la **résilience** du système, c'est-à-dire sa capacité à revenir à un nouvel équilibre, diminuant rapidement. Elle résulte le plus souvent de l'action conjuguée de facteurs naturels et d'une intervention humaine excessive et s'accentue sous l'effet des changements climatiques récents. Elle touche spécialement des espaces semi-arides fragiles, densément peuplés et périodiquement soumis à des phases de sécheresse (le Sahel).

Le processus de désertification est aujourd'hui bien connu. Il est en partie lié à la surpopulation, à l'abandon du nomadisme pastoral et à la pratique de cultures d'exportation. Ces évolutions rompent les assolements traditionnels et contraignent les populations, en quête de terre cultivable, à supprimer la jachère. Sans jachère, le sol est privé d'humus et sa structure ne cesse de se dégrader sous l'effet des vents. Il suffit alors, dans ce milieu en équilibre instable, qu'intervienne une période de longue sécheresse pour que la quantité de nourriture disponible diminue et incite les populations à augmenter leur pression sur le milieu en pratiquant le **surpâturage** et en défrichant de nouvelles surfaces. Les espèces végétales les plus fragiles disparaissent alors et les sols s'appauvrissent encore davantage. Les tentatives d'irrigation ont également des conséquences négatives puisqu'elles favorisent la **salinisation des sols** (leur enrichissement en sels) liée à l'évaporation, ce qui réduit encore leur niveau de fertilité.

Les conséquences de la désertification sont nombreuses : diminution de la production végétale, baisse des rendements agricoles, manque de nourriture pour les animaux d'élevage, dégradation des conditions de vie pour les hommes qui finissent par migrer pour gagner des contrées voisines moins défavorisées.

Les hommes luttent contre la désertification en retenant le sol grâce à des cordons de pierres et des plantations d'arbustes ; en augmentant les surfaces en **culture sèche** (ou **pluviale**), c'est-à-dire non irriguée, et en utilisant, par des techniques d'irrigation plus adaptées, l'eau des nappes et des fleuves. Ils tentent par exemple, comme au Soudan, d'éviter les déperditions d'eau par évaporation en créant des canaux qui court-circuitent le cours des fleuves et accélèrent les débits.

Lire aussi Cours d'eau, hydrologie – Eau – Milieu, géosystème, environnement – Sols – Végétation, forêt

Développement durable

Concept assez récent, le développement durable a connu un rapide succès et tend à concurrencer, voire à supplanter, le concept de développement. Il a été approprié par les géographes, et ce dans de nombreux champs de la discipline : environnement, transport, tourisme, ville et espace urbain... La géographie semble particulièrement réceptive à ce concept qui combine des préoccupations environnementales, économiques et sociales, politiques et culturelles.

Qu'est-ce que le développement durable ?

L'émergence du concept de développement durable

Le développement durable est en partie hérité de courants écologistes qui se sont manifestés pour certains dès le XIXe siècle aux États-Unis. Ils se sont amplifiés et diversifiés durant la croissance économique des Trente Glorieuses qui a posé la question de la pression sur les ressources de la planète et de la pollution. Ces courants ont aussi été renforcés par la croissance démographique qui remit à l'honneur les thèses néo-malthusiennes (*cf.* article *Population, démographie*). Parmi les plus extrêmes, on peut citer la ***deep ecology*** (**écologie profonde** ou **écologie radicale**, en français), formalisée au début des années 1970 et pour qui la nature aurait une valeur intrinsèque, les Droits de l'homme étant alors à repenser en fonction des Droits de la nature. Ces thèses ont connu un certain écho avec la réunion des experts du **Club de Rome** en 1968 qui déboucha sur le **rapport Meadows** en 1972. Celui-ci prévoyait un avenir catastrophique d'ici 2100 et prônait en conséquence une croissance zéro. Les partisans de la **décroissance durable** pensent que toute croissance accentue les déséquilibres Nord-Sud, épuise les ressources... et n'est donc pas soutenable. Ils rejettent de fait la possibilité même d'un développement durable, dans la mesure où celui-ci repose sur l'acceptation d'une croissance économique.

La notion de **développement durable** est plus directement issue d'une réflexion née à la Conférence des Nations unies sur l'environnement à Stockholm en 1972 où l'on parlait alors d'**écodéveloppement**. Ce terme va cependant laisser place à celui de développement durable, expression formalisée et popularisée à la fin des années 1980. C'est le **rapport Brundtland** de 1987, créé par la Commission mondiale sur l'environnement et le développement présidée par le Premier ministre norvégien, Madame Gro Harlem Brundtland, qui est généralement considéré comme le point de départ du concept. Son titre, *Notre avenir à tous*, est révélateur de son ambition. Considérant le concept de développement durable comme « un développement qui répond aux besoins du présent sans compromettre la capacité des générations futures de répondre aux leurs », le rapport propose la mise en place d'une gestion intelligente du patrimoine planétaire – des **biens collectifs** – afin de le transmettre non altéré aux générations futures (concept de **durabilité**), en le préservant notamment des logiques du marché. La légitimité de la quête du développement économique n'est pas contestée mais celui-ci doit être respectueux des équilibres écologiques et des écosystèmes, en évitant notamment des prélèvements excessifs sur les ressources. Ce développement doit aussi présenter une dimension sociale, en préservant les sociétés, les différentes cultures et en contribuant à une éradication de la pauvreté. Le concept de développement durable nécessite donc un ***triple bottom line***, c'est-à-dire l'obligation d'un triple résultat. On parle ainsi des trois piliers du développement durable à propos de cette nécessité de tenir à la fois compte du social et de l'économique (un **développement équitable**), mais aussi de l'environnemental.

Le rapport Brundtland parlait de *sustainable development*, expression traduite en français dans un premier temps par **développement soutenable**, puis à partir du début des années 1990 par développement durable. Cette évolution du terme n'est pas sans conséquence : le terme de développement soutenable peut aujourd'hui être considéré soit comme un équivalent de celui de développement durable, soit au contraire comme une alternative à celui-ci, dénonçant selon certains l'aspect trop environnementaliste de la notion de développement durable. Selon cette acception, le développement soutenable insiste plus sur l'aspect social et suppose que les politiques de développement doivent être à la fois viables et supportables par les populations sans quoi elles n'ont aucune chance d'être appliquées sur le long terme (concept de **soutenabilité**).

Les « piliers » du développement durable

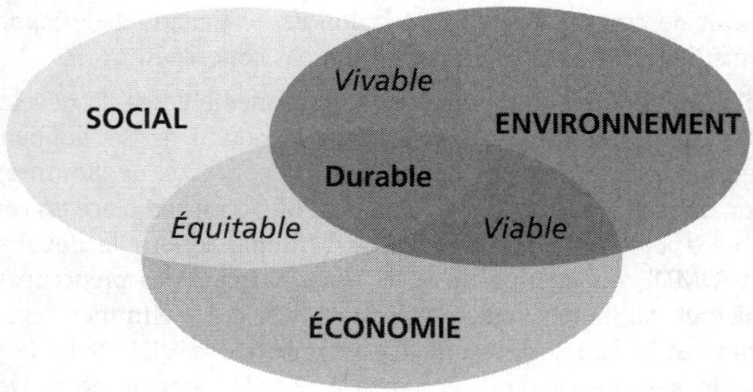

La **Conférence de Rio** en 1992 fut le premier sommet consacré au développement durable. Cette **Conférence des Nations unies sur l'environnement et le développement** (**CNUED**) est souvent nommée de façon erronée « Premier **Sommet de la Terre** » puisqu'un tel sommet avait déjà eu lieu à Stockholm en 1972. Elle alerta l'opinion publique sur les changements climatiques et les atteintes à la biodiversité. Elle aboutit à plusieurs textes fondamentaux : la **Déclaration de Rio** énumère 27 principes de base, parmi lesquels le fait que « les êtres humains sont au centre des préoccupations relatives au développement durable », ou encore le **principe de précaution** qui consiste à adopter une démarche plus préventive que réparatrice en cherchant à anticiper les dangers potentiels. La conférence a également donné naissance à un programme d'action pour le XXIe siècle nommé **Action 21** et à un agenda déclinant concrètement les objectifs et mesures à prendre, l'**Agenda 21**. Cet agenda prône en effet 2 500 recommandations et insiste sur une nécessaire participation et coopération des collectivités d'un niveau moindre : États, collectivités locales… C'est pour cette raison que, depuis lors, par exemple pour la France, la plupart des régions, départements, villes se sont progressivement dotés d'Agendas 21.

La Conférence de Rio a été suivie par la Conférence de Kyoto de 1997 sur le réchauffement climatique. Celle-ci a abouti à un protocole – **protocole de Kyoto** – visant à une réduction sur la période de 2008 à 2012 de 5,2 % des gaz à effet de serre par rapport à 1990. Pourtant, les objectifs de ce traité ne furent pas atteints, principalement du fait que certains pays ont refusé de le ratifier, et du fait que les conférences chargées de négocier son renouvellement ont toutes échoué. En décembre 2012, le Protocole a été prolongé jusqu'en 2020, et ce malgré le retrait de certains États, dont la Russie, le Canada et le Japon. La Chine et les États-Unis ne sont toujours pas concernés.

Parallèlement à ces préoccupations environnementales, le développement durable vise à fournir un cadre à la notion de développement, notamment des pays du Sud. Dans ce contexte, le **Sommet du Millénaire** qui s'est tenu à New York en 2000 a mis en place un certain nombre d'objectifs, dits **Objectifs du Millénaire pour le développement** (**OMD**). Au nombre de 8, ils répondaient à des préoccupations sociales et sanitaires : ainsi l'objectif 1 visait à « éliminer l'extrême pauvreté et la faim », l'objectif 6 à « combattre le VIH / Sida, le paludisme et autres maladies » (*cf.* article *Développement, Sud*). Depuis lors, quatre autres sommets du Millénaire ont eu lieu. Le dernier, en 2010, avait comme objectif de « sensibiliser la population aux objectifs du Millénaire pour le développement ».

L'annulation du sommet prévu en 2011 montre cependant que les objectifs initiaux sont loin d'être atteints. Enfin, en 2012, le pourtant très symbolique Sommet de la Terre qui se tenait à nouveau à Rio (sommet « Rio + 20 ») a également échoué du fait de l'obstruction des pays émergents et notamment du Brésil (*cf.* article *Risques, pollution*). Face à ce constat d'échec, l'ONU a révisé ses objectifs par la création d'**Objectifs du développement durable** (**ODD**) remplaçant en 2015 les objectifs du Millénaire. Ces ODD proclament certes la « nécessité d'accélérer les efforts » mais sans aucune contrainte pour les pays signataires.

Organismes et politiques de développement durable en Europe et en France

L'UE s'est engagée dans le développement durable en 2001 en créant une **SEDD (Stratégie européenne de développement durable)**, sous forme d'un plan quinquennal indicatif proposant plusieurs domaines et plans d'action. Le troisième plan (2009-2013) privilégie la lutte contre les changements climatiques, la gestion des ressources de manière responsable et une meilleure collaboration entre les États et les instances européennes.

En France, la **SNDD (Stratégie nationale de développement durable)** reprend ces initiatives et fixe un certain nombre d'objectifs révisables à terme : ainsi le plan 2010-2013 souhaite « développer une économie sobre en ressources naturelles et décarbonée ». Ce plan repose sur neuf « défis à relever » en termes de transports, de santé publique, de gouvernance, de biodiversité... Créé en 2003, le **Conseil national du développement durable** est associé au gouvernement pour élaborer et évaluer la SNDD. La SNDD précise le rôle de l'**ADEME (Agence de l'environnement et de la maîtrise de l'énergie)**, organisme public créé en 1990 et désormais chargé, entre autres choses, de sensibiliser le public, d'appuyer des démarches du type Agendas 21, de promouvoir la consommation durable...

Parallèlement, la **Charte de l'environnement** a été inscrite dans la Constitution en 2005. Elle place les principes de sauvegarde de l'environnement au même niveau que les Droits de l'homme et du citoyen de 1789 et que les droits économiques et sociaux du Préambule de 1946. Enfin, en octobre 2007, un « **Grenelle de l'environnement** » (ainsi nommé par analogie avec les accords de Grenelle de mai 1968) a associé l'État, des ONG, des collectivités locales, les employeurs et les salariés par leurs représentants. Différents projets en sont issus : réflexion sur les OGM, projet de réduction des pesticides dans l'agriculture par l'instauration d'une **aquataxe** sur ces produits destinée à sauvegarder les nappes phréatiques. Cette taxe repose sur le principe de l'**écotaxe**, qui suppose de faire payer le responsable d'un dommage plutôt que d'en faire peser le coût sur la collectivité. Ainsi existe en France, depuis 2006, une écotaxe sur les équipements électriques et / ou électroniques afin de financer la collecte, le recyclage ou la valorisation des **déchets d'équipements électriques et électroniques (DEEE)**.

Peut-on mesurer le développement durable ?

Bien que récent, le développement durable a engendré de nombreux indicateurs qui tentent de mesurer la durabilité des phénomènes. Certains sont des indicateurs anciens et spécialisés dans tel ou tel pilier du développement durable comme l'IDH. L'Agenda 21 (*cf.* p. 95) de Rio en 1992 invitait les pays et organisations à réfléchir sur des indicateurs plus précis. Certains indicateurs sont très spécialisés. Dans le domaine de la construction, on peut citer l'**indice HQE** (**haute qualité environnementale des bâtiments**) qui tente d'appréhender de manière globale l'impact sur l'environnement extérieur et intérieur des différentes constructions et notamment s'il s'agit d'une **écoconstruction**. Ce terme désigne les constructions caractérisées par une relation intégrée des bâtiments à leur environnement, par un chantier à faibles nuisances et par un choix intégré des procédés et de matériaux de construction, par exemple en termes d'isolants (le chanvre ou le liège étant utilisés de préférence à la laine de verre). Ce type de constructions peut aussi être caractérisé par une **écogestion** de l'énergie, de l'eau, des déchets d'activité, de l'entretien... De plus, l'environnement intérieur doit être satisfaisant d'un point de vue du confort et de la santé.

L'**empreinte écologique** est un indicateur (calculé en hectares) qui cherche à évaluer l'impact des activités humaines en terme de surface biologiquement productive utilisée par une population donnée pour pourvoir à ses besoins. La définition et le mode de calcul de l'empreinte écologique ne sont pas encore fixés, variant d'un organisme à un autre (par exemple entre l'OCDE et le WWF, ONG qui a popularisé la notion). Cet indicateur peut par exemple prendre en compte ou non la surface nécessaire au traitement des déchets et s'appliquer aussi bien à un individu qu'à un quartier, un État... ou encore à la production d'objets (un ordinateur par exemple) ou enfin à un type de production (céréaliculture intensive, production de tel ou tel agrocarburant...). Cet indicateur est critiqué dans la mesure où il est réducteur et ne tient pas suffisamment compte de données qualitatives (impact sur la biodiversité, pollution, risques...).

De façon un peu plus globale, l'**indice de durabilité environnementale** tente à l'échelle internationale de comparer les performances environnementales des États. Combinant lui-même cinq indicateurs, dont la notion de « stress environnemental », il reste néanmoins spécialisé dans une approche environnementaliste du développement durable.

Il n'y a donc encore aucun indicateur de développement durable qui soit reconnu par l'ensemble des sciences sociales et naturelles s'intéressant au développement durable ou par les acteurs économiques, politiques, sociaux et environnementaux. C'est la preuve qu'il s'agit d'un concept en cours d'élaboration.

Les géographes et le développement durable

Le concept a suscité une méfiance initiale chez les géographes français

La communauté scientifique, dont font partie les géographes, a dû se positionner face à ce qu'on peut sans doute appeler un nouveau **paradigme**, c'est-à-dire un nouveau mode de pensée qui sert de référent, ici à l'échelle mondiale. Or, jusque vers 2003-2005, soit presque 20 ans après le rapport Brundtland, les géographes français ont été plutôt indifférents au concept. Deux revues de référence de la géographie française (*Les Annales de Géographie* et *L'Espace géographique*) n'avaient à cette date proposé que peu d'articles sur le thème du développement durable : un seul pour la première et aucun pour l'autre. Cette indifférence peut s'expliquer par plusieurs raisons. Le développement durable apparaît alors comme une notion floue, de l'ordre de l'incantatoire, et finalement comme un concept valise et peu scientifique, d'autant plus qu'il est arrivé « d'en haut », c'est-à-dire du politique, qu'il soit international ou national. La volonté de ne pas être inféodé au politique expliquerait en partie cette méfiance, voire ce rejet.

De plus, le développement durable est initialement apparu à de nombreux géographes comme une notion à fort contenu naturaliste, et ce à une époque où la géographie venait de se repositionner comme une science sociale (*cf.* article *Géographie (histoire de la)*), d'où la peur d'un retour en arrière. Cette crainte fut accentuée par le fait que le succès médiatique du développement durable au début du XXIe siècle a reposé sur la suprématie donnée au pilier environnemental (thème du réchauffement climatique notamment).

Enfin, certains géographes ont élevé une autre objection : le développement durable conduirait à évacuer le concept de développement. En effet, c'est dans les années 1980 que se développa l'idée d'une faillite des politiques de développement (*cf.* article *Développement, Sud*) et c'est dans ce contexte que le développement durable a rapidement supplanté le thème du développement dans les discours officiels, par exemple à l'ONU. Or, les concepts de sous-développement puis de développement étaient devenus, à la suite des travaux d'Yves Lacoste, quelques-uns des grands thèmes de la géographie depuis les années 1970. Le développement durable est ainsi parfois vu comme une notion fortement marquée idéologiquement (une notion néolibérale) caractérisée par un abandon plus ou moins sensible de l'économique et du social pour ne retenir que l'aspect environnemental, ce qui diffère du concept initial.

D'autres causes ont pu jouer dans cette méfiance : le développement durable paraît au départ peu spatialisable, en tout cas difficilement cartographiable. Néanmoins, le concept va finalement s'imposer assez rapidement en géographie.

Un concept qui s'impose en géographie au début du XXIe siècle

Depuis 2004-2005, les publications scientifiques et les thèses de géographie font de plus en plus référence au développement durable. De même, plusieurs géographes renommés se sont particulièrement consacrés à ce thème. Enfin, depuis 2004, il existe en France une demande institutionnelle qui introduit le développement durable dans l'enseignement primaire et secondaire et prône la généralisation d'une **éducation à l'environnement pour un développement durable** (EEDD), relayée en 2007 par l'**éducation au développement durable** (EDD). Les raisons du succès du concept en géographie sont doubles.

Il s'agit d'abord sans doute d'une opportunité pour réhabiliter la géographie physique qui était devenue marginale dans le contexte du changement de paradigme disciplinaire (*cf.* article *Géographie (histoire de la)*). Or, les géographes physiciens avaient acquis dès les années 1980 diverses compétences, notamment sur les risques. Ils se préoccupaient beaucoup plus que dans les années 1960 d'environnement, en se recentrant sur les rapports entre « nature » et société (*cf.* article *Milieu, géosystème, environnement*). La médiatisation des risques de grande ampleur, tels les changements climatiques, grâce au développement durable, va leur ouvrir un nouveau champ de compétences et leur donner une place moins marginale en géographie.

De façon plus profonde, l'approche géographique s'avère pertinente pour traiter de développement durable. En effet, le développement durable est un objet somme toute classique pour les géographes dans la mesure où il concerne les relations entre les sociétés et leur environnement. Par ailleurs, la géographie possède des méthodes éprouvées, comme la démarche systémique qui permet de mettre en relation les différents piliers du développement durable tout en les reliant à des préoccupations culturelles et au concept de gouvernance (*cf.* p. 484). De plus, le développement durable a progressivement quitté le seul niveau mondial pour être décliné à toutes les échelles, du monde au quartier, voire à la maison. Or la démarche géographique est rompue aux emboîtements d'échelles du local au global. La géographie est aussi sans doute la discipline la plus apte à appréhender les interrelations entre des champs divers. Enfin, le géographe est de plus en plus engagé dans une démarche prospective notamment par le biais de l'aménagement des territoires, ce qui le rend sensible à la durabilité. De manière plus précise, plusieurs géographes ont privilégié une entrée par le politique ou les questions de gouvernance. Dans cette optique, ils ont mené une réflexion, non sur les convergences entre les trois piliers du développement durable, mais au contraire sur les conflits d'acteurs et plus généralement sur les tensions qui existent entre ces piliers et sur la nécessité de faire des choix.

Les tensions liées au développement durable

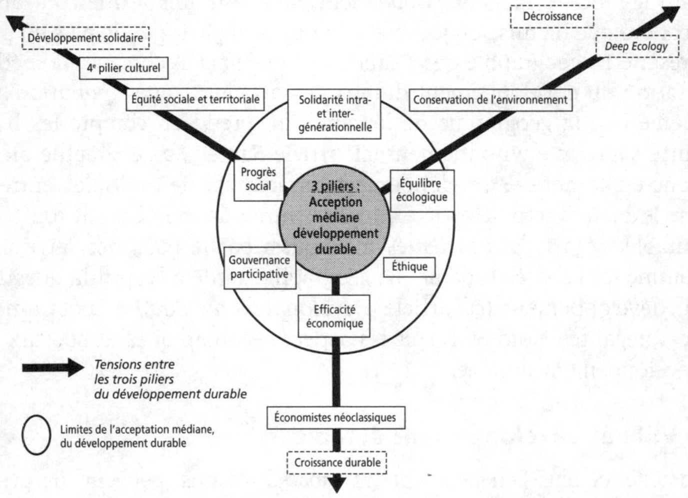

Source : D'après A. Jégou, « Les géographes français face au développement durable », *L'Information géographique* vol. 71, © L'Information géographique / Armand Colin, octobre 2007.

Les champs « géographiques » du développement durable

Des champs multiples

Regroupant à la fois des considérations naturalistes, sociales et économiques, les champs du développement durable sont variés et recoupent de très nombreuses préoccupations de la géographie. Les thèmes des transports (*cf.* article *Transport, communications*) et de l'énergie (*cf.* article *Énergie, matières premières*) sont au cœur des préoccupations du développement durable (pertinence des agrocarburants par exemple). Plus largement, la question des ressources est depuis longtemps abordée par la géographie, qu'il s'agisse de l'eau (*cf.* article *Eau*) ou des ressources alimentaires (*cf.* articles *Agriculture* et *Pêche, aquaculture*). La thématique du développement durable permet de renouveler certaines approches : agriculture durable, mais aussi maintien de la biodiversité (*cf.* article *Végétation, forêt*). Le succès récent des **jachères fleuries** est symptomatique : ces terres en jachère, semées de fleurs annuelles, ont certes l'intérêt de contribuer à l'amélioration de la biodiversité et à l'entretien de toute une faune sauvage locale, mais elles obéissent aussi à la fois à une contrainte économique (la mise en jachère) et à un souci paysager de plus en plus présent. La géographie des risques a trouvé plus d'écho avec la médiatisation du développement durable (*cf.* article *Risques, pollution*), de même que la géographie de la santé qui prend en compte les liens entre santé et environnement (cf. article *Santé*). La géographie prend donc en compte le développement durable par de multiples entrées, par le biais d'activités par exemple comme dans le cas du tourisme durable (*cf.* article *Tourisme*), mais aussi par le biais des territoires comme les espaces urbains. La géographie garde à l'esprit la question du développement (*cf.* article *Développement, Sud*), et notamment des inégalités Nord-Sud, soit les aspects économiques et sociaux du développement durable.

Ville et développement durable

La ville, et plus généralement les espaces urbains, peuvent, de prime abord, apparaître comme antinomiques du développement durable, dans la mesure où ils sont perçus comme des espaces artificialisés et parfois « contre-nature ». Mais les espaces ruraux ne sont pas non plus naturels, puisqu'ils ont été façonnés par les sociétés humaines depuis des millénaires. En outre, plus de la moitié de la population mondiale étant constituée d'urbains, la question de la ville durable est devenue majeure.

La ville lance en effet de nombreux défis au développement durable. Certains sont spécifiques à la ville, et la plupart sont amplifiés par elle. Diverses nuisances (bruit, pollution, îlot de chaleur...) ont des conséquences néfastes sur la qualité de vie, la santé des urbains et peuvent avoir des retombées sur un espace beaucoup plus large, parfois à l'échelle mondiale (pollution automobile par exemple). La ville est souvent le lieu de risques technologiques. Elle peut également aggraver certains aléas naturels (par exemple, les inondations sont accentuées par l'imperméabilisation des sols et peuvent toucher des espaces ruraux périphériques). Elle amplifie aussi les risques par la concentration de population ou encore l'étalement urbain. Plus généralement, la ville a besoin de ressources, souvent produites ailleurs, et rejette des déchets, dont le traitement s'avère problématique. Enfin, la ville renforce souvent les inégalités socio-spatiales. Inversement, elle peut favoriser le développement humain : l'accès à la culture, par exemple, y est facilité par rapport aux espaces ruraux et l'espérance de vie des urbains est plus élevée que celles des ruraux. La **ville durable** serait donc compacte, peu consommatrice d'énergie, respectueuse du patrimoine naturel et architectural et socialement plus juste.

Depuis le début du XXIe siècle, de nombreuses villes, essentiellement européennes, mettent en place leur **Agenda 21**. Celui-ci définit les principes d'urbanisme et d'aménagement des territoires dont les objectifs se rattachent aux trois piliers du développement durable. Leur mise en œuvre est différente en fonction du niveau de développement des États. Ces Agendas 21 s'inspirent, pour les villes européennes, de la **Charte d'Aalborg** de 1994, qui prend le contre-pied de la **Charte d'Athènes** de Le Corbusier de 1933, témoignant de l'évolution de la façon de penser la ville.

Inversion de points de vue entre les Chartes d'Athènes et d'Aalborg	
Charte d'Athènes (1933)	**Charte d'Aalborg (1994)**
• Principe de la table rase	• Attitude patrimoniale • Partir de l'existant et le mettre en valeur
• Abstraction pour l'architecture du contexte environnant (historique, géographique, culturel, écologique) • Style international	• Insertion du bâti dans un environnement multidimensionnel • Diversité architecturale
• Zonage	• Mixité fonctionnelle et politiques transversales
• Fluidification de la circulation • Séparation des circulations	• Réduction de la mobilité contrainte • Reconquête de la voirie par tous les modes de transport
• Urbanisme d'experts. Géométrisation et rationalisation de la ville	• Urbanisme participatif • Singularité des réponses

© Sciences Po, Chaire de développement durable, site internet www.developpement.durable.sciences-po.fr, 2008.

Les priorités varient selon les niveaux de développement. Dans les villes du Nord, d'une façon générale, les préoccupations environnementales semblent prioritaires. Elles se traduisent par une réflexion sur les transports urbains mais aussi sur la préservation d'espaces naturels au cœur des villes, le développement de parcs et de jardins publics et privés répondant aussi à des préoccupations esthétiques et de bien-être. Elles cherchent également une meilleure gestion du problème des **déchets**, qui sans être spécifiquement urbain, a une acuité beaucoup plus importante en ville. Au sein de l'Union européenne, une directive impose depuis 2006 leur recyclage, ce qui pose deux problèmes : celui de la construction de déchetteries, mais aussi celui d'une gestion qui se réalise dans le cadre de l'intercommunalité et des EPCI (*cf.* p. 421). Du point de vue de l'urbanisme, les Agendas 21 se traduisent également par la lutte contre l'étalement urbain (*cf.* article *Urbanisation*) et la volonté de rééquilibrage entre le centre et les périphéries, tant d'un point de vue urbanistique que dans le souci de lutter contre la fragmentation socio-spatiale : la mixité fonctionnelle mais aussi sociale des quartiers est souhaitée pour lutter contre l'exclusion. Certaines villes, comme Fribourg-en-Brisgau avec le quartier Vauban, ont créé des **écoquartiers**, qui cherchent à réduire au maximum la consommation énergétique. Ils privilégient notamment les **constructions passives**, dont la consommation énergétique est extrêmement réduite, voire nulle, ainsi que les **constructions** (ou bâtiments) **à énergie positive**, qui produisent plus d'énergie qu'elles n'en consomment pour leur fonctionnement. Ils développent également des modes de transport non polluants. Les **quartiers** dits **durables** adjoignent à ces préoccupations environnementales des préoccupations économiques et sociales (mixité des activités…), cherchant aussi à associer la population aux décisions.

Les objectifs des « Agendas 21 » des villes du Sud, et plus généralement leurs politiques de développement durable, doivent tenir compte d'une situation initiale plus délicate. La priorité est évidemment donnée au développement économique et, d'un point de vue social, à la création d'infrastructures de base (adductions d'eau, d'électricité…, éducation, santé…). La création de ramassages d'ordures et la lutte contre les décharges à ciel ouvert, la réduction des pollutions spécifiques (sacs plastiques, gaz d'échappement de véhicules très polluants…) constituent d'autres objectifs difficiles à atteindre, dans un contexte de difficultés financières mais aussi du développement d'une société de consommation. Néanmoins, Curitiba au Brésil fait figure de « modèle » de ville durable de par la gestion des transports (priorité aux transports publics), la collecte des déchets, la création d'emplois, le développement des espaces verts… Les Agendas 21, lorsqu'ils existent, font appel à des partenariats, soit dans le cadre de projets pilotes de l'ONU par ses organismes spécialisés (UNICEF, FAO…), soit par des jumelages avec des villes du Nord ou encore par l'intervention d'ONG qui s'engagent sur telle ou telle priorité.

Transports urbains et développement durable

Du fait de l'étalement urbain (*cf.* p. 535), l'augmentation des mobilités se traduit par une concentration spatiale le long de grands axes, mais aussi par une concentration temporelle à heures fixes du fait des mouvements alternants autour des grandes villes. En conséquence, les centres de ces grandes villes sont difficilement accessibles pendant plusieurs heures de la journée, ce qui autorise à les considérer comme des zones temporairement enclavées (**enclavement fonctionnel**). Les coûts environnementaux et économiques de cette situation sont considérables. Pour cette raison, dans le cadre de la création d'Agendas 21, les principales agglomérations mettent en place diverses solutions alternatives et privilégient les **transports doux** qui permettent une **écomobilité**, c'est-à-dire des déplacements à moindre coût environnemental. Ces agglomérations développent notamment leur politique de transport en commun, ce qui traduit par la création de **parkings-relais** à partir desquels on peut pratiquer le covoiturage ou prendre le car ou le train à destination du centre-ville. Cette politique est en elle-même un objet d'étude pour les géographes puisqu'une nouvelle géographie urbaine se dessine, marquée par la création de commerces aux alentours de ces parkings-relais, mais aussi par divers aménagements et par une réorientation des flux. De nouvelles centralités apparaissent donc qui contribuent à la diffusion du modèle d'*edge city* (*cf.* p. 535). Diverses solutions complémentaires voient également le jour, tel le **tram-train**, à savoir un tramway pouvant circuler sur les voies ferrées en banlieue urbaine : divers projets existent en France, mais ce système fonctionne depuis plusieurs années déjà en Allemagne, notamment à Karlsruhe. À ces solutions se superposent des solutions propres aux différents centres-villes : locations de vélos, tel le Vélo'v lyonnais ayant précédé de deux ans le Vélib' parisien.

Lire aussi **Risques, pollution – Santé – Transport, communications – Urbanisation – Ville**

Développement, Sud

L'inégal développement reste au XXIe siècle l'un des principaux critères de lecture de l'organisation de l'espace mondial. Difficile à cerner, la notion de développement est pourtant le support d'une division binaire et forcément schématique du monde entre pays développés, dits du Nord, et pays du Sud en développement. Mais cette vision est désormais datée à la fois du fait de l'émergence d'un certain nombre de pays et d'une fragmentation croissante des territoires à toutes les échelles.

Comment définir et évaluer le développement ?

Qu'est-ce que le développement ?

Le **développement** fait partie de ces notions générales en apparence claires, mais dont on s'aperçoit, à l'usage, qu'elles recouvrent plusieurs réalités dont les caractéristiques méritent d'être précisées. Le développement est d'abord un processus, relié donc à des temporalités, par lequel un groupe social ou un État va vers plus de richesse économique et de progrès social. Ces mutations doivent être consolidées, voire devenir permanentes, pour être considérées comme témoignant d'un certain développement. Mais le terme désigne aussi la situation, perçue le plus souvent de manière positive, qui correspond à l'aboutissement de ce processus. À l'échelle étatique, on a ainsi longtemps utilisé la référence des États dits « développés » comme modèle permettant d'évaluer par comparaison la situation des autres pays, confrontés au sous-développement.

Au-delà de cette double signification, la notion de développement présente une autre ambiguïté illustrée par l'évolution même du concept. Jusqu'aux années 1960, dans un contexte de forte croissance et de décolonisation encore en cours notamment en Afrique, on considérait le développement avant tout comme un processus économique – **développement économique** – dont la base était la croissance. Certains ont cependant fait valoir que la croissance pouvait ne pas entraîner de réel développement, voire donner lieu à une dégradation de la situation des plus pauvres. La notion de développement a ainsi connu une véritable mutation, notamment sous l'impulsion de François **Perroux** (1903-1987), en considérant que, pour qu'il soit avéré, il fallait que les fruits de la croissance profitent au plus grand nombre. Procédant au même constat, la Banque mondiale élabore en 1990 le concept de **développement humain** qui met l'accent moins sur la croissance de l'économie du pays que sur l'élargissement des possibilités humaines en termes d'espérance de vie, d'éducation, d'emploi et de niveau de vie. Elle ne nie pas le fait que l'accès au développement humain nécessite souvent la croissance économique. L'objectif est cependant social, global et transcende la seule prospérité.

Cette perception du développement, aujourd'hui largement admise, reste pourtant parfois contestée, au nom du fait qu'elle s'appuie surtout sur une représentation véhiculée par certains pays du Nord de ce que doit être, selon un modèle qui se voudrait universel, l'évolution d'une société. Cela supposerait de la part des pays « sous-développés » la recherche de la croissance économique dans le but d'atteindre le niveau de vie ou le mode de consommation des pays « développés ». Certains prétendent pourtant que d'autres formes d'évolution et donc de développement sont possibles, plus ou moins à l'écart du modèle diffusé par les pays du Nord, qui devraient être davantage prises en compte dans la définition de la notion de développement. Les mêmes critiques portent sur le concept de **développement durable** (*cf.* article *Développement durable*), parfois vu comme une forme d'ingérence des pays du Nord et une manière pour eux d'éviter la remise en question de leur propre modèle de développement.

Comment évaluer le développement ?

L'évaluation du développement d'une population traduit l'ambiguïté entre les deux approches évoquées plus haut. Pendant longtemps, on a surtout évalué le développement économique d'une population, que l'on mesurait grâce à des critères économiques et notamment le **PIB par habitant** ou **revenu par tête** qui est la valeur de la production interne de biens et services réalisée dans un pays donné en un an rapporté au nombre d'habitants de ce pays. Cet agrégat était souvent utilisé bien qu'il présentât un certain nombre d'insuffisances : les statistiques qui l'évaluent ne sont pas fiables dans tous les pays, il traduit une moyenne mais ne rend pas compte des inégalités très fréquentes dans la répartition des revenus et il est exprimé en dollar américain, qui n'a pas la même valeur réelle partout : 100 dollars représentent une faible somme aux États-Unis, mais une petite fortune au Kenya. De plus, il ne prend pas en compte l'**autoconsommation** – part de la production consommée par le producteur et sa famille – très importante dans les pays où dominent les activités agricoles, et n'évalue pas l'**économie informelle** – ensemble d'activités de production de biens et de services, souvent assurées par de petites entreprises ou des travailleurs individuels, qui échappent à tout règlement et à toute fiscalité.

Conscient de ces insuffisances et suivant l'évolution du concept, le **Programme des Nations unies pour le développement** (**PNUD**) a mis au point en 1990 un indicateur composite plus complet : l'**indicateur de développement humain** ou **IDH** qui combine l'estimation du niveau de vie, du niveau d'éducation et de la longévité d'une population. L'évaluation du **niveau de vie**, qui s'exprime le plus souvent par son **pouvoir d'achat** – sa capacité à consommer dépendant de ses ressources et du coût des produits sur le marché national ou local – se fait par l'intermédiaire du RNB par habitant en PPA (*cf.* p. 242). Le niveau d'éducation est mesuré par deux indicateurs complémentaires, à savoir le **taux d'alphabétisation** des adultes – la part des personnes de plus de 15 ans sachant écrire et comprendre aisément un texte court et simple – et le **taux brut de scolarisation**, qui permet d'évaluer le pourcentage d'enfants accédant à chaque degré d'enseignement, primaire, secondaire et supérieur. Un taux élevé suppose qu'une part importante de la population a la capacité de faire preuve d'initiative et de décision, notamment dans le monde professionnel, ce qui joue en faveur du développement. Enfin, l'IDH utilise le critère de la longévité, mesurée par l'espérance de vie à la naissance, pour évaluer le niveau sanitaire d'une population, qui dépend le plus souvent de son accès à une alimentation de qualité, à une bonne hygiène, à un logement sain… Un classement a été élaboré permettant de situer tous les pays de la planète selon un indice compris entre 0 et 1.

L'IDH n'est cependant pas un indicateur parfait puisqu'il ne prend pas en compte un certain nombre de critères. Pour ces raisons, la Banque mondiale a proposé la création de plusieurs autres indicateurs. Pour analyser l'inégale répartition des revenus dans un pays selon les sexes, elle a créé en 1996 un autre indicateur, l'**ISDH** ou **indicateur sexospécifique de développement humain** qui propose un classement des États modifié par rapport à l'IDH, les pays du golfe Persique, par exemple, rétrogradant de près d'une dizaine de places en raison notamment de la mauvaise condition globale des femmes dans ces États.

La Banque mondiale a également créé un indicateur pour évaluer l'ampleur de la pauvreté dans chaque État, l'IPM qui succède à l'IPH (*cf.* article *Exclusion, intégration*), mais aussi un indicateur pour mesurer les inégalités : l'**IDHI** (c'est-à-dire l'**IDH ajusté aux inégalités**). Il mesure l'inégalité de santé, d'éducation et de revenu au sein d'un pays : plus l'IDHI est bas par rapport à l'IDH, plus les inégalités sont fortes. Ainsi, les États-Unis qui avaient en 2011 le 4e IDH mondial ne se situaient qu'à la 23e place pour l'IDHI, ce qui témoigne d'une société très inégalitaire. Enfin, d'autres indices moins officiels existent. Certains économistes, s'appuyant sur la large diffusion des restaurants McDonald's dans le monde, ont mis au point en 1986 un **indice Big Mac** fondé sur la valeur relative de ce produit par rapport à d'autres référents économiques (salaire moyen, salaire minimum, seuil de pauvreté...) afin d'estimer le pouvoir d'achat des populations.

Les critères du sous-développement

En 1975, deux géographes, Georges **Cazes** (1941-2011) et Jean Domingo, constatant l'impossibilité d'arriver à une définition incontestable du sous-développement, proposèrent d'en lister les critères sociaux, démographiques, économiques, voire politiques, dans un ouvrage réédité à de nombreuses reprises, *Les Critères du sous-développement*. Ces critères sont à envisager globalement, chaque État n'étant évidemment pas confronté à l'ensemble de ces difficultés, qui plus est sur l'ensemble de son territoire. Certains critères évoqués peuvent d'ailleurs, ponctuellement ou sur une période donnée, concerner des pays considérés comme développés. C'est donc souvent la combinaison de ces critères ou leur aspect chronique, qui traduit le sous-développement d'un État.

Les États et les sociétés confrontés au sous-développement sont d'abord souvent marqués par des difficultés alimentaires, sanitaires et éducatives. Certaines régions du Sud connaissent des problèmes de **sous-nutrition** (ou **sous-alimentation**) chronique, c'est-à-dire de ration alimentaire en permanence insuffisante (inférieure à 2 200-2 300 calories pour un adulte), de **disette** – quand la pénurie est temporaire – ou de **malnutrition** (déséquilibre de la ration alimentaire) pouvant occasionner des maladies spécifiques. En 2012, la FAO estime à 870 millions le nombre de personnes sous-alimentées, dont 852 millions se trouvent dans les pays en développement. Ce chiffre évolue selon la qualité des récoltes mais aussi en fonction des prix des denrées alimentaires, eux-mêmes dépendants de la demande mondiale, mais aussi des pratiques spéculatives. La crise alimentaire de 2008 a mis en évidence le grand nombre d'habitants des PED en situation de **vulnérabilité alimentaire**, c'est-à-dire ne parvenant que difficilement à nourrir leur famille en temps normal et se retrouvant face à d'importantes difficultés quand la conjoncture devient moins favorable. Les **famines**, beaucoup moins fréquentes, apparaissent quand la situation alimentaire, déjà précaire, devient critique et entraîne une forte hausse de la mortalité. Elles sont souvent liées à des crises politiques (guerre civile par exemple), à des politiques aboutissant à la confiscation des ressources locales ou à une mauvaise gestion des productions locales ou des approvisionnements extérieurs. La géographe Sylvie **Brunel** (née en 1960) a également montré le rôle de la corruption et l'utilisation médiatique des famines pour détourner l'aide alimentaire et renforcer le pouvoir d'un État sur un territoire national : la géographie de la famine ne correspond donc que très imparfaitement à la géographie de la malnutrition.

Les populations des PED sont également souvent confrontées à la persistance plus ou moins marquée de **l'analphabétisme** – incapacité à lire et écrire (à ne pas confondre avec l'**illettrisme** qui qualifie, chez une personne ayant appris à lire et à écrire, une mauvaise maîtrise de ces capacités et une difficulté à accéder au sens de ce qui est lu) –, avec de très fortes inégalités entre villes et campagnes ou selon les régions. Il en va de même pour l'accès à la santé, ces sociétés souffrant d'une **sous-médicalisation** – manque de médecins et de structures de santé. Enfin, l'utilisation précoce de la force de travail des enfants, ainsi que la soumission fréquente de la femme, témoignent du sous-développement, sans bien sûr concerner tous les États du Sud.

Sur le plan économique, beaucoup de PED se caractérisent d'abord par leur forte **primarisation**, c'est-à-dire l'importance du secteur primaire dans la population active et dans le PNB. Ils disposent souvent d'un secteur formel important et d'une **industrie duale** en ce sens qu'elle oppose un secteur traditionnel et un secteur moderne plus ou moins largement dépendant des investissements des pays riches. Ce dualisme est responsable, selon François Perroux, d'une **désarticulation de l'économie**, c'est-à-dire d'une situation telle que l'essor du secteur moderne n'exerce que peu d'effet d'entraînement sur le secteur traditionnel et bloque le développement. Pour les États les moins développés, le degré de diversification de la production industrielle est faible. Ce sont parfois des **États mono-exportateurs**, dont le potentiel commercial repose presque totalement sur une seule production. La part des produits bruts dans les exportations, quand elle est élevée, révèle également la faiblesse du développement. Ils sont parfois en situation de dépendance commerciale, financière, par rapport aux pays développés et confrontés à de forts taux d'endettement, le poids de la dette dans le PIB étant souvent considéré comme l'un des critères notables du sous-développement.

Ces handicaps sociaux et économiques se traduisent pour les habitants des PED par le faible accès au travail, la pauvreté et une forte mobilité des populations vers les villes et les régions de plus haut niveau de développement (*cf.* article *Mobilités, migrations*).

Du Tiers-monde aux Sud

Une terminologie fluctuante

Les termes utilisés pour qualifier les pays « pauvres », individuellement ou dans leur ensemble, ont varié selon les époques, témoignant de l'évolution des courants de pensée et de la perception des facteurs du sous-développement. De la fin des années 1940 au milieu des années 1970, les expressions « pays sous-développés » et « Tiers-monde » sont utilisées conjointement, avec toutefois des variations sémantiques importantes. **Sous-développement** a été inventé aux États-Unis en 1947 et fut employé par Harry Truman le 20 janvier 1949 dans le discours sur l'état de l'Union. Il s'agissait de justifier sa politique d'aide nouvelle aux pays sous-développés. Si ce terme n'est donc pas à l'origine de connotation marxiste, c'est dans les années 1960 que son acception économique se double de considérations sociales. Celles-ci sont intégrées progressivement par des géographes qui couplèrent le terme de sous-développement au concept de centre-périphérie, également importé de l'économie. Enfin, dès la fin des années 1970 mais surtout au début des années 1980, la conception européocentriste initiale laisse peu à peu la place à une dimension universelle du terme, employé dès lors par des Asiatiques et des Latino-Américains.

Le terme de **Tiers-monde** a été créé en 1952 par Alfred **Sauvy** (1898-1990), un démographe français. Cette expression, devenue ensuite classique, faisait référence à l'ouvrage de l'abbé Sieyès *Qu'est-ce que le tiers état ?*, qui analysait la société de l'Ancien Régime. Bien que le plus nombreux, le troisième ordre de la société ne possédait pas de privilèges ni de pouvoir. Le Tiers-monde qualifiait donc à l'origine le monde dominé des pays peu développés qui n'appartenaient à aucun des deux blocs constitués à l'issue de la Seconde Guerre mondiale. C'était donc une notion essentiellement géopolitique qui voulait montrer l'exploitation du Sud, périphérie en situation de dépendance par rapport au centre, ainsi que son aspiration à s'intégrer à l'économie mondiale.

À partir des années 1970, la notion de Tiers-monde a commencé à être contestée, le Tiers-monde n'ayant pas d'unité politique, et car elle donnait le sentiment, à partir d'un constat politique, que les pays du Sud formaient un groupe économique homogène alors que les situations des États concernés étaient fort différentes, comme l'étaient leurs stratégies de développement. Cette prise de conscience naquit en 1973, avec le premier choc pétrolier et la Conférence d'Alger, où les États présents réclamaient la prise en compte de leur diversité et la mise en œuvre d'un **nouvel ordre économique international** (**NOEI**) fondé sur la coopération entre tous les États, l'aménagement de la dette, la remise en cause de l'organisation des échanges et la condamnation du néocolonialisme. Cela s'est fait dans le cadre de la **Conférence des Nations unies sur le commerce et le développement** ou **CNUCED**, fondée en 1964, au sein de laquelle les PED constituent le **groupe des 77** destiné à promouvoir la défense de leurs intérêts commerciaux et à formuler leurs revendications (de nos jours tous les pays membres de l'ONU font partie de la CNUCED). Dès lors, les géographes et les économistes vont souvent adopter la forme plurielle et parler « des Tiers-monde ».

Géographie et tiers-mondisme

Les géographes français se sont très tôt intéressés aux espaces lointains. Progressivement, une géographie coloniale puis une **géographie tropicale** est née, essentiellement zonale, qui avait pour objet d'étudier dans leur diversité les pays de l'outre-mer. En se démarquant de ce courant et de ceux qui l'incarnaient, le tiers-mondisme apparaît dans la géographie française à la fin des années 1950 et trouve rapidement ses lettres de noblesse, ses représentants et ses ouvrages de référence (Yves **Lacoste** par exemple, auteur de *La Géographie du sous-développement*, PUF, 1966). Encouragés par la décolonisation et les tentatives d'organisation d'un « Sud » en quête d'identité et de reconnaissance (1955 : Conférence de Bandoeng, 1961 : naissance du Mouvement des non-alignés), les tiers-mondistes considèrent le Tiers-monde comme une entité spatiale suffisamment réelle et homogène pour constituer un nouveau concept de la géographie. Influencés par les théories marxistes, ils manifestent une certaine solidarité envers le Tiers-monde dont ils étudient globalement les caractères et qu'ils dépeignent surtout comme la victime de la colonisation et du système capitaliste. Les anciens colonisateurs sont coupables d'un pillage des espaces pauvres destiné à alimenter leur propre consommation, compromettant ainsi tout espoir de développement. Ce courant n'a cependant pas survécu à l'évolution de la géographie, au repli des conceptions marxistes et aux évolutions très divergentes des PED. De nos jours, les géographes se consacrant aux pays du Sud l'abordent souvent pas le biais de la mondialisation. Sylvie **Brunel**, ancienne présidente de l'ONG *Action contre la faim*, a dénoncé la dérive marchande de l'aide au développement et s'emploie aujourd'hui à mettre en garde contre les dérives d'un développement durable qui ne se focaliserait que sur les aspects environnementaux.

Les années 1970 ont également vu l'emploi de plus en plus fréquent, notamment dans le vocabulaire des organisations internationales, de l'expression **pays en voie de développement** ou **PVD**. Il s'agissait de montrer par-là que le processus de développement était entamé, ce qui donnait une image plus positive à la situation de ces États. Dans les années 1980, l'expression de **pays en développement** ou **PED** prend le pas sur celle de PVD. On oppose alors les PED aux **PID** – **pays industrialisés et développés** – dont la majorité sont des **pays développés à économie de marché** ou **PDEM**, qui ont adopté depuis le XIXe siècle un modèle économique libéral. Ce ne fut pas le cas de l'URSS et des pays de son glacis qui ont fonctionné, au cours du XXe siècle, avec un système économique plus ou moins largement collectivisé et planifié et étaient donc qualifiés, jusqu'au début des années 1990, de **pays développés à économie planifiée** (**PDEP**) puis, après l'implosion du bloc soviétique et la transition progressive vers l'économie de marché, de **PDAEP** ou **pays développés à économie anciennement planifiée**. On les qualifie encore parfois de **pays en transition** ou économies en transition.

Cependant, à partir de la fin des années 1970, une autre terminologie s'impose progressivement, distinguant les **pays du Nord** – soit l'ensemble des PID – des **pays du Sud** – soit l'ensemble des PED –, ainsi qualifiés en raison de la localisation de beaucoup d'entre eux aux latitudes intertropicales. Ces références ne sont ni hémisphériques – l'Australie est située dans l'hémisphère Sud – ni latitudinales, la Mongolie étant plus septentrionale que la Grèce ou le Portugal.

De nos jours, une certaine confusion sémantique existe encore au sein des organismes internationaux et l'expression PED continue à être largement utilisée, le Comité d'aide au développement de l'OCDE établissant même régulièrement une liste de PED. Les géographes parlent plus volontiers de Nord et de Sud, en proposant souvent le pluriel pour « les Sud », pourtant orthographiés sans « s » final.

Une vision binaire du monde aujourd'hui remise en question

La vision d'un monde organisé de manière binaire est aujourd'hui largement dépassée. Elle l'est surtout en raison de la difficulté à distinguer précisément le Nord du Sud, toute délimitation posant à la fois le problème des critères utilisés pour classer les États dans des catégories homogènes et la manière de prendre en compte les évolutions récentes.

Si l'on prend pour base principale l'IDH, on constate que certains États considérés comme appartenant au Sud sont nettement mieux classés que des pays d'Europe orientale, appartenant au Nord. C'est le cas notamment d'États d'Amérique latine classés autour de la 40e place mondiale de l'IDH, c'est-à-dire largement devant la Russie, habituellement classée au Nord, alors même que son IDH est très proche de ceux du Mexique, du Brésil. La question se pose davantage par exemple pour l'Ukraine classée à la 85e place mondiale en 2011, c'est-à-dire derrière le Pérou ou l'Équateur. Il n'y a donc pas correspondance entre la limite Nord-Sud conventionnelle et le niveau de développement tel qu'il est mesuré par l'IDH. Cette limite est donc très contestable et ce pour plusieurs raisons. L'une d'entre elles est que, tracée à l'échelle étatique, elle résiste mal à une analyse à plus grande échelle car la mondialisation (*cf.* article *Mondialisation, système-monde*) a accru la fragmentation des territoires qui rend le niveau étatique de moins en moins pertinent : à l'échelle régionale, on pourrait ainsi tout à fait imaginer le Sudeste brésilien ou la région de Bangkok dans le Nord et, à l'échelle locale, certains quartiers de Rio de Janeiro dans ce même Nord, tandis que d'autres en seraient exclus. En conséquence, les interfaces Nord-Sud ne fonctionnent plus comme telles : en Russie, la Sibérie orientale n'est pas plus développée que les régions frontalières chinoises, pourtant classées au Sud. Enfin, héritage historique, la limite Nord-Sud ne repose pas sur des critères rationnels, au contraire du classement en fonction de l'IDH. La Banque mondiale, prenant pour base la hiérarchie des États selon ce critère, s'affranchit donc du clivage Nord-Sud et regroupe les pays du monde en quatre ensembles : les États à développement humain très élevé, au nombre de 47 en 2012, de la Norvège à la Croatie, les pays à développement humain élevé (47), les pays à développement humain moyen (47) et des pays à faible développement humain (46).

IDH et clivage Nord-Sud

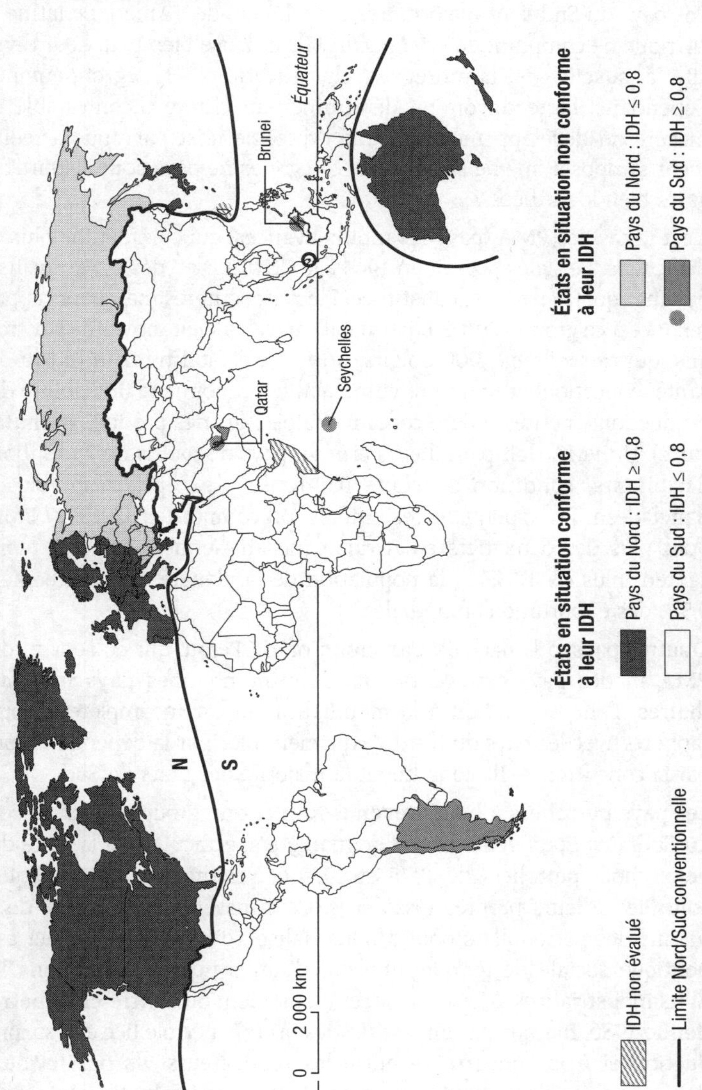

Source : Données PNUD, Rapport sur le développement humain 2013.

La diversité des Sud

Les pays du Sud sont majoritaires dans le monde, l'Amérique latine et l'Afrique ne comptant en effet aucun PID et l'Asie bien peu. Leur diversité a suscité de nombreuses classifications et regroupements. Cependant, faute d'avoir pu déterminer un critère incontestable de mesure du développement, aucune typologie n'est parvenue à réellement s'imposer, même si certaines catégories de pays sont aujourd'hui assez bien identifiées.

C'est le cas des **PMA** (**pays les moins avancés**) qui cumulent le plus de difficultés. Le sigle apparaît en 1964 à la CNUCED et, dès 1971, une liste de vingt-quatre pays est constituée. Plusieurs critères marquent l'appartenance à ce groupe : un PIB par habitant, calculé en moyenne sur trois ans, qui n'excède pas 900 dollars, un faible capital humain (nutrition, santé, éducation) et une forte vulnérabilité économique (instabilité des productions, petitesse de l'économie, faible part des produits manufacturés). Un PMA doit par ailleurs être un pays de moins de 75 millions d'habitants, condition satisfaite par tous à l'exception notable du Bangladesh. En appliquant ces critères, on comptait en 2013 49 PMA, dont plus des deux tiers en Afrique subsaharienne. Les PMA représentent plus de 12 % de la population de la planète, mais seulement 0,5 % des exportations mondiales.

D'autres pays, à l'image du Cameroun ou du Pérou, qui ne sont ni des PMA ni des pays émergents sont souvent nommés **pays intermédiaires**. Leur intégration à la mondialisation est incomplète et leurs rapports avec les pays du Nord s'expriment plus par la dépendance que par la concurrence. Ils constituent la majorité des États du Sud.

Les **pays pétroliers à hauts revenus** forment un groupe à part au sein du Sud. Ces États s'enrichirent de manière spectaculaire à la suite des deux chocs pétroliers de 1973 et 1979 et prirent progressivement le contrôle de leurs propres ressources. Certains États ont profité de la manne des pétrodollars pour s'industrialiser, d'autres pour mener une politique sociale de grande ampleur, d'autres pour investir dans les États industrialisés. Moins favorisés au moment du **contre-choc pétrolier** de 1986, marqué par une baisse des prix du pétrole liée à la surproduction et à la concurrence entre les producteurs, ils ont retrouvé depuis la prospérité grâce aux cours élevés du pétrole. Ils bénéficient aujourd'hui d'un haut niveau de vie. Leur classement dans le Sud est en grande partie lié à la pesanteur des conventions en ce qui concerne la limite Nord-Sud et à la prise en compte de certains critères traditionnellement considérés comme marque de sous-développement (indice de fécondité, persistance d'inégalités entre les sexes…). La plupart des petits États pétroliers du golfe Persique (Qatar, Émirats arabes unis, Bahreïn…) font ainsi partie des 50 premiers pays selon l'IDH, et sont parfois comptabilisés dans les puissances émergentes du fait de leurs très forts investissements et insertion dans la globalisation financière (par exemple, le Qatar, pays hôte de la coupe du monde de football en 2022).

À l'opposé de ces micro-États peu peuplés, la Chine et l'Union indienne, les deux géants asiatiques du Sud, constituent des cas particuliers par leur masse démographique. À eux deux, ces pays représentent 35 % de la population mondiale. Surtout, ces deux États seront sans doute ceux qui domineront l'économie mondiale demain. Leur puissance économique est en effet considérable et en très nette croissance : la Chine est le 1er exportateur mondial et la 2e puissance économique mondiale, derrière les États-Unis, et l'Inde le 10e PIB mondial.

Un certain nombre de pays du Sud ont donc connu une croissance économique forte et pour certains un développement réel. La terminologie pour les caractériser a été fluctuante. Le terme de **NPI** (**nouveaux pays industrialisés** ou nouveaux pays industriels) – ou **PNI** (**pays nouvellement industrialisés**) pour l'OCDE – désigne tout État du Sud qui a bénéficié pendant plusieurs années d'un taux de croissance supérieur à 5 %, taux de croissance moyen des pays développés pendant les années 1950 et 1960. Ce terme a été créé à l'origine pour qualifier les quatre petits pays d'Asie (désormais classés au Nord) qui ont les premiers connu cette croissance : Singapour, Corée du Sud, Taiwan, et Hong Kong (en tant que mandat britannique jusqu'en 1997). Ces quatre pays ont été nommés également de manière plus imagée les **quatre dragons**. Avec le développement rapide d'autres pays d'Asie, le vocabulaire s'est enrichi d'un certain nombre de nouveaux termes. On parle de façon globale de **NPIA** pour les NPI d'Asie, de **NPIA de première génération** pour les quatre dragons et de **NPIA de seconde génération** (Indonésie, Malaisie, Philippines et Thaïlande) ou de **petits dragons** ou de **bébés tigres**. Enfin, certains NPI non asiatiques se sont vus dotés, par comparaison, de noms tout aussi imagés. On parle parfois de **lions africains** à propos de l'Afrique du Sud, de l'Égypte, du Ghana et de la Tunisie, ou de **jaguars américains** pour l'Argentine, le Brésil, le Chili et le Mexique, même si ces pays ont été ou sont encore affectés par un certain **mal-développement**, expression inventée par l'agronome René **Dumont** (1904-2001) pour désigner la situation de pays où la croissance économique ne s'est pas accompagnée d'un développement humain généralisé, où la part des pauvres s'accroît et où les inégalités de revenus sont fortes.

Face au flou sémantique croissant, et étant donné qu'aucune liste officielle des NPI n'existe, le terme semble peu à peu supplanté par celui de **pays émergent**. Il s'agit d'un terme pourtant ancien, créé en 1981 pour qualifier des PED ayant connu un développement économique rapide, notamment grâce à la croissance de leurs échanges commerciaux dans le cadre de la mondialisation et bénéficiant d'un bon niveau de développement humain. Mais là encore, aucune liste officielle des pays émergents n'existe : on y trouvera, en plus des NPI déjà cités, et en fonction des auteurs, des pays comme la Turquie, parfois quelques îles de l'océan Indien dont l'île Maurice, mais aussi le Qatar et la Chine ou l'Inde qui peuvent aussi être considérées comme de grandes puissances.

Par ailleurs, le terme de pays émergent a lui aussi connu une nette évolution sémantique : créé pour caractériser des économies de pays en développement, il englobe de plus en plus des économies de PID en forte croissance économique : la Pologne, l'Ukraine, la Russie sont ainsi souvent considérés comme des pays émergents. Le phénomène est renforcé par le fait que des organisations nouvelles se créent en intégrant pays du Sud et pays du Nord. Ainsi la Chine et l'Inde sont les fondateurs avec le Brésil et la Russie (pays classé au Nord), de l'organisation des **BRIC** (Brésil, Russie, Inde, Chine) dont la première réunion eut lieu en 2009. À ce groupe s'est adjointe l'Afrique du Sud en 2011 pour fonder les **BRICS**. Il s'agit d'une association aux buts encore assez flous mais qui regroupe des pays appelés à compter de plus en plus dans l'économie mondiale. Le Mexique se rapproche de ce groupe et pourrait y adhérer prochainement (**BRICSAM**).

L'Inde, le Brésil et l'Afrique du Sud, trois grands pays émergents, se rencontrent à l'occasion de sommets **IBSA** (Inde, Brésil, South Africa) pour faire le point sur leurs aspirations communes et les moyens d'être plus impliqués dans la gouvernance internationale. Enfin, les **CIVETS** (Colombie, Indonésie, Vietnam, Égypte, Turquie et Afrique du Sud) constitueraient les puissances émergentes de demain, liste à laquelle on retranche parfois l'Afrique du Sud en raison de son appartenance au groupe des BRICS et à laquelle on ajoute la Thaïlande et le Mexique. Le terme d'émergence recoupe donc des sens très divers et ne semble pas complètement stabilisé : parfois il est une allusion au développement du pays, parfois il caractérise la simple émergence des marchés porteurs et très ancrés dans la mondialisation.

Vers le développement ?

Expliquer le sous-développement

La question des causes du sous-développement est très controversée. Elle oppose globalement des théories économiques considérant le sous-développement comme la conséquence des facteurs surtout endogènes liés à l'incapacité des PED à mettre en œuvre une démarche efficace vers le développement, à d'autres évoquant plutôt des facteurs exogènes, impliquant la responsabilité du Nord dans les difficultés du Sud.

Les premières sont issues d'un courant libéral véhiculé par des économistes dont l'un des principaux représentants fut un Américain, Walt Whitman **Rostow** (1916-2003). Il envisageait le sous-développement comme un simple **retard de développement**, dont l'ampleur s'apprécie par rapport au niveau atteint par les pays occidentaux. Les États sous-développés seraient confrontés à la difficile phase du **décollage** ou ***take off*** qui permet d'accéder au développement et que la France a connu au début du XIXe siècle. Celui-ci s'effectue en cinq étapes successives, selon un schéma historiciste. La première correspond à celle dans laquelle se trouvait l'Europe du Moyen Âge et peut se rapprocher de celle des territoires ruraux des pays les moins avancés aujourd'hui. La dernière est représentée par la société de consommation de masse, à laquelle sont parvenus aujourd'hui les PID. Pour Rostow, les PED peuvent franchir ces différentes étapes en imitant les PID, en profitant de leurs **avantages comparatifs**, c'est-à-dire d'atouts spécifiques sur lesquels ils peuvent baser leur insertion dans l'économie mondialisée et en se faisant épauler par l'aide au développement fournie par les PID. Cette analyse libérale a suscité de nombreuses critiques, mais a eu beaucoup d'échos auprès du FMI et des néolibéraux, héritiers d'Adam Smith et de David Ricardo (dont Milton Friedman). Pour d'autres, les PED souffrent de problèmes endogènes qui entravent leur développement : dualisme économique, manque d'efficacité des institutions de l'État, notamment des systèmes fiscaux... Ces difficultés internes peuvent générer une insuffisance chronique de capitaux et entretenir le **cercle vicieux du sous-développement** à savoir la combinaison de difficultés s'entraînant les unes les autres : manque de recettes fiscales et d'investissement, progrès sociaux lents, croissance démographique soutenue, forte charge sur les budgets nationaux, le tout bloquant le processus de développement.

D'autres théories, souvent d'inspiration marxiste, évoquent la **théorie de la domination** et expliquent surtout le sous-développement par l'impérialisme des pays développés, le Nord exploitant le Sud, notamment par l'intermédiaire de ses firmes multinationales. L'origine de cet impérialisme est souvent à trouver dans la colonisation, responsable de la déstructuration des économies locales et des sociétés traditionnelles. Elle a favorisé les cultures commerciales face aux cultures vivrières pour satisfaire les métropoles, privilégié les activités extractives au détriment des activités manufacturières et donné la priorité aux activités exportatrices, accroissant ainsi le dualisme de l'économie et les inégalités régionales. Elle s'est souvent trouvée prolongée par certaines formes de **néocolonialisme**, c'est-à-dire de prolongement du lien colonial par différentes formes de domination économique et culturelle de la part des anciennes métropoles. Un des principaux représentants de ces thèses, l'économiste égyptien Samir **Amin** (né en 1931), considère que les PED forment la périphérie qui fournit au centre (les PID) des produits bon marché et lui offre des opportunités de taux de profit élevés, en particulier par l'exploitation d'une main-d'œuvre peu coûteuse. Cette situation est encore plus préjudiciable quand ces États ont opté pour l'**extraversion**, c'est-à-dire l'orientation vers l'extérieur d'une part importante de l'activité économique nationale, car cela contribue à transférer d'importantes richesses de la périphérie vers le centre. Plus globalement, certains auteurs dont Raul **Prebisch** (1901-1986) ou François **Perroux**, sans épouser nécessairement les thèses marxistes, ont mis l'accent sur la dépendance dans laquelle les PED sont placés en raison de leur subordination face aux pays dominants. Cette dépendance provoquerait différents mécanismes de blocage du développement.

La **dépendance** du Sud prend plusieurs formes. La **dépendance financière** s'exprime par l'ampleur de l'endettement du Sud. Les origines du problème remontent au milieu des années 1970, période pendant laquelle l'activité des pays riches de l'**OCDE – Organisation de coopération et de développement économiques**, née en 1960 et qui regroupe aujourd'hui les 34 pays les plus industrialisés – s'était réduite alors que celle des PED connaissait une embellie. Pour financer leur croissance, ces États ont fait appel à des capitaux étrangers. À partir du second choc pétrolier de 1979, les échanges internationaux se sont ralentis, les cours des matières premières se sont effondrés et les pays occidentaux se sont repliés sur eux-mêmes, provoquant la réduction des exportations des PED et donc le ralentissement de leur croissance. Les taux d'intérêt, sous l'impulsion de la **FED** ou **Réserve fédérale** (la banque centrale américaine, créée en 1913) et le dollar ont considérablement augmenté et avec eux… la dette. Certains États se sont trouvés en situation de crise, incapable d'assumer le **service de la dette**, le remboursement annuel du capital emprunté et des intérêts.

La **dépendance commerciale** des PED se traduit par des inégalités issues de la **division internationale du travail (DIT)** qui désigne la répartition des tâches entre les États. Dans l'ancienne DIT, les pays du Nord exportaient des produits manufacturés et les pays du Sud des produits bruts. Dans la nouvelle DIT, le Sud s'est un temps spécialisé dans les produits manufacturés relativement peu élaborés, tandis que les pays du Nord étaient les seuls capables de produire des biens de technologie complexe. Le résultat est un **échange inégal**, les PED maintenus dans la production de produits à faible valeur ajoutée étant condamnés à servir de débouchés aux produits manufacturés des pays riches. Ce phénomène a tendance à devenir obsolète avec l'émergence de pays du Sud, bien intégrés à l'économie mondialisée, qui parviennent progressivement à déjouer cette dépendance et à proposer des biens plus élaborés. Les autres, notamment ceux dont le revenu national dépend de quelques produits de base, ont souvent vu leur dépendance à l'égard des PID s'aggraver. Les **termes de l'échange** expriment le rapport entre le prix moyen des exportations et le prix moyen des importations. Certains PED ont connu une **dégradation** (ou **détérioration) des termes de l'échange (DTE)**, valorisant de moins en moins bien leurs exportations par rapport à leurs importations. Ils ont donc eu tendance à s'appauvrir en achetant de plus en plus cher des produits étrangers alors que les prix des produits qu'ils exportent stagnaient ou diminuaient.

Enfin, la **dépendance** est également **technologique**, marquée par le *brain drain* (*cf.* p 325), voire par une **dépendance culturelle**, symbolisée par l'adoption, par ces pays, des modes de consommation alimentaire ou vestimentaire des pays du Nord ainsi que de leurs goûts musicaux, cinématographiques ou télévisuels.

D'autres facteurs sont parfois évoqués pour expliquer le sous-développement, notamment par des géographes qui souhaitent s'insérer dans un débat largement dominé par les économistes. L'**enclavement** – l'absence d'accès à la mer – constitue souvent une difficulté supplémentaire pour des États en quête d'intégration dans les circuits commerciaux internationaux. Il n'est pas un obstacle absolu à la prospérité économique (la Suisse est un État enclavé) mais s'avère suffisamment pénalisant pour les États les plus pauvres, regroupés aujourd'hui à l'initiative de la CNUCED dans la nouvelle catégorie des **pays en développement sans littoral** ou **pays en développement**

enclavé. Au nombre de 32 en 2013, ils représentent plus de 12,5 % de la superficie des continents, regroupent 4 % de l'humanité mais ne produisent que 0,3 % du PIB mondial et ne reçoivent que 0,3 % des IDE. L'insularité, facteur d'isolement, est également évoquée comme défavorable au développement de petits États (*cf.* article *Littoral*). Enfin, une importante croissance démographique peut parfois constituer un frein au développement quand les ressources alimentaires sont limitées et quand elle excède les capacités de l'État à en assumer les conséquences sociales. Elle peut par contre représenter un facteur stimulant pour le progrès des techniques et un facteur de croissance par la masse de travailleurs et de consommateurs qu'elle produit.

Des voies de développement variées jusqu'aux années 1980

En se fondant sur les théories explicatives du sous-développement, sur des modèles économiques et les ressources disponibles, les États du Sud ont mis en œuvre des stratégies de développement très différentes voire divergentes jusqu'aux années 1980. Toutes semblent avoir montré leurs limites.

Quelques rares États du Sud ont choisi, au moins pendant un temps, d'asseoir leur développement sur l'agriculture, qu'elle soit vivrière ou d'exportation. Certains d'entre eux, essentiellement asiatiques (Chine), ont considéré que le développement agricole conditionne le développement dans son ensemble et lui ont donc accordé la priorité. Ils ont souvent commencé par une redistribution des terres dans le cadre d'une réforme agraire puis ont intensifié l'usage des terres (irrigation), ce qui permit une croissance de la production agricole allant parfois jusqu'à l'autosuffisance alimentaire, notamment en Asie avec la révolution verte (*cf.* article *Agriculture*). Ce type de politique a limité l'exode rural et donc l'explosion urbaine. D'autres États ont choisi de fonder leur développement sur l'agriculture d'exportation. Ce sont des États tropicaux, comme le Costa Rica, producteurs de denrées recherchées sur les marchés des pays industrialisés : café, cacao, arachide ou agrumes. Jusqu'au début des années 1980, la Côte d'Ivoire a fait figure de modèle en ce domaine.

De nombreux États du Sud ont donné la priorité à la croissance industrielle, bien souvent dans le cadre d'un **développement autocentré**, c'est-à-dire associé aux ressources ou aux besoins internes au pays. Ils ont choisi pour cela deux options : l'industrialisation par substitution d'importations ou par industries industrialisantes. La politique d'**industrialisation par substitution d'importations** (**ISI**) a été appliquée par exemple en Argentine et au Chili dans les années 1950, ainsi qu'au Brésil jusqu'en 1964 ou en Inde jusqu'au milieu des années 1980. Elle consiste à remplacer les importations de produits manufacturés par des produits fabriqués dans le pays lui-même. Ceux-ci, d'abord plus chers que les produits importés, deviennent vite concurrentiels par l'augmentation de la production et la maîtrise des techniques nouvelles. Ce type de stratégie doit produire, par « **remontée de filière** », un effet d'entraînement qui aboutit à développer l'ensemble du tissu industriel. Après quelques succès, cette stratégie a montré ses limites dans les années 1960 et 1970 : protection trop forte d'industries non confrontées à la concurrence et qui perdent dynamisme et compétitivité, déficit public fort, firmes multinationales qui, une fois implantées, se réservent les secteurs les plus modernes tandis que les entreprises nationales restent centrées sur les industries traditionnelles et créent ainsi un dualisme industriel.

D'autres États, à l'image de l'Algérie, ont appliqué dans un cadre socialiste la stratégie des **industries industrialisantes**. Elle consista à valoriser les ressources locales en hydrocarbures en développant l'industrie lourde qui, pensait-on, avait une vertu industrialisante en provoquant un effet d'entraînement sur les autres secteurs industriels. Leur présence était supposée créer des pôles de développement autour desquels d'autres industries viendraient s'établir. L'Algérie acheta donc des usines « clés en main », créant ainsi des complexes de haut niveau technique et de grande taille. Dans la réalité, cette stratégie s'avéra très coûteuse et le sacrifice d'autres secteurs provoqua de graves déséquilibres sociaux. L'Algérie vit également ses ressources se réduire au début des années 1980 à cause de la crise de la sidérurgie et de la chute de prix du baril de pétrole. Les complexes créés s'avérèrent surdimensionnés et mal exploités par une main-d'œuvre trop peu formée.

À partir du modèle mis en place à Hong Kong dès 1945, repris ensuite par les quatre « dragons », certains États du Sud mirent en œuvre une politique d'**industrialisation par promotion d'exportations** (**IPE**), parfois qualifiée d'**économie extravertie**. Il s'agit de produire non pas prioritairement pour le marché national mais pour l'exportation, avec comme objectif de remplacer le plus rapidement possible des exportations traditionnelles par d'autres adaptées aux ressources du pays ou qui bénéficient de la main-d'œuvre bon marché. En cela, on parle aussi de politique d'**industrialisation par substitution d'exportations** (**ISE**). La Corée du Sud est un exemple remarquable de réussite de cette politique. À partir de 1962, elle choisit d'appliquer une politique de promotion des exportations fondée sur l'habillement et l'assemblage électronique. Elle profitait de sa main-d'œuvre bon marché pour produire à bas prix. Par la suite, elle entreprit une « remontée de filière » par le passage à la production de biens intermédiaires et de machines qu'elle commença rapidement à exporter. Aujourd'hui, elle vend des usines, des technologies, la formation de la main-d'œuvre. La crise asiatique de 1997 a cependant montré les limites de la stratégie financière de certains de ces États.

Le triomphe des solutions libérales depuis les années 1980

Dans le contexte libéral des années 1980, incarné par les gouvernements de R. Reagan aux États-Unis et de M. Thatcher au Royaume-Uni, de nombreux pays du Sud en difficulté s'en sont remis au **Fonds monétaire international** (**FMI**), créé en 1944 lors de la Conférence de Bretton Woods, et à la **Banque mondiale**, née en 1946 pour gérer l'aide internationale au développement. Ces institutions leur ont proposé des solutions d'inspiration libérale, en les incitant notamment à opter pour l'extraversion. Ils ont par exemple été encouragés à continuer le développement de l'agriculture d'exportation au détriment des productions vivrières. Les banques et les instances internationales, dont le FMI, ont tenté de régler le problème de la dette selon plusieurs méthodes : l'attribution de nouveaux crédits, afin de leur permettre de retrouver la croissance économique et ainsi les moyens de rembourser les créances ; la **restructuration de la dette**, notamment par la renégociation des taux d'intérêt ; le **rééchelonnement de la dette**, c'est-à-dire l'étalement de la durée des remboursements et, plus rarement, l'allégement, voire l'annulation, d'une partie de la dette.

Le FMI a conditionné ces aménagements à la mise en œuvre de **Programmes d'ajustement structurel** (**PAS**), c'est-à-dire de plans d'austérité destinés à rééquilibrer les finances publiques par la réduction du déficit budgétaire et commercial et de l'inflation. Ces politiques ont eu souvent des effets sociaux très déstabilisants pour les pays qui les ont appliquées brutalement, par exemple par le gel des salaires ou le licenciement massif de fonctionnaires, mais aussi par l'accroissement des difficultés des services publics (santé, éducation, transport...).

Depuis 1996, la question persistante de la dette a conduit le FMI et la Banque mondiale à identifier la catégorie des **pays pauvres très endettés** (**PPTE**), dont le rapport du volume de la dette au PIB dépasse les 200 % (ou le rapport du service de la dette aux exportations dépasse les

20 %), et à mettre en œuvre l'**initiative PPTE** permettant de réduire rapidement leur dette. Cette politique a été complétée en 2005 par l'**initiative d'allégement de la dette multilatéral** (**IADM**) visant, pour certains pays, l'annulation de la totalité des créances détenues par le FMI, l'Association internationale de développement (IDA) de la Banque mondiale et le Fonds africain de développement (FAD). En 2013, 36 pays ont bénéficié de montages de réduction de leur dette par l'IADM.

Repenser les rapports Nord-Sud

De nos jours, les perspectives de développement des pays du Sud s'envisagent selon quelques grands axes et orientations majeures. Elles s'inscrivent tout d'abord dans une redéfinition des rapports Nord-Sud, comme en témoigne le passage progressif du G8 au G20 (*cf.* article *Géopolitique*). Les États du Nord semblent avoir pris conscience de la nécessité de se préoccuper de l'évolution du Sud, notamment pour des raisons géopolitiques de maintien de la paix grâce au respect d'un certain équilibre entre les nations. La croissance démographique de certains États confrontés aux difficultés de développement alimente, chez certains pays du Nord, la crainte d'être confrontés à des vagues migratoires. La maîtrise de ces flux passe donc par la mise en place de politiques migratoires, comme celle mise en œuvre par l'Union européenne depuis 2002, mais aussi par des mesures d'aide au développement des pays de départ, voire de **codéveloppement**, associant par différents moyens les migrants anciens ou récents au développement de leur pays d'origine. Enfin, la préservation de l'environnement est devenue une priorité pour un développement durable (*cf.* article *Développement durable*), qui suppose des négociations entre Nord et Sud.

L'aide au développement est également une manifestation concrète de l'évolution des rapports Nord-Sud. Née dans la mouvance de la Guerre froide suite à la volonté des grandes puissances de s'accorder les faveurs des pays pauvres en les maintenant dans leur camp, elle reste considérée comme fondamentale dans l'apport de moyens utiles au développement du Sud. Concernant les formes de l'aide, la distinction essentielle oppose l'aide publique et l'aide privée. L'**aide publique au développement** (**APD**) regroupe les dons et les prêts effectués par les organismes publics des pays développés aux PED. Elle peut être bilatérale ou multilatérale. **L'APD bilatérale** (d'État à État) représente les deux tiers de l'APD totale. Il s'agit le plus souvent d'une **aide liée** ; elle est accordée à condition que les dépenses effectuées par le pays receveur le soient en faveur du pays donateur. Elle n'est donc pas désintéressée et correspond plutôt à un

instrument d'influence pour les pays développés, voire à un néocolonialisme. À l'inverse, une **aide non liée** permet à un pays bénéficiaire de faire ses achats où il le souhaite. L'**APD multilatérale** représente près de 30 % de l'APD totale. Elle est canalisée par de grandes institutions comme le FMI ou la Banque mondiale et est assurée à 80 % par les pays de l'OCDE regroupés dans le **Comité d'aide au développement** (**CAD**). Les principaux bénéficiaires sont les pays d'Afrique à économie déstructurée et quelques petits États. L'APD opère dans plusieurs domaines :
– agricole avec la ***Food and Agriculture Organization*** (**FAO**) qui aide les PED en leur livrant des produits agricoles et en les faisant bénéficier d'une assistance technique et des progrès agronomiques ;
– technique, avec la formation de cadres locaux, la diffusion de l'enseignement ou la mise en place de programmes de développement dans le cadre des programmes de **coopération**, c'est-à-dire d'aide dans de nombreux domaines (technique, économique, sanitaire...) entre des États d'inégal niveau de développement ;
– financier, grâce à des prêts. La Banque mondiale et sa filiale, l'**Association internationale de développement** (**AID**), proposent des prêts à long terme (35 à 40 ans), sans intérêts pour les pays les plus pauvres ;
– commercial où, dans le cadre de la CNUCED, des tentatives ont été faites pour remédier à la dégradation des termes de l'échange en assurant aux PED des débouchés accessibles pour leurs produits bruts exportés. La CEE a par exemple signé, en février 1975, la **Convention de Lomé** avec 46 **pays ACP** (**Afrique, Caraïbes, Pacifique**) qui garantit à ces États (au nombre de 79 en 2013), le libre accès au marché européen pour la grande majorité de leurs productions. Ces accords ont été remplacés en juin 2000 par les **accords de Cotonou** qui ouvrent beaucoup plus l'Afrique au commerce mondial, mais évoluent vers la suppression du système des tarifs préférentiels appliqué aux produits originaires de ces pays ACP. C'est dans ce contexte d'ouverture commerciale que d'autres puissances ont signé des traités « d'assistance » avec ces pays : l'**AGAO** (***African Growth and Opportunity Act***), adoptée en mai 2000, est le pendant américain des accords de Cotonou et marque la volonté américaine de s'implanter durablement dans le commerce transafricain.

L'**aide privée** concerne essentiellement les nombreuses **Organisations non gouvernementales** (**ONG**), qui se sont développées depuis les années 1970. On distingue les **ONGD**, axées sur le développement, des **ONGU**, répondant aux situations d'urgence.

L'aide publique fait l'objet de nombreuses critiques. On lui reproche d'être insuffisante, la plupart des pays donateurs ne consacrant pas, comme ils s'y étaient engagés, 0,7 % de leur PNB à l'aide publique. En 2012, les États-Unis et la France donnaient respectivement 0,19 % et 0,45 % de leur PNB alors que la Norvège lui en consacrait 1 %. Les sommes concernées sont également variables selon les années, évoluant au gré de la conjoncture dans les pays donateurs mais aussi selon les besoins spécifiques (forts par exemple en 2005, après le tsunami de l'océan Indien en décembre 2004) et la gestion de la dette, les sommes correspondant à la suppression d'une partie de celle-ci étant comptabilisées dans l'aide. On lui reproche également d'être mal orientée, insuffisamment axée sur les populations les plus pauvres, détournée par la corruption ou utilisée pour financer d'ambitieux programmes qui ne tiennent pas compte des spécificités locales et s'effondrent dès le départ des experts. Enfin, elle peut être nuisible, notamment quand elle devient permanente. C'est le cas, par exemple, de l'aide alimentaire qui concurrence les productions locales et finit par modifier les habitudes alimentaires des populations au profit d'aliments importés.

Face à l'échec des politiques de développement, en 2000, dans le cadre d'une politique de développement durable, les Nations unies ont proposé les **objectifs du Millénaire pour le développement** (**OMD**) qui mettent l'accent sur les principaux domaines d'action pour éliminer progressivement la pauvreté et favoriser le progrès social du plus grand nombre. Parmi les OMD figurent la mise en place d'une bonne gouvernance sur le plan international et d'un système commercial et financier plus équitable. Ces objectifs non coercitifs souhaitaient réduire de moitié avant 2015 la part de la population mondiale vivant avec un revenu inférieur à un dollar par jour ainsi que celle des personnes souffrant de la faim ou qui n'ont pas accès à l'eau potable. Ils visaient aussi à améliorer l'accès des enfants aux études primaires, à réduire fortement les mortalités maternelle et juvénile, à maîtriser la propagation du virus du Sida, à circonscrire les épidémies de paludisme et à améliorer sensiblement la vie des millions d'habitants des bidonvilles et taudis des villes du Sud. L'égalité des sexes, la place des jeunes dans la société, l'accès aux médicaments de base et aux NTIC ont été également mentionnés comme faisant partie des OMD. Pour cela, il a été décidé qu'une part de 0,15 % du RNB des pays donateurs soit réservée aux PMA dans le cadre des dépenses d'APD. En 2012, il semblait impossible que ces objectifs soient atteints à l'échéance prévue, d'où leur remplacement par les **objectifs de développement durable** (**ODD**) (*cf.* p. 96).

Les pays du Sud sont donc contraints d'être partie prenante de leur développement et de déterminer les axes de leurs politiques. C'est le sens du programme **NEPAD (Nouveau partenariat pour le développement en Afrique)**, lancé par certains dirigeants africains en octobre 2001, avec l'appui du G8, dont le but est d'amener l'Afrique à devenir un continent attractif aux investisseurs privés afin de la rendre moins dépendante des aides au développement, insuffisantes et fluctuantes. Pour obtenir des aides financières, les pays africains candidats doivent présenter des projets concrets et des assurances quant à la qualité de leur gouvernance. Contestées par certains États qui dénoncent notamment leur caractère trop libéral, ces initiatives inaugurent cependant peut-être un nouveau type de relations entre le Nord et l'Afrique.

De même, le concept de développement durable est souvent perçu plutôt négativement, comme une ingérence du Nord (*cf.* article *Développement durable*), du moins en ce qui concerne la protection de l'environnement. Pour les aspects économiques et sociaux, l'éducation et la santé sont de plus en plus considérées comme des préalables à tout développement et des moyens efficaces de limiter la fécondité. La valorisation de l'initiative individuelle, notamment par le développement du **micro-crédit** qui consiste en l'attribution de prêts de faible montant à de petits entrepreneurs qui n'auraient pas accès à des crédits bancaires, est également de mise. Cette pratique, parfois contestée, a été inaugurée par le Bangladais Muhammad **Yunus** (né en 1940), fondateur de la *Grameen Bank* spécialisée dans ce type de pratique et prix Nobel de la paix en 2006. Enfin, l'intégration dans une organisation régionale permet de négocier en position de force avec le Nord et de mieux s'intégrer dans la mondialisation.

Le développement reste donc, au début du XXIe siècle, un enjeu planétaire majeur. Les risques de pénuries de ressources de base (eau, céréales, énergie), les questions de la pauvreté urbaine et de la préservation de l'environnement le confirment. La mondialisation, si elle profite à quelques États ou régions du Sud bien intégrés, tend à fragmenter les territoires, laissant de côté les PMA, mais aussi des régions entières des États du Sud, pour lesquels les perspectives restent préoccupantes.

Lire aussi **Échanges internationaux – Mobilités, migrations – Mondialisation, système-monde – Peuplement – Population, démographie – Urbanisation – Ville**

Eau

L'eau, élément nécessaire à la vie sur Terre, est une ressource renouvelable apparemment abondante. Mais elle est très inégalement répartie dans l'espace et dans le temps. De plus en plus utilisée dans plusieurs secteurs d'activité, elle est souvent polluée. La gestion de l'eau est donc un problème essentiel, aussi bien dans les pays développés ou en développement.

L'eau : une ressource renouvelable apparemment abondante

L'hydrosphère

L'**hydrosphère** est la masse d'eau présente sur la Terre, c'est-à-dire l'ensemble des eaux continentales, océaniques et atmosphériques. Équivalente à près de 1,38 million de km³, elle se compose à 97,4 % d'eau salée formant les océans et les mers. Les 2,6 % d'eau douce sont stockés, pour les trois quarts, dans les glaciers, essentiellement dans les calottes polaires. Le quart restant est constitué pratiquement en totalité par de l'eau souterraine profonde (environ 8 millions de km³). L'eau contenue dans l'atmosphère (14 000 km³) et les eaux de surface, c'est-à-dire le réseau hydrographique aérien (cours d'eau et lacs) et l'eau du sol (nappes phréatiques...), ne représentent qu'une part minime évaluée à 0,014 % de l'eau douce. Si l'eau apparaît comme une ressource très abondante, il faut donc relativiser cette impression : seule une partie infime de l'hydrosphère, estimée à un cent millième, voire à un millionième, selon les mesures, est utilisable par l'homme.

Le cycle de l'eau

L'eau se renouvelle en un circuit fermé, nommé **cycle de l'eau**, grâce à l'énergie solaire. La chaleur entraîne l'**évapotranspiration** d'environ 500 000 km³ d'eau par an, soit une faible partie de l'hydrosphère, qui sont évaporés par les océans (430 000 km³) et, dans une moindre mesure, par les eaux continentales et transpirés par les plantes. En s'élevant, l'air sature en vapeur d'eau qui, par condensation, forme des nuages. C'est par les **précipitations** que l'eau est ensuite restituée à la surface du globe. Elles sont provoquées par la pesanteur quand les gouttelettes en suspension s'agrègent autour d'un noyau de condensation, des poussières par exemple. En fonction de l'altitude de leur formation et des températures, ces précipitations prennent diverses formes : liquides (**pluie**), solides dans le cas de la **neige** (cristaux de glace étoilés ou hexagonaux) ou de la **grêle** (grains de glace pouvant dépasser les 500 grammes). Elles tombent pour les deux tiers sur les océans, alors qu'ils fournissent plus de 85 % de l'eau évaporée. Une grande partie de l'eau est donc transférée par le déplacement des nuages vers les continents et les 120 000 km^3 d'eau reçus par ceux-ci sont rendus en quasi-totalité à l'océan, soit par évapotranspiration (75 000 km^3), soit par écoulement (45 000 km^3). Ces transferts se font à des vitesses très variables : quelques heures pour l'évaporation, quelques jours pour l'écoulement superficiel, plusieurs milliers d'années en cas de stockage glaciaire.

Ces échanges entre océans, atmosphère et continents sont déterminants pour les climats et s'accompagnent de multiples phénomènes, telle l'érosion qui façonne les reliefs. Le cycle de l'eau permet la purification des eaux et la désalinisation des eaux océaniques, conditions *sine qua non* de la vie sur Terre.

Une ressource inégalement répartie

Une inégale répartition spatiale

Si une grande partie du globe reçoit une quantité « moyenne » de précipitations, comprise entre 500 et 1 500 mm par an, d'autres régions s'individualisent nettement.

L'**aridité** concerne environ 20 % des terres émergées. Par aridité, il faut entendre un **bilan hydrique annuel** négatif, soit un déficit des précipitations par rapport à l'évapotranspiration. Mesurée par l'**indice de Gaussen** (P en mm = 2T en °C), l'aridité (P < 2T) dépend donc des précipitations et des températures. Dans les déserts **hyperarides** (*cf.* article *Déserts arides*) comme celui du Taklamakan en Chine, les précipitations sont inférieures à 100 mm par an et la vie végétale extrêmement limitée. Dans les régions **semi-arides** comme le Sahel africain, les 250 à 500 mm d'eau annuels permettent l'existence d'une steppe. Dans ces dernières régions, présentes sur tous les continents, les ressources en eau utilisables sont contenues dans des nappes souterraines fossiles et deviennent difficilement accessibles. C'est le cas, par exemple, de la Tunisie ou de l'Arabie saoudite. L'aridité des régions polaires est surtout due à la faiblesse des températures, elle-même responsable de celle des précipitations.

À l'opposé, les parties du globe connaissant un climat équatorial, ou tropical à saisons alternées, reçoivent des quantités d'eau annuelles supérieures à 1 500 mm. Mais se pose alors souvent le problème de l'irrégularité de ces précipitations.

Une grande irrégularité dans le temps

Les ressources en eau peuvent être très variables au cours d'une même année. Les régions méditerranéennes connaissent une sécheresse d'été à laquelle succèdent souvent des pluies importantes, mais parfois insuffisantes pour les sols. Les variations saisonnières sont encore bien plus marquées dans les pays tropicaux, où alternent une **saison humide** ($P > 2T$) et une **saison sèche** ($P < 2T$). Le climat de mousson constitue un cas extrême où les précipitations annuelles, concentrées sur deux ou trois mois, succèdent à une longue saison sèche. Les précipitations peuvent engendrer alors, à côté de conséquences positives, des inondations catastrophiques.

Les variations interannuelles des précipitations affectent également les ressources en eau. Elles entraînent des sécheresses imprévisibles et d'ampleur variable : celle de 2003 en France est sans commune mesure avec les sécheresses subies par une partie du continent africain depuis les années 1970.

En définitive, d'après ces paramètres, l'Europe et l'Amérique du Sud apparaissent comme plus avantagées que la majeure partie de l'Afrique, de l'Asie et de l'Amérique du Nord. Il faut cependant nuancer ces généralités, notamment du fait des différences de densité de population.

Certaines ressources en eau facilement accessibles se trouvent dans des déserts humains : les fleuves sibériens, le Congo ou même l'Amazone sont peu exploités. Certaines régions, bien pourvues en eau, sont très peuplées. Si, malgré ses fortes densités de population, l'Europe ne connaît pas de problèmes majeurs, il n'en est pas de même pour certains pays africains en forte croissance démographique. Le phénomène se retrouve à l'échelle des mégapoles. Enfin, le déficit en eau peut se faire sentir de façon épisodique du fait de phénomènes saisonniers, comme l'irrigation ou l'afflux de touristes dans des stations balnéaires ou d'altitude.

Une ressource de plus en plus sollicitée et polluée

La mobilisation des ressources

Avec l'augmentation des besoins, il faut chercher à accroître l'approvisionnement en eau. Cela peut se faire selon plusieurs techniques, de façon plus ou moins coûteuse et plus ou moins radicale pour l'environnement.

L'**irrigation** est le transport de l'eau vers une terre agricole (*cf.* article *Agriculture*). Ce procédé utilisé à diverses échelles peut avoir des inconvénients : engorgement si le drainage est mal fait, salinisation, évaporation au niveau des canaux d'amenée, épuisement du cours d'eau ou de son émissaire. Le creusement de puits ou, plus récemment, les forages profonds, pratiqués notamment en Afrique et en Asie, permettent d'atteindre l'eau contenue dans les nappes souterraines.

Les **barrages** rendent possibles le stockage et la régularisation. De capacité très diverse, ces ouvrages peuvent retenir plusieurs centaines de millions de mètres cubes d'eau. Leurs avantages sont multiples : fournisseurs d'eau (**barrages-réservoirs**) pour des utilisations domestiques, agricoles et industrielles, ils permettent aussi la production hydroélectrique, l'écrêtage des crues, voire l'installation de bases de loisirs. Cependant, leurs inconvénients restent nombreux. Immergeant de grandes superficies, ils nécessitent souvent le déplacement de populations et transforment l'environnement à des degrés divers. Le barrage des Trois Gorges, mis en eau entre 2006 et 2009 sur le Yangtsé en Chine, a occasionné la submersion de plus de 10 000 km^2 de terres agricoles et forestières et le déplacement de plus de 1,3 million de personnes.

Enfin, la **désalinisation** de l'eau de mer, dans des usines de dessalement pour faire de l'eau douce, reste une technique coûteuse mais dont le prix baisse rapidement (– 66 % entre 1990 à 2012). Elle est donc en plein essor : 1 % de l'eau potable mondiale était issue de cette technique en 2012. 60 % des installations se concentrent dans les pays du Moyen-Orient qui ont été, comme l'Arabie saoudite, des précurseurs, mais aussi dans les pays méditerranéens : l'Espagne a quadruplé sa production d'eau dessalée entre 1996 et 2012.

Une utilisation croissante et multiple

Les prélèvements d'eau sont passés d'environ 400 km^3 annuels vers 1900 à 3 000 km^3 dans les années 1980 et à plus de 5 500 km^3 en 2011.

Cette augmentation très rapide s'explique par la croissance démographique, par les transformations des modes de vie et des techniques agricoles, par le développement de l'industrie et du tourisme et par l'émergence d'un certain nombre de pays qui deviennent de très forts consommateurs d'eau. Cependant, tous les pays ne sont pas touchés : dans les PED, la consommation d'eau par habitant demeure très inférieure à celle des PID. De même, la part des secteurs d'activité dans la consommation totale est différente.

Malgré un recul récent, l'agriculture utilise encore plus des deux tiers de l'eau au niveau mondial, notamment pour l'irrigation. Celle-ci concerne 17 % de la superficie des terres cultivées dans le monde. Elle s'est beaucoup développée dans les années 1960 et 1970 en Asie du Sud, en liaison avec les « révolutions vertes » : en 2010, 4 États possédaient plus de 50 % des superficies irriguées mondiales (Inde, Chine, États-Unis, Pakistan).

Les secteurs de l'énergie et de l'industrie utilisent, quant à eux, près du quart des prélèvements d'eau. Mais si cette part peut atteindre 75 % dans les PID, elle représente environ 10 % dans les PED. Utilisée comme matière première entrant dans la composition de produits, comme force motrice, diluant ou solvant, ou encore pour refroidir ou réchauffer, l'eau est indispensable à de nombreuses industries (métallurgie, chimie, papeterie...), mais aussi aux centrales hydroélectriques, thermiques ou nucléaires. La présence d'un cours d'eau est ainsi l'un des facteurs de localisation industrielle ; la majeure partie de l'eau prélevée et usée y est immédiatement rejetée.

L'utilisation domestique de l'eau concerne près de 10 % des prélèvements effectués, pourcentage en augmentation constante, surtout dans les pays riches. Si un Français « consomme » en moyenne 140 litres d'eau potable par jour, un Nord-Américain en utilise près de 600 ! Ces chiffres sont liés au développement du confort matériel (salle de bains, machines à laver...). Inversement, de nombreux habitants des pays du Sud, ne disposent pas encore d'eau potable, ce qui contribue à l'essor de maladies. On estime que l'eau contaminée est responsable d'un quart des maladies et d'un tiers des décès dans les PED. Ainsi, au Bangladesh, la présence d'arsenic dans les eaux expose entre 74 et 92 millions de personnes à un risque majeur. Cette contamination est liée à plusieurs causes : une origine géologique (l'arsenic a été déposé par les grands fleuves de la région), mais aussi des dépôts de matière organique dans la nappe qui, du fait d'un processus chimique, contribuent à l'augmentation de la teneur en arsenic. Selon l'Organisation mondiale de la santé, le phénomène concerne 25 % des puits du pays et devrait entraîner entre 200 000 et 270 000 décès par cancer dans les prochaines années.

L'eau, parfois source de conflits

L'eau est souvent l'objet de **conflits d'usage**, qui opposent différents acteurs en concurrence pour son utilisation ou son contrôle. C'est le cas en Grèce, pays souffrant de sècheresse estivale, où satisfaire à la fois les besoins en irrigation de la plaine agricole de Thessalonique, ceux de l'agglomération d'Athènes et de certains littoraux touristiques s'avère difficile et nécessite des arbitrages délicats.

Mais l'eau est aussi un enjeu politique et peut être au cœur de tensions entre plusieurs pays. Ainsi, Israël considère comme un *casus belli* toute tentative d'appropriation des eaux du Jourdain, par exemple par la Syrie. Le contrôle de l'eau fut une des considérations de base du mouvement sioniste : en 1920, l'Organisation sioniste mondiale estimait que l'approvisionnement en eau devrait compter au même titre que les facteurs historiques pour établir les frontières du futur État d'Israël. De nos jours, la plupart des nappes souterraines de Palestine (Cisjordanie et bande de Gaza) sont exploitées au profit d'Israël (530 millions de m^3 contre 180 pour les Palestiniens). Des problèmes similaires touchent de nombreux pays : conflits entre la Bulgarie, la Grèce et la Turquie pour le contrôle des eaux du fleuve frontalier (l'Évros), conflits entre la Turquie, la Syrie et l'Irak à propos des barrages sur le Tigre et l'Euphrate. L'eau est donc un enjeu géopolitique de plus en plus important et certains analystes n'hésitent pas à évoquer de prochaines « guerres pour l'eau ».

Le risque de conflit lié à l'eau donne lieu à des tentatives de gouvernance à l'échelle de certains bassins versants. C'est le cas des pays riverains du Rhin, mais aussi de ceux du Mékong, qui ont constitué en 1995 la *Mekong River Commission* afin de confronter leurs besoins et leurs projets d'aménagements. L'Initiative du Bassin du Nil, née en 1999, poursuit, avec plus de difficultés, le même type d'objectif.

Une pollution accrue

La plupart des usages de l'eau contribuent, à des degrés divers, à sa pollution. Ce n'est pas un phénomène récent, les cours d'eau ayant toujours servi de dépotoirs, mais elle a pris une tout autre ampleur au XXe siècle. L'industrie, la plus polluante avec le rejet de matières dangereuses (détergents, métaux lourds...), est aussi responsable d'accidents comme en 1986, lors du déversement dans le Rhin de produits toxiques par les usines chimiques Sandoz, près de Bâle. Cependant, les rejets domestiques – surtout lorsqu'ils sont concentrés dans les grandes villes – et les méthodes de l'agriculture productiviste ont aussi leur part de responsabilité dans la pollution des eaux. L'utilisation massive d'engrais, de pesticides en particulier, pollue les nappes phréatiques. La présence de phosphates, de nitrates... rend l'eau de certaines régions très agricoles impropre à la boisson. Les nitrates contribuent pour une large part à l'**eutrophisation** de lacs, comme les Grands Lacs américains : du fait de l'excès de matières nutritives, les algues et micro-organismes prolifèrent et, consommant trop d'oxygène, entraînent l'asphyxie progressive du milieu. Il existe enfin d'autres formes de pollution de l'hydrosphère comme les **pluies acides** : les gaz polluants contenus dans l'atmosphère se combinent avec l'eau pour former des acides. Ces pluies attaquent particulièrement la végétation jusque dans des régions situées souvent très loin de la source polluante. Les forêts canadiennes, scandinaves et d'Europe centrale sont fortement atteintes par ce phénomène.

Une ressource à préserver pour l'avenir

Préserver l'eau en quantité et en qualité

La protection des réserves mondiales d'eau doit s'effectuer à la fois sur les plans quantitatif et qualitatif. La surveillance et l'entretien des conduites au niveau individuel et collectif permettraient d'éviter les fuites. La consommation peut aussi être réduite par la sensibilisation des utilisateurs et des améliorations techniques dans les processus de fabrication industrielle, comme dans l'irrigation. Celle-ci est en effet perfectible : l'étanchéité des conduites est souvent négligée et les techniques telles que l'aspersion ou le goutte-à-goutte, pratiquées en temps voulu et nécessitant moins d'eau, demeurent encore peu répandues. Enfin, l'eau peut aussi être recyclée, mais ceci suppose des installations adéquates.

Il semble plus difficile encore de lutter contre la pollution, non pas tellement pour des raisons techniques, mais plutôt pour des raisons financières et de prise de conscience. Les stations d'épuration ne sont pas encore généralisées, même dans les pays développés. Tous les pays ne possèdent pas de législation stricte en matière de pollution des eaux et, là où elle existe, elle n'est pas toujours respectée. En France par exemple, beaucoup d'industries, mais aussi des communes, continuent à polluer les eaux. Si le traitement des cours d'eau peut se faire après coup sur un laps de temps relativement réduit, il n'en est pas de même de l'épuration des eaux souterraines qui peut prendre plusieurs dizaines, voire centaines d'années.

Sur un autre plan, l'eau apparaît aussi comme une ressource paysagère (*cf.* p. 371), qu'il convient de préserver et qui est d'ailleurs actuellement mise à l'honneur dans le cadre de politiques de développement durable, cherchant à préserver l'environnement mais aussi à développer des aspects esthétiques, paysagers (*cf.* p. 370). L'intérêt pour les paysages de l'eau n'est pas nouveau en géographie. La géographie rurale a longtemps décrit les **paysages hydrauliques** et notamment les rizières asiatiques (*cf.* p. 177). Ces paysages illustraient en effet la complexité des liens entre l'homme et le milieu, au prisme du contrôle de l'eau par les sociétés (digues, marécages asséchés, techniques d'irrigation…). Les approches géographiques se sont depuis diversifiées : ainsi, le Festival international de géographie de 2003, consacré à l'eau, proposait entre autres des réflexions sur « les paysages de l'eau : perceptions et représentations » et sur « le fleuve et la ville : quand on redécouvre les bords de l'eau », les cours d'eau ayant en effet fortement contribué à l'identité de nombre de villes (*cf.* p. 66). Autant de thématiques qui s'intègrent dans le champ de la géographie culturelle (*cf.* article *Culture, géographie culturelle*).

La nécessité d'une politique de l'eau

Tout État doit veiller à la gestion de l'eau. En France, la loi sur l'eau de 1992, complétée en 2006 par **la loi sur l'eau et les milieux**, a institué un système de planification et de gestion décentralisée à travers six **agences de l'eau** correspondant aux grands bassins fluviaux (Rhin-Meuse, Loire-Bretagne…). Ce sont des établissements publics, dotés de la personnalité civile et de l'autonomie financière. Le budget des agences de l'eau est en majeure partie alimenté par les usagers domestiques, les industriels apportant le complément. Les agriculteurs sont en revanche peu concernés par ce financement alors même qu'ils ont un fort impact sur la ressource en eau (prélèvements et rejets). De plus, la loi sur l'eau contribue par une réglementation stricte à la protection des milieux aquatiques et des ressources en eau grâce à des mesures de lutte contre les pollutions diffuses et ponctuelles. La loi sur l'eau impose des objectifs de résultats mais aussi de moyens, comme la réglementation concernant les périmètres de protection de captages. Depuis cette loi, les agences de l'eau possèdent des outils de planification : les **SDAGE** et les SAGE. Les **Schémas directeurs d'aménagement et de gestion des eaux** contrôlent la qualité des cours d'eau, orientent et limitent la consommation. Les différentes collectivités territoriales ne peuvent ainsi aménager leur territoire, imaginer de grands travaux, sans tenir compte du SDAGE. Le **Schéma d'aménagement et de gestion des eaux (SAGE)** s'applique à un niveau inférieur : compatible avec le SDAGE, il est généralement mis en œuvre par les collectivités locales.

Cependant, à l'échelle mondiale, l'eau est bien souvent gaspillée et polluée, faute de prise de conscience réelle ou de moyens financiers, notamment dans les PED. Même dans les pays du Nord, où la gestion paraît stricte, la législation n'est pas toujours respectée. On s'achemine alors parfois vers une politique de prix élevé, selon le principe économique de la valorisation de l'eau, prenant en compte le coût réel de son captage, de son traitement et de sa distribution, dans le but de dissuader le gaspillage. Ces traitements, de plus en plus fréquemment accomplis par des sociétés privées, permettent aussi de dégager des profits et l'eau devient ainsi un enjeu économique. Si elle n'est pas encore considérée comme un bien économique classique dont le prix pourrait fluctuer en fonction d'un marché (comme le pétrole par exemple), sa distribution est souvent confiée à des opérateurs privés et ce dans le monde entier. Face à cette évolution, les opposants cherchent à maintenir l'eau comme partie intégrante du Patrimoine commun de l'humanité et à faire valoir l'accès à l'eau comme un Droit de l'homme.

Enfin, une gouvernance et une gestion internationale des ressources en eau semblent nécessaire dans le cadre du développement durable. Elle peut se traduire par une aide financière et technique aux PED, mais aussi par des contrôles plus généralisés et plus stricts, ce qui suppose une véritable coopération internationale.

Mondialisation et politique de l'eau

L'ONU organise tous les trois ans des **forums mondiaux de l'eau** (le 6e a eu lieu à Marseille en 2012), qui ont pour but « d'agir afin que l'eau se retrouve en tête des agendas politiques » considérant « qu'Il n'y aura pas de développement durable tant que les questions de l'eau resteront non résolues ». L'objectif est d'aboutir, aux échelles régionale et mondiale, à une meilleure gouvernance de l'eau. Plusieurs priorités d'action sont ainsi discutées. Parmi elles, « l'accès à l'eau pour tous », le développement de l'assainissement ou la prévention des risques liés à l'eau. Mais derrière le consensus apparent, notamment sur l'impossibilité d'opter pour une gratuité de l'eau, subsiste un désaccord essentiel sur la distribution de l'eau et sur la question de confier ou non cette distribution à des sociétés privées. Quelques pays, France et Royaume-Uni en tête, ont déjà développé cette pratique avec, pour l'exemple français, l'essor de compagnies privées. Trois sociétés françaises – Veolia, Suez Environnement et SAUR – sont aujourd'hui en position de force dans le contrôle de la distribution de l'eau au niveau mondial vu le contexte de mondialisation de l'économie. Les États-Unis, pourtant chantres du libéralisme, ont pris du retard dans ce domaine, la politique de l'eau variant d'un État à l'autre. Les principales ONG, les « mouvements citoyens », mais aussi la plupart des États, demeurent résolument opposés à cette privatisation et pour des raisons diverses : peur d'une perte de contrôle de la part des États, approche plus humanitaire de la part des ONG notamment, qui considèrent qu'on ne peut pas faire de l'eau une marchandise comme les autres et donc qu'on ne peut privatiser ce qui devrait être un service public de base.

Lire aussi **Agriculture – Climat – Cours d'eau, hydrologie – Déserts arides – Développement durable – Risques, pollution**

Échanges internationaux

Depuis les années 1980-1990 et l'accélération de la mondialisation, les flux de marchandises, de services et de capitaux sont en plein essor. Ils relient désormais tous les pays et les rendent interdépendants. Ce phénomène, qui a débuté dès la Seconde Guerre mondiale, est lié à plusieurs facteurs d'ordre politique mais aussi technique, comme la révolution des transports et des télécommunications.

Les raisons de la mondialisation des échanges

Un constat : l'essor des échanges internationaux

Les échanges commerciaux internationaux connaissent une croissance exceptionnelle depuis la Seconde Guerre mondiale, croissance au rythme plus rapide que celui de l'accroissement démographique et surtout du PIB mondial. Ils n'ont pas cessé d'augmenter en volume. Leur progression en valeur, exprimée en monnaie courante, est plus irrégulière du fait de l'inflation et de la variation des taux de change qui n'affectent pas le **volume** : celui-ci, qui est le produit du poids de la marchandise par le coût moyen pour une année prise comme référence, est exprimé en **monnaie constante**, c'est-à-dire corrigée des effets de l'inflation. En 2011, le commerce dépassait les 18 000 milliards de dollars pour les seules marchandises. Cet essor, particulièrement rapide (+ 5 % entre 2005 et 2011), est lié d'une façon générale au développement économique et tient plus particulièrement à certains facteurs qui s'inscrivent dans un contexte de division internationale du travail et de mondialisation : l'accroissement démographique, la révolution des communications et la libéralisation des échanges.

La révolution des transports et des télécommunications

C'est une véritable révolution des transports et des télécommunications que le monde a connue depuis les années 1960. L'amélioration des communications est en effet une condition *sine qua non* de l'accroissement des échanges, mais elle en est aussi une conséquence dans la mesure où les progrès techniques ont été stimulés par la montée des échanges (*cf.* article *Transport, communications*).

Des progrès décisifs sont accomplis pour rendre les transports plus rapides et moins onéreux. L'augmentation de la capacité des bateaux et leur spécialisation (minéraliers, méthaniers...) ont engendré des économies d'échelle. Plus généralement, l'utilisation massive de **conteneurs**, caisses de 30 à 60 m^3, facilite les transbordements grâce à l'**unitisation des charges** (l'uniformisation des unités de conditionnement) et permet l'**intermodalisme** (ou **intermodalité**), système qui combine plusieurs moyens de transport. Parmi ces progrès, ceux des transports maritimes ont été les plus déterminants pour le commerce mondial.

Quant aux télécommunications qui permettent l'accès à une multitude d'informations et des échanges quasi instantanés, elles sont aujourd'hui des composantes essentielles de l'économie mondiale et de la vie quotidienne.

● La libéralisation des échanges mondiaux

La libéralisation des échanges à l'échelle mondiale a été favorisée après la Seconde Guerre mondiale par les États-Unis, qui prônaient le **libre-échange**, un des fondements du système libéral, afin que le commerce international ne soit soumis à aucune restriction. C'est à leur initiative que fut signé, en 1947, l'**Accord général sur les tarifs douaniers et le commerce** ou **GATT** (*General Agreement on Tariffs and Trades*). Le but était d'abaisser progressivement les **barrières douanières** par la réduction des tarifs douaniers, l'élimination des contingentements à l'importation et la généralisation de la **clause de la nation la plus favorisée** qui oblige un pays à pratiquer avec les autres pays signataires tout accord avantageux conclu avec l'un d'entre eux. L'abaissement des droits de douane sur de nombreux produits, l'interdiction du **dumping** (vendre un produit sur les marchés étrangers moins cher que sur son propre marché, et parfois même à perte) ont été décidés lors des grandes négociations internationales – les ***Rounds*** – tels que le Tokyo Round (1975-1979) ou l'Uruguay Round. Ces dernières, commencées en 1986, ont abouti à un acte final signé en 1994 par 111 pays et à l'issue duquel l'**OMC** (**Organisation mondiale du commerce**) fut créée en 1995. L'OMC bénéficie de pouvoirs de contrôle plus étendus que le GATT qu'elle remplace. En 2013, elle comportait 158 membres et 25 pays étaient en cours de négociation pour l'adhésion. Depuis sa création, l'OMC envisageait la tenue d'un nouveau *Round* ; initialement baptisé Millenium Round et censé se tenir à Seattle en décembre 1999, il a été reporté *sine die*, notamment en raison des très nombreuses manifestations qui marquèrent ce sommet. Depuis 2000, d'autres *Rounds* partiels ont été tenus par l'OMC tel le Doha Round en 2001 qui s'est traduit par un échec et a été suspendu en 2006 en raison surtout de difficultés à libéraliser les échanges agricoles. Depuis lors, plusieurs conférences de l'OMC ont tenté de relancer le débat : celle de Hong Kong en 2005 prévoit la suppression des subventions aux exportations agricoles dès 2013.

Au-delà de sensibilités variées, les manifestants de 1999 à Seattle souhaitaient un contrôle citoyen et démocratique de l'OMC. Depuis 2001, les associations constitutives de ces manifestations (**ONG** ou Organisations non gouvernementales, partis politiques, syndicats...) se réunissent lors du **Forum social mondial** (FSM) à Porto Alegre, puis dans d'autres villes comme Bamako, Karachi, Caracas, Dakar en 2011 et Tunis en 2013. Il s'agit d'un forum de discussion et d'un lieu d'échanges contradictoires sans déclaration finale. Le but est d'étudier les moyens de mettre en œuvre une « autre mondialisation » conformément aux vœux de l'**altermondialisme**, qui s'oppose à la mondialisation libérale (« le monde n'est pas une marchandise ») ou cherche du moins à la réguler afin de la rendre plus équitable.

Malgré la tendance générale au libre-échange, le **protectionnisme** est loin d'avoir disparu. La limitation des importations peut se faire de façon officielle, par exemple en appliquant la **clause de sauvegarde** prévue par le GATT, dans le cas où une importation entraîne une grave gêne sur le marché intérieur, ou encore par des accords comme l'**Accord multifibres** (**AMF**). Celui-ci, mis en place en 1974 dans le cadre du GATT, a concerné 80 % des échanges de textiles et de vêtements. Il a permis aux pays industriels de contingenter les importations de ce type de produits en provenance de pays en développement. Un des buts était de donner aux pays riches le temps de se convertir vers une gamme supérieure. En 1995, dans un contexte de fin des accords protectionnistes, l'OMC a décidé le démantèlement progressif des AMF sur une période de 10 ans. De ce fait et depuis 2005, les AMF sont remplacés par l'**Accord sur les textiles et les vêtements** qui stipule que les importateurs n'ont plus à répartir leurs commandes entre de nombreux pays, contrairement à ce qu'ils étaient obligés de faire pour ne pas dépasser les quotas d'exportation alloués à chaque pays producteur. Ce démantèlement favorise la Chine qui réalisait 40 % des exportations mondiales de vêtements en 2011, ce qui constitue une menace pour de nombreux petits exportateurs, comme les pays du Maghreb.

Le protectionnisme se pratique enfin de façon détournée, par exemple au moyen de normes sanitaires ou de sécurité particulières, ou encore de contraintes administratives. Les États-Unis et le Japon utilisent largement ces procédés.

Des associations régionales favorisant les échanges

De nombreux regroupements régionaux ont vu le jour depuis 1945, liant souvent entente économique et entente politique. Selon le degré d'intégration économique, on peut distinguer plusieurs types d'associations, toutes contribuant au développement des échanges. La typologie la plus classique est celle de l'économiste hongrois Béla **Balassa** (1928-1991) qui distingue en fonction d'un processus d'intégration régionale croissante, la **zone de libre-échange** (suppression des obstacles tarifaires et non tarifaires au commerce), l'**union douanière** (les États membres fixent en plus un **tarif extérieur commun**, adoptant donc une politique commerciale commune), le **marché commun** (une union douanière avec de plus la libre circulation des hommes et des capitaux) et l'**union économique et monétaire** (harmonisation des politiques économiques et adoption d'une monnaie commune). Le domaine de compétence de ces ententes est varié ainsi que leur réussite.

– L'**Organisation des pays exportateurs de pétrole** ou **OPEP** (*cf.* p 162), créée en 1960, se concentre sur l'exportation de pétrole.

– L'**ASEAN** (**Association des nations de l'Asie du Sud-Est**), créée en 1967, essentiellement dans un but politique, regroupe dès l'origine Brunei, l'Indonésie, la Malaisie, les Philippines, Singapour, la Thaïlande avant de s'élargir en 1995 au Vietnam et en 1997 à la Birmanie, au Cambodge et au Laos. Le Timor-Leste (ou Timor oriental), qui a fait acte de candidature en 2011, pourrait en être le prochain membre. Elle a aussi permis, grâce à des conditions préférentielles, de développer les échanges régionaux notamment de matières premières et produits agricoles, dans le cadre de l'**ALEA** (**Aire de libre-échange de l'ASEAN**) ou **AFTA** (***Asean Free Trade Area***). L'ASEAN s'est progressivement rapprochée des trois puissances que sont le Japon, la Chine et la Corée du Sud : ils se rencontrent depuis 1997 lors de sommets nommés **ASEAN plus Trois** (ou **APT**) dans le but de constituer une zone de libre-échange. Un partenariat économique étendu à l'Inde, l'Australie et la Nouvelle-Zélande est en cours de négociation : **ASEAN + 6**.

– L'**AELE** (**Association européenne de libre-échange**), fondée en 1959 sur une initiative britannique, a favorisé le commerce entre ses dix États membres : le Royaume-Uni, le Danemark, le Portugal, l'Autriche, la Suède, la Finlande, l'Islande, le Liechtenstein, la Norvège et la Suisse. En 2013, seuls les quatre derniers restent intégrés à cette association, les autres ayant rejoint la CEE ou l'UE qui lui a succédé en 1993, à mesure qu'elle gagnait en influence. C'est également en 1993 que l'AELE et la CEE se sont associées dans l'**EEE** (**Espace économique européen**), à l'exception notable de la Suisse qui a refusé cette adhésion par référendum.

– La **CEE** (**Communauté économique européenne**), fondée en 1957, apparaît en effet comme une réussite économique et, plus particulièrement, commerciale. D'abord union douanière, elle a réussi à former un **marché unique** permettant, depuis 1993, la libre circulation des marchandises, des personnes et des capitaux en son sein. L'**UEM** (**Union économique et monétaire**), entreprise par le traité de Maastricht en 1992, qui fonde l'**Union européenne**, a notamment institué une monnaie unique, l'euro, mise en circulation en 2002. La **zone euro** (terme à préférer à l'anglicisme ***euroland***) compte, en 2013, 17 États membres avant l'adhésion de la Lettonie en 2014. L'UE compte 28 États membres, le dernier rentrant étant la Croatie.

– La CEE a passé des accords de coopération avec 79 **pays** dits **ACP** (Afrique, Caraïbes, Pacifique) par les **accords de Lomé** I (1975), II (1979), III (1984) et IV (1989) et les **accords de Cotonou** en 2000 (*cf.* article *Développement, Sud*) qui ont permis entre autres à ces pays en développement, essentiellement africains, d'avoir libre accès au marché commun européen pour un certain nombre de produits et ceci sans réciprocité. Ces accords ont été conclus pour 20 ans, mais leur révision tous les cinq ans aboutit, sous la pression de l'OMC, à un démantèlement progressif. De ce fait, certains de ces pays ont signé un accord intérimaire avec l'UE, permettant d'une façon générale aux pays ACP de bénéficier encore d'un partenariat privilégié sur certains produits et à tous les PMA d'obtenir des clauses privilégiées.

– L'**ALENA** (**Association de libre-échange nord-américaine**), **NAFTA** en anglais (*North american free trade agreement*), regroupe, depuis décembre 1992, le Canada, les États-Unis et le Mexique.

– En Amérique latine, le **Pacte andin**, créé en 1961, associait la Bolivie, la Colombie, l'Équateur, le Pérou et le Venezuela, et le Panamá avec un statut d'observateur. Organisation en net déclin, elle est remplacée en 1996 par la **Communauté andine**, association en crise depuis le départ en 2006 de la principale puissance économique, le Venezuela. Le **Mercosur** (ou **Mercosul** en portugais) a été fondé en 1991 par l'Argentine, le Brésil, le Paraguay et l'Uruguay. Le Venezuela l'a rejoint officiellement en 2005, mais dans les faits seulement en 2012, une fois le veto paraguayen levé. Le Chili et la Bolivie dès 1995 puis, depuis 2003, le Pérou, la Colombie et l'Équateur ont conclu un accord de libre-échange avec lui, entérinant de fait le déclin, voire la fin de la Communauté andine. En 2013, la Bolivie et l'Équateur ont d'ailleurs été invités à rejoindre le Mercosur en tant que membres à part entière. Depuis 1995, le Mercosur a abouti à la mise en place d'un marché commun qui fonctionne comme une vraie force d'opposition aux ambitions nord-américaines en Amérique du Sud. Le retrait du Venezuela du FMI et de la Banque mondiale et la création en 2007 de la **Banque du Sud** avec six autres pays latino-américains vont dans le même sens. Mercosur et Communauté andine sont associés depuis 2008 dans une structure plus large, l'**UNASUR** qui tente de rassembler à terme l'ensemble des pays d'Amérique du Sud, dans un but de développement économique mais aussi de défense commune. La création d'une monnaie commune a été également envisagée pour l'ensemble des pays de l'UNASUR, voire à l'échelle de la **CELAC**, **Communauté d'États latino-américains et caraïbes** créée en 2010 et composée de 33 pays membres.

C'est cette opposition aux États-Unis qui explique l'échec, voire l'abandon, du projet de **ZLEA** (**Zone de libre-échange des Amériques** ; **ALCA** en espagnol). Ce projet, initié en 1994, aurait regroupé à l'échelle de tout le continent américain, l'ALENA, la Communauté andine et le Mercosur. Mais, initié par les États-Unis, il a suscité des réticences dans l'ensemble du Mercosur, ce qui a conduit à l'arrêt du processus depuis 2005. Le Venezuela est d'ailleurs à l'origine de l'**ALBA** (**Alternative bolivarienne pour les Amériques**), regroupant huit pays dont le Venezuela, la Bolivie, Cuba, le Nicaragua et des petits États insulaires des Antilles. L'ALBA se veut une anti-ALCA, un de ses arguments reposant sur la fourniture de pétrole vénézuélien à bas prix aux États qui y adhèrent.

– Enfin, l'**APEC** ou **CEAP** en français (**Coopération économique Asie-Pacifique**), née en 1989, regroupe, lors de forums, les pays de l'ALENA, de l'ALEA, l'Australie, la Nouvelle-Zélande, la Papouasie-Nouvelle-Guinée, ainsi que des pays d'Asie orientale (Japon, Chine, Taiwan, Corée du Sud). Si l'objectif initial était d'instaurer, entre 2010 et 2020, une zone de libre-échange, des intérêts divergents ralentissent sa réalisation. En 2005 quelques pays de l'APEC ont créé le

TPP (***Trans-Pacific Partnership*** ou **Accord de Partenariat Trans-Pacifique**), un accord de libre-échange comptant 9 membres en 2013.

D'autres organisations commerciales sous-régionales ont un plus faible poids économique. Il s'agit par exemple :
– du **MCCA** (**Marché commun centre-américain**) regroupant le Costa Rica, le Guatemala, le Salvador, le Honduras et le Nicaragua ;
– du **CARICOM** (***Caribbean Community***) avec 15 États de la Caraïbe ;
– du **CAFTA-DR** (***Dominican Republic - Central American Free Trade Agreement***) : États-Unis, République dominicaine et cinq États d'Amérique centrale ;
– de plusieurs tentatives de regroupement en Afrique comme le **SACU** (**Union douanière de l'Afrique australe**, union douanière organisée à partir de 1989 autour de l'Afrique du Sud). Tous ses membres appartiennent désormais à la **SADC** (**Conférence de coordination pour le développement de l'Afrique australe**) regroupement plus large de 14 pays comprenant notamment l'Afrique du Sud et la Tanzanie ;
– de l'**ASACR** (**Association sud-asiatique de coopération régionale**) qui regroupe huit pays d'Asie du Sud autour de l'Inde et du Pakistan.

D'autres organisations internationales ont des buts économiques mais aussi de coopération politique ou militaire et fonctionnent surtout comme des forums de discussion entre chefs d'État :
– La **CEI** (**Communauté des États indépendants**), créée en 1991 autour de la Russie et de dix des quinze autres républiques de l'ex-URSS. La CEI ne possède aucun statut juridique mais se subdivise en une organisation de coopération économique (la **Communauté économique eurasiatique**) et une organisation de défense, l'**Organisation du traité de sécurité économique** (ou **OTSC**) ;
– l'**Organisation de coopération de Shanghai** (ou **OCS**) date de 2001. Construite autour de la Chine, de la Russie et de 4 pays d'Asie centrale, elle compte aussi des pays associés ou observateurs, dont l'Inde. L'OCS a d'abord réglé les contentieux militaires sino-russes, mais élargit peu à peu son champ d'action à l'économie ;
– l'**Union pour la Méditerranée** (**UPM**), créée en 2008, a pour but la coopération économique mais aussi environnementale entre l'UE et les pays riverains de la Méditerranée. Mais ce projet ne faisant pas l'unanimité est au point mort en 2013.

Enfin, certaines organisations ont disparu tel le **CAEM** (**Conseil d'assistance économique mutuelle** ou **COMECON** en anglais) qui regroupait, de 1949 à 1991, sous l'égide de l'URSS, les pays d'Europe de l'Est (excepté la Yougoslavie), la Mongolie (1962), le Vietnam (1978) et Cuba (1979).

La division internationale du travail et le rôle des multinationales

La **mondialisation** de l'économie (*cf.* article *Mondialisation, système-monde*), et plus particulièrement la **division internationale du travail** (**DIT**) accrue et transformée, expliquent la montée des échanges et en sont aussi, dans une certaine mesure, la conséquence. La DIT, c'est-à-dire la répartition des différentes spécialisations entre les pays du monde, s'est longtemps traduite par des échanges de matières premières et de produits de base venant des pays pauvres contre des produits manufacturés exportés par les pays industriels. La **nouvelle DIT** est plus complexe : les pays occidentaux, devenus gros producteurs agricoles, achètent des produits manufacturés de consommation courante aux pays en développement et vendent des produits à plus haute valeur ajoutée. En outre, il faut désormais compter avec la montée d'un certain nombre de pays émergents (*cf.* article *Développement, Sud*). Ces transformations se sont traduites par une intensification des échanges. De plus en plus, on peut parler de **division internationale des processus productifs** dans la mesure où plusieurs pays participent aux différentes étapes de la fabrication d'un produit.

Ce processus explique le rôle croissant dans le commerce international des firmes **multinationales** (**FMN**), c'est-à-dire des entreprises dont le siège social se trouve dans un pays mais dont une partie du chiffre d'affaires est réalisé par des filiales installés dans plusieurs autres pays. Ces firmes, appelées aussi firmes **transnationales** (**FTN**), ont poussé à la libéralisation des échanges : elles en sont un des moteurs mais aussi les principales bénéficiaires. Elles ont contribué à la dispersion des lieux de production, profitant de la présence de matières premières, d'une main-d'œuvre nombreuse et bon marché, ou d'avantages fiscaux, comme dans les zones franches. Difficile à évaluer, leur part dans le commerce mondial avoisine 40 % des échanges de marchandises, dont une grande partie est constituée d'échanges **intra-firme**, c'est-à-dire entre la maison-mère et ses filiales ou entre ses filiales. Le montant des ventes de certaines d'entre elles est comparable au PIB de nombreux pays. Elles influencent les décisions de l'OMC et ont un poids politique important.

Des échanges dominés par le Nord

Des flux essentiellement Nord-Nord

Les échanges internationaux se sont intensifiés, mais aussi diversifiés. Ils engendrent des **flux**, c'est-à-dire des déplacements ou circulations de marchandises, de services, de capitaux et d'hommes, empruntant des moyens de transport et communication.

Les échanges de marchandises sont les plus visibles et les plus quantifiables. Ils sont dominés par les produits manufacturés qui forment les deux tiers des échanges en valeur. Ces échanges, concernant de plus en plus les produits élaborés, sont dominés par les pays industrialisés, ce qui engendre de puissants flux Nord-Nord. Cependant, le poids des pays en développement s'accroît du fait, notamment, des pays émergents comme la Chine. La part des autres marchandises (denrées alimentaires, matières premières et produits énergétiques) régresse en valeur, tout en constituant des tonnages très élevés. Dans le cas des denrées alimentaires et des matières premières, les pays développés deviennent les premiers fournisseurs et les premiers acheteurs, même si des États du Sud très peuplés comme la Chine pèsent aujourd'hui sur l'offre mondiale. Dans le cas de l'énergie, et en particulier du pétrole, les flux Sud-Nord dominent.

Les échanges de services, où le Nord est en position de force, se sont accrus. Parmi eux, les échanges d'informations sont essentiels dans la mesure où ils guident en grande partie les autres flux. Selon la définition du Bureau international du travail, on nomme **flux d'informations** la circulation de « données de toute nature qui sont rassemblées, organisées et communiquées ». Les progrès technologiques en matière de télécommunications permettent une circulation accélérée, voire instantanée, des informations. La maîtrise de ces flux est devenue un enjeu économique, mais aussi culturel et idéologique, et les pays du Nord les dominent. Les grandes agences de presse sont américaines comme l'*Associated Press* (AP) ou européennes comme l'Agence France-Presse (AFP). Les États-Unis conservent une suprématie dans presque tous les domaines de l'information : banques de données, productions cinématographiques, télévisuelles... Cependant, d'autres acteurs émergent, comme le Qatar avec le groupe Al Jazeera. (*cf.* article *Transport, communications*).

Les **flux financiers**, difficiles à mesurer, connaissent une croissance exceptionnelle sans commune mesure avec celle des échanges de marchandises. Ils regroupent les flux de devises, effectués pour le règlement des échanges de biens et de services, et les **flux de capitaux**. Ceux-ci correspondent à des placements financiers, tels que les investissements directs dans une entreprise, l'achat d'actions ou d'obligations en bourse, l'achat de devises sur les marchés des changes, les prêts et les emprunts. Ces échanges ont pris de l'ampleur durant les années 1970. Ces années ont vu le développement des **euromarchés**, c'est-à-dire des marchés de capitaux sur lesquels prêts et emprunts sont réalisés dans une monnaie différente de celle du pays où se font ces opérations, ceci afin de contourner les réglementations fiscales nationales. Les **eurodollars** désignent des dollars échangés hors des États-Unis, par exemple entre une banque et une multinationale. Ce développement s'explique notamment par la nécessité de recycler les **pétrodollars**, les dollars accumulés par les pays pétroliers après 1973. Ce **recyclage des pétrodollars** prenait plusieurs formes dont des prises de participation dans des entreprises des pays acheteurs de pétrole, dans le financement de programmes de développement dans les pays vendeurs, dans des prêts sur les marchés financiers ou dans l'aide à certains pays du Sud. Mais c'est durant les années 1980 qu'apparaissent les plus grands bouleversements et particulièrement la **globalisation financière** : du fait de la déréglementation, il existe désormais un marché mondial des capitaux qui fonctionne 24 heures sur 24 et se superpose aux différents marchés nationaux. Ainsi, ces capitaux extrêmement mobiles peuvent être échangés dans l'instant en fonction, par exemple, des fluctuations des taux d'intérêt. La globalisation financière s'est mise en place sous l'égide du FMI et de la Banque mondiale et sous l'effet de trois phénomènes (les « **3D** ») :

– la **déréglementation**, processus d'assouplissement ou de suppression des réglementations nationales restreignant la circulation des capitaux (contrôle des changes, encadrement du crédit…) ;

– le **décloisonnement**, abolition des frontières entre les différents marchés financiers nationaux, mais également entre les divers types de marchés financiers (marchés monétaires, marchés des changes…). De nos jours, ces marchés financiers sont interconnectés et forment un vaste marché global ;

– la **désintermédiation**, c'est-à-dire la réduction du nombre d'intermédiaires et la possibilité pour les opérateurs de placer ou d'emprunter des capitaux, d'intervenir directement sur les marchés financiers sans être obligés de passer par les intermédiaires financiers traditionnels comme les banques.

Cette globalisation financière a pu s'accompagner d'une **dollarisation** de certaines économies, dont les monnaies sont remplacées par le dollar (Équateur, Panamá) ou ancrées au dollar par un système de parité fixe (Bahreïn, Oman...). Ces choix traduisent le statut *de facto* de cette monnaie bien qu'elle ne soit plus, depuis la fin des accords de Bretton Woods en 1971, la monnaie officielle de référence. La globalisation financière suscite de nombreuses critiques reprises par les mouvements altermondialistes (*cf.* p. 141) : mise en place d'une « dictature » des créanciers et des actionnaires, aboutissant au développement d'un capitalisme purement actionnarial. Elle a néanmoins atteint son but puisque les volumes financiers échangés sont devenus énormes et leurs flux se sont récemment modifiés. Les pays de la Triade (*cf.* article *Mondialisation, système-monde*) sont toujours dominants, mais il s'agit d'une Triade élargie à la Chine et à d'autres pays émergents, les trois pôles historiques étant pénalisés par une dette publique écrasante : les États-Unis sont devenus les premiers débiteurs en valeur absolue, le Japon le premier en valeur relative avec une dette estimée à 230 % du PIB en 2012, tandis que l'endettement moyen est compris entre 70 et 127 % du PIB en Europe de l'Ouest. À l'inverse, les pays émergents qui furent très endettés dans les années 1990 le sont désormais très peu (Chine, Argentine, Russie, et à degré moindre Brésil et Inde).

Enfin, il existe des flux non officiels et non quantifiables : migrations clandestines, mais surtout commerce de la drogue et des armes, ou encore afflux financiers dans les **paradis fiscaux** – territoires offrant des avantages fiscaux conséquents afin d'attirer des entreprises industrielles et commerciales, en particulier.

● Des échanges multipolaires dominés par une Triade élargie

L'Amérique du Nord, l'Europe et l'Asie de l'Est et du Sud dominent l'ensemble des échanges mondiaux. Ces trois pôles d'une **Triade élargie** se distinguent nettement sur la carte du commerce international. L'Asie est désormais le second pôle du commerce mondial devant l'Amérique du Nord, mais largement derrière l'Europe.

L'Europe occidentale, qui exporte des produits agricoles et manufacturés et importe des matières premières, de l'énergie et des produits manufacturés, est à la fois une zone de divergence et de convergence des flux. Ceux-ci la relient à toutes les régions du monde, la part de l'Amérique latine et de l'Océanie étant toutefois assez réduite. L'Amérique du Nord est avant tout un pôle récepteur de produits manufacturés venant d'Europe de l'Ouest, ainsi que d'Asie orientale. Le Moyen-Orient, exportateur de produits pétroliers, constitue un pôle secondaire. Les trois pôles structurent donc un réseau multipolaire, aux flux très denses dans le Nord, plus diffus dans le Sud : en 2011, on estimait que 80 % du trafic maritime étaient concentrés dans l'hémisphère Nord (32 % dans l'Atlantique, 29 % dans le Pacifique, 14 % dans l'océan Indien et 5 % dans la Méditerranée).

Le déséquilibre entre les pays industrialisés et les pays en développement, qui s'explique par les inégalités de développement et, dans une certaine mesure, les renforce, est manifeste si l'on considère leur part respective dans les échanges mondiaux. L'ensemble des PED compte pour moins d'un tiers du commerce mondial contre 51 % pour l'Union européenne et 13 % pour l'Amérique du Nord, Mexique compris. Cependant, beaucoup de pays industrialisés connaissent des déficits commerciaux importants. C'est le cas notamment des États-Unis et de la France, cette dernière atténuant ce déséquilibre grâce à une balance des services positive, notamment du fait des recettes touristiques. Quoiqu'il en soit, le déficit des pays du Nord n'a pas la même signification que celui des PED. La plupart de ceux-ci souffrent de la **dégradation** ou **détérioration des termes de l'échange**, c'est-à-dire du rapport entre la valeur des importations et celle des exportations. Les produits de base qui restent malgré tout leurs exportations principales (mis à part le cas des pays émergents) ont une valeur moindre que celle des produits manufacturés, même si cette valeur peut largement fluctuer en fonction de la demande ou de pratiques spéculatives.

Les prix des produits échangés se fixent en fonction du **marché**. Ce terme peut désigner le lieu même où se déroulent les échanges ou, plus généralement, l'ensemble des offres et des demandes d'un bien ou d'un service. Il existe plusieurs types de marchés où se confrontent acheteurs et vendeurs. Les marchés organisés selon des systèmes de prix producteurs régressent nettement. Le pétrole est de plus en plus vendu sur le **marché « spot »** de Rotterdam, **marché libre** sur lequel les transactions s'effectuent au jour le jour et sont payables au comptant. Il est aussi échangé sur les **marchés à terme** qui ont tendance à se généraliser : les ventes s'y pratiquent au cours du jour mais pour une livraison différée, ce qui permet de se protéger des fluctuations de prix. Ces marchés concernent les **commodités**, c'est-à-dire des produits standardisés pour lesquels la concurrence ne joue que sur les prix, tels le blé, le sucre, le café, les métaux non ferreux...

Les négociations, au comptant ou à terme, et la fixation des cours des marchandises s'effectuent dans les **bourses de commerce**, généralement situées dans des pays du Nord, comme la bourse de Chicago pour les céréales, celle de New York pour le sucre, le coton, les métaux non ferreux..., ou encore celle de Londres pour le cacao, le plomb... Les **bourses des valeurs**, où sont échangés les titres financiers (actions, obligations...) et fixés les cours des monnaies, sont aussi localisées dans des villes du Nord (New York, Londres, Tokyo, Francfort, Singapour...) mais de plus en plus dans des États émergents (Shanghai, Hong Kong, Mumbaï...) contribuant à la métropolisation de ces espaces. Grâce à leur situation sur des fuseaux horaires différents, les bourses se relaient pour effectuer des cotations en continu. Bourses de commerce et des valeurs ont attiré des organismes financiers et de service (banques, sociétés de conseil...). Ainsi, une dizaine de grandes places financières se dégagent, les premières étant en 2011 celles de Londres, New York, Hong-Kong, Singapour, Shanghai et Tokyo. En 2007, la fusion d'**Euronext** (la Bourse « paneuropéenne » qui gère les places de Paris, Amsterdam, Lisbonne et Bruxelles) avec le New York Stock Exchange (NYSE), situé à Wall Street, a donné naissance à la première bourse transatlantique. Le **Nasdaq** reste ainsi le deuxième marché en actions américain derrière le NYSE. La situation de ces pôles financiers matérialise et renforce la domination des échanges mondiaux par une Triade élargie (*cf.* p. 149) et quelques pays émergents.

Le commerce mondial de marchandises en 2010

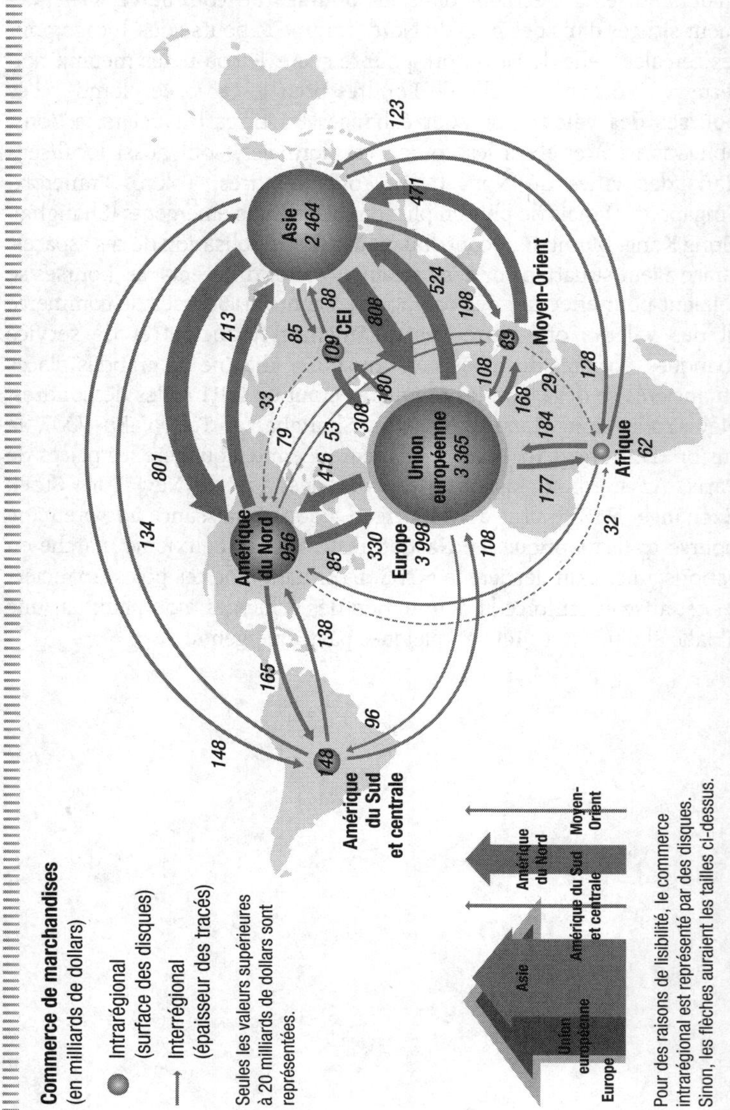

Source : OMC *in Atlas de la mondialisation*, © Sciences Po, 2012.

Mesurer les échanges

La **balance commerciale** enregistre les flux de marchandises et de services entre un pays et le reste du monde, c'est-à-dire les **exportations** (ventes à l'étranger de marchandises et de services produits par des entreprises installées dans le pays) et les **importations** (achats par les agents économiques du pays de marchandises et de services fabriquées à l'étranger). Le **solde commercial** représente la différence entre les exportations et les importations. Les exportations sont évaluées **FAB (franco à bord)** ou FOB en anglais, soit à leur valeur au départ du pays sans compter les frais de transport et d'assurance. Les importations peuvent être évaluées FAB ou **CAF** (CIF en anglais), à leur valeur d'arrivée sur le marché intérieur du pays, **coût d'assurance et de fret** compris. Le **taux de couverture** ou **taux d'indépendance**, exprimé en pourcentage, permet de comparer exportations et importations en valeur ou en volume. Un taux de couverture de 100 % représente un commerce extérieur équilibré, un taux inférieur exprime un déficit commercial et un taux supérieur un excédent. Le **taux de dépendance** est le complémentaire du taux de couverture : un État dont le taux de couverture est de 80 % possède un taux de dépendance de 20 %. On calcule également pour un État le **degré d'ouverture** de son économie en mesurant la part des autres économies dans l'économie nationale. Il se calcule en faisant le rapport entre la moyenne des exportations et des importations et le PIB. Le **taux de pénétration** indique, pour un secteur ou une branche, la part du marché intérieur couverte par les importations. La part de la production nationale exportée est appelée **effort à l'exportation**.

La **balance des transactions courantes** (ou compte des transactions courantes) comprend la balance commerciale et les échanges de revenus et de transferts courants. Elle forme, avec les **transferts unilatéraux** (dons, remises des travailleurs expatriés), le **compte financier** (flux financiers d'IDE et d'investissements de portefeuille) et le **compte de capital** (flux d'actifs non financiers et transferts de capital), la **balance des paiements**. Celle-ci constitue l'indicateur le plus global qui retrace, en calculant le solde des entrées et des sorties, l'ensemble des opérations effectuées entre les résidents d'un pays et les non-résidents. Une balance des paiements est par définition équilibrée puisque toute opération doit avoir été financée pour être engagée. Quand les balances intermédiaires (la balance commerciale par exemple) sont déficitaires, un État est amené à s'endetter pour les rééquilibrer. La **dette extérieure** d'un État représente la somme de ce que la nation doit à d'autres nations. La **dette publique** rassemble toutes les dettes de toutes les administrations publiques, c'est-à-dire tous les engagements de l'État. Pour tout emprunt effectué, il y a versement d'intérêts. Le **taux d'intérêt** définit le rapport entre le capital emprunté et le montant à rembourser chaque année. Les taux fixés par les banques centrales sont des indices de référence qualifiés de **taux directeurs.** Le niveau d'endettement d'un État est évalué par une estimation de la **soutenabilité** de sa dette, c'est-à-dire de sa capacité à assurer le **service de la dette** (remboursement annuel du capital et des intérêts). On la calcule en confrontant le montant de la dette à certains paramètres dont les taux d'intérêt pratiqués, le budget de l'État concerné (dépenses, recettes), son taux de croissance... Un État dans l'incapacité d'assurer le service de sa dette est en situation de cessation de paiement ou de **défaut** (de paiement). On parle plus rarement et de manière abusive de faillite.

Lire aussi **Développement, Sud – Industrie (les espaces de l') – Mondialisation, système-monde – Tourisme – Transport, communications**

Énergie, matières premières

Les sources d'énergie et les matières premières sont de plus en plus utilisées. Produites en quantité par un faible nombre de pays, elles engendrent des politiques énergétiques très différentes d'un État à l'autre ; elles sont un enjeu économique fondamental et peuvent être source de rivalités entre États.

Des ressources de plus en plus utilisées

Ressources naturelles, matières premières et sources d'énergie

L'expression **ressource naturelle**, très générale, recouvre toutes les richesses potentielles du sol et du sous-sol, qu'elles soient exploitées ou non. Cette expression englobe donc les matières premières et les sources d'énergie contenues en majeure partie dans le sous-sol, mais aussi les ressources superficielles de l'hydrosphère (l'énergie hydraulique...), de la végétation (le bois...), du sol (la tourbe...) et de la faune (la pêche ou encore le ***guano***, l'engrais naturel formé de l'accumulation des cadavres et des déjections d'oiseaux).

Les **matières premières** sont des matériaux de base, comme les minerais, généralement destinés à une transformation industrielle, souvent après une opération de raffinage ou de traitement. Les produits agricoles qui ne sont pas forcément transformés constituent un cas particulier. On parle couramment dans leur cas de **matières premières agricoles**. L'expression **source d'énergie** désigne les éléments utilisés pour produire de la chaleur, de l'électricité ou du mouvement. Le terme proche de **ressource énergétique** insiste quant à lui sur la notion de richesse potentielle, exploitée ou non par l'homme. La distinction matière première / source d'énergie pose toutefois problème, le même matériau, le bois par exemple, pouvant aussi bien être une matière première qu'une source d'énergie. Il est aussi possible de distinguer l'**énergie primaire**, libérée directement par une source d'énergie (lors de la combustion du pétrole par exemple), de l'**énergie secondaire**, obtenue par une action anthropique à partir d'une énergie primaire. L'électricité en est l'exemple type. En 2011, le pétrole représentait 32 % de l'énergie primaire utilisée dans le monde, suivi du charbon (28 %) et du gaz (20,5 %).

D'une façon plus générale, on peut diviser les ressources naturelles en trois catégories :

– les **ressources non renouvelables**, ou **fossiles**, sont constituées d'un stock fini de **réserves**. Il faut cependant distinguer les **réserves prouvées**, c'est-à-dire extractibles en fonction des capacités techniques et économiques du moment, des **réserves possibles** ou **probables**. L'évaluation de ces dernières varie en fonction des connaissances géologiques, des conditions financières, mais aussi politiques : les réserves de l'URSS étaient constamment et sciemment surévaluées. En théorie, les ressources non renouvelables sont, à plus ou moins long terme, en danger d'épuisement, même si cette notion reste fortement contestable ;

Les ressources non renouvelables et leurs réserves

Dans son ouvrage *Les Limites de la planète*, le démographe Hervé Le Bras dénonçait dès 1994 « les mythes de la nature et de la population ». Cet ouvrage eut un certain retentissement dans le contexte d'une montée des préoccupations de développement durable car il soulignait le fait que la notion de ressource non renouvelable pose un problème : elle suppose l'existence d'un stock qui peut être utilisé jusqu'à épuisement. Or, l'évaluation de ces ressources est directement liée à ce qui a été découvert et à ce qui est économiquement exploitable. Ainsi, l'augmentation du prix du pétrole a eu comme conséquence de rendre rentables des gisements jusque-là non exploités. Mieux, les chocs pétroliers ont contribué au développement de la prospection : les réserves prouvées sont en très net essor et leur courbe présente une nette similitude avec celle de la consommation de pétrole.
Cette analyse fait débat et s'oppose à la thèse du ***Peakoil***, soutenue dans les milieux proches de la ***deep ecology*** (*cf.* p. 93) : l'optimum de la production serait déjà dépassé, conduisant à une pénurie imminente de pétrole. Ce débat concerne aussi les autres ressources dites non renouvelables. Tout catastrophisme correspond sans doute à une erreur d'analyse. Il faut en tout cas passer de la notion « physique » de ressource non renouvelable à une notion intégrant les paramètres économiques.

– les **ressources renouvelables** peuvent, contrairement aux précédentes, se régénérer ; mais elles peuvent s'épuiser si leur consommation se fait plus rapidement que leur renouvellement. Ainsi, le bois constitue

une ressource renouvelable ; pourtant les besoins sont tels que l'on assiste à une déforestation accélérée. Face à ce problème, des efforts sont réalisés pour tenter d'organiser la **filière-bois**, avec par exemple le développement des granulés de bois ou des bûches calorifiques en France ;
– enfin, de nombreuses **ressources** sont considérées comme **inépuisables** ou **permanentes**. Ce sont par exemple l'énergie solaire ou l'énergie éolienne.

Les grandes ressources et leur localisation

Les ressources minières et les sources d'énergie primaire se concentrent dans un faible nombre de pays, du fait des conditions géologiques. Témoin, l'exemple de la **potasse**, une roche saline exploitée dès le XIXe siècle pour produire du savon mais surtout des engrais : Canada, Russie et Biélorussie réalisent 80 % de la production mondiale, et le seul Saskatchewan canadien 20 % ! C'est aussi par exemple le cas des réserves en **charbon** (roche à forte teneur en carbone). Si les réserves de **houille** (charbon noir composé de 75 à 95 % de carbone) sont surtout en Chine et aux États-Unis (56 % de la production mondiale en 2010), c'est l'Allemagne qui est de loin le premier producteur mondial de **lignite**, un charbon noir ou brun composé de 65 à 75 % de carbone. Si les conditions géologiques sont premières, l'inégale production de ressources tient aussi aux politiques des États et par exemple à l'acceptation ou non d'activités polluantes, comme dans le cas des **terres rares**. L'exploitation, très polluante, de ces 17 métaux non ferreux (terbium, cerium…) indispensables à la fabrication de produits optiques, électroniques (écrans plats, tablettes numériques…), mais aussi de voitures électriques… est aujourd'hui assurée à plus 90 % par la Chine. Face à ce monopole et à la dépendance qui en découle, certains États (États-Unis, Australie…) se lancent dans l'exploitation des terres rares de leur sous-sol, tout en délocalisant le raffinage très polluant (en Malaisie pour l'Australie), tandis qu'est également favorisé le recyclage.

Les grands producteurs mondiaux sont donc aussi bien des PID (États-Unis, Australie…) que des PED (Chine…). Mais ces producteurs ne sont pas toujours ceux qui transforment ces ressources. À titre d'exemple, la Guinée possédait en 2010 un quart des réserves mondiales de **bauxite**, roche riche en alumine, mais ne produisait, faute d'une filière industrielle compétitive, que 8 % du métal issu de son traitement chimique : l'**aluminium**. D'une façon générale, l'extrême concentration et la faible part du continent africain caractérisent aussi la production des grandes sources d'énergie.

L'énergie secondaire fut longtemps produite par des pays développés car elle nécessite une plus grande compétence technologique. C'est le cas de l'**électricité**, produite encore essentiellement par combustion dans des **centrales thermiques** et par les barrages : l'**hydroélectricité**. Celle-ci fut développée dès la fin du XIXe siècle dans les Alpes grâce à des **conduites forcées**, c'est-à-dire des canalisations transportant l'eau sous pression. Aristide Bergès, son inventeur en 1878 à Lancey, près de Grenoble, fut aussi celui qui inventa le terme de **houille blanche** pour décrire cette énergie propre dans un monde à l'époque dominé par le charbon et la houille. De nos jours, et sans même tenir compte de réalisations de prestige comme le barrage d'Itaipu construit sur le Paraná par le Brésil et le Paraguay ou le barrage des Trois Gorges en Chine, les pays du Sud rattrapent peu à peu leur retard.

Il existe d'autres techniques de production de l'électricité : les **usines marémotrices** fonctionnent grâce au mouvement de la marée (centrales sous-marines d'Hammerfest en Norvège, de la Rance en Bretagne). La **géothermie** utilise la chaleur terrestre ; elle est développée en Islande, en Nouvelle-Zélande, aux États-Unis et aux Philippines. L'**énergie solaire** est utilisée selon deux techniques. Le solaire thermique, destiné à la production d'eau chaude, est d'utilisation assez ancienne. Le **solaire photovoltaïque** connaît un essor plus récent : produisant directement de l'électricité par un ensemble de cellules photovoltaïques, il se développe aussi bien en Europe du Sud, aux États-Unis que dans tout un ensemble de pays en développement. L'électricité peut également être produite par le vent (**énergie éolienne**) : si de petites éoliennes privées existent depuis le XIXe siècle, les grands champs d'éoliennes sont en revanche plus récents. Bien que beaucoup moins nombreux qu'en Allemagne et en Espagne par exemple, ceux-ci se développent en France depuis la fin du XXe siècle : éoliennes de la vallée du Rhône, de Corse, centrale d'éoliennes de Dunkerque... Depuis la **loi d'orientation de la politique énergétique** de 2006, un cadre juridique précis fixe les **ZDE** (Zones de développement éolien) qui seules peuvent accueillir les grandes éoliennes de plus de 50 m de haut. Quelques États (Danemark, Inde...) développent aujourd'hui des éoliennes maritimes (*cf.* article *Océan*) et exploitent également les différentes formes d'**énergie marine** – énergie des vagues et des courants – et d'**énergie thermique des mers**, exploitant les différences de température entre les couches superficielles et profondes des eaux océaniques.

Les principaux producteurs de sources d'énergie (en 2011)

	Charbon	Pétrole
1er producteur	Chine	Russie
2e producteur	États-Unis	Arabie saoudite
3e producteur	Union indienne	États-Unis
4e producteur	Australie	Iran
5e producteur	Russie	Chine
Part des cinq premiers producteurs mondiaux	78,4 %	44 %
	Gaz	**Électricité nucléaire**
1er producteur	États-Unis	États-Unis
2e producteur	Russie	France
3e producteur	Canada	Japon
4e producteur	Norvège	Russie
5e producteur	Algérie	Allemagne
Part des cinq premiers producteurs mondiaux	52,3 %	68 %

● La consommation des ressources révèle les inégalités Nord-Sud

Depuis l'industrialisation du XIXe siècle, la consommation d'énergie a sensiblement augmenté. Le charbon, l'électricité, puis le pétrole ont été à la base de ces changements économiques fondamentaux. Par conséquent, la mainmise sur des gisements de pétrole a été un enjeu expliquant en partie les visées coloniales des pays européens. Entre 1950 et 2005, la consommation mondiale d'énergie a quintuplé. Cette croissance continue n'a pas été freinée par les deux chocs pétroliers de 1973 et 1979.

La consommation d'énergie par habitant en 2011 (en kW/hab.)

Islande	51 259
États-Unis	12 914
Brésil	2 286
Népal	162
Mali	29
Monde	1 800

La consommation énergétique est un révélateur des dynamismes économiques et des inégalités de développement : l'Amérique du Nord, l'Europe occidentale et l'Asie orientale consomment plus de 60 % de l'énergie mondiale, tandis que l'Afrique, le Proche-Orient et l'Amérique latine, en tout une centaine de pays, ne totalisent ensemble que 10 % de cette consommation. De façon encore plus évidente, un Étasunien dépense 445 fois plus d'énergie par an qu'un Malien. On peut aussi mesurer cette consommation en **tep** (**tonne équivalent pétrole**, unité servant à comparer les sources d'énergie au pétrole brut, pris comme référence ; la tep équivaut à 44,8 gigajoules).

Échanges et politiques énergétiques

Des flux et des marchés dominés par le Nord

L'inadéquation entre pays producteurs et pays consommateurs explique en grande partie les différents flux mondiaux. Mais les prix sont aussi un facteur primordial dans l'organisation des marchés. Certains pays du Sud producteurs de matières premières ne possèdent pourtant pas un pouvoir énorme sur ceux-ci : les cours du cuivre, de l'aluminium, du nickel ou de l'argent sont fixés à New York, ceux du plomb ou du zinc à Londres. De même pour les sources d'énergie, le cours du baril de **pétrole brut**, non raffiné, est globalement fixé à Rotterdam. Cependant, pour les **hydrocarbures** (dont le **pétrole** – hydrocarbure paraffinique – est, avec le gaz naturel, le principal représentant), la situation est plus complexe du fait des intérêts en jeu et de l'histoire récente. De même, la Chine a pu jusqu'à présent peser sur les prix des terres rares du fait de sa situation de quasi-monopole.

C'est donc en fonction des prix et des besoins que s'organisent les différents flux (*cf.* article *Mondialisation, système-monde*). Ils se font essentiellement vers la Triade qui réalise par exemple les deux tiers des importations mondiales de pétrole raffiné. Dans le détail, des nuances apparaissent : les États-Unis, immenses importateurs énergétiques, sont aussi des exportateurs de charbon.

Les politiques énergétiques

Les deux chocs pétroliers des années 1970 et la guerre du Golfe en 1991 incitèrent certains États très dépendants à adopter des **politiques énergétiques**, c'est-à-dire un mode de gestion de leurs ressources et de leurs achats. Elles diffèrent d'un pays à l'autre en fonction de leurs ressources, de leurs moyens économiques et de leurs relations internationales.

Jusqu'en 1973, la dépendance énergétique des pays développés demeurait importante, même pour ceux qui, comme les États-Unis, possédaient d'immenses ressources : ils préféraient acheter à bon marché ailleurs et économiser leurs ressources nationales. La conséquence des deux chocs pétroliers fut donc une facture énergétique énorme et une aggravation du **taux de dépendance énergétique**, soit le rapport entre les importations d'énergie et la consommation énergétique. Plusieurs voies sont possibles pour réduire cette dépendance. La première, plus politique qu'économique, fut la diversification des approvisionnements pétroliers, pratiquée notamment par les États-Unis. La deuxième consiste à faire sur le long terme des économies d'énergie : mise au point de moteurs plus économiques, limitation de vitesse, incitations financières pour l'isolation... La troisième voie vise à augmenter la production nationale. La recherche de pétrole national fut menée de façon intensive par la Norvège et le Royaume-Uni en mer du Nord par exemple. D'autres pays mirent l'accent sur la recherche d'énergies de substitution. De nombreux États ont ainsi relancé une politique charbonnière : la consommation mondiale a augmenté de 50 % entre 1980 et 2004, du fait des États-Unis, mais principalement de l'Inde et de la Chine. Le charbon est de plus en plus utilisé pour la production d'électricité. Avec le Plan Messmer, la France adopta dans les années 1970 une politique nucléaire particulièrement volontariste et, aujourd'hui, les trois quarts de l'électricité française sont d'origine nucléaire, alors que se pose le problème de renouvellement de centrales désormais anciennes. La fermeture de la centrale de Fessenheim en France, annoncée en 2012, va dans le sens d'un certain recul du nucléaire accéléré par la prise de conscience des risques liés. Dans le contexte de l'accident en 2011 de la centrale japonaise de Fukushima. Le Japon a stoppé 48 de ses 50 centrales et annonce l'abandon du nucléaire civil pour 2030. L'Allemagne ferait de même dès 2022.

C'est dans ce contexte et dans le cadre de politiques de substitution que se développe également un peu partout dans le monde l'exploitation des **hydrocarbures non conventionnels** (**HNC**), c'est-à-dire d'hydrocarbures liquides ou gazeux très peu exploités jusqu'ici et qui sont piégés dans les roches mères. Il s'agit par exemple du pétrole lourd, des sables et schistes bitumineux, ou du gaz de schiste. Les **schistes bitumineux** (qui ne sont pas des schistes au sens géologique du terme) et les **sables bitumineux** sont des roches riches en matière organique. Très présents en Estonie,

Le prix du pétrole

Le prix du pétrole brut est fixé pour un **baril** (soit 158,98 litres). Jusqu'en 1973, les « **Sept Majors** » ou « **Sept Sœurs** » fixaient les cours. Ces sept compagnies pétrolières (Exxon, Standard Oil of California, Mobil Oil, Gulf Oil, Texaco, British Petroleum, Royal Dutch Shell) ont vu leur pouvoir menacé par les producteurs de pétrole à partir de 1973, date du premier choc pétrolier. Il s'agit d'un cas unique de pays producteurs imposant leur volonté à des pays consommateurs. Ce fut possible de 1973 aux années 1980, du fait d'une volonté politique commune de l'**OPEP** (**Organisation des pays exportateurs de pétrole**), notamment des pays arabes de cette organisation (**OPAEP**), au lendemain de la guerre du Kippour. Aujourd'hui, la situation est plus complexe. L'OPEP fixe son cours du brut, mais ce prix n'est pas une référence absolue car nombre de producteurs n'appartiennent pas à cette organisation. Ce sont les **NOPEP** (**pays producteurs non-membres de l'OPEP**), qui sont de plus en plus nombreux : certains pays, comme l'Équateur en 1992, le Gabon en 1996 et l'Indonésie en 2008, ont quitté l'OPEP, même si l'Équateur l'a réintégrée en 2007. Outre la cotisation élevée à l'OPEP, ces départs s'expliquent aussi par le fait qu'un pays NOPEP n'est pas tenu par accord de réduire sa production pour faire remonter le prix du baril. Parallèlement se sont mis en place divers accords entre pays acheteurs et pays producteurs et qui correspondent moins à des logiques économiques qu'à des logiques géopolitiques. Ainsi, dans le cadre de l'ALBA (*cf.* p 00), le Venezuela et 11 autres pays de la Caraïbe ont signé en 2011 les accords **PetroCaribe** qui garantissent à ces pays du pétrole vénézuélien à des tarifs préférentiels.

Par ailleurs, le principal marché du pétrole se tient à Rotterdam. C'est un marché libre fixant un prix, dit **prix spot**, qui varie en fonction de l'offre et de la demande. Or, si la demande est en perpétuelle expansion, la production l'a également été dans le dernier quart du XXe siècle : la mise sur le marché du **Brent** (les barils provenant de la mer du Nord), du pétrole d'Alaska, voire de Sibérie, a permis de faire face à la demande. Toutefois, le prix du baril est globalement à la hausse depuis le début des années 2000 : la principale cause semble être la forte hausse de la demande, liée à une consommation mondiale en forte progression, qui s'explique notamment par les besoins exponentiels des pays émergents, notamment de la Chine. La hausse du prix du pétrole est également liée à l'impact de certaines crises géopolitiques, comme au Nigeria, et à des phénomènes spéculatifs, encouragés par les pays producteurs qui compensent le cas échéant la faiblesse du dollar, préjudiciable car le pétrole est payé en dollar. La **facture pétrolière**, c'est-à-dire le coût des importations de pétrole, s'en trouve donc augmentée.

Enfin, malgré l'absence d'un marché mondial du gaz, le prix du gaz est souvent indexé sur celui du pétrole, notamment pour les contrats à long terme.

Roumanie, ils furent exploités sans grand succès dès la période soviétique. Leur exploitation a redémarré depuis 2009 dans plusieurs pays.

Mais c'est l'exploitation du **gaz de schiste** qui pose le plus de questions. Gaz piégé dans des roches de profondeur, il semble être une ressource de premier plan : selon ses partisans, la planète disposerait en réserves de plus de 140 ans de la consommation actuelle de gaz ! Déjà très fortement exploité aux États-Unis pour lesquels il contribue à une part de plus en plus importante du **mix énergétique** (ou **bouquet énergétique** ou encore **système énergétique**, la répartition des diverses sources d'énergie), il pose d'importants problèmes environnementaux. La technique mise en œuvre est la **fracturation hydraulique** (la création de micro-fractures dans les couches géologiques visées par injection d'eau et d'additifs à très forte pression). Celle-ci pose problème : risques sanitaires importants, risques pour les nappes phréatiques, consommation excessive d'eau, voire augmentation des risques sismiques. En Europe et notamment en France, l'opposition à cette exploitation est donc forte et prise en compte partiellement par le politique. Plusieurs permis d'exploitation ont été gelés ou partiellement annulés, mais les incertitudes restaient cependant nombreuses en 2013.

La recherche d'une certaine indépendance énergétique ou du moins d'une diversification des sources d'approvisionnement est enfin aussi une nécessité géopolitique, comme en témoignent les risques liés à la très forte dépendance des pays européens de l'ex-URSS et du bloc soviétique vis-à-vis des hydrocarbures russes.

Les agrocarburants, solution d'avenir ?

On appelle **biocarburants** les carburants obtenus à partir d'une matière première végétale ou animale : la biomasse. Le terme de biocarburant est cependant contesté pour ces filières à cause de la confusion qu'il entraîne avec l'agriculture biologique. On préfère alors parler d'**agrocarburants** ou **carburants verts**. Ils sont produits selon deux grandes filières liées à l'agriculture : le **biodiesel (Diester** en France) est produit à partir d'**oléagineux** – plantes riches en corps gras dont on cultive les graines ou les fruits pour en extraire de l'huile à usage alimentaire ou industriel (huiles de colza ou de tournesol principalement) –, le **bioéthanol** est issu de la fermentation de sucre (de canne à sucre, betterave à sucre...). Le **biogaz** est essentiellement formé de méthane issu de la fermentation anaérobie de matières organiques végétales ou animales (boues de stations d'épuration, déchets ménagers, agricoles, industriels...).

Certains pays ont très tôt tenté de développer les agrocarburants, à l'instar du Brésil qui, avec le **plan Proalcool**, chercha dès 1975, avec un relatif succès, à remplacer l'essence par le méthanol issu de la canne à sucre. Aujourd'hui, les États-Unis, la Chine et le Brésil sont les premiers producteurs de ces agrocarburants. En 2010, la France consacrait 1,8 million d'hectares de colza pour cette production, principalement dans les zones laissées en jachère par la Politique agricole commune. Une telle décision pose toutefois de nombreux problèmes, tant politiques qu'écologiques (utilisation d'engrais, forte consommation d'eau...) ou paysagers. Le but est d'atteindre les 23 % de la consommation de carburants pour 2020.

La culture pour les agrocarburants entre aussi en concurrence avec les cultures alimentaires et explique en partie la hausse des prix des céréales depuis le début du XXIe siècle. On envisage donc de développer des agrocarburants à partir d'autres sources, comme les algues par exemple.

Lire aussi **Développement durable – Eau – Échanges internationaux – Mondialisation, système-monde – Océan, mer**

Espace, diffusion spatiale

La géographie s'est toujours intéressée aux **lieux**, c'est-à-dire, au sens large du terme, aux portions de la surface du globe. Elle en analyse la nature, le « contenu », les liens qu'ils tissent entre eux, et ce à différentes échelles. Les termes d'espace mais aussi de territoire, plus précis, correspondent également à des divisions de l'étendue terrestre.

Espace : un terme à usages multiples

Un terme neutre ?

Terme polysémique par excellence, le mot **espace** est utilisé avec des sens différents aussi bien par le géographe que par l'astronome, le philosophe ou le mathématicien. Un des sens classiques du terme est celui de séparation, de distance. L'adjectif « espacé » et le terme d'**espacement** (la distance entre deux lieux) sont ainsi parfois utilisés en géographie.

Mais, pour le géographe, l'espace est, au sens le plus banal du terme, un lieu ou une portion délimitée, donc cartographiable, de l'étendue terrestre. Ceci correspond d'ailleurs à son sens dans le langage courant : un **espace vert** est bien un endroit délimité, parfois même entouré de grilles, réservé à la nature au sein des villes. L'**espace public**, au contraire de l'**espace privé**, est l'espace ouvert à tous et consacré à la pratique sociale des individus. Cette acception du terme a très souvent été utilisée par la géographie classique : terme commode, mais non défini, espace fut employé d'une manière neutre, par exemple à propos d'espace boisé, d'espace montagnard ou d'espace urbain. Il en est de même pour l'adjectif corollaire : **spatial**. On étudie les dimensions spatiales de tel phénomène, les discontinuités spatiales de tel autre et, d'une façon générale, la géographie a longtemps été conçue comme l'étude des distributions spatiales. Le terme **spatialité** peut dans ce cas désigner la simple répartition d'un phénomène dans l'espace (sa localisation). Mais, avec l'évolution de la géographie, il a pris une acception plus spécifique, mettant l'accent sur le rapport à l'espace des acteurs, qui peut lui-même influencer la production spatiale ; l'espace n'est plus un simple support mais devient une composante d'un processus.

Si la neutralité du terme espace permet une commodité de langage, sa relative imprécision oblige à le caractériser. Ainsi, une différenciation souvent évoquée oppose l'espace terrestre à l'espace humanisé. L'**espace terrestre** occupe la totalité du globe, alors que l'**espace humanisé**, ou **œkoumène**, ne concerne que les espaces habités par l'homme. L'œkoumène (*oikos* signifie la maison en grec), parfois orthographié **œcoumène** ou **écoumène**, est en extension et tend de plus en plus à se confondre avec l'espace terrestre : l'Everest est fréquenté de façon régulière, une station scientifique est en permanence installée au pôle Sud et des satellites parcourent l'espace, au sens astronomique du terme. Mais le terme d'espace, s'il est souvent utilisé dans un sens assez neutre, est aussi employé avec des acceptions beaucoup plus précises et spécialisées, indiquées par des qualificatifs.

Un terme à connotations variables

Pour tenter de préciser le terme d'espace, des géographes ont proposé, dans les années 1970-1980, l'expression « **espace géographique** » pour désigner toute étendue physique concrète, mesurable et localisable par un système de coordonnées géographiques (*cf.* p. 37). Cette notion recouvre toutefois des sens différents, les géographes n'ayant pas tous la même conception de leur discipline. L'espace géographique est alors un espace aménagé, modelé, produit par les sociétés et leurs activités, mais aussi par le milieu et les héritages historiques.

La notion d'**espace vécu**, mise à l'honneur par un ouvrage d'Armand **Frémont** (né en 1933), *La Région, espace vécu*, met l'accent sur le fait que l'espace est vécu, ressenti quotidiennement par ses habitants qui ont chacun une pratique des lieux, des cheminements préférentiels et des mémoires de ces lieux. Cet espace peut également être un **espace perçu** ou un **espace représenté**. Il s'agit alors de l'espace tel que se le représentent, se l'imaginent les gens. L'expression espace représenté est préférable à celle d'espace perçu, puisque la **perception** fait appel à des mécanismes sensoriels, tandis que la **représentation** d'un espace met en jeu l'histoire de l'individu, son imagination, ses références, donc une composante socioculturelle. La **géographie des représentations** s'intéresse aussi à la façon dont les représentations de l'espace sont construites. Un des moyens d'étude est donné par les **cartes mentales**. En demandant à un échantillon d'individus de représenter un espace, on obtient des renseignements non seulement sur l'espace et sa perception proprement dite (perception des distances, de la situation des lieux les uns par rapport aux autres...), mais aussi sur l'espace imaginé, rêvé... et donc sur la personnalité de l'individu lui-même. Ce type de document, très en vogue dans les années 1970, connaît toutefois un net recul.

Si l'espace n'est donc plus considéré en géographie comme un simple support « neutre », dans la mesure où il est produit, vécu, perçu, représenté, il doit être distingué du « territoire » qui est « approprié ».

La région, espace vécu, selon Armand Frémont

« La région est un espace vécu, vu et ressenti par les hommes. [...] Les hommes se font une certaine image des lieux où ils vivent, de leur espace et de leur région. Et cette image [...] constitue un élément essentiel des combinaisons régionales, le lien psychologique de l'homme à l'espace sans lequel la région ne serait que l'adaptation d'un groupe à un milieu ou une rencontre d'intérêts sur un espace donné. La région, l'espace ne peuvent se comprendre dans toute leur cohérence que si l'on ajoute aux apports antérieurs cet ultime ciment de relations vécues, c'est-à-dire assimilées ou non au plus profond de l'intimité psychologique de chacun. »

A. Frémont, *La Région, espace vécu*, PUF, 1976.

Cospatialité et interspatialité

Depuis une vingtaine d'années, un vocabulaire nouveau s'est développé du fait que de nombreuses études s'intéressent tout autant aux relations entre espaces qu'à l'analyse de ces espaces en tant que tels. Le terme d'**interspatialité** désigne ainsi toutes les interactions entre deux espaces. Celles-ci peuvent être classées en trois catégories : des interactions de limites (l'**interface**), d'emboîtement (en général multiscalaire) et de **cospatialité**. Ce dernier terme désigne le fait qu'une même étendue peut être constituée de plusieurs espaces en fonction par exemple des pratiques qu'en ont des groupes d'acteurs différents. Cette étendue est donc marquée par une **coprésence** (présence dans un même lieu de groupes différents). L'espace est donc ici conçu comme une réalité non pas uniforme mais « feuilletée », « en couches » selon les mots de Jacques Lévy, un des principaux promoteurs de cette théorie de la cospatialité. Et ces couches peuvent ou non interagir entre elles grâce à des **commutateurs** qui rendent les liaisons possibles entre elles. Ainsi, en milieu urbain, une gare serait un commutateur car elle permettrait « au réseau ferroviaire et au territoire urbain d'interagir ». Le terme recoupe en partie donc la notion de **synapse** (*cf.* p. 405) proposée par Roger Brunet.

Les trois formes d'interspatialité

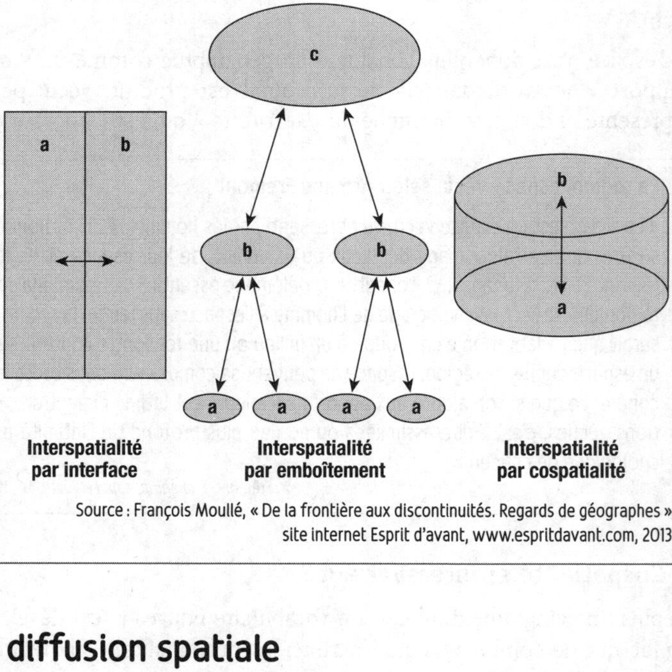

Source : François Moullé, « De la frontière aux discontinuités. Regards de géographes », site internet Esprit d'avant, www.espritdavant.com, 2013.

La diffusion spatiale

La **diffusion spatiale** correspond à l'ensemble des processus qui contribuent au déplacement de phénomènes dans l'espace géographique par **migration** (la relocalisation d'un phénomène) ou par **expansion** (par conquête de nouveaux espaces). Par extension, on appelle également diffusion spatiale le résultat de ce processus. En cas de diffusion spatiale, une **innovation**, c'est-à-dire un phénomène nouveau, perturbateur de l'ordre préexistant, part d'un **espace émetteur** et se dirige vers un ou plusieurs **espaces récepteurs** ; cette diffusion agit par **contagion** de proche en proche. Les recherches en diffusion spatiale concernent de nombreux domaines aussi variés que l'épidémiologie (la diffusion d'un virus par exemple), la démographie (dans l'Union indienne, la diffusion de la baisse de la fécondité du Kerala au Tamil Nadu voisin, comme l'a montré le démographe Christophe Z. Guilmoto), la géographie de l'agriculture (on a pu étudier la diffusion de telle ou telle plante commerciale), la géographie culturelle et politique (la diffusion d'une idée ou d'un comportement électoral a fait l'objet de recherches), ou encore l'économie spatiale, par exemple dès 1957 avec la **théorie des pôles de croissance** de François **Perroux** (1903-1987). L'idée est que la croissance (l'innovation) n'apparaissant pas partout à la fois, il faut organiser des pôles de croissance, principalement urbains, qui seront les moteurs de la diffusion de cette croissance. Cette théorie fut appliquée dans le cadre de la politique des métropoles d'équilibre (*cf.* article *Aménagement du / des territoire(s)*).

Le concept de diffusion spatiale a été introduit en géographie pour la première fois au début des années 1950 par le suédois Torsten **Hägerstrand** (1916-2004). Selon lui, la diffusion dépend d'un certain nombre de facteurs : la capacité propre de l'innovation à se diffuser, celle du milieu récepteur à accepter l'innovation, la distance entre les deux lieux, la présence ou non de **barrières spatiales**, limitant la diffusion. Certaines barrières stoppent complètement une diffusion (**barrières absorbantes**) alors que d'autres se contentent de la ralentir (**barrières freinantes**). Enfin, la **barrière réfléchissante** dévie la propagation, la détourne. Les canaux de propagation d'une innovation ont fait l'objet de nombreux modèles. L'**effet de voisinage** lié à la proximité joue un rôle évident et engendre une **diffusion de proche en proche**, par contiguïté (**diffusion aréolaire**) ou une **diffusion en tâche d'huile**. Mais il peut être contrebalancé par une **diffusion hiérarchique** qui touche d'abord les centres et s'organise selon des logiques réticulaires (**diffusion linéaire**) en fonction des axes de communication.

Enfin, la question des **temporalités** a souvent été étudiée par les géographes. Toute diffusion spatiale obéit à un processus en quatre étapes : l'apparition d'une **innovation** en un lieu émetteur ; son expansion en tant que telle ; une étape de **condensation**, où l'innovation n'en n'est plus une et où elle est adoptée dans l'espace récepteur par la majorité des acteurs ; une étape de **saturation**, marquée par la présence maximale de cette innovation. Ces quatre étapes s'ordonnent selon une **courbe de régression logistique**. De telles courbes ont souvent été dressées par les géographes, par exemple en démographie pour étudier le phénomène de **transition démographique**, un phénomène qui peut ici s'analyser sous l'angle de la diffusion temporelle d'un comportement démographique.

Quelques processus de diffusion spatiale

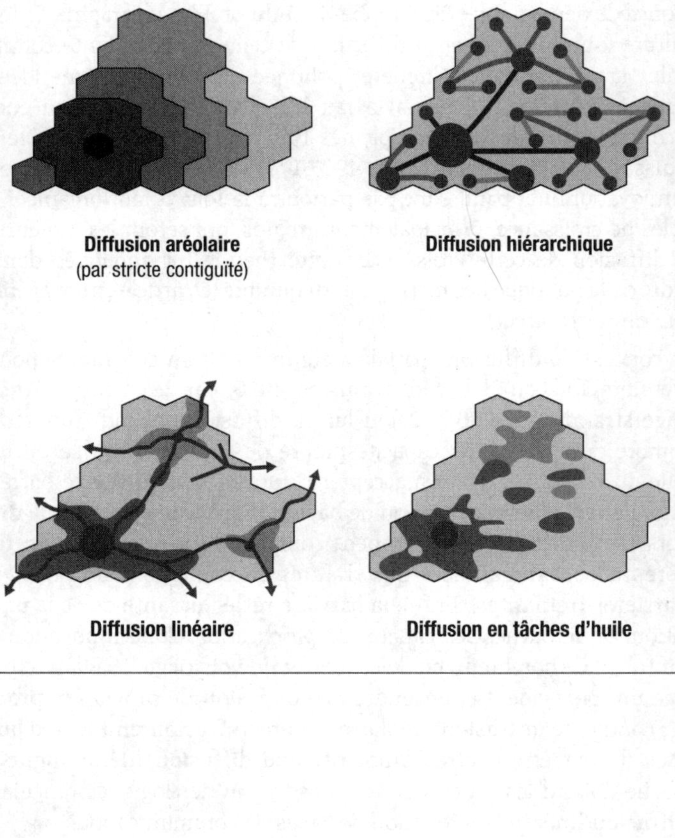

Lire aussi Culture, géographie culturelle – Géographie (histoire de la) – Géographie (techniques et méthodes de la) – Territoire

Espace rural

Les espaces ruraux ont eu, pendant très longtemps, une vocation essentiellement agricole. Leur étude s'est donc parfois confondue avec celle des campagnes, c'est-à-dire, au sens strict, des champs. La géographie rurale a ainsi longtemps étudié les rapports entre une activité dominante, l'agriculture, les paysages et les sociétés qu'elle induisait. Les choses ont cependant changé à la fin du XXe siècle. Le recul de l'agriculture, souvent lié à sa modernisation, s'est accompagné d'un étalement urbain. Les rapports ville-campagne ont donc connu de profonds bouleversements, à tel point que se pose désormais la question de la pertinence de l'opposition urbain-rural.

Qu'est-ce que l'espace rural ?

Des problèmes de définition

Dérivé du latin *rus* (campagne), le terme **rural** désigne de façon générale tout ce qui n'est pas urbain. De façon plus précise, en France, la législation a longtemps considéré comme rurale toute personne vivant dans une commune de moins de 2 000 habitants agglomérés au chef-lieu, c'est-à-dire toute personne n'habitant pas en ville. Aujourd'hui, selon l'INSEE, l'**espace à dominante rurale**, ou **espace rural**, regroupe « l'ensemble des petites unités urbaines et communes rurales n'appartenant pas à l'espace à dominante urbaine (pôles urbains, couronnes périurbaines et communes multipolarisées) ». Cet espace est très vaste, il représente 70 % de la superficie totale et les deux tiers des communes de la France métropolitaine. La définition de l'espace rural l'oppose donc toujours à l'espace à dominante urbaine mais la distinction entre les deux s'est complexifiée, un espace rural pouvant englober des « petites unités urbaines ». À l'inverse, une commune autrefois classée comme rurale est considérée comme intégrée à une aire urbaine si plus de 40 % de ses actifs travaillent dans le pôle urbain.

La confusion sémantique a en effet été accentuée par les modifications de ces espaces depuis une cinquantaine d'années. Un nouveau vocabulaire est ainsi apparu pour caractériser des espaces ruraux de moins en moins agricoles. On a longtemps parlé, à propos du développement des grandes banlieues dans des espaces autrefois agricoles, de **rurbanisation** (littéralement urbanisation du monde rural), d'espace **périurbain** (espace situé autour de la ville, dont les communes connaissent, du fait de l'extension urbaine, d'importantes mutations démographiques, sociales, économiques et culturelles), ou encore de **mitage** de l'espace rural lorsque les constructions, souvent de type pavillonnaire, sont éparpillées. Le terme de **périrural**, encore peu employé, est sans doute plus proche de la réalité que celui de périurbain : en effet, la motivation essentielle des habitants de ces nouveaux espaces ruraux est plus une proximité avec la « nature », avec une certaine **ruralité** (caractère de ce qui est rural) dont on recherche les valeurs, qu'avec la ville dont ils sont issus. Les habitants des espaces rurbanisés sont qualifiés de **rurbains**, nouveaux ruraux travaillant en ville, ce qui se traduit par des mouvements pendulaires. Pourtant, dans la même logique que le terme de périrural, et avec la généralisation de ce mode de vie, des géographes tels Edward Soja ou Martin Vanier, critiquant le fait que le terme rurbain soit construit en référence à la ville, ont proposé le concept de **tiers espace** pour désigner ce type d'espace caractérisé par des besoins de type urbain (transport, gestion des déchets…) sans en avoir la densité.

Quant au terme **campagne**, il désigne étymologiquement ce qui relève des **champs**, qu'ils soient en terres arables (c'est-à-dire cultivés) ou en prairies artificielles. Il fait donc explicitement référence, non seulement à l'espace rural, mais aussi à une activité agricole et est même parfois employé pour désigner des **champs ouverts**, ou **openfields**, c'est-à-dire non enclos (la campagne de Caen, la Champagne). Mais le mot campagne a acquis un second sens, plus général, désignant tout l'espace non urbain. Les termes caractérisant l'espace cultivé proprement dit ne sont pas forcément plus clairs. Ainsi le mot **terroir** est utilisé pour désigner un petit espace homogène, par ses caractéristiques de sol et de microclimat et donc ses potentialités agricoles ; ce sens est d'ailleurs conforme à la signification que lui donnent les œnologues lorsqu'ils parlent du terroir d'un vin. En Bourgogne viticole, le terme « **climat** » qualifie un terroir supposé homogène, associé à chaque premier ou grand cru. Pourtant, l'étymologie du terme (du latin *territorium*) en fait parfois de façon abusive un équivalent du « territoire communal », c'est-à-dire du **finage**, ensemble des terres gérées par la communauté. Enfin, le langage courant fait même du terme un équivalent de « monde rural », par exemple lorsqu'on parle d'un « écrivain du terroir » !

L'adjectif **agraire**, qui qualifie ce qui relève de l'agriculture, est moins polysémique. La **morphologie agraire** est l'étude de la disposition et des formes des parcelles. L'expression **paysage agraire** désigne le mode de culture, l'habitat et le **parcellaire**, c'est-à-dire la géométrie et la répartition des **parcelles** (pièces de terre correspondant à un propriétaire et à une seule culture). Un bocage, par exemple, est un type de paysage agraire. Il est cependant commun en géographie de parler d'espace rural, d'habitat rural, de sociétés rurales pour des espaces, des habitats ou des sociétés agricoles. Enfin, le terme de **système agraire**, autrefois employé en géographie classique, avait un sens très imprécis, désignant tantôt les systèmes de culture (*cf.* article *Agriculture*), tantôt le paysage agraire.

Pourquoi étudier l'espace rural ?

Les activités humaines ont longtemps été à dominante agricole. Le passage à une société urbaine est un phénomène récent, lié à l'industrialisation. L'Angleterre fut la première concernée, suivie par d'autres pays d'Europe du Nord et de l'Ouest. En France, la population urbaine ne dépassa la population rurale qu'en 1931. L'urbanisation du globe est récente et beaucoup de pays en développement sont encore à dominante rurale.

Les espaces ruraux sont donc le reflet d'héritages très nombreux dont il faut tenir compte dans l'analyse des paysages actuels et que la géohistoire peut chercher à décrypter. Toutes les sociétés rurales, pendant très longtemps agricoles, ont dû tenir compte des conditions économiques, politiques, mais aussi naturelles comme le climat et les sols. Ces sociétés ont modelé les paysages, les champs, l'habitat et ont mis en place des structures économiques et sociales, allant de « l'individualisme paysan » au travail communautaire.

Ces thèmes intéressent particulièrement les géographes, qui se sont aussi préoccupés des liens entre la campagne et la ville. Les premières études sur les rapports ville-campagne datent du XVIIIe siècle. Il est vrai qu'elles furent l'œuvre, non d'un géographe, mais d'un agronome prussien, Johann Heinrich **Von Thünen** (1783-1850), qui essayait de rationaliser la gestion de ses propriétés. Selon lui, sur un espace homogène, c'est la distance par rapport à la ville-marché qui règle le bénéfice à l'hectare : les systèmes de production les plus intensifs produisant des légumes et du lait sont situés dans une première auréole à proximité de la ville et bénéficient donc d'une **rente de localisation**. Même si elles sont aujourd'hui obsolètes, ces théories, qui montraient que l'étude des rapports ville-campagne est indissociable de celle des espaces ruraux, eurent une grande influence. Elles furent par exemple affinées en économie urbaine par les travaux de William **Alonso** (1933-1999) qui portaient notamment sur l'utilisation des terres urbaines.

L'organisation spatiale selon von Thünen

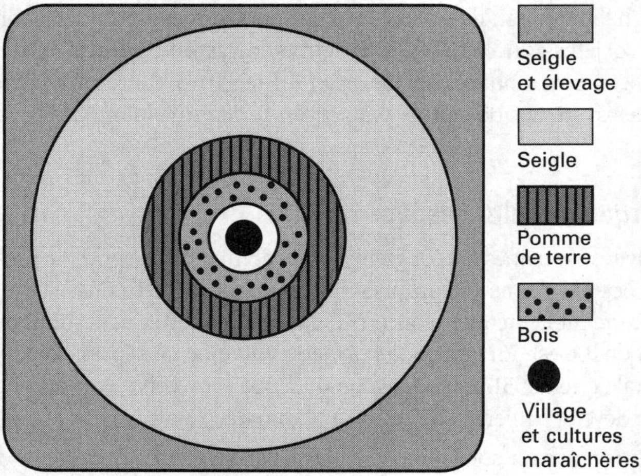

Source : D'après A. Bailly, *Les Concepts de la géographie humaine*, Masson, 1984.

Des paysages modelés au cours du temps

En Europe, des paysages agraires en grande partie hérités

En Europe, les trois grands types de paysages agraires (le bocage, l'openfield, les paysages agraires méditerranéens) sont des héritages de périodes parfois très anciennes. Ils ont été décrits par les agronomes du XVIIIe siècle et ont fourni, dès les années 1930, un objet d'étude privilégié à la géographie française qui, dans une démarche européocentriste, a tenté par la suite de retrouver openfields et bocages un peu partout dans le monde.

L'**openfield**, paysage typique des plaines d'Europe du Nord et de l'Ouest, est un système agraire de champs ouverts associé à un habitat groupé et à des pratiques communautaires. Le finage connaît un **assolement**, visant à l'origine à permettre le repos de la terre en la mettant périodiquement en **jachère**. Le finage est divisé en plusieurs parties soumises à une **rotation culturale**. L'assolement peut être biennal, jachère et céréales se succédant sur une même terre d'une année sur l'autre, ou triennal quand il comporte trois **soles**, c'est-à-dire trois ensembles de parcelles portant chacun momentanément, généralement un an, une même culture ou une jachère. L'assolement peut être fait dans le cadre d'une exploitation ou plus traditionnellement dans le cadre d'un **village**, c'est-à-dire d'une commune rurale. Ce système supposait un **habitat groupé** en villages serrés (les maisons étant concentrées en un lieu) de façon à laisser le plus de place possible aux cultures.

La typologie divise classiquement les villages selon leur forme, conformément aux méthodes surtout descriptives de la géographie classique. Les **villages-rue**, aux maisons alignées de part et d'autre d'une rue unique, et les **villages-tas**, aux maisons groupées, sont les principaux types de villages de défrichement, souvent nés au Moyen Âge. Les **villages nucléaires**, regroupés autour d'un espace central, souvent la place de l'église, sont l'un des types les plus fréquents de villages-tas.

L'openfield est souvent issu de pratiques communautaires comme celle de la **vaine pâture** : sur les champs moissonnés, chacun pouvait faire paître son troupeau librement. Ce système supposait donc l'absence de champs enclos, d'où son nom d'openfield (champs ouverts en anglais). L'openfield disparut plus ou moins rapidement au XIXe siècle. En Angleterre, le phénomène fut accéléré par le mouvement des **enclosures** qui culmina entre 1790 et 1819 : les grands propriétaires fermèrent leurs champs par des haies, se les appropriant au détriment des communautés villageoises. En France, par contre, la suppression de la jachère, la montée d'une bourgeoisie rurale et le passage à l'agriculture commerciale furent très progressifs.

Hormis donc en Angleterre, l'openfield a laissé des traces visibles dans les paysages ruraux européens. Les villages groupés demeurent ; le parcellaire et le réseau des chemins laissent encore deviner l'agencement des différentes soles entre elles.

L'origine du **bocage** est plus complexe. On désigne par ce terme un paysage de champs fermés par des haies, parfois par des murettes, souvent installées sur des talus. Le parcellaire est fréquemment de forme irrégulière. L'accès aux champs se fait par des chemins creux. L'**habitat** est **dispersé**, c'est-à-dire réparti en un chef-lieu, des **hameaux** (ensembles de quelques maisons regroupées) et de nombreuses fermes isolées. Ceci s'explique en partie par une exploitation individuelle des terres, par opposition à l'openfield. Si l'archétype du bocage est le bocage normand, de nombreuses variétés ont été décrites, de la Galice à l'Angleterre des enclosures. Dans ce pays, le terme désigne la transformation progressive de l'openfield en bocage, qui eut lieu entre le XVe et le XIXe siècle du fait des progrès de l'élevage, mais aussi de la suppression des droits de vaine pâture, puis de la réappropriation des communaux par les grands propriétaires.

Le bocage a nettement mieux traversé le XXe siècle que l'openfield puisqu'on le retrouve souvent intact dans de nombreuses régions. Il présente en effet de nombreux avantages dont celui d'apporter de l'humidité grâce à l'évapotranspiration des végétaux mais aussi grâce aux haies d'arbres, de l'ombre et une protection contre l'effet desséchant du vent. Néanmoins, mal adapté à la mécanisation et du fait des remembrements, il a tendance à disparaître. Les haies sont peu à peu arrachées (**débocagisation** ou **débocagement**), ce qui modifie l'écoulement des eaux, aggrave l'érosion des sols et donne naissance à des paysages intermédiaires entre bocage et openfield, fréquents par exemple dans le sud de la Bretagne et en Vendée.

Les paysages agraires méditerranéens étaient et sont encore plus complexes. Le parcellaire est souvent irrégulier, les parcelles sont fréquemment encloses par des murets de pierre, autant de caractéristiques qui pourraient rappeler le bocage. On parle parfois de ***huerta* bocagère** pour les paysages spécifiques du Comtat Venaissin. Mais l'habitat a toujours été groupé dans de gros bourgs hauts perchés, souvent pour des raisons défensives. La caractéristique fondamentale est la division en trois du finage de la communauté : la partie la plus fertile, l'**ager**, était cultivée, parfois en terrasses ; la moins fertile, le **saltus**, était constamment laissée au pacage des animaux et la **silva** était occupée par la forêt. Cette division ager-saltus-silva est devenue classique et s'emploie désormais hors de la zone méditerranéenne. L'ager lui-même était d'une grande complexité, plusieurs cultures pouvaient coexister sur la même parcelle (***coltura promiscua***), ce qui autorisa nombre de géographes, soucieux de leur rôle normatif, à qualifier ces paysages « d'incomplets » ou « d'imparfaits » par rapport au modèle qu'était l'openfield. Ces paysages agraires subsistent parfois, notamment dans quelques montagnes isolées de Grèce ou d'Espagne. Ils sont cependant en voie de disparition, à cause du passage à une économie de marché, qui suppose la mécanisation et la spécialisation, ou du fait de la **déprise agricole** (disparition des activités agricoles et des agriculteurs), qui engendre souvent un dépeuplement plus général de la campagne (**déprise rurale**).

Ces trois types de paysages agraires européens, souvent transformés ou disparus, sont encore visibles et lisibles dans les paysages actuels.

Une situation plus complexe hors d'Europe

Aux États-Unis et au Canada anglophone, les paysages agraires ont été déterminés dès 1785 par le système du ***township***, unité cadastrale d'un mille carré (285,4 hectares). L'ensemble était divisé en quarts de sections, ce qui correspondait, selon ses promoteurs, à l'exploitation agricole type, soit 64,6 hectares. Ce système a plus ou moins été appliqué, en fonction notamment du relief. Malgré de nombreux réaménagements, il a remarquablement perduré, conférant au paysage un aspect géométrique « en damier ». De même, au Canada francophone, l'ancien paysage agraire est encore visible. Il s'agit du **rang** qu'on retrouve, avec des nuances, dans d'autres pays comme le Brésil. La colonisation et l'exploitation des terres se sont faites à partir du fleuve, voie de communication privilégiée. Les villages sont des villages-rues. Les parcelles, très allongées, situées en arrière des habitations, s'étirent jusqu'à la forêt. Ainsi, un arrêté de 1745 harmonisait pour la Nouvelle-France la création de lots de terrain de 1,5 arpent (90 mètres) minimum, par 30 arpents (1 800 mètres) maximum.

Dans les pays anciennement colonisés, les traces des paysages agraires précoloniaux ont souvent été gommées, du moins en partie, par une colonisation agricole de type européen. Le parcellaire, les structures villageoises, l'habitat même ont pu être modifiés, et le paysage est aujourd'hui composite, juxtaposant des structures contemporaines, coloniales et précoloniales. Dans les Andes péruviennes, les grandes exploitations extensives coloniales, les *latifundios*, parfois adaptées aux données de l'économie de marché, coexistent avec l'***ayllu***, la communauté villageoise précoloniale, qui revendique encore ses terres. Lorsque ces paysages ruraux ont subsisté, les géographes ont tenté de les décrire dans une perspective européocentriste : tel finage africain était qualifié de bocage ou d'openfield. Ces termes ont ainsi acquis une nouvelle dimension sémantique et sont désormais assimilés à tout type de champ enclos ou ouvert. En revanche, les paysages asiatiques de **rizières** (parcelles plantées de riz), pourtant là aussi précoloniaux, ont résisté à la colonisation et ont fasciné les géographes. Ceux-ci, dès les années 1930, ont multiplié les longues descriptions de paysages de rizières (terrasses, habitat groupé, variation du paysage selon la saison...), mais aussi les pratiques culturales.

L'histoire a donc eu des conséquences majeures sur la formation des paysages ruraux, mais aussi sur le sens des termes.

Les modifications des paysages ruraux au xxe siècle

L'agriculture a connu au xxe siècle d'importantes modifications qui ont eu des conséquences visibles : la déprise agricole s'est souvent traduite par la désorganisation des sociétés rurales et par l'abandon des terres qui retournaient à la friche. Au contraire, l'intensification de l'agriculture a fortement contribué à l'uniformisation des paysages agraires, particulièrement sensibles dans les espaces de grande culture (Pampa argentine, Grandes Plaines du Canada...). Les modifications du parcellaire, par la réforme agraire et la collectivisation, ont souvent eu raison des structures agraires préexistantes. Dans certains pays, la Roumanie par exemple, la collectivisation a pu s'accompagner de véritables déplacements de population, la création de nouveaux villages entraînant la destruction des anciennes communautés villageoises. Dans de très nombreux pays, le **remembrement**, c'est-à-dire la redistribution des parcelles d'un finage entre les propriétaires dans un but de rationalisation, a souvent été encouragé par les États et a pu, comme en Bretagne, aboutir à la destruction du bocage par arrachage des haies.

Les rapports urbain-rural se sont également modifiés. Si l'exode rural a longtemps été général, il concerne aujourd'hui essentiellement les pays en développement et nourrit pour une part la croissance urbaine. Un mouvement inverse a actuellement lieu dans bon nombre de pays développés où l'exode rural est plus ou moins arrêté ou limité à quelques régions particulières.

Les espaces ruraux aujourd'hui

Les espaces ruraux des pays développés

En Europe, les espaces ruraux connaissent des mutations importantes. Les paysages agraires sont touchés par les modifications de l'agriculture qui entraînent la concentration des terres, le développement d'une agriculture plus intégrée (*cf.* article *Agriculture*), l'apparition d'un nouvel habitat rural et, enfin, l'abandon des terres et parfois l'exode rural. La **déprise rurale** a eu une importance énorme en Europe dans la première moitié de xxe siècle, contribuant à la désertification de nombreuses régions. Il convient toutefois de relativiser son ampleur actuelle. Celle-ci est aujourd'hui limitée à quelques régions d'Europe du Sud, en Grèce notamment, où elle touche des zones sensibles moins propices à l'agriculture contemporaine, comme les montagnes.

Plus généralement, ce sont les rapports ville-campagne qui se modifient. Ces rapports sont depuis longtemps des rapports de domination, la campagne étant la pourvoyeuse en hommes et en produits divers de la ville. Les propriétaires terriens pouvaient même être des urbains. Ainsi, dans le Languedoc du XIXe siècle, la monoculture de la vigne était dirigée par la bourgeoisie de Montpellier. Ces rapports de domination existent toujours et se sont parfois élargis avec une domination culturelle, administrative et financière accrue de la ville. Cependant, les rapports ville-campagne se sont singulièrement compliqués, notamment du fait d'une intrication croissante de l'urbain et du rural. Les périphéries urbaines, proposant des centres commerciaux, des zones industrielles et donc des services et du travail, attirent les ruraux autant que les urbains, contribuant ainsi à une uniformisation des modes de vie. Le développement des transports en milieu rural accentue le phénomène : habiter à proximité d'un village ancien, mais aussi d'un échangeur autoroutier, est souvent perçu comme une situation favorable. Cette rurbanisation (*cf.* p. 561) se combine avec un autre phénomène : les campagnes trouvent aujourd'hui de nouvelles vocations en liaison avec la quête des personnes, et parfois des entreprises, d'espaces préservés, adaptés aux exigences nouvelles en matière d'environnement, de qualité de la vie. C'est ainsi que certaines périphéries rurales de France ou d'Allemagne connaissent un regain d'activités et se repeuplent. Ce mouvement s'accompagne même d'un certain **ruralisme**, c'est-à-dire d'une tendance à associer aux campagnes des valeurs d'authenticité qu'on ne retrouverait plus dans les villes, dont il faudrait enrayer le développement (*cf.* p. 555).

Enfin, les espaces ruraux ont aussi, et de plus en plus, une vocation récréative ou touristique. Ils accueillent en effet des urbains, périurbains, mais aussi des ruraux le temps d'une journée ou d'un week-end pour les plus proches, ou pour des vacances dans certains espaces ruraux moins accessibles. Les fonctions de l'espace rural se sont ainsi diversifiées (productive, résidentielle, récréative), mais à des degrés variables selon l'accessibilité de ces espaces, d'où la distinction parfois établie entre un espace rural proche de l'urbain – et pas seulement en terme de distance kilométrique – et un **rural profond**.

Aux États-Unis et dans d'autres « pays neufs », la rurbanisation, qui ne touche pourtant qu'une petite partie de l'espace rural, est nettement plus ancienne qu'en Europe. Depuis 2000, plus de 50 % des Américains vivent dans les *suburbs*. Comptabilisés dans leur grande

Comment Besançon conquiert peu à peu les espaces ruraux proches par la périurbanisation

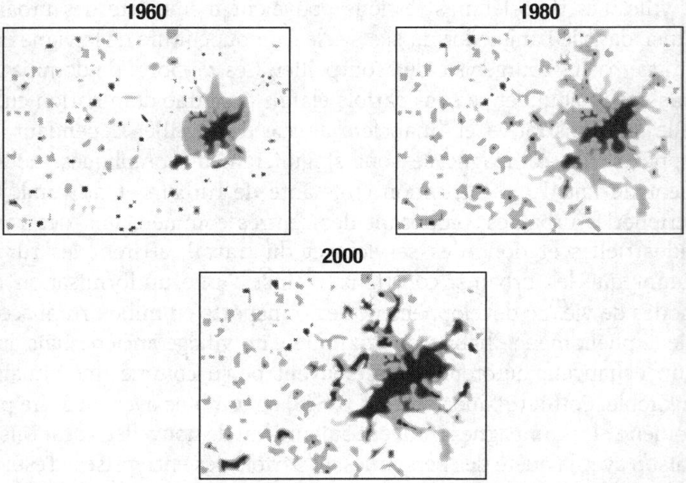

Source : J.-P. Antoni et S. Youssoufi, « Étalement urbain et consommation d'espace. Étude comparée de Besançon, Belfort et Montbéliard », *Revue Géographique de l'Est*, vol 47. 3, 2007.

majorité comme des urbains, ils n'en modifient pas moins profondément l'espace rural environnant. Les espaces périurbains sont occupés par des exploitations agricoles très intensives : élevage hors-sol, maraîchage, horticulture. Étant donné la taille des mégalopoles américaines, ce sont de véritables régions agricoles périurbaines qui se sont mises en place, illustrant ainsi la domination non de la ville sur la campagne, mais de la banlieue sur un espace agricole périurbain.

Les campagnes des pays en développement

Dans bon nombre de pays en développement, essentiellement en Afrique et en Asie du Sud, la transition urbaine est en cours mais les populations rurales sont encore majoritaires. Le poids de la population rurale s'explique par le rôle souvent essentiel joué par l'agriculture. De plus, si les villes attirent énormément, les campagnes restent très peuplées en raison du fort taux d'accroissement naturel.

	Niger	Kenya	Inde	Chine	Bolivie	Mexique	Brésil
Population rurale (en %)	83	77	70	55	34	22	14

Source : Banque mondiale 2012.

Quant aux campagnes proprement dites, elles gardent un aspect beaucoup plus traditionnel, avec cependant de très nombreuses variantes selon les pays. La modernisation de l'agriculture n'a pas toujours été mise en œuvre, pour des raisons économiques évidentes, parfois aussi du fait de réticences culturelles. Des héritages sont souvent visibles dans le paysage, mais aussi dans les mentalités : dans les montagnes boliviennes, l'organisation territoriale du village peut toujours se faire par l'***ayllu***, groupe social et clanique ; en Inde, les ***panchayats***, c'est-à-dire les assemblées qui dirigent la vie, les travaux et l'économie des villages, restent souvent aux mains des castes supérieures, malgré leur abolition officielle en 1947 ! Ces campagnes traditionnelles peuvent cependant connaître des changements brutaux, généralement imposés par la ville et par le passage à une agriculture productiviste : création d'un grand barrage, ouverture d'une plantation ou d'une grande voie de communication. Ces changements, vécus de façon plus ou moins traumatisante, montrent que le rapport ville-campagne reste un rapport de domination.

Lire aussi Agriculture – Urbanisation – Ville

État, nation, pays

Les termes État, nation et pays s'utilisent largement en géographie. Cette discipline étudie notamment les relations de l'État à son territoire, mais cherche aussi à comprendre la montée des nationalismes, les relations entre États, voire les conséquences pour les États de la supranationalité croissante en matière d'économie.

Des termes complémentaires

L'État et la nation

L'**État** est l'autorité souveraine s'exerçant sur un territoire national. C'est une notion juridique et abstraite, inscrite dans la durée. En revanche, le **gouvernement**, qui dirige l'État pour un temps limité, désigne une réalité concrète. Le terme État peut, dans le langage courant, se confondre avec ceux, plus concrets, de **pays** et de **territoire national**. On a parlé d'**États-ateliers** comme équivalent de **pays ateliers** pour caractériser les pays manufacturiers d'Asie du Sud-Est. On parle d'**État enclavé**, c'est-à-dire n'ayant aucun accès à la mer, ou encore d'**État-tampon**, coincé entre deux ensembles rivaux et formant un **cordon sanitaire** comme ce fut le cas des pays d'Europe centrale de 1918 à 1939. La notion d'État, fort étudiée par les historiens et les politologues, a donc très souvent une implication géographique. De plus, l'État se manifeste de façon visible par l'intermédiaire de l'administration et du gouvernement, notamment par l'aménagement de l'espace national et la sécurité publique, sauf dans le cas des **États défaillants** (ou **États en déliquescence** ou **États faillis**). Cette expression, créée par des géopoliticiens anglo-saxons (*failed state*), date des années 1990 et a été forgée à l'époque des massacres de masse en Afrique et notamment du génocide rwandais. Elle désigne un État incapable d'assumer ses fonctions régaliennes en termes de sécurité publique.

Le terme **nation** désigne une construction identitaire partagée par une communauté d'hommes, marquée par un sentiment d'appartenance à une culture commune et ayant ou revendiquant un territoire spécifique. Ainsi, la nation française habite un territoire national et on reconnaît comme étant de **nationalité** française l'individu né sur ce territoire en vertu du droit du sol. L'**étranger**, au sens strict, relève donc d'une autre nationalité. Il peut toutefois arriver qu'une nation ne possède pas d'État ou soit dépossédée de son territoire national, comme ce fut le cas de la Pologne avant 1914. Le mot **ethnie** qui désigne une population cohérente, du moins en théorie, par ses caractères culturels, voire simplement religieux, est beaucoup plus restreint, une nation pouvant être pluriethnique, comme au Vietnam ou en Côte d'Ivoire. On utilise aussi l'expression d'**État multinational** pour des pays comme la Russie. Le terme **peuple**, parfois préféré, est plus vague : il désigne souvent l'ensemble des habitants d'un pays. Les deux termes ont été largement utilisés par la géographie coloniale, puis tropicale.

Pays et patrie peuvent avoir plusieurs sens

Le terme **patrie**, la terre natale (*pater*, père en latin), est parfois employé comme équivalent de pays, même s'il a une connotation plus sentimentale ou plus idéologique. Patrie et pays peuvent néanmoins avoir des acceptions différentes dans le langage courant, voire géographique, et correspondre à des divisions de l'espace de taille très variée. Le mot **pays** a changé de sens au cours de l'histoire et pouvait s'appliquer dans l'Ancien Régime à une région, voire à une commune, car il désignait un espace de vie homogène centré sur une ville. Cette acception du mot renvoie également aux notions d'**avant-pays** et d'**arrière-pays**, termes de localisation, mais pouvant aussi exprimer l'existence de liens avec un espace de référence. Le terme de pays a été remis à l'honneur par la loi dite LOADDT (*cf.* p. 421).

La formation des États et ses implications géographiques

Trois types d'États

Historiquement, on peut distinguer trois types d'États. Les **États-nations**, comme la France, se sont généralement constitués de façon plus ou moins lente, à partir d'un centre originel, et ont grossi au fil des conquêtes successives ; l'État correspond alors à la nation. D'autres proviennent de la fusion de peuples, de communautés ethniques. Cet

État-fusion a pu naître si les communautés éprouvaient un sentiment national commun, comme ce fut le cas pour les unifications allemande et italienne au XIXe siècle. En revanche, la fusion peut se produire entre des communautés voisines mais différentes, s'unissant contre un oppresseur. Tel fut le cas de la Yougoslavie, née de la lutte contre l'Empire ottoman, puis autrichien. Le premier nom du pays fut d'ailleurs le Royaume des Serbes, Croates et Slovènes, montrant ainsi que plusieurs ethnies pouvaient se doter d'un État commun, sans toujours éprouver un sentiment national. La disparition de la Yougoslavie témoigne cependant de la fragilité de ce type de fusion.

Le troisième type est représenté par les États nés d'une scission (**État-scission**) liée à la désagrégation d'un empire colonial ou à un mouvement séparatiste obtenant l'indépendance, comme ce fut le cas de l'Érythrée en 1993, du Timor-Est en 2002 et du Soudan du Sud en 2011.

La division en trois types d'États reste toutefois théorique puisqu'au fil de l'histoire un pays peut passer d'une catégorie à l'autre. Ainsi, l'Espagne, née à la fin du Moyen Âge de la fusion entre, notamment, la Castille et la Catalogne, s'est agrandie par conquêtes successives jusqu'à devenir un immense empire colonial qui s'est par la suite disloqué en un certain nombre d'États, la Grande-Colombie dont rêvait *El Libertador* Simón Bolívar éclatant en plusieurs États. Deux siècles plus tard, l'Espagne elle-même n'est pas à l'abri de **mouvements séparatistes**, notamment au Pays basque où une population à forte cohésion culturelle et linguistique réclame la reconnaissance de « droits historiques ».

Les implications géographiques de telles formations

La genèse des États a des conséquences sur l'organisation de l'espace et, en particulier, sur les caractéristiques de la **capitale**, la ville où siège le gouvernement et qui se trouve donc à la tête (*caput*, en latin) du pays. Par extension, on parle cependant de **capitale économique** pour une ville qui est un centre économique dominant, sans être la capitale politique comme dans le cas de New York.

Le premier type d'État (État-nation) suppose, au cours des siècles, un pouvoir fort, qui s'est souvent traduit par la **centralisation**, c'est-à-dire par la concentration en un point des pouvoirs et d'une grande partie des activités, donc par la présence d'une capitale importante. En revanche, les États-fusion peuvent présenter d'autres caractéristiques. Par souci d'équité entre les différents partenaires, mais aussi pour tenir compte des équilibres préexistants, la solution fédérale (**État fédéral**) ou confédérale peut être choisie. La **confédération** garantit plus d'autonomie aux États membres et, souvent, les décisions fondamentales doivent être prises à l'unanimité. La **fédération** suppose moins de souveraineté et que les États membres (**États fédérés**) mettent en commun au moins leur politique étrangère, leur monnaie, leur défense. Tel est le cas des États fédérés aux États-Unis ou des *Länder* (***Land*** au singulier) en Allemagne. La capitale de ces États-fusion peut être de trois types. Si un pays a imposé l'union à des États moins puissants, la capitale reste la même et le centralisme peut être très fort : Berlin, capitale de la Prusse, est devenue capitale du Reich après une unification largement décidée par l'État prussien. Dans les États fédéraux et confédéraux, la capitale est souvent une ville de taille moyenne : Berne pour la Suisse et Washington pour les États-Unis ne sont pas les plus grandes villes du pays.

L'État-scission pose des problèmes souvent diamétralement opposés. Sa capitale peut être trop importante par rapport à la taille du pays, le cas le plus remarquable étant celui de Vienne. La capitale de l'empire d'Autriche-Hongrie, démantelé en 1920, regroupait à l'époque près du tiers des habitants de l'Autriche. De plus, sa position, centrale dans l'empire, est désormais périphérique. Un cas particulier de scission est représenté par la décolonisation. Les États créés peuvent correspondre à une entité précoloniale, souvent au nom d'un *uti possidetis juris*, ou donner naissance à des États plus ou moins artificiels, ne coïncidant pas forcément à une ethnie bien définie, comme ce fut fréquemment le cas en Afrique. Se pose alors le délicat problème des frontières.

La scission d'un État peut également engendrer la création de **micro-États** qui se réduisent parfois à de simples villes comme Singapour, se séparant en 1965 de la Fédération de Malaisie. Certains ont obtenu leur indépendance lors de la décolonisation, comme Brunei, ex-colonie anglaise de Bornéo, indépendante en 1984. D'autres demeurent des reliques du passé, tel Saint-Marin qui n'adhéra pas, au XIXe siècle, à l'unité italienne. Encore relativement nombreux, ces micro-États ne représentent pourtant que 0,00002 % des terres émergées alors que les 10 plus grands pays au monde – parfois qualifiés par opposition de **macro-États** – en représentent 49,7 %. Ces micro-États possèdent par contre parfois de vastes territoires maritimes : les Tuvalu sont dotées d'une zone économique exclusive de plus de 900 000 km² pour une surface terrestre de seulement 26 km² !

Combien d'États dans le monde ?

En 2013, l'ONU dénombrait 227 **entités territoriales** encore nommées « pays et zones du monde », toutes recensées dans un but avant tout statistique. Mais le caractère très flou de ces deux termes témoigne de la difficulté à définir et dénombrer les États. L'ONU définit en effet comme « entité territoriale » les DROM et les PTOM français ou encore des territoires autonomes comme le Groenland ou Aruba, qui dépendent respectivement du Danemark et des Pays-Bas. Par ailleurs, certaines régions, indépendantes *de facto*, comme le Somaliland, ne sont reconnues par aucun État au monde.

L'assemblée générale des Nations unies comportait, à la même date, 193 membres, auxquels on doit ajouter plusieurs États non-membres, mais qui possédaient une mission permanente d'observation : le Saint-Siège (Vatican) et la Palestine encore considérée comme Autorité palestinienne par les États n'ayant pas reconnu sa déclaration d'indépendance en 2011. Par ailleurs, des États reconnus par la communauté internationale comme les îles Cook et Niue ne sont pas non plus membres de l'ONU en raison de leur forte dépendance envers la Nouvelle-Zélande. Enfin, Taiwan, en conflit avec la Chine populaire depuis 1949, n'était pas représenté. En outre, sans tenir compte des zones colonisées et revendiquant leur indépendance et donc leur statut d'État (Tibet...), d'autres entités territoriales non représentées à l'ONU peuvent pourtant être reconnues par un petit nombre d'États ou même par un seul, comme la République turque de Chypre du Nord, reconnue par la seule Turquie, ou l'Ossétie du Sud, reconnue par six États seulement.

Il est donc très difficile de dénombrer précisément les États du monde.

L'État intervient dans la vie politique, économique et sociale d'un pays à des degrés divers

Dès le XVIIe siècle, le philosophe Thomas Hobbes voyait en l'État un « **Léviathan** » (monstre phénicien et biblique) : le frontispice de son ouvrage représentait un géant couronné, dont le corps était fait de milliers d'individus agglomérés. L'État a en effet en charge une communauté nationale. Son action multiforme varie selon les régimes politiques en place. Les manifestations de l'État, concernant toute la société, ont toujours intéressé les géographes. Ces derniers se sont peu interrogés sur la nature de l'État, mais plutôt sur son poids et son influence sur le territoire.

Le poids de l'État s'évalue par l'importance de l'appareil et du secteur étatiques. Prédominant dans les États de type communiste, le rôle de l'État est également important dans les démocraties libérales. Il peut, comme dans l'**État keynésien** (du nom de John Maynard **Keynes**, économiste britannique, 1883-1946) réguler la vie économique par des mesures législatives, par une planification indicative, mais aussi par l'intervention directe d'un **État entrepreneur**. Dans le cas du **dirigisme**, l'État assure l'orientation, voire la direction, de l'économie. Il peut l'influencer par les nationalisations et étatisations. L'**étatisation** transfère à l'État une entreprise qu'il dirige directement. Ce système a souvent été qualifié de **socialisation des moyens de production** (*cf.* p. 487). En revanche, la **nationalisation** remet à la collectivité, à la nation, une entreprise que l'État ne dirige pas directement. Par ces moyens, l'État a une action spatiale et influence la géographie d'un pays, directement encore aujourd'hui à Cuba ou en Corée du Nord, mais plus souvent indirectement par l'aménagement du territoire ou par des mesures économiques touchant plus particulièrement telle ou telle région (*cf.* article *Aménagement du / des territoire(s)*).

L'État gère aussi la vie sociale et devient même, à certaines périodes, un **État-providence** : ainsi, à partir de 1945, au Royaume-Uni, l'État multiplie les **mesures sociales** (gratuité des soins, lois sur le logement, sur le système scolaire, création de villes nouvelles, loi d'assistance nationale). L'« **État du bien-être** », traduction littérale de ***welfare state***, influe donc sur l'organisation sociale et spatiale du pays, comme ce fut aussi le cas en France.

Il peut enfin influencer complètement la vie sociale voire religieuse (*cf.* article *Religion*) par exemple en imposant une religion selon le principe du « ***Cujus regio ejus religio*** » (tel prince, telle religion), vieille maxime du Saint-Empire romain germanique.

Des évolutions divergentes

Nation et nationalisme

L'exaltation du sentiment national, la volonté de reconnaissance nationale pour des groupes, parfois de taille réduite, ne sont pas nouveaux. Mais, le **nationalisme** connaît de nos jours une poussée fulgurante avec des conséquences géographiques fondamentales. La scission d'États parfois anciens est fréquente. En 2011, le Soudan s'est scindé en deux États (Soudan et Soudan du Sud) qui ont été reconnus par la communauté internationale. Mais ce n'est pas le cas général, comme en témoigne la Somalie, déchirée par la guerre civile depuis le début des années 1990 : le territoire somalien est divisé en 2013 en six États autoproclamés non reconnus par la communauté internationale.

Le **pavage** du monde (sa partition, ici en États) est donc en constante évolution. Le continent le plus touché depuis le début des années 1990 est l'Europe. Les bouleversements des années 1990 ont fortement modifié les données politiques et économiques du continent et sont un exemple pour tous les **irrédentismes**, c'est-à-dire les mouvements ayant une forte cohésion nationale et refusant toute domination par une autre nation. Le terme, né en Italie, est plus précis que ceux de **sécession** ou **séparatisme** (action par laquelle un groupe se sépare, pacifiquement ou non, d'un État pour en créer un autre ou adhérer à un autre), dans la mesure où un groupe organisé peut vouloir faire scission pour des raisons autres que nationales. Ces mouvements peuvent déboucher, dans le pire des cas, sur la guerre (Yougoslavie), sur la séparation à l'amiable (Tchécoslovaquie) ou sur l'octroi d'une certaine autonomie dans un cadre national rénové. La Belgique a ainsi adopté, en 1993, un régime fédéral donnant aux Flamands et aux Wallons des gouvernements régionaux, sans régler pour autant une situation conflictuelle. De même, plusieurs régions espagnoles manifestent leur particularisme et l'Écosse se prononcera par référendum en 2014 sur la question de son indépendance. On appelle **particularisme** la tendance d'une communauté culturelle, religieuse... à conserver ses usages particuliers, en s'opposant à la communauté plus large dont ils font partie. Un particularisme a souvent pour support principal des arguments historiques et culturels mais peut également reposer sur des considérations spatiales. Ainsi, les populations insulaires réclament parfois la reconnaissance de la spécificité de leur territoire, ce qui a permis par exemple à la plupart des grandes îles de la Méditerranée comme la Corse d'obtenir des États dont elles dépendent des statuts de relative autonomie. Le risque de ces particularismes est la montée de **sentiments territorialistes** qui tendent à exclure toute personne étrangère au territoire, voire à contester des frontières parfois anciennes.

Une tendance à la supranationalité en matière économique

Contrairement au domaine politique, la **supranationalité** s'amplifie dans les grandes organisations économiques. Il est d'ailleurs possible que cette montée ait renforcé par effet d'opposition celle des nationalismes et certains replis identitaires. Cet abandon, volontaire ou non, d'une parcelle du pouvoir national jusque-là détenu par l'État est lié à la mondialisation de l'économie, au poids de plus en plus fort des FMN, et a conduit des États importants à abandonner une partie de leurs prérogatives en matière de politique financière et économique. Ils continuent par ailleurs souvent à signer des accords interétatiques, par exemple de libre-échange, qui relèvent donc de l'international et non du supranational. En revanche, les domaines politique, militaire et même social restent globalement l'apanage des États. L'histoire de la construction de l'Union européenne est à cet égard révélatrice : cette union internationale, pourtant la plus poussée au monde, n'a pu aboutir encore à une véritable union politique.

La supranationalité a parfois des effets spatiaux, notamment au sein des zones d'intégration régionale, en favorisant par exemple des régions frontalières ou en réduisant les déséquilibres régionaux grâce à des aides spécifiques accordées aux régions les plus pauvres.

Lire aussi Aménagement du / des territoire(s) – Frontière – Géopolitique – Mondialisation, système-monde – Région – Systèmes politiques et économiques (géographie et) – Territoire, territorialisation

Exclusion, intégration

La géographie s'intéresse aux problèmes de société et notamment aux phénomènes d'exclusion et aux difficultés d'intégration ou d'insertion qui sont devenus des enjeux sociaux majeurs et de grands thèmes du discours politique. Les géographes étudient surtout les traductions spatiales de ces phénomènes et les formes de marginalisation socio-spatiale dont sont victimes les populations concernées.

Comment évaluer la pauvreté et la précarité ?

La **pauvreté** est présente dans les pays du Sud mais aussi du Nord. Dans les pays du Sud, elle constitue l'un des critères du sous-développement (*cf.* article *Développement, Sud*). Elle est parfois qualifiée de **pauvreté absolue** tant elle s'exprime par des manques fondamentaux (faim, malnutrition chronique, insuffisances en matière de santé ou de logement). On parle aussi d'**indigence** pour qualifier le grand dénuement, c'est-à-dire le manque du minimum vital. La pauvreté dans les pays du Nord constitue une autre réalité sociale. On la qualifie parfois de **pauvreté relative** puisqu'il existe dans ces pays des équipements collectifs, une protection sociale minimum ou parfois des systèmes d'aide financière pour les plus démunis.

La mesure de la pauvreté pose problème car il est difficile de comparer les situations d'un pays à l'autre. Elle s'évalue par rapport à des **seuils de pauvreté** ou **indices de pauvreté** calculés de différentes manières. Dans les pays du Sud, on la comptabilise souvent en calculant la part de la population qui vit avec l'équivalent de moins de 1,25 dollar par jour, plus rarement de deux dollars par jour. Certains États ont cependant leur propre mode d'évaluation, insistant plus particulièrement par exemple sur la satisfaction des besoins alimentaires de base (c'est le cas de l'Inde) ou sur la capacité à vivre longtemps et en bonne santé, ce dernier critère renvoyant plutôt à la notion de développement humain. Au Nord, certains pays, comme les États-Unis ou le Canada, ont une approche absolue du seuil de pauvreté alors que d'autres, comme les pays européens, mesurent la pauvreté de manière relative. On parle alors de **pauvreté monétaire** et elle est mesurée en comparant les bas revenus au **revenu médian** de la population (revenu tel que la moitié de la population est en dessous, la moitié au-dessus). On utilise en Europe deux seuils : le seuil à 50 % du revenu médian (qualifié classiquement de **seuil de pauvreté**) ou le seuil à 60 % du revenu médian (qualifié parfois de **seuil de risque de pauvreté**).

Face à ces difficultés de mesure, le PNUD (*cf.* article *Développement, Sud*) a adopté en 2010 un nouvel indice se substituant à l'**IPH (indicateur de pauvreté humaine**) qui ne permettait pas la comparaison entre Nord et Sud, puisqu'il se subdivisait en un IPH1 destiné aux pays du Sud et calculé différemment de l'IPH2 destiné aux pays du Nord. Le nouvel indice, l'**indice de pauvreté multidimensionnelle** (**IPM** ou MPI en anglais) permet des comparaisons entre les différents pays. Cet indice a pour but de mesurer les « déficits graves en matière de santé, d'éducation et de niveau de vie, en examinant à la fois le nombre de personnes touchées et le degré de leurs privations ». Il prend en compte de nombreux facteurs allant de la mortalité infantile à l'accès à l'eau potable ou à la possession de biens matériels de base. Selon le rapport 2013 du PNUD, le Niger est ainsi le pays au monde ayant le plus grand IPM, 92,4 % de la population vivant dans la pauvreté. Cet indice permet de relativiser l'opposition Nord-Sud puisque par exemple le Mexique ou l'Argentine ont des IPM moins élevés que la Hongrie.

Une autre manière d'apprécier la situation monétaire d'une population est d'évaluer la distribution des richesses et la manière dont elles sont plus ou moins égalitairement réparties. Cela se mesure par le **coefficient de Gini** (ou **indice de Gini**) qui propose des valeurs de 0 à 1, les pays les moins inégalitaires ayant des indices d'environ 0,2 alors que les plus inégalitaires, dont de nombreux pays d'Amérique latine, présentent des coefficients supérieurs à 0,6. La France, avec 0,32, se situe en position intermédiaire. La mise en évidence de la pauvreté dans les pays riches et la persistance de celle-ci malgré les politiques sociales ont alimenté le discours médiatique et donné lieu à une floraison de termes. On emploie par exemple le terme de **Quart-monde** pour désigner la fraction de la population d'un pays riche qui vit dans la pauvreté. L'expression, forgée dans les années 1960 par analogie à Tiers-monde, se retrouve aujourd'hui dans le nom de l'association humanitaire ATD Quart-monde (ATD signifiant « aide à toute détresse »), dont l'objectif est de réduire la pauvreté en donnant aux personnes des moyens de prendre en charge leur sortie de l'état de pauvreté. On qualifie également de **nouveaux pauvres** des populations démunies en situation particulière (jeunes n'ayant jamais travaillé par exemple) ou qui ont connu des ruptures qui les ont conduits à la pauvreté : rupture professionnelle (licenciement, faillite, emplois précaires à répétition...), rupture familiale (divorce), rupture psychologique (alcoolisme...).

La pauvreté est donc un état plus ou moins facilement mesurable mais elle est aussi le résultat d'un processus. Une phase de **précarité sociale** précède souvent la pauvreté. Elle se traduit par l'absence d'une ou plusieurs sécurités, notamment celle de l'emploi, qui provoque une vulnérabilité personnelle qui peut conduire à la pauvreté. Le chômage est en effet un important facteur de précarité, surtout quand il touche des personnes relativement âgées et peu qualifiées. L'exclusion professionnelle provoque donc la précarisation sociale. Les chances de **réinsertion**, de retrouver une place dans la société, s'amenuisent avec la longueur de la période de chômage. Quand la précarité devient persistante, touchant plusieurs domaines de l'existence, elle conduit à la pauvreté.

À la différence des sociologues, ce sont les traductions spatiales de la pauvreté qui intéressent les géographes. Dans les pays du Sud, la pauvreté prend des formes différentes : relativement diluée dans le monde rural, elle se traduit en ville par la croissance de quartiers sous-intégrés (*cf.* articles *Ville* et *Urbanisation*). Dans les pays du Nord, les territoires de la pauvreté sont surtout urbains. Ils ont été bien étudiés dès les années 1960 par les géographes anglais dans des villes anglo-saxonnes comme Leicester où se combinent parfois pauvreté et ségrégation ethnique. En France, c'est surtout à partir des années 1980 que les géographes se sont mis à étudier les manifestations spatiales de la pauvreté urbaine, dans les centres mais surtout dans les banlieues populaires des grandes villes et de plus en plus dans les zones périurbaines où de nombreuses personnes, chassées des villes-centres par la hausse des loyers (**relégation socio-spatiale**) sans moyens de transport deviennent des « captifs du périurbain ». Elles se retrouvent donc en position d'**insularité** sociale et spatiale. Le *spatial mismatch* en est la conséqsuence.

La pauvreté joue donc à toutes les échelles et se traduit par une **fragmentation socio-spatiale** générale : ce nouveau type d'organisation spatiale est issu d'une recomposition liée à la juxtaposition à toutes les échelles d'une fragmentation sociale, c'est-à-dire de la proximité de communautés, de groupes sociaux différents, n'entretenant pas de relations entre eux.

Exclusion et marginalisation sociales

La pauvreté et la précarité sont des facteurs qui peuvent conduire à l'**exclusion sociale**. Il s'agit d'un processus de marginalisation de certaines catégories situées en dehors des sphères sociales classiques et reconnues ou qui en sortent sans parvenir à y entrer de nouveau. L'exclusion s'oppose à l'**insertion sociale** dont bénéficient les populations qui ne souffrent d'aucun handicap économique ou social majeur. Le terme d'exclusion regroupe donc de manière très vague des personnes ayant des problèmes de pauvreté, mais aussi des cas très divers et peu quantifiables. Le sentiment d'exclusion repose donc non seulement sur des critères objectifs, mais aussi sur la représentation que chacun se fait de sa condition personnelle et du regard de la société. De nombreux travaux de géographes sont désormais consacrés à l'exclusion sociale : genre et exclusion, urbanisme et exclusion, mobilités et exclusion.

Les causes profondes de l'aggravation de l'exclusion dans les sociétés occidentales actuelles prêtent encore à débat. D'après le sociologue Edgar Morin, le passage d'une solidarité traditionnelle de personne à personne à une solidarité moderne, d'administration à catégories sociales, semble en être partiellement responsable. Le développement du mode de vie urbain et la déstructuration des familles élargies qui intégraient les collatéraux éloignés ont abouti à des formes de détresse sociale que ne peuvent compenser les mesures collectives.

De nos jours, l'exclusion sociale perdure de manière très virulente dans certains pays : c'est le cas des **intouchables** en Inde (ou ***dalits*** – opprimés, ou encore ***harijan*** – Enfants de Dieu), rejetés car « impurs » et donc très pauvres ou des ***burakumin*** qui sont au Japon les descendants de populations considérées comme impures car elles travaillaient dans des professions touchant à la mort et au sang (équarrisseurs, bouchers, tanneurs). La **marginalité sociale** (situation d'individus qui vivent en marge du fonctionnement dominant de la société) ne recoupe pas totalement l'idée d'exclusion. La marginalité peut d'abord résulter d'un choix (vie en communauté par exemple). Elle dépend également du type de société dans laquelle elle s'exprime : les **intouchables** en Inde sont des exclus d'une société excluante en raison du système de castes, pourtant théoriquement aboli depuis 1947, qui cloisonne la société et ne facilite pas les relations entre ses membres. Ils bénéficient cependant d'un sentiment d'union des exclus et ne sont donc pas des marginaux au sens strict. Par contre, les **SDF** (**sans domicile fixe**) ou **sans-abris** se retrouvent exclus de sociétés incluantes, parfois dites égalitaro-individualistes, et donc d'autant plus victimes de la marginalité. Les géographes se sont penchés récemment sur leurs mobilités.

Pauvreté et exclusion en France

En 2010, la France comptait entre 4,8 et 8,6 millions de pauvres (selon que l'on comptabilise un seuil de pauvreté à 50 % ou à 60 % du niveau de vie médian). Le nombre d'exclus est plus difficile à évaluer du fait qu'il s'agit d'un processus social donc peu mesurable quantitativement : on les estime entre 3 et 5 millions de personnes. Le phénomène est essentiellement urbain (trois quarts des exclus vivent dans des villes de plus de 20 000 habitants) et touche des personnes peu formées (les deux tiers n'ont aucun diplôme ou ont seulement le certificat d'étude). De nombreux exclus n'ont pas de logement stable ou sont SDF (entre 85 000 et 110 000 personnes étaient sans domicile fixe, dont deux tiers d'hommes), ou sont des chômeurs inscrits à Pôle emploi ou des chômeurs de longue durée ; près d'un tiers d'entre eux présentent un état de santé dégradé. Tous les exclus ne sont donc pas sans emploi et, avec le développement d'activités faiblement rémunérées ou à temps partiel, émerge depuis quelques années une nouvelle catégorie de **« travailleurs pauvres »**, actifs dont les revenus n'atteignent pas le seuil de pauvreté. En 2011, ils sont évalués entre 1 et 2 million d'individus.

La lutte contre l'exclusion est devenue l'un des grands thèmes du débat social et politique. Elle passe par le **RSA (Revenu de solidarité active**) qui a succédé depuis 2009 au **RMI (revenu minimum d'insertion**) créé en 1988. En 2012, il y avait 2,1 millions de bénéficiaires du RSA. L'État intervient aussi par la mise en place de mesures incitatives pour développer l'embauche des jeunes (exonération de charges sociales, emplois d'avenir, contrats de génération...), par l'octroi de subventions accordées à des **entreprises d'insertion** qui ont pour but de favoriser le retour à l'emploi. Il intervient enfin par des mesures visant à améliorer l'accès aux soins des plus démunis (**CMU** ou **Couverture maladie universelle** mise en place en 2000), à permettre un accès plus aisé aux logements sociaux ou à lutter contre l'échec scolaire comme cela a été tenté avec la création en 1981 des **ZEP, Zones d'éducation prioritaires**, qui bénéficient de crédits et d'aménagements particuliers.

Les ONG humanitaires jouent aussi un rôle important (Emmaüs, Restos du cœur, Banque alimentaire, Secours populaire...).

Comment favoriser l'intégration ?

Intégration, assimilation

Toute personne issue d'un pays étranger, c'est-à-dire **immigrée**, qu'elle soit étrangère ou naturalisée, se trouve soumise au problème de son adaptation au nouvel environnement social du pays d'accueil.

Cette adaptation peut se faire par l'**intégration**. Celle-ci représente la possibilité pour l'immigré d'être accueilli par la communauté nationale, d'avoir des relations avec les autres membres de celle-ci sans confiscation de son identité propre et de son **particularisme**, c'est-à-dire de ses habitudes et de ses coutumes. L'intégration suppose une volonté réciproque de se considérer comme membre d'un ensemble dont il faut respecter l'intégrité en utilisant les convergences culturelles, mais sans en nier les différences. La difficulté de percevoir et d'évaluer la nature et la qualité du rapport entre un immigré et un pays d'accueil rend toutefois délicate l'analyse du degré d'intégration d'une population.

Melting-pot ou *salad-bowl* ?

Un des mythes fondateurs de l'État américain était celui du ***melting-pot***, du **creuset**, dans lequel devaient se fondre les populations immigrées. Il s'agissait là d'une volonté d'acculturation, voire d'assimilation, par laquelle on supposait que l'enrichissement de la culture américaine résultait à la fois de cette diversité originelle et de la volonté des nouveaux arrivants de renoncer à leurs particularités culturelles. Cette idée du creuset est apparue, à partir des années 1960, comme largement utopique, les populations minoritaires souhaitant souvent conserver leurs particularités et bénéficiant d'une meilleure reconnaissance de leurs droits, par l'intermédiaire notamment de politiques d'***affirmative action*** (littéralement « action positive » ou discrimination positive), accordant aux minorités des avantages spécifiques, par exemple des emplois réservés. On utilise aujourd'hui une autre métaphore, le ***salad bowl*** (ou ***tossed salad***) pour qualifier la société américaine. C'est l'image d'un saladier dans lequel, si les ingrédients sont mélangés, ils restent cependant distincts et conservent leur aspect et leur saveur particuliers. L'Amérique d'aujourd'hui revendique son **pluralisme culturel**, son **multiculturalisme** et rejette le cliché du creuset. En Californie, la population de souche européenne ne représente plus que 58 % de la population totale et voit sa part se réduire face aux Latino-Américains sans cesse plus nombreux. Ces nouveaux Américains s'intègrent mais gardent souvent leur langue maternelle et leurs traditions. Aux États-Unis, la **cohésion sociale**, c'est-à-dire la capacité d'une société à diminuer les tensions internes et à favoriser les liens entre ses membres, n'empêche donc pas le **communautarisme**, caractérisé par la juxtaposition de communautés conservant leur identité et préservant leurs particularités culturelles. Cette dualité de la société américaine est source de débats internes.

L'**assimilation** compte un degré de plus dans l'adaptation et se définit comme l'adhésion à la communauté d'accueil à travers le partage des mêmes valeurs, des modes de vie et l'adoption de comportements proches de celles de ses autres membres. Ce terme s'utilise aujourd'hui de moins en moins en raison de sa connotation coloniale ou néocoloniale qui voit dans l'assimilation la volonté d'une négation de la culture originelle de la personne, d'une **acculturation**.

Les politiques d'intégration

La volonté de lutter contre la marginalisation, voire l'exclusion sociale dont sont parfois victimes les populations d'origine étrangère, a donné lieu à la création, dans de nombreux pays, de **politiques d'intégration**. Elles supposent la mise en place d'un arsenal législatif qui régit, par exemple, les possibilités d'accéder à la nationalité du pays d'accueil, de pratiquer des **mariages mixtes**, entre une personne de la nationalité du pays d'accueil et un étranger, ainsi que la participation à la vie politique locale et nationale. Elles présentent également des aspects socio-économiques qui entraînent des mesures particulières en matière de politique de la ville (lutte contre la ghettoïsation de certains quartiers), du logement, de l'éducation, de l'emploi ou de la santé. Elles sous-entendent enfin de préserver l'égalité des salaires et des prestations sociales et donc de lutter contre la volonté de « préférence nationale ». Elles vont parfois jusqu'à des mesures de **discrimination positive** visant, par la mise en place d'avantages spécifiques en faveur d'une communauté ou d'une minorité, à compenser en partie les discriminations dont elle a pu être la victime.

Ces politiques se heurtent à des problèmes statistiques de décompte de l'immigration, à la difficulté à évaluer le degré d'intégration d'un individu et à des problèmes de maîtrise de l'immigration clandestine. Elles diffèrent selon la tradition des pays concernés, certains comme l'Allemagne faisant de la maîtrise de la langue le principal outil d'intégration, d'autres comme le Royaume-Uni ou les États-Unis acceptant le multiculturalisme et certaines formes de communautarisme que d'autres, comme la France, rejettent. Se réclamant de l'héritage des Lumières et de la Révolution, la France voit en effet souvent dans le communautarisme un danger pour l'idéal républicain et demande donc aux immigrants de faire la preuve de leur volonté d'intégration en acceptant certaines formes d'assimilation. Elles aboutissent parfois à des réformes importantes allant souvent, depuis les lois Méhaignerie (dites lois Pasqua) de 1993, dans le sens d'un durcissement des règles d'acquisition de la nationalité ou de la qualité de résident. Elles alimentent le débat politique, voire déchaînent fréquemment des campagnes d'opposition.

La France face à l'intégration

La France est une terre d'accueil qui s'est trouvée confrontée à la difficulté d'intégrer les immigrants, les gens du voyage et certains Français des DROM ou d'origine étrangère. L'intégration de ces populations dépend de nombreux facteurs dont l'ancienneté et le contexte de l'arrivée en France, l'environnement socio-économique ou la volonté d'adapter leur mode de vie.
Les migrants européens du début du siècle (Italiens, Belges, Polonais...), d'abord largement rejetés, se sont pour la plupart assimilés à la culture et au mode de vie français. Par contre, l'adaptation a été plus difficile pour les populations immigrées pendant les Trente Glorieuses, surtout pour celles issues d'autres aires religieuses. Elle s'est déroulée sans trop de problèmes pour les travailleurs d'Europe méditerranéenne et pour les **rapatriés** ou **pieds-noirs** contraints de rentrer en France après l'indépendance des pays du Maghreb. Elle a été plus difficile pour les **harkis** (musulmans d'Algérie engagés du côté de l'armée française dans la lutte contre le FLN et ayant opté pour la nationalité française) et partielle pour les immigrés d'origine maghrébine. Parmi eux, les immigrés de la première génération se sont généralement bien intégrés même s'ils ont souvent refusé l'assimilation.
Les **immigrés de la seconde génération** (c'est-à-dire issus de parents étrangers et immigrés) ou **« beurs »** (déformation de la transformation en verlan du mot « arabe ») s'intègrent par le biais d'une certaine **acculturation** (modification d'une culture au contact d'une autre). Certains jeunes se définissent ainsi davantage par leur appartenance à la « banlieue » que par rapport à l'identité de leurs parents. On parle là d'**acculturation formelle** ou de **syncrétisme**. Enfin, des personnes qui rejetteraient la culture française au nom de celle de leur pays d'origine pratiqueraient une **contre-acculturation**.

Lire aussi **Développement, Sud – Société, géographie sociale – Urbanisation – Ville**

Frontière

La frontière est, au sens premier, la limite séparant deux États ou, par extension, deux zones. Elle est une rupture franche entre des modes d'organisation de l'espace, entre des réseaux de communication, entre des sociétés souvent différentes et parfois antagonistes. Elle a donc une forte implication géographique et est fréquemment matérialisée dans l'espace.

Les différents types de frontières et leurs fondements

La frontière, objet géographique et géopolitique majeur

Une **frontière** est avant tout, conformément à l'étymologie, une limite entre deux États, le **front** étant dans le langage militaire la zone de contact avec l'ennemi. L'étude des relations entre deux États est donc au cœur de l'étude des frontières. Le terme désignant aussi les limites du territoire national, ce qui le borde (l'anglais parle de *border* – bordure - mais aussi de *boundary*), son étude est indissociable du nationalisme et de l'idée que les habitants se font de leur propre État. Face à ces deux acceptions intrinsèquement liées, le géographe et géopoliticien Michel **Foucher** (né en 1946) a proposé le terme de **dyade** pour caractériser en géopolitique les « tronçons de frontière communs à deux États », le terme ayant selon lui l'avantage d'insister sur le couple que forment ces deux États. La frontière classique correspond aux limites territoriales de l'État mais, avec la mondialisation, des **frontières réticulaires** (ou **frontières-points** ou encore **frontières nodales**), situées sur les nœuds des réseaux de transports (gares, aéroports, ports) gagnent en importance, notamment en matière de contrôle migratoire.

L'étude des frontières par les géographes est ancienne : dès 1938, Jacques **Ancel** (1882-1943), souvent considéré comme un des fondateurs de la géopolitique en France, publiait une *Géographie des frontières*. Il fallut pourtant attendre les années 1970 et le renouveau de la géopolitique (*cf.* article *Géopolitique*) pour que les géographes s'intéressent à ce thème. Les frontières sont en effet des **discontinuités** majeures, une rupture dans l'organisation de l'espace : elles intéressent donc aussi bien la géopolitique que l'analyse spatiale ou qu'une géographie culturelle ou économique.

Si le tracé des frontières maritimes est rarement matérialisé, tout en étant défini depuis la conférence de Montego Bay de 1982 (*cf.* article *Océan, mer*), celui des frontières terrestres l'est souvent par des postes frontières et des douanes. Ce tracé peut être reconnu par la communauté internationale ou résulter d'un **état de fait territorial** : tel pays victorieux dans un conflit peut imposer des frontières englobant un « territoire occupé », comme Israël depuis la guerre des Six Jours. Plus complexe encore, une frontière peut être reconnue par une partie seulement de la communauté internationale : tel fut le cas de la frontière entre la RDA et la Pologne, avec la ligne Oder-Neisse, longtemps non reconnue par la RFA. La distinction entre ces types de frontières a des implications géographiques fortes. Une frontière unanimement reconnue engendre un type d'occupation humaine différent, généralement plus paisible qu'une frontière contestée, et permet souvent des relations entre **pays limitrophes**, c'est-à-dire ayant une frontière commune.

Mais le terme de frontière peut aussi s'étendre à des divisions intra-étatiques, à des découpages administratifs. En Afrique du Sud, la politique de l'apartheid avait généré des frontières intérieures par la création de **bantoustans** (dissous en 1994), c'est-à-dire de territoires voués au regroupement de populations noires. La limite était alors une frontière ethnique, sociale et économique ; elle séparait les ethnies, créant une **ségrégation** (du latin *segregare*, mettre à part) à l'intérieur du même pays. Un découpage administratif n'est donc une frontière que s'il y a une rupture entre deux espaces. En France, la limite entre deux départements n'est pas une frontière, car elle ne présente pas de césure dans l'occupation de l'espace, sauf parfois dans le **territoire mental** de ses habitants qui, poussés par un fort sentiment régionaliste, assimilent leur limite départementale à une frontière. Il faut dans ce cas parler de **frontières invisibles**.

La frontière, une discontinuité plus ou moins nette

Concept politique par excellence, la notion de frontière est inséparable de celle d'État. Tout gouvernement applique une politique plus ou moins stricte de contrôle de ses frontières et peut même limiter voire empêcher tout franchissement. Dans le cas d'une **frontière fermée**, comme celle entre les deux Corée, la zone frontalière est sous haute surveillance et occupée par de nombreux postes de contrôle reliés entre eux par des routes parallèles à la frontière. Cette zone était nommée ***limes*** dans l'Empire romain, terme désignant le chemin et par extension l'ensemble de la frontière. Les nationaux sont généralement exclus de cette bande qui constitue alors un véritable ***no man's land***.

La création de nouveaux États, comme le Soudan du Sud en 2011, commence souvent par l'établissement de douanes, ce qui témoigne d'un réflexe territorialiste, la frontière ayant le rôle symbolique de protéger une identité ressentie comme menacée. Un révélateur de cette conception est la prolifération des **murs-frontières** ou **barrières de protection**, ces frontières fermées par des murs et dont la Grande muraille de Chine ou plus récemment le Mur de Berlin furent des exemples. De nos jours, de nombreux pays bâtissent de tels ouvrages : l'Arabie saoudite avec le Yémen, l'Inde avec le Bangladesh, Israël dans les territoires occupés de Cisjordanie, les États-Unis avec le Mexique... Mise en scène politique d'une souveraineté menacée par l'immigration, par des trafics voire par des terroristes – c'est selon –, ils ont une portée symbolique pour les populations des pays qui les construisent mais dans les faits n'atteignent que rarement les buts fixés. Pour caractériser ce processus de fermeture des territoires par le biais de barrières matérialisées, Stéphane Rosière et Florine Ballif ont proposé les termes de **teichopolitique** (du grec *teichos*, mur de la cité) et de **teichométrie**, pour la mesure de ce phénomène : non seulement la mesure linéaire des installations, mais surtout la mesure de leur efficacité. On assiste aussi au développement des ***smart borders*** (frontières « intelligentes »), comme par exemple la frontière entre États-Unis et Canada. Il s'agit de frontières utilisant des moyens sophistiqués (tels la biométrie) pour que la volonté de sécurité et le filtrage des populations ne soient pas une gêne à la fluidité des échanges. Enfin, dans le cadre des accords de Schengen qui repoussent aux limites de l'espace Schengen le contrôle aux frontières, l'Agence européenne pour le contrôle des frontières extérieures (**Frontex**), créée en 2005, dont le siège est à Varsovie, coordonne l'action des différents États signataires en déléguant en partie à des sociétés privées ses missions de surveillance. Ces frontières externes des zones d'intégration régionale sont parfois qualifiées de **suprafrontières** (ou **anadyades**). Elles se renforcent à mesure que les frontières nationales (ou **mesodyades**) s'estompent.

La frontière constitue également dans bien des cas une frontière économique. Un pays peut, à l'abri de ses frontières, pratiquer le contrôle des changes ou le protectionnisme en imposant des droits de douane, des normes ou des quotas d'importation. Un pays peut aussi exercer un **blocus** vis-à-vis d'un autre. Cette mesure coercitive visant à interdire toute communication depuis et vers un territoire est considérée depuis la résolution 3 314 de l'ONU en 1974 comme un acte d'agression, ce qui n'a pas empêché de nombreux pays de la pratiquer.

Séparant des communautés nationales, la frontière est souvent également une frontière linguistique, culturelle, voire religieuse. Elle est donc une **frontière identitaire**. Pour ces critères, la situation est très variable. La coupure linguistique peut être brutale. Le terme d'**isoglosse** désigne cette ligne de séparation, observable sur le terrain, entre deux aires linguistiques. Toutefois la situation est souvent plus complexe et le passage d'une langue à l'autre concerne un **espace frontalier** parfois très étendu. De part et d'autre de la frontière administrative, du fait des échanges, des mariages et des rectifications historiques de frontière, on comprend souvent les deux langues et la culture de la région concernée peut être un véritable **syncrétisme** de celles des deux États, une fusion de deux cultures. La frontière n'est donc pas forcément une rupture franche, mais une zone marquée par des gradients plus ou moins accentués du phénomène.

La genèse des frontières internationales

Le terme général de **limologie** (du latin, *limes*) désigne de manière assez vague la discipline qui étudie les frontières. Michel Foucher a proposé récemment le terme d'**horogenèse** pour qualifier le processus de production de frontières, qui est d'une grande diversité. Deux types de frontières se distinguent en fonction de leur formation. La **frontière historique**, façonnée par un ou plusieurs conflits, reste prédominante en Europe. Beaucoup ont été fixées après un conflit lors de grandes conférences dirigées par le camp vainqueur comme en 1815, 1918 et 1945. Elles présentent très souvent un tracé sinueux, qui peut même comporter des **enclaves**, des parties de territoires totalement incluses dans un autre pays, comme l'enclave espagnole de Llivia pour la France. Le terme d'**exclave**, parfois employé, témoigne du même phénomène vu par le pays qui possède ce territoire (Llivia est une exclave espagnole). La plupart du temps des accords existent entre les deux pays concernés pour l'établissement d'un **corridor**, c'est-à-dire d'une zone de passage permettant les échanges. Mais la difficulté des liaisons entre la Cisjordanie et la Bande de Gaza montre que ce n'est pas un cas général.

Les frontières issues du partage colonial sont d'un type tout à fait différent. Au tracé souvent rectiligne, comme pour une bonne partie des États africains, délimitant de véritables **États-tranches** comme le Mali ou la Mauritanie, les frontières ignorent parfois superbement les discontinuités linguistiques, culturelles et religieuses préexistantes, à moins qu'elles ne les recoupent volontairement dans un but politique. Dans le détail, ces tracés rectilignes sont marqués par la présence de formes particulières, les **queues de poêle** (ou ***panhandle***), avancées territoriales à destination d'un fleuve. Ces queues de poêle correspondent donc à un effet de ***scramble***, de ruée vers un objectif, à moins qu'elles n'aient été prévues pour séparer géopolitiquement deux types de régions : en

Un exemple de queue de poêle : le couloir de Caprivi

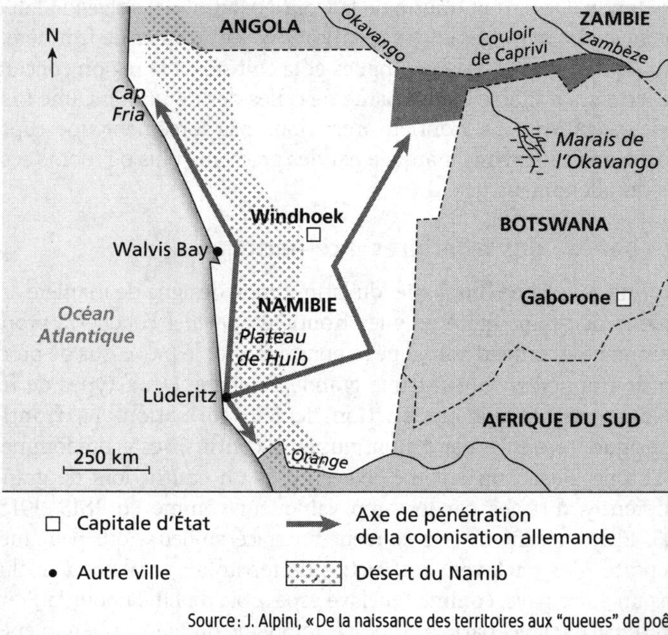

Source : J. Alpini, « De la naissance des territoires aux "queues" de poêle et autres écarts de forme », M@ppemonde n° 71, 2003.

Afghanistan, le corridor de Wakhan fut réalisé pour séparer le monde russe de l'empire colonial anglais. Ces frontières ont été rarement touchées après la décolonisation en vertu d'un ***uti possidetis juris*** (état de fait).

Une autre typologie recoupe pour partie la précédente. On parle parfois, dans un langage emprunté à la géomorphologie (*cf.* article *Cours d'eau, hydrologie*) de **frontières surimposées** (ou **frontières exogènes**) pour caractériser ces frontières tracées arbitrairement et qui scindent un peuplement relativement homogène. Mais ce terme est beaucoup plus large que le simple contexte colonial et peut s'appliquer à la création d'autres frontières comme celles de l'Allemagne en 1945. Au contraire des frontières surimposées, les **frontières subséquentes** caractérisent les frontières établies après ou pendant l'installation d'un peuplement définitif.

Parallèlement à ces deux types de frontières, hommes politiques, géographes et même historiens ont souvent différencié frontière « naturelle » et frontière « artificielle ». La **frontière naturelle**, concept aujourd'hui unanimement dénoncé, serait une limite bien nette du relief – montagne, fleuve ou côte –, qui délimiterait « naturellement » le territoire d'une communauté nationale. Cette notion est largement utilisée pendant la Révolution française par Danton et par l'abbé Grégoire, pour qui la volonté révolutionnaire de certains Savoyards n'était pas le seul argument pour justifier le rattachement de la Savoie à la France et qui déclarait : « Vainement a-t-on voulu au Piémont lier la Savoie. Sans cesse les Alpes repoussent celle-ci dans les domaines de la France et l'ordre de la Nature serait contrarié si leur gouvernement n'était pas identique ». D'un État à l'autre, le choix de la frontière naturelle n'était pas le même et si les Français la voyaient au Rhin comme du temps de la France des 130 départements de Napoléon, les Allemands la préféraient sur la ligne de crête des Vosges ! Un tel concept suppose un déterminisme naturel, la nature prévoyant l'emplacement des futures nations. Il eut un grand succès au début du siècle, notamment en Allemagne, où ces idées confortèrent les théories de l'**espace vital**, le ***Lebensraum***, espace minimal nécessaire au peuple allemand pour vivre. Repris par les nazis, ce concept fut appliqué à partir de 1940 dans le cadre de l'ordre nouveau et les frontières du Grand Reich se voulaient aussi des frontières naturelles abritant le peuple aryen.

L'occupation de l'espace frontalier

Des espaces souvent marginaux

D'une façon générale, toute frontière induit un paysage et une pratique de l'espace particuliers. Souvent, la zone frontière est un espace à l'écart du développement du pays comme en témoigne la situation géographique des capitales, rarement à proximité des frontières. Le développement historique de l'État s'est souvent fait à partir de ce siège du pouvoir. Les exceptions existent toutefois, notamment dans les pays autrefois colonisés. Kinshasa et Brazzaville, par exemple, sont situées face à face sur le Congo, fleuve qui constitue leur frontière commune issue du partage colonial.

Plusieurs termes existent pour qualifier ces marges frontalières, mais ils ne recoupent pas forcément la même réalité. Celui de **confins** (une zone située à l'extrême limite du territoire et considérée comme « loin de tout ») désigne une marge sans préjuger de son activité. En revanche, les termes de **marche** (terme vieilli) ou de **glacis** (terme à connotation géopolitique) induisent un rôle militaire : celui d'espaces lointains, mais aussi d'espaces-tampons qui permettent, comme dans les glacis des forteresses, de voir venir l'agresseur. Ce sont donc des espaces à militariser s'ils sont nôtres (la ligne Maginot joua ce rôle) ou que l'on cherche à démilitariser, s'ils sont de l'autre côté de la frontière (la Rhénanie de 1920 à 1933).

À l'extrême, un pays tout entier peut jouer ce rôle de glacis. Ce peut être d'un simple point de vue territorial comme ce fut le cas dans l'entre-deux-guerres du « cordon sanitaire » dessiné par le traité de Versailles et la création de nouveaux États (Pologne, Tchécoslovaquie...) qui étaient censés protéger l'Europe de l'Ouest de la menace bolchévique. Ce peut être aussi d'un point de vue politique comme pour la Finlande qui fut le seul pays frontalier de l'URSS, dans le cadre de la Guerre froide, à ne pas devenir une démocratie populaire, en échange d'une neutralité et d'une soumission vis-à-vis de l'URSS. Depuis lors, le terme de **finlandisation** signifie l'influence que peut avoir un pays puissant sur la politique extérieure d'un plus petit pays voisin.

Les frontières : des interfaces

Une frontière ouverte joue souvent le rôle d'**interface**, c'est-à-dire de zone de contact entre des espaces de nature différente (*cf.* article *Espace, diffusion spatiale*), et donne naissance à des phénomènes **transfrontaliers**. Cet adjectif caractérise un phénomène qui concerne les deux côtés d'une frontière mais son sens varie selon le substantif qu'il qualifie. Il peut avoir un sens faible pour désigner la traversée d'une frontière, le développement de relations transfrontalières de part d'autre de cette limite politique. Il suppose donc l'existence d'une limite mais aussi une relative perméabilité de celle-ci. Il introduit une notion de proximité et concerne les relations entre deux espaces contigus tandis que le terme de **transnational** est réservé aux relations entre deux États. Mais le terme de transfrontalier peut aussi avoir un sens plus fort et caractériser le développement d'un phénomène qui transcende la discontinuité politique et donne naissance à une entité nouvelle qui pourra être un **territoire transfrontalier** si un projet politique local ou régional impulse les dynamiques transfrontalières (le terme de territoire étant ici à comprendre comme un espace de projet).

Ainsi, les migrations journalières de populations frontalières sont fréquentes, les **frontaliers** (ou **travailleurs transfrontaliers**) logeant généralement dans le pays au plus faible niveau de vie et travaillant dans l'autre. Le sens et l'intensité des flux varient en fonction du contexte économique et du **différentiel frontalier**, de l'écart qui existe entre les emplois proposés, les niveaux de salaire... Une frontière ouverte crée des flux nombreux et oblige donc les gouvernements respectifs à prendre des mesures de coordination, notamment dans le domaine des transports. Cette coordination ou **coopération transfrontalière** peut prendre plusieurs formes. Ce peut être une réalisation de prestige, comme le tunnel sous la Manche. C'est aussi, dans le cadre de l'Union européenne, le futur réseau intégré de transports rapides, reliant les grandes métropoles, de Lyon à Amsterdam. Ce sont enfin les associations et **régions transfrontalières**. Le terme peut désigner de manière un peu vague tout espace à cheval sur une frontière et marqué par des liens économiques, politiques et / ou culturels. Ainsi en est-il de la Mexamérique, où l'installation de *maquiladoras*, côté mexicain, a contribué au développement d'intenses flux transfrontaliers de toute nature et à la croissance de villes « jumelles » ou ***twin cities*** ou encore **doublets** (San Diego et Tijuana par exemple). Le terme d'**Eurorégion** est quant à lui beaucoup plus précis : il désigne une structure administrative au statut variable mais reconnue par l'UE dans le cadre de l'**ARFE** (Association des régions frontalières européennes). Ainsi, la **Grande Région** (englobant l'eurorégion Saar-Lor-Lux), qui rassemble des régions françaises, belges, allemandes et un État, le Luxembourg, a établi un pôle international d'activités dans cette région et encourage notamment les coopérations universitaires et industrielles. Elle est intégrée depuis 2010 dans un **Groupement européen de coopération territoriale** (**GECT**), structure de gouvernance née en 2006 et dont le principal intérêt est qu'elle autorise la participation des États, aux côtés des acteurs régionaux ou locaux, à la coopération transfrontalière.

Enfin, il faut insister sur un dernier type d'occupation de l'espace engendré par le fait frontalier. Il s'agit de la constitution de **camps de réfugiés**, vastes regroupements de personnes fuyant les persécutions. *A priori* temporaires, ils sont parfois installés depuis des années. Ils contribuent alors à modifier sensiblement les caractères de la zone d'accueil, économiquement, socialement, mais aussi parfois politiquement. L'installation de camps palestiniens en 1967 au Sud Liban, celle de 200 000 réfugiés du Darfour au Tchad en 2003 et celles des réfugiés du Rwanda, de l'Angola et du Burundi en République démocratique du Congo furent de puissants facteurs de déséquilibre de ces régions.

Frontières et peuplement

Une frontière peut entraîner des modes de peuplement très différents lorsqu'elle est, par exemple, contestée pour des raisons historiques. Dans ce cas, elle engendre un peuplement actif de la part des deux États qui veulent stabiliser cette frontière à leur profit, tandis que les relations transfrontalières sont réduites par les éventuelles tensions. Si la frontière se trouve dans une zone relativement peu peuplée, les opérations de **bornage** de la frontière (ou **abornement**), souvent réalisées par des militaires, sont importantes et les bornes sont alors un marqueur spatial de la présence de l'État en ces lieux.

Ce type de frontière s'accompagne souvent d'un **front pionnier**, c'est-à-dire d'une frontière intérieure que l'on repousse jusqu'aux limites externes du pays, voire au-delà. Au Brésil, la conquête de l'Amazonie correspond certes à un besoin en terres, mais aussi à une volonté de renforcer les frontières de l'ouest, contestées par plusieurs États. Le peuplement de ces régions peut être le fruit de la volonté d'individus, comme dans le cas du *Far West* américain au XIXe siècle. Il peut aussi être fortement encouragé par l'État, comme dans le cas de la « **Marche verte** » marocaine pour peupler et donc occuper *de facto* le Sahara espagnol. Il peut enfin se dérouler de façon très autoritaire : le Tibet, front pionnier chinois, est l'objet d'une sinisation ou plutôt d'une **hanisation** (peuplement et contrôle économique par des populations chinoises d'ethnie Han) importante, pour contrôler une population aux velléités d'indépendance, mais aussi une frontière qui fit l'objet de tensions avec l'Inde. Ce peuplement des marges frontalières est inséparable de l'idée de nationalisme et ses moyens sont souvent la colonisation agricole ou militaire.

La terminologie géographique possède plusieurs expressions pour caractériser les fronts pionniers. Certains auteurs et gouvernements des PED préfèrent, à la place du terme de colonisation, celui de **transmigration**, qui ne fait pas référence à un passé colonial. Le terme fut au départ employé à propos de l'Indonésie et des déplacements de Java vers Bornéo (*cf.* article *Mobilités, migrations*) ; il désigne des déplacements sur de longues distances à travers un même pays. Le terme même de front pionnier devient parfois plus un concept qu'une réalité : le « front » de colonisation des marges est souvent très lâche, très étendu, et parfois encore loin des frontières. Il est alors préférable de parler de **frange pionnière**. Parfois, ce front peut se réduire à un **peuplement linéaire de pénétration** comme le Transsibérien qui engendre un peuplement très étroit sur plusieurs milliers de kilomètres de long.

Enfin, l'ouverture d'un front pionnier peut déboucher sur un processus de **territorialisation** (appropriation d'un espace par un groupe d'hommes qui en fait son territoire) et provoquer une modification des logiques territoriales nationales. C'est le cas dans la partie orientale du Paraguay, à la frontière avec le Brésil où, depuis les années 1960-1970, s'effectue une intense colonisation de la part d'abord de cultivateurs de soja brésiliens, puis de Paraguayens qui quittent le centre du pays pour se rendre vers l'est. Il en résulte la naissance d'un nouveau territoire qualifié par Sylvain Souchaud, reprenant un terme brésilien « d' **espace brésiguayen** », au peuplement mixte, à l'agriculture productive et dans lequel la concurrence pour l'espace est rude. Il se produit également une modification de l'organisation de l'espace paraguayen : un nouvel axe dynamique reliant Asunción à la ville frontalière de Ciudad del Este a supplanté la traditionnelle ligne de force du pays, qui s'étirait de la capitale à la ville d'Encarnación, au sud-est du pays.

Les frontières évoluent

Frontières qui s'ouvrent, frontières qui se ferment

Une frontière considérée comme fermée peut, à la faveur d'un bouleversement politique, s'ouvrir plus ou moins brutalement. Les modifications qui en résultent sont souvent importantes. Ce peut être un mouvement migratoire immédiat de populations fuyant un pays. Cela s'est produit avec la fin du rideau de fer en Europe, aussi bien pour les frontières terrestres que maritimes, comme dans le cas des Albanais migrant vers l'Italie au milieu des années 1990. Inversement, à moyen terme, des réfugiés retournent « au pays » et les touristes se pressent pour y découvrir des « beautés cachées » : en Asie, l'ouverture du Cambodge depuis la fin des années 1990 a alimenté de nombreux circuits touristiques à destination des temples d'Angkor, empruntés notamment par d'anciens *boat people*, désireux de revoir leur pays. Le manque d'infrastructures pose alors des problèmes, notamment aux frontières : les postes de douane habitués à de rares passages parviennent difficilement à gérer les trafics nés de la situation nouvelle et doivent être renforcés. Il peut également s'avérer nécessaire de créer, des deux côtés de la frontière, un réseau de transports, tandis que l'ensemble de la zone frontalière voit son économie se modifier, généralement dans le sens d'une amélioration.

Mais une frontière peut aussi se fermer, le plus souvent en cas de guerre. Les effets sont désastreux pour les régions frontalières qui cessent brutalement d'être un lieu d'activités pour redevenir une simple périphérie nationale. Les conséquences ne touchent pas uniquement les transports et tous les secteurs économiques de la région pâtissent de la situation. La fermeture peut également résulter, comme entre l'Inde et le Bangladesh où un mur de barbelés est en cours d'édification, d'une volonté de contrôler des flux migratoires jugés excessifs, des trafics de produits illicites (drogue, armes...) ou des incursions terroristes.

● Frontières qui naissent, frontières qui disparaissent

Phénomène lié à l'émergence d'un nationalisme, des frontières peuvent naître après un conflit, dans le cadre d'une grande conférence ou, plus rarement, dans la paix. Tel est pourtant le cas de la « séparation de velours ». Cette **partition** (division d'un territoire en plusieurs États) consacra la fin de la Tchécoslovaquie en 1993 et vit, après discussion entre les deux parties, la création d'une frontière entre la République tchèque et la Slovaquie. Passant parfois au milieu de deux villages ou séparant une grande entreprise de son bassin de main-d'œuvre, ce nouveau fait frontalier bouleverse l'économie des régions concernées. Une guerre civile peut également aboutir à la naissance d'une frontière, alors placée sous haute surveillance. C'est le cas, entre autres, de celle qui sépare l'Érythrée de l'Éthiopie. C'est aussi par la guerre que la Yougoslavie s'est disloquée à partir de 1991, de même que le Soudan en 2011. Enfin, de grandes conférences remodèlent les frontières, notamment à l'issue de conflits, parfois avec le souci de respecter les souhaits des peuples concernés. Le démantèlement de l'Autriche-Hongrie en 1918 en est un exemple. Mais les conférences internationales peuvent aussi donner naissance à des frontières immédiatement contestées – c'est le cas du plan de partage de la Palestine par l'ONU en 1947 – et donc à des espaces frontaliers fermés, ou sous très forte occupation militaire. L'actuelle frontière entre Israël et la Palestine est sans aucun doute le cas le plus complexe. Le territoire de l'État palestinien, proclamé en 2011, reconnu comme État observateur à l'ONU par 138 pays (mais pas par les États-Unis) et qui succède à l'Autorité palestinienne, est en « peau de léopard » c'est-à-dire qu'il forme un ensemble particulièrement discontinu. Le mur-barrière, construit unilatéralement par Israël, est là pour témoigner du tracé effectif d'une frontière voulue par un seul des deux protagonistes. Il s'agit d'une frontière ouverte mais en sens unique : Israël peut pénétrer dans des zones officiellement sous contrôle palestinien, mais filtre les entrées de Palestiniens. Il reste donc de nombreux **litiges frontaliers**, en mer ou sur terre, dont certains se règlent après consultation de la Cour internationale de justice, du Tribunal international pour le droit de la mer ou d'un tribunal arbitral, choisi par les deux partis.

Un mouvement inverse voit la disparition de certaines frontières soit par la fusion de deux États après une guerre (Vietnam, par exemple), soit par une simple atténuation du fait frontalier dans le cadre de grandes organisations régionales comme l'Union européenne (UE) ou l'Association de libre-échange nord-américaine (ALENA). Les limites entre pays existent toujours mais, comme dans le cas de l'UE, elles ne sont plus des frontières économiques et permettent l'apparition de grands projets frontaliers ou transfrontaliers. Les régions concernées cessent d'être des marges pour devenir des périphéries actives, voire de nouveaux centres : avec le tunnel sous la Manche, la région lilloise se retrouve au cœur d'un espace économique en voie d'unification, allant d'Amsterdam à Londres et Paris. Certes, la frontière est encore une frontière culturelle et parfois linguistique mais, à long terme, les disparités transfrontalières doivent s'amenuiser. La perméabilité croissante des frontières résulte en effet de la mondialisation de l'économie : perméabilité financière, économique, des communications… Elle est enfin liée à la facilité accrue des déplacements des hommes, par exemple en Europe dans le cadre des accords de Schengen.

Lire aussi **État, nation, pays – Géopolitique – Océan, mer – Systèmes politiques et économiques (géographie et)**

Géographie (histoire de la)

Pour le Larousse, la **géographie** est « la science qui a pour objet la description et l'explication de l'aspect actuel, naturel et humain, de la surface de la Terre ». Cette définition, qui correspond à la géographie classique, souligne que la discipline tire son originalité et sa spécificité de la prise en compte des phénomènes dans leur dimension spatiale et qu'elle est aussi bien une science naturelle qu'une science humaine. Elle fait par contre apparaître cette science auprès de ses détracteurs comme un fourre-tout, un simple bagage culturel un peu encyclopédique ou une synthèse forcément superficielle de disciplines aussi diverses que la géologie et la sociologie. L'histoire de la discipline est révélatrice de ses interrogations qui expliquent qu'elle ait entrepris un véritable changement de paradigme depuis une trentaine d'années.

De la description du monde à sa compréhension

La conception et les buts mêmes de la géographie ont sensiblement varié au fil du temps. Le XXe siècle, et surtout les quarante dernières années, ont apporté bon nombre de modifications au point qu'on a pu parler de changement de paradigme, un **paradigme** étant, selon le sociologue Pierre Bourdieu, « l'état de l'accomplissement scientifique accepté par une fraction importante des chercheurs et s'imposant aux autres ». Ce changement de paradigme s'est traduit pour la géographie française par le passage de la géographie classique à de nouvelles géographies.

2 000 ans de géographie : la description et la mesure du monde

Dès l'origine, la géographie se veut une description du monde. **Hérodote** (v. 484-v. 425), le « père de l'Histoire », est aussi le premier géographe : il décrit en effet peuples et contrées, au ve siècle avant J.-C., pendant les guerres médiques. Ératosthène, Hipparque, Démétrios de Callatis, plus tard Strabon, décrivent aussi des pays, qu'ils ne connaissent d'ailleurs pas forcément eux-mêmes. Les voyages d'Alexandre le Grand sont pour Strabon une source d'inspiration essentielle, la description de l'Inde occupant une part importante de sa *Géographie*. On retrouve ainsi, dès l'origine, la distinction chère au *Petit Prince* de Saint-Exupéry (1942) entre l'explorateur, homme de terrain, et le géographe, homme de science. La description du monde à but géopolitique, faite par le géographe **Strabon** (v. 58 avant J.-C. – v. 24 après J.-C.) dans l'Antiquité, a encore des accents de modernité.

Les buts et les méthodes de la géographie selon la *Géographie* de Strabon

La géographie est d'abord une description du monde : « l'on y apprend les données physiques du pays, les divers types d'animaux et de végétaux. Ajoutons-y la connaissance de la mer, car nous sommes d'une certaine manière des êtres amphibies, et marins tout autant que terriens. »
« Mais l'étude de la géographie comporte aussi toute une part non négligeable de réflexion théorique, soit dans l'ordre de la technique, des mathématiques et de la physique, soit à partir de l'information historique et des récits légendaires. »
Cette géographie s'adresse « au monde du gouvernement et répond à ses besoins ». [Le présent traité] « s'adresse aux mêmes lecteurs [que les commentaires historiques], et tout particulièrement aux gens hauts placés. [...] Il est clair que la géographie tout entière est orientée vers la pratique du gouvernement. »

Les écrits antiques ont des points communs qui vont fixer le champ de la géographie pour longtemps. La mesure du monde tout d'abord. Ératosthène, comme Hipparque, avant tout mathématiciens et astronomes, mesurent la Terre et calculent assez précisément son diamètre. Cette mesure du monde est à la base de la cartographie et de ses liaisons avec la géographie. La description des « peuplades étranges » est le deuxième aspect de cette géographie antique. De même, les tremblements de terre recensés en Grèce, les climats, les caractères atmosphériques sont largement décrits. La géographie est donc à la fois humaine et physique, et a une visée géopolitique, puisqu'elle doit servir les gouvernements. Malgré des changements d'optique liés aux découvertes successives et surtout à la modification de la vision du monde, cette description du monde, immense inventaire des hommes et des lieux, va se poursuivre jusqu'au XIXe siècle tant que des explorateurs découvrent encore des terres nouvelles. En plein cœur du XIXe siècle, la *Royal Geographical Society* recevait encore à Londres les témoignages des explorateurs qui, de Burton à Stanley, parcouraient le « continent noir ».

Dès 1757, Emmanuel Kant a théorisé les buts de la géographie. Auteur d'une *Géographie physique*, le philosophe relie pour la première fois très nettement la géographie physique et la géographie humaine. Le but n'est plus l'inventaire et la mesure des continents mais l'étude des rapports entre le politique, l'économie et les données du milieu. À sa suite, la géographie va ainsi passer durant le XIXe siècle d'une philosophie de la nature à une science de la nature.

● En France, la géographie classique, dominante jusqu'aux années 1970

La géographie française acquiert une position dominante dans la première moitié du XXe siècle, grâce à Paul **Vidal de La Blache** (1845-1918). Jusqu'aux années 1950, on nommera **géographie vidalienne**, puis à partir de la fin des années 1960, **géographie classique**, le courant dominant qui règne sur toute la géographie française jusqu'au milieu des années 1970. Vidal de La Blache publia au début du XXe siècle de nombreux ouvrages de géographie humaine, physique et régionale, dont certains ont des préoccupations géopolitiques.

La géographie classique avait plusieurs caractéristiques : elle était avant tout un **naturalisme**, terme à comprendre ici comme le fait que la nature est le principe organisateur de toute société (*cf.* article *Géographie naturaliste, géomorphologie*). Les conceptions de Vidal de La Blache s'apparentaient à ce que l'historien Lucien Febvre nomma le **possibilisme**. Le milieu naturel joue un rôle primordial et offre aux hommes des « possibilités » ou potentialités entre lesquelles ils choisissent, ce qu'exprimait l'adage « la nature propose, l'Homme dispose ». Ils adoptent ainsi, par leurs productions, par leur habitat..., différents **genres de vie**, concept essentiel de la pensée vidalienne. L'étude du milieu devient donc le fondement sur lequel repose toute étude géographique. Tout travail de géographie humaine nécessite par conséquent, au préalable, une présentation du milieu, le but étant de voir comment l'homme répond aux « contraintes » de ce milieu ou en valorise ses atouts.

Cette géographie nécessitait des études de détail pour lesquelles l'échelle de la région semblait la plus appropriée. Ainsi, la **géographie régionale** devint la « discipline reine de la géographie ». Par ailleurs, la géographie classique supposait tout un ensemble de choix méthodologiques particuliers (*cf.* p. 416) et une démarche d'ensemble basée sur l'**induction**. La **méthode inductive** suppose en effet de partir de l'observation de cas précis pour arriver *in fine* à l'établissement de lois générales : la production d'ouvrages de référence censés couvrir le monde, les ***Géographies Universelles***, fut longtemps un des buts de cette géographie. Vidal en entama une avec Lucien Gallois peu de temps avant sa mort. Pourtant, la géographie classique pratiqua le plus souvent l'**exceptionnalisme**, c'est-à-dire qu'elle étudia les cas pour eux-mêmes, multipliant ainsi les **monographies** (*cf.* p. 416), sans véritable souci de démarche comparative.

Cette conception de la géographie eut des implications fondamentales, à court terme d'abord. Autorité reconnue, Vidal de La Blache fut consulté pour participer au découpage de l'Europe lors du traité de Versailles. Sa mort, en 1918, lui évita de répondre à la question fondamentale : pouvait-on concilier les idéaux wilsoniens de droit des peuples, la notion – en vogue à l'époque – de « frontière naturelle » (*cf.* p. 203 et 223) et les ambitions hégémoniques de quelques puissances victorieuses ? À long terme, ses conceptions ont influencé la géographie française pendant plus de 50 ans. Elles furent reprises et amplifiées par son gendre Emmanuel **de Martonne** (1873-1955), qui y ajouta le primat de la géomorphologie sur les autres branches de la géographie physique (*cf.* article *Géographie naturaliste et géomorphologie*).

Dès les années 1930, Pierre **Gourou** (1900-1999) apporta un certain nombre de nuances à la notion vidalienne de genre de vie : étudiant une **civilisation** asiatique, celle du Tonkin, il caractérisa celle-ci par un ensemble de **techniques de production** ou de techniques d'exploitation de la nature, et par des **techniques d'encadrement** relevant de données culturelles (langage, régime foncier, religion…) et politiques (cadres villageois, étatiques…).

La géographie classique française eut une forte influence à l'étranger malgré le prestige d'autres écoles de géographie : l'école allemande, plus sensibilisée à la géopolitique et à l'analyse spatiale ; l'école américaine, plus tournée vers l'économie. Mal compris, le possibilisme de la géographie classique donna vite naissance à un **déterminisme naturel** (tout s'explique par des données naturelles dans des liens de causalité unique), qui s'accompagna, en pleine époque coloniale, d'un **européocentrisme** : tout est expliqué ou plutôt décrit en référence à l'Europe.

Déterminisme et européocentrisme

La géographie a longtemps présenté deux caractéristiques : l'européocentrisme et le déterminisme naturel. Le cas des écrits sur les Alpes françaises est révélateur. Celles-ci sont « les montagnes de référence » « moins humides que les montagnes océaniques, plus équilibrées que les méditerranéennes, hautes mais creusées de profondes vallées » (Paul Veyret). Ces montagnes ont « naturellement » donné naissance à « une civilisation extraordinaire » : « la rudesse, la robustesse, la ténacité, la continuité dans l'effort, le sens de la lutte, l'attachement au sol, la frugalité, le sens de la liberté, le sens de l'économie, l'endurance, le sang froid face au danger sont autant de vertus qui contribuent à forger un type d'hommes et un type de civilisation. Ce sont ces montagnards prolifiques qui, ayant essaimé à travers la France, ont contribué à sa vitalité. » (Germaine Veyret).

Citations recensées par C. Bras, A. Sgard, « Les Géographes et la montagne. Thématique et langage », Grenoble I, 1983.

Pourtant, peu à peu, cette conception naturaliste de la géographie fut contestée. Mais son influence était si grande en France que la contestation vint surtout de l'étranger.

La remise en cause de la géographie classique

Ce sont les Américains et les Allemands qui ont, parfois très tôt, remis en question la géographie classique. Le premier problème était celui de la croissance des villes qui engendrait un développement de phénomènes d'une ampleur nouvelle : attraction exercée par les villes sur les campagnes environnantes, localisation spécifique par quartiers des activités... Aux États-Unis, l'essor urbain a amené des sociologues à se pencher sur la **spatialisation économique** et à élaborer, dès les années 1930, des **modèles spatiaux**. Les principaux sont ceux de l'**École de Chicago** (*cf.* p. 567) : Burgess en 1926, Hoyt en 1939, Harris et Ullmann en 1945 étudient notamment le fait qu'à Chicago les activités se localisent en auréoles à partir d'un noyau central, le CDB ; les industries se répartissent en zones bien distinctes de même que les habitants, groupés selon les ethnies et le niveau de vie. Ces modèles, aujourd'hui courants, étaient à l'époque fondamentalement novateurs.

En Allemagne, Walter **Christaller** (1893-1969) élabore en 1933 la **théorie des places centrales**. Les villes sont des places centrales offrant des biens et des services plus ou moins étendus. Il faut distinguer deux sortes de biens : les **biens de base**, qui font la spécificité de telle ville, et les autres, que l'on peut trouver dans d'autres places moins importantes. L'éloignement d'une ville engendre un coût supplémentaire pour celui qui souhaite s'y procurer tel bien ou tel service : c'est la **distance économique**. Le nombre et la taille des villes sont fonction de ces données et on peut distinguer sept niveaux de places centrales, du village à la métropole régionale. En outre, pour un espace homogène, la disposition de ces places centrales n'est pas aléatoire mais s'organise selon une mosaïque d'hexagones emboîtés. Tous ces travaux, ainsi que d'autres, notamment la loi de Reilly (*cf.* p. 417) ou ceux plus anciens de A. Weber en 1909 (*cf.* p. 283) qui avait approfondi ceux de J. Von Thünen datant de 1827 (*cf.* p. 173), considéraient la géographie comme une science humaine. Ils n'ont connu de succès, en France, qu'après 1945. La critique du système vidalien dominant était difficile, d'autant plus que toutes ces approches évacuaient les données naturelles : la géographie ne pouvait plus être considérée comme une science naturelle.

Dans les années 1960, d'autres géographes étrangers ont influencé des géographes français qui remirent peu à peu en cause les canons de la géographie classique en proposant des analyses basées sur la modélisation. Il s'agit par exemple de Peter Haggett et Richard Chorley à Cambridge, de Torsten **Hägerstrand** (1916-2004) en Suède qui, dès les années 1960, prend en compte les temporalités en les reliant aux pratiques spatiales. Ces influences et apports ont concouru à faire que la géographie s'éloigne de l'**idiographie**, c'est-à-dire de l'étude du particulier, et privilégie l'approche **nomothétique**, c'est-à-dire la recherche des similitudes entre les lieux et les phénomènes en visant parfois à établir des « lois » à portée générale, les deux approches n'étant cependant pas forcément exclusives.

Le modèle de Christaller

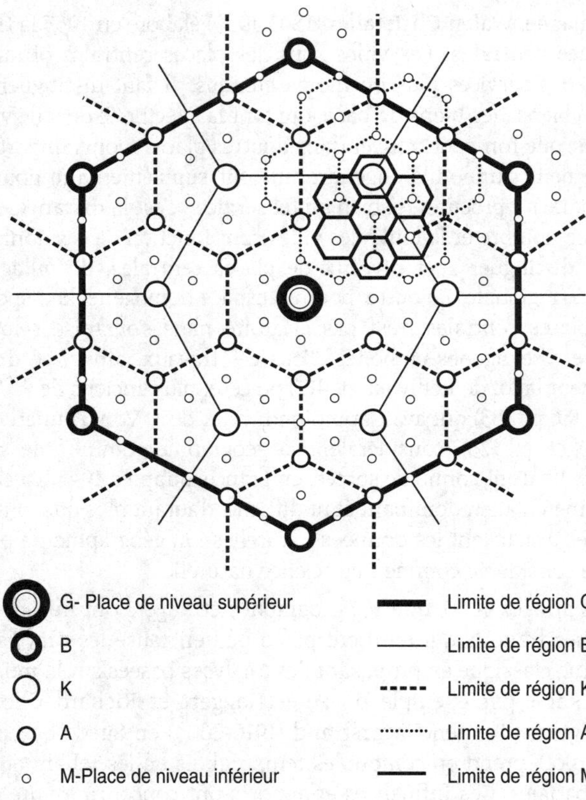

Source : J. Scheibling, *Qu'est-ce que la Géographie*, Hachette sup, 1994.

Enfin, à la même époque, la géographie française, qui était longtemps restée en position de retrait vis-à-vis du politique, acquiert une sensibilité aux préoccupations politiques, du fait du contexte de décolonisation et de la guerre d'Algérie, mais également du rôle prégnant de géographes marxistes et, enfin, de mai 1968. Par exemple, l'essor à partir de 1965 de la **géographie du sous-développement**, qui prenait en compte l'échelle étatique, fut une cause de rupture avec une **géographie tropicale** (*cf.* article *Développement, Sud*), fortement marquée par une vision naturaliste et ethnographique et qui analysait les phénomènes à l'échelle zonale, voire régionale ou locale. Des géographes comme Yves Lacoste ou Jean Dresch affirmèrent que le sous-développement se trouvait beaucoup plus lié à un contexte historique qu'à une soi-disant pauvreté du milieu.

La géographie avait de plus en plus de mal à garder sa vocation d'explication globale du monde. La synthèse entre des branches très spécialisées était de plus en plus difficile et le côté artificiel de cette pratique devenait criant, suscitant nombre d'interrogations. Pour reprendre une célèbre boutade, attribuée à B. Kayser, « si la géographie n'avait pas existé, personne n'aurait pensé à l'inventer ».

Les interrogations de la géographie ont donc porté sur sa nature profonde : science naturelle, science humaine, ou science de synthèse ? Les années 1970 sont celles de la remise en cause du rôle de la géographie physique : elle apparaît au grand jour lors de la création d'une nouvelle revue de géographie fondée en 1971 autour de Roger Brunet (***L'Espace géographique***) se posant en rupture avec la géographie classique représentée notamment par la revue ***Les Annales de Géographie***, fondée en 1891 par Vidal. Elle est aussi liée aux interrogations des géographes physiciens eux-mêmes, Georges Bertrand affirmant par exemple que « la géographie physique n'existe pas ». Ces interrogations se sont doublées d'attaques institutionnelles : en 1990, la section 32 (*Géographie*) du CNRS disparaît et la géographie physique est institutionnellement démembrée.

Face à cette remise en cause, certains géographes physiciens réagirent par un renouvellement épistémologique (développement d'une pensée systémique) et par la prise en compte de nouvelles thématiques, notamment autour de questions environnementales. Mais la majorité d'entre eux a peu à peu rejoint les domaines des sciences de la Terre. Les programmes scolaires ont suivi la même évolution, la géographie physique ayant disparu de ceux-ci et l'étude des « formes du relief terrestre » étant désormais confiée aux enseignants de sciences de la vie et de la Terre.

La géographie, une science sociale

Une division en grandes branches désormais datée

La géographie classique se divisait en trois grandes branches : la géographie physique, la géographie humaine générale et la géographie régionale (*cf.* p. 416). Cette division, conforme à l'histoire de la discipline, n'a plus vraiment de sens de nos jours, toute géographie englobant l'étude des sociétés humaines et la notion classique de région ayant évolué. Les disciplines de **géographie humaine** sont nombreuses, variées et de plus en plus subdivisées : la géographie urbaine, la géographie de la population, la géographie sociale proprement dite, la géographie industrielle ou du tourisme en sont quelques exemples.

Une réorganisation de la discipline s'est progressivement opérée en fonction de dominantes plus transversales : politiques (**géopolitique**), économiques (**géographie économique**) ou sociales (**géographie sociale**). La **géographie appliquée**, qui touche à différentes branches de la discipline, fournit des analyses et des prospectives dans un but d'aménagement ou de stratégie de localisation, ceci en liaison avec des organismes publics ou privés. Largement reconnue depuis les années 1990 par la géographie universitaire, elle offre de nouveaux débouchés aux géographes, spécialistes des territoires. Cependant, ces subdivisions sont de plus en plus datées, la distinction se faisant davantage sur les démarches adoptées dans le cadre d'une géographie généralement conçue comme une science sociale. Il est désormais plus pertinent de diviser la géographie, non en fonction de grandes branches, héritées de son histoire, mais plutôt en fonction d'objets nouveaux et de ses démarches propres. Plusieurs pôles s'individualisent autour de l'analyse spatiale (*cf.* p. 247), ou au contraire d'un modèle purement social et des problématiques de la territorialité (*cf.* p. 496), soit encore autour d'une géographie culturelle (*cf.* p. 74) ou humaniste (*cf.* p 76)...

La géographie, quelle que soit la branche concernée, conserve comme but fondamental de comprendre la répartition des phénomènes dans l'espace. Les approches peuvent être cependant très diverses comme en attestent en France les nombreux courants apparus dans les années 1970, années de crise et de remise en question de la discipline. La « **nouvelle géographie** » (terme créé en réaction à la géographie classique) englobe à cette époque aussi bien la géographie de l'espace vécu que la **géographie radicale**, inspirée du marxisme, la géographie quantitative, la géographie systémique et la géographie du sous-développement.

Quant à l'objet d'étude des géographes, il pose encore problème de nos jours. Selon la plupart des géographes, c'est « l'espace comme dimension de toute vie sociale » (Jacques Lévy) ou « la Terre des hommes » (Paul Claval) qui doivent être étudiés. Cet espace n'est donc pas neutre. C'est un **territoire** (*cf.* article *Territoire, territorialisation*) car il est aménagé, structuré, organisé de façon consciente ou non par les sociétés, qui se le sont approprié. C'est ce que l'on peut appeler la **production**

d'espace. La géographie est donc fondamentalement une **science sociale**, c'est-à-dire une science ayant pour objet l'étude du comportement des hommes vivant en société et de la société résultant des rapports entre les individus. Selon cette conception, la géographie étudie les acteurs de la production d'espace dits **acteurs spatiaux** (les États, les individus, les FMN, etc.) dans leurs comportements spatiaux et leurs stratégies. Elle doit aussi comprendre les formes, les entités géographiques créées et les logiques qui les dirigent. Ceci ne veut toutefois pas dire qu'il y ait un consensus sur la nature profonde de la géographie.

Le Festival International de Géographie (FIG) de Saint-Dié (Vosges)

En 1990, dans le but de médiatiser la discipline, eut lieu le premier **Festival International de Géographie**. Le succès fut immédiat et le **FIG** est de nos jours reconnu au niveau international. Ce festival se tient toutes les années à Saint-Dié-des-Vosges, et ce pour plusieurs raisons : la volonté du maire, Christian Pierret et le fait que c'est un moine de Saint-Dié, Waldseemüller, qui proposa au XVIe siècle de donner le nom d'Amerigo (Vespucci) aux terres qui venaient d'être découvertes lors des grands voyages de découverte... Le succès du festival tient à son caractère tout à la fois scientifique, populaire et festif. Durant quatre jours, des géographes, mais aussi des artistes, des chefs d'entreprises et des hommes politiques participent à des débats ouverts au grand public. Les débats s'articulent autour d'un thème chaque année renouvelé (par exemple « La Chine, puissance mondiale » en 2013, « Les facettes du paysage » en 2012), mais aussi d'un pays invité. Le FIG attire tous les ans plusieurs dizaines de milliers de participants.

Ce festival décerne plusieurs prix :

– un prix scientifique, le Prix International de Géographie Vautrin-Lud, créé en 1991, afin de récompenser un géographe ayant contribué de manière importante à l'avancée scientifique de sa discipline ;

– un prix de vulgarisation scientifique, le prix Ptolémée, créé en 1994, afin de distinguer un ouvrage qui permet de mieux faire connaître la géographie à un large public ;

– des prix littéraires, le prix jeune public et le prix Amerigo Vespucci, créé en 1990, qui couronne l'auteur d'une œuvre qui aborde le thème de l'aventure et du voyage. Ce fut le cas par exemple d'Isabelle Autissier, récompensée en 2009 pour *Seule la mer s'en souviendra*.

La géographie et les sciences connexes : le cas de l'histoire et la prise en compte des temporalités

On peut appeler **sciences connexes** les disciplines ayant un champ d'action et des méthodes très proches de la géographie. Historiquement, plusieurs de ces sciences, la climatologie par exemple, sont issues de la géographie. Rien que de très normal à cela : la géographie antique était une explication globale du monde. Par rapport à ces sciences, la géographie a son champ d'action privilégié : les préoccupations spatiales. Même si un certain nombre de concepts géographiques ont été introduits par des sociologues (École de Chicago), des urbanistes, des médecins (épidémiologie), voire des passionnés d'agronomie (Von Thünen), tous avaient pourtant une conception de l'espace.

Les rapports sont donc multiples entre la géographie et les sciences connexes. Un des problèmes concerne ses rapports avec l'histoire, et ce pour plusieurs raisons. La géographie a été conçue au XIXe siècle comme un cadre, une introduction aux études historiques. De plus, les deux matières sont reliées dans l'enseignement secondaire français, ce qui n'est pas le cas général dans le monde. Par ailleurs, l'histoire du temps présent, étudiant également les aspects sociologiques, économiques ou politiques du monde contemporain, se pose parfois en concurrente de la géographie. Au demeurant, elle emploie parfois les mêmes méthodes. Certes, si l'histoire publie des atlas et a donc une vision spatiale, si la géographie travaille sur les **mémoires des lieux**, dans le sens ici d'héritages d'un passé plus ou moins lointain, la géographie a une finalité qui lui est propre : au-delà de la dimension historique, des mémoires qui peuvent permettre de comprendre les distributions spatiales, c'est l'étude de la structuration présente de l'espace qui est le but du géographe. La démarche géographique reste cependant sensible au temps, s'attachant plus aux **temporalités**, c'est-à-dire aux caractères de ce qui existe dans le temps (*cf.* p. 313), qu'à une stricte démarche historique qui aurait pour but la recherche des permanences dans l'organisation de l'espace.

Plusieurs spécialités sont même à mi-chemin entre la géographie et l'histoire. Des géographes se sont spécialisés dans la **géographie historique**, l'étude de la géographie du passé, par exemple l'utilisation des terres ou la population à une époque donnée. Parallèlement, des historiens, comme Marc Bloch, ont étudié l'histoire des paysages ruraux français et ont fait une véritable **histoire géographique**.

La géographie historique doit être différenciée de la **géohistoire** qui étudie les rapports entre territoire, économie et société sur un temps long. Le terme a été inventé par l'historien Fernand **Braudel** (1902-1985), un ancien élève de De Martonne et De Gallois, durant sa captivité en Allemagne entre 1941 et 1944. Comparant la géographie française de l'époque et la géographie allemande influencée par la géopolitique, il constate dans *Géohistoire : la société, l'espace et le temps* que la géographie pourtant en crise, constitue une clé de lecture pour les historiens voulant comprendre les relations entre les hommes, leur époque et leurs milieux. Braudel amplifiera plus tard ses réflexions en les reliant à la grille d'analyse « structure-conjoncture-événement » et en insistant sur l'idée désormais classique que les questions spatiales doivent être prises en compte pour comprendre l'histoire de longue durée.

Le terme de géohistoire sera pourtant délaissé par Braudel lui-même avant d'être remis au goût du jour par les travaux de Christian Grataloup, d'Alain Reynaud... et dans un contexte où la géographie prend de plus en plus en compte les temporalités. Ainsi, par exemple, de nombreux travaux concernent la géohistoire du patrimoine, de la mondialisation, des paysages...

Lire aussi Carte, histoire de la cartographie – Culture, géographie culturelle – Espace, diffusion spatiale – Géographie naturaliste, géomorphologie – Géographie (techniques et méthodes de la) – Paysage – Région – Société, géographie sociale – Territoire, territorialisation

Géographie naturaliste, géomorphologie

La géographie physique, science relevant du naturalisme, a longtemps été une des branches essentielles de la géographie française. Parmi ses disciplines, la géomorphologie a joué un rôle primordial des années 1930 aux années 1960. La remise en cause de la géographie physique, voire son exclusion du champ d'une géographie science sociale, laisse toutefois un riche vocabulaire encore opératoire.

Jusqu'aux années 1960, la géographie, science de la nature

La géographie se structure comme une science naturelle au XIXe siècle

La **géographie physique** regroupe principalement la climatologie (*cf.* article *Climat*), l'hydrologie (*cf.* article *Cours d'eau, hydrologie*), la biogéographie (*cf.* article *Végétation, forêt*), la pédologie (*cf.* article *Sols*) et la géomorphologie. Le terme de géographie physique aurait été employé pour la première fois en 1752 par Philippe **Buache** (1700-1773), « Géographe du Roy », qui avait pour tâche de localiser et cartographier les lieux du royaume. De façon plus globale, au XVIIIe siècle, la géographie relevait plutôt d'une **philosophie de la nature** : en dehors des forces de l'Esprit existe le point de vue de cette Nature, qui a une existence propre. Un tel courant la relie pour partie au mouvement romantique allemand. Le positivisme et le contexte de la fin du XIXe siècle amènent sa mutation en **science de la nature**, ayant pour objet l'étude de celle-ci. Elle est donc une discipline relevant du **naturalisme** : la nature est le principe organisateur des sociétés, et il est possible d'un point de vue scientifique d'étudier la nature pour elle-même, en dehors de l'Homme.

Au fur à mesure qu'elle se dressait en tant que discipline universitaire, la géographie s'est donné des objets de recherche plus précis qui ont renforcé son orientation naturaliste. Le développement de la géologie et la réalisation de la première **carte géologique de la France** de 1822 à 1841 amènent les géographes à découvrir l'existence de régions jusque-là inconnues : ce sont les géologues qui découvrent l'existence d'un « Massif central », puis d'un « Bassin parisien ». Pour les géographes, ces découvertes sont porteuses de conséquences et la notion de région évolue : au concept de régions historiques, ils adjoignent celui de régions naturelles, fondées sur la nature du sous-sol (*cf.* article *Région*). Le contexte français de la fin du XIXe siècle renforce ces orientations en singularisant la géographie française des géographies étrangères. Il s'agit d'abord de la défaite de 1870 et de la montée du nationalisme qui pousse à la connaissance détaillée du territoire en termes de potentialités et de limites avec la notion de **frontière naturelle**, « imposée par la nature » (*cf.* article *Frontière*). Parallèlement, la course aux colonies qui s'engage à partir de 1880 s'appuie sur le naturalisme : s'il y a un « fardeau de l'Homme blanc », c'est parce que la nature a défavorisé certaines zones (des « climats excessifs ») ou, au contraire, qu'elle en a doté d'autres de richesses fabuleuses, que, dans une perspective européocentriste, la France se doit d'exploiter du fait des « lacunes » des populations autochtones.

Enfin, la découverte des théories de l'évolution et du darwinisme a également joué un rôle dans la structuration de l'École française de géographie comme science naturelle, à la charnière du XXe siècle. Alors que les théories de Darwin influencèrent les géographes anglo-saxons et allemands en les dégageant de l'emprise naturaliste, nombre de géographes français se référèrent aux théories de J.-B. **de Lamarck** (1744-1829), plus anciennes mais qui présentaient l'avantage non négligeable d'être pensées par un Français : l'évolution existe et elle est liée au rôle du milieu qui oblige les espèces à s'adapter (**transformisme**). De ce fait, les thématiques de la nature qui vont influencer la géographie française et l'individualiser des géographies étrangères ne sont pas darwiniennes : prégnance des conditions physiques, jugements de valeur sur les milieux ou sur le rôle de l'Homme comme perturbateur du milieu.

La géographie française qui se structure à cette époque autour de **Vidal de La Blache** (*cf.* article *Géographie (histoire de la)*) est donc une science de la nature. Mais si le contexte et les conceptions de Vidal la relient au naturalisme, elle garde une certaine originalité de « science carrefour » en parlant des hommes. Elle est surtout ouverte à de très nombreuses influences : travaux de climatologie, étude des phénomènes météorologiques, analyses botaniques marquées par la pensée de Humboldt, géographie d'exploration qui connaît ses derniers moments... À partir des années 1930 en revanche, la géomorphologie va peu à peu s'imposer comme branche dominante, voire quasi-exclusive.

Des années 1930 aux années 1960, le primat de la géomorphologie

Le rôle d'Emmanuel **de Martonne** (1873-1955) dans la primauté de la géomorphologie est essentiel, notamment du fait de la publication de deux ouvrages : *Le Traité de géographie physique* de 1909, réédité à de nombreuses reprises, puis *La France physique* de 1942. Professeur influent, De Martonne eut de très nombreux élèves qui relayèrent ses idées. Celles-ci, tout autant que celles de Vidal, son beau-père, ont fondé la géographie classique. Méthodologiquement, la priorité est à l'induction, à la complémentarité entre description et explication, à la typologie qui amène à la généralisation et à la formulation d'hypothèses, même si la géographie doit se méfier des théories. Sur le fond, s'il se veut géographe complet, De Martonne consacre la plupart de ses écrits à la géomorphologie et met en œuvre des méthodologies nouvelles : par exemple, l'utilisation généralisée de la photographie, des levées topographiques, qui servent à repérer, dans un cadre davisien (*cf.* p. 226) les différentes surfaces d'érosion. Certaines techniques comme la **granulométrie** seront mises en avant par certains de ses élèves. Il s'agit de la mesure des éléments détritiques, ce qui permet de distinguer pour les éléments les plus grossiers les **sables** (< 2 mm), les **graviers** (2 mm à 20 mm), des **galets** (20 à 200 mm) et des **blocs** (plus de 200 mm).

À cette époque la géomorphologie présente ainsi, pour la discipline, le double avantage de la démarquer de la géologie et de lui donner un statut pseudo-scientifique du fait des nombreuses mesures pratiquées, mais aussi de favoriser de longues descriptions, technique préférée de la géographie classique. La conséquence est que les termes descriptifs qui caractérisent les formes du relief sont très nombreux (*cf.* article *Relief*). Suite à cette influence, dans le contexte de spécialisation croissante des disciplines à partir des années 1930 et donc d'une division de la géographie entre géographie physique et géographie humaine, de plus en plus de travaux spécialisés dans la seule géomorphologie ont vu le jour. Ainsi, et jusqu'aux années 1980, plus de 25 % des thèses d'État de géographie furent des thèses de géomorphologie et plus de 20 % des thèses de géographie humaine comportaient des chapitres de géomorphologie.

Qu'est-ce que la géomorphologie ?

Si la **géologie** est la science qui étudie la composition, la structure et l'évolution de la Terre, la **géomorphologie** est l'étude des formes du relief terrestre. On peut la subdiviser en **géomorphologie climatique** et géomorphologie structurale. La géomorphologie climatique se préoccupe principalement des modalités d'action de l'érosion et du **modelé** (ou **reliefs d'érosion**), c'est-à-dire des formes engendrées par cette érosion. La **géomorphologie structurale** étudie les reliefs en les confrontant essentiellement à la **structure** (organisation des roches) qui dépend de la lithologie, de la **tectonique** (étude de la structure et des mouvements de l'écorce terrestre) et donc de l'**orogénèse** (processus internes de formation des reliefs). Si la géomorphologie climatique s'impose peu à peu à partir des années 1950, la géomorphologie structurale fut un temps la discipline reine de la géographie. Rien d'étonnant donc si l'un des premiers essais d'épistémologie de la géographie a été, en 1971, L'*Épistémologie de la géomorphologie* d'Alain Reynaud. D'autres subdivisions existent comme la géomorphologie s'intéressant à un processus d'érosion particulier – **glaciologie**, **karstologie**… –, ou encore aux dynamiques – **géomorphologie dynamique**.

Un révélateur de l'importance de cette discipline est que le commentaire de carte, épreuve majeure de l'agrégation de géographie, intégrait jusqu'aux années 1980 la réalisation d'une coupe géologique, exercice de virtuosité devant permettre d'expliquer le relief : sous un **profil topographique** (graphe représentant de profil le relief), on figurait les roches et leur disposition, leur agencement. Ainsi, l'étude de la nature du sous-sol, des roches (la **lithologie**, du grec *lithos*, pierre) et de leur agencement constituait souvent le premier temps du travail de géographie classique, avec pour objectif principal d'en étudier les conséquences sur la disposition des reliefs. La suppression de cette épreuve d'agrégation au tournant des années 1990, sous la houlette de Rémy **Knafou**, Président du jury, est révélatrice de l'évolution de la géographie et du recul de la géomorphologie.

La coupe géologique, un des outils de la géographie classique

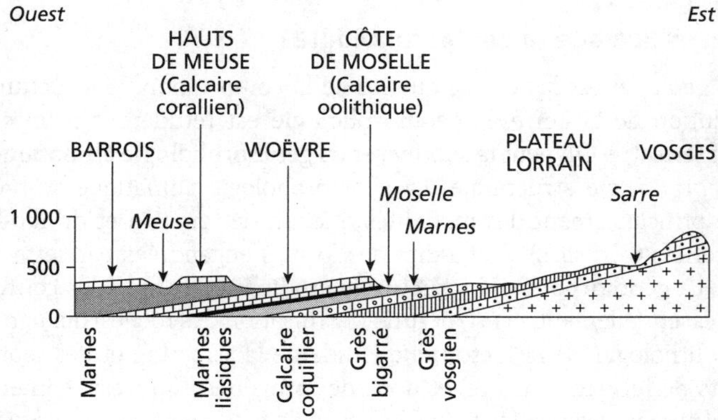

La géomorphologie climatique

Les processus d'érosion à la base de la géomorphologie climatique

La géographie climatique va peu à peu s'imposer après 1945. Ce phénomène n'est en rien spécifique à la géographie française puisque c'est un géomorphologue américain, William M. **Davis** (1850-1934), qui fut l'auteur dès 1899 d'une théorie qui a longtemps servi de cadre de pensée à de nombreux géographes français, dont E. de Martonne : la **théorie davisienne des cycles d'érosion**. Selon cette théorie, parfois dite cycle davisien, les reliefs connaissent un stade de jeunesse marqué par des rivières encaissées, auquel succède un stade de maturité dans lequel l'érosion régressive joue fortement, les captures sont nombreuses et l'érosion aréolaire importante. Enfin, le stade de vieillesse se traduit par un nivellement complet du relief, la création de surfaces d'érosion et des rivières de faible pente. Un des principaux promoteurs en France de la théorie davisienne fut Henri **Baulig** (1877-1962) qui collabora avec Davis et fut notamment l'auteur d'un des premiers dictionnaires spécialisés de géographie : son *Vocabulaire franco-anglo-allemand de Géomorphologie* de 1956 avait également le souci de relier la géographie française aux deux autres grandes écoles de géographie, allemande et américaine. Cette théorie est erronée pour de nombreuses raisons, notamment car elle suppose une action de très longue durée sans variation climatique. Elle a cependant été longtemps dominante en géographie et de nombreux géographes s'en emparèrent, avec plus ou moins de bonheur, certains ayant cherché, dans une géographie coloniale, à comparer l'érosion « normale » et les formes « confuses » des pays tropicaux. À partir des années 1960, d'autres géographes, par exemple Jean **Tricart** (1920-2003), menèrent une analyse plus nuancée et plus globale des processus d'érosion, tout en renouvelant également les méthodes de la discipline.

L'érosion est inséparable du transport et de l'accumulation

L'**érosion** est l'ensemble des phénomènes qui concourent à l'arrachement et à la dissolution de matériaux. Cependant, le terme érosion a une acception plus large, englobant l'érosion proprement dite, mais aussi le transport des matériaux érodés et leur **accumulation**, c'est-à-dire l'abandon et l'entassement de matériel détritique. L'érosion désigne alors l'ensemble des facteurs externes qui modifient les reliefs et qui, avec les facteurs internes, contribuent à la **géomorphogenèse** ou **morphogenèse**. Cette extension de sens est compréhensible puisque les agents d'érosion sont aussi des agents de transport des matériaux : la rivière roule des galets, le glacier charrie sur ses flancs les rochers arrachés aux parois. Plus loin, les matériaux transportés sont déposés de façon éparse ou en dépôts caractéristiques. Ce sont les **formes d'accumulation**. Pour un même agent d'érosion, l'érosion proprement dite, le transport et l'accumulation de matériaux (**dépôts**) dépendent d'un certain nombre de facteurs liés entre eux. On nomme **agent d'érosion** l'élément qui contribue concrètement à l'érosion (l'eau, le vent, la glace, etc.) et **processus d'érosion** les différentes modalités d'action de celle-ci (chimique ou mécanique notamment). Enfin, un **système d'érosion** ou **système morphogénétique** est la combinaison de tous les processus dans un milieu bioclimatique donné.

Les différentes typologies en vigueur

Plusieurs typologies sont possibles, selon que l'on privilégie les agents, les processus, les modelés ou encore les systèmes d'érosion. On distingue divers agents d'érosion. L'eau engendre l'**érosion fluviale** (ou linéaire), ou encore **torrentielle** dans le cas des torrents de montagne véhiculant une charge importante de débris. La glace, dans le sol, engendre l'**érosion périglaciaire**, les glaciers l'**érosion glaciaire**, le vent l'**érosion éolienne**, la mer l'**érosion marine**. Pour chacun de ces agents, la **gravité**, c'est-à-dire la force d'attraction terrestre due à la gravitation, peut jouer un rôle non négligeable et accentuer les dynamiques. Mais, même dans le cas dit de **dynamiques gravitaires**, où la gravité a le rôle primordial (avalanches ou écroulements par exemple), la gravité joue rarement seule : elle n'est que le cadre dans lequel opère un agent dominant, eau, glace ou neige. Enfin, l'homme intervient aussi sur l'érosion (**érosion anthropique**), souvent plus comme un facteur de déséquilibre que comme agent dominant de l'érosion.

Une autre typologie, fondée sur les processus d'érosion, distingue l'érosion chimique de l'érosion mécanique. L'**érosion mécanique** ou **désagrégation** désigne l'ensemble des processus d'érosion qui agissent directement par enlèvement de particules. C'est par exemple le glacier qui « rabote » la paroi ; l'alternance du gel et du dégel qui débite les roches ; le vent qui, transportant des particules, attaque une roche en place par **corrasion**. En revanche, l'**érosion chimique** ou **altération** agit par **dissolution** des matériaux. Les matériaux non dissous – les **altérites** – sont laissés en place ou transportés. En région granitique, ces matériaux, nommés **arènes**, ne sont importants qu'en zone chaude. En région calcaire, l'érosion chimique est un phénomène dominant puisque le calcaire est attaqué par les eaux de pluie, plus ou moins chargées de gaz carbonique : le **modelé karstique** ou **karst** qui en résulte peut être de grande ampleur (gouffres, rivières souterraines…) (*cf.* p. 428).

Une typologie s'appuyant sur le modelé différencie l'érosion aréolaire de l'érosion linéaire. L'**érosion aréolaire** (ou **en nappe**) s'exerce sur des surfaces larges. Elle crée par exemple, par **aplanissement** ou **planation**, des **surfaces d'érosion**, qui sont de grandes étendues de relief aplani ; le terme **pénéplaine** est réservé à une vaste surface d'érosion faiblement ondulée. Les surfaces d'érosion sont parfois dominées par des reliefs résiduels formés de roches dures, les **monadnocks**. En revanche, l'**érosion linéaire**, ou **érosion verticale**, est plus concentrée dans l'espace : la création par les rivières des **vallées en V** en est l'exemple type. Caractéristique des régions tempérées, elle fut la première étudiée et fut souvent qualifiée d'**érosion « normale »**.

Les systèmes d'érosion de la zone intertropicale

On distingue, en fonction des précipitations, l'érosion des milieux arides et semi-arides, et l'érosion des milieux équatoriaux et tropicaux à saisons alternées. Dans les zones humides, l'altération chimique domine. Les pluies tièdes et parfois violentes dissolvent efficacement les minéraux des roches : on parle de **décomposition ferralitique**. Seuls l'alumine et certains oxydes de fer ne se décomposent pas et les espaces plans issus de la décomposition des roches alternent avec des buttes raides résistant bien à l'érosion. Des **pains de sucre**, formés de roches saines, peuvent dominer des zones de collines et des dépressions formées de roches altérées ou comblées d'alluvions. C'est le pain de sucre de Rio de Janeiro qui a donné son nom à cette forme caractéristique. Les zones calcaires, très sensibles à l'érosion chimique, donnent des formes karstiques particulières, comme les **karsts à tourelles,** vastes buttes dominant des espaces plans. Ceux de Phuket en Thaïlande, de Guilin en Chine ou de la baie d'Along au Vietnam sont des curiosités touristiques de renommée mondiale.

En zone plus aride, les mêmes processus peuvent exister. Les **inselbergs** ou **mornes**, reliefs proéminents, beaucoup plus étendus que les pains de sucre, correspondent aussi à des secteurs de roches saines. L'Australie compterait, avec le mont Augustus et le rocher Uluru, plus connu sous le nom d'Ayers Rock, les deux plus grands inselbergs de la planète. L'érosion aréolaire joue un grand rôle dans les régions où les réseaux hydrographiques ne sont pas organisés. L'écoulement en nappe est responsable de la création de **glacis d'érosion** (en roches sédimentaires) et de **pédiments** (en roches cristallines et métamorphiques), vastes surfaces planes et inclinées, situées au pied des inselbergs. La coalescence de plusieurs pédiments forme une **pédiplaine**, plaine d'érosion issue d'un **arasement** (un aplanissement complet). Cependant, l'érosion linéaire peut également intervenir lors des rares pluies tombant brusquement sur un sol très sec. L'érosion éolienne est forte dans des régions où la couverture végétale n'est pas continue et encore davantage dans les déserts. Si la **déflation** – arrachement des matériaux meubles – domine, la corrasion joue un rôle non négligeable, surtout dans le cas des tempêtes de sable. Les formes d'érosion prennent des aspects très variables, mais les dépôts sont fréquemment sous forme de dunes (*cf.* article *Déserts arides*).

● Les systèmes d'érosion des régions tempérées et froides

Les systèmes d'**érosion périglaciaire**, c'est-à-dire liés au gel, concernent les régions froides mais peuvent également survenir dans des régions tempérées en hiver. Le processus de base est l'alternance du gel et du dégel, nommée **cryoclastie** ou **gélifraction**. En gelant, l'eau contenue dans les sols ou les interstices des roches augmente de volume, elle dilate donc les sols et fait éclater les roches. Lors du dégel, les roches débitées sont libérées, l'eau ruisselle sur les pentes et les sols se rétractent. Plus le nombre d'alternances gel-dégel est élevé, plus l'érosion est forte. En milieu polaire, la cryoclastie est donc moins importante que dans des régions de latitude plus basse, comme la Norvège, et dans les montagnes de moyenne altitude. Là, le phénomène est maximal, ce qui explique le qualificatif de périglaciaire – à côté des glaciers – attribué à ce type d'érosion.

Les sols prennent des formes particulières du fait de l'expulsion différentielle des gros blocs et des **fines** (éléments fins) et de la formation d'**hydrolaccolites** (lentilles de glaces dans le sol). La conséquence est une **figuration périglaciaire**, les sols ayant des aspects géométriques souvent de forme polygonale (des blocs de plus grande taille entourant les particules fines). Ces **sols polygonaux** deviennent des sols striés en cas de pente, les polygones s'allongeant dans le sens de celle-ci. Les **buttes gazonnées**, buttes à cœur de glace, sont une autre forme très caractéristique étudiée par la **cryopédologie** (étude des sols gelés). Les roches débitées donnent, dans les zones planes, des **déserts de gélivation**, affleurements chaotiques de pierres. En zone de pente, notamment en montagne, les dynamiques gravitaires, comme l'**éboulisation**, accompagnent la gélifraction : des crêtes étroites aux roches souvent instables dominent des **éboulis**, accumulation de blocs dans les bas versants, créés par la gélifraction et remaniés par la gravité et le ruissellement. Les dépôts fins amenés essentiellement par ruissellement diffus sont des **colluvions**. En zone tempérée, ces phénomènes coexistent avec l'érosion fluviale ou torrentielle selon la pente.

L'**érosion fluviale** est une érosion linéaire s'ordonnant à partir de réseaux hydrographiques plus ou moins élaborés. Tout cours d'eau possède une charge propre (un ensemble de matériaux transportés, les **alluvions**) qu'il dépose en partie lors des ruptures de pente, dans des zones de courant moins fort : c'est l'**alluvionnement**, qui peut prendre plusieurs formes. Ce sont parfois des **terrasses**, des espaces plans, étagés ou non, souvent utilisées par les hommes pour s'y installer, dans une proximité relative avec le cours d'eau permettant d'en exploiter le potentiel sans trop en craindre les excès. Au contraire, la rivière creuse dans ses parties les plus pentues. En théorie, l'atténuation de la pente qui en résulte entraîne à son tour une modification de la partie en amont qui subit une **érosion régressive**. Si l'on examine le profil en long d'une rivière, l'érosion va donc dans le sens de la création d'un **profil limite**, jamais atteint véritablement, qui correspond à la pente minimale et homogène, sans rupture nette, sur tout le tracé de la rivière. Les réseaux hydrographiques tendent à se hiérarchiser peu à peu. Un bassin-versant peut même capturer les eaux d'un autre bassin proche. Ces **captures** se produisent de différentes manières mais sont rares ; une des plus connues en France est celle de la Moselle par la Meurthe, donnant naissance à la vallée morte du Val de l'Asne, qui tranche la côte de Meuse à l'ouest de Toul.

La géomorphologie structurale

À l'échelle planétaire, la compréhension des grands ensembles structuraux

La théorie de la **dérive des continents** fut exposée en 1912 par un météorologue allemand, Alfred **Wegener** (1880-1930). Impressionné par la coïncidence des formes de l'Afrique et de l'Amérique, il supposa que les continents forment des sortes de radeaux qui flottent sur un magma visqueux. D'après lui, les continents, aujourd'hui séparés, constituaient à l'origine un supercontinent (la **Pangée**), qui comptait une partie nord (la **Laurasie**) et une partie sud (le **Gondwana**) que séparait à l'est l'échancrure d'une mer (la **Téthys**). Ces théories n'ont guère été suivies par les géographes qui, pour la plupart, étaient des partisans de l'**isostasie**, un modèle sans doute initié dès Léonard de Vinci et qui connut le succès au XVIIIe puis XIXe siècle suite aux travaux de Bouguer et de l'expédition de La Condamine qui l'avaient constaté dans les Andes. La croûte terrestre serait en équilibre, tout en pouvant être affectée par un **rééquilibrage isostasique**, par exemple lors de la fonte d'une calotte glaciaire (soulèvement de la Scandinavie après la déglaciation).

À la fin des années 1960, la formulation de la **théorie de la tectonique des plaques** a provoqué une double révolution chez les géologues et les géographes, les obligeant à remettre en cause l'idée d'une isostasie généralisée. Cette théorie repose sur la différenciation entre lithosphère et asthénosphère. La **lithosphère** est rigide ; elle est formée de la **croûte** et de la partie supérieure du **manteau**, enveloppe située entre la croûte et le noyau. Entre la lithosphère et le manteau profond, ou **mésosphère**, se trouve l'**asthénosphère**, une zone de transition plastique, très dense et plus chaude que la croûte. Les **plaques tectoniques** (ou **plaques lithosphériques**) sont des fragments de lithosphère qui se déplacent sur l'asthénosphère par le biais de **courants de convection**. Une plaque peut être totalement océanique (plaque de Nazca, plaque pacifique), mixte (plaque eurasiatique) ou continentale (plaque iranienne). Ces plaques s'écartent par endroits (**accrétion**) et s'affrontent soit par **subduction**, l'une plongeant sous l'autre (plaque de Nazca sous les Andes), soit par **collision** (plaque africaine contre la plaque eurasiatique).

On dispose ainsi désormais d'une explication d'ensemble du relief de la planète du fait de la tectonique des plaques mais aussi du fait que le relief océanique est mieux connu grâce notamment aux techniques acoustiques qui ont permis la mesure des profondeurs – la **bathymétrie** – ainsi que la réalisation de cartes détaillées et d'images informatiques en trois dimensions.

La profondeur moyenne des océans est de 3 730 m et l'essentiel du fond des océans est constitué par des **plaines abyssales** situées entre 4 000 et 5 000 m de profondeur. Elles sont accidentées par de grands volcans isolés ou en ligne qui émergent parfois sous forme d'îles (Hawaï), ou qui restent immergés et sont alors qualifiés de **guyots** quand ils sont aplanis par l'action des vagues. Les **dorsales médio-océaniques** se présentent comme des bandes de relief boursouflées, parfois larges de plus de 1 000 km et s'élevant jusqu'à 3 000 m au-dessus des plaines abyssales et, quelquefois, jusqu'à l'émersion (Islande). Elles sont marquées par l'existence d'un profond sillon (ou fossé) en leur centre, le **rift**, situé à la verticale de la zone d'accrétion. Les dorsales sont également découpées par des cassures perpendiculaires.

Les **marges continentales actives** correspondent à des limites de plaques lithosphériques et sont marquées par la présence de **fosses océaniques** qui forment de profonds sillons et peuvent atteindre 11 034 m pour la fosse des Mariannes dans le Pacifique. Les **marges continentales passives** sont des espaces où le passage du continent à l'océan se fait au sein de la même plaque lithosphérique : côte européenne, littoral occidental de l'Afrique... La transition continent-océan se fait progressivement, la limite entre les eaux ayant varié selon les époques et les variations du niveau moyen des océans (**eustatisme** ou **glacioeustatisme**), selon l'alternance des phases climatiques glaciaires et interglaciaires. À proximité du continent se trouve le **plateau continental** ou **plateforme continentale**, dont la profondeur n'excède pas 2 000 m. Il est limité par un **talus continental** qui plonge vers les plaines abyssales. Plateforme et talus sont fréquemment entaillés par des **ravins** ou **canyons sous-marins**, témoins de la puissance des grands fleuves pendant les périodes glaciaires de **régression marine** (baisse du niveau des mers lors des épisodes glaciaires).

Le relief continental est constitué de chaînes de montagnes, anciennes ou récentes, de boucliers et de bassins sédimentaires. Les **chaînes de montagnes** récentes formées depuis le crétacé (il y a 140 millions d'années) composent deux grandes ceintures, longues de plusieurs dizaines de milliers de kilomètres, larges de 200 à 1 000 km et dont l'altitude atteint 8 848 m à l'Everest. On y distingue une **ceinture péri-pacifique**, le long de laquelle l'activité volcanique est abondante, et une **ceinture alpine**, de Gibraltar aux îles de la Sonde, où l'activité est moins importante. Ces chaînes sont toujours en surrection, phénomène compensé par une érosion intense qui tend à les niveler. Les chaînes anciennes, ou **massifs anciens**, sont des espaces formés de roches anciennes (paléozoïques) ayant subi un soulèvement. Elles ont ensuite été nivelées par l'érosion et rajeunies lors des poussées orogéniques de montagnes récentes situées à proximité. C'est le cas des Alpes scandinaves, de l'Oural, des Appalaches ou du Massif central.

Les aires continentales stables, ou **cratons**, sont caractérisées par une sismicité faible dans des zones où l'épaisseur de la croûte va de 30 à 40 km. Elles forment des **boucliers** (ou **socles**), c'est-à-dire des parties de plaques peu à peu soulevées puis rabotées par l'érosion pour former de grands plateaux étagés et fracturés par de nombreuses cassures ou failles (boucliers canadien, africain, brésilien...). Ces ensembles précambriens sont parfois traversés par des **fossés intracratoniques** ou **graben** ou **rifts**, sillons larges de 50 à 100 km et très longs. Dans les portions déprimées des socles, les invasions marines ont provoqué l'accumulation de sédiments dont l'épaisseur peut atteindre 5 000 m. Ces séries sédimentaires récentes constituent des **plateformes** ou des **bassins sédimentaires** : Grandes Plaines américaines, Bassin sibérien ou Bassin parisien.

Les formes volcaniques, induites par la tectonique des plaques

Volcanisme et séismes sont essentiellement localisés aux limites de plaques. Ils apparaissent dans les zones de divergence de plaques au niveau des rifts ou dans les fossés intracontinentaux (Afrique de l'Est). On les trouve également dans les zones de convergence de plaques notamment dans les cas de subduction comme dans la ceinture de feu du Pacifique, composée pour partie d'**arcs insulaires** (ou **guirlandes insulaires**), c'est-à-dire d'archipels formés d'alignements d'îles volcaniques (Kouriles, Mariannes...). Il existe cependant un volcanisme intra-plaques, à la verticale des **points chauds** (***hot spot***) qui sont des zones fixes d'anomalies thermiques situées peut-être dans le manteau supérieur mais plus certainement dans le manteau profond. Les plaques se déplaçant au-dessus des points chauds, il se forme des archipels volcaniques (îles Hawaï).

Selon le type de **laves** (l'émission du magma en surface) et de projections, on distingue classiquement plusieurs grands types de volcanisme : le **type hawaïen**, caractérisé par l'émission de laves très fluides (îles Hawaï, Piton de la Fournaise à la Réunion) ; le **type strombolien** dans lequel s'associent, comme au Stromboli en Italie, des coulées de lave et des scories, c'est-à-dire des projections de pierres et de gaz ; le **type vulcanien** pour des laves visqueuses qui se solidifient dans la cheminée et finissent par la boucher – la lave étant alors pulvérisée en cendres ou en ponces (Vulcano en Sicile) – ; le **type péléen**, dans le cas de laves très visqueuses, se traduit par un volcanisme explosif avec des **nuées ardentes**, masses de gaz et de poussières brûlantes. Après l'éruption, la cheminée est fréquemment occupée par une aiguille de lave solidifiée (montagne Pelée en Martinique). Toutefois, cette division, schématique, est remise en question par les vulcanologues, qui privilégient une typologie sans discontinuité, en fonction de l'indice de la lave.

Le produit de l'éruption, le **volcan**, formé par différents produits magmatiques, présente souvent une forme de cône, ou **cône volcanique**, au sommet duquel s'ouvre un trou en forme d'entonnoir, ou **cratère**, par lequel s'échappent les matières volcaniques montées par la **cheminée**. Mais les formes du relief volcanique sont variées. Ainsi un **maar** est un cratère d'explosion formant une dépression souvent occupée par un lac ; le terme de **caldeira** désigne, quant à lui, un cratère d'effondrement résultant de l'écroulement de la partie centrale du volcan (cas de Santorin). De même, les épanchements de lave ou **coulées volcaniques** donnent naissance à des reliefs spécifiques. Ces coulées magmatiques, lorsqu'elles sont très visqueuses car composées de laves acides, forment des coulées chaotiques nommées **cheires** (terme auvergnat signifiant « pays pierreux ») ou **aas** (terme hawaïen). En revanche, lorsque les laves sont basiques (le **basalte** est la principale roche issue de ce type de lave), ces coulées se déposent sous forme de **laves cordées** (d'aspect ridé), également appelées **pahoehoe** (terme hawaïen). Si elles se solidifient rapidement, elles donnent naissance sur leur rebord à des reliefs en forme de prisme, nommés **orgues basaltiques**, comme la Chaussée des Géants, en Ulster.

À une autre échelle, le **neck** est un culot de lave et de brèches résistantes, remplissant une ancienne cheminée et laissé en saillie par l'érosion différentielle ; de même, le **dyke** est un mur de lave colmatant une ancienne fente volcanique et laissé en saillie par l'érosion différentielle. La **mesa** est une butte tabulaire, détachée d'un plateau de lave, ou **plateau basaltique** ; la **planèze** est une mesa triangulaire et inclinée, découpée dans les pentes d'un dôme de laves par des torrents divergents ; les **barrancos** sont des ravins divergents sur cône de scories. D'autres phénomènes accompagnent le volcanisme, tels les **geysers**, sources d'eau chaude intermittentes et jaillissantes (en Islande, par exemple).

Les autres formes structurales

Les **reliefs structuraux** sont rarement des **reliefs primitifs**, c'est-à-dire ne résultant que des forces internes (ce qui n'est possible que pour des reliefs volcaniques d'édification récente). Ce sont le plus souvent des **reliefs dérivés**, pour lesquels l'**érosion différentielle** a mis en valeur les différences de dureté des roches. Il est possible d'étudier d'abord à petite échelle, puis à plus grande échelle, les formes de détail ayant donné lieu à un foisonnement de termes spécifiques.

Les formes de relief en structure sédimentaire peu déformée ont été bien étudiées en France, notamment en raison de la présence et de l'extension des **bassins sédimentaires** et en particulier du Bassin parisien. Ceux-ci sont composés de **roches sédimentaires**, comme le calcaire ($CaCO3$) qui se sont peu à peu déposées en couches (ou **strates**) souvent au fond de mers dont elles constituaient le plancher. Leur disposition, la **stratification**, dépend des forces tectoniques ultérieures. Dans ces bassins sédimentaires, les strates ont été peu déformées et leur **pendage**, c'est-à-dire la valeur de l'angle formé par l'inclinaison des couches par rapport au plan de l'horizontale, est faible. On parle de **structure monoclinale** quand les couches ont subi un mouvement de bascule et présentent un pendage du même côté ; elle est dite **horizontale** ou **aclinale** quand le pendage est nul. Elles donnent lieu à des reliefs peu marqués dont le plus caractéristique est la **cuesta** ou **côte**, rebord de plateau formé par une couche dure inclinée qui protège une couche tendre. La côte se présente sous la forme d'un relief dissymétrique : d'un côté, un abrupt à corniche, le **front de cuesta**, opposé au pendage des couches, domine une dépression, alors que de l'autre côté, une pente plus douce, le **revers**, suit le pendage de la couche dure.

La cuesta est mise en relief par le déblaiement d'une **dépression orthoclinale** (dont le tracé est perpendiculaire au pendage des couches), dans laquelle coule une **rivière subséquente** ou **orthoclinale**, parallèle au front. Lorsque le front est entaillé par un cours d'eau venant de la dépression, il se forme un **entonnoir de percée cataclinale**. Dans la dépression orthoclinale peuvent exister des buttes dégagées par l'érosion : **butte témoin** coiffée par la roche dure, ou **avant-butte** dépourvue de roche dure. La **résistance** des roches à l'érosion est en effet plus ou moins forte selon qu'il s'agit d'une roche dure, comme le calcaire ou la **meulière** (calcaire siliceux), friable comme la **craie** (calcaire poreux) ou tendre comme les **marnes** (argiles contenant plus de 35 % de calcaire) ou la **molasse** (roche détritique formée par l'érosion de reliefs proches). De même, la **perméabilité** des roches entre en jeu : une roche imperméable comme l'**argile** (roche détritique à faible granulométrie) retient l'eau en surface alors qu'une roche perméable se laisse traverser. Enfin, différentes terminologies classent les cuestas en fonction de leur localisation par rapport aux reliefs proches. Une **boutonnière** ou un **bray** (du pays de Bray en Normandie, qui présente cette forme de relief) correspond à deux cuestas se faisant face, du fait de l'évidement de la voûte d'une ondulation anticlinale de faible amplitude.

En structure plissée, les formes de relief sont plus marquées. On oppose classiquement le **synclinal**, qui se présente sous la forme d'une ondulation abaissant les plans stratigraphiques en voûte concave vers le ciel, et l'**anticlinal** qui, au contraire, est une ondulation élevant les plans stratigraphiques en voûte convexe vers le ciel. Si le relief respecte la disposition générale des couches, on parle de **relief conforme** (sous-entendu à la structure). Un **val** est une forme en creux qui correspond à un synclinal, un **mont** coïncide avec une voûte anticlinale. Un mont peut être entaillé par un ravin cataclinal, appelé **ruz**. Un mont peut être traversé perpendiculairement par une vallée, nommée **cluse** (**clue** en Provence, **clusaz** en Savoie). Dans le langage courant, ce terme peut également désigner toute vallée comprise entre des versants raides. Relief et structure ne coïncident pas toujours : on parle alors d'**inversion de relief** et de **relief inverse**. Une **combe** est une dépression évidée dans les couches tendres d'un anticlinal et un **mont dérivé** est formé par le dos d'une couche dure sous-jacente qui apparaît au fond d'une combe. Un synclinal peut correspondre à un relief dominant les espaces environnants, nommé **val perché** quand les anticlinaux voisins ont été évidés ou qu'une tectonique cassante l'a porté en altitude. D'autres termes sont parfois utilisés plus ou moins conformément à leur acception géologique : ainsi, le terme de **barre** est, au sens strict, un relief résultant de la forte inclinaison d'une couche, ce qui n'a rien de commun avec la Barre des Écrins, dans les Hautes-Alpes, qui culmine à plus de 4 000 m d'altitude sous la forme d'une arête cristalline ne relevant donc pas de la structure sédimentaire. Le terme de **crêt** pose les mêmes problèmes pour des inclinaisons moins fortes. En structure plissée, quand la déformation se fait brutale et intense, la tectonique devient cassante et s'exprime sous la forme d'accidents tectoniques particuliers (diaclases, flexures et failles). Une **faille** est une cassure de terrain déterminant un déplacement généralement vertical de deux compartiments de l'écorce terrestre en brisant la continuité de la série stratigraphique. Quand le déplacement se fait à l'horizontale, on parle de **décrochement**.

Tout ce vocabulaire très riche témoigne de l'histoire de la géographie. Ces termes, qu'ils soient issus de la géologie ou hérités de toponymies locales, ont profondément marqué la discipline. Au tournant des années 1970, où la géographie se redéfinit peu à peu comme une science sociale, la géomorphologie voit son rôle diminuer jusqu'à quasiment disparaître des préoccupations des géographes. (*cf.* article *Géographie (histoire de la)*). Plus généralement, la géographie physique a tenté de se reconvertir en trouvant de nouveaux objets d'étude. Une des tentatives d'intégration s'est faite par le biais de l'**environnementalisme** et de la **géographie environnementale**. Ces termes, déjà utilisés au début du XXe siècle, sont à nouveau en vigueur pour désigner l'étude des **géosystèmes**, des systèmes produits par l'action conjuguée du relief, du climat, des eaux, des sols et des sociétés (*cf.* p. 313). Ces thèses, mises au premier plan par le renouveau de l'écologie et par le développement durable, donnent à la géographie physique un nouveau champ d'étude : celui du milieu de vie, l'homme en tant qu'acteur de l'espace pouvant influer sur la nature. Ainsi, pour les aléas naturels, la compréhension du phénomène devient moins importante que le risque proprement dit qu'il fait encourir aux populations et la vulnérabilité de celles-ci.

Lire aussi **Géographie (histoire de la) – Milieu, géosystème, environnement – Relief – Risques, pollution**

Géographie (techniques et méthodes de la)

On peut, en première approche, considérer une **méthode** comme un ensemble de procédés et de démarches, ou même comme une démarche en tant que telle. Une **technique** permet la mise en pratique de cette méthode : c'est en somme un outil de travail. Les méthodes et techniques de la géographie ont sensiblement évolué ces trente dernières années. Cette évolution est indissociable de l'histoire même de la géographie, de ses buts et de ses préoccupations.

Les méthodes de la géographie classique

La **description** a été, depuis l'Antiquité, l'un des buts de la géographie. En France, au XXe siècle, la géographie classique l'a souvent utilisée comme méthode de base. La description reste donc indissociable de la géographie – « science du terrain » –, qui observait et analysait le particulier et ne généralisait, éventuellement, qu'ensuite. Deux conceptions de cette description coexistaient, particulièrement en géographie régionale. La première se voulait une description, la plus complète possible, des différents éléments du milieu, classés dans un ordre quasiment immuable. Aux caractéristiques du relief et de la géologie succédaient le climat puis la végétation, les sols, les caractères de la population et les différentes branches de l'économie. Une division régionale du milieu étudié clôturait l'étude montrant que, par-delà « l'unité incontestable de l'aire étudiée », elle n'en présentait pas moins de forts particularismes locaux. À cette conception s'opposait une **description « raisonnée »** qui tendait à sélectionner les éléments remarquables du milieu étudié, afin de les expliquer ensuite. Le couple **description-explication** constituait donc une des méthodes de base de la géographie classique, qu'il s'agisse de géographie générale ou régionale. Dans ce cas, la description se rapprochait d'une

analyse paysagère, car elle identifiait, consciemment ou non, les éléments du milieu. Elle n'était cependant pas neutre et le choix de ces éléments variait selon l'auteur.

La description demeura longtemps exclusivement « littéraire », tout en s'appuyant sur des cartes et des **schémas**, des représentations simplifiées du réel. Mais, surtout après 1945, de nombreux géographes ont essayé de la préciser par des données chiffrées, en utilisant l'outil des statistiques. Les **indicateurs statistiques** sont des variables représentatives d'un phénomène à étudier : densité de population, taux de croissance économique... Dans le même temps, la **morphométrie** (la mesure des formes) se développait dans l'étude du parcellaire ou des versants. La géographie se dotait ainsi d'outils de travail, notamment sous forme de graphiques.

La **carte** constituait un autre outil privilégié du géographe en tant que représentation spatiale des phénomènes. Elle fut souvent à la base de la description. Dans le cas de la carte topographique par exemple, elle remplaçait le « terrain » sur lequel le géographe n'allait pas forcément. Elle était ainsi une réduction du réel, que l'on expliquait et que l'on commentait. Dans cette conception classique de la géographie, la carte vient à la fin de l'analyse, comme une synthèse de celle-ci, sa fonction restant cependant toujours très descriptive (cartes thématiques de l'industrie, cartes géomorphologiques, cartes de synthèse régionale...). Elle peut aussi être produite au cours de l'étude afin de faire progresser l'analyse. La démarche dépasse alors souvent la simple description (*cf.* article *Carte, histoire de la cartographie*).

Cependant, tous ces outils restaient le plus souvent utilisés dans un but essentiellement descriptif. Ainsi, dans les années 1960, nombre d'études de géographie faisaient de la description le but même de la discipline. À preuve, de nombreuses thèses de géographie de cette époque ne comportaient aucune introduction. Elles n'en avaient pas besoin, la finalité était évidente : la description d'un terrain souvent choisi en fonction d'affinités personnelles. Les études géographiques débouchaient souvent sur une **typologie**, c'est-à-dire une classification des phénomènes en plusieurs types couvrant l'ensemble de la réalité étudiée, en fonction d'un voire plusieurs critères. L'utilisation actuelle des techniques élaborées durant ces années se fait généralement dans un autre contexte théorique.

Exemples de graphiques utilisés en géographie

1. L'**histogramme** et le « **diagramme en bâtons** »

Ce type de graphique à deux dimensions, formé de rectangles de taille proportionnelle au phénomène étudié, est très « parlant ». Si un **histogramme** représente les classes d'une variable statistique, et donc uniquement des séries continues (la pyramide des âges est un double histogramme), le **diagramme en bâtons** peut représenter des séries discontinues. Il est notamment utilisé pour étudier l'évolution d'un phénomène ou établir des comparaisons.

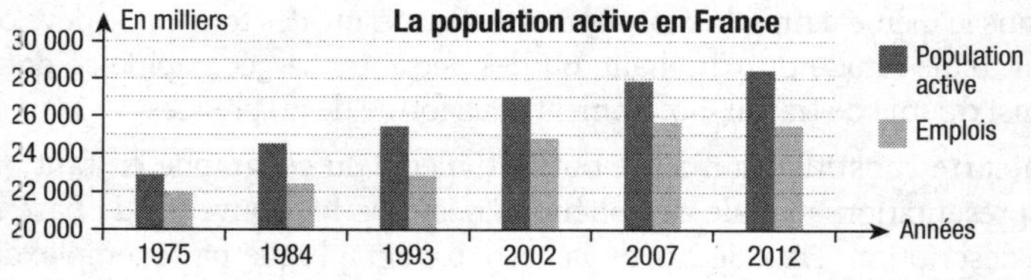

Source : D'après INSEE.

2. Le **diagramme circulaire** ou « **camembert** »

Dans ce type de graphique en forme de cercle, les secteurs représentent les parts d'un même ensemble. Le graphique ci-dessous montre que la plupart des expatriés français résident en Europe occidentale.

Expatriés français inscrits au registre au 31/12/2012

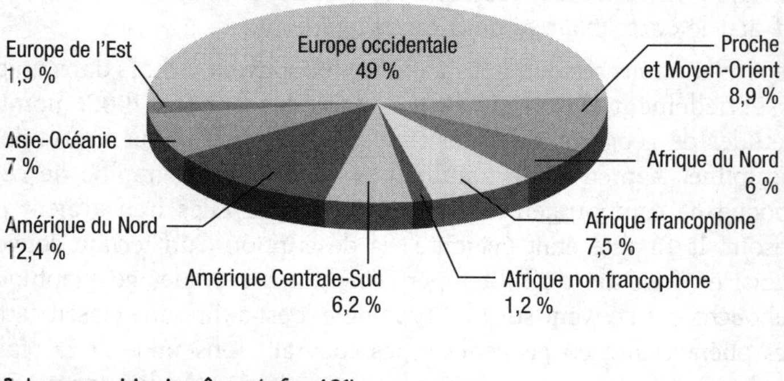

3. La **pyramide des âges** (*cf.* p. 401)

Représentant à une date donnée les effectifs classés par sexe et par âge d'une population, elle permet d'en voir les grandes caractéristiques.

De nouvelles méthodes depuis les années 1970-1980

À partir des années 1970-1980, chaque branche de la géographie va en se spécialisant. Les techniques de laboratoire, de plus en plus fréquentes, se doublent d'une réflexion méthodologique sur l'apport des mathématiques et sur les méthodes issues des sciences sociales.

Des techniques et méthodes communes aux autres sciences

Comme dans d'autres sciences la méthode **hypothético-déductive** a peu à peu remplacé la démarche inductive (*cf.* p. 213). Il s'agit d'étudier un phénomène en fonction d'une hypothèse à vérifier, la vérification pouvant aboutir à une validation ou à une réfutation. L'adoption de ce type de méthode suppose donc l'élaboration d'une **problématique**, c'est-à-dire d'une ou plusieurs questions qui vont guider le raisonnement, raisonnement au cours duquel on pourra être amené à modifier le questionnement initial.

Dans ce contexte, certaines techniques, largement utilisées par la géographie classique, ont été repensées comme le rôle de la description. On distingue de plus en plus, suite aux travaux de l'anthropologue Clifford **Geertz** (1926-2006) la **description mince** (ou ***thin description***) de la **description épaisse** (ou ***thick description***). Alors que la description mince cantonne l'observateur dans un rôle d'observateur, la *thick description*, description en profondeur de ce que l'on voit, est basée sur une interprétation : celle de l'auteur avec son vécu et son regard engagé.

Les techniques utilisées diffèrent souvent entre les différentes branches de la géographie, mais presque toutes proviennent de sciences connexes ou du moins sont communes à celles d'autres disciplines comme l'économie et la sociologie. Il en est ainsi des enquêtes, de la quantification, de la modélisation mathématique, qui est employée aussi bien en géographie physique qu'en géographie économique. Certains indicateurs économiques sont aussi très utilisés. Ce qui différencie la géographie des autres sciences tient donc beaucoup plus à son objet, à ses préoccupations qu'à sa méthodologie.

Quelques indicateurs de production et de croissance utilisés en géographie

Le **PIB, produit intérieur brut** (*gross domestic product* ou GDP en anglais) est un **agrégat**, c'est-à-dire une grandeur représentative de l'économie d'un État. Il représente la somme des valeurs ajoutées créées par les agents économiques nationaux ou étrangers opérant sur le territoire métropolitain en un an. La **valeur ajoutée** se définit comme la différence entre la valeur des biens produits et les consommations intermédiaires. Pour mesurer la croissance économique, on utilise le **taux de croissance du PIB**, c'est-à-dire la variation annuelle du PIB en pourcentage. On le calcule en glissement (variation entre deux dates à un an d'intervalle) ou en moyenne annuelle (variation entre le PIB moyen de deux années consécutives). On préfère souvent le **PIB réel**, mesuré à prix constants et par rapport à une année de référence, au **PIB nominal**, mesuré à prix courants, c'est-à-dire éventuellement augmenté de l'inflation, ce qui fausse l'appréciation de l'évolution du bien-être économique. Le **taux de croissance annuel moyen** représente la moyenne des taux de croissance annuels observés sur une période donnée.

Le **PNB**, ou **produit national brut** (***gross national product*** ou **GNP** en anglais), est un autre agrégat construit à partir du PIB en lui ajoutant les revenus réalisés à l'étranger et transférés dans le pays et en retranchant les revenus réalisés dans le pays et versés à l'étranger. Il est aujourd'hui remplacé dans la plupart des comptes publics par le **RNB**, ou **revenu national brut** (***gross national income*** ou GNI en anglais), de valeur très proche de celle du PNB, augmentée des flux nets de revenu primaire (hors prestations sociales) des non-résidents.

Ces indicateurs s'expriment également par rapport au nombre d'habitants du pays. Le **PNB par habitant** et le **PIB par habitant** constituent des indicateurs du développement qui permettent d'évaluer le potentiel économique d'un État en rapport avec sa masse démographique. On utilise parfois le PIB réel par habitant calculé en dollars ajustés selon les **parités de pouvoir d'achat** (ou **standard de pouvoir d'achat** en Europe), c'est-à-dire les taux de change, qui permettraient qu'une quantité de monnaie donnée puisse avoir le même pouvoir d'achat dans les autres pays après conversion en monnaie locale. Le choix du critère monétaire n'est pas anodin car il induit notamment des modifications dans la perception de la puissance économique respective des États et donc dans les classements internationaux. Ainsi la France, considérée en 2013 comme la 5e puissance mondiale selon le PIB nominal, n'est classée qu'au 10e rang pour le PIB par PPA. L'Inde bénéficie par contre d'un classement nettement plus favorable en utilisant le PIB par PPA, le pays passant du 9e au 3e rang mondial.

Le rôle des grilles d'analyse marxiste et structuraliste

Le **structuralisme** identifie les structures fondamentales au sein des sociétés, notamment en privilégiant la globalité par rapport à l'individu ou en recherchant des invariants plutôt que l'histoire des sociétés. Répandu dans les années 1970, mais en net recul depuis une vingtaine d'années, il a moins touché la géographie que l'histoire. Cependant, les méthodes et techniques de l'analyse spatiale sont en partie liées au structuralisme : la modélisation et la chorématique recherchent la structure des lieux et dépassent donc l'**idiographie** (l'étude du particulier). Plus généralement, ces courants de pensée ont, avec d'autres, contribué au développement de l'**épistémologie** de la géographie, c'est-à-dire d'une réflexion sur la science elle-même, sur ses principes, ses méthodes et ses buts.

Le **marxisme** a également été important dans la géographie française de cette période, avec le développement de la géographie critique. L'analyse dialectique a eu quelque succès en géographie et de nombreux géographes se sont réclamés du marxisme. Plusieurs méthodes peuvent être considérées comme ayant été influencées par le marxisme. L'**économisme**, compris ici comme le fait de privilégier la description exhaustive des différents secteurs économiques d'un espace, peut ainsi être considéré comme un avatar méthodologique d'un marxisme mal compris. De même, la grille de lecture « **centre-périphérie** » est directement issue d'une vision marxisante de l'espace. Introduite en géographie par Alain Reynaud en 1973 pour qualifier l'opposition Nord-Sud, elle reprend à la suite des économistes les concepts de dominant et de dominé. Un espace (le centre), qui concentre divers pouvoirs, domine des périphéries plus ou moins intégrées et plus ou moins dominées. Selon A. Reynaud, le **centre** est donc « l'endroit où les choses se passent » et la périphérie est le négatif du centre, marqué par sa subordination d'un point de vue décisionnel. Toutefois, centre et périphérie peuvent changer au cours de l'histoire : il est donc toujours nécessaire de prendre en compte les temporalités. Le couple « centre-périphérie » connut un véritable succès en géographie urbaine et, d'une façon générale, en géographie systémique. Cette grille est cependant de plus en plus contestée, ses adversaires lui reprochant notamment son caractère inopérant pour comprendre l'évolution d'un monde de plus en plus fragmenté et polycentrique.

L'analyse quantitative en géographie

L'expression **analyse quantitative** est préférable à celle de **géographie quantitative**, dans la mesure où il s'agit d'une méthode qui vise à quantifier les phénomènes. Elle s'appuie sur des données chiffrées, traitées par la statistique, et fait appel à l'informatique, seul outil assez performant pour traiter des masses de données considérables. Auparavant les statistiques étaient employées comme complément d'une description ; elles sont désormais au cœur de la démarche.

Les probabilités et les statistiques descriptives sont les outils les plus simples. Les probabilités permettent les calculs de fréquences, par exemple en géographie des transports. L'utilisation des **paramètres de position** est généralisée : les **médianes** (valeur centrale séparant en deux parties égales une population donnée) et les **moyennes** (valeur centrale d'une distribution) sont des outils classiques. Les **paramètres de dispersion** mesurent l'hétérogénéité d'une population. La **variance** et l'**écart-type** (racine carrée de la variance) montrent la dispersion par rapport à la moyenne : dans le cas de valeurs regroupées autour de la moyenne, l'écart-type est faible. Les **quantiles** sont encore plus utilisés : divisant la population en classes d'effectifs égaux, par exemple en quatre classes pour les **quartiles**, en dix pour les **déciles**, ils permettent d'établir des comparaisons. Ainsi peut-on confronter les revenus des 10 % les plus riches d'une population à ceux des 10 % les plus pauvres.

Plus sophistiquée, utile pour traiter des informations complexes, l'**analyse factorielle** permet, grâce à l'informatique, l'analyse simplifiée d'un ensemble de données et la description synthétique d'éléments mutuellement indépendants. Elle fut à l'origine très employée en géographie urbaine. Autre apport des mathématiques, la **théorie des graphes**. Elle est pertinente pour l'étude des réseaux, les réseaux de transport par exemple. Un **graphe** est un ensemble fait de nœuds et d'arcs, ou de segments reliant ces nœuds. Parmi les autres techniques largement utilisées depuis les années 1970, on peut citer les **tests d'hypothèse** qui permettent de vérifier une hypothèse émise. Dans le domaine de la cartographie se sont développées les techniques de **cartographie transformationnelle** qui aboutissent à la création d'**anamorphoses** ou **cartogrammes** ou encore (de *piézo*, force et *pléthos*, grande quantité). Ces schémas, réalisés par informatique, modifient une superficie en fonction d'une valeur proportionnelle au phénomène représenté, ce qui donne des images étranges mais parlantes.

L'anamorphose, un moyen pour faire comprendre la réalité d'un phénomène électoral

La déformation des États selon leur population fait apparaitre que les États les plus peuplés ont plutôt voté B. Obama en 2012, alors que les États plus grands, mais moins peuplés, ont voté M. Rommey.

Résultats de la présidentielle américaine de 2012

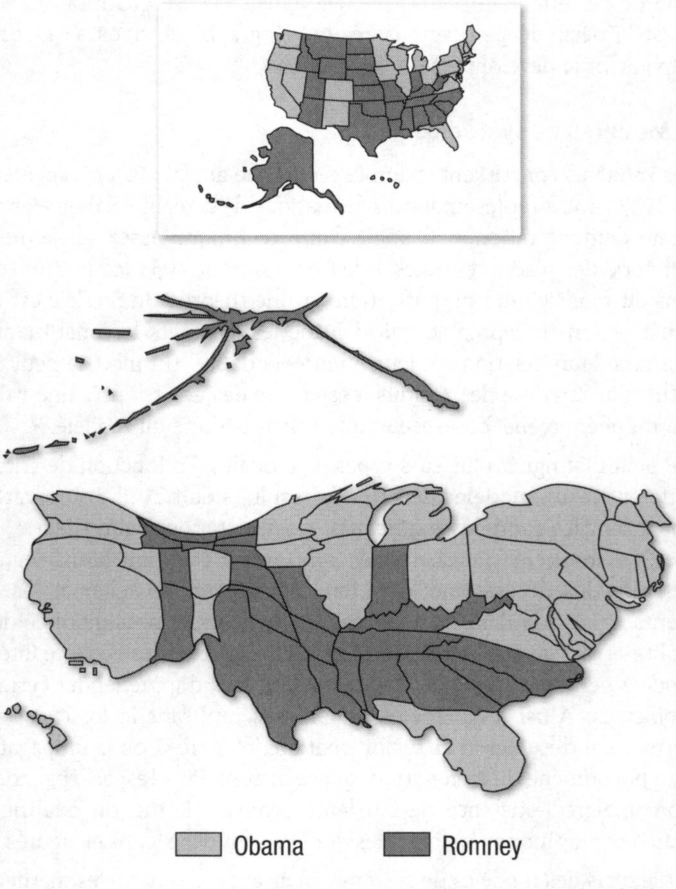

Source : Cécile Marin, « Anamorphose : déformer pour montrer la réalité ? », *Carto – Le Monde en cartes*, n° 15, janvier-février 2013.

Toutes ces méthodes, permettant d'arriver à des réalisations intéressantes, connurent un succès certain et sont encore utilisées. Les statistiques, ne serait-ce qu'en invitant à une critique des chiffres bruts, ont accru la rigueur des études géographiques. La possibilité d'établir des théories, elles-mêmes testées par l'analyse, a renforcé le caractère scientifique de la discipline et a contribué au développement d'une **pensée nomothétique**, c'est-à-dire renvoyant à un ensemble de lois à portée générale. Cependant, l'analyse quantitative a vite connu des limites car statistiques et informatique ne sont que des outils, des techniques. Une volonté de réflexion, parfois oubliée dans l'analyse quantitative, mais aussi le désir de percevoir la réalité géographique dans sa globalité expliquent le développement des modèles.

● Modèles et systèmes

Les **modèles** constituent, selon le géographe anglais Peter **Haggett** (né en 1933), une « représentation schématique de la réalité élaborée en vue d'une démonstration ». Il s'agit d'une technique assez ancienne, la « théorie des places centrales » de Christaller de 1933 (*cf.* p. 216) étant plus un modèle, une simplification, qu'une théorie. Un modèle est une construction transposable qui identifie les éléments le constituant et examine leurs relations et leur interdépendance. Un modèle peut être affiné par l'analyse des **résidus**, c'est-à-dire des écarts entre une valeur (ou un phénomène) observée et une valeur déduite du modèle.

On peut distinguer plusieurs types de modèles, en fonction de critères différents. Aux **modèles descriptifs**, résultats du travail d'observation, s'opposent les **modèles explicatifs**, représentation d'une théorie. Les **modèles mathématiques**, donnés sous forme d'équation, se distinguent des **modèles de système** identifiant sous forme de schémas les éléments et les flux d'un système donné. Représentation simplifiée de la réalité et des relations entre les différents acteurs de cette réalité, le modèle permet mieux que d'autres techniques d'appréhender certains problèmes. Ainsi les **modèles logistiques,** utilisant la loi logistique, permettent d'étudier la **diffusion spatiale** (*cf.* p. 168), ou la propagation d'un phénomène dit **innovation**, qui se diffuse dans l'espace, par contagion, malgré l'existence de barrières diverses. Enfin, on qualifie de **modèles graphiques** les modèles qui utilisent des signes et figurés.

Par le biais des modèles de système, mais aussi des modèles mathématiques, l'**analyse systémique**, dite parfois par extension **géographie systémique**, étudie les systèmes géographiques. Tout **système** (*cf.* p. 337), défini comme un ensemble cohérent d'éléments interdépendants et non hiérarchisés, a une **structure** et un état à un moment donné, que l'on peut modéliser. Il peut être ouvert ou fermé sur l'environnement, en équilibre ou évolutif. Cette évolution se fait souvent dans le sens d'une organisation croissante de l'espace, d'une **structuration** ; elle est alors étudiée par l'analyse systémique. Celle-ci cerne les dynamiques et les actions réciproques entre les éléments (**interactions**) et, notamment, les actions en retour ou **rétroactions** ou ***feedbacks*** provoquées par toute modification du système. Elle peut même procéder à des prévisions.

Ces analyses systémiques permettent de résoudre en partie la question des causalités, la géographie française ayant longtemps été marquée par la recherche de liens de causalité univoques : déterminisme naturel (*cf.* p. 214) mais aussi, comme dans d'autres disciplines, **déterminisme économique** (toutes les évolutions spatiales s'expliquent par des facteurs économiques, notamment la croissance) rejoignant l'économisme (*cf.* p. 243) ; **déterminisme historique** (tout n'est que prolongement de tendances antérieures) ; déterminisme religieux...

L'analyse spatiale

L'**analyse spatiale** repose sur la démarche hypothético-déductive. Elle a pour but de comprendre les causes et conséquences de la localisation des populations et des activités par une approche nomothétique (*cf.* p. 215) et modélisée. Elle cherche ainsi à mettre en évidence les formes d'organisation spatiale au travers de différentes notions clés : distance, réseau... L'espace n'est donc pas neutre, mais il est en tant que tel un élément de l'organisation spatiale.

Dans ce cadre théorique, les chorèmes et la chorématique inventée en 1980 par Roger **Brunet** (né en 1931) et reprenant la grille de lecture « **point-ligne-surface** » issue des arts plastiques, ont connu un succès important. Si l'on considère que la géographie établit des lois générales et n'est pas la science du particulier, il est possible d'individualiser les formes élémentaires d'organisation de l'espace qui se combinent et se retrouvent en tout lieu. Ces formes élémentaires ou **chorèmes** sont, selon R. Brunet, au nombre de 28. Ils forment un langage, un outil sémiologique, un « alphabet de l'espace » grâce auquel il est possible de construire des modèles, souvent nommés par extension chorèmes ou **schémas chorématiques**. Ainsi, le modèle de l'île tropicale est représentatif de la structure de beaucoup de ces îles : l'asymétrie climatique, l'économie coloniale et le peuplement marginal correspondent à un modèle, schématisé en quelques signes.

La construction de ces modèles nécessite cependant une interprétation préalable, parfois délicate. Comment analyser les structures spatiales ? Comment faire une « bonne chorématique » ? Car la chorématique ne dispense pas de l'analyse et l'utilisation de chorèmes n'est pas un gage absolu de science. On retrouve en somme les interrogations et objections émises pour les autres méthodes, à la différence que la chorématique est plus spécifique de la géographie.

« Un exemple de modèle chorématique : l'île tropicale »

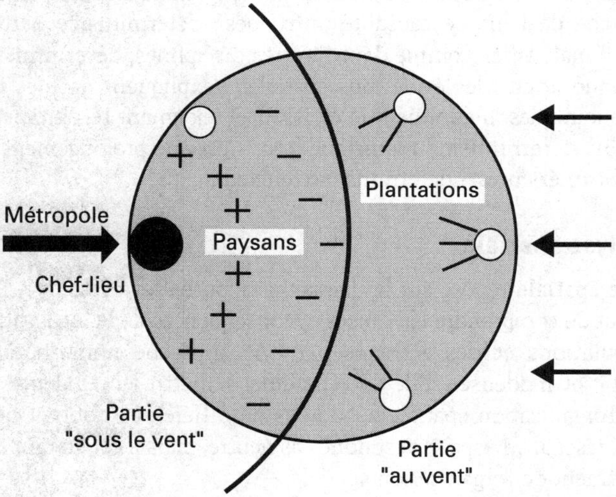

Source : R. Brunet, *Géographie Universelle : Mondes nouveaux*, Belin-Reclus, 1990.

« Les vingt-huit chorèmes »

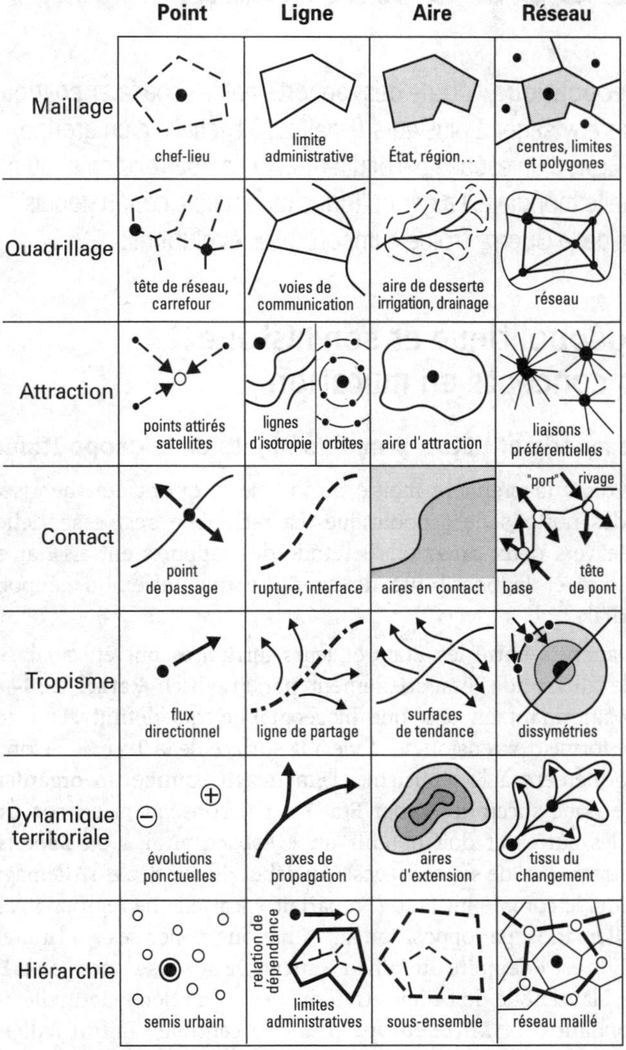

Source : R. Brunet, *Géographie Universelle : Mondes nouveaux*, Belin-Reclus, 1990.

Lire aussi Carte, histoire de la cartographie – Culture, géographie culturelle – Géographie (histoire de la) – Société, géographie sociale

Géopolitique

La **géopolitique**, l'étude des rapports entre espace et politique, peut s'envisager à plusieurs échelles : à l'échelle d'un groupe, d'un État, d'un espace particulier (un océan par exemple) ou à l'échelle mondiale. La géopolitique mondiale a connu depuis la fin de la Guerre froide d'importantes évolutions.

La géopolitique et son histoire : des concepts en mutation

Le monde et l'État, premiers objets de la géopolitique

C'est dans la première moitié du XXe siècle qu'ont été théorisées les grandes notions de géopolitique. La recherche s'est essentiellement portée vers deux directions : l'étude des rapports entre l'État et son territoire et la possibilité de conduire une réflexion géopolitique mondiale.

Les rapports entre les États et leurs territoires ont été analysés par l'école allemande, essentiellement par Friedrich **Ratzel** (1844-1904), se positionnant en tant que biogéographe, qui définit l'État comme « une forme d'extension de la vie à la surface de la Terre ». Selon lui, et conformément à l'organicisme, l'État réagit comme un **organisme** et désire donc s'accroître : tout État est par conséquent en concurrence avec les autres et doit obtenir un « **espace vital** » ou ***Lebensraum*** (du titre de l'un de ses ouvrages). Au début du XXe siècle, l'Allemagne est considérée comme un État « imparfait », car elle ne regroupe pas tous les Allemands, par opposition aux « nations anciennes » à l'unité achevée. Elle est « l'empire du milieu », menacée sur ses flancs par la France et les Slaves. Elle doit donc atteindre ses « frontières naturelles », correspondant à la ***Mitteleuropa*** (l'Europe centrale). Enfin, l'Allemagne doit avoir « naturellement » une politique mondiale ou ***Weltpolitik***. Ces théories, complétées par d'autres géopoliticiens, furent reprises et amplifiées par les nazis. Ainsi, selon Karl **Haushofer** (1869-1946), ami personnel de Rudolf Hess, quatre grandes puissances – le Japon, les États-Unis, la Russie et bien entendu l'Allemagne – ont pour

« vocation » de dominer le monde, en le partageant, entre elles, en zones d'influence. Même si Haushofer ne fut jamais personnellement membre de la NSDAP, son engagement politique fut important dans les premières années du régime nazi.

Géographisme et déterminisme

L'étude des causes de la plupart des conflits locaux semble *a priori* justifier la célèbre phrase de Napoléon, qui affirmait que « les États font la politique de leur géographie ». En effet, au cours de l'histoire, la géographie a été mise en avant pour justifier une volonté d'expansion : c'est le **géographisme**, idéologie imprégnée de déterminisme naturel et présentant l'avantage de déculpabiliser des hommes qui ne feraient somme toute qu'obéir aux lois de la nature. Ce géographisme s'applique de différentes façons : ce peut être la thèse des « frontières naturelles » (*cf.* p. 203) ; ce peut être la mobilisation de l'opinion contre un ennemi lui aussi « naturel » (ce furent par exemple l'Angleterre puis l'Allemagne pour la France). Le géographisme est également la source de nombreuses conceptions plus générales : opposition « naturelle » entre *heartland* et monde maritime, établissement d'une doctrine continentale, comme en 1823 la **doctrine Monroe** aux États-Unis... Cette dernière montre pourtant que les États font moins la politique de leur géographie que celle de leur histoire. Cette doctrine, qui justifiait les interventions américaines en Amérique latine, a été mise en place, non du fait d'une proximité géographique (Washington est plus proche de Paris que de Rio de Janeiro), mais pour contrebalancer une influence européenne hégémonique et pour se créer une **aire d'influence**, c'est-à-dire un espace dans lequel un État est libre d'intervenir de façon détournée ou plus directe.

À une autre échelle, le Britannique Halford J. **Mackinder** (1861-1947) a été le premier à considérer le monde comme un tout. Il est donc souvent considéré comme le fondateur de la géopolitique moderne, bien qu'avant lui d'autres, comme Clausewitz, aient déjà eu de telles préoccupations. Selon lui, les divers océans en forment un seul, l'**océan mondial**. Les terres émergées ne se divisent qu'en trois ensembles : l'**île mondiale** (Europe, Asie et Afrique réunies) et les deux **îles périphériques** : l'Amérique et l'Australie. Cette description se complète d'une analyse. Le cœur de l'île mondiale, ce que Mackinder appelle ***heartland*** (le « cœur du monde »), correspond au nord et au centre de l'Eurasie. Il est composé de vastes plaines (la plaine russe), de grands fleuves (la Volga, l'Ob) et d'immenses pâturages, autant d'éléments favorables faisant de cette région celle qui doit dominer le monde. Le *heartland* est entouré par plusieurs cercles concentriques ou **anneaux**. Un croissant intérieur hostile (montagnes d'Asie et Sibérie) protège le *heartland*. Des **croissants maritimes**, par exemple celui allant de l'Europe à l'Arabie, sont plus ou moins éloignés, et deux autres *heartlands* secondaires existent, l'un en Afrique du Sud et l'autre centré sur les Grandes Plaines américaines. Cette vision, exprimée en 1904, fut complétée, en 1943, par le concept de **puissance maritime**, créé par Mackinder en grande partie pour rendre compte de l'émergence de la puissance américaine. Le contrôle des mers est fondamental et le croissant maritime nommé ***rimland*** par l'Américain Nicholas J. **Spykman** (1893-1943) peut efficacement s'opposer au *heartland*, puissance d'essence continentale. Ces théories, imprégnées de déterminisme géographique (*cf.* encadré p. 214), connurent un immense succès et influencent encore profondément les conceptions géopolitiques mondiales pour une raison évidente : le *heartland* décrit dès 1904 correspondait à la future URSS et les puissances maritimes furent les alliées des États-Unis dans le contexte de la Guerre froide. L'Alliance atlantique n'était-elle pas à l'origine une union des croissants maritimes pour contrôler l'océan mondial et tenter de contrer la puissance terrestre soviétique ? Ces analyses sont aujourd'hui périmées même si la Russie s'est réappropriée ces théories et se veut toujours le cœur du *heartland*.

Political geography et géopolitique

Le terme de **géographie politique** désigne parfois encore en France la description des cadres politiques dans lesquels s'inscrivent les États à un moment donné et est une discipline statique par rapport à la géopolitique qui a toujours une dimension analytique et prospective. Mais il revêt un tout autre sens dans le monde anglo-saxon où la ***political geography*** a connu un essor important depuis les travaux du français Jean **Gottmann** (1915-1994) aux États-Unis. Elle a remis en cause nombre d'analyses classiques de géopolitique. La première question concerne le rôle de l'État. Dans les années 1990, John **Agnew** (né en 1949) parle de **piège territorial** (***territorial trap***) pour souligner le fait que les géographes doivent prendre en compte d'autres acteurs que l'État et d'autres échelles que le territoire national et s'intéresser notamment aux réseaux, aux mentalités, à la culture ou à l'économie. Des conceptions géopolitiques découlent donc les préoccupations géoéconomiques et géostratégiques, champs d'étude respectifs de la géoéconomie et de la **géostratégie**. Cette dernière étudie les rapports entre géographie et stratégie, notamment militaire. L'emplacement des forces de frappe respectives, les stratégies navales ou terrestres, les alliances, mais aussi le contrôle d'espaces clés comme les détroits sont du domaine de la géostratégie. Quant à la **géoéconomie**, elle étudie les rapports entre espace et activités économiques, pour déterminer le poids des facteurs spatiaux dans l'économie. Considérant le monde comme un système, elle analyse notamment les contradictions pouvant exister entre des stratégies géopolitiques étatiques et une économie-monde en plein développement. Dans le cadre de la mondialisation et de l'interdépendance croissantes des économies et des politiques économiques mondiales, elle joue un rôle de plus en plus important et supplante de plus en plus la géopolitique des États, au risque de tomber, à la suite du piège territorial, dans le « piège du transnational ».

John Agnew et Gearoid **O'Tuathail** (né en 1962) redéfinissent de même la géographie politique en en faisant non seulement une analyse de politiques pensées dans l'espace, mais surtout en y intégrant l'étude et la déconstruction des discours politiques sur cet espace. Il faudrait donc distinguer la **géopolitique théorique** (*formal geopolitics*) de la **géopolitique appliquée** (*practical geopolitics*) et de la **géopolitique critique** (*critical geopolitics*), qui étudie ces discours. Par exemple, pour O'Tuathail, le concept de ***geo-power*** correspond à l'utilisation par le pouvoir du savoir géographique dans un but de propagande. La géographie politique s'intéresse donc aussi aux systèmes politiques et économiques (*cf.* article *Systèmes politiques et économiques (géographie et)*), aux sociétés, aux tensions et problèmes qui peuvent amener des territoires à se modifier, aux minorités ethniques, religieuses et aux réseaux d'alliance. Mais elle s'intéresse aussi aux représentations mentales, au sentiment de sécurité ou d'insécurité à l'intérieur de ce territoire et à la conception de l'autre.

Étudiant les rapports entre un espace et la politique, la géopolitique théorique essaie de différencier les facteurs d'explication permanents des facteurs conjoncturels qui influencent les décisions des différents acteurs. Certains facteurs sont, en effet, structurels, comme la situation de l'entité territoriale et ses caractéristiques physiographiques. La prise de conscience de ces paramètres a engendré les premières mesures de géopolitique appliquée. Lorsque Vauban, en 1673, demande à Louis XIV de « rendre son **pré carré** » (d'agrandir le territoire national), il témoigne d'une conscience géopolitique et ce n'est pas un hasard si la notion de frontière se précise au même moment. Cette prise de conscience du territoire national créera le mythe des « frontières naturelles » étudié par la géopolitique critique (la « ligne bleue des Vosges » étant une des facettes du *geo-power*). D'autres facteurs sont en revanche plus variables.

Ainsi, les ressources naturelles ne déterminent pas des politiques constantes. L'intérêt pour telle ou telle ressource varie en fonction des moyens techniques, mais aussi de la fluctuation des cours des matières premières. Le pétrole à 100 dollars le baril est un enjeu stratégique infiniment plus important qu'un baril à 15 dollars ! Les sources d'énergie peuvent être néanmoins, momentanément, des éléments déterminants des choix géopolitiques des nations. La localisation du pétrole peut même influencer la conception que l'on a de tel ou tel espace. Ainsi, la France tenta en vain de dissocier le cas de l'Algérie de celui du Sahara, riche en pétrole, lors des accords d'Évian en 1962 ; pourtant l'Union française considérait jusque-là le Sahara (« Territoires du Sud ») comme dépendant de l'Algérie française.

La géopolitique a connu un renouveau en France à partir des années 1960-1970. Jusque-là, elle était relativement marginale malgré le développement d'une géographie politique descriptive et d'une **géographie électorale** qui analysait les résultats électoraux sur un territoire, en fonction de critères historiques, socio-économiques, mais aussi naturalistes. Il s'agit par exemple de la thèse d'André **Siegfried** (1875-1959) de 1913 (*Tableau politique de la France de l'Ouest sous la troisième République*). Ce renouveau est principalement dû à Yves **Lacoste** (né en 1929). Il est, avec Béatrice **Giblin** (née en 1947), à l'origine de la revue ***Hérodote***, créée en 1976 et sous-titrée à partir de 1982 *Revue de géographie et de géopolitique*. Yves Lacoste est également l'auteur, en 1976, d'un ouvrage (*La Géographie, ça sert d'abord à faire la guerre*) qui provoqua un certain scandale dans le milieu universitaire, à une époque où la géographie classique, encore dominante, était peu ouverte aux analyses géopolitiques. Dans celui-ci, Yves Lacoste affirmait que la géographie avait toujours été un instrument essentiel dans les mains des militaires, qu'il s'agisse de la production par l'armée française de cartes d'état-major (*cf.* p. 424) ou de son utilisation par l'armée américaine dans le contexte de la guerre du Vietnam. Les conceptions de Lacoste seront reprises et réinterprétées par de nombreux géopoliticiens dont Michel Foucher (*cf.* p. 198) qui a publié plusieurs articles dans *Hérodote*. Elles reposent sur l'idée que toute interprétation géopolitique nécessite une prise en compte des représentations que se font les individus de la situation, de l'épaisseur historique des phénomènes et donc des temporalités sur le temps long mais aussi sur un temps plus court (une analyse diachronique), et enfin d'une analyse multiscalaire, ici nommée **diatopie**.

Il y a donc un rapprochement progressif entre la *political geography* anglo-saxonne et les préoccupations d'un certain nombre de géographes français : les concepts de territoire et de territorialité par exemple (*cf.* articles *Territoire* et *Culture, géographie culturelle*) sont désormais des objets d'étude en géopolitique.

Géopolitique mondiale et géopolitique des États

D'un monde bipolaire à un monde plus complexe

De 1947 à 1989, la Guerre froide a coupé le monde en deux. Ce conflit a eu une dimension géopolitique majeure, puisque les stratégies reposaient sur des concepts tels que la formation de blocs, de réseaux d'alliances à l'échelle mondiale. En 1947, la doctrine Truman, qui lance la Guerre froide, est une doctrine géopolitique. Correspondant à une stratégie d'**endiguement** (***containment*** en anglais), du communisme, elle crée un réseau d'alliances en s'appuyant entre autre sur le plan Marshall pour limiter la propagation du communisme. Cette idée est reformulée en 1954 par Eisenhower dans « la **théorie des dominos** ». Les États sont comparés à des dominos placés sur leur tranche : si un seul tombe (dans le communisme), tous s'effondrent par effet d'entraînement. Le Pacte de Rio (1947), le traité de l'Atlantique-Nord (1949), l'ANZUS (1951) et le Pacte de Bagdad (1955), sont à cette époque les mailles du monde occidental : c'est « la **pactomanie** ». La réponse soviétique, par la mise en place du Kominform, est du même ordre et le discours de Jdanov, en 1947, apparaît comme une réplique inversée du discours de Truman.

Ce monde bipolaire s'est rapidement compliqué par des dissensions à l'intérieur de chaque camp. Le cas chinois coupe ainsi le camp soviétique en deux et Deng Xiaoping formule en 1974 la « **théorie des trois mondes** » : aux mondes capitaliste et « social-impérialiste » s'oppose le monde socialiste incarné par la Chine. Mais, dès les années 1950, d'autres ruptures apparaissent. Le concept de « Tiers-monde », créé par Alfred Sauvy en 1952 et repris lors de la Conférence de Bandoeng en 1955, a une dimension géopolitique, voire géoéconomique. Le terme sera d'ailleurs vite assimilé à l'ensemble des « pays en voie de développement ». La Conférence de Belgrade, en 1961, explicite le **non-alignement** ; les participants affirment leur volonté d'emprunter une « troisième voie », en ne s'alignant ni sur les États-Unis ni sur l'URSS : à la division Est-Ouest, il faut ajouter la coupure Nord-Sud.

Qu'est-ce qu'une puissance ?

La notion de **puissance** doit être différenciée de celle de pouvoir. D'après Jean-Baptiste Duroselle, le **pouvoir** est la capacité pour un État d'influencer la volonté du peuple à l'intérieur de son propre territoire, la notion de puissance correspondant à la capacité pour cet État d'imposer sa volonté à l'extérieur. La puissance d'un État peut donc être considérée comme sa capacité d'action sur la scène internationale, comme sa capacité par exemple à imposer sa volonté aux autres États. On peut distinguer deux formes de puissance : le ***hard power*** (pouvoir « dur » ou coercitif), c'est-à-dire la capacité à imposer sa volonté par la force grâce à la puissance militaire et stratégique, mais aussi grâce à la puissance économique ; et le ***soft power*** (pouvoir « doux » ou attractif, défini en 1990 par l'Américain Joseph Nye) qui s'exprime par la persuasion et consiste à user de son influence politique et culturelle pour faire adopter par les autres son point de vue. Les États-Unis sont la seule **superpuissance** ou **hyperpuissance**, car ils possèdent les deux attributs, avec un *hard power* présent sur une grande partie de la planète et un *soft power* encore plus important. Enfin, le concept récent de ***smart power*** (« pouvoir de l'intelligence ») a été employé à partir de 2008 par l'administration Obama pour caractériser son action internationale, en réaction aux républicains suspectés de ne se référer qu'au *hard power*. Le *smart power* se veut la combinaison de *hard* et de *soft power*, « la bonne combinaison d'outils, la mieux adaptée à chaque situation ».

Définir la notion de puissance suppose par ailleurs de prendre en compte la notion de **résilience**. Ce concept, issu de l'écologie puis de la psychologie, est la capacité d'un individu à s'adapter à des événements extérieurs et donc par extension la capacité d'une population ou d'un pays à se relever en cas de crise majeure. Le cas de la Russie, puissance ré-émergente après la fin de l'URSS, voire de la Chine, montre la pertinence de ce concept.

De la Seconde Guerre mondiale à 1989, les choix stratégiques ont en grande partie été fondés sur l'arme nucléaire et donc sur une conception particulière des conflits : un missile longue portée peut en quelques minutes frapper n'importe quel endroit de la planète depuis n'importe quel autre. Dans un tel contexte d'**équilibre de la terreur**, ces choix échappent, en partie, aux logiques territoriales *stricto sensu* et ne relèvent que partiellement du domaine de la géostratégie. La course aux armements s'est faite dans deux directions : l'augmentation du nombre de missiles et l'innovation technologique. Elle a donc une dimension géoéconomique. L'Initiative de défense stratégique américaine des années 1980 (**IDS** encore nommée « parapluie nucléaire » ou « guerre des étoiles ») reposait sur un réseau de satellites supposé détecter puis détruire tout missile ennemi.

Pourtant, si la perception que les stratèges ont de l'espace et du temps s'est modifiée, la dimension spatiale persiste. Le territoire national est toujours qualifié de **sanctuaire**, c'est-à-dire d'espace inviolable dont l'agression entraînera des « représailles massives ». La notion de **glacis défensif**, qui désigne, dans son sens premier, le terrain découvert devant une fortification et sur lequel on voit venir l'ennemi, est toujours à l'honneur ; l'Europe de l'Est en fut l'exemple type, protégeant la forteresse soviétique. De même, le but final de la course aux armements étant de garder une **capacité de seconde frappe**, ou la possibilité de répliquer après une attaque nucléaire massive, les considérations spatiales ne sont jamais évacuées. Les États-Unis étant un État-continent, l'agresseur potentiel ne pouvait être sûr de détruire d'un seul coup l'armement de l'ennemi. Le phénomène est renforcé par les pactes militaires, qui contribuent à la dispersion spatiale des missiles, et par la présence des sous-marins nucléaires qui parcourent l'océan mondial. Enfin, l'existence de missiles de portée intermédiaire et à courte portée renforce les logiques territoriales.

Les bouleversements politiques survenus depuis 1989 ont imposé une nouvelle approche des conceptions géopolitiques et du rôle de l'armement atomique. On assiste désormais à une prolifération de celui-ci. Il était auparavant possédé par les seuls cinq membres du Conseil de sécurité (« **Club des cinq** »), en vertu du **Traité sur la non-prolifération des armes nucléaires** (**TNP**) de 1968. Malgré la création de plusieurs **Zones exemptes d'armes nucléaires** (**ZEAN**), au sein desquelles les États s'engagent à ne pas développer ni posséder d'armes nucléaires, le nombre de pays en disposant a augmenté : Israël, sans doute depuis 1966, Inde et Pakistan depuis 1998, Corée du Nord depuis 2006. La situation actuelle est donc paradoxalement plus porteuse de danger que celle de la Guerre froide. On parle ainsi de **conflictualités** pour caractériser ces tensions de forme, d'intensité et de durée très variables.

Les conflits dans le monde

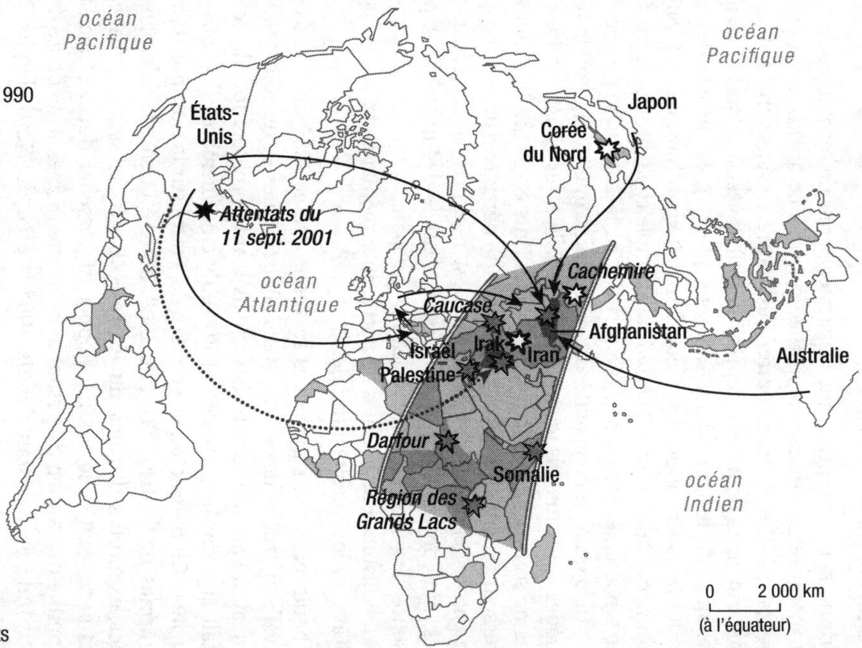

Les grandes zones de conflits

- Territoires touchés par les conflits depuis 1990
- Pays encore touchés par la guerre en 2010
- Une zone de tension, l'arc des crises

Les principaux points chauds de la planète

- Acte terroriste majeur
- Intervention militaire multilatérale
- Intervention militaire des États-Unis
- Principaux foyers de conflits
- Risques d'affrontements majeurs

Source : Blog des professeurs d'histoire, de géographie et d'éducation civique du collège-lycée Jean-Baptiste Say à Paris (15e), hgjbs.canalblog.com, 2013.

La situation géopolitique actuelle : nouvel ordre mondial ou nouvelles conflictualités ?

L'analyse géopolitique se focalise désormais moins sur les États que sur d'autres échelles et sur les réseaux. Il s'agit par exemple des **zones grises**, espaces de non-droit, qui peuvent être d'échelles variées : régions contrôlées par les FARC colombiennes par exemple, États faillis comme la Somalie, mais aussi espaces maritimes comme les détroits d'Ormuz ou de Malacca où sévit la piraterie. En ce qui concerne les réseaux, le **terrorisme**, c'est-à-dire l'utilisation d'actions violentes et meurtrières pour choquer les opinions publiques et déstabiliser les États, est devenu un objet d'étude. Son développement a entraîné une large déterritorialisation des conflits, ceux-ci étant le fait d'organisations présentant des ramifications dans plusieurs États et agissant à l'échelle de la planète, comme le réseau Al-Qaida.

Pour remettre en cause la situation hégémonique des États-Unis, le sanctuaire américain a été atteint le 11 septembre 2001 par des attentats sans précédent. Les Américains ont découvert leur vulnérabilité et de nouveaux concepts géopolitiques ont été mis en avant de 2001 à 2008, en s'appuyant largement sur les thèses de Samuel **Huntington** (*cf.* articles *Religion* et *Société, géographie sociale*). Les relations internationales ne s'expliqueraient plus par des raisons idéologiques ou économiques (l'opposition Nord-Sud), mais seraient liées, selon le titre d'un de ses ouvrages de 1996, à un « choc de civilisations ». Le monde serait divisé en sept aires culturelles correspondant à des critères « ethniques », mais surtout religieux (aire musulmane, aire hindoue, aire slave-orthodoxe...). Cette conception du monde est contestable pour plusieurs raisons : elle néglige les diversités internes à chaque aire mais aussi les liaisons entre ces aires (par exemple, l'idée d'une communauté méditerranéenne va à l'encontre de ces thèses). Surtout, elle sous-estime le poids des tensions économiques dans le monde. Enfin, elle s'accompagne d'une tentation messianique : la civilisation occidentale et son leader américain devant s'opposer à « l'**axe du Mal** ». Il s'agissait, selon George W. Bush, d'un ensemble de réseaux terroristes anti-américains et de pays censés les soutenir ou développer des armes de destruction massive (comme la Corée du Nord) : les « **États voyous** », ***rogues states*** en anglais. Au-delà du slogan simpliste et destiné à une opinion américaine traumatisée, ce concept est finalement assez novateur, car il redéfinit celui plus traditionnel d'ennemi, qui n'est plus attaché à un territoire mais à un ensemble de pays hostiles localisés sur plusieurs continents, et d'autres pays supposés alliés mais abritant à leur insu des groupes terroristes. Il ne s'agit donc pas d'un axe, mot créé par référence à la Seconde Guerre mondiale mais plutôt d'un réseau constitué de pays ou de groupes de personnes isolés géographiquement les uns des autres et non liés nécessairement par un pacte. Ce sont ces conceptions qui ont, semble-t-il, poussé l'administration américaine sous George W. Bush, Président de 2000 à 2008, à passer du **multilatéralisme** (décisions prises en commun entre plusieurs États, selon des règles communes, notamment dans le cadre de l'ONU) à l'**unilatéralisme**, illustré par sa décision d'entrer en guerre contre l'Irak en 2003, sans l'aval de l'ONU. Une des conséquences fut aussi de conférer un rôle accru à l'OTAN qui supplanta souvent les actions des casques bleus de l'ONU.

Comme par le passé, il existe de multiples formes de conflits, qui peuvent avoir pour enjeu la maîtrise d'un espace convoité, ce qui est particulièrement étudié par la **géographie des conflits**. Un **conflit** (du latin *conflictus*, choc) naît de la rivalité pour un même objet d'au moins deux acteurs. Ceux-ci peuvent être des individus, mais aussi des groupes sociaux ou des États. Les conflits peuvent prendre des formes très variées et le plus souvent non armées (conflit syndical par exemple, mais aussi embargo…) mais peuvent aussi déboucher sur la guerre, qui est donc une des formes possibles de conflit. Le terme de **guerre**, qui désigne au sens strict un conflit passant par une lutte armée, est aussi employé dans le langage courant pour évoquer des conflits non armés utilisant l' « arme » économique, idéologique… ou encore, plus récemment, informatique. Le terme de **cyber-guerre** ou de cyber-attaque, encore mal défini, désigne selon l'OTAN une opération informatique visant à prendre le contrôle d'un système d'information « dans le but de blesser ou tuer des personnes, ou encore d'endommager ou détruire des objets ». Il n'englobe donc pas a priori tous les actes de « pirateries » informatiques.

On distingue classiquement trois types de guerres : si les guerres coloniales sont désormais marginales, les guerres interétatiques sont également devenues rares. En revanche, 90 % des guerres sont à l'heure actuelle des conflits intra-étatiques, à savoir des **guerres civiles**. Celles-ci sont tout de même en régression depuis les années 1990. Elles ont malgré tout engendré la création d'une trentaine d'États nouveaux dans le monde depuis 1991. On assiste donc à un morcellement politique de la planète lié à la montée des nationalismes qui a créé une situation complexe et instable, que l'on qualifie parfois de **balkanisation**. Ce terme assez péjoratif, qui fait référence au morcellement des Balkans à la veille de 1914, s'applique à des zones où les nationalismes sont enchevêtrés.

Une partie de ces conflits est localisée dans une zone qui va des Grands Lacs africains et de l'Afrique du Nord à la péninsule Arabique et au Pakistan. Partant de cette constatation, plusieurs géopoliticiens et organismes d'État (dont le ministère de la Défense français de 2008 dans son « Livre Blanc de la Défense et de la Sécurité nationale ») ont nommé cette zone « **arc de crises** ». Ce terme fut inventé à l'époque de la chute du Shah d'Iran (1979) par l'historien anglo-saxon Bernard Lewis et par Zbigniew Brzezinski, conseiller aux affaires étrangères des États-Unis. Le concept reste très contestable car la délimitation de cet « arc » varie en fonction des auteurs : il ne correspond à aucun ensemble géopolitique particulier et englobe différents foyers de violence et de crises, qui sont dans la réalité bien distincts les uns des autres. D'autres « arcs », sans doute construits inconsciemment autour de la vision d'un possible encerclement, n'ont pas de contours précis. Ainsi, au Moyen-Orient, les majorités sunnites évoquent les craintes que leur inspire un « **arc chiite** » ou « **croissant chiite** », du Liban à l'Iran, supposé aux ordres de Téhéran.

Enfin, la géoéconomie prend une importance croissante comme en témoigne l'élargissement du G8 au G20. En effet, les sommets du **G8** (groupe des huit pays les plus riches du monde, ex-**G7**, élargi depuis 1994 à la Russie : États-Unis, Japon, Allemagne, France, Italie, Royaume-Uni et Canada) sont depuis la fin de la Guerre froide parmi les principaux lieux de décisions mondiales. C'est en effet lors de sa réunion annuelle que sont prises, depuis 1975, des décisions conjointes, en matière monétaire par exemple. Mais de nombreuses voix s'élevant devant ce directoire mondial, les réunions du G8 tendent à être concurrencées par celles du **G20**. Celui-ci est composé du G8, de l'UE et de 11 puissances émergentes comme la Chine, l'Inde, le Brésil ou le Mexique. Le G20 représente ainsi 90 % du produit mondial brut. Si le G20 est une structure qui existe depuis 1999, le premier sommet du G20 regroupant des chefs d'État et de gouvernement a seulement eu lieu en 2008. Son but est de favoriser le dialogue entre pays émergents et pays industrialisés, mais surtout de favoriser la stabilité financière dans le monde. Le bilan reste néanmoins à faire pour ce G20 qui peut apparaître comme une tentative de gouvernance mondiale plus équilibrée, comme l'affirment ses partisans, ou comme un « club des plus riches », comme le dénonce le Forum Social Mondial.

Géopolitique des États : le cas français

Les conceptions géopolitiques françaises se sont adaptées. Le territoire français, bordé de quatre mers et océan aurait pu faire du pays une puissance maritime. Mais, la France s'est, de Louis XIV à Napoléon, tournée vers l'Europe continentale. Il faut attendre le XIXe siècle et la colonisation pour voir la France adopter une stratégie mondiale. Du fait de ce passé, la France est particulièrement implantée en Afrique noire, y compris dans l'ancien empire colonial belge au nom de la francophonie, et elle joue le rôle d'une puissance néocoloniale, si bien que l'on a parlé de **Françafrique** pour caractériser ces liens. Quatorze pays africains sont ainsi liés à la France dans le cadre de la **zone franc**, union monétaire des pays où circule le franc **CFA** (**Communauté financière africaine**), autrefois défini par rapport au franc français et, depuis 2002, à l'euro. Mais, là comme ailleurs, la France est en recul, bien qu'elle reste un recours possible pour les pays d'Afrique subsaharienne en conflit, comme l'a démontré la crise malienne en 2013. Elle cherche par ailleurs à jouer un rôle moteur dans la constitution d'un espace méditerranéen. En Afrique subsaharienne, les États-Unis, et surtout la Chine, la supplantent peu à peu : on parle d'ailleurs de plus en plus de **Chinafrique**.

Au-delà de l'Afrique, la possession de l'arme nucléaire a permis à la France d'accéder, durant la Guerre froide, au statut de grande puissance européenne, voire de puissance mondiale, statut conforme à sa place de membre permanent au Conseil de sécurité de l'ONU, mais en décalage avec sa puissance économique. Mais l'arme nucléaire est moins utile dans les conflits actuels. Le passage à une compétition géoéconomique mondiale est moins avantageux pour un pays en crise économique.

La tendance est donc au recul des positions françaises au niveau mondial, mais aussi européen. La France, pays fondateur de la CEE, avait axé toute sa politique européenne autour de la coopération avec l'Allemagne. Mais les révolutions de 1989 ont bouleversé la géographie du continent, désormais centré sur une *Mitteleuropa* correspondant à l'Allemagne réunifiée qui, forte de sa zone d'influence (Autriche, République tchèque...) retrouve sa place centrale en Europe et semble moins encline à entretenir la flamme du couple franco-allemand.

Lire aussi **Frontière – Mondialisation, système-monde – Océan, mer**

Glacier

Les **glaciers**, ces masses de glace continentale en mouvement, se localisent essentiellement aux pôles. Toutefois, les glaciers les plus célèbres et les plus étudiés sont les glaciers de montagne. Tous constituent une ressource fondamentale mais menacée par le réchauffement climatique. Formidables agents d'érosion, leur action, encore importante de nos jours, a été déterminante lors des périodes glaciaires du Quaternaire.

Les glaciers, une ressource menacée

Une ressource en eau menacée par le recul glaciaire

Les glaciers sont une ressource importante à plusieurs points de vue. Ils servent tout d'abord de réserves d'eau, alimentant de très nombreux fleuves : à l'échelle planétaire, on estime que plus d'un sixième de la population mondiale dépend des glaciers ou du manteau neigeux saisonnier pour son approvisionnement en eau. Or, cette ressource est menacée du fait des changements climatiques. Partout les glaciers sont en recul et certains d'entre eux sont même en voie de disparition, par exemple dans les Pyrénées ou les Alpes bavaroises. Ce phénomène ne concerne pas que les glaciers de montagne puisqu'au Groenland, la **calotte glaciaire** (grande masse de glace qui peut atteindre plusieurs kilomètres d'épaisseur) a été marquée par une fonte record en 2012. Cette fonte généralisée est une véritable menace pour les populations qui utilisent ces eaux. Au Pérou, où les deux tiers de la population habitent sur une côte aride et dépendent donc des approvisionnements en eau issus des glaciers andins, de 20 à 30 % de la superficie des glaciers a déjà disparu au cours des trente dernières années. Le pays s'est donc lancé depuis 2008 dans une politique alternative de dessalement de l'eau de mer pour compenser les baisses attendues des apports en eau. Le problème est ici global et se double de conséquences économiques (menaces sur l'agriculture) et sociales (augmentation du prix de l'eau), d'autant plus fortes que le pays est confronté à de fortes inégalités. Mais cette réduction des surfaces englacées est porteuse d'autre risques : au Bangladesh, la fonte rapide des glaciers himalayens joue un rôle dans la submersion de certaines régions.

Les glaciers, principales ressources en eau de la planète

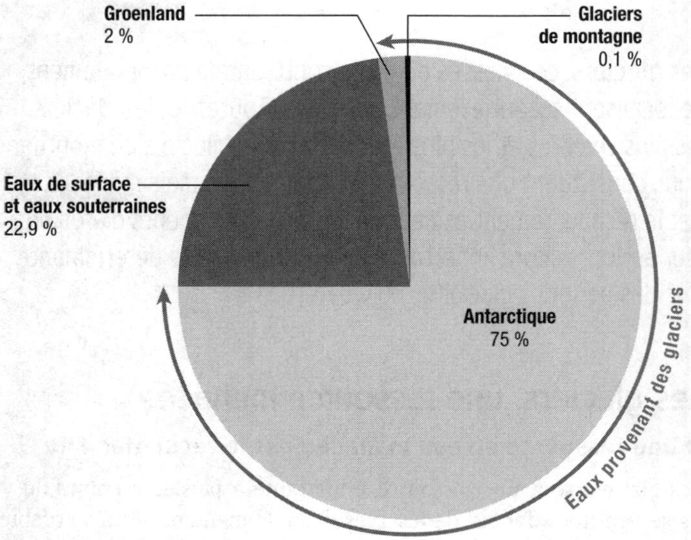

Une ressource patrimoniale

Les glaciers ont pu influencer culturellement les sociétés vivant à leurs pieds et certains glaciers jouent un rôle religieux fort : celui des sources du Gange est sacré, tout comme le glacier de Mingyong au Tibet. Au Pérou, le sanctuaire de Qoyllurit'i, où eut lieu une apparition miraculeuse en 1780, est, à 5 200 mètres d'altitude, le pèlerinage le plus haut d'Amérique latine. Les glaciers sont également une ressource paysagère essentielle : comment imaginer Chamonix sans la Mer de Glace ? De nombreux pays ou régions utilisent donc les glaciers comme support de produits touristiques. C'est le cas par exemple de l'Alaska avec le Parc national de Wrangell-St. Elias, le plus vaste des États-Unis. C'est aussi le cas de l'Islande, autoproclamée « Terre de glace et de feu », et qui médiatise notamment les quelques icebergs du Jokulsarlon, seul lieu où un glacier islandais se jette dans la mer.

Dans certaines stations alpines, le ski sur glacier est depuis longtemps un argument publicitaire. Cependant, le recul glaciaire fait peser des menaces économiques sur les domaines de ski d'été qui ferment les uns après les autres ou n'ouvrent que très ponctuellement (en 2012, en Suisse par exemple, seules deux stations ont offert du ski d'été). Et encore l'ouverture n'est-elle souvent réalisée que grâce à des aménagements coûteux et écologiquement contestables.

Les glaciers constituent une **ressource patrimoniale**, c'est-à-dire dotée de valeurs culturelles communes et que l'on juge nécessaire de recenser et de conserver. L'UNESCO en classe plusieurs (Grand Glacier d'Aletsch en Suisse, Parc national « *de los glaciares* » en Argentine…) au « **Patrimoine mondial de l'humanité** » parmi les 962 lieux (monuments et sites naturels et / ou culturels) « ayant une valeur universelle exceptionnelle ». Ce processus de **patrimonialisation**, de fabrication du patrimoine, est ancien et a pu jouer un rôle dans l'édification d'une identité nationale. Ainsi, lors de l'établissement des parcs nationaux de l'Ouest canadien au tournant du XXe siècle, les paysages de montagne jouèrent un rôle essentiel dans l'édification de valeurs collectives nationales. Chutes d'eau, lacs, mais aussi glaciers, furent peints puis photographiés et loués par les écrivains pour leurs valeurs de pureté et de ***wilderness*** (une nature sauvage, vierge, idéalisée, dans la conception anglo-saxonne du monde) auxquelles s'identifiaient les colons. Ils étaient aussi perçus comme de grands espaces à conquérir. Cette nature monumentalisée et ses paysages-types (*cf.* article *Paysage*) furent à la base de la représentation nationale.

Un enjeu géopolitique

Les glaciers peuvent constituer des enjeux géopolitiques, principalement pour le contrôle de l'eau : une des nombreuses raisons de l'intérêt de la Chine pour le Tibet est la présence de glaciers himalayens qui contribuent pour une bonne part à l'alimentation des grands fleuves chinois. Mais le glacier peut également être en lui-même l'enjeu, ce qu'illustre « la guerre des glaciers » que se mènent autour du glacier de Siachen, depuis 1984, l'Inde qui l'administre et le Pakistan qui le revendique. Il s'agit d'un des plus grands glaciers de montagne, long de 70 km. Les enjeux de ce « plus haut conflit au monde » semblent moins liés à la situation du glacier qu'au fait même qu'il s'agisse d'un lieu doté d'une forte valeur patrimoniale : il s'agit donc d'un enjeu symbolique, voire d'un conflit d'ego. « La guerre des glaciers » fait plus de 8 000 victimes depuis son origine… et le recul du glacier a été accéléré par les combats.

À une autre échelle, la fonte des glaciers polaires change quelque peu la donne géopolitique, essentiellement dans l'Arctique qui n'est pas protégé comme l'Antarctique par une convention internationale. Si la fonte de la banquise entraîne diverses revendications, notamment en ce qui concerne le contrôle d'éventuelles nouvelles routes maritimes (*cf.* article *Océan*), la fonte des glaciers terrestres a d'ores et déjà amené diverses compagnies pétrolières à relancer la prospection pétrolière dans l'Arctique canadien.

Un facteur de risques

Les glaciers sont à l'origine d'un certain nombre de risques, cependant peu importants du fait qu'ils se situent en zone peu habitée. Ainsi, la plupart des avancées catastrophiques des glaciers, les ***surges*** (ou **foirages glaciaires**), sont des aléas, des événements naturels majeurs mais ne menacent presque personne. Pourtant, quelques risques spécifiques ou induits touchent depuis très longtemps les populations vivant à leurs pieds. Il peut s'agir d'inondations difficilement prévisibles créées par le vidage des poches d'eau glaciaires, voire par les ruptures de lacs proglaciaires localisés dans des matériaux meubles pouvant se vidanger. Ce phénomène a été nettement accru par le réchauffement climatique et, dans les Alpes, il a fallu à plusieurs reprises consolider certains de ces lacs.

Les glaciers situés au sommet des calottes volcaniques sont un facteur de risque supplémentaire par la fonte brusque qu'ils peuvent connaître en cas d'éruption : le séisme en haute montagne du Nevado del Ruiz en Colombie entraîna, en 1985, l'effondrement d'un front glaciaire, engendrant à son tour un **lahar**, c'est-à-dire une coulée de boue, qui fut meurtrier.

Les différents types de glaciers

Les glaciers polaires

Au nord du cercle polaire arctique, les glaces occupent 4 % de l'Alaska, 60 % du Spitzberg et la quasi-totalité du Groenland. Mais les **glaciers polaires** les plus importants sont en Antarctique, où ils couvrent 98 % du territoire. Ce sont de grandes masses de glace, les **calottes** ou **inlandsis**, qui peuvent atteindre des milliers de mètres d'épaisseur. Du fait de leur masse, les calottes glaciaires ne présentent qu'une faible dynamique, mais peuvent connaître des phénomènes **supraglaciaires** – ou superficiels – importants. Ainsi, les rares pluies d'été engendrent des rivières supraglaciaires importantes, les **bédières**, qui disparaissent brutalement dans des **moulins**, véritables gouffres à la surface du glacier. Des lacs supraglaciaires se localisent dans ces creux. En revanche, les émissaires glaciaires plus pentus issus de ces calottes, présentent, aux ruptures de pente, des **crevasses** (cassures de la partie superficielle du glacier), comparables à celles que connaissent les glaciers de montagne et des **séracs**, blocs de glace isolés provenant de la fragmentation du glacier. Leur terminaison est un **front glaciaire** généralement très haut. Dans le cas d'une calotte aboutissant dans une mer ou un océan, c'est toute la partie basse du glacier qui flotte et les ruptures du front glaciaire, sous l'effet de la poussée, engendrent la création d'**icebergs**, masses de glace flottantes et dérivantes au gré des courants marins, dont la taille peut être gigantesque au point de dépasser 200 km de long. La **banquise** ou ***pack***, formée à la surface des mers polaires, ne s'apparente pas à un glacier puisqu'il s'agit d'eau de mer gelée, formant la **glace de mer**.

Coupe d'une calotte glaciaire

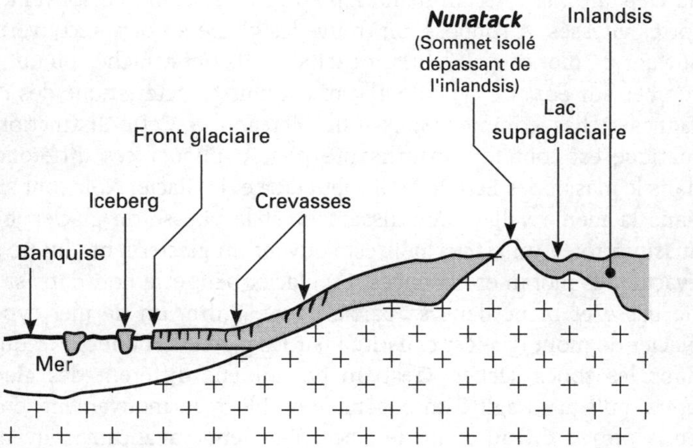

Les glaciers de montagne

Les **glaciers de montagne** sont de plus petite taille. Le grand glacier d'Aletsch en Suisse n'atteint pas 23 km de long et, dans le Karakorum, le glacier géant du Baltoro, avec ses 57 km environ, est plus petit que bon nombre de glaciers d'Alaska. Ils connaissent des vitesses et des dynamiques beaucoup plus importantes que les glaciers polaires. Ainsi, un glacier rapide avance de plus de 100 m par an. Les crevasses et chutes de séracs sont donc ici des phénomènes prédominants.

Plusieurs classifications des glaciers de montagne coexistent. Une première typologie se fonde sur leur topographie. Les **glaciers de versant**, souvent raides et peu épais, n'ont pas véritablement créé de vallée glaciaire. Un type particulier de glacier de versant est constitué par les **glaciers de paroi**, minces carapaces de glace accrochées sur les versants très raides de la haute montagne. Les **glaciers de cirque**, enchâssés au fond d'un cirque glaciaire, peuvent, s'ils sont importants, passer à des **glaciers de vallée**. Ceux-ci sont caractérisés par l'existence dans leur partie basse d'une avancée longue et étroite du glacier ou **langue glaciaire**.

Une autre typologie distingue les glaciers en fonction de leur aspect, mais aussi de leur couverture et de leur alimentation. Elle sépare les glaciers blancs des glaciers noirs. Les **glaciers blancs**, où la glace apparaît en surface, sont caractéristiques des montagnes humides comme au Népal, où la forte alimentation en glace se combine souvent à de fortes vitesses. À l'opposé, on trouve les **glaciers noirs**, recouverts en surface de **moraines** : débris rocheux, qu'ils ont arrachés ou qui sont tombés sur eux. Ce type de glacier est plus caractéristique des montagnes sèches, comme le massif du Mercantour. Cette distinction climatique est toutefois insuffisante pour expliquer ces différences : dans le massif des Écrins, le Glacier Blanc et le Glacier Noir sont situés dans la même vallée. L'encaissement et la vitesse du glacier jouent aussi un rôle : un glacier noir est souvent un glacier lent, qui ne peut évacuer les moraines charriées. Un glacier peut être noir dans sa partie basse et blanc dans sa partie haute. Enfin, un dernier type de glacier de montagne est constitué par les **glaciers rocheux**, fréquents dans les zones sèches. C'est un phénomène différent des glaciers noirs, puisqu'il s'agit d'un ensemble de blocs en mouvement, du fait de la présence d'un cœur de glace. Très lents, avançant souvent de moins d'un mètre par an, ces glaciers peuvent soit provenir de la décrépitude d'un glacier noir, soit avoir une origine propre, liée à la présence du froid.

L'érosion glaciaire

Formidables agents d'érosion, les glaciers ont contribué à modeler les reliefs, des régions de montagne mais aussi d'espaces beaucoup plus vastes, notamment pendant l'ère quaternaire où ils atteignirent une extension maximale (*cf.* article *Climat*).

Les glaciers possèdent tous les mêmes caractéristiques d'érosion, de transport et créent des dépôts sensiblement identiques. Du fait de sa masse et de la pente, le glacier glisse lentement vers l'aval. C'est ce glissement, ce **fluage glaciaire**, qui érode le soubassement. Le glacier façonne et creuse les reliefs sous-jacents par débitage et par abrasion. Les traces de ce phénomène deviennent bien visibles lorsque le glacier s'est retiré : il s'agit de **stries glaciaires** et **cannelures**, issues du contact avec des pierres charriées par le glacier, et aussi des **roches moutonnées**, de forme convexe et polies par le glacier. Les ***fjell*** (terme norvégien), des zones plus ou moins planes, caractérisées par ces formes, alternent avec des zones lacustres liées au surcreusement.

Par ailleurs, l'action érosive du glacier se traduit par la constitution de vallées typiques, les **vallées glaciaires**. Dans sa partie amont, le glacier de montagne crée un **cirque glaciaire** : une zone surcreusée, aux versants raides, généralement en demi-cercle. Deux cirques glaciaires côte à côte peuvent alors isoler une **pyramide de cirque** (un sommet pyramidal bien distinct des reliefs environnants). Plus en aval, la vallée proprement dite est une **auge glaciaire** ou **vallée en U**, ainsi appelée du fait de son fond plat et de ses versants raides, eux-mêmes dominés par une zone à plus faible pente, l'**épaulement**. Mais ces auges ne sont pas uniformes. Certaines, taillées dans la roche en place et marquées par l'absence de fond plat, ont alors une forme semi-circulaire (auge en **berceau**). Dans des zones de roches dures, où le glacier érode moins, la vallée se resserre pour former un **verrou glaciaire**. À l'inverse, en zone de roches meubles, l'auge peut s'élargir pour créer un **ombilic**, ce qui donne généralement naissance, suite au retrait glaciaire, à un espace plus ou moins plan (**oule** dans les Pyrénées). Ces reliefs ont souvent influencé le peuplement et les activités humaines : si les ombilics permettaient facilement aux activités agricoles de se déployer, de nombreux bourgs en revanche se sont situés de manière préférentielle sur les verrous, lieux stratégiques permettant de contrôler les vallées.

Les roches arrachées par le glacier sont transportées en surface et au fond même du glacier. D'autres, issues des versants supérieurs, s'infiltrent à l'intérieur du glacier par les crevasses ou par la **rimaye**, la crevasse sommitale issue du décrochement du glacier de la paroi rocheuse. Ces roches constituent soit un matériel morainique indifférencié, transporté pêle-mêle, soit des moraines mieux organisées. Arrachant une quantité importante de matériaux sur ses bords, le glacier est souvent bordé de **moraines latérales**, la confluence de deux glaciers pouvant transformer une moraine latérale en **moraine médiane**.

Après avoir érodé et transporté du matériel morainique, le glacier dépose celui-ci dans sa partie aval, ou parfois sur ses flancs, formant alors des terrasses morainiques ou **terrasses de kame**. En zone de montagne, le front glaciaire est donc toujours accompagné d'une zone de dépôt, plus ou moins étendue, la **marge proglaciaire**, située en avant du glacier et où les eaux de fonte sont l'agent morphogénétique dominant. Des moraines latérales peuvent subsister, issues d'une époque où le glacier était plus important. En aval, les matériaux transportés de front par le glacier forment une **moraine frontale**. Plusieurs arcs morainiques, ou **vallums**, subsistent parfois. C'est dans ce domaine proglaciaire que se logent les lacs proglaciaires.

Enfin, les dépôts glaciaires peuvent provenir du fond même du glacier. C'est le cas des **drumlins**, dépôts morainiques de forme allongée, souvent abandonnés par le glacier lors d'une rupture de pente, par exemple dans un ombilic. De telles formations ne sont naturellement visibles qu'une fois le glacier retiré. On parle alors d'**héritages glaciaires**.

Lire aussi Climat – Montagne – Risques, pollution

Industrie (entreprises, secteurs)

Les entreprises constituent la base de toute production industrielle. Privées ou publiques, elles s'expriment dans des secteurs industriels variés et sur des marchés de tailles très différentes, de l'échelle locale à la planète toute entière. Les plus importantes d'entre elles, et notamment les firmes multinationales, sont des acteurs principaux de la mondialisation.

Définition et rôle de l'industrie dans l'économie

L'**industrie** est encore souvent une des activités essentielles de la vie économique d'une région ou d'un État. Elle regroupe l'ensemble des activités économiques qui ont pour objet de transformer des richesses naturelles en vue de produire des biens matériels. Elle se distingue de l'**artisanat**, encore très présent notamment dans les pays du Sud, qui concerne des structures de taille inférieure (**ateliers**), employant peu de salariés, ne produisant pas en grande série et vendant le plus souvent les produits localement et directement. Les **manufactures** furent, dès le XVIIIe siècle en France et au Royaume-Uni, les premiers établissements industriels associant un grand nombre d'employés dans des structures de grande taille.

L'industrie, détentrice et responsable de l'emploi de grandes masses de travailleurs, a longtemps été pensée comme ayant un effet d'entraînement sur les autres secteurs, notamment l'agriculture et les services. Le niveau industriel est donc un indicateur classique du développement d'un État, au point que l'on parle parfois de **pays industrialisés** pour qualifier les pays du Nord. On peut quantifier le niveau industriel en évaluant la **valeur ajoutée industrielle par habitant** (la valeur de la production moins la valeur des consommations intermédiaires rapportée au nombre d'habitants).

On constate cependant, dans la plupart des pays, que le développement économique s'accompagne d'une réduction du poids de l'industrie dans les emplois et dans la valeur ajoutée par suite des mutations technologiques récentes qui semblent se faire au profit d'une **tertiarisation** de l'économie, c'est-à-dire de la multiplication des emplois de services, qui caractérise les **économies postindustrielles**. Il convient cependant de signaler que la frontière entre industrie et services est devenue moins étanche : de nombreuses firmes industrielles importantes produisent aujourd'hui également des services (produits financiers, touristiques, de transport...), d'autant plus avec la croissance des **TIC** (technologies de l'information et de la communication) : industries du numérique, de la transmission de l'information par Internet... On parle même, de façon contestable, d'industrie du tourisme.

L'entreprise : à la base de la production industrielle

La définition de l'entreprise

L'**entreprise industrielle** (ou **firme**) constitue classiquement le maillon central du système capitaliste. C'est une unité économique dont la vocation est de produire des biens destinés à être vendus sur des **marchés**, des espaces au sein desquels s'effectuent les échanges. Ils peuvent être de dimension réduite dans le cas d'un marché local mais peuvent atteindre la taille d'un État – c'est le **marché national** (qui, dans les États très peuplés et à fort pouvoir d'achat comme les États-Unis, peut largement suffire aux besoins d'une entreprise) – ou s'étendre au-delà, à l'échelle d'un continent, voire à l'ensemble de la planète (*cf.* article *Mondialisation, système-monde*). Pour son activité, l'entreprise utilise des **facteurs de production** (travail, capital...) qu'elle rémunère et qui peuvent être accrus par des investissements. Elle cherche, dans les pays à économie de marché, à produire davantage par une **croissance intensive**, c'est-à-dire qui repose sur des gains de productivité, et s'oppose à la **croissance extensive** des systèmes planifiés initiés dans l'ex-URSS, basée sur l'accroissement des facteurs de production. L'entreprise est aussi une unité juridique qui peut comprendre un seul ou plusieurs établissements, bâtiments industriels ou **usines**, situés ou non dans la même zone. Son **siège social** est le lieu où se trouvent les organes de direction.

Les différents types d'entreprises industrielles

Les économistes et les géographes différencient surtout les entreprises selon leur statut, leur taille et l'étendue de leur influence.

On classifie d'abord les entreprises selon leur **structure financière** (répartition du capital) en distinguant les entreprises privées des entreprises publiques ou mixtes. Les **entreprises privées**, indépendantes du pouvoir politique (mais qui parfois bénéficient d'aides publiques ou de prêts préférentiels, plus ou moins liées à des contreparties) recherchent le profit pour ensuite le distribuer aux actionnaires ou le réinvestir, notamment dans l'entreprise, favorisant ainsi sa croissance. Le capital des **entreprises mixtes** est partagé entre acteurs privés et publics alors que les **entreprises publiques** sont contrôlées par l'État, qui possède au moins la majorité du capital. Les entreprises peuvent être ou non exposées à la concurrence. Les entreprises publiques peuvent subir une **privatisation** par la vente d'une partie (privatisation partielle) ou de la totalité de leur capital à des actionnaires privés. Le mouvement inverse consiste en une **nationalisation** (*cf.* p. 187), c'est-à-dire le passage d'une entreprise privée sous le contrôle de l'État.

Selon la taille ou la structure sociale, on distingue en général les petites entreprises de moins de 50 salariés, les entreprises moyennes de 50 à 500 salariés et les grandes entreprises au-delà. Ces seuils varient cependant beaucoup selon les États. On associe en général les deux premiers groupes sous le terme de **PME** (**petite et moyenne entreprise**) ou **PMI** (**petite et moyenne industrie**). Ces dernières pratiquent souvent la **sous-traitance** en fournissant à une entreprise plus importante un produit intermédiaire ou une prestation spécifique. On parle parfois de **TPE** (**très petite entreprise**) pour qualifier les structures de moins de 20 salariés (en France, les deux tiers d'entre elles n'ont en fait aucun salarié). Il convient de ne pas confondre TPE et **micro-entreprise**, celle-ci correspondant en France à une entreprise qui bénéficie d'un régime fiscal particulier, à la condition que son chiffre d'affaires ne dépasse par un certain plafond.

Enfin, chaque entreprise se caractérise par son rayon d'action et l'étendue de son influence. Celles au rayonnement le plus remarquable sont sans doute les **FMN** ou **firmes multinationales**. Ce sont des entreprises qui possèdent des activités et des unités de production dans un nombre minimum de pays (au moins 6, selon l'ONU) et qui réalisent une part significative (variable selon les sources, de 10 % à 50 %) de leur chiffre d'affaires à l'étranger, y compris par des alliances avec des firmes locales pouvant aller jusqu'à former une **entreprise commune** ou **coentreprise** ou encore ***joint venture***. Les FMN les plus internationales connaissent une certaine **déterritorialisation**, ou une atténuation des liens qui les unissent à leur pays d'origine à mesure que les marchés sur lesquels elles sont présentes deviennent plus planétaires. Le terme de **firme transnationale (FTN)** est parfois préféré à celui de FMN, notamment pour marquer le fait que les firmes en question ont conservé un ancrage local et ne sont donc pas vraiment « multinationales ». Certains auteurs proposent une distinction selon la stratégie de l'entreprise, réservant le terme de FTN aux firmes qui s'implantent à l'étranger moins par intérêt pour les marchés locaux que pour profiter d'avantages comparatifs (coût ou qualification de main-d'œuvre notamment). Les FTN seraient donc moins liées aux États dans lesquels elles s'implantent et pourraient plus facilement se relocaliser, notamment en cas d'évolution des conditions locales de production. Mais ces distinctions ne font pas l'objet d'un consensus, les deux expressions étant souvent employées l'une pour l'autre. Les FMN (ou FTN) sont majoritairement des firmes industrielles mais beaucoup d'entre elles ont des activités de services (banque, assurance...) et certaines d'entre elles, comme AOL Time Warner, Vivendi, CNN ou encore FedEx, sont des entreprises de services. Le terme de **firme globale** (ou ***world company***), apparu au début des années 1980, est employé pour désigner une entreprise dont la stratégie de compétitivité est, dès la conception d'un nouveau produit, réfléchie au niveau mondial par la maison-mère, dont les activités sont coordonnées et interconnectées en réseaux productifs transterritoriaux, incluant les sous-traitants. Ces firmes ont recours à des moyens de financement globalisés. On parle de **transnationalisation** pour désigner le processus de conquête des marchés de la Triade et des pays émergents par les multinationales, grâce à l'essor de leurs investissements et des implantations industrielles.

Le poids économique des FMN les plus performantes dépasse celui de nombreux États. Les États-Unis, le Japon et les États de l'Union européenne possèdent la majorité des plus grandes entreprises mondiales mais les pays émergents, et notamment la Chine, en comptent de plus en plus. Elles s'intègrent enfin dans la mondialisation (*cf.* article *Mondialisation, système-monde*) avec un marché planétaire, une stratégie mondiale et des réseaux d'information et de communication qui ignorent les frontières.

Au Japon, les FMN sont de deux types. Il s'agit d'abord des anciens ***zaibatsu***, conglomérats d'entreprises réunis autour d'une famille (ou ***honsha***) qui ont bénéficié d'un soutien politique de haut niveau de leur naissance, à partir du XVIIe siècle (Mitsui, Sumitomo...), jusqu'à leur démantèlement en 1945 à l'issue de la défaite japonaise. Dans la réalité, elles se sont vite reconstituées sur une structure tricéphale : entreprises industrielles, maison de négoce (***sogo shosha***) et entreprise financière, banque et compagnie d'assurance. Le terme de ***zaïkaï*** a longtemps été utilisé pour qualifier ces *zaibatsu* reconstitués. La prise de pouvoir de plus en plus effective par les banques depuis le milieu des années 1980 a fait évoluer la terminologie et on parle aujourd'hui de ***keiretsu*** pour désigner les groupes d'entreprises qui ont succédé aux *zaïkaï.* Il existe également au Japon des multinationales plus récentes, comme Sony ou Hitachi, qui ne possèdent pas l'héritage historique des *zaïkai* et sont organisées plus classiquement autour d'une structure pyramidale. Les ***chaebol*** ou ***jaebol*** de Corée du Sud sont des grandes entreprises industrialo-commerciales d'origine familiale (Samsung, Hyundai, Daewoo...), donc assez proches des *zaibatsu* japonais.

C'est dans ces grandes entreprises que les méthodes de travail et de production ont été progressivement améliorées. Ce fut le cas au début du siècle aux États-Unis avec l'invention du **taylorisme** (du nom de l'ingénieur américain Frederick Taylor) qui repose sur une **Organisation scientifique du travail** (**OST**) dont l'objectif premier est d'accroître la productivité grâce à la division du travail, à la fois par séparation entre tâches de conception et d'exécution et aussi grâce à une parcellisation du travail face à la machine en opérations simples et répétitives. Cela permet une forte spécialisation des ouvriers attachés à un poste fixe, le chronométrage de leur travail et une rémunération au rendement. Le taylorisme fut appliqué précocement dans des abattoirs de Chicago puis, dès le début des années 1910, dans l'industrie automobile et en premier lieu dans les usines Ford à Détroit.

Henry Ford (1863-1947) perfectionna et compléta le taylorisme (on parle parfois de **tayloro-fordisme**) en développant l'utilisation de la chaîne de production et la **standardisation** qui permet, grâce à l'emploi de pièces interchangeables, la production en grandes séries. Mais le **fordisme** repose aussi sur d'autres évolutions, notamment la pratique de salaires élevés (*Five dollars day*, soit le double de ce qui était pratiqué habituellement). Cela permettait d'abord, par l'augmentation du pouvoir d'achat des ouvriers, de stimuler la demande globale de biens de consommation. Un autre objectif était, face à des conditions de travail devenues plus difficiles, de limiter les contestations et de fidéliser la main-d'œuvre en luttant notamment contre le ***turn over*** (**rotation de l'emploi**), c'est-à-dire des démissions fréquentes qui entraînent un fort renouvellement de la main-d'œuvre. Le fordisme reposait enfin sur d'autres pratiques comme l'emploi de la publicité ou le développement du service après-vente et donc de la liaison industrie-tertiaire. Progressivement diffusé dans le monde après 1945, il constitua le modèle dominant d'organisation du travail dans les pays à économie de marché et ce jusqu'aux années 1980, période à laquelle il fut progressivement supplanté par le **toyotisme**.

Né au Japon, ce système de production est présenté, selon les auteurs, soit comme un perfectionnement du fordisme, soit comme modèle alternatif à celui-ci. Il est basé sur quelques principes comme la production en « **juste à temps** » ou **flux tendus**, c'est-à-dire avec le moins de stock possible et un fort esprit d'équipe qui permet la pratique du ***kaisen*** (l'apport de petites améliorations constantes au produit) dans le but d'atteindre une qualité optimale. On parle souvent des « **Cinq zéros** » pour caractériser le toyotisme : zéro stock, zéro délai, zéro défaut, zéro panne et zéro papier (le moins possible de formulaires administratifs). C'est dans ces grandes entreprises que la **flexibilité** – la souplesse de l'organisation des moyens de productions – est poussée le plus loin dans le but de s'adapter aux évolutions de la demande et de la conjoncture économique. Elle concerne tout autant les machines que la main-d'œuvre : pressions sur le temps de travail, sur les conditions de travail et l'adaptabilité à de nouvelles tâches...

La concentration industrielle

La concentration industrielle a d'abord un sens géographique : il s'agit de la concentration des établissements industriels ou usines dans l'espace. Elle a pour objet d'accroître la **productivité** (le rapport entre la production et les facteurs qui ont permis de l'obtenir) et de réaliser des **économies d'échelle** en réduisant le coût de l'unité produite grâce à l'augmentation de l'échelle de la production : c'est l'avantage de la grande entreprise.

La concentration peut aussi être structurante. Elle résulte d'un choix stratégique pour orienter la croissance de l'entreprise. La **concentration** peut être **horizontale**, c'est-à-dire s'exercer dans les mêmes secteurs comme lors de la fusion entre Arcelor et Mittal Steel en 2006.

La répartition des 500 plus grandes entreprises mondiales en 2011 (par pays ou par zone)

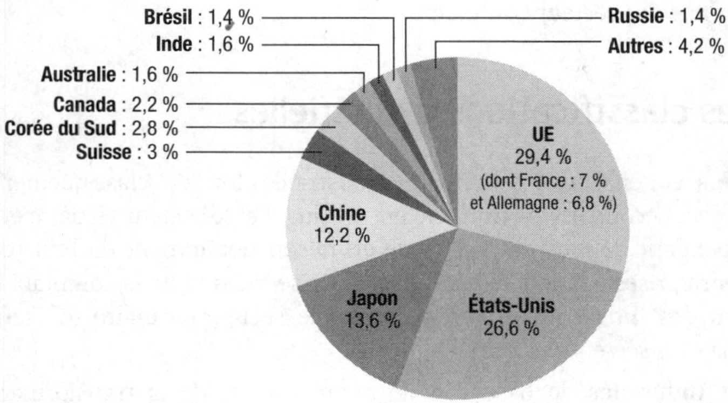

La **concentration verticale** concerne des secteurs complémentaires vers l'amont (approvisionnement) ou l'aval (distribution, commercialisation). Les compagnies pétrolières qui prennent le contrôle d'entreprises de raffinage et de chaînes de distribution en constituent un exemple. La concentration dans des secteurs différents, ou **concentration conglomérale**, aboutit à la formation de **conglomérats** industriels, ou d'entreprises possédant des activités dans des domaines forts différents et non liés. Ce type de concentration répond à une logique financière destinée le plus souvent à réduire les risques et à augmenter la puissance. Une concentration importante aboutit à la formation d'un **oligopole** (petit nombre d'entreprises dominant un marché). Une concentration maximale aboutit au **monopole** : dans ce cas, une entreprise contrôle à elle seule tout un marché. On parle parfois de **trust** pour désigner ces concentrations aboutissant à des situations d'oligopole ou de monopole. Des lois **antitrust** ont été mises en œuvre dans le monde entier pour combattre ces concentrations industrielles et des formes « d'abus de position dominante », comme cela a été le cas pour la firme américaine Microsoft, condamnée à plusieurs reprises depuis 2004 par la Commission européenne. Ces lois répriment également les **cartels**, c'est-à-dire les ententes entre entreprises dans le but d'éliminer la concurrence, à savoir la rivalité entre des vendeurs (ou des acheteurs) concernés par le même marché. Le cartel international du pétrole concernait sept entreprises qui fixaient un prix commun et se partageaient les marchés. Pour contourner ces lois antitrust se sont constituées des **holdings**, sociétés purement financières qui contrôlent des entreprises dont elles possèdent un nombre suffisant d'actions, et ce dans des secteurs différents.

Les classifications industrielles

Dans leur ensemble, les activités industrielles forment classiquement le secteur secondaire, la frontière entre celui-ci et le secteur tertiaire étant cependant de plus en plus floue en raison notamment de l'existence d'entreprises à la fois industrielles et de services et de la comptabilisation des industries extractives dans le secteur primaire (*cf.* article *Services, secteur tertiaire*).

Les **industries de base** sont le premier stade de la transformation industrielle. Elles regroupent les activités de transformation des matières premières en produits semi-finis. Elles sont également qualifiées d'**industries lourdes** ou **industries de biens intermédiaires** en ce sens qu'elles opèrent à un stade de production situé entre les matières premières et les produits de l'industrie de transformation. Elles font souvent partie de la **grande industrie** regroupant les **industries de capital** (dites aussi **capitalistiques**) qui mobilisent beaucoup de capitaux. Elles ont parfois été considérées, notamment dans les pays du bloc communiste et dans certains PED comme l'Algérie, comme des **industries industrialisantes** – possédant un pouvoir d'entraînement sur les autres industries –, qui peuvent en profiter pour se développer vers le haut, par **remontée de filière**, par exemple en développant des industries de biens d'équipements ou en passant de la chimie lourde à la production d'engrais, d'insecticides ou de médicaments.

Les **industries de transformation** utilisent des biens intermédiaires produits par les industries de base. On distingue les **industries de biens de production** ou d'équipement, utilisés pour produire d'autres biens ou destinés à une activité professionnelle et les **industries de biens de consommation courante** ou biens d'usage, destinés à une consommation individuelle. Les industries de biens d'équipement produisent par exemple des machines-outils, des moteurs, alors que les industries de biens de consommation fabriquent des produits finis comme l'habillement, l'électroménager ou l'électronique grand public.

Les **industries agroalimentaires** sont un cas à part, transformant les matières premières agricoles en produits agroalimentaires destinés à satisfaire les besoins alimentaires des consommateurs. Elles sont en général comptées parmi les industries de biens de consommation courante.

Les **industries de pointe** concernent des secteurs à fort coefficient de recherche, fondés sur l'innovation et l'invention, très capitalistiques, et typiques des pays à fort développement. On parle parfois pour les qualifier d'**industries de haute technologie** ou ***high-tech***. **Industries légères**, elles utilisent peu de matières premières et consacrent une grande part de leurs investissements à la **recherche-développement** (ou **R&D**), c'est-à-dire à l'ensemble des travaux destinés à créer de nouveaux procédés et de nouveaux produits. On y intègre les secteurs de la pharmacie, de l'informatique-électronique, de l'aérospatiale, des télécommunications et des biotechnologies.

Lire aussi Industrie (espaces de l') – Mondialisation, système-monde – Services, secteur tertiaire

Industrie (espaces de l')

Les entreprises recherchent des localisations et des sites adaptés à leurs besoins et à leur secteur d'activité.
Les facteurs de localisation industrielle évoluent selon la conjoncture, les nécessités du marché et les objectifs d'aménagement du territoire. Ces évolutions permettent de comprendre les mutations que connaissent les anciennes régions industrielles et l'apparition de nouveaux espaces de production, notamment dans les pays émergents.

Les espaces industriels

Si l'on excepte quelques principautés ou micro-États, tous les pays de la planète possèdent des espaces industriels. Ce sont parfois des espaces ponctuels, complexes industriels de taille variable, ou des espaces plus vastes, ville industrielle, voire bassin ou région industrielle.

À grande échelle, la concentration industrielle se traduit par la création d'**agglomérats industriels** le long des axes de communications, dans les vallées, les espaces périurbains, les espaces proches des gares, les aéroports et les ports fluviaux ou maritimes. Les complexes installés en bord de mer pour profiter des localisations littorales (**industrie sur l'eau**) gagnent quelquefois sur les étendues marines par la construction de **terre-pleins industriels**, parfois qualifiés abusivement de **polders industriels** (*cf.* article *Ports*).

Dans certains espaces favorables au développement industriel, des **complexes industriels** peuvent naître par concentration d'industries liées à une seule activité (complexe sidérurgique, dans le cas de la production d'acier) ou à des activités différentes, parfois complémentaires. On parle par exemple de **complexe militaro-industriel** pour qualifier le système formé par l'association des industries de l'armement et de celles qui sont utiles à la défense. L'expression de ***cluster* industriel** (ou

district industriel) désigne plus particulièrement la concentration en un même lieu de firmes spécialisées dans un même secteur d'activité, interconnectées entre elles et avec des centres de recherches, notamment dans le cas des ***clusters* technologiques** (orientés vers la haute technologie et les industries de la connaissance). Au Japon, on distingue *clusters* industriels et ***clusters* innovants** (***knowledge cluster***), formes de *clusters* technologiques créés à partir de 2002 en faveur du développement de secteurs considérés comme prioritaires (nanotechnologies par exemple).

Une ville très marquée dans ses paysages par l'activité industrielle est parfois qualifiée de **ville industrielle**. Cependant, il convient de réserver ce terme aux villes dans lesquelles l'emploi industriel tient une place importante. Il s'agit souvent des cités des bassins sidérurgiques mais aussi des **technopoles** (terme féminin), c'est-à-dire des centres urbains actifs qui ont développé les industries de haute technologie et la recherche. Ces dernières possèdent souvent un ou plusieurs **parcs technologiques** (ou **parcs scientifiques**) consacrés aux industries de pointe et à la recherche nommés aussi **technopôles** (terme masculin), dans lesquels se concentrent les industries *high-tech* : Silicon Valley aux États-Unis, Sophia Antipolis en France...

Quand les concentrations sont de grande ampleur et concernent une activité particulière, elles forment des **bassins industriels**. Ce terme est souvent employé pour qualifier des zones marquées par la production de matières premières et l'industrie lourde. On évoque ainsi le bassin industriel lorrain ou le bassin de la Ruhr. La notion de **région industrielle** est pratiquement équivalente même si elle exprime parfois une réalité plus large. On parle également de **foyer industriel** pour qualifier un espace dans lequel l'industrie marque les paysages mais aussi les modes de vie des sociétés. Le bassin minier du Nord-Pas-de-Calais était un foyer industriel.

Toute région industrielle est marquée par un **tissu industriel** spécifique dont la cohérence et / ou la solidité s'évaluent en étudiant la nature et la répartition par branche des établissements industriels, ainsi que le degré d'interdépendance et de complémentarité qui existe entre les entreprises et leur environnement géographique, économique et social et entre les différentes unités industrielles.

On différencie fréquemment les régions industrielles selon leur ancienneté. Les **vieilles régions industrielles** sont les pays noirs, certaines vallées industrielles (vallées vosgiennes pour l'industrie textile par exemple), les industries urbaines anciennes et les zones portuaires héritées de l'activité coloniale. Aujourd'hui, elles sont souvent marquées par la **désindustrialisation**, c'est-à-dire la réduction du nombre de firmes et d'emplois industriels, et une montée corrélative du chômage. Cette évolution se retrouve dans les paysages qui se chargent de **friches industrielles**, c'est-à-dire d'espaces abandonnés, où se dégradent les anciens équipements (outillage industriel et bâtiments). Certaines d'entre elles ont pratiqué une **reconversion**, à savoir un changement de stratégie et une tentative pour développer d'autres secteurs. Les **pôles de reconversion** correspondent à des espaces industriels en crise, à l'échelle d'une ou plusieurs communes, qui ont reçu des aides pour attirer d'autres activités. Quand la reconversion d'une région ou d'une entreprise industrielle se trouve marquée par un changement de secteur d'activité et une réorganisation des méthodes de production, on parle de **restructuration industrielle**.

On parle de nouvelles régions industrielles pour qualifier les espaces qui ont connu un fort développement depuis les années 1980, consécutif à la volonté des grandes firmes de diversifier leur espace de production, de réduire leurs coûts de production ou de se rapprocher de marchés porteurs ou d'espaces concentrant de nombreux atouts. Ces régions sont principalement situées dans des pays émergents à forte croissance. Les « quatre dragons » ont inauguré le processus, suivis par d'autres NPI d'Asie d'Amérique latine, puis par le littoral sud-est de la Chine (delta de la rivière des Perles notamment) et aujourd'hui à un degré moindre des États comme l'Inde ou le Vietnam. On trouve également de nouvelles régions industrielles dans les pays anciennement industrialisés, surtout en périphérie des capitales et des grandes villes et dans des régions attractives sur le plan climatique : la *Sun Belt* américaine, le Sud de l'Espagne ou la Côte d'Azur en France. Elles se développent également dans certaines régions marginales ou pionnières, suite à la volonté des États d'exploiter des ressources lointaines (Amazonie brésilienne, Nord du Canada, Sibérie).

Bassins ou régions industriels présentent une concentration d'activités qui crée des **paysages industriels**. Ceux-ci sont spécifiques par l'importance et la diversité des établissements de fabrication, le caractère imposant des bâtiments, la présence d'infrastructures de liaison ou les nuisances qui les caractérisent. Tout paysage suscite des réactions très variées selon l'observateur, celui-ci ne pouvant l'apprécier qu'en fonction des images et des représentations qu'elles déclenchent. Ainsi, les paysages miniers de **terrils** (cônes de résidus de production minière) et de **corons** (alignement de maisons de mineurs dans les pays noirs) peuvent être différemment perçus selon l'observateur, le visiteur occasionnel ne voyant éventuellement là qu'une friche industrielle alors qu'un habitant pourra y voir un élément du patrimoine régional, voire un potentiel touristique (*cf.* article *Tourisme*).

Des facteurs de localisation industrielle en mutation

Les stratégies traditionnelles de localisation

Il existe un grand nombre de facteurs de localisation industrielle. Ceux-ci ont été mis en évidence dès le début du XXe siècle par l'économiste allemand Alfred **Weber** (1868-1958), auteur de la ***Théorie de la localisation des industries***, dite aussi **théorie de Weber**. Il tenta de théoriser et de modéliser le processus de localisation des industries en montrant que, face à un espace hétérogène (plus ou moins de nœuds de transport, surcoûts liés au relief...), les entreprises dans leur quête d'un **optimum de localisation**, ou une situation idéale, sont contraintes d'opérer des choix en combinant plusieurs impératifs.

Elles recherchent avant tout des localisations qui leur permettent de simplifier et d'optimiser leurs conditions de production et de maximiser les profits. Historiquement, elles ont d'abord cherché à minimiser les coûts des transports en se rapprochant des sources de matières premières et d'énergie ainsi qu'à accéder à des marchés de consommation porteurs. Les premières implantations industrielles ont ainsi opté pour des **localisations à la source** (à proximité de ressources jugées indispensables). Les industries recherchaient la présence d'eau (utilisée pour sa force motrice, le lavage ou l'évacuation des déchets), de matières premières énergétiques (charbon...) ou minières (fer...), matériaux pondéreux dont le déplacement est coûteux. Les industries sidérurgiques des **pays noirs** (régions charbonnières) ainsi que les complexes textiles ont recherché ce type de localisation.

Les industries traditionnelles ont aussi cherché à se localiser près des **marchés de consommation**. Avant la révolution des transports, l'acheminement d'un produit industriel dans un lieu lointain supposait une lourde charge qui pesait sur le prix du produit. On recherchait donc à s'implanter à proximité de marchés de consommation importants, accessibles et si possible en croissance. De nombreuses industries choisirent ainsi des localisations urbaines, ce qui déboucha sur une concentration du travail industriel dans les villes et permit leur développement accéléré. Cependant, avec la baisse du coût des transports et leur accélération, ce facteur de localisation lié à la consommation est désormais secondaire. Si les grandes villes continuent à attirer l'industrie, ce phénomène de **métropolisation industrielle**, c'est-à-dire de concentration industrielle dans les très grandes villes, s'explique surtout par les équipements et services fournis par ces métropoles. Il rejoint le phénomène plus général de métropolisation, lié à la mondialisation. La recherche de marché de consommation peut cependant encore jouer à une autre échelle, par exemple dans le cas des investissements faits en Chine par des FMN cherchant à conquérir ce grand marché.

Les industries ont de plus en plus recherché un **fonctionnalisme productif**, c'est-à-dire un environnement propice à une plus grande facilité de production et à des gains de productivité en privilégiant la présence de bas salaires, de sous-traitants potentiels ou de services spécialisés. Aujourd'hui, elles sont plus sensibles à la qualité des liaisons, au cadre de vie ou aux avantages fiscaux.

La localisation est cependant plus ou moins déterminante selon le type d'activité industrielle ou la taille des structures à créer, d'autant qu'avec la diversification des industries, la complexité des facteurs de localisation a augmenté. On distingue aujourd'hui des **industries liées**, souvent des industries de base, dont la localisation dépend étroitement des possibilités d'approvisionnement (gisement, port d'importation...) et des **industries induites**, dont la position dépend soit d'un marché de consommation, soit d'autres entreprises complémentaires par sous-traitance.

L'importance accrue de certains facteurs de localisation dans un contexte de mondialisation

Avec la mondialisation et le rôle majeur des transports maritimes, les industries privilégient les littoraux. On a vu se développer dès les années 1970 des **localisations sur l'eau**, des complexes industriels de front de mer ou **complexes industrialo-portuaires** (**ZIP** ou **Zone industrialo-portuaire**), s'intégrant dans le phénomène plus large de littoralisation de l'économie. Certains ports spécialisés ont été conçus dans cette optique : Fos-sur-mer en France, Sparrows Point près de Baltimore aux États-Unis, Ijmuiden aux Pays-Bas.

Le coût de la main-d'œuvre constitue un facteur de production désormais essentiel qui a pris une ampleur planétaire avec la mondialisation, du fait de la concurrence accrue mais aussi de nouvelles opportunités. On recherche des **gisements de main-d'œuvre**, si possible qualifiée et se contentant de salaires réduits. Les démarches d'entreprises qui pratiquent la **délocalisation** (le transfert d'une part de l'activité vers un pays tiers, voire une autre région du même pays) dans les États (ou régions) à bas salaires sont partiellement dues à la recherche de coûts de production réduits liés à la faiblesse des traitements et des charges salariales. La baisse des coûts de production permet à l'entreprise d'être plus rentable et donc de bénéficier d'**avantages comparatifs** par rapport à ses concurrents. La formule vient d'une théorie émise dans un autre contexte et avec une autre finalité par l'économiste David Ricardo au début du XIXe siècle qui démontrait que, dans un contexte de libre-échange, un État avait intérêt, s'il souhaitait augmenter la richesse nationale, à se spécialiser dans le type de production pour lequel il détenait un avantage comparatif par rapport à ses concurrents, soit par une certaine prédisposition liée notamment au type de ressources disponibles, soit en comptant sur des gains de productivité.

Enfin, et c'est souvent l'essentiel aujourd'hui, l'**accessibilité d'un lieu** est primordiale. La distance-temps de la zone d'implantation au réseau autoroutier, aux grandes lignes ferroviaires, à l'aéroport international ou d'affaires, au port, la proximité et la qualité des transports publics sont autant de facteurs de localisation importants. Certaines villes choisissent des espaces bien adaptés aux exigences de l'entreprise, assez proches de la ville-centre et surtout bien reliés aux voies de communication, pour créer des **parcs industriels**, où se concentrent sur un même espace plusieurs entreprises parfois complémentaires. En se développant, ces espaces accueillent un nombre plus important d'entreprises et deviennent des **zones industrielles** ou des **zones d'activités** quand l'espace suscite également l'installation d'entreprises de services.

De nos jours, qu'est-ce qu'un environnement favorable ?

On parle de **système industriel** pour qualifier l'ensemble des relations techniques, financières, économiques, sociales, politiques des établissements industriels et des entreprises avec leur environnement. Les industries recherchent tout d'abord un **environnement économique** favorable. Elles s'implantent dans des sites industriels dynamiques, marqués parfois par une tradition industrielle, par la présence d'autres entreprises et de sous-traitants potentiels, par l'existence de services adaptés : banques, assurances…

L'**environnement créatif** joue également un rôle et nombre d'entreprises s'installent à proximité des grandes universités, de Grandes Écoles, de centres de recherche producteurs de chercheurs et de personnels spécialisés comme le territoire d'innovation de Paris-Saclay. Elles recherchent également un tissu de PME et de services de haut niveau. Elles trouvent notamment cela dans les technopôles et on parle de **technopolisation** pour qualifier leur localisation préférentielle dans ces espaces spécifiques.

Elles recherchent aussi une localisation favorable. Les décideurs partent en général d'une idée de la situation générale du lieu recherché liée à l'image qu'ils ont des espaces concernés, c'est-à-dire à des représentations, plus ou moins exactes, des potentialités et des contraintes d'un lieu. Les entreprises qui opèrent dans des secteurs industriels de pointe recherchent de plus en plus les **aménités** du cadre de vie (qui le rendent agréable). Sont prises en compte les caractéristiques climatiques des lieux, l'ambiance qui y règne, la vie culturelle, la présence d'équipements publics, d'espaces verts, d'infrastructures de loisirs. Les entreprises sont enfin sensibles à la qualité du cadre de travail qui dépend souvent de la volonté des pouvoirs publics proposant des aides à l'implantation industrielle, une taxation réduite, des réglementations souples, un accueil de qualité. Les entreprises qui délocalisent en Asie du Sud sont au moins aussi sensibles à ces aspects qu'aux faibles charges salariales.

Les dynamiques industrielles

La mobilité géographique des entreprises résulte de la volonté de réduire des déséquilibres spatiaux aux niveaux national et régional dans le cadre de l'aménagement des territoires et de la nécessité de s'adapter au marché.

La **déconcentration industrielle** consiste à lutter contre la saturation de certaines régions industrielles en motivant la création de nouvelles unités de production dans des régions jusqu'alors peu industrialisées. Ce sont des opérations ponctuelles. Elles ne doivent pas être confondues avec une véritable politique de **décentralisation industrielle** consistant, dans le cadre d'une politique d'aménagement industriel, à favoriser l'implantation d'entreprises dans des régions périphériques qui, souvent par le biais de systèmes d'incitation financière, retrouvent un pouvoir d'attraction. Elle sous-entend également le transfert des structures financières et une adaptation des infrastructures de communication. Elle a des implications humaines, par les migrations intérieures de travailleurs qu'elle engendre, et aboutit à modifier la géographie économique d'une région ou d'un pays.

La **délocalisation industrielle** est un processus de mobilité géographique des unités de production industrielle. Les motivations sont nombreuses : volonté d'accéder à de nouveaux marchés de consommation, recherche de conditions de production plus favorables ou de législations fiscales et sociales avantageuses (on parle parfois d'***offshoring*** pour désigner la délocalisation d'activités de production ou de service dans des pays à bas salaire), stratégie destinée à contourner les barrières douanières protectionnistes ou volonté de diversifier les lieux d'implantation pour limiter les risques. Une délocalisation suppose l'abandon d'un site industriel originel et la recherche d'un lieu plus adapté aux profits désirés. Elle peut s'opérer à plusieurs échelles (mondiale, nationale, régionale) et s'associe parfois à un **redéploiement industriel**, à une restructuration de l'activité industrielle ou une reconversion de celle-ci. Il convient de ne pas confondre une délocalisation, qui suppose de déplacer au moins une partie d'une activité vers une filiale à l'étranger, et une **externalisation (ou *outsourcing*) *offshore*** qui consiste à recourir à des sous-traitants étrangers, c'est-à-dire à des prestataires indépendants (centres d'appels, services d'assistance par Internet...)

Le terme de **relocalisation** est plus difficile à définir en raison de ses différents sens : s'il correspond pour certains au déplacement du siège social d'une entreprise à l'étranger, il évoque en revanche pour d'autres l'arrêt d'une délocalisation et le retour de la firme dans son pays de départ. Il peut aussi être employé par euphémisme pour désigner une délocalisation. Enfin, plusieurs géographes l'emploient à une autre échelle : la **relocalisation du monde** caractériserait les conséquences spatiales de la mondialisation (atténuation des différences Nord-Sud, concentration dans les métropoles et sur les littoraux...).

Les délocalisations ont des conséquences sociales importantes. Elles aboutissent le plus souvent à un transfert d'emplois qui participe à augmenter le chômage dans la zone de départ surtout lorsqu'il s'agit de délocalisation vers l'étranger. L'essentiel des délocalisations s'effectue vers les pays émergents qui cherchent à attirer les multinationales pour enclencher ou accélérer leur développement en leur procurant des avantages fiscaux ou des facilités administratives. Les **zones franches**, en raison des avantages et des exonérations qu'elles proposent, sont des lieux privilégiés de délocalisation. Le géographe François Bost en distingue plusieurs types :

– les **zones franches commerciales** (*Free Trade Zones*) qui autorisent, sans droits de douane ni formalités, le transit international, le transbordement, les réexportations. Ces zones franches ne comptent pas d'unités de production.

– Des **zones franches d'exportation** (*Export Processing Zones* ou **EPZ**) au contraire dédiées à la production manufacturière et de services, et dont les plus caractéristiques sont les **Zones économiques spéciales** ou **ZES** chinoises (Shenzhen par exemple), dans lesquelles se sont installées des entreprises souhaitant produire pour l'exportation en bénéficiant de coût de production très bas, grâce à des exonérations fiscales et une main-d'œuvre bon marché.

– Des **points francs** (*free points*) qui, à la différence des deux catégories précédentes, ne sont pas a priori fixés spatialement et sont investis par des entreprises attirées par les franchises proposées, mais laissées libres de leurs lieux d'implantation. Le Mexique a été l'un des premiers États à expérimenter ces points francs avec les ***maquiladoras***, (*cf.* p. 205) industries, pour une part américaines, implantées en Amérique Latine, et en premier lieu au Mexique qui reçoivent de l'étranger (sans droit de douane) des pièces détachées montées sur place (profitant des coûts de main-d'œuvre réduits), puis exportées sous la forme de produits finis peu taxés. Le gouvernement mexicain les favorise en autorisant l'afflux d'investissements étrangers tout en faisant pression pour le maintien de bas salaires.

Lire aussi **Industrie (entreprises, secteurs) - Littoral - Mondialisation, système-monde - Ports - Services, Secteur tertiaire**

Littoral

Dans un contexte de mondialisation, la littoralisation des populations et des activités s'accentue et procure aux espaces littoraux une importance croissante. Interface fragile entre la mer et la terre, le littoral se trouve aussi confronté à davantage de contraintes et de risques.

Littoral, côte et rivage : problèmes de définition

Les termes de littoral, côte et rivage, parfois confondus, peuvent avoir dans le langage courant la même signification, celle de zone de contact direct, mais assez mal délimitée, entre la mer et la terre. Ces termes revêtent chacun plusieurs sens. Le terme de **littoral**, dans son sens le plus large, concerne tout espace situé sous l'influence directe, mais aussi indirecte, de la mer. On parle ainsi de climat littoral pour des zones situées parfois à des dizaines de kilomètres de la mer, et de **façade littorale** pour désigner l'espace – de dimension très variable – fonctionnant comme une interface entre la mer et le continent. Ainsi, les façades littorales chinoises ou étasuniennes couvrent de très vastes étendues supérieures à la superficie du territoire français. Une façade littorale englobe en effet l'**arrière-pays** (ou ***hinterland***), c'est-à-dire tout l'espace lié au littoral, à ses activités et à ses ports. L'expression de **façade maritime** désigne un espace plus large structuré par d'intenses relations entre la façade littorale (littoral et arrière-pays) et son **avant-pays** maritime (***foreland***). Le terme de littoral est également parfois employé pour désigner la partie de la mer, ou de l'océan, proche de la terre, comme dans l'expression pêche littorale. Enfin, dans la législation française, la **commune littorale** désigne toute commune riveraine d'une mer ou d'un océan, mais aussi les communes riveraines « des étangs salés, des plans d'eau intérieurs d'une superficie supérieure à 1 000 hectares » et « des estuaires et des deltas lorsqu'elles sont situées en aval de la limite de salure des eaux et participent aux équilibres économiques et écologiques littoraux ». La loi littoral (*cf.* p. 298) s'applique donc aussi aux grands lacs comme le lac d'Annecy.

Le terme de **rivage**, assez flou, est souvent réservé au contact direct entre la mer et la terre ; en fait, il s'agit de la zone directement soumise à l'action des marées, dite **zone intertidale**, comprise entre les hautes et basses eaux. Le terme d'**estran** est un équivalent plus précis car il ne prête pas à une double interprétation. Enfin, la **côte** est souvent considérée comme la zone en relief (comme l'indique l'origine du terme) dominant l'estran et située au-dessus du **niveau de haute mer**, niveau des marées hautes. Le contact entre estran et côte proprement dite se nomme alors **trait de côte**.

La littoralisation des populations

Des milieux littoraux inégalement occupés

La notion de **maritimité** désigne la relation culturelle, économique, voire physiologique, de l'homme au milieu maritime, et donc au littoral. Ce regard a longtemps été négatif dans de nombreuses civilisations et les littoraux ont globalement été délaissés par les populations. Deux raisons peuvent être avancées : les zones de marais, par ailleurs peu utilisables, étaient souvent infectées par le paludisme ; des raids de pirates sévissaient dans de nombreuses régions du monde.

Cependant, de nombreux littoraux ont été peuplés précocement en raison d'avantages spécifiques. Les climats côtiers sont souvent plus pluvieux, ce qui explique, par exemple, le peuplement littoral de certaines marges désertiques. Les activités de pêche et de commerce ont permis le développement de nombreux sites portuaires dès l'Antiquité, sites souvent conçus également pour la défense. Des sociétés « maritimes » ont ainsi pu coexister avec des sociétés « terriennes » habitant à proximité immédiate de la mer.

On assiste cependant depuis la fin des années 1960 à une **inversion** (ou **renversement**) **géographique** : les littoraux sont globalement considérés comme attractifs, le regard des sociétés, leur représentation du littoral mais aussi de la mer, étant devenu positif. En conséquence, l'aménagement des littoraux s'intensifie avec la **littoralisation** du peuplement et des activités, c'est-à-dire leur installation croissante sur les littoraux. Le terme de **maritimisation** est parfois considéré comme synonyme de littoralisation, mais a le plus souvent un sens plus précis : on parle de maritimisation des économies pour qualifier leur littoralisation mais aussi l'augmentation du rôle joué par les espaces maritimes dans ces économies, notamment pour les transports.

La pression démographique sur les littoraux est donc en essor : la moitié de la population mondiale vit à moins de 50 km de la mer et de nombreuses mégapoles sont situées sur des littoraux. L'accroissement des échanges commerciaux, et plus particulièrement maritimes, renforce le rôle des ports (*cf.* article *Ports*), tandis que l'essor du tourisme balnéaire est à l'origine d'une pression sur certains littoraux qui s'en trouvent souvent largement modifiés (*cf.* article *Tourisme*). La conséquence peut être une **artificialisation** des littoraux, se traduisant souvent par un **bétonnage** (urbanisation massive souvent liée au tourisme).

Une organisation spécifique de l'espace

La présence d'une côte influence l'occupation de l'espace. À l'échelle communale, deux types d'activités se retrouvent en bord de mer : activités marines et activités terriennes. Liées, sur la plupart des littoraux, à la coexistence de deux sociétés, elles génèrent des territoires spécifiques à chacune de ces sociétés, l'une vivant de la mer, l'autre vivant à côté de la mer, ce qui crée une zonation visible dans les villes et villages portuaires. Possédant une rive marine et une « rive continentale », ils voient la juxtaposition de modes de vie et d'activités ne se mélangeant que très peu. Le fait littoral est donc porteur de ruptures : rupture dans l'occupation de l'espace entre deux types d'activités dominantes, mais aussi, pour les marins, entre la terre et la mer, entre un espace de vie et un espace de travail.

À une autre échelle, le tracé des côtes influence celui des moyens de transport, mais aussi les réseaux urbains, contribuant à la linéarité de leur plan d'ensemble. En Languedoc-Roussillon, les grands centres (Nîmes, Montpellier, Béziers et Perpignan) sont situés à une distance de la mer de 15 à 30 km, en arrière des étangs et reliés entre eux par un réseau de voies ferrées et routières parallèles à la côte. À cette urbanisation linéaire d'arrière-pays (le « trottoir de la Méditerranée ») correspond un certain nombre de points sur la côte, anciens centres portuaires de ces villes (Palavas pour Montpellier par exemple) à partir desquels s'est souvent effectuée l'urbanisation de masse du littoral dans un but touristique.

À l'échelle d'un pays, les façades littorales peuvent régler toute l'organisation spatiale. C'est surtout le cas des États vivant directement de la mer, en particulier des États insulaires, et des pays possédant des ports de première importance ou vitaux pour l'économie nationale. Ainsi, la façade pacifique du Japon ou « Japon de l'endroit » concentre l'essentiel de la population et des activités économiques du pays. Autre exemple du rôle des façades littorales, le dynamisme et le poids démographique et économique de São Paulo, capitale économique du Brésil, située à 50 km de la côte, ne seraient pas le même sans les liens l'unissant avec le port industriel de Santos, qui est en fait une extension de la mégapole vers l'océan. Enfin, les façades littorales peuvent s'organiser sur plusieurs États, telle la Northern Range.

L'organisation d'un espace littoral : Bouzigues (Hérault)

Le village de Bouzigues est révélateur des répartitions spatiales le long d'un littoral, celui de l'étang de Thau, en fonction de l'activité dominante. Le village se divise traditionnellement en deux groupes sociaux, correspondant d'un côté aux viticulteurs et d'un autre aux « gens de l'étang », pêcheurs et « **parqueurs** » (les exploitants des parcs à huîtres ou à moules). La division est spatiale, économique, sociale, voire politique : l'aquaculture constitue aujourd'hui l'activité rémunératrice, alors que la viticulture, autrefois dominante, est en voie de disparition. Les viticulteurs occupent le « haut » du village, les parqueurs et les pêcheurs occupent le bas. L'opposition spatiale va très loin puisqu'au jeu de boule des parqueurs, sur le port, s'opposait encore récemment celui des viticulteurs, sur la place de l'église. Le déménagement de la mairie, du haut du village vers l'étang, est révélateur de cette mutation. Mais la division est également culturelle : deux fanfares concurrentes s'opposèrent longtemps, les viticulteurs ont la réputation d'être « plus distingués » que les parqueurs. Le point de rencontre des « gens de l'étang » se situe au port, avec ses restaurants – souvent tenus par les parqueurs –, son musée de la conchyliculture, témoin du développement touristique. Cependant, l'étang lui-même se divise entre le port de pêche, séparé du port de plaisance, et les « **mas** », les exploitations conchylicoles, subdivision sur laquelle se greffe l'espace des plages. Un village de quelques centaines d'habitants peut donc se scinder en plusieurs territoires mentaux, guidés par les activités littorales ou non.

Îles et littoraux

Les îles et **archipels** (groupes d'îles) sont un cas particulier. Une **île** est une étendue de terre entourée d'eau. De taille variée, une île est plus grande qu'un **îlot** (ou **îlet**) mais plus petite qu'un continent. Plus une île est petite, plus l'**indice côtier** ou **indice de littoralité**, soit le rapport entre les terres émergées et le périmètre côtier, augmente et plus le littoral acquiert une importance majeure pour les insulaires. Une île a forcément des rapports étroits avec la mer, qui l'isole du reste des terres émergées et conditionne en grande partie l'organisation des activités et donc de l'espace. Ses habitants, nommés **insulaires** ou **îliens**, sont conscients de l'insularité, ne serait-ce que par les obstacles mis à leurs déplacements vers l'extérieur, et donc par un certain **isolement**, terme provenant de *isola* (en italien, « île »). Le terme d'**îléité** désigne le sentiment d'être sur une île. C'est donc une représentation, marquée par la rupture avec le continent. Cette représentation est fonction d'un certain nombre de facteurs dont la taille de l'île : dans une grande île, les insulaires peuvent en effet oublier qu'ils sont sur l'île, le sentiment d'îléité se diluant alors.

Ce sentiment d'îléité se double parfois d'un certain **insularisme**, c'est-à-dire d'une tendance à cultiver son identité insulaire, à développer ses spécificités, ses valeurs identitaires. Il s'agit là d'une forme particulière de régionalisme qui existe sur de très nombreuses îles. Elle touche ainsi des îles de l'Union européenne, et pas seulement dans les régions ultrapériphériques : présente par exemple à Guernesey, elle est un facteur de discontinuité entre l'île et la terre ferme, représentée ici par le Royaume-Uni. Du fait de cet insularisme, un certain nombre de petits États insulaires ont fait valoir cette identité pour obtenir divers « privilèges ». Ainsi, la Banque mondiale reconnaît l'existence de 28 **petits États insulaires en développement** (**PEID**) également répertoriés sous le sigle international de **SIDS** (***Small island developing States***) : il s'agit par exemple de Kiribati, de Nauru ou encore des Maldives. Par ailleurs, l'**Alliance des petits États insulaires** (**AOSIS**), qui compte 43 membres en 2013, a pour objectif de faire valoir auprès de l'ONU leurs problèmes et besoins spécifiques.

La formation et l'évolution des littoraux

Des littoraux créés par l'action conjuguée du continent et de la mer

Au contact de la terre et de la mer, le littoral est façonné par le processus d'érosion dominant, marin ou continental et, dans le détail, par l'érosion éolienne, même si du fait des variations du niveau de la mer, de ses remontées, ou **transgressions**, et de ses reculs, ou **régressions**, des processus d'érosion continentaux ont pu modeler des formes aujourd'hui englouties, tandis que des formes d'origine marine peuvent être émergées. C'est le cas des **terrasses marines**, zones planes de dépôts marins, témoignant d'anciennes transgressions.

Ainsi l'inégale résistance des roches et la présence de failles influencent le tracé des côtes, engendrant, par exemple, des **baies**, des rentrants de taille inférieure aux golfes, et des **anses**, de taille encore plus petite. Les directions structurales, c'est-à-dire celles des fractures et des plis, prédominantes sur le continent, jouent aussi un rôle. Quand elles sont parallèles à la direction de la côte, celle-ci est relativement rectiligne. En revanche, quand elles sont perpendiculaires, la côte a un aspect très dentelé, faisant alterner des avancées, les **caps** ou **pointes**, et des rentrants très marqués, les **criques**, parfois nommées dans le Midi de la France **calanches** ou **calanques**. Il est toutefois préférable de réserver ce dernier terme aux criques calcaires, à bords raides, en partie ennoyées par une élévation du niveau des mers.

L'action des processus continentaux se conjugue avec celle de la mer. L'érosion marine dépend surtout des vagues, des embruns et des marées. Les vagues, en déferlant sur les côtes, ont un pouvoir d'**abrasion**, c'est-à-dire d'érosion par enlèvement direct de matériaux. Elles peuvent engendrer un courant spécifique, ou **courant de débris**, lorsqu'elles ne déferlent pas perpendiculairement au rivage. La **marée** est une onde liée à une oscillation de grande ampleur se propageant sur tout l'océan mondial du fait de l'attraction, conjuguée ou non, du Soleil et de la Lune. Mesurée par des **marégraphes**, l'amplitude de la marée, ou **marnage**, est la différence de hauteur entre haute et basse mer, qui peut atteindre 20 mètres dans la baie de Fundy au Canada. La marée engendre des **courants de marée** à proximité des côtes ; ils sont plus ou moins forts en fonction de la topographie, du marnage et du décalage entre les heures de marée des différents points de la côte. Ces courants sont maximaux dans les resserrements comme les détroits. De même, lors de la marée montante, le **flot** (ou **flux**) peut remonter les estuaires sur des dizaines de kilomètres et, parfois, engendrer une vague déferlante vers l'amont (le **mascaret**). La marée apporte donc de l'eau salée assez loin dans les terres et modifie les milieux. Lors de la marée descendante, le **jusant** (ou **reflux**) s'ajoute au courant fluvial.

La mer a donc globalement une action de **régularisation** des côtes par érosion préférentielle des saillants et comblement des rentrants, mais elle a parfois une action inverse par l'érosion différentielle des seules parties meubles et la mise à jour d'une structure sous-jacente (**côte contraposée**). Les formes d'accumulation les plus fréquentes sont les **plages** formées de galets (ou **grèves**, du latin *grava*, gravier) ou de sable, et dont la partie inférieure (l'**avant-plage**) est recouverte par la mer. Le **cordon littoral**, la partie haute de la plage, peut être accolé à la côte ou libre. De forme globalement allongée, il est discontinu dans le détail. La dénomination des formes créées dépend fortement de leur configuration topographique.

Les **récifs coralliens** constituent une forme d'accumulation particulière. Les **coraux**, organismes élaborant du calcaire et présents dans de nombreuses mers chaudes, édifient des **récifs**, rochers émergés ou à fleur d'eau. Leur surface, ou **platier corallien**, a parfois l'aspect d'une véritable île couverte de plages. Les **récifs barrières** sont parallèles aux côtes, comme c'est le cas de la Grande Barrière australienne. Les **récifs annulaires** créent un anneau de corail isolant en leur centre un lagon, étendue d'eau communiquant uniquement avec l'océan par des passes. L'ensemble, récif et lagon, forme un **atoll**.

L'érosion marine est surtout manifeste dans le cas des côtes à falaises. Les **falaises** sont les escarpements, parfois subverticaux, liés à l'action marine. Elles sont très nettes lorsqu'elles sont taillées dans certaines roches comme les craies. C'est le cas en pays de Caux, où elles présentent même des vallées suspendues, les **valleuses**. Quand elle est verticale, rocheuse et bordée d'eaux profondes, elle est dite **accore**.

Les dépôts sableux et vaseux en milieu littoral

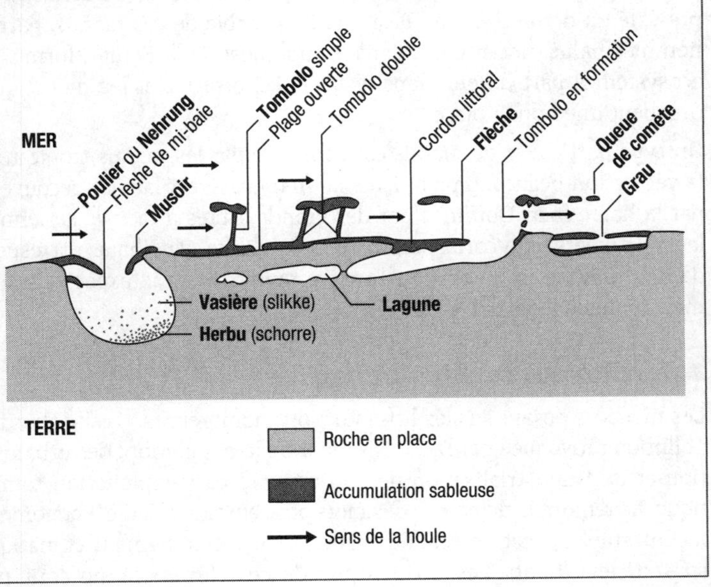

Des milieux très divers

On peut distinguer de nombreux types de milieux littoraux en fonction des climats, de la topographie, de la présence ou non de sable, du type de végétation et d'une éventuelle insularité qui entraîne l'existence ou non de telle ou telle espèce. Dans le détail, c'est la situation par rapport aux hautes eaux qui différencie plusieurs milieux sur un même littoral. Les plages sableuses voient le développement de la végétation au-dessus du niveau des très hautes marées, donc plutôt sur les dunes qu'elle contribue à stabiliser. En arrière des dunes, les lagunes, qui ne communiquent pas avec la mer, sont peu à peu comblées par des vases diverses et sont parfois des écosystèmes très riches.

Les **marais maritimes** (***wadden*** aux Pays-Bas) sont des terres basses inondables lors de marées. Il peut s'agir de lagunes fermées ou de marais d'estuaire. Ils sont parcourus par les courants de marée et connaissent des zones d'eau stagnante, les **marais mouillés**, du fait des tassements nombreux dans des matériaux tourbeux et sableux. La partie basse des marais, inondée à chaque marée haute, s'appelle la **slikke** (ou **vasière**), et ne comporte pas de végétation. Leur partie haute n'est recouverte par la mer que lors des très hautes eaux dues aux marées exceptionnelles. Elle est donc occupée par des végétaux **halophiles** (adaptés à la salinité), d'où son nom d'**herbu**, de **schorre**, de **pré-salé** ou de **mollière** en Picardie. L'ensemble de ces marais, parfois nommés **palus**, notamment dans le sud-ouest de la France, forme des écosystèmes particuliers, dans lesquels les oiseaux et les moustiques occupent une bonne place.

Un type particulier de marais est constitué par les marais tropicaux à la végétation beaucoup plus riche. La **mangrove** est la zone recouverte par la haute mer. Dominée par des grands arbres à racines aériennes, les palétuviers, elle correspond donc à la slikke. Plus haut, correspondant au schorre, se développe l'**arrière-mangrove**, aux espèces variées mais moins hautes que celles de la mangrove.

Des littoraux modifiés et fragilisés

Les menaces pesant sur les littoraux sont nombreuses. C'est d'abord la pollution provoquée par l'accroissement de la population, de l'urbanisation et de l'industrialisation des côtes, voire par l'exploitation touristique. La remontée du niveau des mers pose aussi problème. Phénomène incontestable, il est en grande partie lié au réchauffement climatique (*cf.* article *Climat*). Les estimations de ce relèvement ne sont pas exemptes d'un certain catastrophisme et varient selon les organismes et les modèles climatiques, de 30 à 110 cm pour 2100. Mais un simple relèvement du niveau des eaux de 30 cm entraînerait, par exemple, une submersion fréquente de la place Saint-Marc à Venise par les grandes marées. Le gouvernement italien tente de lutter contre ces ***acqua alta*** par l'installation de digues gigantesques. Les Pays-Bas, maîtres en la matière et aujourd'hui fortement menacés par le phénomène, furent les premiers au XXe siècle à pratiquer une politique systématique de construction de grandes digues, isolant en arrière des terrains gagnés sur la mer, les **polders**. Il s'agit de terres conquises sur la mer ou sur des marais grâce à des procédés d'endiguement, de pompage et globalement de maîtrise de l'eau. En France, c'est notamment le cas dans l'anse (ou la baie) de l'Aiguillon, en Poitou-Charentes, où les aménagements ont donné naissance à la partie « desséchée » du marais poitevin.

D'autres aménagements gigantesques existent, à base de remblais. Il est alors préférable de parler de **terre-pleins** plutôt que de polders. Ce sont souvent des terre-pleins industriels ou terre-pleins industrialo-portuaires réalisés à Singapour, Tokyo, Dubaï... mais aussi aux Maldives, où face à Malé, la capitale, une petite île originelle a été agrandie pour former un vaste ensemble artificiel dénommé Hulhumalé. À Bangkok, il est prévu de lutter contre la montée du niveau des mers et l'enfoncement progressif de la ville par l'établissement de terre-pleins de plus de 80 km de long, à but industriel, portuaire, mais aussi touristique. Toutefois, l'ampleur des travaux (prévus à terme pour... 2090) et leur coût les rendent hors de portée des pays les plus pauvres, par exemple des 12 millions de paysans vivant dans le delta du Nil, à moins que la coopération internationale et l'aide aux pays en développement ne financent de grands projets « clé en main ». Mais là aussi, par manque de moyens financiers ou techniques, nombre de polders sont abandonnés, voire détruits. La **dépoldérisation** est liée, notamment dans les pays développés, à la déprise agricole, mais aussi à des objectifs environnementaux.

Aménagement et littoral en France

La France possède 5 533 km de côtes en métropole (3 830 km en façade occidentale et 1 703 km sur la façade méditerranéenne) auxquels s'ajoutent 1 450 km **outre-mer**, le terme désignant toutes les terres françaises au-delà de l'océan (donc les DROM et les POM-COM). Ceci lui confère la deuxième ZEE mondiale (*cf.* p. 366). Afin de protéger mais aussi de développer les activités de la zone littorale, l'État a peu à peu imposé une législation aux communes littorales, jugée parfois insuffisante par les défenseurs de l'environnement ou au contraire trop contraignante par les partisans du développement d'un tourisme de masse ou d'une forte urbanisation. Ainsi, le **Conservatoire national de l'espace littoral et des rivages lacustres**, créé en 1975, tente de sauvegarder le milieu naturel spécifique à cette zone, en le mettant hors de toute atteinte d'équipement ou d'urbanisation. Son action intègre aussi des préoccupations sociales et économiques, en favorisant par exemple certains types d'agriculture. En 2013, 153 000 hectares et 1 500 km de rivages (soit plus de 12 % du linéaire côtier) étaient contrôlés par le Conservatoire. Il s'agit notamment de sites naturels remarquables (Pointe du Raz en Bretagne, Pointe de la Caravelle en Martinique, Côte des Agriates en Corse...).

La **loi littoral**, promulguée en 1986, puis complétée en 1989, vise à une protection plus globale du littoral grâce à plusieurs moyens, dont la création d'un droit de passage de 3 mètres le long du littoral, la mise en place d'un certain nombre de contraintes dans l'élaboration des PLU des communes littorales, l'obligation d'une concertation entre État et communes lors de la création d'un aménagement routier. Toutefois, cette loi ne règle pas l'ensemble des problèmes d'aménagement du littoral. En témoigne l'exploitation des plages qui est souvent confiée aux communes, qui profitent du flou de la loi littoral et laissent souvent restaurateurs et hôteliers installer sur le domaine public des constructions légères, nommées **paillotes**.

Lire aussi **Échanges internationaux – Océan, mer – Pêche, aquaculture – Ports – Risques, pollution – Tourisme**

Météorologie

La **météorologie** est l'étude des caractéristiques de l'atmosphère à un moment donné. La géographie classique s'est intéressée à cette discipline scientifique, tant pour elle-même que pour ses rapports avec les climats, l'agriculture ou la biogéographie. Par ailleurs, la météorologie est indissociable d'une analyse prospective, la prévision météorologique, qui a toujours joué un rôle essentiel pour les sociétés humaines.

La prévision du temps

Une préoccupation ancienne

Les sociétés ont toujours eu le souci de la compréhension des mécanismes météorologiques dans un but prévisionnel : la **prévision météorologique**. La raison essentielle de ces préoccupations provient du fait que le temps joue un rôle essentiel pour l'agriculture. On estime que le premier traité de météorologie est chinois et date de – 3 000 ans. De même, les Indiens eurent très rapidement le souci d'étudier la mousson ; dans la Grèce antique, Aristote, dans le cadre de sa réflexion sur la nature, établit un traité de météorologie. Mais il faut attendre la Renaissance (on attribue par exemple la girouette à Léonard de Vinci) et donc l'époque moderne pour arriver à une compréhension globale du temps : en 1644 par exemple, Torricelli invente le baromètre à mercure, quatre ans seulement avant que Blaise Pascal ne démontre que la pression varie avec l'altitude.

Dictons et météorologie populaire

La **météorologie populaire** est issue d'une connaissance empirique du temps par des sociétés longtemps agricoles. Basée sur l'observation, notamment des rythmes végétatifs, elle s'est toujours mêlée à des croyances diverses dans lesquelles intervenaient la religion et les mythes populaires. Le tout s'est exprimé par des dictons populaires, prégnants jusqu'au début du XXe siècle. Par exemple, le tonnerre s'explique par l'intervention du Malin (« le diable bat sa femme » – Bretagne –), à moins que ce ne soit « les anges qui jouent aux quilles » – Bourgogne – ou « le Bon Dieu qui joue aux boules ». De même, le vent est l'œuvre du démon qui « s'efforce d'entraîner quelqu'un » – Côtes-d'Armor –, à moins qu'il ne s'agisse de l'œuvre de « dragons ou de lutins qui balayent avec leur queue tout ce qui fait obstacle ».

La météorologie populaire fournit aussi divers remèdes à toutes ces calamités. On peut ainsi, par exemple, pour faire cesser le vent, « tirer un coup de fusil au milieu et crier : « détourne-toi, diable ! » – Languedoc –, ou « jeter dedans une fourche » - Haute-Bretagne – ou encore demander au curé de détourner le vent « en plaçant la pointe de son chapeau du côté où il veut que le vent souffle ». Si ces croyances n'ont souvent pas dépassé le cap du XXe siècle, il n'en est toutefois pas de même de certains dictons de portée plus générale qui prévoyaient le temps à plus long terme, comme par exemple le toujours célèbre : « S'il pleut à la Saint-Médard, il pleut 40 jours plus tard ».

Dictons recensés par J.-P. Chassany, *Les Couleurs du vent*, Éditions Maisonneuve et Larose, 1986.

De nos jours, la météorologie et les prévisions météorologiques restent indispensables dans de nombreux domaines (agriculture, tourisme…) et notamment à la prévention des risques climatiques : tornades, tempêtes, cyclones tropicaux… La prévision est toutefois plus ou moins facile selon les zones. Les types de temps de l'équateur et des zones froides ne fluctuent guère d'un jour sur l'autre. En revanche, les latitudes moyennes sont marquées par une extrême variabilité.

La prévision repose sur des mesures de températures et de pressions aussi bien au sol qu'en altitude et sa qualité dépend du nombre d'informations collectées. Le réseau de stations météorologiques se complète de l'utilisation du radar, mais surtout de satellites, comme **Météosat** (famille de satellites **géostationnaires** européens, qui restent fixés sur le même point de la surface terrestre), directement affectés à l'analyse météorologique. Des cartes météorologiques sont établies une ou deux fois par jour. Elles donnent, pour une heure précise, les champs de pression (sous forme d'**isobares**, lignes d'égale pression), des relevés de températures, des directions de vents, ainsi que des indications sur les principaux fronts. C'est leur comparaison qui permet de suivre jour par jour les trajectoires des principales perturbations.

Toutefois, cette prévision ne peut être parfaite, car si les mécanismes globaux sont connus, certains événements ne sont pas toujours aisés à prévoir. Une dépression peut par exemple disparaître au niveau du sol et ne plus exister qu'en altitude (**occlusion**). Le passage d'un simple temps couvert à un temps pluvieux peut, lui aussi, ne pas être détecté. Globalement exacte à court terme, la prévision est dépendante d'un nombre important de paramètres qui peuvent évoluer de façon différente. La prévision à long terme, au-delà d'une dizaine de jours, est donc encore imprécise.

La prévision météorologique, un besoin de société croissant ?

Les géographes se sont intéressés à la météorologie depuis fort longtemps dans le cadre d'une analyse naturaliste destinée à comprendre les mécanismes climatiques, mais aussi comme composante de la **biométéorologie** et de la **bioclimatologie humaine**, disciplines qui étudient les interactions entre les sociétés et les caractéristiques de la météorologie et du climat. Par exemple, quelle est l'influence du vent ou des périodes de sécheresse sur les comportements ? Ces recherches connurent un certain succès dès les années 1950 dans le cadre d'une géographie coloniale. Elles ont connu un renouveau à partir des années 1990 avec le développement d'une géographie de la santé, plus axée sur les déterminants de la santé (*cf.* article *Santé*).

Météorologie et santé : la surmortalité d'août 2003 en France et les températures extrêmes journalières

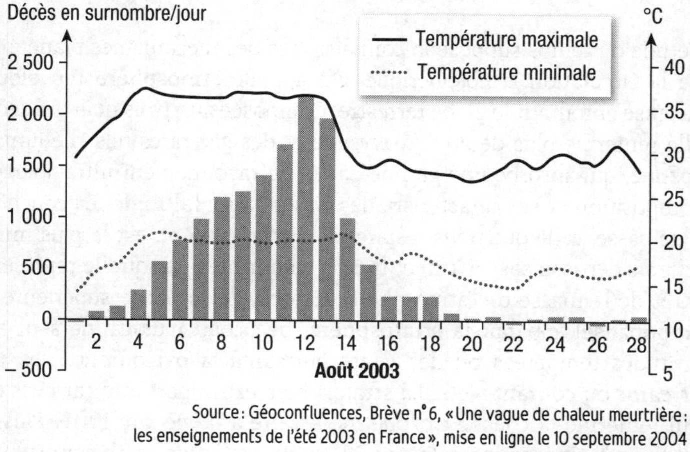

Source : Géoconfluences, Brève n° 6, « Une vague de chaleur meurtrière : les enseignements de l'été 2003 en France », mise en ligne le 10 septembre 2004 (www.geoconfluences.ens-lyon.fr).

La météorologie est également prise en compte par la géographie culturelle. En effet, l'attente d'une prévision fiable témoigne de préoccupations nouvelles alors même que le rapport à l'environnement se modifie. Cela concerne aussi bien les risques météorologiques considérés désormais comme inacceptables (*cf.* article *Risques, pollution*) que la météorologie de tous les jours : les données naturelles doivent être maîtrisées et leur connaissance est perçue comme un droit mais aussi comme un outil de planification et d'organisation de nombreuses activités à l'air libre – loisirs, tourisme, manifestations sportives... Cela se traduit par le développement de sites spécialisés proposant des prévisions – pourtant non fiables – à 14 jours. Sur les chaînes généralistes de la télévision française, les bulletins météo sont, en France, suivis par plus de spectateurs que les journaux qui les précèdent et peuvent atteindre des pics d'audience de 5, voire 6 millions de personnes. Parallèlement des chaines thématiques se développent. Dans les magasins spécialisés, les stations météo personnelles connaissent un engouement. Le développement de la géolocalisation renforce le besoin. Avec le développement des smartphones, les applications spécialisées connaissent un succès croissant, tandis que les prévisions se font plus précises : quelle sera la météo demain à tel endroit ? Voire quel est le temps en ce moment dans le lieu où je me trouve ?

L'atmosphère est en mouvement

L'étude du temps suppose la connaissance des mécanismes planétaires de la circulation atmosphérique. On appelle **atmosphère** l'enveloppe gazeuse entourant le globe terrestre. Composée aux trois quarts d'azote, elle renferme plus de 20 % d'oxygène et des gaz rares tels l'hélium ou l'**ozone**, qui absorbe une grande partie du rayonnement ultraviolet. Sa composition et ses caractéristiques varient avec l'altitude. La couche la plus basse, celle que nous respirons, la **troposphère**, est la plus mince (elle ne dépasse pas 15 km) et la plus comprimée puisqu'elle représente 90 % de la masse de l'atmosphère. Au-delà de sa partie supérieure (la **tropopause**) apparaît la **stratosphère**, beaucoup plus calme sauf aux latitudes tempérées où des vents puissants la parcourent : les ***jets streams*** ou **courants** jets. La stratosphère est importante car c'est elle qui renferme la couche d'ozone, nécessaire à la vie sur Terre. Plus en altitude, la **mésosphère** (entre 50 et 90 km), puis la **thermosphère**, constituent les étages supérieurs de l'atmosphère.

Composée d'air, l'atmosphère pèse donc un certain poids et exerce une pression que l'on appelle **pression atmosphérique**. Mesurée par un baromètre, celle-ci varie avec la température, l'humidité de l'air mais aussi avec l'altitude : plus on monte, plus cette pression diminue. La **pression normale**, la moyenne pour le globe terrestre au niveau de la mer, est de 1 013 hectopascals (hPa) environ. L'atmosphère présente donc des caractéristiques différentes selon l'altitude. Dans la troposphère, des **masses d'air** s'individualisent selon les caractères de l'air qui les compose, continental ou maritime, polaire ou tropical. La troposphère est également affectée de nombreux mouvements. Les mouvements verticaux sont nommés **turbulences**.

La troposphère est en instabilité continuelle pour plusieurs raisons. L'air contient tout d'abord plus ou moins de vapeur d'eau : un air chaud peut renfermer beaucoup plus d'humidité qu'un air froid. Ensuite, les alternances jour-nuit et la position en latitude réchauffent ou refroidissent les basses couches de l'atmosphère. Or, un air chaud a tendance à se détendre et, devenant plus léger, à prendre de l'altitude. Ce phénomène, appelé **ascendance**, a des conséquences. Du fait de la variation de pression, la température de l'air fluctue selon le **gradient adiabatique**. Au niveau du sol, la pression tombe en dessous des 1 013 hPa : on parle alors d'une zone de **basse pression**, ou **dépression**. Cet air chaud, souvent saturé en humidité, va, en gagnant de l'altitude, se vider peu à peu de son eau et créer par **condensation** (passage de la vapeur d'eau à l'état liquide) une pellicule nuageuse. Inversement, une masse d'air froid plus lourde a tendance à s'écouler vers le bas et donc à perdre de l'altitude. Cette **subsidence** se traduit au niveau du sol par une pression supérieure à la normale, c'est-à-dire par une zone de **haute pression** ou **anticyclone**.

Les anticyclones génèrent des zones de beau temps. Les anticyclones thermiques composés d'air très froid sont très secs. Pour les anticyclones chauds, la subsidence est génératrice de stabilité. Le phénomène inverse, l'ascendance de l'air, explique le mauvais temps et la nébulosité liés aux dépressions. Les perturbations parcourant le front polaire ont souvent le même aspect. L'air froid est surmonté par l'air chaud et le contact entre les deux – le **front** proprement dit – provoque une importante **nébulosité** : une grande partie du ciel se couvre de nuages. Les **nuages**, formés par l'accumulation de particules d'eau ou de glace en suspension dans l'air, n'ont pas le même aspect selon leur altitude, car la rétention en eau varie avec la température. La perturbation est annoncée par les **cirrus**, nuages de très haute altitude composés de cristaux de glace, à l'aspect de « traînée d'avion ». Puis viennent des nuages de plus en plus épais et de moins en moins hauts. Ce système perturbé se déplace à des vitesses variables et s'accompagne de vents. La fin de la perturbation, la **traîne**, apporte quelques **grains**, des épisodes perturbés très courts, avec des vents violents et parfois des pluies, mais aussi des éclaircies.

Coupe verticale d'une pertubation

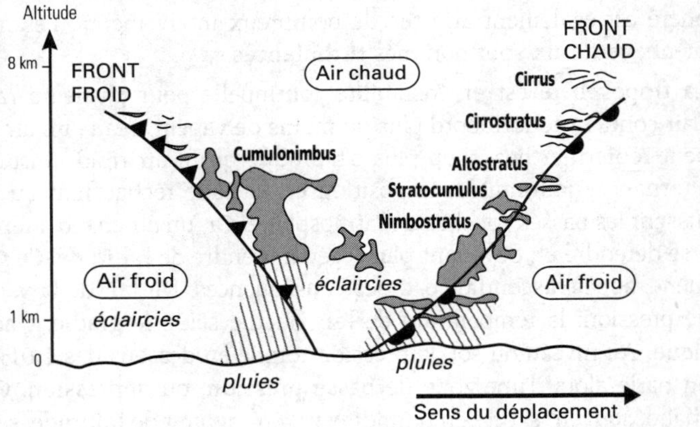

Les mouvements verticaux de la **troposphère** s'accompagnent de mouvements horizontaux (**advection**), les **vents**, allant globalement des zones de haute pression vers les dépressions. Ils peuvent être des vents généraux comme les ***westerlies*** (vents d'ouest des latitudes tempérées) ou des vents régionaux comme le fœhn ou le mistral. Le **mistral**, vent froid de la vallée du Rhône (appelé **tramontane** en Languedoc), et la **bora** de la côte dalmate ont une origine composite : liés aux différences de pressions, ils sont canalisés par les vallées (**effet de tuyère**), ce qui explique leur violence et leur turbulence. Il existe aussi des vents locaux comme les **brises**. Ces dernières, liées à des différences thermiques entre deux points d'un versant ou d'un littoral, ne doivent pas être confondues avec la **bise**, désignant dans le langage courant des vents froids et secs venant généralement du nord. Tous ces grands mécanismes se retrouvent au niveau planétaire : c'est la circulation atmosphérique générale.

La circulation atmosphérique générale

La circulation en grandes cellules

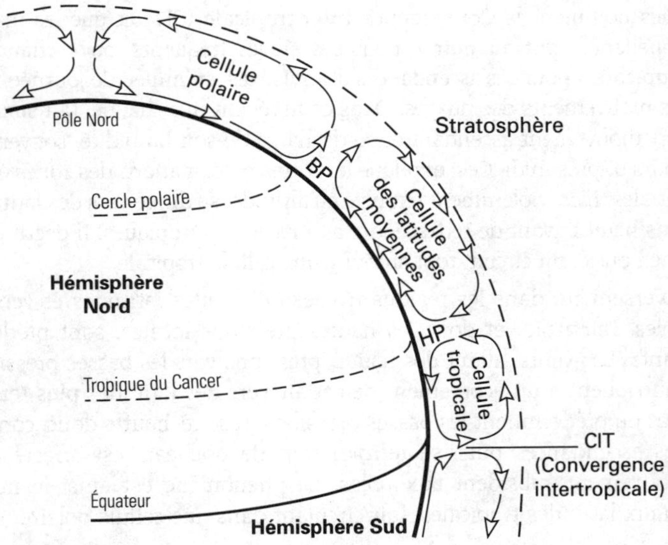

Circulation et cellules atmosphériques

Les grands mouvements de l'atmosphère sont liés à un « moteur », la **circulation convective**, alimenté par les capacités ascensionnelles de l'air chaud. Ces mouvements s'organisent en trois boucles dans lesquelles et entre lesquelles l'air circule. On donna le nom de **cellule de Hadley** au phénomène, du nom du mathématicien anglais qui fut le premier à les mettre en évidence, au XVIIIe siècle.

Au niveau des tropiques existent de vastes zones de **calmes tropicaux** : ce sont les cœurs des anticyclones tropicaux, comme celui des Açores, déjà connus des premiers grands navigateurs, de Bartolomeu Dias à Vasco de Gama. Ces zones de beau temps sec ne présentent que peu de vent. En revanche, leurs pourtours sont animés de vents importants et réguliers : les **alizés**. Issus des anticyclones, ils peuvent être des vents marins, également bien connus des navigateurs, ou des vents continentaux, appelés **harmattan** au sud du Sahara et **étésien** en Méditerranée orientale.

Du fait de la rotation de la Terre et de la **force de Coriolis** qu'elle exerce notamment sur l'atmosphère, ces vents divergent du cœur de l'anticyclone, dans le sens des aiguilles d'une montre dans l'hémisphère Nord et en sens contraire dans l'hémisphère Sud. Leur **convergence** s'effectue pour une part au niveau de l'équateur, dans une zone que les climatologues nomment la **Convergence inter-tropicale** (**CIT**) et que les marins appellent « **pot au noir** » pour ses orages fréquents, ou « **chaudière tropicale** » pour ses ascendances d'air visibles, en milieu de journée, avec les mouvements des nuages. Dans cette région très chaude, l'air subit un fort mouvement ascendant et se décharge de son humidité, souvent en cours d'après-midi. Ceci explique les fortes précipitations des zones équatoriales. L'air, violemment expulsé en altitude, se dirige vers des latitudes plus hautes avant de redescendre au niveau des tropiques. Il décrit donc une boucle, un circuit, tout autour d'une cellule tropicale.

Inversement, dans les régions froides des hautes latitudes et vers les pôles, l'air froid, et donc les hautes pressions locales, sont prédominants. Les vents, allant des hautes pressions vers les basses pressions, contribuent à un écoulement de cet air vers des latitudes plus tempérées où prédominent les basses pressions. Il se réchauffe donc, connaît des ascendances puis, se refroidissant de nouveau, est affecté d'un mouvement subsident aux pôles. Le phénomène est ainsi le même qu'aux latitudes tropicales, l'air circulant dans une cellule polaire.

Les latitudes tempérées sont aussi marquées par l'existence d'une cellule des latitudes moyennes mais celle-ci, contrairement aux autres cellules tropicales et polaires qui l'encadrent et l'entraînent, ne possède pas de moteur propre. Les latitudes tempérées sont donc le siège de la zone de contact entre les masses d'air polaire et les masses d'air tropical, appelée **front polaire**. Le front polaire est toujours une zone de contact complexe et plus encore lorsque les différences de températures sont extrêmes. Il peut décrire des indentations, des mouvements tourbillonnaires nommés **perturbations**. Ces dernières se succèdent souvent par groupes de trois ou quatre et font alterner sur les latitudes tempérées des types de temps très variables, amenant de la pluie, parfois des **orages**, du fait de la présence d'ascendances verticales très fortes, comme en témoigne la présence de nuages à grand développement vertical, les **cumulonimbus**.

La circulation atmosphérique est donc zonale. À l'équateur, zone d'ascendance souvent nuageuse, succèdent les tropiques marqués par la présence d'anticyclones, puis les latitudes moyennes perturbées et enfin les hautes latitudes froides et sèches.

Des variations saisonnières

Cette circulation générale varie dans le détail selon les saisons, notamment avec les fluctuations du front polaire. En hiver, l'air froid est plus important sur les pôles et donne parfois naissance à de très forts **anticyclones thermiques**, liés uniquement à la subsidence d'un air très froid, comme c'est le cas en Sibérie. Dans ces régions, les températures sont plus élevées en altitude qu'au sol : c'est le phénomène de l'**inversion thermique**, qui peut également exister en montagne, lorsque de l'air froid est bloqué au pied d'un versant.

La cellule polaire est donc très active et les descentes d'air froid plus importantes. Le front polaire, poussé vers le sud en hiver, se retrouve au contraire beaucoup plus au nord en été, ce qui a de nombreuses conséquences. En été, les anticyclones tropicaux « se gonflent » et se déplacent vers le nord. Ainsi, l'anticyclone des Açores recouvre en cette saison une bonne partie de la France amenant un beau temps chaud. En hiver, le phénomène inverse se produit, laissant les perturbations envahir le pays. D'autres irrégularités saisonnières peuvent avoir une plus grande ampleur. Dans la zone tropicale proche de l'équateur, notamment en Inde, le printemps est torride, les ascendances se multiplient et une dépression se forme au niveau du sol. Elle attire, dans l'hémisphère Nord, les alizés de l'hémisphère Sud. Ces vents de **mousson**, qui ont traversé des mers parmi les plus chaudes au monde, sont gorgés d'humidité et engendrent des pluies diluviennes. Ce phénomène, souvent décrit pour l'Asie du Sud, s'accompagne d'une « mousson d'hiver », période sèche et froide du fait des vents dominants d'origine nordique. Les moussons existent de façon plus atténuée sur certaines côtes africaines, essentiellement du golfe de Guinée : c'est la mousson guinéenne.

Une autre variation saisonnière de la circulation atmosphérique concerne l'hémisphère Sud. Il s'agit du phénomène d'***El Niño*** qui a d'abord été détecté sur les côtes du Pérou et de l'Équateur, en été, vers Noël (d'où le nom d'*El Niño*, l'Enfant-Jésus). L'anticyclone du Pacifique Sud peut disparaître vers le sud-ouest. Les alizés qui soufflaient régulièrement laissent alors la place libre aux dépressions atmosphériques qui apportent des pluies plus ou moins violentes. Le phénomène est imprévisible et irrégulier : certaines années de « **Niña** », comme en 2010-2011, ne le connaissent pas, mais sont touchées par un phénomène inverse, marqué par un renforcement des alizés et des courants marins froids. *El Niño* prend parfois l'aspect d'une véritable catastrophe climatique, comme en 1997-1998 où il provoqua des pluies torrentielles et des inondations sur la côte Est de l'Amérique du Sud et des sécheresses exceptionnelles ailleurs entraînant des feux de forêts, notamment en Indonésie. La question se pose aujourd'hui des liens entre la fréquence et l'ampleur des *Niños* et les fluctuations climatiques récentes : dans quel sens joue la causalité, si elle existe ?

Le phénomène est lié à l'**oscillation australe** ou **ENSO** (*El Niño Southern Oscillation*) : les anticyclones de l'hémisphère Sud s'affaiblissent sur leur versant oriental et se renforcent sur leur côté occidental. Si la cause d'un tel déplacement est encore incertaine, l'on sait désormais que l'oscillation australe concerne d'autres anticyclones que celui du Pacifique Sud et qu'il s'agit là d'un phénomène planétaire n'épargnant pas l'hémisphère Nord : Pacifique Nord (**oscillation nord-pacifique** ou *North Pacific Oscillation*, **NPO**), Atlantique Nord (**oscillation nord-atlantique** ou *North Atlantic Oscillation*, **NAO**). Le NAO se traduit par des descentes d'air arctique vers les Açores, avec des conséquences sur le climat de l'Europe occidentale. Ses effets semblent toutefois moindres que ceux d'*El Niño*.

Lire aussi Climat – Risques, pollution – Santé

Milieu, géosystème, environnement

Longtemps abordée selon une approche naturaliste, la notion de milieu s'est progressivement élargie et est aujourd'hui utilisée en géographie pour qualifier ce qui constitue le cadre de vie des sociétés ou, en utilisant un concept proche, leur environnement. La notion de milieu a ainsi alimenté les controverses entre géographes, fait l'objet de nombreuses déclinaisons qui ont abouti à une richesse sémantique, mais aussi à un relatif flou notionnel.

Le milieu, une notion naturaliste très utilisée en géographie classique

La notion de milieu recoupe des sens très variés. Le **milieu** désigne étymologiquement ce qui est au centre. Le terme a subi une évolution étrange pour exprimer tout ce qui entoure un groupe humain. Le géographe le considère en général comme un élément qui peut influencer le comportement des hommes par ses potentialités et les contraintes qu'il leur impose. Il refuse cependant aujourd'hui de lui accorder une part déterminante dans la compréhension de l'organisation des systèmes socio-économiques.

La notion contestée de milieu physique

Notion phare de la géographie classique, le milieu a cependant toujours été une notion contestée, et ce par des géographes aussi différents qu'Élysée Reclus, Max Sorre ou Pierre Gourou (*cf.* p. 213). Pourtant, pour une majorité de géographes et dans une perspective naturaliste, le terme a longtemps posé peu de problèmes. On parlait alors de **milieu physique** ou **milieu naturel**, comme le résultat de la combinaison et de l'interaction de phénomènes relevant de trois facteurs : les facteurs climatiques, les **facteurs édaphiques** – venant de la propriété du sol et des roches sous-jacentes – et les **facteurs biotiques** – liés au monde vivant végétal ou animal. Bien qu'encore fréquemment utilisé aujourd'hui dans le langage journalistique ou géographique pour qualifier le cadre physique dans lequel s'inscrivent les sociétés humaines, les géographes s'accordent aujourd'hui pour refuser l'expression de milieu naturel tant la connotation de virginité qu'il implique se trouve en contradiction avec la réalité : il n'existe plus, en effet, sauf éventuellement à très grande échelle, de zones échappant à toute influence humaine. Il n'y a donc plus de milieu naturel, tous les **milieux** étant **anthropisés**, soumis à l'influence humaine, et l'**œkoumène** ou **écoumène** (part de la Terre habitée par l'homme) est aujourd'hui planétaire. Les géographes ont longtemps contourné la difficulté en adjoignant des guillemets à l'adjectif « naturel » ou en employant le terme de **milieu bioclimatique**, qui valorise l'importance des facteurs liés aux climats et préfigure une organisation zonale, le long des parallèles. Certains ont poussé plus loin la déclinaison en évoquant des **milieux morphoclimatiques** quand le climat est considéré comme un facteur essentiel qui agit sur le modelé, des **milieux morpholithologiques** quand la nature de la roche prend une importance primordiale, des **milieux hydromorphologiques** quand le rôle des cours d'eau est au centre de l'analyse ou des **milieux géomorphologiques** ou **morphostructuraux** quand l'étude est centrée sur les formes de relief. Ces expressions sont aujourd'hui largement tombées en désuétude.

● La notion de milieu géographique

Si le terme de milieu a d'abord participé à la conception possibiliste du rapport entre les hommes et le milieu physique, il évolua par la suite et fut de plus en plus utilisé par certains auteurs de géographie humaine qui luttaient au contraire contre tout déterminisme naturel et s'attachaient à centrer l'analyse des milieux sur les caractères sociaux de leurs occupants. Cependant, marqué par l'ambiguïté de son interprétation, le terme a été concurrencé dans les années 1970 par la notion d'espace ou **espace géographique** qui tendait à recentrer l'objet de la géographie, discipline dont le but est avant tout de comprendre de quelle façon les sociétés humaines s'approprient l'espace sur lequel elles se sont implantées. La notion de **milieu géographique** est ainsi progressivement apparue, recouvrant un sens plus large que celui de milieu naturel et qualifiant un espace marqué par une combinaison de caractéristiques naturelles, sociales, économiques, voire culturelles et présentant une certaine homogénéité. L'homme est ainsi pris en compte dans la mesure où, sans gommer le milieu, il le modifie, l'aménage ou l'exploite de façon à créer des compositions originales. Concept de géographie classique, le milieu géographique fait donc le lien entre le substrat, le milieu physique et l'espace humain ; il dépend à la fois des caractères géophysiques et climatiques qui le caractérisent mais surtout de la manière dont les hommes l'ont mis en valeur et des techniques qu'ils ont choisi de mobiliser pour en exploiter les potentialités.

Cette évolution, liée à l'histoire interne de la géographie, fait que l'on s'autorise encore aujourd'hui un certain flou sémantique et une utilisation de la notion de milieu selon un spectre très large. On parle donc encore aussi bien de milieu rural que de milieu urbain, de milieu littoral que de milieu montagnard. Cependant, dans les programmes scolaires du secondaire en France, le terme de milieu, autrefois très présent, tend progressivement à disparaitre au profit d'autres notions telles que paysages, territoire…, souvent envisagées dans une perspective de développement durable.

Diversité et évolution des typologies de milieux

Il existe de nombreuses typologies de milieux sans qu'aucune ne soit parvenue à s'imposer totalement, l'évolution de la perception du concept de milieu ayant modifié la nature des typologies proposées. Les plus classiques cherchaient d'abord à distinguer les milieux selon les caractères physiques dominants qu'ils présentaient et leur répartition à l'échelle de la planète.

On distingue par exemple milieux zonaux et azonaux. Un **milieu zonal** épouse les contours des aires climatiques et la contrainte imposée par le climat sur le monde vivant est considérée comme un facteur d'homogénéité. L'utilisation de l'adjectif **zonal** doit donc être réservée à ces espaces homogènes sur le plan bioclimatique, qui résultent de l'organisation de la circulation atmosphérique et se développent en bandes parallèles (*cf.* article *Météorologie*). Par contre, le terme de **zone**, utilisé dans le même sens conformément à son étymologie, s'emploie parfois comme un synonyme très imprécis du terme espace. On parle donc de **zone climatique**, de zone tropicale par exemple, ce qui est conforme au sens premier, mais également de zone franche, de zone industrielle ou d'activité, de zone de libre-échange… Terme vague, il s'utilise aujourd'hui largement dans tous les domaines de la géographie et à toutes les échelles. Un **milieu azonal** est plus local ou situé dans des espaces géographiques non jointifs, éloignés les uns des autres, comme les milieux montagnards, littoraux ou océaniques.

Les milieux zonaux sont donc des **milieux bioclimatiques** dans lesquels la trame des climats et de la végétation est considérée comme l'élément principal à prendre en compte pour toute analyse. On parle donc de « milieu tropical humide », de « milieu tropical aride » ou de « milieu tempéré », chacun présentant des contrastes climatiques, c'est-à-dire des nuances, voire des oppositions, plus ou moins marquées. Les géographes ont longtemps cherché à mettre en évidence des correspondances et des liens de causalité entre les milieux bioclimatiques et les types d'organisation des sociétés humaines de façon à faire apparaître des milieux géographiques à l'homogénéité plus ou moins marquée. Aujourd'hui, adoptant en cela une démarche plus environnementaliste, ils envisagent davantage les caractères bioclimatiques des milieux en termes de ressources ou de contraintes pour les sociétés humaines.

Parmi les typologies classiques, certaines ont cherché à prendre en compte les hommes mais en mettant surtout en évidence l'impact du milieu sur les sociétés. Des géographes comme Jean **Demangeot** (1916-2009) ont proposé une différenciation entre les milieux selon leurs potentialités et les **contraintes**, c'est-à-dire les difficultés qu'ils supposent pour la mise en valeur humaine : le manque d'eau en milieu aride, le froid en zone polaire ou l'**insalubrité** (le caractère nuisible pour la santé) de certains milieux, dont les **milieux amphibies**, marqués par des marécages et des eaux stagnantes et dans lesquels pullulent, par exemple, les moustiques vecteurs de paludisme. Il a ainsi été amené à distinguer de « bons » et de « mauvais » milieux, des milieux difficiles et des milieux plus maniables. La limite reste cependant parfois difficile à déterminer tant les contraintes sont diversement perçues selon les civilisations, le caractère répulsif ou propice de certains milieux fait autant appel à l'histoire, au niveau de développement qu'aux conditions du milieu physique. On peut même assister à certains phénomènes de **renversement géographique** ou d'**inversion géographique**, certains milieux, longtemps considérés comme répulsifs, étant devenus au contraire attractifs. Ce fut le cas de nombreux milieux littoraux, délaissés en raison de leur insalubrité et de leur ouverture aux invasions, qui ont pu devenir, une fois la paix revenue et avec des techniques de drainage appropriées, très favorables au tourisme.

Certaines typologies ont insisté davantage sur le caractère dominant du milieu physique et l'utilisation que les hommes en ont fait. Ils ont ainsi distingué les espaces marqués par l'aridité, où le manque d'eau est le caractère principal du milieu, les plus grandes forêts du monde, souvent très peu densément occupées, les grands espaces défrichés, les littoraux fragiles, les montagnes instables et les espaces encore quasiment inexploités. L'ancienneté de l'occupation humaine, la densité du peuplement, le type d'occupation et de mise en valeur du sol, les atteintes à l'environnement sont donc considérées et les composantes physiques du milieu ne sont privilégiées que si elles restent prépondérantes. Certains, enfin, ont cherché à distinguer les milieux selon la manière dont les hommes en ont affecté les équilibres environnementaux.

La notion de **milieu** est donc à analyser dans une approche systémique (*cf.* p. 246) : conformément aux définitions du terme en sciences sociales mais aussi dans d'autres disciplines connexes, le milieu est l'ensemble des conditions qui agissent sur le comportement d'un objet d'étude et le conduisent éventuellement à modifier son comportement. On peut opposer schématiquement des milieux stables à des milieux instables, ce qui induit de prendre en compte à la fois les **temporalités** (le temps et sa perception à différentes échelles – tel milieu stable à l'échelle humaine est en réalité instable à l'échelle historique), mais aussi les facteurs de l'équilibre ou du déséquilibre et de leur déclenchement.

Des termes voisins de plus en plus utilisés : environnement, géosystème

Le terme de milieu souffre de la concurrence d'autres termes qui, selon les périodes, ont été utilisés par les géographes avec des significations proches, à l'instar de **paysage**, longtemps employé à tort comme synonyme de milieu (*cf.* article *Paysage*).

Certains géographes soucieux de lutter contre toute forme de déterminisme ont également utilisé le terme de **géosystème**, terme introduit par Georges **Bertrand** en 1972, ou **système géographique**, pour désigner un écosystème localisé associé à un espace social, c'est-à-dire un ensemble d'éléments naturels mais aussi sociaux formant un tout cohérent, ayant une unité spatiale et donnant donc à l'espace sa spécificité. La notion se distingue de celle de milieu en mettant clairement l'homme au cœur du modèle, le rôle des sociétés humaines étant envisagé en tenant compte à la fois des héritages, des temporalités et des actions en cours des hommes sur l'espace. C'est également une notion qui se veut systémique, insistant surtout sur les interactions et les dynamiques entre chaque composante du géosystème et entre ces éléments et les hommes, le tout étant uni par des relations fonctionnelles étroites. Certains sont allés jusqu'à considérer un géosystème comme un espace présentant, par les relations spécifiques qu'entretiennent les éléments qui le composent, un certain équilibre, éventuellement mis en péril à la suite de crises naturelles ou d'interventions humaines inconsidérées.

Les interactions du géosytème

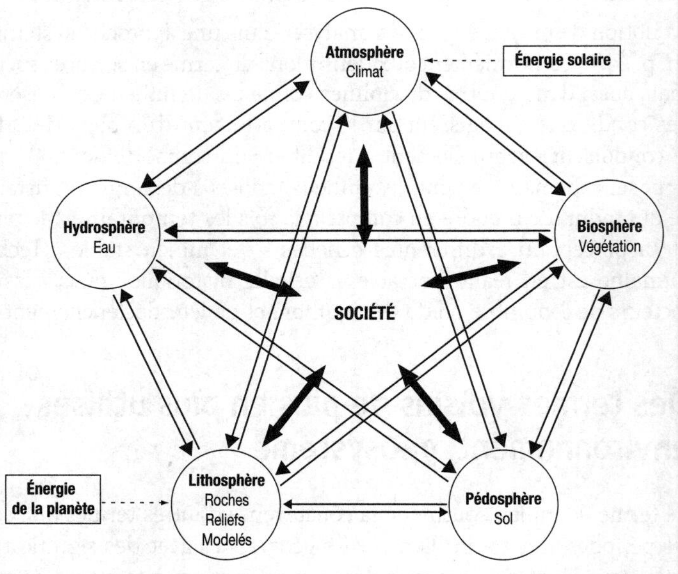

La notion de géosystème recoupe donc pour partie celle d'**écosystème**, utilisée par les écologues pour qualifier un espace uni par des relations entre la **biocénose**, qui désigne une communauté d'êtres vivants partageant les mêmes conditions de vie, et le **biotope**, qui désigne les caractères de leur milieu de vie (roche, eau, air...). La **biosphère** – l'ensemble des êtres vivants à la surface du globe – forme également un écosystème. La principale différence entre les notions d'écosystème et de géosystème provient de la place essentielle accordée à la dimension humaine dans le géosystème, et le fait que l'action de l'homme dans le cadre des géosystèmes n'est pas envisagée comme essentiellement perturbatrice, ce qui est parfois le cas de la vision qu'ont certains écologues radicaux du rapport entre les hommes et les écosystèmes ou, selon un terme plus large, de l'environnement.

Le terme d'**environnement**, dont l'utilisation s'est popularisée à partir des années 1970, a été, depuis, fréquemment employé soit comme équivalent de « milieu naturel », soit dans le sens de milieu construit par l'homme (milieu urbain par exemple), soit encore dans un sens plus large pour exprimer tout ce qui entoure les groupes humains et agit sur eux : les activités et les aménagements humains, les relations entre humains, les institutions, la culture. À la différence du géosystème, que l'on aborde surtout par la manière dont les éléments qui le composent sont en interrelations, l'environnement prend donc en compte toute la diversité des aspects du cadre de vie des sociétés, à savoir des composantes naturelles, des éléments matériels (densité des infrastructures de transport, présence de zones industrielles, types de quartiers urbains...), des dimensions non matérielles comme le type de culture dominant mais aussi les représentations qu'ont les populations de leur cadre de vie et qui sont souvent fort différentes de celles qu'en ont les observateurs extérieurs.

La notion d'environnement peut donc être assez large quand on l'envisage comme le cadre de vie des êtres vivants, combinant des éléments naturels et socio-économiques. Le terme a également évolué vers une dimension écologique que ne recouvrent pas les notions de milieu ou de géosystème, associée à l'idée d'un patrimoine à la fois fragile et précieux et qu'il convient donc de préserver. On parle ainsi de protection de l'environnement.

Dans le contexte du développement durable, divers outils permettant de mesurer les performances environnementales des États ont été conçus. L'**Indice de performance environnementale** (**EPI**) évalue l'efficacité des politiques environnementales nationales en fonction d'objectifs nationaux et internationaux. Il se complète de l'**Indice de viabilité environnementale** ou **Indice de durabilité environnementale**, développé par deux universités américaines, qui mesure et compare la capacité des États à protéger l'environnement dans une démarche de développement durable. La question de base, sans cesse plus prégnante, est donc la place de la nature et des relations entre « la nature » et les sociétés humaines.

Les géographes ne conçoivent plus désormais la nature en tant que telle comme un objet d'étude. La **géographie environnementale**, qui connaît un essor depuis une trentaine d'années, a pour objet d'étudier les géosystèmes et leurs rapports avec les sociétés et les territoires. Cette géographie peut analyser la manière dont les conditions naturelles peuvent apporter des ressources, constituer des atouts, mais aussi représenter des contraintes ou des risques pour les sociétés humaines. Souvent vue comme un prolongement moderne de l'approche naturaliste, elle a évidemment largement contribué à un emploi plus fréquent de la notion d'environnement. Mais elle a parfois des buts plus ambitieux tel le **système GTP** (Géosystème-Territoire-Paysage), proposé par Georges **Bertrand** dès 1991. S'appliquant à un espace donné, cette construction systémique a pour but de rendre compte de la complexité de l'environnement géographique en respectant sa diversité et son interactivité. Les trois entrées sont liées aux critères d'anthropisation, d'artificialisation et d'artialisation (*cf.* p. 370) de cet espace. Le « Géosystème », concept ici naturaliste, permet de comprendre le fonctionnement physique d'un espace géographique et son degré d'anthropisation, le « Territoire » de voir les conséquences de l'organisation sociale et économique sur l'espace considéré, le « Paysage » d'appréhender la dimension socioculturelle de ce même ensemble géographique.

L'étude des milieux intéresse donc de nombreuses branches de la géographie. Elle demeura longtemps le domaine quasi exclusif des géographes physiciens, notamment des spécialistes de **biogéographie**, qui analysent les formations végétales, leur distribution zonale ou azonale et leur exploitation, voire leur dégradation par les hommes. La banalisation de l'analyse systémique en géographie, la prise de conscience progressive que l'homme fait partie intégrante du milieu et en constitue la principale composante, ont contribué à donner une audience plus large à la notion et aux concepts voisins.

Lire aussi **Espace, diffusion spatiale – Géographie naturaliste, géomorphologie – Paysage – Sols – Territoire – Végétation, forêt**

Le système GTP

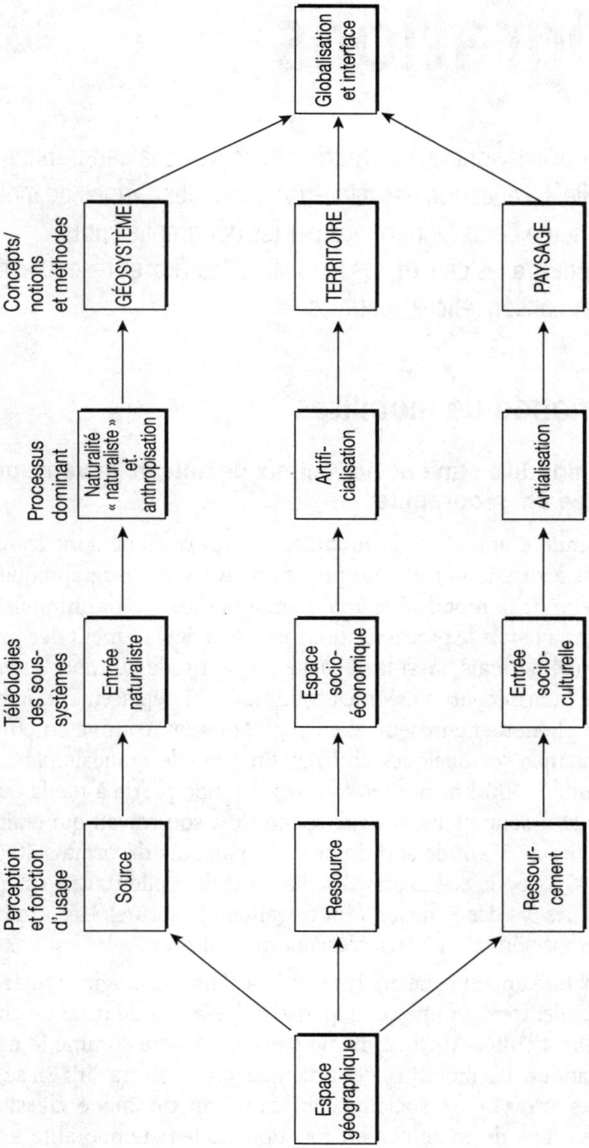

Mobilités, migrations

Les mobilités sont un des thèmes majeurs de la géographie actuelle. La question des migrations, une des formes de mobilités, est étudiée depuis longtemps par les géographes pour en connaître les causes, les modalités, les flux et réseaux, ainsi que les conséquences spatiales.

Un monde de mobilités

La mobilité : une notion mieux définie et davantage utilisée en géographie

En première approche, la **mobilité** est un concept dont les contours prêtent à discussion et interprétation. Au sens géographique, c'est-à-dire celui de la **mobilité spatiale** (ou **mobilité géographique**), le terme exprime à la fois le processus qui aboutit au déplacement des personnes en lui-même mais aussi la capacité ou l'aptitude au mouvement, voire tout ce qui concourt à créer les conditions du déplacement. La mobilité est un phénomène majeur et en augmentation, comme en témoignent par exemple ces quelques chiffres. En 1960, le Français parcourait en moyenne 3 500 km par an dont une grande partie à pieds ou à deux roues, et essentiellement pour se rendre à son travail qui était distant de moins de 3 km de son domicile. Il parcourt désormais 16 000 km, dont 40 % pour ses loisirs. La distance domicile-travail est passée à 14 km (les 3/4 des Français vont travailler en voiture). Désormais 7 % de son temps sont ainsi consacrés aux mobilités.

La mobilité appelle une analyse multiscalaire. Le migrant international est mobile, tout comme celui qui participe à l'exode rural ou change de domicile à l'intérieur d'un même pays, ou encore comme le **navetteur** qui pratique des mobilités quotidiennes pour son travail. En se fondant sur des travaux de sociologie urbaine, on distingue classiquement quatre types de mobilités en fonction de leur temporalité et de leur trajet (interne ou externe à un bassin de vie) :

	Temporalité courte	Temporalité longue
Interne à un bassin de vie	Mobilité quotidienne	Mobilité résidentielle
Vers l'extérieur d'un bassin de vie	Voyage	Migration

Par ailleurs, la mobilité est très variable selon les individus, en fonction de leur capital économique mais aussi social et culturel. Pour exprimer cette inégale potentialité à être mobile, les géographes emploient le concept de **motilité**, emprunté à la sociologie urbaine et à la biologie. La motilité dépend de la volonté ou de la motivation des personnes susceptibles de se déplacer, déterminée par leurs stratégies personnelles et les opportunités qui leur sont offertes, mais aussi de leur capacité physique à se mouvoir et, critère souvent fondamental, des moyens d'information et de transport auxquels elles ont accès. La motilité exprime donc surtout un potentiel : elle peut être forte sans donner lieu à un déplacement, ou faible mais concrétisée par un mouvement.

De la motilité au déplacement

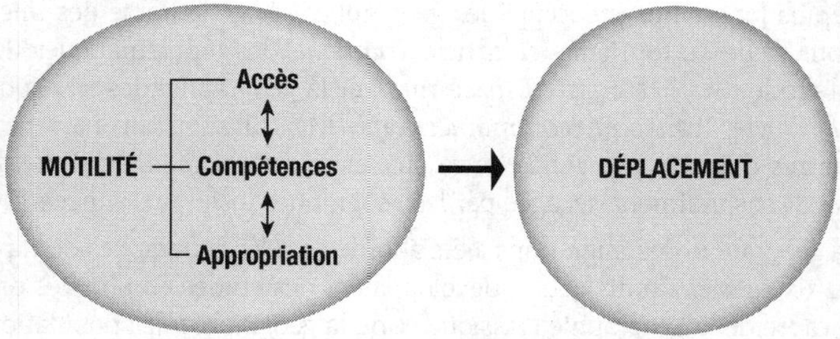

Source : V. Kaufmann et C. Jemelin. *La Motilité, une forme de capital permettant d'éviter les irréversibilités socio-spatiales*, Lausanne, 2004.

La mobilité pose enfin la question des moyens de déplacement. L'augmentation de la mobilité est à relier à la révolution technique des transports de la fin du XIXe siècle (*cf.* article *Transport, communications*) : les armées de Napoléon se déplaçaient à la même vitesse que celles… de Jules César ! Cette révolution change notre rapport à la distance et notre conception du monde. Les mobilités peuvent donc être appréhendées aussi bien par une géographie des représentations que par une géographie des transports analysant les flux, leurs lieux préférentiels, mais aussi les conséquences de cette révolution. Par exemple, du fait de l'augmentation de la vitesse et des facilités techniques et financières, l'augmentation des mobilités se traduit par une saturation croissante : en 2008, la vitesse moyenne des véhicules dans Paris était de 16,6 km/h… soit guère plus qu'il y a 100 ans.

Si la géographie s'intéresse en priorité aux lieux, les mobilités mettent en avant les flux, les réseaux, les dynamiques et donc les liens de nature diverse entre des espaces : liens économiques et financiers (transports, **remises**, c'est-à-dire transferts de devises par les migrants vers leurs pays d'origine…), liens culturels (diffusion de valeurs), liens politiques (politiques migratoires…)… En cela, les mobilités produisent des territoires dédiés. La mobilité est donc un phénomène essentiel, étudié de manière approfondie en géographie depuis une quinzaine d'années : le FIG 1997 (*cf.* p. 219) s'intitulait « une planète nomade », reconnaissant l'importance des mobilités à l'échelle planétaire.

Une géographie des mobilités initialement préoccupée par les migrations

Plusieurs pôles d'intérêt majeurs en relation avec les mobilités ont depuis longtemps préoccupé les géographes : la géographie des migrations, celle du tourisme (*cf.* article *Tourisme*), les problématiques liées à l'exode rural (*cf.* article *Espace rural*) et la géographie des transports (*cf.* article *Transport, communications*). Mais il s'agissait souvent de centres d'intérêt peu reliés entre eux et la notion même de mobilité n'était pas vraiment dégagée par les géographes jusqu'aux années 1990.

La géographie des migrations a été abordée par les géographes dès la fin du XIXe siècle. Tandis que se développaient des études empiriques dans le cadre de la géographie classique et de la géographie des populations, la recherche des causalités devenait peu à peu un objet d'étude, essentiellement dans le monde anglo-saxon : quelle est la pertinence du modèle gravitaire ? Quelle est celle du couple attraction-répulsion et de ses facteurs ? Présenté dès 1954 par l'économiste du développement Arthur **Lewis** (1915-1991), le binôme ***push factors*** et ***pull factors*** est une des explications classiques des migrations : les migrations seraient conditionnées par un certain nombre de facteurs qui incitent des populations à quitter leur pays (**facteurs de répulsion** – ou **d'expulsion** – ou *push factors*) et les attirent dans d'autres États (**facteurs d'attraction** ou *pull factors*). Ce modèle est de nos jours remis en question, la plupart des recherches concrètes montrant son aspect schématique. Les recherches s'orientent plutôt vers un modèle de **contraintes et représentation de**

connaissances : si les *push* et *pull factors* existent bien, il faut les combiner avec une dimension culturelle (la connaissance, la perception que l'on se fait de sa mobilité), champ de préoccupation de la géographie culturelle (*cf.* article *Culture, géographie culturelle*). Parallèlement, la méthodologie d'étude des migrations a connu une évolution sensible. On est passé d'études descriptives à une analyse systémique, notamment grâce aux travaux du géographe Gildas Simon, promoteur en France du concept de système migratoire (*cf.* p 330), du sociologue Alain Tarrius ou de la politologue Catherine Withol de Wenden.

C'est dans ce cadre que la géographie des mobilités a pris son essor dans les années 1990, par la rencontre d'une géographie des migrations qui se structurait, d'une géographie générale de plus en plus sensible aux jeux d'échelle (des migrations internationales aux mobilités du quotidien) mais aussi du fait d'un contexte extérieur avec le passage d'un modèle territorial marqué par l'exode rural dans les années 1960-1970 à un modèle d'étalement urbain aujourd'hui dominant.

Mobilités ponctuelles et de longue durée : mouvements et migrations

On appelle **migration** tout déplacement de population vers un autre espace en vue de s'y établir au moins temporairement. Mais, en géographie, le terme a de nos jours une signification plus précise et on considère comme migration un mouvement qui se traduit, pour la personne qui l'effectue, par un changement durable de résidence principale. En France, l'INSEE établit cette durée à six mois et de plus en plus à un an. Une migration peut être individuelle ou collective, s'opérer sur des distances variables et engendrer des flux limités ou au contraire massifs.

Les mobilités ponctuelles, temporaires et de courtes durées, sont qualifiées par la plupart des auteurs de **mouvement** ou de **déplacement**, et non de migration. On les distingue selon leur périodicité. À rythme quotidien, les **mouvements pendulaires** (ou alternants ou **navettes**) sont effectués le plus souvent entre le lieu d'habitation et le lieu de travail : plus d'un travailleur sur deux en France, au Royaume-Uni et en Belgique ne réside pas dans la commune où il exerce son métier et la proportion est encore supérieure aux États-Unis (plus de 60 % de ***commuters***). Les travailleurs **frontaliers**, qui pour des raisons économiques choisissent de travailler dans un État voisin de celui dans lequel ils résident, accomplissent des mouvements pendulaires entre deux ou plusieurs États en franchissant à chaque fois une ou plusieurs frontières. Les anglo-saxons parlent à leur endroit de ***transborder***

commuters. Les **mouvements hebdomadaires**, en général en début et fin de week-end, concernent par exemple certains étudiants et certains citadins qui se rendent dans leur résidence secondaire. À période plus longue, on peut évoquer les **mouvements** de travailleurs **saisonniers**, dans le cadre d'activités agricoles ou touristiques, ou les déplacements de longue durée de militaires ou de personnels de chantiers. De toute autre nature mais également marquées par une périodicité, les mobilités touristiques nationales ou internationales ne sont pas des migrations (*cf.* article *Tourisme*).

La distinction entre mobilité ponctuelle et migration perd cependant de son sens avec la diversification des formes de déplacement. Les mobilités sont de plus en plus conditionnées par des motivations croisées (travail, études, agrément...) et souvent marquées par des allers et retours entre espaces de départ et d'accueil. C'est dans ce contexte que des géographes ont remis au premier plan la notion de **circulation**, issue du langage courant (littéralement, « ce qui circule »), et qui peut aussi bien désigner des circulations marchandes que des mobilités. En géographie, le terme est utilisé pour caractériser le système formé par tout déplacement (mobilités, flux matériels et immatériels) et par le territoire produit par ce déplacement. Appliqué aux mobilités, et suite aux travaux d'Alain Tarrius, on parle de **circulation migratoire** pour qualifier cette évolution des modes de déplacements qui contribue à façonner de nouvelles territorialités. Le concept met donc le couple migration-territoire(s) au cœur de l'analyse. Cette circulation migratoire, dont les acteurs font parfois de la mobilité un mode de vie, s'intègre aux dynamiques de la mondialisation et rompt avec l'idée de la migration comme mouvement unidirectionnel, durable.

Enfin, la **nomadisation**, c'est-à-dire l'adoption d'un genre de vie itinérant, constitue un cas particulier. Les **nomades**, à l'inverse des **sédentaires**, sont des personnes sans résidence fixe, qui pratiquent le **nomadisme** ; ils se déplacent le plus souvent selon le rythme des saisons. Ce sont fréquemment des pasteurs qui recherchent des pâturages pour leurs troupeaux, mais aussi les **forains** (personnes qui travaillent dans les fêtes foraines ou les marchés itinérants). Le vrai nomadisme a aujourd'hui pratiquement disparu et on parle de **semi-nomades** pour qualifier les populations qui possèdent un lieu d'ancrage à partir duquel s'organisent leurs déplacements saisonniers. Le terme de **néo-nomadisme** s'utilise parfois pour qualifier, aux États-Unis par exemple, des changements fréquents de résidence pour cause professionnelle, forme de déplacement intermédiaire entre mouvement et migration.

Les grands types de migrations

On distingue d'abord les **migrations externes** ou **internationales**, qui s'effectuent avec un franchissement de frontière et les **migrations intérieures** (ou **internes**), qui s'effectuent à l'intérieur des frontières d'un État. Pour ces dernières, le terme de mobilités internes prend cependant peu à peu le pas sur celui de migration. Ce sont souvent des **migrations de voisinage**, limitées dans l'espace, alors que les migrations externes peuvent supposer d'importants déplacements, par exemple d'un continent à un autre. Cette distinction selon la distance n'est cependant pas toujours pertinente, des migrations internationales pouvant s'effectuer sur des distances relativement courtes. Les **accords de Schengen** (1985) facilitent les mobilités au sein de l'**espace Schengen**, espace de libre circulation qui associe en 2013 la Norvège, l'Islande, le Liechtenstein et la Suisse à 22 États de l'Europe des 27, le Royaume-Uni, l'Irlande ayant choisi de ne pas l'intégrer, et Chypre, la Roumanie et la Bulgarie devant à terme le rejoindre. Les migrations internationales induisent une **émigration** (la sortie de son pays pour s'installer dans un autre) et une **immigration** (l'entrée dans un État différent d'une personne non autochtone désirant s'y installer). Dans ce cas, on peut calculer pour un État ou une zone géographique la **migration totale** (somme des départs et arrivées pour un même endroit) et surtout la **migration nette** ou **solde migratoire** (solde entre départs et arrivées définitives par rapport à une même zone). Si les entrées l'emportent sur les sorties, il y a **immigration nette** (ou **excédent migratoire**), sinon **émigration nette** (ou **déficit migratoire**). On calcule également le **taux d'immigration** ou **d'émigration** d'une population, soit le rapport, sur une année, entre les arrivées (ou les départs) et la population totale. La différence entre les deux taux exprime le **taux de migration nette**. En combinant le solde migratoire et le solde naturel, il est possible d'évaluer l'accroissement total d'une population. À noter que la notion d'étranger ne recoupe pas totalement celle d'immigré : un **étranger** est une personne qui possède une nationalité différente de celle de l'État dans lequel elle réside, même si elle est née dans ce pays, alors qu'un **immigré** est une personne née dans un pays différent de celui dans lequel elle s'est installée, même si elle a acquis, depuis son arrivée, la nationalité du pays d'accueil. Les immigrés sont donc des **expatriés**, littéralement des personnes qui ont quitté leur patrie, de manière forcée ou de leur plein gré.

On distingue ensuite les migrations selon leur caractère temporaire ou définitif. La plupart des types de migrants peuvent appartenir à l'une ou l'autre catégorie. Si les **rapatriés**, personnes déplacées, chassées du pays dans lequel elles avaient élu domicile, et contraintes de revenir dans leur patrie originelle (ou celle de leurs ancêtres), ont souvent peu d'espoir de retour, les travailleurs migrants peuvent avoir comme projet initial de retourner dans leur pays mais aussi choisir de s'installer définitivement dans le pays d'accueil. Il en est de même pour les **réfugiés politiques** qui ont quitté leur pays en raison d'une crainte fondée de persécution due à leur appartenance à une ethnie ou un groupe social, à leur religion, à leur nationalité ou à leurs convictions politiques et qui ont trouvé refuge dans un autre pays. Certains d'entre eux migrent temporairement dans un État voisin et espèrent un retour rapide au pays alors que d'autres, notamment ceux qui ont parcouru de longues distances, n'envisagent parfois pas de rentrer définitivement dans leur pays d'origine. Certains États privilégient l'immigration temporaire (États du golfe Persique par exemple, avec le système de la ***Kafala***, imposant au candidat à l'immigration un parrainage, procuré par un ***kafil***, un parrain) alors que d'autres, pays d'Europe ou d'Amérique du Nord notamment, sont plus ouverts aux flux définitifs. Ces pays acceptent généralement, sous certaines conditions, l'**immigration familiale** (ou **regroupement familial**), qui se traduit par la possibilité donnée à l'expatrié de faire venir sa famille dans le pays d'accueil. Les conditions de ces regroupements varient cependant selon les pays et font fréquemment l'objet de débats politiques. Le caractère de l'immigration évolue également dans l'histoire : la France des années 1960 connaissait surtout une immigration temporaire, dans le cadre du système de la **noria** (par analogie au système d'irrigation), sorte de relais migratoire qui permettait à un migrant, après quelques années d'expatriation, d'être remplacé par un autre membre de sa famille ou de son village. Les difficultés économiques des années 1970, ainsi que la fermeture relative des frontières qui en a découlé, vont modifier les pratiques, mettre fin à la noria et aux flux temporaires et donc provoquer la généralisation de l'immigration définitive.

On distingue également les migrations selon leurs motivations. Les **migrations écologiques** sont les plus anciennes et supposaient pour les hommes la nécessité de mieux s'adapter aux évolutions du milieu. Pratiquées aujourd'hui par des victimes de catastrophes naturelles ou de dérèglements climatiques importants (sécheresse, effets d'*El Niño*...), souvent qualifiés d'**éco-réfugiés** ou de **réfugiés environnementaux**, elles font donc partie des **migrations forcées**. La question des réfugiés environnementaux pose deux problèmes : celui de leur reconnaissance et de leur statut futur qui est en cours de discussion, et celui de leur nombre. Certains rapports alarmistes les estiment à 250 millions de personnes vers 2050. C'est oublier qu'il s'agit souvent de mobilités sur quelques kilomètres et qu'il ne s'agit donc pas de réfugiés au sens strict du terme, que les adaptations locales sont nombreuses et que ces chiffres prennent en compte les prévisions les plus pessimistes.

Les **migrations forcées** résultent cependant plus souvent de facteurs politiques et furent nombreuses dans l'histoire : traite des Noirs dans le cadre du commerce triangulaire du XVe au XIXe siècle ; **déportations**, c'est-à-dire déplacements forcés, souvent en période de guerre (peuple Navajo, au milieu du XIXe siècle, aux États-Unis ; divers peuples au sein de l'URSS sous Staline pendant les années 1930 ; Juifs d'Europe et Tziganes déportés pendant la Seconde Guerre mondiale vers les centres d'anéantissement nazis) ; **désurbanisation** ou exode urbain qu'ont subi les populations de Phnom Penh de 1975 à 1978 ; déplacements massifs nés de modifications de frontière (Allemagne après 1945, Inde en 1947, Pakistan en 1972) ; **exil**, c'est-à-dire départ forcé de personnes persécutées qui deviennent des **réfugiés politiques** si elles trouvent refuge dans un État qui les accueille mais n'ont, dans le cas contraire, que le statut de personnes déplacées.

Les **migrations volontaires** sont, pour les plus traditionnelles, des **migrations de colonisation**, dans le but de repousser des fronts pionniers (*Mato Grosso* brésilien ou Sibérie du début du siècle), parfois qualifiées de **ruées** quand le mouvement est soudain et massif. Les ruées résultent de l'apparition soudaine de facteurs d'attraction auxquels il est difficile de résister et qui sont le plus souvent liés à la découverte de ressources du sous-sol. La **ruée vers l'or** qui toucha la Californie au milieu du XIXe siècle en est le plus bel exemple. Ce sont également des **migrations économiques**, c'est-à-dire des **migrations de travailleurs** à la recherche d'un emploi ou de meilleures conditions de travail. Ceux-ci peuvent être des travailleurs peu qualifiés (***arm drain***) ou au contraire des spécialistes, techniciens, cadres ou chercheurs qui participent au phénomène de ***brain drain*** (« fuite des cerveaux ») pour le pays de départ et à un ***brain gain*** pour le pays d'accueil. Ce sont enfin des **migrations d'agrément** pour des travailleurs ou des retraités à la recherche d'aménités, par exemple dans le Sud de la France ou la *Sun Belt* américaine.

Le terme de **diaspora**, qualifiant à l'origine la dispersion du peuple juif, désigne au sens strict la dispersion forcée d'un peuple (diaspora arménienne, palestinienne). Ce terme a aujourd'hui une acception plus large désignant un ensemble de communautés issues d'un même peuple, installées à l'étranger et qui entretiennent des relations entre elles et avec leur pays d'origine (diaspora chinoise, libanaise…). Certains géographes préfèrent alors parler de **quasi-diaspora**, notamment pour les Indiens ou les Turcs. Chaque diaspora s'alimente des descendants des premiers expatriés et de nouveaux migrants utilisant les réseaux familiaux et villageois pour faciliter leur intégration.

Le terme masculin d'**exode** doit être utilisé avec précaution. Son étymologie fait référence aux événements bibliques, ce qui sous-entend un caractère à la fois massif, collectif et brutal… Il est donc utilisé avec raison pour qualifier aussi bien le déplacement des populations du Nord de la France en 1940 que la fuite des Rwandais en direction du Zaïre pendant l'été 1994. L'expression d'**exode rural**, qui désigne la migration progressive des ruraux vers les villes, doit être utilisée avec précaution tant elle semble indiquer l'existence d'un phénomène massif, avec d'importantes conséquences sur les espaces de départ et d'accueil. L'emploi de ce terme date du XIXe siècle, à une époque où le phénomène était massif en Europe. Il est encore utilisé en géographie comme pour exagérer l'importance des ruptures avec les racines rurales et dénoncer l'explosion urbaine et le progrès du mode de vie citadin.

Certains auteurs, à la suite du géographe américain Wilbur **Zelinsky** (né en 1921), parlent de **transition migratoire** ou **transition vers les mobilités** (*mobility transition*) pour montrer que des liens existent entre le degré d'évolution démographique d'une population, notamment la transition démographique, et le type de migration qu'elle pratique. Quand une population entre en transition démographique, quand la pression démographique augmente, les migrations pionnières, l'exode rural et les migrations internationales s'accroissent rapidement. En fin de transition démographique, les premières déclinent rapidement alors que les deux dernières se maintiennent. Des migrations interurbaines ou intra-urbaines, le plus souvent entre le centre des grandes villes et les périphéries, prennent progressivement le relais. Elles sont dominantes dans le cas de populations ayant accédé au régime démographique moderne, les autres formes de migrations ne concernant plus que quelques individus. Cependant, ce schéma général, trop systématique et pas totalement en adéquation avec les faits, a été remis partiellement en cause par Zelinsky lui-même.

La diaspora chinoise dans le monde

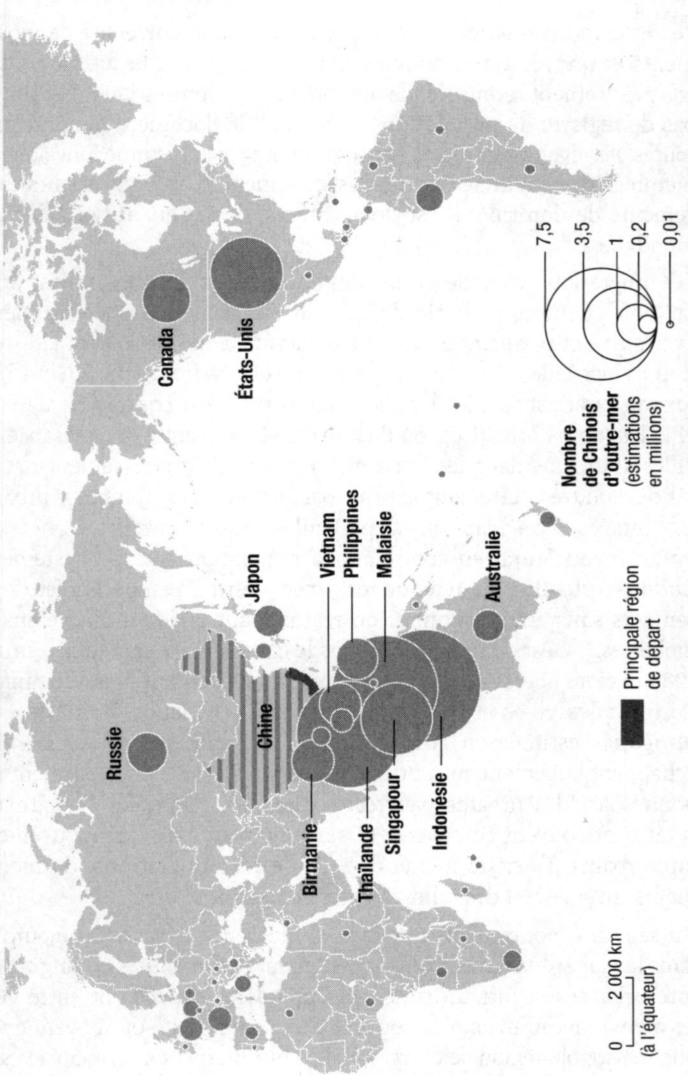

Source : D'après C. Jaffrelot (dir.), *L'Enjeu mondial, les migrations*, Presses de Sciences Po-L'Express, 2009.

Les migrations intérieures

Les migrations intérieures concernent une grande diversité de mouvements et un très grand nombre de personnes, dont beaucoup ne sont pas précisément recensées, de nombreux pays comme la France n'ayant pas de **registre de population**, c'est-à-dire de document qui enregistre toutes les évolutions de la vie des **ménages** (personne physique ou membres d'une famille vivant sous le même toit), y compris leurs changements de domicile. Il est donc difficile de les quantifier à l'échelle mondiale.

Les migrations d'exode rural, des campagnes vers les villes, apparaissent en Europe du Nord-Ouest et surtout en Angleterre, dès le XVIIIe siècle et prennent un caractère massif au XIXe siècle avec la révolution industrielle (*cf.* articles *Espace rural* et *Urbanisation*). Aujourd'hui, l'exode rural est ralenti dans les PID. Il reste par contre fort dans les PED les moins urbanisés, où il contribue largement à la croissance des villes alors que, dans les États plus urbanisés, l'accroissement naturel est devenu très nettement le principal facteur de la croissance urbaine. La Chine est à cet égard un cas particulier puisque cet État a longtemps limité l'exode rural en contrôlant la population (avec le système du ***hukou***, c'est-à-dire du livret de résidence, destiné à empêcher les déplacements sans autorisation) et en restreignant pendant longtemps les mobilités… C'est de moins en moins le cas depuis le milieu des années 1980 et cette libéralisation a engendré un mouvement massif de migration vers les villes et la formation d'une « population flottante » (les ***mingong***), estimée en 2012 à environ 150 millions d'habitants, qui échappent largement au contrôle de l'administration et constituent une bonne part des urbains pauvres. À l'heure actuelle, les flux d'exode rural sont souvent complexes et se combinent avec des mouvements interurbains. Il existe même des cas de **rétromigrations**, de mouvements inverses, ici des villes vers les campagnes.

Au sein des mouvements migratoires intérieurs, on assiste aujourd'hui dans la plupart des pays à un accroissement des mobilités ou **migrations interurbaines** et intra-urbaines. Les premières s'effectuent entre villes de même niveau mais plus souvent d'une ville petite ou moyenne vers une métropole régionale ou nationale. Leur motivation principale est la quête de l'emploi et ce sont donc souvent les jeunes qui constituent le contingent le plus important de migrants. Les mobilités ou **migrations intra-urbaines** correspondent majoritairement à des **flux centrifuges**, du centre vers la périphérie, essentiellement dirigés vers les espaces périurbains attractifs pour leur cadre de vie et par la qualité des axes et des moyens de transport qui les relient aux espaces centraux. Il existe également des **flux centripètes**, de la périphérie vers le centre.

Parmi les migrations intérieures, les **migrations de retraités** tiennent aujourd'hui une place non négligeable. Ces migrants quittent la résidence qui était la leur pendant leur période d'activité pour retrouver leur région d'origine, s'installer dans leur résidence auparavant secondaire ou rejoindre un espace ensoleillé. Ils cèdent alors à l'**effet Sud**, c'est-à-dire à l'attractivité exercée par les régions méridionales qui bénéficient d'un cadre de vie et d'un climat jugés agréables : Sud de la France, du Royaume-Uni, de la Suède ; la Bavière en Allemagne ; la Floride aux États-Unis.

Enfin, les migrations de **fronts pionniers** sont une autre forme de migrations intérieures, qui obéissent à des motivations diverses : économiques pour l'exploitation de ressources du sol ou du sous-sol ou l'extension du territoire cultivé, mais aussi démographiques, ou encore géopolitiques ou stratégiques. Ce sont le plus souvent des **migrations intrarurales**, pratiquées notamment par des paysans cherchant ailleurs des terres à exploiter. Elles s'effectuent spontanément ou de manière plus ou moins orientée, comme au Brésil ou en Indonésie, où l'État a mis en place, depuis le début des années 1960, une politique ambitieuse qualifiée de **transmigration indonésienne**. Il s'agissait de transférer des populations de Java, île très densément peuplée, vers les îles et archipels moins densément peuplés ou quasiment déserts de Sumatra, Kalimantan, Sulawesi et Irian Jaya. Cette politique avait le double but de réduire la concentration humaine à Java, pour limiter le risque d'explosion sociale, tout en permettant un meilleur contrôle du territoire par une certaine « javanisation » des contrées périphériques. On retrouve cette dernière motivation de la part des autorités chinoises qui pratiquent la **sinisation** ou l'**hanisation** des régions autonomes du Tibet et du Xinjiang, en organisant le transfert dans ces régions de populations de l'ethnie Han. L'Amazonie reste aujourd'hui le front pionnier le plus actif en terme de migrations. Les migrants ne réussissent pas toujours leur transfert car, à leur méconnaissance des caractères des milieux et des potentialités des sols, s'ajoutent souvent d'autres handicaps, dont le manque d'encadrement technique, l'isolement dans des espaces mal desservis et l'éloignement des lieux de consommation et d'échange. De nombreux migrants abandonnent donc leur terre, tentent leur chance dans une ville voisine ou rentrent dans leur région d'origine. En Amazonie brésilienne, ils sont de plus souvent poussés à le faire par des firmes ou des groupes d'intérêt miniers, forestiers ou agricoles qui convoitent les terres qu'ils occupent.

Les migrations internationales

Une planète nomade

En 2012, on estime le nombre de migrants internationaux à environ 240 millions de personnes dans le monde, soit environ 3,1 % de la population mondiale. Cette mobilité internationale, qualifiée parfois de **nomadisme planétaire**, est à mettre en relation avec la mondialisation. Si à la fin du XIXe siècle et au début du XXe siècle, les flux étaient, en proportion de la population mondiale, bien plus massifs qu'aujourd'hui, on constate depuis les années 1970 une progression numérique globale des migrations avec des flux sans cesse plus planétaires et des populations plus variées, travailleurs, étudiants, mais aussi réfugiés ou familles. La progression de ces flux est liée à la mondialisation de l'économie, qui creuse les inégalités entre territoires. Ces mouvements sont facilités par la diversification des moyens de transports et la baisse de leur coût, par l'existence, à l'échelle de la planète, de réseaux actifs dont les revenus alimentent les économies des pays émetteurs. Ces migrations peuvent être suscitées par les images de richesse des pays du Nord, véhiculées par les médias (TV, Internet…). On parle de **filière migratoire** pour qualifier l'ensemble formé par un flux important et tous les éléments qui ont concouru à sa création. Les **transferts financiers** ou **remises**, à savoir les sommes d'argent envoyées par les émigrés à leurs familles restées au pays, jouent souvent un rôle considérable dans la vie des populations et pays concernés participant à leur intégration dans l'économie mondialisée. Ainsi le monde fonctionne comme un **système migratoire** formé par un ensemble de flux de personnes entre pays de départ, de transit et d'arrivée mais aussi de relations (financières, culturelles…) liées à ces flux. Des systèmes migratoires régionaux s'individualisent qui s'expliquent notamment par des liens historiques et culturels, de proximité et de différentiels de développement (Afrique / Europe ; États-Unis / Amérique latine ; Afrique du Sud / Afrique australe…).

Les migrations internationales participent à la mondialisation culturelle. D'un point de vue spatial, elles peuvent aboutir à la création, dans les pays d'accueil, d'**îlots culturels** dans lesquels se regroupent les nouveaux arrivants. Ils y trouvent des facilités d'insertion, voire d'intégration, et une forme de solidarité qui permet de lutter contre l'isolement et la marginalisation. Les *Chinatowns* ou quartiers chinois, *Little Italy* à Manhattan, le quartier « africain » de la Goutte-d'Or à Paris sont autant de ces îlots culturels dont la présence marque le caractère **cosmopolite**, c'est-à-dire résultant de peuples d'origines différentes, des métropoles de la planète.

Les migrations liées à des causes politiques et / ou socio-économiques

Les causes de ces migrations résultent de plusieurs facteurs, politiques, économiques... qui obéissent pour partie au modèle *push-pull factors*.

Les causes politiques ont été, dans l'histoire, à l'origine de déplacement de population très important. Il s'agit par exemple des 9 millions d'Allemands qui refluèrent de Prusse orientale et des régions de l'Est de l'Allemagne en 1944-1945 à la suite de l'avancée de l'Armée rouge. On peut également citer les populations juives soviétiques qui ont gagné l'État d'Israël au moment de sa création, les ***boat people***, populations originaires de la péninsule indochinoise qui quittaient leur pays sur des embarcations de fortune, ou encore les Rwandais qui, en 1994, ont tenté d'échapper aux luttes interethniques en trouvant refuge au Zaïre.

On qualifie aujourd'hui de réfugiés ou **réfugiés politiques** les individus qui quittent un État dans lequel leur sécurité et leur liberté ne sont plus assurées et trouvent refuge dans un pays étranger qui les accueille et leur accorde parfois un statut spécifique. La relative amélioration de la situation internationale depuis les années 1990 a provoqué la réduction spectaculaire du nombre total de réfugiés politiques à l'échelle de la planète, de plus de 20 millions à la fin des années 1990 à 10,4 millions en 2011, auxquels il faut ajouter les 4,2 millions de réfugiés palestiniens qui ne relèvent pas de l'**UNHCR** (Haut-Commissariat des Nations unies pour les réfugiés) mais de l'**UNRWA** (Office de secours et de travaux des Nations unies pour les réfugiés de Palestine dans le Proche-Orient).

Les **migrants forcés**, qui quittent leur pays mais restent indésirables pour les États d'accueil, n'obtiennent pas de statut particulier et ne sont donc pas des réfugiés politiques. Ils font partie des **populations déplacées** (ou **personnes déplacées**) estimées à 26,4 millions dans le monde en 2012.

Parmi les migrations dites économiques, il existe des **migrations de la faim** qui s'effectuent à la suite, par exemple, d'une période de sécheresse ou de guerre. Le Nordeste brésilien et le Sahel ont connu périodiquement ces déplacements massifs de population. Mais il s'agit le plus souvent de **migrations de travailleurs** ou **migrations économiques**, qui génèrent des flux de population qui partent des pays du Sud en direction des pays Nord, ou de plus en plus qui vont de pays à faible développement vers des pays plus développés du Sud.

Les grands foyers de migrations internationales

On distingue dans le monde quatre types de **foyers d'accueil** (nommés aussi foyers d'arrivées ou **foyers récepteurs**).

– Des pays dans lesquels l'immigration répond à une longue tradition et qui bénéficient d'économies dynamiques : États-Unis, Canada ou Australie. Les États-Unis sont le principal foyer d'immigration et comptaient, en 2010, 43 millions d'immigrés, soit 13 % de la population. Les plus nombreux sont des **Latino-Américains** dits aussi ***Latinos***, terme à connotation péjorative qui qualifie des populations originaires d'Amérique latine attirées par la proximité des États-Unis, le potentiel économique de ce pays et l'existence de communautés d'accueil bien implantées au Sud du pays. Les ***Chicanos*** sont des Latino-Américains d'origine mexicaine (ou plus généralement d'Amérique centrale) qui migrent en grand nombre vers les États-Unis et comptent parmi eux de nombreux clandestins, parfois encore qualifiés de ***wetbacks***, littéralement « dos mouillés » en raison du fait qu'ils franchissaient autrefois le Rio Grande à la nage.

– Des pays industriels de l'Ouest européen demandeurs en travailleurs peu qualifiés : Allemagne, France, Suisse. L'Europe occidentale, surtout l'Union européenne et la Suisse, compte, au début du XXIe siècle, plus de 20 millions de migrants dont les deux tiers proviennent de pays extra-communautaires. L'Allemagne continue à accueillir plusieurs centaines de milliers de personnes par an et reste le premier pays d'immigration d'Europe. Elle entretient un couple migratoire avec la Turquie, a reçu entre 1991 et 2007 près d'un million d'***Aussiedler***, Allemands de souche en provenance de l'ex-URSS, et reçoit aujourd'hui des populations venant d'Europe orientale. La France reste un grand pays d'immigration puisqu'elle comptait, en 2013, 5,5 millions d'immigrés venus en partie d'Afrique du Nord et d'Europe méridionale.

– Des pays pétroliers dont la main-d'œuvre est insuffisante : Arabie saoudite et émirats du golfe Persique recrutent dans les pays de la péninsule Indienne. Ces États, avec la Libye, comptaient, en 2009, plus de 10 millions d'étrangers et ceux-ci constituent plus de 30 % de la population de l'Arabie saoudite, 80,4 % de celle du Koweït et 88,8 % de celle des Émirats arabes unis.

– Des pays d'agriculture de plantation ayant besoin de main-d'œuvre nombreuse. La Côte d'Ivoire était, avant la grave crise qui débuta en 2002, un pays d'immigration pour les populations des pays voisins. Elle hébergeait également jusqu'en 2002 plus de 20 000 Français, pour la plupart des **coopérants**, personnes expatriées le plus souvent dans des pays du Sud pour exercer leur profession (hydrauliciens, agronomes, médecins, enseignants...) dans le cadre d'accords de coopération visant au développement de ces États.

Les **foyers de départ** de travailleurs se situent pour l'essentiel en Afrique, en Asie et en Amérique latine. Dans chaque continent existent des pôles émetteurs traditionnels : le Mexique, la Bolivie et les Caraïbes pour l'Amérique latine ; les États du Sahel, l'Égypte ou le Mozambique pour l'Afrique ; la Turquie pour le Proche-Orient ; l'Inde, le Pakistan, la Birmanie et les Philippines pour l'Asie. Certains États, par ailleurs pôle de départ ou d'accueil, sont aussi des **pays de transit**, jouant le rôle d'interface entre plusieurs systèmes migratoires régionaux : Turquie, Maroc, Mexique, Roumanie... Le statut migratoire des États est donc moins tranché que par le passé, traduisant les évolutions de la circulation migratoire.

Foyers d'accueil et foyers de départ évoluent en fonction de la conjoncture et de l'émergence des différents pays. Ainsi, de nos jours, de nombreux Turcs quittent l'Allemagne et reviennent au pays, le Brésil attire les Portugais...

Les politiques migratoires

Les migrations font l'objet, notamment dans les grands pays d'accueil, de **politiques migratoires** qui consistent en une volonté de gérer les flux migratoires en tenant compte des besoins et en utilisant divers outils de contrôle. Il s'agit, le plus souvent, de tenter de se mettre à l'abri de flux intempestifs, notamment clandestins, tout en conservant la possibilité de recourir à l'immigration pour alimenter les besoins actuels ou futurs en main-d'œuvre. Ces politiques peuvent se faire à l'échelle nationale ou régionale en les intégrant dans des politiques d'aménagement du territoire afin de procéder à des actions de rééquilibrage du peuplement. Au niveau international, elles donnent lieu, depuis le milieu des années 1970, à des contrôles de plus en plus stricts qui passent par la mise en place de **quotas**, c'est-à-dire de limitation du nombre, ou parfois du type d'étrangers, autorisés à entrer sur le territoire. Certains États comptabilisent précisément par secteur professionnel leurs besoins en travailleurs et évaluent ainsi le nombre de migrants qu'ils autorisent, selon leur compétence, à entrer sur leur territoire. Il s'agit d'aller dans le sens de ce que certains appellent une **immigration choisie** en l'opposant à une **immigration subie**, c'est-à-dire non contrôlée. Elles se traduisent également par la limitation de l'immigration familiale, par le durcissement de l'accès à la **naturalisation** (possibilité de changer de nationalité pour devenir citoyen du pays d'accueil) et par la lutte contre l'immigration clandestine. Celle-ci suppose, dans le cas par exemple de l'Union européenne, d'accorder les législations, de prendre des mesures efficaces aux frontières externes de l'Union (et surtout de l'espace Schengen), voire de passer des accords avec les États pourvoyeurs de travailleurs immigrés, notamment en leur accordant des aides spécifiques. Le développement des espaces de coopération régionale (ALENA, UE...) implique une gestion sans cesse plus internationale des flux migratoires.

Ces politiques de contrôle ont souvent pour réponse une immigration clandestine, qui est facilitée par la mise en place de réseaux, gérés par des passeurs professionnels. Elle débouche parfois sur des drames humains et des décès de migrants irréguliers, par exemple suite au naufrage des barques (***pateras*** en espagnol) qui tentent de franchir certains détroits. L'immigration clandestine connaît donc des routes privilégiées, des flux variant selon diverses temporalités, mais également diverses zones-relais, par exemple au Maroc entre l'Afrique subsaharienne et l'Europe : elle dessine donc une géographie particulière et est un véritable système spatial et temporel. Ainsi, l'immigration à destination de l'Union européenne emprunte aussi bien le détroit de Gibraltar, entre Maroc et Espagne, que la traversée entre Maroc et îles Canaries, que le passage par les enclaves de Ceuta ou Melilla ou encore Malte et l'île de Lampedusa, en Italie. Par ailleurs, si l'Andalousie accueille temporairement de très nombreux travailleurs marocains légaux ou illégaux, pour travailler à la saison dans les *huertas*, les régions de Valence en Espagne et de Perpignan en France possèdent quant à elles diverses zones-relais pour aider ces migrants désirant continuer vers la France ou l'Allemagne. La difficulté du contrôle de l'immigration clandestine sur de vastes espaces conduit les autorités à opter parfois pour des méthodes radicales : édification de murs à la frontière États-Unis-Mexique ou autour des enclaves espagnoles au Maroc, mise en place de radars, de miradors, de patrouilles de surveillance. Certains États (États-Unis, espace Schengen) mettent en place des ***smart borders***, des frontières dites « intelligentes » qui utilisent des technologies sophistiquées (vidéosurveillance, mesures biométriques, puces électroniques…) pour contrôler les flux (*cf.* article *Frontière*).

Lire aussi **Peuplement – Tourisme – Ville – Urbanisation**

Mondialisation, système-monde

La mondialisation est un processus historique lié au développement du capitalisme qui aboutit à créer à l'échelle mondiale des liens croissants entre les différentes activités humaines, notamment économiques, mais aussi culturelles ou politiques. Elle contribue donc à une mise en relation de différents territoires, participant ainsi à créer un véritable système-monde. Phénomène en cours, la mondialisation est devenue un objet d'étude privilégié pour les économistes, les politologues, mais aussi les géographes.

La mondialisation ou le monde comme un système

Du système-monde à la mondialisation

Comme pour tout phénomène en cours, la mondialisation donne lieu à une terminologie fluctuante et à de nombreuses variations sémantiques. Le terme de mondialisation, qui s'est désormais imposé chez les géographes comme chez les autres scientifiques et dans l'opinion publique, a pourtant été un temps moins utilisé par la discipline que celui de système-monde, sans que ces deux termes soient pour autant des équivalents. L'expression de système-monde a été formulée dès 1984 par des géographes réunis dans le **groupe Dupont**, association francophone de géographes se voulant en rupture avec la géographie classique, fondée en 1971 à Avignon, d'où son nom. Il faut cependant attendre 1990 et la parution d'une nouvelle *Géographie Universelle* sous la direction de Roger Brunet et Olivier Dollfus, pour que cette notion s'impose.

En première approche, de nombreux auteurs considèrent la **mondialisation** comme un processus qui relie entre eux les différents territoires du monde et qui tend littéralement à faire de la planète « un seul monde », le **système-monde**, c'est-à-dire le monde considéré comme un système, comme un tout cohérent. Ce processus est inhérent à l'extension du système libéral à l'échelle mondiale. L'ensemble est organisé par de nombreux **acteurs**, les États mais aussi les firmes multinationales, ainsi que des organisations internationales (OMC...), voire transnationales comme les ONG.

La notion de mondialisation vient de l'anglais *globalization*. Le terme de **globalisation** est donc parfois considéré comme un équivalent pur et simple de mondialisation. Toutefois, le mot pose problème et est souvent limité en français aux aspects financiers de la mondialisation. Mais il est aussi considéré de façon plus large que celui de mondialisation, s'appliquant à des phénomènes qui touchent l'ensemble du globe, comme la question de l'environnement. La globalisation se traduit par la concrétisation – ou l'induration – d'un espace de niveau mondial, fonctionnant de manière systémique, et qui n'est plus seulement la somme d'espaces locaux ou régionaux, plus ou moins indépendants.

Le terme de mondialisation a lui aussi connu des variations sémantiques. Jusqu'aux années 1980, il était employé dans un sens très général. Le terme avait en effet connu un succès relatif dès 1971 suite à la popularisation des thèses du sociologue canadien Marshall **Mac Luhan** (1911-1980) qui décrivait un **village planétaire** (ou dans la traduction littérale de *global village* : **village global**), marqué par une uniformisation des cultures, notamment du fait du rôle croissant des médias. Dans les années 1980, le terme s'impose dans un sens plus économique, notamment grâce à l'économiste Théodore **Levitt** (1925-2006), auteur d'un article référence en 1983, « *The globalization of Marketts* ». De nos jours, on recense diverses définitions de la mondialisation. La plupart des économistes, tel Joseph Stiglitz, insistent sur le constat d'interdépendance et d'intégration des différentes économies. En revanche, les géographes et les historiens privilégient une approche en terme d'espaces (la mondialisation serait, selon Jacques Lévy, « l'émergence du Monde comme espace »), mais aussi de temporalités : on peut, suite aux travaux de Fernand Braudel, de Paul Bairoch ou de Laurent **Carroué** (né en 1958), considérer la mondialisation comme le processus historique d'extension progressive du système capitaliste dans l'espace mondial. Dans son acception actuelle, la mondialisation ne se limite donc pas aux aspects économiques (*cf.* article *Échanges internationaux*), mais elle touche aussi les aspects sociaux (*cf.* article *Société, géographie sociale*), culturels (*cf.* article *Culture, géographie culturelle*) et politiques (*cf.* article *Géopolitique*).

Comme tout processus, la mondialisation doit être analysée en termes de dynamiques, mais aussi de territoires. Elle doit être appréhendée de façon multiscalaire, comme une mise en relation entre des territoires d'échelles différentes. En témoigne l'utilisation de l'adjectif **glocal**, formé par la combinaison de global et local qui, en géographie, met en avant l'idée d'une relation directe entre un lieu (ou un phénomène localisé) et l'échelon global, sans passer par les espaces d'échelle intermédiaire (État, associations régionales par exemple). On parle aussi de **glocalisation**, s'agissant des entreprises qui associeraient un mode de gestion à la fois local et global.

Enfin, la mondialisation suscite des positionnements en faveur de ses dynamiques ou en réaction à celles-ci. Le **mondialisme** (ou **globalisme**) désigne ainsi une idéologie prônant la libre circulation des biens, des hommes et des capitaux en fonction des besoins du marché. À l'inverse, l'altermondialisme (*cf.* p. 141) ou la démondialisation (terme dont le sens n'est pas encore totalement fixé) s'inscrivent dans une démarche d'opposition. Le **localisme** va dans le même sens, en réaction au sentiment des peuples d'être de moins en moins impliqués dans les décisions qui les concernent et à la défiance envers des dirigeants accusés de mal percevoir leurs besoins et de renoncer aux instruments de politique économique ou commerciale (taux de change, politique fiscale...) aptes à les protéger des excès du marché. Cette volonté politique consiste à remettre au premier plan les situations locales et à impliquer les acteurs locaux dans les décisions à tous niveaux.

L'analyse systémique, méthode d'étude du système-monde et de la mondialisation

L'étude de la mondialisation emprunte pour beaucoup à l'**analyse systémique** et peut être rapprochée du **holisme** (du grec *holos*, entier), qui trouve vain de séparer les parties, les théories isolées, et privilégie l'étude globale du « corps », ici le monde. L'analyse systémique suppose ici de considérer la Terre comme un **système**, c'est-à-dire comme un ensemble cohérent d'éléments liés entre eux. L'étude de l'organisation de ce système et des réseaux formés par les relations entre les différents acteurs et lieux est par conséquent privilégiée. Du point de vue de l'analyse systémique, les processus de mondialisation présentent plusieurs caractéristiques essentielles. La mondialisation crée un **métasystème**, système englobant tous les autres systèmes géographiques. C'est ensuite un système souvent considéré comme fermé, sans échanges avec l'extérieur, ainsi que l'envisageait Paul Valéry en écrivant en 1945 « le temps du monde fini commence ».

La pensée systémique remonte au début du XXe siècle et aux **théories du chaos** défendues notamment par le mathématicien et philosophe Henri Poincaré qui montra le rôle de la notion de hasard dans le système newtonien. Cette théorie suppose l'impossibilité de contrôler toutes les perturbations pouvant exister au niveau des systèmes dynamiques non linéaires et de leur environnement. Dans les années 1960, la théorie du chaos connut un succès important qui n'a pas concerné la seule géographie : la cybernétique l'a beaucoup utilisée pour les recherches sur le système nerveux. Le structuralisme (*cf.* p. 243) contribua également à son succès car cette théorie privilégiait l'étude globale d'un système dont on ne souhaitait pas appréhender immédiatement les moteurs. Cette théorie fut surtout popularisée par le météorologue Edward **Lorenz** (1917-2008), auteur en 1972 d'une célèbre métaphore : le « battement d'ailes d'un papillon en Chine peut-il provoquer une tornade au Texas ? ». Appliqué à notre planète, la Terre envisagée comme un système forme un ensemble cohérent et complet, dans lequel tout dépend de tout. Ainsi, n'importe quel événement peut avoir des implications pour la Terre entière. Ces interrelations se traduisent par une modification des phénomènes et, dans la formule de Lorenz, par une amplification. Cette conception considère donc qu'aucun point de la planète ne se trouve à l'écart ou en dehors du système, ce qui semble aujourd'hui une évidence : l'homme fréquente les pôles et la haute montagne, il intervient dans le fond des océans au moins de façon épisodique. Et aucun pays, aucun groupe social ne vit plus en **autarcie** totale, c'est-à-dire sans échanges extérieurs. Les échanges, même réduits, sont la règle et engendrent des flux et des rapports de force. Le terme d'**isolat**, espace sans liaison avec l'extérieur, ne peut donc plus être employé que de manière relative pour certains pays à l'écart du grand commerce international, pour telle ou telle vallée himalayenne ou plus souvent encore pour les îles, le concept d'**insularité** supposant l'isolement et la séparation comme caractéristique majeure. Il n'empêche, tout pays a des échanges extérieurs et l'île déserte, retirée du monde, se trouve tout de même appropriée par un pays et concernée par la loi des 200 milles marins.

L'analyse systémique connut un important succès après 1975 et la publication de l'ouvrage *Le Macroscope* par le biologiste Joël de Rosnay. Le **macroscope** est selon lui l'inverse du microscope dans lequel le chercheur regarde l'infiniment petit : la petite cellule (le chercheur) examine l'infiniment grand (le système étudié, en l'occurrence la Terre). Pour y arriver, seule une **théorie de la complexité** est possible. Celle-ci peut se définir par plusieurs caractéristiques : la grande variété des éléments mis en relation, la diversité des liaisons entre ces éléments, la non-linéarité des interactions et l'existence d'un jeu d'échelles entre les divers éléments du système. Ce qui est au cœur de l'analyse systémique en géographie, c'est donc la présence de causalités multiples (*cf.* p. 243) et non plus seulement linéaires, et l'importance des rétroactions ou *feedback*. Un tel succès de l'analyse systémique s'explique sans doute par le fait qu'elle permet de traiter des objets en rompant avec une liaison de cause à effet – elle rompt ainsi avec le danger du déterminisme – et par le fait que les instruments de la géographie classique ne permettaient de répondre que partiellement aux interrogations sur le monde contemporain entré dans une nouvelle phase de la mondialisation.

Temporalités et prospective

Appréhendant la mondialisation en terme d'enjeux, l'analyse systémique privilégie une vision dynamique, marquée par la prospective et par des scénarios pour le futur. Mais elle est aussi une vision historique qui considère le passé comme ayant laissé dans le monde un certain nombre d'héritages.

Les mémoires du monde

L'organisation du monde est étroitement attachée à l'histoire récente de notre planète, mais aussi à nombre d'éléments naturels, comme les climats et la végétation. Histoire et nature constituent autant d'héritages expliquant le fonctionnement actuel du système-monde. Ainsi, les problèmes du Sahel sont liés à des héritages naturels, la désertification et l'assèchement du climat, mais aussi, et surtout, à des héritages historiques, la colonisation, les découpages territoriaux, puis un néocolonialisme modifiant économies, sociétés et cultures. Et l'intégration de ces économies dans le marché mondialisé constitue un facteur de déséquilibre supplémentaire. Ces héritages ne sont pas statiques, mais bien dynamiques, et influencent aujourd'hui les sociétés sahéliennes.

Un équivalent du terme héritage est celui de **mémoire** proposé par de nombreux auteurs. Le terme doit ici être compris dans son sens de stock d'informations, au même titre qu'une mémoire en informatique. Ces informations sont rentabilisées de façon très variable par les sociétés, qui les subissent ou les modifient. Si les mémoires de la nature comptent toujours (reliefs, sols, climats, eaux, végétation), la mémoire historique joue un rôle majeur dans l'organisation du monde actuel. Celui-ci s'est notamment structuré au XXe siècle avec l'internationalisation de l'économie mondiale qui s'est accélérée dès 1918 et s'est amplifiée après 1945. Celle-ci s'est généralisée dans les années 1970 suite à la crise du modèle fordiste et à la diffusion du néolibéralisme qui a contribué à la **déréglementation** (ou **dérégulation**, calqué sur l'anglais *deregulation*) du marché mondial, c'est-à-dire l'abandon total ou partiel de règles ou de lois s'imposant à un secteur économique dans le but d'encourager la concurrence.

L'**internationalisation** découlait de la tendance des PDEM à développer leurs exportations pour accéder à des marchés plus larges. Elle a débouché sur la **transnationalisation**, c'est-à-dire la multiplication des investissements et des implantations à l'étranger, puis sur la **globalisation économique**, c'est-à-dire la volonté, dès la conception d'un produit, de mettre en œuvre une stratégie mondiale en envisageant des marchés à l'échelle de la planète.

Les temporalités de la mondialisation

Les temporalités de la mondialisation font l'objet de nombreuses discussions chez les historiens, les économistes et les géographes. Comme pour tout processus en cours, la mondialisation actuelle est mal cernée faute de recul historique suffisant et ses temporalités sont analysées de manière divergente : de quand date-t-elle exactement ? Comment nommer les périodes qui l'ont précédée ? Ainsi, si certains parlent actuellement de seconde mondialisation, d'autres, tel Jacques Lévy, considèrent qu'il y a eu jusqu'à six mondialisations dans l'histoire de l'Humanité, la première étant la diffusion planétaire de l'*Homo sapiens sapiens* à l'ensemble de la planète.

Historiquement, la mondialisation actuelle fut en effet précédée par d'autres périodes durant lesquelles des processus de mise en relation, certes sur des espaces plus réduits, furent à l'œuvre : dès l'Antiquité, on a pu parler d'**empire-monde**, à propos de l'empire d'Alexandre le Grand. Mais c'est au XVIe siècle, avec les Grandes Découvertes, qu'apparaissent des économies dominantes (en l'occurrence européennes) et influentes sur les cinq continents, les **économies-monde** selon l'expression de l'historien Fernand Braudel. Durant ce que certains considèrent comme la première mondialisation, de nombreux lieux étaient cependant encore à l'écart, formant, au sens strict du terme, des **isolats**. Le monde ne pouvait donc pas être véritablement considéré comme un système.

Pour cette raison, on préfère souvent réserver le terme de **première mondialisation** à la période suivante.

La situation change en effet radicalement à la charnière des XIXe-XXe siècles avec la conquête des pôles puis des plus hauts sommets de la Terre, avec la découverte de lieux jusque-là inaccessibles, notamment en Afrique, mais surtout avec l'extension du système colonial qui amène des échanges à l'échelle planétaire et crée ou renforce la dépendance de la plupart des régions du monde vis-à-vis de quelques États essentiellement européens, mais aussi des États-Unis. Ce que l'on considère parfois comme la **deuxième mondialisation**, mais plus souvent comme la première, est intrinsèquement lié à l'industrialisation des XVIIIe et XIXe siècles, à l'amélioration des moyens de transport et au développement du capitalisme libéral. Cette mondialisation a provoqué un net accroissement des écarts entre les régions du monde, notamment entre métropoles et colonies.

La mondialisation actuelle est donc considérée selon les auteurs comme la seconde ou comme la **troisième mondialisation**. Elle se déploie réellement dans les années 1980 et est caractérisée par un net accroissement des échanges facilités par l'accélération des transports et des communications, notamment avec Internet qui permet une « contraction de l'espace-temps » (*cf.* article *Transport, communications*). Toutefois, elle a été précédée par une période qui, de 1945 aux années 1980, l'a préparée, ce qui amène plusieurs auteurs à considérer que la mondialisation actuelle date réellement d'une soixantaine d'années. Derrière ce débat s'en profile donc un autre, classique dans toute analyse historique : celui de la distinction entre temps long et temps court. Faut-il privilégier la continuité historique ou les ruptures plus conjoncturelles ? Cette période peut elle-même se décomposer en trois étapes. La première, de 1945 aux années 1960, fut celle d'une internationalisation de l'économie qui tranchait avec les replis importants des deux périodes de guerre et des années 1930. Malgré tout, le contexte de Guerre froide, les conflits coloniaux et le fort protectionnisme constituaient des freins importants au processus de mondialisation. Après une étape transitoire caractérisée par l'établissement d'une économie multinationale, les années 1980 sont celles de l'établissement d'une économie globale (3e étape), de plus en plus marquée par une logique financière et spéculative.

La mondialisation intègre ainsi davantage de territoires et touche des domaines de plus en plus divers. La question de la mondialisation culturelle devient notamment un thème de débats : s'achemine-t-on vers une culture uniformisée sur le modèle occidental, voire américain, ou vers une culture métissée ? À moins que ne triomphent les replis identitaires ? (*cf.* article *Culture, géographie culturelle*)

Mondialisation et prospective territoriale : fragmentation ou intégration ?

Phénomène en cours, la mondialisation de l'économie peut être étudiée en termes d'analyse des conséquences et donc de prospective. Deux thèses s'opposent diamétralement. La thèse de la **prospérité globale** est le scénario idyllique défendu par la Banque mondiale et par les libéraux. Selon cette thèse, la déréglementation et l'accroissement de la mobilité des entreprises favorisent une croissance économique globale qui touchera à terme tous les pays et régions du monde. De ce fait, tous les types d'espaces participeront à l'intensification des échanges, créant ainsi des îlots de plus en plus intégrés dans la mondialisation, chaque pôle économique créant une intégration de son arrière-pays par ***trickle down effect***, un effet de « ruissellement », d'entraînement, de diffusion de la richesse vers le bas. À terme, les différences sociales disparaîtraient ainsi peu à peu de la surface de la planète.

À l'inverse, la thèse beaucoup plus pessimiste de la **fragmentation globale** est défendue entre autres par la plupart des mouvements altermondialistes (*cf.* article *Échanges internationaux*). Elle critique la thèse précédente qui oublie notamment les effets de domination politique de certains espaces sur d'autres. Au contraire de la thèse de la prospérité globale, elle soutient l'idée que tous les territoires n'ont pas la possibilité de s'intégrer au monde, que donc cette insertion est forcément sélective et limitée à quelques types d'espaces, comme les métropoles. En conséquence, l'aggravation des inégalités est planétaire et oppose de plus en plus un archipel de richesse à un océan de pauvreté. Au Nord, les délocalisations contribuent à augmenter la fragmentation des territoires ; au Sud, si certains espaces se développent, la pauvreté globale en revanche ne sera non seulement pas atténuée, mais devrait même augmenter. Partisans de la prospérité globale et de la fragmentation globale sont néanmoins d'accord pour dire que la mondialisation contribue à la fois à atténuer les inégalités Nord-Sud et à amoindrir le rôle des États.

Les analyses géographiques se rapprochent généralement de la thèse de la fragmentation, dans la mesure où elles font apparaître que la mondialisation met en concurrence des territoires, avec des « gagnants » et des « perdants » selon qu'ils offrent ou non des atouts leur permettant de s'insérer dans l'espace mondialisé, et ce de façon différenciée, c'est-à-dire en position de force ou non.

Le processus de mondialisation n'est en effet pas déconnecté des lieux et ne conduit pas à une **déterritorialisation** des phénomènes, dans la

Les scénarios de la mondialisation

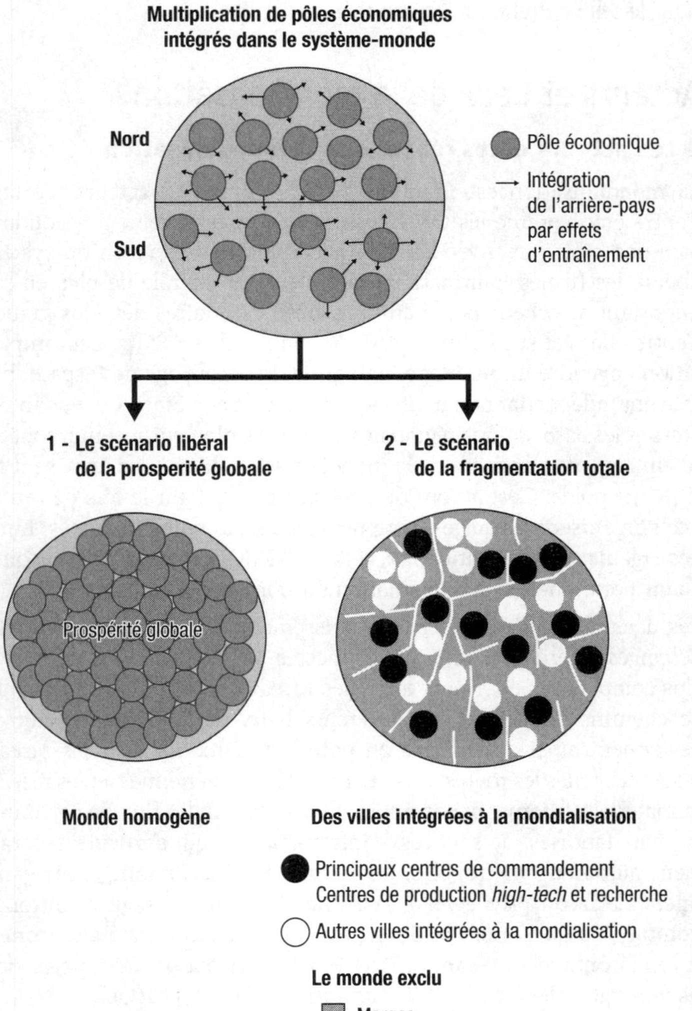

Source : D'après Fred Sholz, *Entwicklungsländer - Entwicklungspolitische Grundlagen und regionale Beispiele, Braunschweig*, Westermann, 2006 et Kirsten Koop, « Les Inégalités dans la mondialisation. Vers de nouveaux clivages et un nouveau paradigme », *Cahiers du GEMDEV*, 2005.

mesure où ils restent ancrés dans un territoire, dont les éléments constitutifs sont autant de paramètres favorables ou non à la localisation de telle ou telle activité ou infrastructure.

Acteurs et lieux de la mondialisation

Les acteurs et les réseaux de la mondialisation

La mondialisation est impulsée par de nombreux acteurs. Certains d'entre eux, comme les ONG, jouent un rôle relativement secondaire, bien que croissant. Avec les délocalisations et l'extension du système libéral, les firmes multinationales détiennent un rôle de plus en plus important à l'échelle planétaire ; le chiffre d'affaires des plus grandes d'entre elles est supérieur au PNB de bon nombre d'États. Leur implantation engendre un **maillage**, une grille de découpage de l'espace, bien souvent indépendant du maillage politique lié aux États. Cependant, les États et les associations régionales comme l'Union européenne sont des acteurs encore essentiels de la mondialisation. Mais tous ne pèsent pas le même poids. C'est autour de quelques pays jouant le rôle de centres que s'organisent les autres, périphéries plus ou moins intégrées. Enfin, des organismes internationaux, comme l'OMC, jouent un rôle en contribuant notamment à la dérégulation économique.

Ces acteurs sont, du fait de l'accroissement des échanges (*cf.* article *Échanges internationaux*), interconnectés par des relations de plus en plus complexes. Se forment ainsi des **réseaux**, c'est-à-dire un ensemble de chemins qui relient les différents lieux de la planète, lieux qui deviennent ainsi des **nœuds** ou **points nodaux**. Ce sont les réseaux matériels, telles les routes ou voies maritimes et aériennes, et les réseaux immatériels, Internet par exemple, qui supportent les flux de personnes, de marchandises, de services, d'information..., qui s'articulent notamment autour de métropoles, aéroports, ports... Certains lieux participent de façon privilégiée à la mondialisation : il s'agit de littoraux (comme la façade orientale de l'Asie), d'interfaces continentales (comme la zone frontalière Mexique / États-Unis) et surtout de métropoles, dont les villes globales (*cf.* article *Urbanisation, Métropolisation*).

De la domination de la Triade à un monde polycentrique ?

Le monde s'ordonne ainsi autour d'un certain nombre de pôles, qui sont les centres d'impulsion de la mondialisation. Cette notion de pôle fait référence à la grille de lecture centre-périphérie (*cf.* article Géographie (techniques et méthodes de la)). La mondialisation peut donc s'analyser en fonction de cette centralité qui suppose de fait l'existence de périphéries, voire de marges. Plus que la notion un peu floue de centre, le pôle est à la fois le lieu d'où la mondialisation est impulsée et le lieu autour duquel tout s'organise.

Depuis les années 1970, les trois pôles de la mondialisation sont l'Union européenne, l'Amérique du Nord et le Japon. Pour les qualifier, on emploie classiquement le terme de **Triade**. Celui-ci, inventé en 1985 par l'économiste Kenichi **Ohmae** (né en 1943) par analogie avec les mafias chinoises, avait pour but de décrire l'émergence de stratégies globales de firmes multinationales qui se focalisaient principalement sur les États-Unis, le Japon et l'Europe. Ces pays de la Triade formaient dès 1985 un marché homogène qui produisait et absorbait plus des trois quarts des produits à haute densité technologique. Certains, comme Christian Grataloup, préfèrent toutefois le terme de **diade**, partant de l'idée qu'Europe et Amérique du Nord constituent historiquement et culturellement le même pôle. La Triade domine politiquement, économiquement et culturellement le monde, alors qu'elle ne représente que 15 % de la population mondiale. Elle contrôle notamment les organisations internationales tel le FMI (Fonds monétaire international). On parle parfois de **triadisation** pour évoquer l'accroissement de la domination de ces pôles de l'économie mondiale sur le reste de la planète.

Cependant, cette notion de Triade est désormais assez datée, et ce pour plusieurs raisons. Dans les années 1990, un certain nombre de pays se sont peu à peu agrégés à elle : NPI asiatiques et Chine, pays de l'AELE et anciens **PECO** – Pays d'Europe centrale et orientale – qui ont peu à peu intégré l'Union européenne. Parallèlement, ces trois pôles de la Triade étaient chacun dominés par un pays, respectivement les États-Unis, le Japon et l'Allemagne. Mais dans les années 2000, en Asie, le Japon a été peu à peu supplanté par la Chine, désormais seconde puissance économique mondiale. C'est pourquoi on peut élargir la notion de Triade à un ensemble de trois sphères : l'ALENA, l'Asie orientale et l'Europe occidentale et centrale que l'on qualifie parfois de **Triade élargie**. Enfin, la notion de Triade est datée du fait de l'émergence dans d'autres parties du monde d'un certain nombre de pays qui jouent un rôle de plus en plus fort. Il s'agit notamment des BRICS (*cf.* p. 118) comme l'Inde, ou le Brésil, qui joue un rôle plus important que le Portugal dans le monde **lusophone** (de langue portugaise). Cette Triade élargie dispose aussi d'un certain nombre de **puissances relais**, c'est-à-dire de pays amis bien intégrés et relativement puissants.

Des territoires inégalement mondialisés

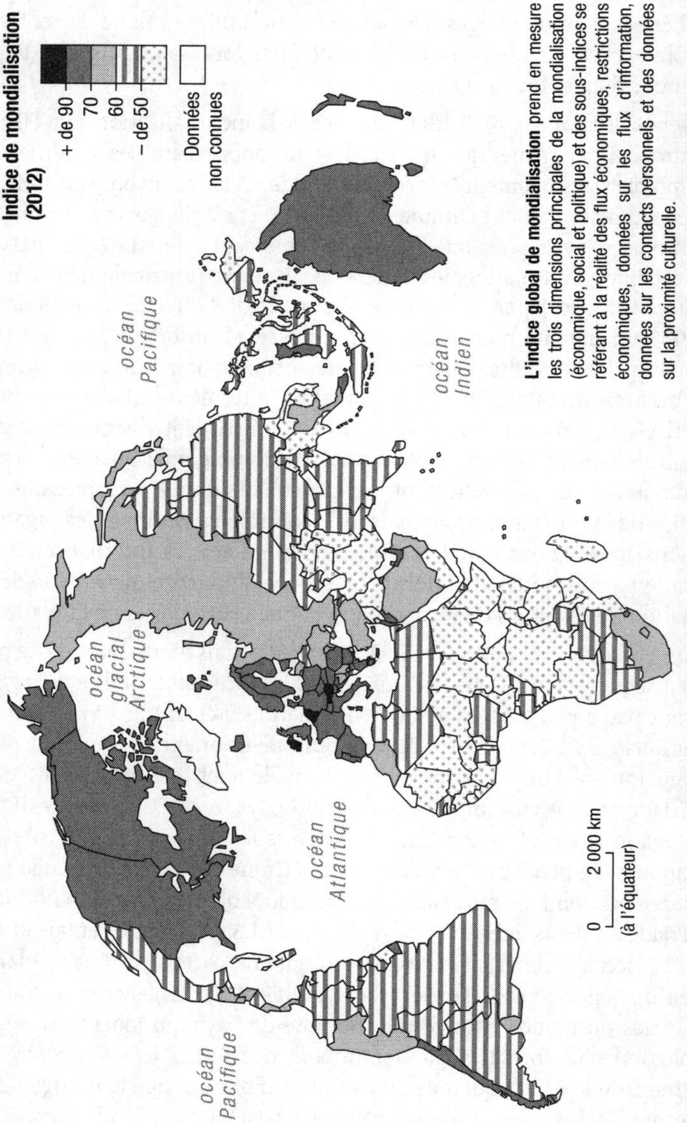

L'indice global de mondialisation prend en mesure les trois dimensions principales de la mondialisation (économique, social et politique) et des sous-indices se référant à la réalité des flux économiques, restrictions économiques, données sur les flux d'information, données sur les contacts personnels et des données sur la proximité culturelle.

Source : KOF *Index of globalization*. École polytechnique fédérale de Zurich, 2012.

Ce sont les « bébés tigres » d'Asie : Malaisie, Indonésie, Philippines et Thaïlande. Ce sont également les **puissances régionales**, c'est-à-dire des pays puissants influençant fortement leurs voisins, comme l'Australie, l'Afrique du Sud et, à un degré moindre, le Nigeria. La notion de Triade, marquée par la clé de lecture centre-périphérie (*cf.* p. 243), laisse donc peu à peu la place à un monde en réseau. Les termes de **polycentrisme** et de **multipolarité** ont ainsi tendance à s'imposer dans le discours géographique pour caractériser la mondialisation actuelle.

Toutefois, il s'agit d'un phénomène en cours. La grille de lecture **centre-périphérie** ne doit pas être complètement rejetée et l'on peut toujours partiellement analyser la planète comme un ensemble sous la domination d'un centre, certes plus diffus qu'auparavant et de **périphéries**, d'ensembles sous la domination d'un centre. Il faut donc, là comme ailleurs, analyser les espaces en fonction de leurs liaisons plus ou moins fortes avec le centre, de leur plus ou moins grande **périphicité** (ou éloignement du centre). Certains pays ou régions sont des périphéries à intégration forte ou moyenne dans la mondialisation comme l'Argentine, la Turquie, l'Afrique du Nord, la Nouvelle-Zélande. Mais d'autres le sont moins ou peuvent même être considérées comme des **marges** relatives, voire des **angles morts**. Le terme doit être ici compris comme des espaces à part, relativement « en dehors du monde », de façon relative pour les marges, plus prononcée pour les angles morts. L'Antarctique correspond à une telle définition.

Le monde peut donc être considéré comme un système en réseau encore dominé par une Triade élargie et englobant toutes les activités, même les activités marginales ou illégales de certaines régions ou pays. Le terme d'**antimonde** proposé par Roger Brunet pour désigner « la partie du monde mal connue et qui tient à le rester, qui se présente à la fois comme le négatif du monde et comme son double indispensable » englobe, en fait, tous les espaces et activités légales, mais parallèles, ou bien interlopes, et frauduleuses. Ces activités génèrent des ruptures spatiales par la création de **zones grises** : par exemple une région contrôlée par une guérilla reste en marge du maillage traditionnel des États. Mais toutes ces activités font partie intégrante du système-monde. Ainsi, l'argent de la drogue est « recyclé » dans les pays riches et est le principal revenu de certains États du Sud. La notion d'antimonde recoupe des échelles très variées. Ce peut être le quartier d'une ville consacré à la prostitution. Mais il peut s'agir d'une ville entière, ou d'une région, qui bénéficie alors d'une **extraterritorialité** de fait, n'étant plus contrôlée par le gouvernement en place et n'obéissant plus aux lois du pays (Colombie, Afghanistan…). C'est aussi le cas des zones franches, créées sciemment par les gouvernements et qui n'obéissent alors plus aux mêmes règles économiques que l'ensemble de la nation. Il peut s'agir enfin de pays entiers, notamment nombre de micro-États comme les Seychelles, qui sont autant de paradis fiscaux. D'autres pays abritent des flottes sans commune mesure avec leurs activités économiques. Ainsi, le Panamá ou le Liberia possèdent en 2012 les première et seconde flottes mondiales, la plupart des navires appartenant à des sociétés de la Triade attirées par les avantages fiscaux et battant pavillon de complaisance.

Lire aussi **Échanges internationaux – État, nation, pays – Géopolitique – Mobilités, migrations – Systèmes politiques et économiques (géographie et) – Urbanisation**

Montagne

Les montagnes sont habitées et mises en valeur depuis très longtemps. Si l'exploitation touristique a parfois pris le relais des activités traditionnelles, les espaces montagnards restent souvent marginalisés.

Une notion malaisée à définir

Des problèmes de définition

Comme tous les termes issus du langage courant, celui de montagne pose des problèmes de définition. Une **montagne** renvoie souvent à un sommet isolé ; dans ce cas, le terme équivaut à celui de **mont** (Mont-Blanc ou montagne Pelée, par exemple). Mais le mot montagne désigne aussi une chaîne de montagnes (chaîne des Pyrénées par exemple) ou tout un ensemble, équivalant alors au terme de **massif** (massif du Vercors). Par ailleurs, le terme est utilisé pour des reliefs de dimensions très variables, allant de l'Himalaya à la montagne Sainte-Geneviève à Paris (60 mètres d'altitude). Enfin, la montagne désigne aussi un milieu spécifique, le milieu montagnard. Ainsi, parler de montagne alpine peut renvoyer aussi bien aux Alpes en tant que chaîne de montagnes qu'aux caractéristiques du milieu montagnard des Alpes.

Une montagne est donc un relief proéminent, d'une certaine élévation par rapport au niveau de la mer (**altitude**) et souvent bien individualisé par rapport aux milieux environnants. Mais cette notion se combine avec celle de pente et de versant, par opposition au **plateau**, espace plan qui peut avoir, lui aussi, une altitude très élevée, comme le plateau tibétain ou l'Altiplano péruvien. Toute montagne comporte en effet une certaine **dénivellation** ou **dénivelée** (terme parfois mis au masculin), c'est-à-dire une différence d'altitude entre des points hauts, situés à l'**amont** (du côté du mont), et des points bas, situés à l'**aval** (du côté de la vallée).

Les critères administratifs définissant la zone de montagne varient selon les pays : l'Allemagne fixe la limite inférieure des communes de montagne à 500 mètres, la Suisse tient compte de la durée de la saison végétative. En France, un décret de juin 1961 définissait la zone de montagne en fonction des deux critères, l'altitude et la pente : était considérée comme commune de montagne toute commune ayant plus de 80 % de son territoire à une altitude supérieure à 600 mètres, ou une dénivelée entre le point cultivé le plus bas et le point cultivé le plus haut de 400 mètres au minimum. Cette définition, forcément arbitraire, a été modifiée progressivement : une commune est dite de montagne quand elle connaît « une limitation des possibilités d'utilisation de la terre en fonction des conditions climatiques », liée à l'altitude. La présence à une altitude moindre dans la majeure partie du territoire (au moins 80 %) de fortes pentes (supérieures à 20 %) telles que « la mécanisation ne soit pas possible ou nécessite l'utilisation d'un matériel très onéreux » permet également de classer une commune en zone de montagne. La **loi montagne** de 1985 qui succède à la directive montagne de 1977 reprend cette définition. Complétée par la loi de 2004, elle divise la France en sept massifs (Alpes du Sud, Alpes du Nord, Corse, Jura, Massif central, Pyrénées et Vosges). Elle a pour but de concilier aménagement et protection d'un « patrimoine naturel et culturel » par la mise en œuvre d'une politique spécifique de développement. Elle établit ainsi diverses contraintes, par exemple dans le domaine de la construction (routes, immobilier, remontées mécaniques) ou de la gestion de la forêt. La loi de 2011 sur le développement et la protection de la montagne complète cette législation. Au total, 22,3 % du territoire français et tout ou partie du territoire de 6 227 communes sont déclarés en zone de montagne : des territoires qui peuvent être touchés à la fois par la loi montagne et la loi littoral puisque celle-ci concerne aussi les littoraux des grands lacs de montagne comme le Lac du Bourget.

Les différents types de montagne

Différentes typologies existent. Elles reflètent l'histoire de la géographie et sont pour la plupart issues d'une période où les montagnes étaient étudiées pour leurs caractéristiques topographiques et géologiques. En effet, les montagnes ont été un objet privilégié de la géographie classique, notamment pour les Écoles de Paris représentée par Emmanuel de Martonne et de Grenoble dirigée par Raoul **Blanchard** (1877-1955). Celui-ci est notamment l'auteur en 1937 des *Alpes Occidentales.* Ses travaux amènent à classifier et caractériser l'opposition altitudinale entre haute et moyenne montagne (*cf.* p. 357), mais aussi la distinction entre chaînes de montagnes, massifs de montagnes et montagnes isolées. Une **chaîne de montagnes** est un ensemble de monts disposés, comme son nom l'indique, de façon linéaire, par opposition au **massif montagneux**, plus ramassé. On parle ainsi de la chaîne des Puys, mais on dit le Massif central. Comme pour le terme montagne, la toponymie assimile des entités de taille fort variable, comme le massif des Annapurnas ou le massif de l'Himalaya. Les termes de chaîne et de massif sont souvent confondus et on parle indistinctement de massif himalayen ou de chaîne himalayenne. Le mot **cordillère**, désignant fréquemment dans le monde hispanique un ensemble de montagnes très allongées, comme la cordillère des Andes, est souvent assimilé à celui de chaîne. Quant à celui de **sierra**, il met l'accent sur l'aspect topographique en « dents de scie » de certaines chaînes de montagnes aux pics acérés.

Enfin, les typologies géologiques différencient les montagnes en fonction de leur origine ou, plus communément, en fonction de l'âge de leur plissement. Si les **massifs anciens** et les **montagnes jeunes**, ou récentes, sont souvent constitués des mêmes matériaux, la montagne jeune est une montagne de soulèvement récent (Alpes, Rocheuses...), par rapport aux massifs anciens issus d'orogenèses plus anciennes (Massif central...), parfois rajeunies.

Des milieux anciennement mis en valeur, mais des espaces marginalisés

Une anthropisation précoce

Très tôt l'homme a fréquenté les montagnes, malgré des conditions souvent plus contraignantes que dans les plaines. Ne poussent en montagne que les céréales dites « pauvres » : en Asie, l'orge remplace le riz ; dans les Alpes, le seigle supplante le blé. Cependant, le milieu montagnard offre des avantages. Du fait des précipitations orographiques, les montagnes des pays tropicaux secs sont souvent plus fertiles que les plaines, trop sèches. C'est le cas des montagnes du Hoggar ou d'Éthiopie qui dominent des déserts arides. Les montagnes présentent également un milieu sain et les populations y sont protégées du paludisme, par exemple, qui sévit encore dans de nombreuses zones de plaine. De même, les montagnes ont servi de refuges aux populations fuyant des persécutions. Les populations corses se réfugiaient en montagne pour se protéger contre les razzias des pirates ; les populations berbères se sont retranchées dans l'Atlas lors de la conquête arabe.

Si la moyenne montagne a souvent été une protection, une **montagne**

refuge, la montagne peut aussi être sacrée. Le mont Olympe, le mont Ararat et le Chomolungma (nom tibétain de l'Everest, signifiant « déesse mère de la Terre ») font figure de domaines des dieux. Les pèlerinages au sommet des montagnes constituent un phénomène planétaire. Ces raisons expliquent le précoce peuplement des zones de montagne mais aussi qu'on ait voulu les « conquérir » : ainsi, dès 1280, Pierre d'Aragon gravit le Pic du Canigou et tue le dragon...

Au XIXe siècle, en Europe, le phénomène s'inverse et, dans un contexte de modernisation agricole et d'industrialisation, la montagne apparaît alors comme un espace répulsif, hostile et peu propice à une économie rentable, à l'exception des exploitations minières. Le **cloisonnement** des vallées créé par les reliefs devient un obstacle à la pénétration par la voie ferrée, symbole de progrès. Ce phénomène touche également les sociétés coloniales où les plaines font l'objet de champs d'expérimentation de la part des colons, de l'Algérie aux Indes.

Des activités agropastorales longtemps dominantes

Les sociétés montagnardes ont géré les potentialités du milieu. Des réseaux de communication d'une remarquable efficacité ont lutté contre l'**enclavement** (fait d'être mal relié à l'extérieur) et le cloisonnement. De plus, ces sociétés agraires ont résolu le problème des fortes pentes par le système des **terrasses**, espaces plans permettant la culture et contribuant à la protection des sols. Ce système, répandu dans la plupart des montagnes, peut être complété par des systèmes d'irrigation, dont les plus performants sont ceux des **rizières** asiatiques (ensembles de terrains plans sur lesquels on cultive le riz). La gestion des versants, qui engendre un fort travail collectif, se combine souvent avec une forte adaptation à l'étagement. Les villages peuvent être situés en fond de vallée, comme c'est souvent le cas dans les Alpes : le versant est alors parcouru de sentiers menant aux cabanes d'alpage. Mais le village peut également se trouver à mi-versant, à la charnière de deux étages : dans l'Himalaya, les sociétés Tamang construisent leur village sur le principe des maisons-terrasses, à la limite entre l'étage de l'orge et de la forêt supérieure ; le village est alors au centre du finage. Enfin, les habitations sont quelquefois situées en haut du versant. C'est parfois le cas dans les Andes où le village est sur l'altiplano et domine le ***secano*** (terme générique dans le monde hispanique pour désigner la zone de cultures sèches, par opposition au ***regadio***, domaine des cultures irriguées).

Toutefois, les cultures étant en majorité pauvres, ces sociétés pratiquent essentiellement l'élevage, ce que certains auteurs ont appelé la « vocation **pastorale** » des montagnes. Le principe de base est l'**estivage**, le fait d'aller à un pâturage d'été (l'**estive**) situé en dehors du village. Ce pâturage peut se situer simplement sur un haut versant, à l'étage de la pelouse alpine : c'est l'**alpe** ou l'**alpage** que gagnent les troupeaux au printemps lors de la **remue**, avec parfois une étape, à un niveau intermédiaire, dans des chalets nommés **petites montagnes** en Savoie, **mayens** en Suisse romande. Mais il peut être plus lointain, le troupeau franchissant des dizaines ou des centaines de kilomètres pour gagner ses pâturages d'été. Ce phénomène, la **transhumance**, s'accomplissait autrefois le long de sentiers, les **drailles** ou **drayes**. Il existe toujours, y compris en France, mais les troupeaux voyagent désormais par camion. Le système agricole montagnard, dit autrefois agro-sylvo-pastoral (*cf.* p. 19), est donc aujourd'hui plutôt un **système agro-sylvo-élevage**, associant de manière étagée des espaces dédiés aux cultures, à la forêt et à un élevage avec estivage.

Avec l'attraction exercée par les plaines, plus riches, une forte émigration a débuté avec la révolution industrielle. Cette émigration n'était parfois que temporaire ou saisonnière. Dans les montagnes tempérées où l'hiver est une morte saison, ce phénomène était très répandu au XIXe siècle. Les colporteurs pyrénéens et alpins, par exemple, trouvaient un travail hivernal à Toulouse ou à Grenoble.

Des espaces souvent marginalisés

Du point de vue du peuplement, on peut distinguer, à l'échelle mondiale, trois types de montagnes. Les montagnes peu peuplées comme les Rocheuses américaines et canadiennes, la Patagonie, les montagnes de Sibérie, n'ont jamais fixé de fortes populations du fait de leur situation périphérique par rapport aux territoires nationaux, mais aussi en raison de conditions bioclimatiques difficiles. D'autres ont été et restent des foyers relatifs de peuplement, notamment dans les pays du Sud (montagnes africaines, une grande partie de l'Himalaya). D'autres enfin, longtemps peuplées, sont en déprise. Cette déprise, commencée au XIXe siècle pour les montagnes du Nord, s'est perpétuée et a gagné, depuis la fin du XXe siècle, de nombreuses montagnes du Sud, comme les Andes.

À l'échelle des États, on distingue ceux où la montagne est marginale de ceux où elle se trouve au cœur du territoire national. Pour les premiers, la Thaïlande par exemple, les grandes villes de plaine attirent les populations montagnardes et les politiques nationales ne tiennent que rarement compte de l'originalité des milieux montagnards. Pour les seconds, comme le Bhoutan, véritables États montagnards, la situation ne s'améliore toujours pas puisque la transition démographique et la surpopulation concernent les sociétés montagnardes et que la « soupape » de l'exode ne fonctionne qu'à l'échelle internationale. La pression démographique et les problèmes sociaux n'y sont pas forcément plus présents, mais le milieu montagnard, plus fragile, supporte moins les agressions. Tel est le cas, par exemple, de la **déforestation**, liée à une forte poussée démographique. Sur les versants himalayens, la transition démographique a comme conséquence une surexploitation des sols mais la déforestation ne s'intensifie pas plus que dans certaines plaines amazoniennes. Cependant, du fait de la pente, la déforestation accélère l'érosion des sols et aggrave les inondations pendant la mousson.

Le tourisme : un rôle important dans les montagnes européennes, mais marginal à l'échelle mondiale

Avec le développement du tourisme, certaines montagnes ont connu un regain d'activité, témoignant ainsi du phénomène de **renversement géographique** : les avantages, les inconvénients et les risques d'un milieu donné – dans le cas présent, la montagne – sont perçus de façon très différente, voire opposée, en fonction du contexte. Dès le XIXe siècle, le romantisme fait découvrir les « sublimes horreurs » des hautes montagnes ou le charme romantique des vallons et des lacs de moyenne montagne. Tourisme d'été, puis d'hiver avec le développement, dès l'entre-deux-guerres, du ski, le phénomène reste cependant marginal jusqu'aux années 1960. Mais le tourisme de masse a entraîné la multiplication des stations de sports d'hiver et l'aménagement parfois abusif des versants. De nos jours, le tourisme d'été en montagne connaît un net regain, lié à l'image de pureté et de santé associée à la moyenne montagne. Il est souvent pratiqué au sein d'aires protégées : parcs naturels régionaux ou parcs nationaux. Plus généralement, les espaces montagnards périurbains du Nord sont particulièrement fréquentés comme espaces récréatifs.

Toutefois, le bilan est mitigé. Le tourisme a souvent ralenti le déclin démographique des montagnes concernées mais le phénomène reste marginal à l'échelle mondiale, même si certaines montagnes du Sud sont aussi concernées par l'internationalisation du tourisme de masse.

Le Kilimandjaro et les versants népalais de l'Himalaya s'intègrent au tourisme international avec le développement des **treks** ou **trekkings**, marches de plusieurs jours effectuées par des groupes de randonneurs, souvent dans le cadre de tour-opérateurs. Si les conséquences économiques pour les pays concernés s'avèrent intéressantes, en revanche les problèmes sont bien réels : le camp de base de l'Everest est désormais la plus haute poubelle du monde.

Cependant, la plupart des montagnes mondiales ne sont pas ou peu touchées par le tourisme. À une autre échelle, les Pyrénées, par exemple, sont beaucoup moins concernées que les Alpes. Malgré ces transformations et le progrès des communications, l'**isolement** est encore souvent ressenti par les populations vivant en montagne. En dehors des causes concrètes, dues au relief, aux conditions climatiques et au faible peuplement, le sentiment d'isolement est également lié à des causes plus subjectives tenant aux représentations que l'on a de son territoire.

Les montagnes, des milieux spécifiques

Une spécificité climatique

Il n'existe pas de **climat montagnard** (ou de **climat de montagne**) proprement dit, mais une **dégradation montagnarde**, la montagne modifiant fortement les données du milieu environnant, tout en gardant certaines de ses caractéristiques. Ainsi, la montagne ne peut être qualifiée de milieu totalement azonal : une montagne tropicale diffère d'une montagne tempérée.

Cette dégradation montagnarde est liée au facteur altitudinal et à la masse même de la montagne, qui modifie fortement la circulation atmosphérique et les vents. La température diminue avec l'altitude, diminution mesurée par le **gradient thermique** : du fait d'une atmosphère moins importante et donc d'une diminution de l'absorption des calories, la température baisse en moyenne de 0,5 °C pour 100 mètres de dénivelée. Cette moyenne varie cependant selon la saison, l'orientation du versant, l'altitude et la région. De même, les précipitations varient avec l'altitude : c'est le **gradient pluviométrique**. En effet, la montagne étant un obstacle aux perturbations atmosphériques, les dépressions ont tendance à être bloquées par les reliefs. Face à l'obstacle créé par la montagne, les dépressions engendrent des **précipitations**

orographiques. Pour les Alpes, les précipitations augmentent en moyenne de 50 mm tous les 100 mètres avant de se stabiliser, la haute montagne étant un pôle d'aridité. Le **coefficient de nivosité** (le nombre de jours de neige en pourcentage du total annuel des jours de précipitations) dépend donc de l'altitude.

Il faut de plus, d'une façon générale, opposer **versant au vent**, très humide car recevant de plein fouet les dépressions, et **versant sous le vent**, beaucoup plus protégé. À La Réunion, si le versant au vent peut recevoir plus de 5 mètres de pluie par an, le versant sous le vent n'en reçoit pas 500 mm. Tout versant crée donc des phénomènes d'exposition différentielle, d'**orientation** par rapport à un phénomène – les pluies dans le cas de La Réunion. Plus fréquemment, les versants connaissent de fortes différences thermiques liées à leur exposition au soleil, le versant orienté au sud (l'**endroit**, la **soulane**, l'**adret**) étant plus ensoleillé que le versant orienté au nord (l'**envers**, l'**ombrée**, l'**ubac**). Cette **orientation** (dite parfois **exposition**) des versants joue notamment un rôle dans la répartition de l'habitat et le mode d'utilisation des sols.

Le fœhn

Les régions de piémont connaissent, à certaines périodes, des vents chauds, rapides, descendants et secs portant des noms différents selon les pays et les régions : vent d'**autan** dans la région toulousaine, **lombarde** en Savoie, **zonda** en Argentine, **chinook** dans les Rocheuses, **sirocco** au Maroc, fœhn dans les Alpes suisses. Ce dernier terme est d'ailleurs devenu le terme générique : on parle d'**effet de fœhn**. Ces vents sont liés au franchissement d'une barrière montagneuse par une masse d'air qui, en montant, s'est brutalement asséchée. La descente sur l'autre versant de l'air sec et réchauffé par compression (effet **catabatique**) forme le **fœhn**. Ces vents sont donc liés à une opposition classique versant au vent / versant sous le vent. Mais il n'y a fœhn que dans des cas exceptionnels : de fortes différences de pression entre les deux versants, un effet de couloir qui accentue la vitesse du vent, par exemple.
Ces vents desséchants, entraînant des remontées de température supérieures à 10 °C, sont parfois très violents et peuvent dépasser 80 km à l'heure. Engendrant au printemps la fonte brutale des neiges et des crues, un départ précoce de la végétation, fatals en cas de regel, ils peuvent aussi entraîner des conséquences physiologiques certaines, bien que peu connues, provoquant notamment des troubles du comportement.

L'étagement bioclimatique des milieux

Du fait du changement progressif du climat avec l'altitude, les sols, la végétation et l'hydrologie se modifient graduellement : c'est l'**étagement** des milieux. Les végétaux et les animaux connaissent donc le phénomène de l'**adaptation** : des modifications héréditaires de leur organisme leur permettent de se développer dans un environnement souvent plus contraignant que celui des plaines. Quant aux hommes, particulièrement sensibles à la raréfaction progressive de l'oxygène, il semble que, dans la plupart des cas, il y a simplement une **acclimatation** (adaptation temporaire et non héréditaire). Si l'étage inférieur des montagnes reste sensiblement identique au milieu de plaine environnant, plus l'altitude augmente, plus le milieu se transforme. Image aujourd'hui évidente, du Kilimandjaro à l'Annapurna, il peut neiger sous les tropiques. Pourtant, les géographes anglais du XIXe siècle ne croyaient pas à l'authenticité du témoignage des explorateurs découvrant en Afrique les pentes enneigées des Montagnes de la Lune.

Plusieurs classifications identifient des étages successifs en zone de montagne. Pour les montagnes de la zone tempérée, la classification écologique fait succéder à un **étage collinéen** de feuillus, un **étage montagnard**, où apparaissent les conifères, puis un **étage subalpin** qui précède un **étage alpin**, domaine de la pelouse alpine (*cf.* p. 549). Ce type de classification, qui induit l'existence d'un étagement pédologique, les sols variant avec l'altitude, est le plus fréquemment employé, mais les géomorphologues en utilisent un autre qui distingue, en fonction des processus d'érosion, des étages infra-périglaciaires, périglaciaires et glaciaires.

Plus généralement, on fait référence à l'étagement des milieux de la **moyenne montagne** et de la **haute montagne**. Mais les géographes ne s'accordent pas sur la limite entre les deux. Les géographes physiciens situent parfois beaucoup plus haut que les autres géographes la base de la haute montagne. Pour les premiers, la haute montagne est généralement la zone située au-dessus des alpages : haute montagne minérale, domaine des éboulis et des **névés** (restes de neige hivernale), ou haute montagne englacée. Elle est marquée par l'absence d'une couverture végétale permanente. Pour les seconds, la haute montagne commence beaucoup plus bas, là où l'homme ne peut avoir une activité permanente. Une telle définition englobe alors les alpages. Enfin, pour le législateur français, la zone de haute-montagne combine une altitude supérieure à 1 200 mètres et une faible densité d'occupation par le gros bétail.

Le terme **piémont**, parfois écrit **piedmont**, désigne généralement la zone située au pied d'une chaîne de montagnes et ayant des liens avec celle-ci. Ces liens sont d'ordre physique, démographique ou économique, à l'image de la province italienne du Piémont par rapport aux Alpes. Le terme se trouve parfois restreint, en géomorphologie, aux seules zones constituées de débris provenant des montagnes.

Le rôle de la pente

On compare communément les milieux de montagne et les milieux de plaine. Ainsi, la pelouse alpine, formation végétale caractéristique de l'étage alpin, est comparable à la **toundra**, formation végétale des hautes latitudes. Pourtant, dans le détail, les milieux de montagne sont originaux du fait des fortes pentes et des phénomènes gravitaires qui en résultent : érosion des sols et dynamiques de versant. La pente est, avec certains facteurs climatiques (neige, gel...), une des causes essentielles de la fragilité de ces milieux. La **restauration des terrains de montagne** (RTM) est donc souvent une nécessité, gérée dans le cas français, depuis le XIXe siècle par l'administration des Eaux et Forêts. La pente est aussi un atout, exploité notamment pour les sports d'hiver ou pour la production d'énergie hydraulique, par le biais de **conduites forcées** – canalisations transportant de l'eau sous pression d'un réservoir d'altitude à une centrale hydroélectrique en contrebas.

Autre spécificité des zones de montagne, les phénomènes de **domination** des étages supérieurs sur les étages inférieurs contribuent à l'originalité de ces milieux. Ainsi, l'avalanche, issue d'un étage plus élevé, détruit des forêts plus basses.

Lire aussi **Climat – Géographie naturaliste, géomorphologie – Risques, pollution – Tourisme – Végétation, forêt**

Océan, mer

Les mers et les océans, qui occupent les trois quarts de la surface terrestre, sont des milieux fragiles. Traditionnellement utilisés pour la pêche et la navigation, ils sont de plus en plus exploités et pollués. Ils constituent un enjeu économique et géostratégique majeur.

La Terre, planète bleue

Océans, mers et lacs

Les eaux marines représentent 97,4 % de l'hydrosphère, un chiffre qui justifie l'expression « planète bleue » : les trois quarts de la surface terrestre sont immergés sous les océans et les mers.

Les **océans**, vastes étendues d'eau qui séparent les continents, sont au nombre de cinq : océans Pacifique, Atlantique, Indien, Arctique et Austral (ou Antarctique). Le plus important, le Pacifique, couvre à lui seul 179 millions de km^2, soit 300 fois la France. Étant donné que les océans communiquent tous entre eux et avec la plupart des mers, on peut parler d'**océan mondial**. Le relief des cinq océans présente d'ailleurs des similitudes du fait de leur origine tectonique commune (*cf.* article *Géographie naturaliste, géomorphologie*).

Le terme de **mer** est beaucoup plus imprécis. Il est souvent employé de façon très générale : on parle ainsi de « la mer » à propos des océans et, par exemple, des « mers du Sud », notamment pour l'océan Indien. Dans son sens restreint, une mer est une partie d'océan bien identifiée, séparée topographiquement de la masse océanique. Les **mers épicontinentales** ou **mers bordières** sont de simples **golfes** des océans, c'est-à-dire des rentrants de grande dimension. La mer de Norvège est une partie bien individualisée de l'océan Atlantique ; la mer d'Oman, un golfe de l'océan Indien. Cependant, le golfe du Bengale, occupant à l'est de l'Inde une position similaire, n'a pas droit à l'appellation de mer. Les **mers intercontinentales** ou **mers continentales** (mer Méditerranée, mer des Caraïbes) sont, comme leur nom l'indique, encore plus nettement séparées des océans. Elles sont parfois insérées entre des continents et reliées à l'océan par un passage plus ou moins étroit :

un **détroit**. Depuis la conférence de Montego Bay (*cf.* p. 365), les détroits qui ne peuvent être franchis qu'en passant par les eaux territoriales sont libres d'accès aux navires en transit, même si dans les faits les pays limitrophes n'ont pas renoncé à exercer leur contrôle, et ce autant pour des raisons militaires qu'économiques. Certains États n'ont d'ailleurs pas ratifié cette convention et d'autres ont signé des accords particuliers concernant les détroits qui les séparent (convention de 1912 pour Gibraltar, de 1936 pour les détroits turcs...).

Les mers intercontinentales peuvent être également isolées de l'océan par un **arc insulaire**, archipel incurvé créé par subduction de plaques lithosphériques : ainsi, la mer des Caraïbes est séparée de l'océan Atlantique par l'arc des Antilles. À l'inverse, les grandes étendues d'eau **intracontinentales** (c'est-à-dire isolées de l'océan mondial, et possédant une altitude pouvant être très différente de celui-ci) sont qualifiées indistinctement par la toponymie de mers ou de lacs. Les **mers fermées** ou **mers intérieures** sont des lacs de très grande dimension, constitués d'une eau plus ou moins salée, et qui ne sont pas reliés à l'océan mondial. Leur taille peut être très variable : ainsi, la mer Morte est beaucoup moins étendue que le lac Victoria.

Les mers fermées et les mers bordières sont parfois de simples creux à peine marqués, comme la Manche, simple extension de la plateforme continentale. Mais ce peuvent être aussi des mers profondes correspondant à des fossés d'effondrement, comme la mer Morte (401 mètres de profondeur). Les mers continentales, comme la Méditerranée ou la mer des Caraïbes, présentent aussi des fonds très importants : 4 400 mètres pour la Méditerranée, 7 300 mètres pour la mer des Caraïbes.

Le statut des mers et des lacs est toutefois différent et leur appellation a des implications géopolitiques fortes, comme en témoigne le cas de la Caspienne. Depuis la fin des années 1990, les cinq États riverains s'opposent sur son statut : s'agit-il d'une mer, comme l'affirme par exemple le Kazakhstan, ou d'un lac comme le revendiquent l'Iran et la Russie ? L'enjeu est de taille : il s'agit de l'exploitation des ressources pétrolières. Si la Caspienne est un lac, les ressources doivent être partagées à parts égales entre les riverains. Si c'est une mer, conformément au droit de la mer de 1982, c'est le découpage selon les eaux territoriales qui sera déterminant, au détriment de la Russie et de l'Iran.

Des masses d'eau individualisées et en mouvement

La première caractéristique des eaux marines est leur teneur en sel, leur **salinité**. D'une moyenne de 34,7 grammes par litre, elle varie sensiblement en fonction des apports en eau douce, des précipitations et de l'évaporation. Ainsi, les lacs et les mers fermées des régions sèches, peu alimentés en eau douce par les fleuves, ont des salinités très importantes. D'une façon générale, on peut donc individualiser des **masses d'eau** au comportement différent, en fonction de leur salinité, mais aussi en fonction de leur température. Les eaux antarctiques, par exemple, peu salées et très froides (de – 1 °C à + 0,5 °C), se distinguent nettement des eaux circumpolaires, plus chaudes (+ 3 °C) et plus salées.

Les eaux océaniques sont animées de mouvements répondant à la dynamique des fluides. Tous n'ont pas le même impact géographique. Ainsi, sur les littoraux, les marées ont des conséquences plus importantes que les vagues. Ces dernières contribuent à l'érosion littorale et peuvent apporter des **embruns** (gouttelettes d'eau de mer projetées) lorsqu'elles déferlent ou sont écrêtées par le vent.

Les **vagues** sont des ondes plus ou moins importantes se propageant à la surface de la mer. On peut les classer en fonction de leur aspect, en grande partie lié à leur longueur d'onde mais aussi aux modifications qui peuvent être provoquées par les hauts fonds, ou en fonction de leur origine. Les vagues peuvent être créées par les vents locaux ou être indépendantes de ceux-ci, comme l'est la **houle**. Il s'agit dans ce cas de l'oscillation régulière de la surface marine, qui se traduit par des vagues non déferlantes, c'est-à-dire ne basculant pas. Elle est liée à la propagation, loin de leur zone d'origine, dite **zone de génération**, de séries de vagues, les **trains de houle**, qui s'aplatissent peu à peu. Le **raz-de-marée**, terme descriptif désignant une vague souvent unique, et parfois gigantesque, peut être d'origine diverse (météorologique, sismique...). Le terme de **tsunami** est réservé au raz-de-marée d'origine sismique. D'origine japonaise (littéralement « vague portuaire ») et longtemps confidentiel, ce terme est désormais mondialement connu du fait des tsunamis de décembre 2004 dans l'océan Indien et de mars 2011 au Japon, ce dernier ayant balayé la centrale nucléaire de Fukushima. La généralisation de son emploi témoigne aussi de la mondialisation de l'information.

Les **courants marins** ont eux aussi une importance fondamentale, mais non catastrophique. Ces déplacements d'eau marine, qui connaissent des trajets réguliers et peuvent concerner des masses d'eau colossales, ont des origines diverses. La force liée à la rotation de la Terre (**force de Coriolis**) n'intervient pratiquement pas directement. En revanche, les vents dominants jouent un rôle majeur dans la formation des **courants** dits **d'impulsion**. Ainsi, les courants de l'océan Atlantique suivent le trajet des alizés, du moins en surface. En profondeur, en effet, la direction des courants se modifie peu à peu et décrit un angle progressif (**spirale d'Ekman**) par rapport à l'impulsion de surface. Il faut donc distinguer les courants de surface, comme les **dérives**, des courants de profondeur aux directions sensiblement différentes.

Les différences de densité de l'eau, plus ou moins froide, sont elles aussi responsables de la création de courants plus lents : les **courants de décharge**. Les eaux polaires, froides et peu salées, migrent vers les basses latitudes et l'équateur en s'enfonçant peu à peu. Elles sont remplacées en surface par des eaux plus légères d'origine tropicale qui migrent vers les hautes latitudes. Les eaux froides polaires peuvent localement réapparaître en surface si des courants d'impulsion entraînent au large les eaux superficielles. Ainsi, au large du Maroc, le courant des Canaries emporte les eaux autochtones, remplacées par des eaux froides de profondeur qui remontent (***upwelling***). Inversement, lorsque des eaux de surface sont refroidies, elles s'enfoncent (***cascading***).

Les courants marins créent donc un immense brassage des eaux. Ils contribuent ainsi à une modification des climats littoraux. Les courants chauds venant des tropiques, comme la dérive nord-atlantique baignant le Portugal, réchauffent sensiblement le climat tandis que les courants froids, comme celui du Labrador, aboutissent au résultat inverse. Ainsi New York, qui est à la latitude de Lisbonne, possède un climat beaucoup plus rigoureux que la capitale portugaise. Ces courants sont également en partie responsables de la répartition des écosystèmes marins de surface et donc des zones de pêche.

Enfin, la masse des océans et la complexité des courants océaniques rendent difficile la modélisation et donc la prévision des conséquences éventuelles du réchauffement climatique sur l'environnement mondial.

Des océans aux multiples enjeux

Des enjeux géoéconomiques

Les ressources halieutiques sont traditionnellement les plus exploitées (*cf.* article *Pêche, aquaculture*). Cependant, mers et océans renferment aussi de nombreuses richesses minières et énergétiques. Connues depuis moins longtemps, elles sont de plus en plus mobilisées notamment avec le forage ***off shore*** (également orthographié *offshore*), c'est-à-dire en pleine mer, des hydrocarbures. Mais les gisements sous-marins de **nodules polymétalliques** sont probablement les ressources les plus prometteuses. Il s'agit de concrétions minérales, de faible taille et à très forte teneur métallique, principalement situées à une profondeur supérieure à 4 000 mètres. Sous l'égide de l'**Ifremer** (Institut français de recherche pour l'exploitation de la mer), la campagne **BIONOD** (Biologie et Nodules) a ainsi permis d'explorer en 2012 un vaste espace dans le nord-est du Pacifique. Un autre intérêt des mers et des océans est qu'ils constituent des supports pour le transport international de marchandises, les voies maritimes étant de plus en plus fréquentées. L'exploitation des océans est donc en net développement. De ces phénomènes découlent deux types de conséquences : la nécessité d'adapter le droit des océans à une situation nouvelle et à une pollution accrue.

Enfin, les océans sont aussi une future source d'énergie renouvelable. Si les centrales **marémotrices** (qui exploitent l'énergie produite par les marées) canadiennes, norvégiennes ou françaises restent peu efficaces, on fonde quelques espoirs sur l'exploitation de l'**énergie marine (énergie des vagues – houlomotrice – et des courants)**, déjà testée grâce à une centrale dans l'archipel écossais des Orcades, voire sur l'**énergie thermique des mers**, exploitant les différences de température entre les couches superficielles et les couches profondes des eaux océaniques. Mais c'est l'implantation en mer d'éoliennes (**éoliennes *offshore***) qui est l'évolution la plus nette : le Danemark fait figure de leader et de nombreux pays, dont la France, envisagent la création de « fermes éoliennes » pour répondre à la question de la saturation des terres, mais aussi et surtout à la pollution visuelle et auditive liée. Néanmoins, la filière est encore embryonnaire du fait des coûts d'installation et des problèmes techniques encore nombreux.

Des enjeux géoenvironnementaux

La pollution des mers et des océans est la conséquence des activités : il y aurait près de 100 millions de tonnes de déchets en mer, essentiellement des matières plastiques. Certes, ce phénomène concerne surtout les littoraux, puisque 60 % de la population mondiale vit à moins de 100 km d'une côte et les mers fermées ou peu reliées à l'océan, comme la mer Méditerranée ou la mer Intérieure japonaise, sont plus touchées que les autres. La haute mer n'est cependant pas épargnée. Depuis 2006 et la découverte d'une nappe de déchets gigantesque, les estimations sont de plus en plus alarmistes et médiatisées :

un « continent de déchets » de plus de 3,5 millions de km² a ainsi été localisé dans le Pacifique-Nord. (*cf.* article *Risques, pollution*)

Une autre pollution est constituée par les **marées noires** occasionnées par les accidents de pétroliers. On dénombre plus de 1 000 accidents ces vingt dernières années, qui ont déversé environ 3 millions de tonnes de pétrole dans l'océan mondial. Mais en dehors de ces accidents répertoriés, de nombreux dégazages, c'est-à-dire de vidanges des résidus des soutes, ont lieu en pleine mer. De même, l'état réel des mers et océans bordant l'ex-URSS reste alarmant : des milliers d'obus à l'ypérite (le « gaz moutarde ») seraient abandonnés en mer de Kara et de Barentz.

Le problème de la pollution est donc un enjeu majeur. Peu d'actions concrètes ont été entreprises, si ce n'est au niveau national par quelques États développés, qui ont interdit le déversement des égouts en mer. Peu de pays ont pris de telles mesures et celles-ci ne concernent que les littoraux. Le contrôle de la haute mer nécessite une coopération internationale, comme celle qui a abouti, à partir de 1975, au **Plan d'action pour la Méditerranée (PAM)**, sous l'égide du **PNUE (Programme des Nations unies pour l'environnement)**, chargé de coordonner la lutte contre les pollueurs. De nos jours, une telle lutte s'inscrit en France dans le cadre du protocole de Rio de 1992 (*cf.* p. 95) au moyen de diverses lois. Celle de 1999 vise, à terme, à éliminer toute pollution d'origine continentale (soit 80 % de la pollution marine) par le traitement des eaux usées et par l'élimination définitive des rejets de substances toxiques dans les fleuves.

Des enjeux géopolitiques et géostratégiques

Les océans et les mers sont des espaces porteurs d'enjeux géopolitiques fondamentaux, du fait des ressources qu'ils recèlent, mais aussi comme support des transports maritimes en plein essor (*cf.* article *Échanges internationaux*), et enfin comme lieux stratégiques et militaires (*cf.* article *Géopolitique*). Ces enjeux, souvent sources de tensions, ont conduit à l'établissement d'un droit international des océans.

Longtemps, l'accès d'un pays à l'océan mondial a été un impératif fondamental pour sa survie, comme en témoignent les politiques menées par les pays **enclavés**, c'est-à-dire sans accès à la mer. Du port et du « couloir de Dantzig », attribués à la Pologne dans l'entre-deux-guerres, à la revendication bolivienne d'un « retour à la mer », alimentant un contentieux avec le Chili, les exemples sont nombreux qui montrent l'importance donnée par les États à ce libre accès. De nos jours, malgré l'importance des transports aériens et terrestres, cet impératif subsiste. L'accès à l'océan mondial est un enjeu économique et géostratégique, renforcé par l'essor du rôle de la voie maritime dans la mondialisation économique. Rien d'étonnant par conséquent si les ports, les zones côtières, mais aussi les routes maritimes aient été et restent des espaces sensibles de confrontation entre les puissances. On retrouve là l'opposition entre puissance continentale et puissance maritime (ou **thalassocratie**), dont la principale fut la Grande-Bretagne, qui contrôlait les détroits et les ports de la route des Indes. Aujourd'hui, certains États dont Singapour ou la Chine tirent profit de leur situation littorale, mais les États-Unis restent la plus grande puissance navale au vu de leur flotte civile et militaire.

De tels enjeux ont mené à l'élaboration progressive d'un droit des océans, qui fut d'abord marqué par l'affirmation de la liberté de navigation (sauf sur les mers intérieures contrôlées par les États riverains). Cette conception, qui était celle de la Grande-Bretagne du XIXe siècle, en opposition avec de nombreux États qui souhaitaient une large appropriation des eaux côtières, fut relayée par les États-Unis : l'un des « 14 points de Wilson » affirmait en 1918 « la liberté absolue de navigation sur mer en dehors des eaux territoriales ».

Par la suite, plusieurs tentatives de réglementation ont été élaborées. Dès 1948, l'**Organisation maritime internationale** (**OMI**), dont le siège est à Londres, a favorisé l'adoption de mesures communes entre les États participants et ce dans plusieurs domaines : mesures de sécurité sur les navires des pays membres, convention sur la pollution des fonds marins, mise à disposition de services maritimes pour le commerce mondial... Mais l'OMI (170 pays adhérents en 2013) n'a pas immédiatement solutionné le problème essentiel : celui des eaux territoriales, sujet de discorde entre de nombreux pays. Si la pêche a joué un rôle historique dans ces tensions, les enjeux sont actuellement davantage liés à l'exploitation de ressources *offshore*. Le passage des **zones de pêche exclusives** (réservées aux nationaux) de 12 à 50 milles marins en 1972 déclencha la « guerre de la morue » entre la Grande-Bretagne et l'Islande, qui se traduisit par le sabordage de navires anglais par des Islandais et par la rupture des relations diplomatiques entre les deux pays. Suite au conflit, la **Conférence de Montego Bay** (Jamaïque) déboucha sur la **Convention des Nations unies sur le droit de la mer** (**CNUDM**) signée en 1982 et entrée en vigueur en 1994. Ratifiée par 162 États en 2012, à l'exception notable des États-Unis, elle distingue différents espaces maritimes, que l'on peut subdiviser en deux types, le premier étant sous la souveraineté des États côtiers, le second sous souveraineté internationale :

– les **eaux territoriales** (ou **mer territoriale**), sur lesquelles l'État côtier est souverain, s'étendent jusqu'à 12 milles marins à partir de la côte (un **mille marin** équivaut à 1 852 mètres soit, approximativement, à une minute de la grande circonférence terrestre). Au-delà d'une **zone contigüe** (à 24 miles de la côte), où s'effectuent différents contrôles (policiers, sanitaires...), débute la **Zone économique exclusive** (**ZEE**) d'une dimension maximale de 200 milles, soit 370 km (sauf si le plateau continental géologique – d'une profondeur inférieure à 200 mètres – se prolonge au-delà). Dans cette zone, l'État riverain exerce des droits de souveraineté en matière d'exploitation économique et de conservation des ressources naturelles, droits exclusifs qui s'exercent sur les eaux, les fonds marins et le sous-sol. En revanche, il ne peut s'opposer au « libre passage inoffensif des navires » étrangers. La convention de Montego Bay a prévu le cas particulier des **États archipels**, c'est-à-dire constitués entièrement d'îles relativement proches les unes des autres. L'espace compris entre les îles les plus éloignées forme les **eaux archipélagiques** qui bénéficient d'un régime comparable à celui de la ZEE.

– au-delà, les espaces maritimes internationaux comprennent la **haute mer** (64 % de l'océan mondial), totalement libre, sauf pour certaines activités interdites : piraterie, esclavage..., et la **zone internationale des fonds marins**, Patrimoine commun de l'humanité.

La fixation du droit international n'a pas pour autant permis de régler toutes les tensions ni de figer la situation. Les demandes d'extension de la ZEE sont nombreuses, moins pour les ressources halieutiques que pour l'accès à de nouveaux gisements ou routes maritimes. Avec la prospection pétrolière en haute mer, de nombreux pays font pression pour augmenter leur ZEE : Brésil, Argentine, Australie, mais aussi France au large de la Guyane... Un autre enjeu est lié au réchauffement climatique et à la fonte de la banquise arctique : désormais les routes maritimes du Nord-Ouest (au large du Canada) mais surtout du Nord-Est (au large de la Russie) apparaissent comme des liaisons d'avenir. Cette dernière est le plus court chemin maritime entre l'Asie du Sud-Est et l'UE. Même si cette route est encore peu exploitable, elle explique la revendication russe d'extension de sa ZEE au-delà des 200 milles et jusqu'au pôle Nord. Ces enjeux peuvent aussi déboucher sur des conflits plus ou moins ouverts à propos d'iles revendiquées par plusieurs États en vue d'étendre leur ZEE : conflit entre la Chine et le Japon à propos des îles Senkaku ou encore entre la Chine et le Vietnam à propos des îles Paracel.

Un **tribunal international du droit de la mer** (siégeant à Hambourg) a été créé par la CNUDM dès 1982. Son action reste toutefois limitée comme le prouvent la difficulté à lutter contre la pollution en haute mer ou encore l'essor des actes de **piraterie** maritime dans certains lieux stratégiques (côtes somaliennes, indonésiennes…) : les attaques contre les navires ont ainsi doublé à l'échelle mondiale entre 2003 et 2011.

Les limites de juridiction de souveraineté

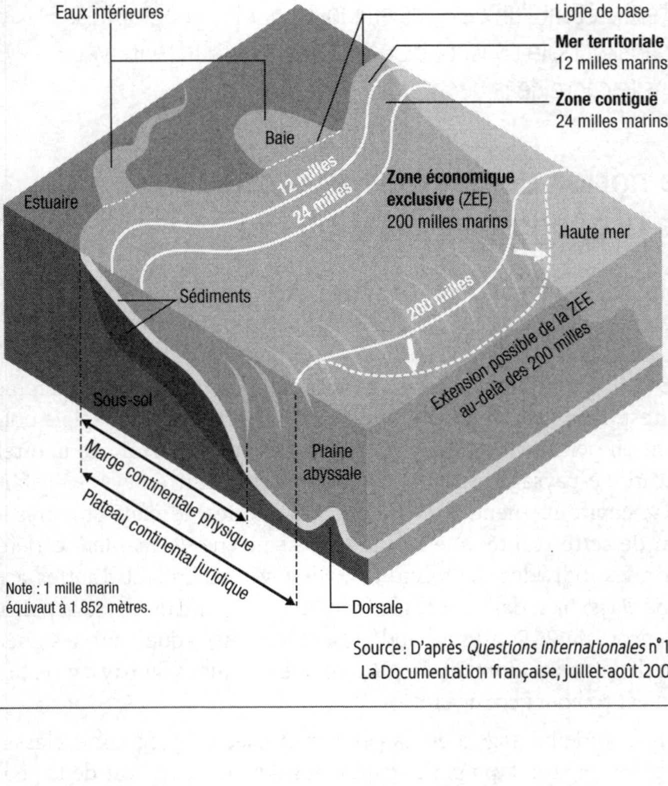

Note : 1 mille marin équivaut à 1 852 mètres.

Source : D'après *Questions internationales* n° 14, La Documentation française, juillet-août 2005.

Lire aussi Eau – Littoral – Pêche, aquaculture – Risques, pollution – Transport, communications

Paysage

Polysémique, le terme « paysage » a pu, dans l'histoire de la géographie, prêter à des interprétations contradictoires. Cette polysémie n'a pourtant pas empêché la géographie de se définir pendant longtemps comme la « science du paysage », le terme étant l'un des plus employés par les géographes. De nos jours, le concept de paysage connaît un renouveau dans le cadre de la géographie culturelle.

La notion de paysage, au cœur de la géographie classique

Dans son sens premier, le **paysage** est « l'étendue géographique qui présente une vue d'ensemble » ou encore « une vue d'ensemble que l'on a d'un point donné » (*Grand Dictionnaire encyclopédique Larousse*, 1984). Il rejoint ainsi le terme **panorama**, peu utilisé en géographie, si ce n'est dans le contexte du tourisme. Le mot paysage s'emploie notamment en peinture, pour désigner la représentation d'un site naturel ou urbain. Le paysage est ainsi ce que l'on voit d'un « pays », en fait de notre environnement. Il n'est donc pas une réalité mais la représentation de cette réalité, une réalité qui est perçue de manière différente selon les individus. Le terme paysage revêt cependant d'autres acceptions, aussi bien dans le langage courant – on parle du paysage politique ou encore du PAF (paysage audiovisuel français) – que pour désigner un état de fait à un moment donné : une des données du paysage est donc qu'il est toujours changeant.

La notion de paysage a été largement utilisée en géographie classique, au point que l'on a pu parler d'un « absolutisme paysager de la géographie » : le géographe a en effet longtemps été celui qui savait, grâce à son « coup d'œil », lire – en réalité décrire – puis interpréter le paysage et qui sélectionnait dans cette description les aspects « remarquables » avant de les expliquer (**analyse paysagère**). C'est cette conception de la géographie, remise en cause dès les années 1960 (*cf.* p. 239), qui a conduit le géographe anglais Peter Haggett à poser la question essentielle :

« La géographie est-elle une science ou un art ? » S'il concluait naturellement qu'elle devait être une science, en revanche, la géographie classique s'est longtemps regardée, au moins partiellement, comme un art, par exemple à la suite de De Martonne qui, en 1902, affirmait que cette discipline « veut, dans l'exécution, un certain sentiment d'art ». Le terme de paysage a en effet été mis à la mode dès le début du XXe siècle. Il présentait deux avantages : son principal mérite était de donner à la géographie un objet d'étude, même s'il fallait ici entendre par paysage un milieu « global » ; son second intérêt était de répondre aux tendances idiographiques de la géographie, science du particulier. Les paysages agraires furent ainsi les plus abondamment analysés : expressions de l'ordre des champs modelé par le relief et la pédologie, mais surtout par l'histoire et la société, ils correspondaient à l'essence même de la géographie classique. Souvent romantique ou à prétention littéraire au début du XXe siècle, la géographie s'est faite plus précise dès les années 1930 avec le développement de la **morphométrie**, qui mesurait les tailles et étudiait les formes des parcelles cultivées, des versants, à une époque où les mêmes démarches amenaient en géographie physique à développer la granulométrie (*cf.* article *Géographie naturaliste, géomorphologie*). Cette conception classique, parfois encore en vigueur aujourd'hui, répondait au besoin de poser, de sélectionner les problèmes à expliquer, et elle s'intéressait tout particulièrement aux changements progressifs et aux ruptures du paysage.

Cette approche s'est retrouvée dans presque toutes les branches de la géographie. Leur point commun reposait dans l'absence de statut accordé à ce paysage : les géographes classiques ont en effet très souvent employé le terme de manière vague et non définie, comme une commodité, comme un synonyme imprécis d'espace ou de milieu. Tel fut notamment le cas en géographie physique, où l'expression « paysage naturel » a été utilisée comme un équivalent de « milieu naturel ». Le paysage pouvait même être considéré comme une réalité. Cette interprétation est liée à l'influence de l'école de géomorphologie allemande : en allemand, paysage se dit ***Landschaft***, mot qui désigne aussi les caractéristiques naturelles d'un espace, ou encore une contrée, voire une région. Conformément au socialisme « scientifique », ce terme de *Landschaft* fut réemployé par les géographes russes durant la période soviétique sous la forme d'un modèle scientifique abstrait. La science du paysage (*landschaft ovedenie*) servit ainsi d'alibi scientifique pour justifier les grands projets staliniens de « transformation de la nature ».

Le paysage : une notion recentrée

Dans un contexte de contestation de la géographie classique, l'utilisation du terme a été condamnée par nombre de géographes dans les années 1970-1980. Si le terme est à nouveau très utilisé, la question de sa signification reste ouverte. Si certains géographes physiciens continuent à l'employer dans son sens classique, d'autres ont tenté en collaboration avec d'autres disciplines d'adopter une démarche systémique. La création des nombreux **indices paysage** (ou **indices paysagers**) correspond à cette volonté : aucune liste officielle des critères n'existe, mais le but est toujours d'appréhender et de mettre en relation les paramètres jouant dans l'élaboration d'un paysage. Certains de ces indices tentent de mêler critères objectifs (par exemple le degré de naturalité du lieu) et esthétiques (la valeur paysagère).

Mais c'est surtout depuis que la géographie est conçue comme une science sociale que le terme connaît un renouveau : après avoir été un temps délaissé car trop peu « scientifique », il a été repris par un certain nombre de géographes, notamment par les partisans d'une géographie des représentations. Armand Frémont le relie dès 1967, dans sa thèse, au concept d'espace vécu (*cf.* p. 166) et le développement de la géographie culturelle le remet au premier plan. Conformément à sa définition originelle, le paysage ne peut être étudié séparément des conceptions véhiculées par l'observateur, lui-même guidé par tout un ensemble de données culturelles. Le paysage ne relève donc pas seulement de la biosphère, on ne peut le confondre avec le milieu, mais il est lié à l'homme en société qui lui confère une valeur affective, voire des valeurs esthétiques (**esthétique paysagère**). C'est ce qui amène à parler de **civilisations paysagères**. L'Asie orientale dès l'Antiquité et l'Europe à partir de la Renaissance correspondent à ce type de civilisation. Pour Augustin **Berque** (né en 1942), qui reprend les travaux du philosophe japonais Watsuji Tetsurô (1899-1960), il existe un « milieu humain », le *Fûdosei*, terme qu'Augustin Berque a traduit par **médiance**, qui correspond à la relation particulière de l'être au milieu. Cette médiance passe par un processus, la **trajection paysagère**, qui agit entre le sujet et l'objet, entre la nature et la culture, entre l'individu et le groupe social. Il s'agit d'un processus historique et géographique qui fonctionne à tout instant de manière réflexive : la société se représente son environnement, mais elle tend également à l'aménager en fonction de ses représentations.

Le concept d'**artialisation**, du philosophe Alain Roger (*Le Court Traité du paysage*, 1997), qui désigne littéralement l'intervention de l'art dans la transformation de la nature selon des normes culturelles, a été repris par certains géographes, dont Augustin Berque. L'artialisation serait ainsi ce qui transforme le pays en paysage, selon un double mouvement : l'artialisation *in situ*, imprime l'art dans un site (par exemple par la création de monuments tels que la pyramide du Louvre ou de jardins de ville) ; l'artialisation *in visu* engendre une représentation de ce site, participant ainsi à la création de modèles culturels. L'avènement d'un art pictural paysager en Europe, au début de l'époque moderne, a suscité un nouvel intérêt pour la contemplation du paysage et a donné naissance à un regard paysager, au **paysage-spectacle.** Il a eu pour effet la création artistique de **paysages-types**, rentrés ensuite dans les représentations, et qui constituent aujourd'hui des références pour des architectes paysagistes qui souhaitent restituer à un espace les traits de son identité. La géographie du tourisme (*cf.* p. 503-504) a utilisé cette approche pour développer une typologie : le paysage-site de référence comme celui de la baie d'Along, le paysage-motif comme la plage tropicale ou le paysage toscan... On voit aussi, par exemple sur des frontières murées et artistiquement décorées, ou sur d'anciennes frontières patrimonialisées, se développer des paysages-pèlerinage.

Le paysage : une ressource

L'individu et la société s'approprient leur environnement en le chargeant de valeurs culturelles : le paysage est donc une **ressource** importante (la **ressource paysagère**), c'est-à-dire une richesse potentielle « offerte » par l'environnement et exploitée ou non par l'homme.

Culturellement, en Occident comme en Asie, le paysage renvoie avant tout à l'idée de **nature**, comprise ici comme l'ensemble des éléments physiques entourant l'homme. Les « **paysages naturels** », supposés vierges de toute empreinte humaine, ont donc longtemps été valorisés. Pourtant, aucun paysage n'est « naturel » au sens où tous ont été façonnés par des générations successives, et même si la présence humaine est réduite dans tel ou tel lieu, les valeurs de celui qui le regarde ne sont pas naturelles mais culturelles.

Parfois assimilé au cadre de vie, donc à l'environnement de la vie quotidienne, le paysage est de plus en plus analysé en tant que patrimoine à sauvegarder, ce qui suppose une perception à forte valeur affective. Divers indices de valeur paysagère sont parfois proposés, sans qu'un accord ne soit réalisé sur ce qu'est la valeur d'un paysage ! Tel « paysage grandiose » prêtera plus à discussion qu'un paysage plus banal. Tel « paysage naturel » sera à sauvegarder, ce qui pose de fait la question du « **complexe de la balafre** ». Cette expression du philosophe Alain Roger veut rendre compte de la volonté fréquente de défendre une nature idéalisée contre une empreinte humaine (par exemple la création d'une nouvelle route) en recréant une imitation de la nature.

Si, par extension, on a parfois pu parler de paysage naturel à propos de paysages ruraux, cette acception du paysage pose aussi la question des **paysages urbains** et de la représentation que l'on se fait de la ville. L'expression de paysage urbain est assez récente : elle apparaît dans les années 1970 dans le discours scientifique. Elle reste aujourd'hui mal comprise, le paysage étant assimilé à des valeurs esthétiques pseudo-naturelles. Cette incompréhension est particulièrement importante dans les deux civilisations paysagères que sont l'Occident et la Chine : par exemple, l'expression est difficilement traduisible en chinois. Pourtant, toute opération d'urbanisme peut être vue comme la volonté de promouvoir un paysage urbain et non comme une atteinte au paysage. Le paysage urbain se caractérise en effet par un certain nombre de valeurs aussi bien positives (la beauté, la culture, la convivialité, la présence de lieux de **sociabilité**, où l'on peut facilement entrer en contact avec les autres...) que négatives (la pollution, l'enfermement, la laideur de certains quartiers industriels et commerciaux...), qui s'opposent en fait aux valeurs attribuées à des paysages ruraux et non pas « naturels ». La question des paysages urbains préoccupe cependant de plus en plus les géographes en raison des liens qu'ils entretiennent désormais avec les urbanistes, les écologues, les paysagistes..., mais aussi du fait de leurs préoccupations paysagères renouvelées dans le cadre disciplinaire de la géographie culturelle ou dans celui, plus général, du développement durable.

Lire aussi **Culture, géographie culturelle – Espace, diffusion spatiale – Géographie (histoire de la) – Milieu, géosystème, environnement – Ville**

Pêche, aquaculture

La pêche et l'aquaculture, activités longtemps artisanales, connaissent, depuis une trentaine d'années, de profonds bouleversements dans leurs structures, notamment en raison de leur industrialisation et de leur intégration de plus en plus poussée dans la filière agroalimentaire. Elles s'inscrivent dans un double mouvement de mondialisation et de maritimisation des économies.

De la pêche côtière et artisanale à la grande pêche

Des zones de pêche liées aux écosystèmes mais aussi à la proximité des grands pays pêcheurs

Les principales zones de pêche mondiales dépendent d'abord de la richesse des écosystèmes, eux-mêmes liés à la présence de courants, à la température de l'eau, mais surtout à la proximité des côtes et à la profondeur. L'étage supérieur ou **photique** (encore éclairé) abrite des écosystèmes d'une richesse sans commune mesure avec le domaine abyssal. Les **abysses**, fonds de plus de 2 000 mètres de profondeur, sont des zones entièrement obscures, marquées par une très faible présence animale et l'absence totale de végétaux chlorophylliens. La partie la moins profonde des mers et océans abrite une vie **benthique** – le **benthos** –, se localisant sur le fond, et une vie **pélagique**, en libre mouvement dans la masse océanique. Le développement des écosystèmes pélagiques est guidé par la présence plus ou moins grande de **plancton**, animaux et végétaux microscopiques, globalement plus nombreux dans les eaux tempérées et froides, les plus poissonneuses. Parmi le zooplancton, le **krill**, formé de crustacés, est considéré comme l'une des grandes ressources alimentaires de demain et est déjà utilisé dans l'industrie agroalimentaire. On observe un net développement de la pêche en eaux profondes. Les eaux de faible profondeur restent cependant les plus fréquentées du fait de la richesse de leurs écosystèmes. Partie intégrante du plateau continental, elles sont parcourues par les chalutiers du monde entier.

Aujourd'hui, plus de la moitié des prises mondiales ont encore lieu dans les eaux froides et tempérées de l'hémisphère Nord. Mais ce contraste est aussi lié à leur inégale fréquentation par les navires des grands pays pêcheurs, qui privilégient la proximité : l'Atlantique Sud reste sous-exploité tandis que, dans l'océan Indien, les prises ont triplé entre le début des années 1990 et 2010. Ceci s'explique par la montée en puissance de pays comme l'Indonésie et l'Inde (3e et 6e rangs mondiaux sans tenir compte de l'aquaculture, 2e et 3e en la comptabilisant), mais surtout de la Chine (au 1er rang mondial, aussi bien dans le domaine des prises que de l'aquaculture).

● Les types de pêche et d'aquaculture

En mer, on distingue traditionnellement trois types de pêches. La **pêche côtière** est une pêche de proximité qui existe le long de presque toutes les côtes du monde. Le pêcheur, propriétaire ou non d'un navire, peut employer plusieurs personnes, soit à bord, soit pour la commercialisation du poisson sur les marchés locaux. La **pêche hauturière** (de l'ancien français *hauture*, haut, qui se repère à la hauteur des astres) désigne traditionnellement une pêche hors de vue des côtes. Le terme pose un problème : il a en effet longtemps été un équivalent de la pêche lointaine. Mais un certain nombre d'auteurs préfèrent le réserver à une pêche artisanale, certes éloignée des côtes, mais restant dans un secteur géographique limité, assez proche de son port d'attache. Enfin, la **pêche lointaine**, correspond à une activité pratiquée sur un navire de taille minimale qui s'absente de son port d'attache pour de longues périodes. L'INSEE distingue la **pêche au large** (absence supérieure à 96 heures, lorsque cette navigation ne répond pas à la définition de la grande pêche) de la **grande pêche**. Cette dernière concerne les navires de plus de 1 000 **tonneaux** (unité de volume correspondant à 2,83 m^3), mais aussi les navires de plus de 150 tonneaux s'absentant habituellement plus de 20 jours de leur port d'exploitation ou de ravitaillement et les navires de plus de 150 tonneaux dont le port d'armement est éloigné de plus de 20 jours du port d'exploitation ou de ravitaillement.

Pratiquées par des groupes sociaux spécialisés ou non, toutes ces activités ont influencé l'économie et la société locales. Il est des villages ou des villes où la plupart des emplois sont liés à la pêche, qu'il s'agisse des marins pêcheurs ou des gens travaillant à quai. La pêche côtière, en particulier, a pu donner naissance à un artisanat local, notamment sur les côtes méditerranéennes, pour la fabrication de barrières fixes de filets adossés au rivage (**madragues** en France, ***amicao*** au Portugal…).

La commercialisation est aussi génératrice d'activités. Elle est parfois faite à la **criée** : vente aux enchères publiques des poissons à peine débarqués dans le port (par extension, le terme désigne aussi le bâtiment). L'acheteur, ou **mareyeur**, expédie ensuite ce poisson vers les grossistes. Mais les mutations de ces activités traditionnelles bouleversent le tissu socio-économique : le nombre de mareyeurs en France a été divisé par deux entre 1987 et 2006. Il en est de même pour tous les emplois directs ou indirects liés à la pêche.

L'**aquaculture** se distingue de la pêche en ce qu'elle est une « culture » ou plutôt un élevage. Le terme proche de **mariculture** est parfois employé – notamment en Amérique du Nord – pour qualifier l'élevage d'organismes marins destinés à un usage alimentaire ou autre (bijouterie, cosmétique...). La **conchyliculture**, ou « culture » des coquillages, est pratiquée depuis longtemps, parfois depuis l'Antiquité, notamment pour l'**ostréiculture** (élevage des huîtres) et la **mytiliculture** (élevage des moules). Cette « culture » a donné lieu à des techniques différentes en fonction du milieu et de l'existence ou non de marées : les **bouchots** (support d'élevage des moules) et **claires** (casiers d'affinage des huîtres, parfois anciens casiers de marais salants) sont utilisés sur les littoraux en partie découverts à marée basse de l'Atlantique, tandis qu'en Méditerranée, mer aux faibles marées, des tables à suspension permettent la conchyliculture en milieu lagunaire (huître de Bouzigues, par exemple). D'autres types de conchyliculture sont enfin en net développement comme la **pectiniculture** (élevage des coquilles Saint-Jacques).

D'autres branches de l'aquaculture sont en plein essor : ainsi de l'**algoculture** (culture des algues) ou de la **pisciculture** (élevage de poissons). Cette dernière activité, fort ancienne, connaît un fort développement (39,1 millions de tonnes en 2010) et une industrialisation croissante. L'Asie (avec la Chine : 62,4 % de l'aquaculture mondiale, mais aussi l'Inde et l'Indonésie) est très en avance dans ce domaine, ce qui remet en question la hiérarchie traditionnelle des grands États pêcheurs. La **salmoniculture** – élevage de la truite et du saumon – est en plein essor ; les élevages de bars, de turbots progressent également. L'aquaculture a fourni, en 2010, 80 % des poissons d'eau douce et un total de 49 % du total **halieutique** (issu de la pêche). Cette progression s'explique par l'accroissement de la demande. En effet, le poisson est de plus en plus intégré à la filière agroalimentaire (les farines de poisson servent d'aliments pour les porcs, les poulets... et les poissons).

L'évolution actuelle de la pêche : modernisation et intensification

L'essor de la production halieutique résulte des progrès techniques effectués dans deux domaines : les navires et les techniques de pêche.

Depuis les années 1960, les navires sont devenus de plus en plus gros et puissants. Cette course au gigantisme s'est accompagnée d'une modification de la finalité même du navire avec le développement des **navires usines**, destinés non seulement à la pêche, mais aussi au traitement du poisson (congélation, fabrication de farines, etc.). Désormais, l'intégration à la filière agroalimentaire est totale puisque le produit arrive fini et emballé au port. Le relais est alors pris par les entrepôts de stockage et les réseaux de distribution. Ces navires usines peuvent être de gigantesques unités. Les **navires gigognes**, d'une part, déposent sur le lieu de pêche de petits bateaux, les **catchers**, uniquement destinés à la pêche, et, d'autre part, stockent et transforment les produits de la pêche.

De même, les techniques de pêche se sont modifiées. Outre l'utilisation du sonar dans la détection des bancs de poissons, les filets se sont sensiblement transformés, notamment les **chaluts**, filets-poches connus depuis très longtemps. Les **chaluts de fond** « raclent » le fond pour piéger les poissons plats vivant dans la vase ; les **chaluts flottants**, ou **pélagiques**, traquent les espèces de surface. Leur taille s'est accrue parallèlement à celle des moteurs des **chalutiers**, les navires qui les tractent. Certaines techniques traditionnelles, comme les **palangres** (lignes munies de multiples hameçons), utilisées par les **palangriers**, ont été adaptées au gigantisme : mesurant parfois plus de 150 km, elles peuvent être entièrement mécanisées, y compris pour le décrochage du poisson, le nettoyage des hameçons et le **boëttage** (la **boëtte**, ou **bouette**, étant l'appât que l'on pose sur les hameçons). Certaines campagnes de pêche, pratiquées par des flottilles de chalutiers usines, ont donc un rendement extraordinaire.

Des prises accrues mais des problèmes écologiques

Les grands pays pêcheurs

Du fait des progrès techniques, de la demande croissante liée en partie à l'augmentation de la population mondiale (la consommation moyenne de poisson a doublé entre 1986 et 2013), le tonnage mondial des prises maritimes, qui ne dépassait pas 10 millions de tonnes en 1932, est désormais supérieur à 115 millions de tonnes.

L'importance du secteur de la pêche varie selon les pays et ce pour diverses raisons. La proximité de bancs de poissons conséquents contribue à développer un secteur artisanal et aujourd'hui industriel. Les habitudes culturelles et alimentaires jouent aussi un rôle (au Japon par exemple). Les cinq grands pays pêcheurs – Chine populaire, Pérou, Indonésie, États-Unis, Japon – réalisent ainsi à eux seuls plus de 40 % des prises mondiales. Mais ce phénomène ne tient pas compte de l'essor de l'aquaculture qui bouleverse la donne : la Chine, l'Indonésie, l'Inde, le Pérou et le Japon totalisaient 54 % de l'offre mondiale de poisson et coquillage en 2008. Mais la pêche tient aussi une place essentielle dans l'économie de nombreux autres pays, comme la Norvège, le Danemark ou le Portugal, et plus particulièrement dans les petits pays et communautés insulaires : Fidji, Féroé ou Falklands. Le cas de l'Islande est révélateur : la pêche représente 60 % de ses exportations, soit six fois plus que ses exportations industrielles. Seulement 2,7 % des 320 000 habitants de l'île vivent directement de la pêche, mais les industries dérivées, conserveries et usines de congélation notamment, occupent un Islandais sur six. Les méthodes sont modernes et souvent novatrices : l'Islande exporte en effet du poisson congelé depuis 1936. Conscients de ce trésor, les Islandais l'ont toujours défendu, notamment par l'extension progressive de leurs eaux territoriales à 200 milles marins et la « guerre de la morue » qui s'en est suivie. Mais la surpêche, la migration de bancs entiers de poissons plus au nord, le moratoire de la chasse à la baleine viennent nuancer le tableau.

Les problèmes écologiques liés à la pêche

Les problèmes liés à la pêche sont nombreux. On dénonce communément le principe du chalutage, qui en « raclant les fonds marins » modifie sensiblement les **écosystèmes benthiques** (du fond des mers).

Mais deux autres problèmes se posent : la surpêche et la pêche d'espèces menacées.

La concurrence et la fréquentation de certains secteurs poissonneux, par exemple en mer du Nord ou au large du Japon, conduisent à une **surpêche** ou surexploitation des bancs de poissons, qui met en péril le renouvellement de certaines espèces. Conséquence économique : les rendements chutent graduellement. Ce phénomène se trouve accentué par un gaspillage énorme : environ un quart des prises constituées de poissons trop jeunes ou non commercialisables sont tués inutilement chaque année. Dans certains pays, des mesures préventives ont été prises pour contrer ce fléau. Ainsi, l'**Europe bleue**, créée par la CEE en 1983, a pour objet de réguler et d'organiser les marchés, mais aussi de lutter contre la surpêche. Elle prévoit des réglementations sur le maillage des filets, sur les **campagnes de pêche**, c'est-à-dire les périodes spécifiques à telle ou telle pêche, et des quotas en fonction des espèces. Ceux-ci sont fixés selon des considérations économiques, mais aussi d'après les **TAC** (*Total Allowable Catch*, ou prise maximale admise). Ce total désigne la quantité maximale de poissons qui peut être pêchée sans arriver à une surpêche. Cette politique, aujourd'hui dénommée **Politique commune de la pêche** ou **PCP**, a été réformée en 2002 par le plan Fischler : afin de protéger différentes espèces, l'UE proposait de lutter contre la pêche illicite et la surpêche en limitant les prises. Une nouvelle réforme a vu le jour début 2013, allant là aussi dans le sens d'une gestion durable des stocks halieutiques, avec des mesures de lutte contre les gaspillages et d'**écoconditionnalité** des aides, c'est-à-dire de la subordination de celles-ci au respect de normes environnementales.
Pour les mêmes raisons, la FAO préconise, depuis 1992, un ensemble de recommandations pour « assurer la conservation des ressources bioaquatiques ». Néanmoins, peu de pays ont ratifié ce texte, soulignant ainsi la contradiction entre buts écologiques et impératifs économiques nés de la mondialisation. Par exemple, les navires du monde entier pêchent la crevette sur les côtes du Sénégal grâce à des sociétés mixtes intégrant des capitaux locaux : les crevettes ne représentent parfois que 10 % des prises, le reste étant rejeté...

Un autre problème est lié à la pêche d'espèces menacées. Le cas de la chasse à la baleine est le plus sensible (on parle de chasse et non pas de pêche pour un mammifère, le terme *pêcher* venant du latin *piscari*, poisson). Si des accords sur sa limitation existent depuis 1937, les premières mesures importantes datent de 1980, avec l'interdiction des navires usines. Un moratoire a été décidé depuis 1982, mais il a été violé par certains pays, dont l'Islande. Si l'Islande a annoncé dès 2007 la fin de la chasse à la baleine (il est plus rentable de développer un tourisme lié à l'observation des baleines que d'accumuler des invendus), il a fallu attendre 2011 pour en voir la fin effective. En 2013, le Japon poursuit toujours cette activité (en théorie à but scientifique) comme d'ailleurs la Norvège. L'espèce reste donc menacée à très court terme, même si le Japon est le seul débouché commercial pour la viande de baleine. D'autres espèces se trouvent en danger, comme les cachalots, longtemps chassés pour l'**ambre gris**, matière noire et odorante utilisée en parfumerie, provenant de l'encre secrétée par les mollusques dont les cétacés se nourrissent. Ce sont des espèces protégées, mais de façon plus ou moins efficace selon les pays.

Surpêche et modes alimentaires : le cas du thon rouge

Victime de surpêche depuis des décennies, le thon rouge est une espèce menacée, dont le nombre a baissé de 80 % dans l'Atlantique et de deux tiers en Méditerranée entre 1970 et 2010. Responsables de cette surpêche, quelques pays comme le Japon, premier importateur et consommateur, qui s'oppose à toute protection de l'espèce (80 % des thons rouges y sont consommés), mais aussi le changement d'habitudes alimentaires. Dans un monde en pleine **transition alimentaire** (*cf.* article *Agriculture*), la demande en protéines augmente. Parallèlement, les modes alimentaires intensifient la demande : 35 % des Français sont désormais consommateurs de sushis, même si ceux-ci sont également cuisinés à l'aide d'autres espèces. Dans ce contexte, la Convention sur le commerce international des espèces de faune et de flore sauvages menacées d'extinction (**Cites**) a rejeté en 2010 les propositions d'interdiction du commerce du thon rouge. Seuls quelques pays, comme la France, s'y sont déclarés favorables.

Lire aussi Littoral – Océan, mer – Ports

Peuplement

La question du peuplement de la planète, de la complexité des processus qui l'ont dirigé et des grands contrastes qui en résultent, a longtemps été un thème d'étude de la géographie classique qui tentait de relier ces processus aux facteurs naturels et historiques. Si cette approche connaît un certain recul, l'étude des dynamiques de peuplement à différentes échelles intéresse toujours les géographes, notamment dans le cadre d'études prospectives en liaison avec l'aménagement des territoires.

La notion de peuplement

Du peuplement et de l'habitat... à l'habiter

La notion de **peuplement** désigne dans son sens strict le processus d'occupation de l'espace par une population, mais, par extension, on nomme également peuplement les caractéristiques de la répartition et de l'occupation d'un territoire par une population. Dans le premier sens, on analyse, selon une perspective historique, les étapes de la colonisation d'un espace en recomposant les vagues de migrations successives et les fluctuations spatiales des différents fronts pionniers. La seconde acception tend au contraire à caractériser une situation à un moment donné. Cette notion de peuplement pose la question de l'échelle de référence : on emploie habituellement le terme pour des espaces allant de l'échelle régionale à l'échelle mondiale (« le peuplement de la planète »). Pour les échelles locales, la terminologie, imposée par l'histoire de la géographie, a préféré le terme d'habitat, alors même que la terminologie anglo-saxonne ne disposait que d'un seul terme (*settlement*) pour désigner les deux échelles.

Ainsi, les géographes ont longtemps analysé la nature du peuplement et les **contrastes de peuplement**, c'est-à-dire les différences entre des régions selon leurs densités de population et la manière dont le peuplement est concentré en quelques pôles ou au contraire dispersé sur l'ensemble du territoire. Ils ont ainsi étudié le rapport entre peuplement rural et peuplement urbain dans une optique descriptive. Parallèlement, cette géographie, pratiquant des jeux d'échelle, a longtemps procédé à l'étude de l'**habitat**, c'est-à-dire du mode de groupement des établissements humains à une échelle locale ou régionale. L'habitat, qui est le résultat du peuplement, était surtout analysé, dans un contexte de ruralité encore dominant dans l'entre-deux-guerres : de nombreuses thèses ont étudié jusqu'aux années 1950 l'« habitat rural » dans telle ou telle région, montrant les particularités architecturales des maisons, la forme des villages, etc.

Pourtant, dans les années 1950-1960, d'autres géographes, à la suite de Pierre Gourou, ont appréhendé le problème à une échelle plus globale, abandonnant cette étude minutieuse de l'habitat au profit d'une analyse d'ensemble du peuplement. Telle est, par exemple, la thèse de Gilles **Sautter** (1920-1998) qui, en 1966, a tenté de répondre à la question du sous-peuplement de l'Afrique noire (*De l'Atlantique au fleuve Congo*), en montrant notamment l'importance des techniques dans l'appréciation des rapports entre données naturelles ou historiques et peuplement.

Après un net reflux dans les années 1980-1990, les études sur le peuplement sont à nouveau en vogue grâce au concept d'**habiter**. Toute vie humaine consiste à habiter l'espace et est donc fondée sur une expérience de cet espace, des lieux publics mais aussi des lieux privés. Concept multiscalaire qui, au contraire de l'habitat, s'applique à toutes les échelles, l'habiter est, selon Michel Lussault, « la spatialité typique des acteurs individuels ». Ce qui est au cœur de l'habiter, c'est donc, non seulement l'habitat – le logement – mais surtout la relation des individus avec les autres, la cohabitation sur un territoire qui est peu à peu construit par cette cohabitation. Il fait également une large place aux pratiques spatiales. Volontairement pluridisciplinaire, le concept d'habiter fait appel à la philosophie, à l'architecture, à l'urbanisme, à la sociologie, à l'ethnologie... Toute géographie étant de près ou de loin en rapport avec ce concept, il est donc possible de la considérer comme « une science de l'habitation humaine ».

La densité de population : un marqueur du peuplement

L'intensité de l'occupation humaine d'un territoire a depuis toujours intéressé les géographes. Ils l'ont quantifiée en évaluant la **densité de population** d'un espace, c'est-à-dire le nombre d'habitants rapporté à la superficie (habitants par kilomètre carré le plus souvent). La **densité brute** exprime le rapport entre la population et la superficie de l'ensemble du territoire national. C'est donc une mesure très globalisante qui ne donne pas une véritable idée de l'intensité du peuplement, puisque celui-ci n'est ni continu ni homogène sur le territoire. Il est donc judicieux de la compléter par des mesures de **densité nette**, en comparant la population à la proportion du territoire effectivement occupé : au Japon, la densité brute est de 338 hab./km² mais moins d'un tiers de la surface totale du pays est effectivement habité. La densité nette est donc de plus de 1 130 hab./km². Les pays scandinaves présentent des densités brutes très faibles (Norvège : 15 hab./km²) mais des densités nettes proches des moyennes européennes. L'Égypte fournit un cas extrême où 99 % des habitants se concentrent sur moins de 5 % du territoire, à savoir les parties fertiles de la vallée du Nil et de son delta. La densité brute du pays est de 80 hab./km² mais la densité nette dépasse les 1 200 hab./km².

À l'échelle de la planète, la densité brute moyenne s'élève à 51 hab./km² en 2011. Les densités les plus fortes se rencontrent aujourd'hui sur le continent asiatique qui a récemment dépassé l'Europe. La densité de population dans les pays du Sud tend à augmenter rapidement alors qu'elle stagne dans les pays développés, caractérisés par un moindre dynamisme démographique. Les États les moins densément peuplés (moins de 6 hab./km²) sont des cas particuliers liés à la présence d'un désert aride ou froid. Les densités brutes maximales (plus de 300 hab./km²) se retrouvent dans des micro-États asiatiques, méditerranéens ou du golfe Persique. Le Japon est le plus densément peuplé des États de plus de 100 millions d'habitants.

La France métropolitaine, avec une densité de 115 hab./km², est nettement moins densément peuplée que ses principaux voisins. Elle est marquée également par d'importants contrastes entre des régions très densément peuplées (Île-de-France : plus de 981 hab./km², Nord-Pas-de-Calais : plus de 325 hab./km²) et les espaces de la « **diagonale du vide** » ou « **diagonale des faibles densités** », qui, de la Lorraine rurale aux Landes, présentent des densités moyennes inférieures à 30 hab./km².

Évolution de la densité de population par grands ensembles géographiques

	Monde	Afrique	Amérique latine	Amérique du Nord	Asie (sauf Russie)	Europe (sauf Russie)	Océanie	Russie
1950	18	7	8	8	50	76	1	8
1970	27	12	14	11	76	89	2	9
2000	48	30	25	14	116	98	4	8
2011	51	35	29	16	132	99	4	8

L'histoire du peuplement de la planète

Le peuplement humain de la planète s'est effectué à partir d'un berceau originel situé en Afrique. On a cru longtemps, selon la théorie de l'***east side story*** d'Yves Coppens, que l'origine de la lignée humaine se situait en Afrique orientale, à la suite de la formation du rift est-africain il y a 12 millions d'années : ses conséquences climatiques et environnementales auraient provoqué, à l'ouest du rift, le développement des primates et, à l'est, celui des hominidés. Cette théorie est aujourd'hui remise en question, notamment depuis la découverte au Tchad en 2001 d'un crâne daté de 7 millions d'années, baptisé Toumaï, qui appartiendrait à un très ancien représentant de la lignée humaine.

L'***homo sapiens***, littéralement « l'homme sage », connut ensuite une expansion qui le conduisit à migrer et à s'adapter à des milieux de vie différents. C'est ainsi qu'à partir du foyer originel furent colonisés les espaces d'Afrique de l'Ouest, du Moyen-Orient, puis l'Asie du Sud et la Sibérie. À partir de la Sibérie naquirent deux courants divergents : l'un se dirigea vers le Caucase et l'Europe, l'autre vers l'Asie du Nord et, par le détroit de Behring, vers l'Amérique. La découverte de ce berceau originel et les progrès de la génétique moderne ont permis de nier la notion même de **race**, subdivision de l'espèce humaine, que l'on établissait par exemple selon des critères de couleur de peau. Il n'existe pas de ruptures entre les différents groupes humains qui composent l'humanité et la planète est habitée par une seule et unique race humaine. Pour les distinguer selon leurs traditions, leur langue ou leur religion, on emploie volontiers le terme de « **peuple** » dans le sens de personnes partageant le même héritage ou un héritage voisin. Toutefois, certains États démocratiques (États-Unis, Inde...), partant du constat de différences sur la couleur de peau ou divers héritages culturels, recensent leurs habitants en plusieurs **ethnies**, terme à comprendre ici comme un groupe humain de taille plus réduite qu'une nation et présentant des caractères communs, essentiellement culturels. Ces États utilisent parfois ces renseignements à des fins de **discrimination positive** (ou ***affirmative action***), dont le but est d'accorder des privilèges ou des compensations à des catégories défavorisées.

Dans une perspective historique, le peuplement des continents s'est ensuite largement modifié, et ce surtout depuis le XVIIIe siècle. En 1700, l'**écoumène** (ou **œkoumène**), l'espace terrestre habité, était beaucoup moins étendu qu'aujourd'hui puisque la moitié des terres étaient inhabitées. Aucun continent, sauf l'Antarctique, n'était vide d'hommes mais de vastes espaces d'Amérique ou d'Océanie étaient déserts, l'Asie centrale très peu peuplée, et l'Afrique occupée essentiellement sur quelques littoraux. La planète a connu ensuite une véritable **anthropisation** (colonisation par l'homme d'espaces encore vierges de son influence). Parfois, des vagues migratoires provoquèrent des **crises démographiques**, c'est-à-dire de brusques augmentations de la mortalité ayant pour conséquence, en l'absence d'une compensation par la fécondité, une diminution des populations. Tel a été le cas en Amérique latine après la venue de colons ibériques qui, outre le développement de la pratique de l'esclavage, furent à l'origine d'un choc microbien consécutif à l'importation de maladies contre lesquelles les populations locales n'étaient pas immunisées. Le XIXe siècle a été celui du peuplement de l'Amérique du Nord et de la Russie. La croissance de l'Europe commençait à se tarir alors que les Européens continuaient à coloniser le reste de la planète : plus de 50 millions d'entre eux s'implantèrent en Amérique du Nord entre 1830 et 1930. Depuis le milieu du XXe siècle, on assiste à une redistribution de la croissance démographique au profit de l'Asie, de l'Afrique et de l'Amérique centrale et méridionale.

L'inégal peuplement de la planète

Foyers de population et déserts humains

L'ensemble de la planète est aujourd'hui occupé, traversé et parcouru au moins ponctuellement ou de façon irrégulière. La notion d'écoumène perd ainsi de son sens puisqu'il est bien difficile de délimiter les espaces qui n'en font pas partie. Le peuplement de la planète est cependant très discontinu. Cette discontinuité spatiale a souvent été un objet d'étude pour les géographes. On distingue classiquement de grands **foyers de peuplement** qui se présentent sous la forme d'espaces densément peuplés aux limites plus ou moins nettes. Les quatre premiers sont qualifiés de foyers principaux et regroupent plus de 60 % de la population mondiale. Il existe également quatre foyers secondaires totalisant environ 10 % de l'humanité.

Hors de ces foyers, la planète compte aussi quelques **îlots de peuplement** (ou **noyaux de peuplement**, ou encore archipels de peuplement), zones de concentration de population qui contrastent avec le vide alentour. La Californie, le Rio de la Plata, la vallée du Nil, le Caucase, la région du lac Victoria, les grandes villes australiennes constituent quelques exemples de ces îlots.

Enfin, la plus grande partie de la surface planétaire est constituée de **vides** (espaces très peu peuplés). Il s'agit de **déserts** au sens strict que l'on qualifie parfois de **déserts humains** (*cf.* article *Déserts arides*) afin d'éviter les confusions. Ils ne sont jamais absolus puisque l'homme parcourt ces espaces et s'y implante parfois de façon ponctuelle.

Surpeuplement et sous-peuplement

Le **surpeuplement** ou **surpopulation** se définit comme un excès de population par rapport aux ressources disponibles et à la préservation d'un niveau de vie considéré comme minimal. Toute relative, donc, cette notion est encore parfois utilisée pour qualifier certaines zones rurales ou certains quartiers urbains. Corrélative de la notion d'**optimum de peuplement**, autrefois utilisée pour désigner la population « idéale » d'un espace compte tenu de ses potentialités, elle n'a cependant plus guère de sens dans un monde ouvert et marqué par les mobilités. Les fortes densités de population n'impliquent pas fatalement un surpeuplement, ainsi qu'en témoigne la situation d'États comme le Japon ou les Pays-Bas. La concentration de la population peut même se révéler créatrice de richesses. Elle peut cependant constituer un frein au développement en provoquant des charges importantes en termes de nutrition, d'équipements sociaux ou d'aménagements urbains.

La notion de **sous-peuplement** pose le même problème. Si le sous-peuplement peut être un atout en provoquant une faible pression sur les ressources, il peut en même temps constituer une contrainte par le manque de main-d'œuvre et de marché de consommation qui empêche parfois la maturation d'un processus de développement. Les États sous-peuplés (ce qui n'est pas le cas de tous les États peu densément peuplés) doivent également assumer des aménagements d'autant plus coûteux qu'ils sont peu utilisés. En ce sens, l'Australie peut être considérée comme l'archétype de l'État sous-peuplé. Il n'en reste pas moins que les

Les foyers de peuplement dans le monde

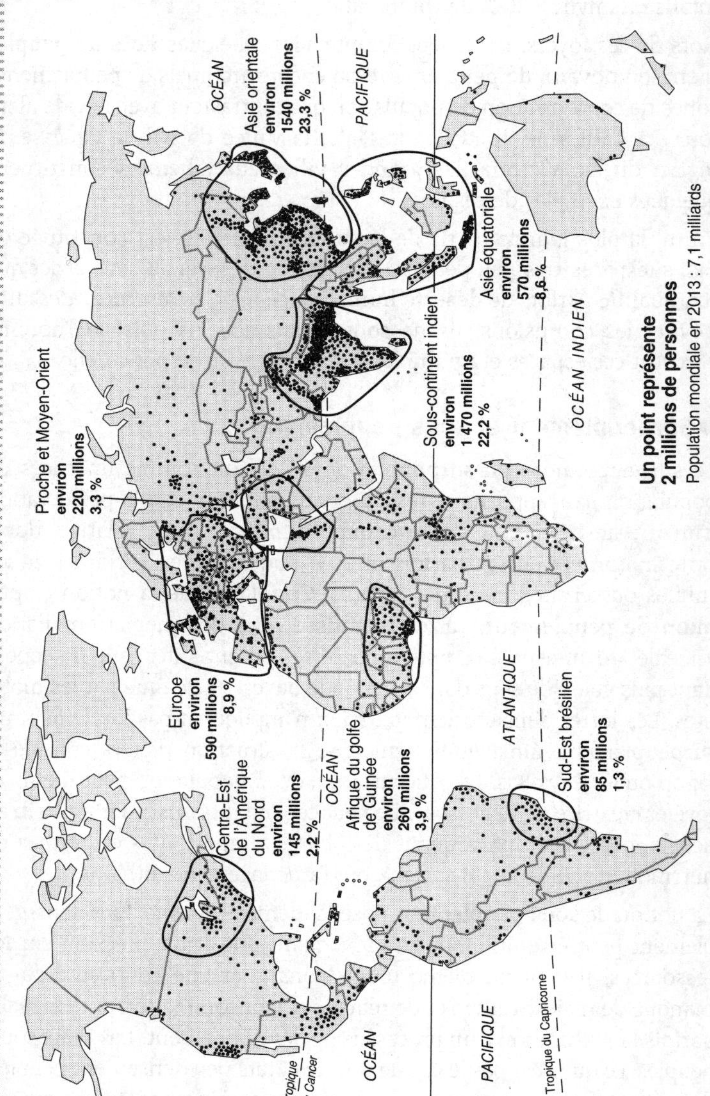

faibles densités n'ont jamais constitué des obstacles durables à la prospérité économique. Les zones sous-peuplées peuvent avoir été soumises au **dépeuplement**, c'est-à-dire à une perte de population. Celle-ci peut avoir une double origine : la **dépopulation**, c'est-à-dire une diminution de la population par excès des décès sur les naissances, ou le **déficit migratoire** par excès des flux d'émigration sur les flux d'immigration.

Les dynamiques de peuplement

L'origine des inégalités de peuplement a été l'objet de nombreuses controverses. Les conditions physiques extrêmes et la faible disponibilité en ressources végétales et animales restreignent incontestablement les possibilités d'implantation humaine. Cependant, à conditions climatiques égales, on constate de nombreux contrastes de densité de peuplement : le vide de l'Amazonie s'oppose aux densités javanaises, les deltas asiatiques très peuplés diffèrent des deltas africains ou d'Amérique latine, et le climat de l'Europe du Nord ou du Canada est au moins aussi contraignant que celui de certains espaces tropicaux souvent présentés comme répulsifs. Même l'obstacle de l'aridité tombe dès lors que les technologies deviennent suffisamment élaborées : l'exemple de la région de Las Vegas, aux États-Unis, en témoigne.

Les véritables causes des inégalités de peuplement se situent donc ailleurs et font appel à l'évolution du rapport de l'homme à l'espace au cours de l'histoire. L'ancienneté du peuplement permet de comprendre le poids des foyers principaux de population, déjà très peuplés dans l'Antiquité. L'adaptation des hommes à leur milieu bioclimatique, qui dépend étroitement de la capacité des sociétés à évoluer et des modes d'organisation sociale, n'est pas égale à l'échelle de la planète. La riziculture inondée, parfaitement adaptée au climat de mousson, explique les densités maximales des zones asiatiques, alors que l'agriculture sur brûlis n'a pas autorisé de telles concentrations. Dans certains cas, la densification de la population sur un espace, liée à la conjonction des progrès agricoles et de l'accroissement démographique, a provoqué l'apparition de progrès économiques annexes, eux-mêmes à l'origine d'une **croissance cumulative** (qui s'amplifie d'elle-même) de la population. L'économiste danoise Ester **Boserup** (1910-1999) l'a démontré en étudiant l'île de Java où, en contradiction avec les théories malthusiennes (*cf.* p. 396), c'est la pression démographique qui a permis l'évolution des méthodes culturales et donc finalement l'augmentation des densités humaines. Au contraire, une crise démographique peut affecter durablement un territoire au point qu'il conserve longtemps de faibles densités. C'est ce qui s'est passé dans certains pays d'Amérique latine à partir du xve siècle, en raison de l'importation de maladies par les colons espagnols et portugais.

Enfin, l'évolution des sociétés a également été déterminante puisque l'économie industrielle et l'urbanisation ont provoqué une polarisation des populations sur des espaces réduits et une émancipation de celles-ci par rapport aux contraintes naturelles. En effet, la **dynamique** actuelle **du peuplement**, c'est-à-dire ses tendances évolutives, montre une urbanisation rapide (plus de 50 % de la population mondiale est urbaine) et même une **métropolisation de la population**, à savoir une concentration du peuplement dans les grandes villes et mégapoles. Elles tirent leur prospérité de leur situation favorable et des échanges qu'elles peuvent créer. Cette dynamique se combine avec la **littoralisation**, c'est-à-dire la concentration des hommes sur les littoraux, majoritairement dans de grandes villes côtières qui sont des lieux privilégiés de la mondialisation. Elles sont notamment adaptées à la **maritimisation** de l'économie, évolution majeure de la polarisation des activités et des réseaux planétaires, qui se traduit par l'augmentation de la part des littoraux et notamment des espaces portuaires dans les économies nationales et par extension dans l'économie mondiale. Ces dynamiques s'expliquent aussi par la « **contraction de l'espace-temps** », expression qui met l'accent sur l'accélération des transports et des communications et le sentiment de rétrécissement de l'espace physique qui en résulte. Certaines contraintes d'implantation des populations ont ainsi disparu, rendant accessibles des espaces éloignés. Ainsi s'explique en partie la forte croissance démographique des espaces périurbains, dans les PID, depuis la fin des années 1970.

Lire aussi **Mobilités, migrations – Population, démographie – Urbanisation – Ville**

Population, démographie

La population mondiale a plus que doublé en une cinquantaine d'années, passant de 3 milliards de personnes en 1950 à 7,13 milliards en 2013. Cette « explosion » démographique a intéressé de nombreux spécialistes qui, des démographes aux sociologues, ont cherché à en comprendre les mécanismes, à analyser la diversité des situations afin d'anticiper l'évolution de la population mondiale et d'élaborer des politiques à mettre en œuvre pour la maîtriser ou l'infléchir.
Les géographes se sont démarqués de l'approche comptable pour se concentrer sur les aspects économiques, territoriaux et environnementaux.

Les principes de l'évolution démographique

Instruments de mesure et mécanismes de l'évolution d'une population

La **population** est l'ensemble des personnes vivant dans un espace donné et à un moment donné. Les populations humaines prises dans leur ensemble forment l'**humanité**. L'étude des populations humaines et de leurs mouvements naturels ou migratoires constitue le champ de la **démographie**. Cette science repose essentiellement sur des analyses quantitatives qui permettent de comprendre l'histoire d'une population, d'en apprécier la dynamique et d'envisager son évolution future. Elle prend en compte à la fois la situation des ressortissants du pays concerné et celle des **étrangers**, à la nationalité différente de celle du pays où ils résident (quel que soit leur lieu de naissance), et celle des **immigrés**, nés dans un pays différent de celui où ils résident (quelle que soit leur nationalité). En France, le suivi et l'analyse des évolutions démographiques sont assurés par l'**INED** (**Institut national d'études démographiques**) qui utilise notamment les données issues des **recensements de population**, c'est-à-dire des enquêtes effectuées périodiquement par l'**INSEE** (**Institut national de la statistique et des études économiques**) afin de connaître le nombre et les principales caractéristiques des habitants d'un pays. En France, ces recensements, effectués autrefois tous les 8 ou 9 ans, sont aujourd'hui réalisés en continu, en étudiant chaque année une part de la population totale.

Géographie et démographie

La géographie et la démographie sont deux disciplines voisines. En effet, comme les historiens ou les économistes, les géographes utilisent les sources des démographes et notamment les registres de population ou d'état civil, les recensements et les enquêtes démographiques et sociales. Ce rapprochement a surtout eu lieu dans les années 1950-1960 lorsque, confrontés au baby-boom et à l'urbanisation croissante, dans une démarche cumulative, les géographes ont progressivement intégré les aspects démographiques à leurs réflexions sur les espaces étudiés, allant parfois jusqu'à en faire la partie centrale de leur analyse. À cette époque, après avoir étudié les éléments du milieu naturel, l'approche la plus commune était d'analyser les caractères du peuplement d'un espace puis les dynamiques démographiques, à savoir l'évolution des principaux indicateurs (natalité, fécondité, mortalité…) et les flux migratoires.
Aujourd'hui, les géographes se distinguent des démographes par une approche résolument spatiale, souvent dans une perspective d'aménagement. Ils étudient particulièrement les effets territoriaux des évolutions démographiques mais aussi les conséquences des grandes mutations économiques et sociales sur la population des espaces concernés. Ils analysent, par exemple, les défis économiques et sociaux posés par l'urbanisation ou par le dépeuplement de certains territoires ruraux, les effets de la hausse de l'espérance de vie sur la demande en services de santé et sur leur distribution spatiale, ou encore les conséquences de la mondialisation sur les flux migratoires internationaux.

Une population évolue d'abord par ses naissances. Le **taux de natalité**, exprimé en ‰, représente le nombre de naissances vivantes pour 1 000 habitants en un an. Ce taux dépend de la proportion de femmes en âge de procréer dans la population totale et de leur fécondité moyenne. Il est donc indispensable d'adjoindre à l'analyse de la natalité d'une population une évaluation de sa fécondité. Celle-ci s'exprime de deux façons :

– soit par le **taux de fécondité**, c'est-à-dire le nombre moyen de naissances vivantes en un an pour 1 000 femmes en âge de procréer ;

– soit par l'**ISF**, l'**indice synthétique de fécondité** (**indice conjoncturel de fécondité** ou **somme des naissances réduites**), plus fréquemment utilisé. Cet indice exprime la somme des taux de fécondité par âge à une date donnée. Il se calcule en procédant d'abord à l'évaluation de la fécondité des femmes de 15 ans, premier âge de procréation, à une date donnée, en faisant le rapport entre leur nombre et le nombre d'enfants qu'elles ont mis au monde à cette date. On répète ensuite l'opération pour chaque âge jusqu'à 50 ans, âge considéré comme la limite de procréation. La moyenne de tous ces indices constitue l'ISF, exprimé en général en nombre d'enfants par femme. L'ISF permet d'estimer si, à l'échelle d'une population, le **renouvellement** ou le **remplacement des générations** est assuré ou non. À partir d'un ISF de 2,1 enfants par femme, on estime qu'il y aura assez d'enfants pour remplacer leurs parents.

Dans de nombreux cas, le niveau de la fécondité est lié à celui de la **nuptialité**, qui exprime la propension d'une population à se marier et s'évalue grâce au **taux de nuptialité** (rapport entre le nombre de mariages conclus en un an et la population moyenne de cette même année).

Une population évolue également par les décès qui la touchent. Le **taux de mortalité**, exprimé lui aussi en ‰, est le nombre de décès dans l'année pour 1 000 habitants. C'est un indice quelque peu ambigu qui dépend de la fréquence des décès à chaque âge mais surtout de la structure par âge de la population. Ainsi, les États européens ont des taux de mortalité plus élevés que beaucoup de pays en développement car ils présentent un fort pourcentage de personnes âgées dans la population totale. On parvient à mieux appréhender la qualité des conditions sanitaires et du niveau de vie d'une population en analysant trois indicateurs complémentaires : le **taux de mortalité infantile** (nombre d'enfants de moins de un an décédés dans l'année pour 1 000 naissances vivantes durant la même année), le **taux de mortalité juvénile** (même définition mais prenant en compte les décès d'enfants de moins de cinq ans) et enfin l'**espérance de vie**. Ce dernier indicateur exprime à une date donnée le nombre moyen d'années de vie d'un individu, soit sa **longévité**. On le calcule le plus souvent à la naissance mais parfois aussi à l'âge de vingt ans, pour avoir une idée de la longévité réelle d'une population, déduction faite de la mortalité des enfants et des adolescents. C'est donc un indicateur très utile mais il faut l'utiliser avec précaution car il n'a de valeur qu'au moment de la mesure et n'autorise que difficilement la prospective. Bien que les gains en espérance de vie soient évalués aujourd'hui dans les PID à environ 3 mois par an, il est difficile d'établir des projections à long terme tant sont nombreux les facteurs qui pourraient perturber, globalement ou régionalement, ces prévisions.

On évalue la progression naturelle d'une population en calculant le **bilan** ou **solde naturel** (ou encore **accroissement naturel**), c'est-à-dire la différence entre le nombre des naissances et le nombre des décès. Si le solde naturel est positif, on parle d'**excédent naturel**. S'il est négatif, on parle de **déficit naturel**. Le **taux d'accroissement naturel**, qui se calcule en faisant la différence entre les taux de natalité et de mortalité, se définit comme le pourcentage d'augmentation (ou de réduction) d'une population en un an, ce qui explique que ce taux s'exprime en % et non en ‰. Avec un taux de 2 % par an, une population double en 35 ans et avec un taux de 3 % par an, elle double en 23 ans.

Enfin, une population évolue selon le rapport entre les **immigrants** qu'elle accueille et les **émigrants** qui quittent le pays. Le rapport entre immigration et émigration permet d'évaluer l'**accroissement** (ou **balance** ou **solde**) **migratoire** d'une population, exprimé en valeurs absolues ou en % : solde positif, et donc **excédent migratoire** ; solde nul ou solde négatif, et donc **déficit migratoire**. Cet indicateur se calcule pour toute unité administrative, de l'État à la commune. Cependant, pour les déplacements internes à la France, qui ne sont pas soumis à déclaration, il faut se référer aux recensements. En comparant deux recensements successifs, on peut par exemple calculer le solde migratoire d'un département en confrontant les chiffres de population totale et d'accroissement naturel aux deux époques. On calcule également le **taux d'immigration** ou d'**émigration** d'une population, c'est-à-dire le rapport, sur une année, entre les arrivées (ou les départs) et la population totale. La différence entre les deux taux exprime le **taux de migration nette**. En ajoutant le solde naturel au solde migratoire (en valeurs absolues), il est alors possible d'évaluer l'**accroissement total** d'une population.

Un modèle théorique : la transition démographique

L'évolution de toutes les populations de la planète passe par une période de **transition démographique**. Celle-ci se définit comme une période de fort accroissement naturel, née du passage d'un régime démographique traditionnel (fortes fécondités, forts taux de natalité et de mortalité) à un régime moderne (faibles fécondités, faibles taux de natalité et de mortalité).

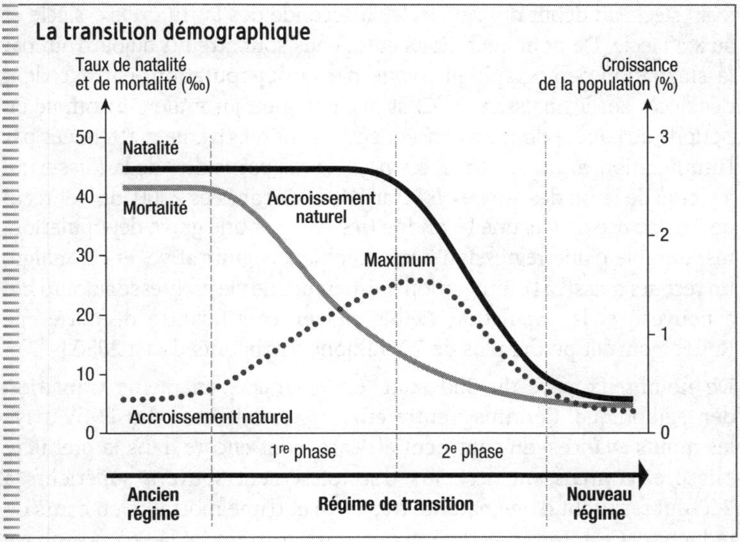

La période pré-transitionnelle est celle du **régime démographique traditionnel**. Le taux de natalité reste très élevé mais le taux d'accroissement naturel est faible car le taux de mortalité est également fort. La population totale augmente très lentement, d'autant que les crises démographiques, qui se manifestent par de brusques relèvements du taux de mortalité (ou **pics de mortalité**), sont fréquentes. En revanche, la période de transition démographique correspond à celle du plus fort accroissement naturel et connaît deux phases successives. Au cours de la première, le taux de mortalité chute alors que le taux de natalité se maintient à un niveau élevé, ce qui induit un accroissement naturel croissant. Les progrès agricoles, sanitaires et médicaux sont à l'origine de cette évolution. La seconde phase est marquée par une moindre chute du taux de mortalité (car la population est en cours de vieillissement) et une chute du taux de natalité, liée à la baisse de la fécondité, en raison d'évolutions socioculturelles en relation avec le processus de développement économique et humain. L'accroissement naturel se réduit alors jusqu'à atteindre le **régime démographique moderne**, caractérisé par des taux faibles et proches.

La situation démographique diffère donc selon le degré de développement d'un État. Les pays industrialisés ont tous atteint aujourd'hui la phase post-transitionnelle. Parmi eux, les États d'Europe de l'Ouest ont commencé très tôt leur évolution, traversant la première phase du

XVIIIe siècle au début du XIXe siècle, la seconde dès la fin du XIXe siècle et au XXe siècle. De nombreux États européens sont atteints aujourd'hui par la stagnation démographique, voire par la **dépopulation**, par excédent des décès sur les naissances. C'est une situation jusqu'alors inconnue en période de paix et dont les conséquences sont relativement atténuées par l'immigration. À noter, parmi ces pays, le cas particulier de la Russie qui a connu de la fin des années 1980 au début des années 2000, un net recul de l'espérance de vie, une fécondité très basse et une grave dépopulation, responsable d'une régression démographique significative, et ce, malgré un recours massif à l'immigration. L'espérance de vie progresse aujourd'hui à nouveau et la population vieillit tout en continuant à décroitre : la Russie pourrait perdre plus de 20 millions d'habitants d'ici à 2050 !

De nombreux pays du Sud sont, en revanche, en pleine transition démographique. Certains d'entre eux, essentiellement des PMA (pays les moins avancés) du continent africain, sont encore dans la première phase et connaissent des taux d'accroissement souvent supérieurs à 2 %, qui résultent d'une natalité très forte et d'une mortalité en cours de réduction. Certains États du Sud ont réussi à atteindre la seconde phase voire le régime moderne par une évolution régulière ou bien, comme la Chine ou l'Inde, en accélérant le processus par des politiques coercitives en matière de **planning familial**, terme qui qualifie l'ensemble des moyens mis en œuvre pour maîtriser la fécondité d'une population. Les nouveaux pays industrialisés d'Asie ont, quant à eux, atteint la phase post-transitionnelle en même temps qu'ils accédaient au développement industriel.

Classement des États et régions du monde selon leur situation démographique en 2012

Situation démographique	Niveau d'accroissement	Moyennes par grands ensembles régionaux	Situation de quelques pays significatifs
Stade post-transitionnel avancé	Dépopulation	Europe orientale et centrale (– 0,4 %)	Ukraine (– 0,61 %) Russie (– 0,51 %) Allemagne (– 0,27 %)
Stade post-transitionnel	De 0 % à 1 %	Europe occidentale (0,1 %) UE à 27 (0 %) Europe septentrionale (0,2 %) Asie orientale (0,5 %) Amérique du Nord (0,5 %) Afrique australe (0,7 %)	Portugal (– 0,11 %) Japon (– 0,07 %), France métrop. (0,49 %) Chine (0,51 %) Singapour (0,53 %) États-Unis (0,53 %) Thaïlande (0,54 %) Rép. d'Afrique du Sud (0,21 %)
Transition démographique très avancée : fin de phase 2	De 1 % à 2 %	Océanie (1 %) Amérique latine (1,17 %) Asie du Sud-Est (1,3 %) Asie centrale et méridionale (1,7 %) Afrique septent. (1,7 %) Monde (1,08 %)	Turquie (1,1 %) Brésil (1,1 %) Indonésie (1,1 %) Algérie (1,2 %) Inde (1,3 %) Bangladesh (1,3 %) Égypte (1,9 %) Papouasie-Nouvelle-Guinée (1,9 %) Timor-Est (1,95 %)
Transition démographique avancée : milieu de phase 2	De 2 % à 2,5 %	Asie occidentale (1,75 %) Afrique centrale et orientale (2,4 %)	Philippines (2 %) Soudan (2,3 %)
Transition démographique amorcée : milieu de phase 1 à début de phase 2	Plus de 2,5 %	Afrique occidentale (2,6 %)	Afghanistan (2,7 %) Yemen (3,1 %) Ouganda (3,21 %) Niger (3,6 %)

Les politiques démographiques

Certains États considèrent qu'il ne faut pas tenter d'influer sur les comportements démographiques de leurs ressortissants, soit qu'ils pensent que ce domaine touche à des structures sociales trop profondes pour qu'on puisse sans danger tenter de les modifier, soit qu'ils considèrent qu'il n'existe pas de mesure réellement efficace pour peser sur le nombre des naissances (sauf à attenter au plus élémentaire des droits de l'homme). D'autres États, en revanche, voient se profiler de graves déséquilibres démographiques qui pourraient devenir (ou sont déjà) la source de problèmes économiques ou sociaux importants. Ils peuvent alors décider la mise en place d'un programme politique de **régulation des naissances**. Tel est le cas, par exemple, de certains pays touchés par le vieillissement. Ils pratiquent des **politiques natalistes** ou **anti-malthusiennes**, destinées à augmenter la fécondité. Il s'agit essentiellement de motiver les ménages grâce à des avantages financiers ou fiscaux, à la mise en place de congés parentaux parfois rémunérés, à l'amélioration des possibilités de garde des enfants… Certains PED ont, au contraire, mis en place des **politiques antinatalistes**, qualifiées parfois de **malthusiennes**. On retrouve parfois le terme de **néo-malthusianisme contemporain** pour évoquer toutes les doctrines et pratiques anticonceptionnelles actuelles. La Chine, en combinant des moyens coercitifs et des distributions massives de moyens de **contraception**, c'est-à-dire de contrôle et de limitation de la fécondité, de façon réversible et individuelle, a obtenu des résultats spectaculaires, à tel point qu'elle est aujourd'hui confrontée au vieillissement de la population. L'Inde, dans les années 1970, a eu beaucoup moins de succès avec ce type de méthode. De nombreux PED tentent aujourd'hui de modifier la fécondité de leurs ressortissants en mettant en œuvre des programmes destinés à accélérer le développement social, notamment par une amélioration de l'accès à l'éducation des enfants et tout particulièrement des filles.

La croissance démographique mondiale

Une croissance en cours de ralentissement

La population mondiale a connu au cours de son histoire des périodes de **révolution démographique**, de brusques accroissements de la population. La **révolution mésolithique** (– 35 000 ans) a permis à la population mondiale d'atteindre, grâce à une série de progrès techniques, 4 millions d'habitants. La **révolution néolithique** (– 10 000 à – 5 000 ans) correspond au développement de l'élevage, de l'agriculture et de la sédentarisation des populations, qui se sont multipliées pour atteindre 80 millions de personnes à la fin de la période. La troisième révolution démographique débuta au XVIIIe siècle et fut marquée par un essor sans précédent. Évaluée à 500 millions d'habitants au milieu du XVIIe siècle, la population mondiale atteint le milliard d'habitants au milieu du XIXe siècle. Son rythme de progression s'accélère encore par la suite : 2 milliards en 1940, 4 en 1975, 5 en 1987 et plus de 7 milliards en 2012. Au total, la population du monde a sextuplé depuis 1750 et plus que doublé depuis 1950.

L'accélération du rythme de progression de la population mondiale

La progression de la population mondiale a été inégale selon les continents et les époques. Faible jusqu'au XIXe siècle (12 à 18 % pour le XVIIe siècle), elle s'accélère ensuite pour atteindre une progression de près de 80 % au XIXe siècle et de plus de 350 % au XXe siècle.

Jusqu'au XXe siècle, l'Europe était responsable de l'essentiel de l'essor démographique de la planète. Le début du XXe siècle s'est caractérisé, en revanche, par le ralentissement de l'accroissement européen et l'augmentation de la population asiatique et sud-américaine. La Chine a gagné presque 700 millions d'habitants entre 1900 et 1990. À partir des années 1950, l'Afrique a pris le relais et connaît, aujourd'hui encore, les taux de fécondité les plus élevés.

L'« explosion » démographique a très tôt été un sujet d'inquiétude, dont témoignent les théories nées du **malthusianisme démographique**. Pour Thomas **Malthus** (1766-1834), si l'accroissement de la population est infini et a une progression géométrique, en revanche les ressources disponibles, et notamment les productions agricoles, n'augmentent que de manière arithmétique et restent limitées. Le risque est donc celui d'une surpopulation qui conduirait le monde à une paupérisation inéluctable. Pour ce pasteur anglican libéral, le danger était, dans l'Angleterre du début du XIXe siècle, la poussée d'une classe sociale considérée comme incontrôlable et dangereuse (le prolétariat), les classes dirigeantes éduquées ayant, elles, un « esprit de prévoyance et de responsabilité ». Pour ces différentes raisons, les thèses malthusiennes furent sévèrement critiquées par Proudhon, puis par Marx. Elles sont aujourd'hui abandonnées. Malthus avait compris la nécessité de connaître les dynamiques démographiques, mais il n'avait pas envisagé certains facteurs, ce qui rend son interprétation trop alarmiste. Il n'avait pas imaginé l'existence de la transition démographique et le ralentissement de la croissance des populations, ni les effets positifs de la pression démographique sur le progrès technique, notamment en matière agricole, qui conduisent les hommes à adapter les techniques aux nécessités. On parle souvent à ce propos d'effet Boserup, du nom de l'économiste danoise Ester **Boserup** (1910-1999) qui a montré les conséquences positives d'une augmentation de la population dans l'île de Java. La raréfaction des famines dans le monde, alors que la population ne cesse d'augmenter, constitue un argument supplémentaire à opposer aux théories malthusiennes.

Les perspectives démographiques

La conférence des Nations unies sur la population dans le monde, tenue au Caire en septembre 1994, a abouti à une prise de conscience générale de l'importance des problèmes de population et des enjeux qu'ils représentent pour le XXe siècle. Depuis lors, la communauté internationale exerce une surveillance plus active de la situation démographique internationale et des évolutions globales et régionales. L'ONU, par exemple, publie chaque année une actualisation de ses ***World Population Prospects*** (prévisions démographiques par pays et par zone), de même que de nombreux États organisent des recensements et tiennent à jour leurs statistiques de manière à anticiper les évolutions de leurs populations.

Il s'avère que la population mondiale s'accroît aujourd'hui moins vite qu'on ne le prévoyait et que la fécondité baisse dans de nombreux PED. Selon les dernières prévisions, la population mondiale n'a progressé que de 1,57 % par an depuis 1990 contre 1,73 % au cours des 15 années précédentes. Le taux de croissance de la population mondiale, encore de 2,2 % en 1962, est évalué en 2013 à 1,08 %. Depuis l'année 2000, la population augmente d'un peu plus de 78 millions de personnes par an, alors qu'à la fin des années 1980 la planète voyait s'accroître sa population de 87 millions chaque année. La population totale du globe est de plus de 7,13 milliards d'habitants en 2013.

Si le ralentissement démographique que subit actuellement la planète touche les PID, il est surtout provoqué par l'évolution de certains PED. On constate en effet un mouvement à la baisse des indices synthétiques de fécondité dans de nombreux pays du Sud. Cette tendance, inaugurée dans les années 1970 en Asie et en Amérique latine, s'étend aujourd'hui à de nombreux États africains. Cependant, la population de ces États va encore croître de façon importante dans les prochaines années en raison de sa grande jeunesse et de la baisse souvent concomitante de la mortalité. La population africaine, par exemple, devrait doubler dans les 40 prochaines années (de 1,09 milliard en 2013 à 1,88 milliard en 2045) et celles d'Asie et d'Amérique latine augmenter de moitié. L'ONU a évalué une « projection moyenne », selon laquelle la population mondiale pourrait atteindre 7,6 milliards en 2020, 8,3 milliards en 2030 et sans doute 9,6 milliards en 2045, c'est-à-dire notablement moins que les estimations alarmistes des années 1970, qui envisageaient plus de 12 milliards d'habitants en 2020. Ces estimations sont encore revues à la baisse par divers analystes qui estiment que le seuil de 8 milliards pourrait ne pas être dépassé.

Les structures démographiques

Un des champs d'étude de la démographie consiste à analyser, à partir de statistiques, les structures d'une population afin de comprendre ses spécificités et d'en envisager les conséquences sociales ou spatiales. L'étude des **structures de population** consiste généralement à analyser sa composition par sexe, par âge et par catégorie socioprofessionnelle. Il peut être également intéressant d'en étudier la structure ethnique (États-Unis, Brésil...), la structure religieuse (Indonésie, Irlande, Russie...) ou la structure linguistique (Suisse, Belgique, Inde...).

La structure par sexe et par âge

Le **sex-ratio** ou **indice de masculinité** exprime le rapport entre le nombre d'hommes et de femmes à la naissance ou à un âge donné. Biologiquement, il naît en moyenne 105 garçons pour 100 filles. En revanche, le nombre de femmes dans la population totale excède dans la plupart des cas celui des hommes en raison de leur plus grande longévité. Il existe cependant des zones où le rapport naturel n'est pas respecté. Certains pays d'Asie (Inde, Chine, Bangladesh) présentent un **indice de masculinité** de 1,06 à 1,1 (106 à 110 hommes pour 100 femmes) en raison, notamment, de soins postnataux plus attentifs accordés aux enfants de sexe masculin ou d'avortements sélectifs d'embryons féminins après échographie.

La **structure par âge** des populations permet de déterminer la jeunesse d'une population ou, au contraire, sa tendance au vieillissement. On distingue en général les populations jeunes (moins de 15 ans), adultes (de 16 à 64 ans) et âgées (plus de 64 ans). La **pyramide des âges** permet de visualiser la structure par âge et par sexe d'une population à un moment donné. Elle se présente sous la forme d'un histogramme en deux parties qui marque, pour les hommes à gauche et les femmes à droite, les effectifs vivants à chaque tranche d'âge. L'axe horizontal est consacré aux effectifs, alors que l'axe vertical représente l'âge des populations, croissant de bas en haut. On étudie une pyramide des âges en analysant sa forme générale, puis les irrégularités qui la caractérisent.

Une pyramide à base large et évasée et à sommet étroit témoigne d'une population à forte fécondité et à faible longévité, typique des PED. Les pyramides des pays développés ont en revanche un sommet épaté qui atteste de la forte espérance de vie et une base en cours de rétrécissement qui représente le **non-remplacement des générations** ou ***baby krach***. Ces deux évolutions sont responsables du processus de **vieillissement** ou **papy-boom**, qui est l'accroissement de la proportion de personnes âgées dans une population : **vieillissement par le haut** (de la pyramide des âges), lié à l'allongement de l'espérance de vie, et **vieillissement par le bas**, dû à la chute de la fécondité. Dans ce cas, l'**âge médian**, c'est-à-dire l'âge qui sépare en deux effectifs égaux la population totale, recule de plus en plus. La structure par âge n'est pas sans influence sur les économies : les États présentant un excédent d'adultes, souvent des pays émergents, bénéficient d'un **dividende démographique** lié à la part importante des travailleurs et des consommateurs dans la population totale qui leur confère un avantage, temporaire, sur les États très jeunes et les États déjà vieillis.

Les irrégularités visibles sur une pyramide des âges se différencient selon leur caractère symétrique ou dissymétrique. Parmi les variations symétriques, on trouve les **classes creuses** qui sont des périodes de forte réduction de la fécondité, liées généralement à la séparation des conjoints en temps de guerre et, au contraire, les classes surreprésentées, comme ce fut le cas de la génération du **baby-boom**, période de forte croissance de la natalité dans les pays occidentaux pendant les années 1950 et 1960. Parmi les variations dissymétriques, on trouve surtout les conséquences des combats (visibles par des rentrants dans les classes masculines) et la plus grande longévité des femmes, qui apparaît par un renflement plus important en sommet de pyramide.

La pyramide des âges d'un pays en milieu de transition démographique : le Mali en 2010

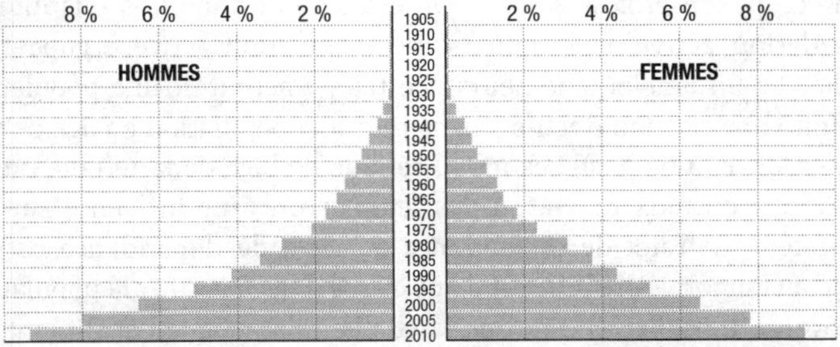

Perspective monde - US Census Bureau, International Data.

La pyramide des âges d'un pays terminant sa transition démographique : le Maroc en 2010

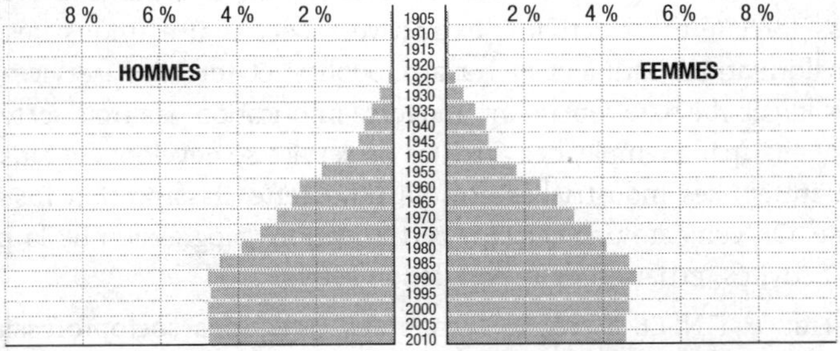

Perspective monde - US Census Bureau, International Data.

La pyramide des âges d'un pays en situation post-transitionnelle : la France en 2010

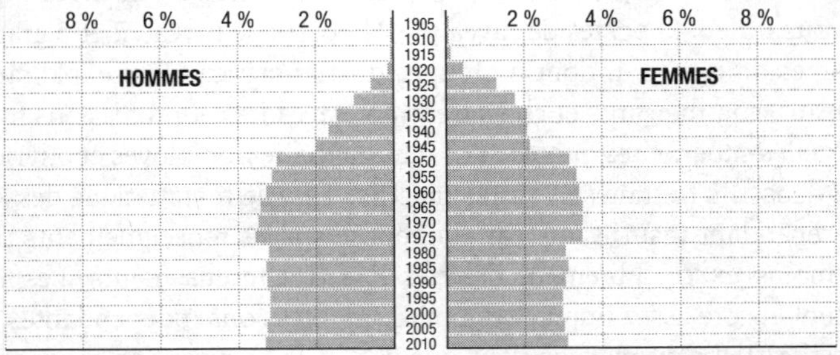

Perspective monde - US Census Bureau, International Data.

Source : Données du Bureau du recensement américain.

La structure par catégorie socioprofessionnelle

On analyse également la composition d'une population par rapport à son occupation professionnelle. On évalue tout d'abord la quantité de **population active**, celle qui occupe (population active occupée) ou recherche un emploi (**chômeurs**). Le **taux d'activité** d'une population définit la proportion d'actifs par rapport à la population en âge de travailler (de 15 à 64 ans). Les modifications de l'âge de la retraite ou les variations du taux de travail des femmes ont une influence sur cet indicateur. Le **taux de dépendance** ou **ratio de dépendance** correspond au rapport entre l'effectif d'une classe d'âge inactif et la population en âge de travailler. Il exprime la charge relative que constituent les jeunes et les personnes âgées sur les adultes actifs. On introduit également des distinctions parmi les actifs selon leur secteur d'activité et leur catégorie socioprofessionnelle. La population se répartit en trois secteurs d'activité : les **secteurs primaire** (agriculture, pêche, exploitations forestières et activités extractives), **secondaire** (industries de transformation, bâtiment et travaux publics) et **tertiaire** (services au sens large). Il existe cependant une forte imbrication des trois secteurs entre eux (par exemple, des activités de service se développent au sein des entreprises industrielles), ce qui rend cette classification insuffisante. On constate une certaine **tertiarisation** (progression de la part des activités tertiaires) de la population active.

En France, l'INSEE a créé le « code des **catégories socioprofessionnelles** » (**CSP**) au début des années 1950. Ce code a été modifié en 1982 pour devenir la « nomenclature des **professions et catégories socioprofessionnelles** » ou **PCS**. Depuis 2003, la nomenclature des PCS se décline en 3 niveaux, les 497 professions répertoriées en niveau 4 se regroupant en 42 postes de niveau 3, 24 postes de niveau 2 et 8 grands groupes de niveau 1, dont 6 groupes d'actifs (agriculteurs exploitants, artisans, commerçants et chefs d'entreprise, cadres et professions intellectuelles supérieures, professions intermédiaires, employés et ouvriers) et 2 d'inactifs (retraités et autres inactifs). La valeur statistique des PCS est cependant insuffisante car elle repose sur les renseignements plus ou moins exacts librement délivrés lors des recensements. Les PCS restent encore assez imprécises pour les professions indépendantes. La classification d'un ménage dans une PCS se fait souvent en prenant en compte la PCS de l'homme, ce qui conduit à ne pas considérer suffisamment l'activité féminine.

Définition et mesure du chômage

Si la notion de **chômage** semble claire au premier abord, sa définition et son évaluation posent en réalité des problèmes. Le **Bureau international du travail (BIT)** a créé une définition utilisable dans tous les pays, qui repose sur quatre conditions : il faut être en âge de travailler (15 ans et plus), sans activité rémunérée la semaine précédant l'enquête, capable de travailler, effectivement à la recherche d'un emploi et disponible dans un délai de 15 jours. Le **taux de chômage** est le nombre des chômeurs au sens du BIT, rapporté à la population active totale (salariés, non-salariés, chômeurs).

Si le taux de chômage est une donnée significative, c'est davantage la durée du chômage qui compte réellement. Pour un nombre total de 3 millions de chômeurs, il pourrait se présenter deux cas extrêmes : 3 millions de chômeurs permanents alors que le reste de la population active ne connaît pas ce problème, ou 3 millions de chômeurs entrant au chômage chaque jour et en sortant le lendemain. Ce qui compte est en réalité la durée moyenne du chômage ou le pourcentage de **chômeurs de longue durée** (plus d'un an).

Il convient également, pour évaluer l'ampleur du problème de l'emploi, de prendre en compte les personnes dites en situation de **sous-emploi**, c'est-à-dire qui travaillent involontairement moins que la durée normale du travail dans leur activité (**travail à temps partiel** subi) et qui sont à la recherche d'un travail supplémentaire. Il faut prendre également en compte la part des actifs qui occupent un **emploi précaire** (contrat à durée déterminée ou travail temporaire), les personnes en situation de fragilité professionnelle (dont l'emploi est menacé, notamment en période de récession économique) et les **travailleurs découragés** qui ne cherchent plus d'emploi et disparaissent des statistiques.

On distingue le **chômage partiel** (chômage saisonnier ou technique) du chômage réel, dont on identifie quatre types principaux. Le **chômage frictionnel** (ou **chômage d'ajustement**) découle de la mobilité normale de la main-d'œuvre et correspond à la période de recherche d'emploi. Il n'est donc pas incompatible avec le plein-emploi et demeure difficilement compressible. Le **chômage conjoncturel** ou **cyclique** varie selon la conjoncture. Il peut être quasiment nul en période d'expansion et très élevé en période de récession économique. Le **chômage structurel** ou **chômage chronique** s'explique par des rigidités qui réduisent l'**employabilité** de la main-d'œuvre – sa capacité à trouver un emploi (coût trop élevé de cette main-d'œuvre, mobilité insuffisante, formation insuffisante ou en inadéquation par rapport aux besoins du marché du travail…). Enfin, les économistes parlent de **chômage technologique** pour qualifier la perte d'emplois liée à la mécanisation de nombreuses fonctions autrefois assurées par les hommes.

La mesure du chômage est difficile et varie selon les sources. En France, le point sur la situation de l'emploi est fait au mois de mars par l'INSEE, qui calcule le taux de chômage en utilisant les critères du BIT. On utilise également les statistiques Pôle-Emploi pour dénombrer les **DEFM (demandes d'emplois en fin de mois)** et comptabiliser les personnes inscrites à Pôle-Emploi, à la recherche d'un emploi permanent à temps complet et qui accepteraient immédiatement un emploi s'il leur était proposé. Enfin, il existe une « enquête emploi » qui détermine la **PSERE**, population dépourvue d'emploi, disponible et ayant effectué au moins un acte de recherche d'emploi dans le mois précédant l'enquête. Face à ces multiples calculs, l'OCDE a créé une harmonisation entre les taux de chômage nationaux et les taux issus des statistiques du BIT. On parle là de **taux de chômage standardisés**.

Lire aussi **Mobilités, migrations – Peuplement – Services, secteur tertiaire**

Ports

En situation d'interface, les ports – quelles que soient leurs fonctions – donnent naissance à des liaisons spécifiques avec leur arrière et avant-pays. Dans un contexte de mondialisation et de maritimisation des économies, l'essor des transports maritimes a rendu nécessaire le développement des infrastructures portuaires : en 2013, environ 90 % du commerce mondial en volume transitent par les ports.

Les ports, des lieux d'échanges aux configurations et activités variées

Le port, un lieu aménagé pour les échanges

Quelle que soit son activité, tout port, même le plus modeste, a une double mission : permettre l'accostage de navires et le transbordement de marchandises et / ou de passagers qui sont embarqués ou au contraire débarqués des navires. L'activité traditionnelle induite par le port en tant que tel réside dans le stockage des matériaux déchargés ou à charger. Un port possède donc une série d'entrepôts et est relié à son arrière-pays par un système de voies de communications. Beaucoup de ports étant installés à proximité immédiate de fleuves, les modes de transport les plus fréquents sont le transport fluvial et la voie ferrée. C'est ce qui explique que nombre de villes, comme Rouen, aient des ports maritimes et fluviaux.

Un port est donc, selon l'expression de Roger Brunet, une **synapse**, un lieu de communication, d'échanges entre deux mondes. Il s'agit ici d'un lien de contact entre une zone terrestre et une zone maritime (port de pêche ou de plaisance par exemple) ou entre deux zones terrestres, mais grâce à un cheminement marin et / ou fluvial. En tant qu'**interface**, c'est-à-dire zone de contact et d'échange entre deux espaces différents, un port est lié à son arrière-pays et son avant-pays. Cet arrière-pays ou ***hinterland*** (mot allemand) était, au sens réduit, le bassin de main-d'œuvre des entreprises et la zone continentale directement liée au port. Dans son acception plus large et actuelle, il s'agit de la zone continentale reliée au port par des réseaux de transport, voire de toute sa zone d'influence, qui peut s'étendre sur des centaines de kilomètres. **L'avant-pays** (***foreland*** en anglais) désigne l'espace maritime mais aussi continental outre-mer lié au port.

Concrètement, un port est un plan d'eau généralement abrité de la houle. Il comporte des quais et fréquemment des **bassins**, souvent nommés **darses** en Méditerranée. On distingue les **bassins à flot** – fermés par des écluses et dans lesquels le niveau de l'eau est maintenu stable – des **bassins de marée**, accessibles depuis la haute mer, quel que soit le niveau de la marée. Ces plans d'eau, bien délimités et individualisés, permettent le **mouillage** de différents types de navires – c'est-à-dire leur accostage – et possèdent un équipement, des grues notamment, pour le chargement ou le déchargement de marchandises. Certains bassins, les **cales de halage** ou ***slipways***, sont des rampes inclinées de mise à sec des navires permettant de les stationner dans des **bassins de radoub** ou **cales sèches** ; ces dernières servent pour la réparation à sec et le nettoyage (le **radoubage**), hors de l'eau, du navire. Le terme de **dock** peut désigner un bassin entouré de quais, mais aussi l'ensemble des entrepôts qui jouxtent ces bassins. Le **docker** est l'ouvrier employé au chargement et au déchargement des navires. En avant du port, l'étendue d'eau, appelée la **rade**, permet aux navires de jeter l'ancre en attendant de pouvoir s'arrimer à quai.

Les sites des ports sont très variés : fond d'estuaire comme à Nantes, golfe à Saint-Pétersbourg, fjord à Oslo, baie à Alger, etc. Ces sites naturels sont historiquement liés à la présence de villes vivant du port. Par un glissement sémantique, le terme de port désigne d'ailleurs toute la ville lorsqu'elle dépend de l'activité portuaire. De nos jours, ces sites anciens présentent parfois des inconvénients, tel l'envasement. Des ports récents sont aménagés sur des sites totalement artificiels situés de plus en plus loin du site originel : c'est le cas des **terre-pleins industrialo-portuaires**, vastes étendues planes gagnées sur la mer par remblaiement. Ceux de Yangshan sont ainsi situés à plus de 100 km de Shanghai et reliés à la ville par un pont de plus de 32 km.

Ports maritimes et ports fluviaux

On peut distinguer les ports maritimes et les ports fluviaux, en fonction, non pas de leur localisation, mais de leur activité. Un **port maritime**, dont le trafic se fait par mer, peut en effet se situer sur un cours d'eau, au fond d'un estuaire notamment. Les ports maritimes sont logiquement les plus importants, du fait de la taille des navires.

Les infrastructures y sont donc énormes et coûteuses, ce qui pose le problème de leur statut. En France, le statut de **port autonome** de 1965 permettait une autonomie de gestion pour les établissements portuaires, l'État ne s'occupant que de la construction et de l'entretien des infrastructures. En France, les trois premiers ports autonomes selon le tonnage sont le PAM (Port autonome de Marseille), le port du Havre et celui de Dunkerque. Ce statut doit désormais composer avec les directives européennes : la **loi de réforme portuaire** de 2008 a pour but d'adapter les ports à ces directives, telles l'ouverture à la concurrence, la mise en place de nouvelles gouvernances et d'une chaîne de commandement unique dans la manutention… Si le terme de port autonome est encore employé dans la terminologie, il doit être remplacé par celui de **grand port maritime**. Enfin, les **ports non autonomes** comme ceux de Bastia ou Nice sont gérés directement par l'État, qui accorde des concessions et touche directement les principaux droits d'entrée au port.

Les **ports fluviaux**, dont le trafic se fait par voie fluviale, ont des infrastructures plus réduites, du fait de la plus petite taille des navires circulant sur les fleuves, les **péniches**. Toutefois, certains ports fluviaux peuvent traiter des tonnages importants. C'est le cas de grands organismes comme Moscou, dit « port des cinq mers », et de port à la fois maritimes et fluviaux, comme Rotterdam. Dans ce dernier cas, le trafic maritime est toujours supérieur au trafic intérieur.

Des activités portuaires diversifiées

Plusieurs types de ports se distinguent en fonction de leur activité prédominante, ou au contraire de leur polyvalence. Les ports ont parfois une fonction unique ou, du moins, une fonction nettement dominante. Ainsi en est-il de certains ports de pêche comme Boulogne-sur-Mer, mais aussi de ports de commerce comme Longoni à Mayotte ou encore des **ports de plaisance** comme Grand Baie à l'Île Maurice. En net développement depuis une vingtaine d'années, ceux-ci sont réservés à des embarcations d'agrément, de faible taille, restant à quai une bonne partie de l'année. D'autres ports, Douvres par exemple, se sont spécialisés dans le transport des passagers par ***ferry-boat*** (**transbordeur** en français) : ces ferries sont des bateaux spécialement aménagés pour le transport de trains ou de véhicules et de leurs passagers. Les **ports de guerre**, comme Vladivostok (Russie), abritent les flottes militaires. Certains ports industriels, de taille importante, ont également des activités uniques ou prédominantes. Les **terminaux maritimes**, pétroliers ou minéraliers par exemple, sont spécialisés dans l'exportation ou l'importation de telle ou telle matière première ou source d'énergie et sont conçus pour accueillir de gigantesques navires, supertankers ou minéraliers, de plusieurs centaines de mètres de long. Certains ports, enfin, accueillent presque exclusivement des navires transportant du vrac, les **vraquiers**, terme étendu au port lui-même.

Un autre type de port, spécialisé dans le commerce, se multiplie avec la mondialisation et la conteneurisation du transport maritime : le ***hub* portuaire**, lieu de transbordement, de groupage-dégroupage de marchandises, accueillant des navires transocéaniques qui apportent la marchandise et des navires de taille souvent plus restreinte (***feeders***) qui prennent en charge une partie de cette marchandise pour la redistribuer, pratiquant ainsi le ***feedering***. On peut distinguer, en fonction du volume traité, des *hubs* mondiaux comme Pusan en Corée du Sud, port polyvalent dont plus de la moitié du trafic est constitué de transbordements, et des *hubs* régionaux comme Gioia Tauro en Italie.

À ces ports spécialisés s'opposent des ports polyvalents. C'est le cas de tous les grands ports mondiaux, tel Rotterdam, mais aussi de ports de taille beaucoup plus réduite. Par exemple, le port de Sète, situé au 10e rang des ports de commerce français en 2012, fait office aussi bien de port de pêche, de passagers, à destination du Maroc principalement, et de port industriel traitant des marchandises « conteneurisées », du vrac et des hydrocarbures. De façon plus générale, un **secteur industrialo-portuaire** s'est développé dans de nombreux ports, associant aux fonctions d'échange des activités industrielles (chimie, sidérurgie...). Plus ou moins important selon les spécificités du port, il complète les chantiers de réparation navale. Les ports de pêche ont par exemple attiré des conserveries, des entrepôts frigorifiques...

On peut enfin différencier les ports en fonction de leurs **rentrées** ou de leurs **sorties** (marchandises déchargées ou chargées). Si de nombreux ports ont un trafic équilibré, ce n'est pas toujours le cas : certains ports pétroliers chargent jusqu'à 200 fois plus de marchandises qu'ils n'en déchargent.

Des ports en mutation

● L'adaptation des ports au gigantisme

Quatre phénomènes liés entre eux sont à la base du développement actuel des ports : le développement du trafic maritime, qui a quadruplé entre 1970 et 2010, l'abaissement de son coût, l'internationalisation croissante de l'économie et le développement de la conteneurisation.

Dans les années 1960, deux types d'industries se sont particulièrement développés en milieu portuaire : la sidérurgie et les raffineries. Le secteur sidérurgique, traditionnellement implanté à proximité immédiate des mines, a connu d'importantes difficultés liées au coût d'exploitation et à l'épuisement progressif des mines. D'où l'idée de développer une **sidérurgie sur l'eau,** sur le littoral, à Dunkerque par exemple. Elle reçoit d'outre-mer le fer et le charbon, phénomène rendu économiquement possible par l'abaissement du coût des transports maritimes. Quant aux raffineries, elles reçoivent le pétrole brut qu'elles transforment. Ces deux secteurs ont complètement modifié l'aspect des ports. Il a fallu dans un premier temps s'adapter au gigantisme des navires. Les pétroliers géants, dits **supertankers** ou **superpétroliers**, peuvent mesurer plus de 450 mètres de long et nécessitent des quais adaptés à leur taille. De même, les chenaux d'accès aux ports durent être approfondis. Le site initial de beaucoup de ports devenant donc inutilisable, il a fallu créer de nouveaux sites. On parle alors de **port d'éclatement** (ou **port relais**), pour de tels terminaux avancés (comme Antifer pour le port du Havre) dont la cargaison est déchargée et en partie rechargée sur des navires de petite taille qui approvisionnent les autres ports de la région.

Partout, l'espace occupé par le port s'est donc accru : installations portuaires proprement dites, zones industrielles liées, réseaux de communication de plus en plus complexes. Le port de Dunkerque occupe désormais plus de 10 km de littoral et s'est doté de deux **avant-ports**, bassins précédant le port même, dont l'un accepte les navires de 300 000 tonnes, et ce, quel que soit le niveau de la marée. À Marseille, c'est tout l'étang de Berre qui a été aménagé, à partir de 1968, pour accueillir les navires géants : ports de Lavéra puis de Fos-sur-Mer, raffineries de La Mède et de Berre, oléoduc remontant la vallée du Rhône, réseau d'autoroutes reliant les sites à Marseille. Là, l'aménagement portuaire a été conçu comme moteur à l'échelle de toute une région, voire à l'échelle internationale : le **PLSE** (*pipeline* sud-européen), mis en place à la même époque, associe plusieurs oléoducs qui acheminent les hydrocarbures du port de Lavéra vers la vallée du Rhône (« couloir de la chimie », au sud de Lyon) puis vers Karlsruhe (Allemagne). Malgré la réussite ponctuelle du PLSE, la crise économique de 1973 a fait du projet de l'étang de Berre un échec global.

Le problème de l'aménagement portuaire s'est posé dans les années 1990 et 2000 avec le développement des porte-conteneurs : un porte-conteneurs de 300 mètres de long occupe en effet à lui seul 9 hectares de quais. Le développement de la conteneurisation est donc un phénomène essentiel et contraint tous les ports mondiaux à des adaptations : à titre d'exemple, le port de Hambourg qui ne traitait que 26 % de ses marchandises en conteneurs en 1980 possède en 2010 un **degré de conteneurisation** (pourcentage des marchandises transportées par conteneurs) de 97 %.

Une nouvelle géographie des ports mondiaux

Avec la littoralisation et la maritimisation, le rôle des ports s'accroît. Trois grandes façades maritimes concentrent 80 % du trafic portuaire mondial et donc les plus grands ports : la façade littorale de l'Asie du Sud et de l'Est (16 des 25 plus grands ports mondiaux), le Nord-Ouest de l'Europe avec la ***Northern Range***, vaste façade portuaire allant du Havre à Hambourg et centrée sur les ports de Rotterdam et d'Anvers, et enfin les côtes américaines. D'autres façades portuaires sont en plein développement, notamment en Asie du Sud (ports de Mumbai, de Dubaï...).

Ces ports se livrent une concurrence effrénée et tentent de s'équiper en conséquence pour attirer les navires. Ainsi, le port de Dunkerque pâtit de la rude concurrence menée par les ports belges de Zeebrugge et surtout d'Anvers, eux-mêmes victimes de la concurrence de Rotterdam, cinquième port mondial. Dans ce contexte, la rapidité des services de manutention, notamment dans le maniement des conteneurs, est souvent primordiale pour une entreprise, tout comme la place disponible et l'étendue de l'*hinterland* du port. Autant d'atouts que possède Rotterdam, relié par le Rhin à l'Allemagne et à la Suisse, et par le canal Main-Danube à l'Europe centrale.

D'autres ports compensent tel ou tel handicap par la création de **zones franches portuaires**, zones d'implantation industrielle ou commerciale strictement délimitées, offrant des exemptions fiscales et des privilèges douaniers (cas des ZES en Chine).

Les ports sont donc un excellent révélateur de l'évolution de l'économie mondiale : mutations des modes de transport, concurrence accrue entre les acteurs, apparition de nouvelles centralités.

Le principe des zones franches d'exportation portuaires

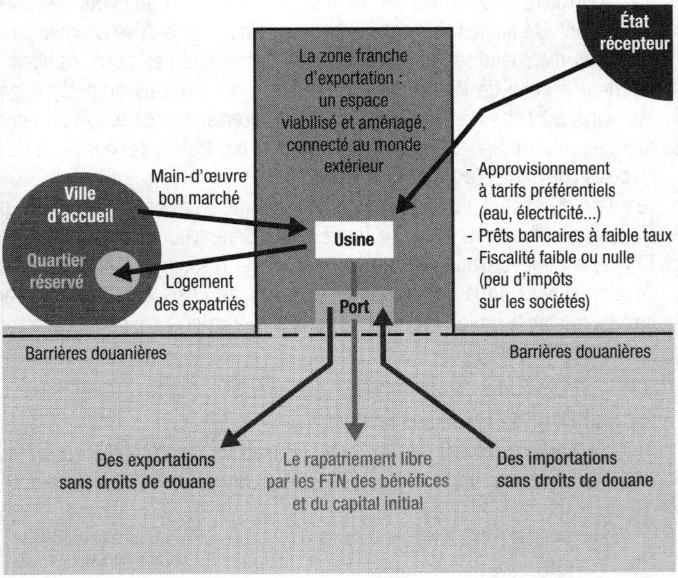

Le retard des ports français

La France présente un curieux paradoxe. Pays maritime par excellence, avec plus de 5 000 km de côtes, elle ne les utilise pourtant que très peu. Quatrième exportateur mondial, elle n'est qu'au 25e rang mondial pour le trafic portuaire et ses ports sont globalement en régression depuis le début des années 1980.

Les ports fluviaux sont peu importants. Malgré des fleuves souvent praticables, aucun effort véritable n'a été fait récemment pour aménager des canaux qui soient accessibles aux gigantesques péniches parcourant l'Europe centrale. Le Rhône, la Seine et le Rhin ne forment pas un véritable réseau navigable, en tout cas utilisable pour un transport de masse et le canal Seine-Nord-Europe n'est encore qu'un projet.

Les ports de pêche sont de taille réduite, à l'exception de ceux de Boulogne, Concarneau, Brest, Le Guilvinec et Lorient.

Le trafic passager des ports français est faible et concentré dans quelques ports effectuant la liaison continent-Corse (Nice, Marseille, Bastia, Ajaccio) ou desservant le Royaume-Uni. Plus surprenant est le retard des grands ports industriels français, qui s'explique en partie par l'absence de prise de conscience

politique du problème et par le fait que certains projets importants d'aménagement portuaire (Fos-sur-Mer par exemple) ont vu le jour au début des années 1970 et ont été immédiatement remis en question par la crise économique. Le total des marchandises déchargées dans l'ensemble des ports français est inférieur à celui de Rotterdam. Le premier port français pour le tonnage, Marseille, est certes le premier port de la Méditerranée – deux fois plus important que celui de Gènes –, mais grâce au cumul des trafics de tous les ports liés du bassin de Berre : Fos-sur-Mer, Lavéra, etc.
Le retard est encore plus important pour les conteneurs. Le Havre, premier port français pour les conteneurs, ne figure qu'au 10e rang européen en 2011. Depuis 10 ans, les gouvernements français tentent de résoudre ce problème par le développement de la coopération interportuaire, mais aussi par de grands projets comme le projet « Port 2000 » au Havre destiné à concurrencer à terme le port de Hambourg.

Les grands ports mondiaux en 2011

Avec le développement de la conteneurisation, les classements officiels distinguent de plus en plus les ports à conteneurs des autres types de ports.

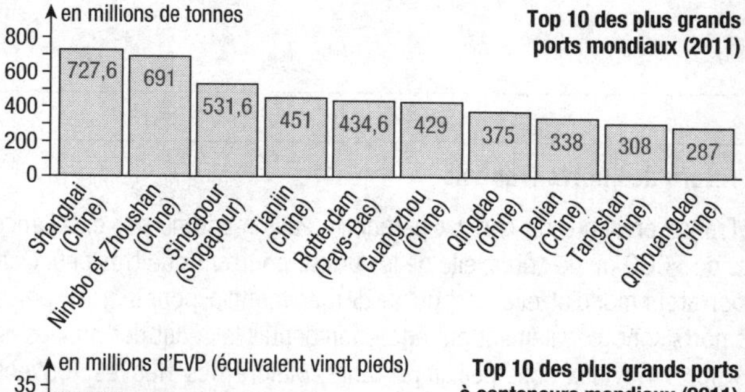

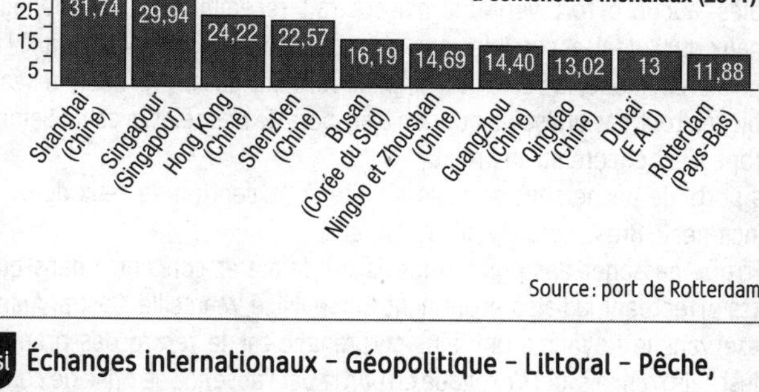

Source : port de Rotterdam, 2013.

Lire aussi **Échanges internationaux – Géopolitique – Littoral – Pêche, aquaculture – Transport, communications**

Région

La géographie régionale, qui étudie les régions et leur « découpage », a été l'une des orientations majeures de la géographie, notamment avant 1960. Pourtant, peut-être du fait même de sa très fréquente utilisation, non seulement par les géographes, mais aussi par divers organismes, par d'autres sciences et dans le langage courant, le terme région reste mal défini et peut prendre des sens parfois très différents.

La région, un des découpages de l'espace

Des entités spatiales d'échelles très diverses

Le terme **région** est très ancien puisqu'il était déjà employé dans la Rome antique, divisée en quatorze « régions » (du latin *regio*), quatorze quartiers dirigés par un curateur. Le terme a donc bien valeur, dès l'origine, de découpage territorial. Plus encore, il suppose à la tête de la région une autorité, un « centre du pouvoir ». Ce sens de région se retrouve au Moyen Âge, tantôt pour désigner l'espace autour de la ville, tantôt de façon plus vague pour désigner une contrée.

La région prend parfois un sens beaucoup plus précis. Ainsi, les régions officielles françaises, ou d'autres États, possèdent des limites administratives clairement établies et des pouvoirs très précis. Au nombre de 27 en France (5 DROM compris), ce sont des **circonscriptions** (des divisions administratives) de taille plus importante que le canton ou le département. Ce découpage administratif n'est pas le seul à porter en France le nom de région. L'administration militaire divise la France en plusieurs **régions militaires**, de taille étendue. Enfin, l'INSEE définit 411 **régions agricoles** (zones d'agriculture homogènes).

De nombreuses divisions, souvent administratives, prennent donc le nom de région. Ainsi, les régions officielles, **régions-plan** ou régions de programme, créées par une volonté politique, correspondent à un objectif précis, par exemple une volonté de décentralisation. D'autres découpages territoriaux, tels les **évêchés** et les **académies**, peuvent être considérés comme des « régions ecclésiastiques » ou des « régions universitaires ». Le terme de recteur (celui qui dirige une académie) vient du latin *regere* (diriger), tout comme le mot région.

Divers organismes, dont l'ONU, emploient également le terme « région » pour qualifier de très vastes espaces ou **macro-régions** (le Moyen-Orient, l'Amérique latine-Caraïbes, le monde chinois...), ce qui est à l'origine d'une vision du monde peu à peu passée dans le langage courant, sinon journalistique. Le terme macro-région est également utilisé pour qualifier des espaces moins étendus, comme le cône sud de l'Amérique latine, la Baltique ou l'ensemble danubien. On parle enfin d'une **puissance régionale**, le Brésil par exemple, pour un pays qui a une influence économique ou politique sur ses voisins. De même, divers organismes interétatiques, comme l'Union européenne, sont souvent nommés associations ou unions régionales. Enfin, les conflits internationaux localisés, les conflits du Proche-Orient par exemple, sont qualifiés de **conflits régionaux**.

Quant aux géographes, ils emploient très souvent le terme région en le qualifiant par un caractère dominant ou une localisation : région urbaine, région de montagne ou région lyonnaise. La région apparaît donc, en première approche, comme un découpage de l'espace marqué par l'existence d'un critère dominant, le tout sans préjuger de sa taille.

Les limites historiques et administratives des régions

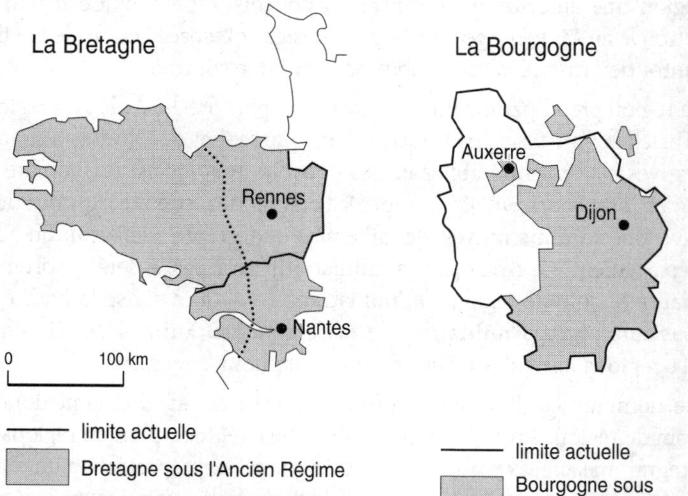

Quelques précisions de vocabulaire

Face à la polysémie du mot **région** et à ses synonymes possibles, de nombreux géographes ont tenté de préciser la terminologie. Roger Brunet, par exemple, a proposé en 1990 l'adoption de termes nouveaux, dont celui de **géon** – un espace façonné par un système spatialisé identifiable. De dimension variable, il s'applique aussi bien à la vallée de la Meuse qu'au Middle West.

On peut ordonner les **mailles** de l'espace, c'est-à-dire les découpages du territoire qui organisent l'espace, en fonction de leur taille. De la parcelle à l'État, certains termes peuvent être assez facilement définis. Ainsi, le **pays** ou la **contrée** sont de petite taille, présentent une unité de lieu et de vie et sont souvent centrés sur une ville. La région qui, selon Roger Brunet, est « la notion la plus floue et la plus controversée de la géographie », trouve néanmoins sa place dans cette typologie. De taille souvent plus importante qu'une contrée, la région possède également une unité de vie, un centre, conformément à l'étymologie du terme. Un terme équivalent pourrait être celui de **province**. Un révélateur de l'assimilation province-région est fourni par les médias qui ont longtemps utilisé indistinctement les expressions « en direct des régions » ou « en direct des provinces », ou encore « en direct de la province », ce terme désignant en France tout ce qui n'est pas Paris. Cet usage globalisant est cependant passé de mode : dans un langage « politiquement correct », on utilise désormais le mot région (le plus souvent au pluriel) au lieu de province. Ce dernier terme est en effet chargé d'une connotation historique, qui le rend parfois vieilli. Cependant, une province peut être le nom officiel d'une entité administrative, comme c'est le cas au Canada.

Enfin, le terme **district** est lui aussi assez flou. En France, il recoupe souvent une réalité administrative : un **district urbain** est une association de communes, autour d'une ville-centre, qui ont mis en commun la gestion de certains problèmes (incendies, transport...). Dans les États fédéraux, un **district fédéral** (**DF**) correspond au territoire sous l'autorité de la capitale (DF de Mexico par exemple). Mais le terme est parfois pris comme un équivalent de « région » ou de « pays », terme d'ailleurs institutionnalisé en France de 1790 à 1795 avant d'être remplacé par celui d'arrondissement.

L'emploi du terme région reste donc délicat, même si de plus en plus nombreux sont ceux qui lui donnent comme caractéristique d'avoir un centre, une direction. Une telle approche exclut les régions naturelles. Ce sont pourtant elles qui ont été au cœur de la géographie française pendant plus de cinquante ans.

La région, au cœur de la démarche géographique

Aux sources de la géographie régionale

La région a longtemps été au centre de l'analyse géographique. Dès 1728, Philippe Buache, « Géographe du Roy ») (*cf.* p. 222), divise le royaume en bassins hydrographiques. Son analyse est novatrice car elle fait fi des divisions administratives et accorde le primat à la géographie physique, en l'occurrence l'hydrologie.

Mais l'ouvrage essentiel qui fonde l'analyse régionale est, en 1903, le *Tableau de la géographie de la France*, de **Vidal de La Blache** (*cf.* article *Géographie (histoire de la)*). Décrivant une série de « pays », il affirme que les différences régionales sont liées à des différences d'ordre naturel, essentiellement morphologiques. Cet ouvrage, qui eut un retentissement considérable, est considéré comme fondateur d'une école de géographie, l'école de géographie française ou école « vidalienne ». À sa suite, les géographes considéreront la région avant tout comme une **région naturelle**, indépendante des limites administratives, les caractères physiques conditionnant, voire déterminant, les traits essentiels de l'occupation humaine.

La **géographie régionale**, qui voit alors le jour, découpe l'espace en de très nombreuses régions et multiplie les **monographies régionales** (étude détaillée d'un espace, visant à l'exhaustivité), avec une double finalité. En premier lieu, la description d'une étendue assez vaste – la **chorographie** – permet d'arriver à une meilleure compréhension générale des phénomènes que la description d'un lieu précis ou **topographie**. L'étude régionale doit notamment permettre de comprendre les relations entre le milieu physique et les activités humaines. L'autre finalité est, par la multiplication des monographies régionales, d'arriver *in fine* à un « inventaire » du monde. C'est dans ce but que Vidal de La Blache commença, en 1914, une *Géographie universelle*.

Dominante jusqu'aux années 1960, cette conception de la géographie montre pourtant rapidement ses limites. Les monographies régionales tournent parfois à l'exercice purement académique. Le critère physique présidant au découpage, le déterminisme naturel est parfois porté à son comble. La recherche des limites précises de la région pose problème pour deux raisons essentielles. D'une part, le phénomène physique, fondateur de l'originalité régionale, n'est pas toujours évident et l'on invente même le concept de « région de transition », c'est-à-dire d'espace à mi-chemin entre deux régions et que l'on nomme pourtant aussi région. D'autre part, cette analyse se heurte au problème, visible dès le départ, des « régions humaines » (dont l'unité n'est pas liée au milieu naturel) et notamment urbaines, qui, de plus, n'ont guère de limite précise. Vidal remarque le premier, dès 1910, que « les régions naissent par leur centre ». Dans les années 1930, la loi de **Reilly** (*cf.* article *Territoire*) conceptualise cette idée : l'attraction des villes sur leur environnement existe et ne dépend que de la « masse » de la ville et de la distance du lieu donné à cette ville. La multiplication, dans les années 1950, des études sur les régions « centralisées par une ville », la région lyonnaise notamment, et sur les régions historiques présentant peu d'unité physique (la Bourgogne, par exemple) sonnera le glas de la géographie vidalienne. De même, le découpage de la France en régions de programme entre 1947 et 1955 a accéléré la réflexion des géographes sur ce thème, même s'ils n'ont guère été associés au découpage.

Aujourd'hui, les conceptions de l'analyse régionale sont sensiblement différentes. Pourtant, l'héritage vidalien reste important et marque de façon inconsciente certains discours.

Les grands types de régions

Les critères de classification des grands types de régions ont été discutés : alors que les géographes français ont longtemps privilégié le critère naturaliste, dès 1954, aux États-Unis, Walter **Isard** (né en 1919) crée la *Regional Science Association* et une nouvelle discipline, la **science régionale**, qui se veut une science à part entière, à mi-chemin entre géographie, économie et urbanisme. Privilégiant au départ l'approche quantitative, elle fut introduite en France dès le début des années 1960, non par des géographes, mais par des économistes : François **Perroux** (1903-1987) et Jacques **Boudeville** (né en 1919) fondèrent en 1961 l'*Association de Science Régionale.* Malgré le contexte des Trente Glorieuses et le développement de l'urbanisation, rares ont été les géographes qui se sont emparés de cette réflexion. On peut toutefois citer Raymond Dugrand et surtout Michel Rochefort, co-auteur du rapport Hautreux-Rochefort sur les métropoles d'équilibre (*cf.* p. 30). La science régionale connut dans les années 1990 une tentative de renouvellement de la part des économistes Paul Krugman et Masahita Fujita, sous le nom de **Nouvelle économie géographique**.

À la suite de ces différentes réflexions, on distingue désormais assez classiquement plusieurs types de régions :

Les **régions homogènes**, qui regroupent des **régions paysages** et des régions historiques, constituent un premier type. Les premières, comme la forêt landaise, le bassin charbonnier du Nord de la France ou l'Armor breton présentent une très grande homogénéité de paysage, du fait d'une activité humaine quasiment exclusive ou d'un élément naturel profondément ressenti par ses habitants. Les régions « naturelles » sont donc l'un des types de régions paysages. Certaines **régions urbaines**, comme la Ruhr, sont aussi des régions paysages. De dimension plus petite qu'une mégalopole, elles ne sont guère polarisées par un centre dominant, comme c'est encore le cas pour les conurbations, de dimension encore plus réduite. Les **régions historiques** peuvent présenter des paysages très divers, leur unité venant d'une histoire commune. Le Pays basque, qui présente des zones côtières, des montagnes et un avant-pays, possède une unité grâce au sentiment d'appartenance de ses habitants à la même région, voire au même peuple, ce qui se manifeste en particulier par une identité linguistique. Le **sentiment régionaliste**, autonomiste ou même indépendantiste, est fréquent dans ce type de région. Ces régions historiques peuvent ou non présenter un centre, souvent une ville, ancienne capitale, polarisant l'espace : Dijon, capitale des ducs de Bourgogne, structure une partie de la région. Les régions homogènes présentent souvent des limites nettes, correspondant à celles du phénomène dominant, même si les régions historiques gardent parfois les souvenirs d'anciennes conquêtes âprement disputées : le Mont-Saint-Michel est-il en Bretagne ou en Normandie ? Preuve, s'il en était besoin, que la région est un « espace perçu » ou un « espace approprié ».

Aux régions homogènes, qui par définition ne sont pas forcément organisées par un centre, s'opposent les **régions polarisées** dont les points sont attirés par un même pôle, conformément aux théories de Christaller (*cf.* p. 216). Complémentarité, interdépendance et hiérarchisation en sont les traits dominants. Les limites régionales ne sont pas toujours nettes, l'attraction de la ville variant selon la distance. Ce type de région est de dimension variable. La région parisienne, définie comme la zone polarisée par Paris, couvre un tiers, voire, à la limite, toute la France ! Dans le cas d'une petite ville qui n'a qu'une petite aire d'influence, on en revient à la notion de pays.

Cependant, cette division est trop schématique. La Bourgogne, par exemple, faiblement polarisée par Dijon, proche de Lyon mais attirée par Paris, n'est pas une région polarisée, pas plus qu'elle n'est une région paysage. Elle est certes une région historique. Mais ses activités font que l'organisation de l'espace est générée par le transit sur le plus grand axe de circulation français et donc par les activités liées à ces dynamiques. Il existerait ainsi des régions intermédiaires. Ne retourne-t-on pas là à un autre concept traditionnel, celui de la région de transition, celle par laquelle, étymologiquement, on transite ?

Les régions administratives : le cas français

Les 27 régions françaises et leur mise en place

Les régions françaises ont été mises en place dans l'après-guerre, en liaison avec l'aménagement du territoire. La première date importante est 1947, année où sont nommés des inspecteurs généraux de l'administration en mission extraordinaire, pour préparer le découpage régional, qui devient officiel en 1955 avec la création de **régions de programme**. Dès leur création, ces régions et surtout leur délimitation, souvent jugée arbitraire, ont été contestées. Pour certains, elles étaient trop grandes. Ainsi Grenoble était-elle « déçue » de ne pas être à la tête d'une région « Alpes » ou « Dauphiné ». À l'inverse, la création de deux régions normandes peut en partie s'expliquer par la volonté de satisfaire à la fois Caen et Rouen. En conséquence, l'une des critiques classiques portées aux régions est leur taille : d'aucuns les trouvaient trop petites, en comparaison de certains *Länder* allemands. Les critiques portaient aussi sur l'inégalité des régions : l'Île-de-France a 50 fois plus d'habitants que la Corse, et la région Midi-Pyrénées est 6 fois plus étendue que l'Alsace. Enfin, certains étaient mécontents du nom donné à leur région : ainsi, la région Centre correspondait en fait au Val-de-Loire.

Ces régions n'ont été dotées de réels pouvoirs que tardivement, sous l'appellation de **régions administratives** en 1963. En 1964, les préfets de région furent créés, puis, en 1972, les conseils régionaux. Mais il fallut attendre 1982, et les **lois** Defferre **de décentralisation** pour voir la région accéder au titre de collectivité territoriale. Le conseil régional, désormais élu au suffrage universel direct, dispose d'authentiques pouvoirs, notamment en matière financière. Les compétences de la région sont diverses (transports, développement économique, apprentissage, santé…). Les régions peuvent recevoir une aide financière de l'État dans le cadre des **Contrats de projets État-région** qui programment sur 7 ans la mise en œuvre de projets d'aménagement du territoire régional. Ces CPER ont succédé aux **Contrats de plan État-région** en 2007.

Enfin, en ce qui concerne l'outre-mer, et depuis la réforme constitutionnelle de 2003, le statut des départements et territoires d'outre-mer (**DOM-TOM**) a changé. Les DOM sont devenus des **DROM** (départements et régions d'outre-mer) et les TOM ont disparu, sauf pour les Terres australes, afin de faire place aux **COM** (collectivités d'outre-mer), statut particulier octroyant une certaine autonomie. Ce nouveau statut s'applique également à la Corse. Quant à la Polynésie française et à la Nouvelle-Calédonie, elles forment maintenant des **POM** (pays d'outremer au sein de la République). Les DROM font partie intégrante de l'Union européenne, au même titre que Madère, les Açores et les Canaries, et bénéficient d'un statut particulier : celui de **régions ultrapériphériques** (**RUP**). La dernière en date est Mayotte, promue au rang de département en 2011, puis de RUP en 2012, avec entrée effective dans le statut en 2014. En revanche, les POM et les COM sont considérés par l'Union européenne, à l'exception notoire de la Corse, comme des **PTOM** (pays et territoires d'outre-mer), au même titre, par exemple, que le Groenland (Danemark), Aruba (Pays-Bas), ou les îles Falkland (Royaume-Uni) : ils ne font donc pas partie de l'espace communautaire, mais bénéficient d'un régime spécial d'association à l'UE.

Territoire	Ancien statut	Nouveau statut
Guyane français	DOM	DROM
Guadeloupe	DOM	DROM
La Réunion	DOM	DROM
Martinique	DOM	DROM
Mayotte	Collectivité territoriale	DROM depuis 2011
Nouvelle-Calédonie	TOM	POM / PTOM dans le cadre de l'UE
Polynésie française	TOM	POM / PTOM dans le cadre de l'UE
Wallis-et-Futuna	TOM	COM, collectivité d'outre-mer / PTOM dans le cadre de l'UE
Terres australes et antarctiques françaises	TOM	TOM / PTOM dans le cadre de l'UE
Corse	Collectivité territoriale	COM, collectivité spécifique
Saint-Pierre-et-Miquelon	Collectivité territoriale	COM, collectivité d'outre-mer territoriale / PTOM dans le cadre de l'UE

L'évolution du découpage administratif : les nouveaux territoires

Si la France est divisée en régions administratives de grande taille, elle est également divisée à d'autres échelles. Certaines de ces divisions ont pour unique vocation un objectif électoral : c'est le cas du **canton**, de taille supérieure à la commune et souvent à la communauté de communes, dont la finalité est d'élire le conseiller général.

La **commune** est la plus petite division administrative. Il existe plus de 36 680 communes en France, toutes dotées d'une mairie et administrées par une **municipalité**. Ce chiffre constitue un record européen, les autres pays étant plus petits et ayant opté pour un maillage plus large. Cette petite taille posant souvent des problèmes, de très nombreuses communes se sont peu à peu associées. Au départ informelles, ces associations ont pu prendre la forme de communautés urbaines (le « Grand Lyon ») ou encore de syndicats, comme les **syndicats intercommunaux à vocation multiple** (**SIVOM**), par exemple pour la collecte des ordures ou la gestion de l'eau.

La **loi d'administration territoriale de la République** de 1992 (dite **loi ATR**) modifie et organise cette coopération intercommunale (ou **intercommunalité**) en créant les **EPCI** (**établissements publics de coopération intercommunale**), qui ont des compétences et des obligations définies par la loi. On distingue plusieurs types d'EPCI :

– les syndicats intercommunaux, dont les anciens SIVOM, sans **fiscalité propre** (droit de prélever les impôts) ;

– avec fiscalité propre, les **communautés urbaines**, d'au moins 450 000 habitants et, depuis 2010, les **métropoles**, des ensembles de plus de 500 000 habitants dotées de compétences plus importantes ;

– également les **communautés d'agglomération**, qui regroupent au moins 50 000 habitants autour d'une ville-centre d'au moins 15 000 habitants (ou autour d'une préfecture), et ce, sans enclave et sur un territoire d'un seul tenant ;

– enfin, les **communautés de communes** pour les ensembles plus petits, mais là aussi sur un territoire d'un seul tenant et sans enclave.

Par ailleurs, la **loi d'orientation pour l'aménagement et le développement du territoire** de 1995 (**LOADT**, dite aussi loi Pasqua) puis la **loi d'orientation pour l'aménagement durable des territoires** de 1999 (**LOADDT**, dite aussi loi Voynet) créent le **pays**, échelon intermédiaire entre les EPCI et le département : les pays sont des « espaces caractérisés par une cohésion géographique, culturelle, économique ou sociale suffisante, au sein desquels des collectivités territoriales et leurs groupements s'engagent à définir un projet de développement durable ». Il y a donc en France de **nouveaux territoires** : pays, communautés de communes..., qui se superposent à l'ancienne division administrative.

À une autre échelle, les **départements** ont un double statut. Un département est une collectivité territoriale gérée par un conseil général élu au suffrage universel, mais est aussi une circonscription administrative de l'État, dirigée par un préfet représentant l'État, qui siège à la **préfecture**, chef-lieu du département. Il s'agit la plupart du temps de la ville la plus importante, mais ce n'est pas systématique : la préfecture de la Guadeloupe est Basse-Terre et non Pointe-à-Pitre, celle de la Marne est Châlons-en-Champagne et non Reims. Les départements sont subdivisés en **arrondissements**, qui ont pour chef-lieu les **sous-préfectures**. Leur nombre varie selon les départements, en partie en fonction de leur taille.

De la commune à la région puis à l'État, la France est donc caractérisée par l'existence de structures de pouvoir emboîtées, souvent appelée « **mille-feuille administratif** » (ou « **mille-feuille des territoires** »). Suite aux travaux de Martin **Vanier** (né en 1958), on nomme **interterritorialité** les relations nouvelles qu'entretiennent ces territoires entre eux, rapports de complémentarité mais aussi de concurrence, par exemple entre les pays, souvent en perte de vitesse, et les EPCI. Celle-ci est donc en cours et l'intercommunalité n'en est qu'une forme particulière.

La question de la simplification de ce mille-feuille est régulièrement posée et beaucoup d'interrogations demeurent, remises à l'ordre du jour par la relance de l'aménagement des territoires : faut-il, par exemple, supprimer ou réformer les départements ? Réduire le nombre de régions ? La **réforme territoriale** est donc un objet de réflexion actuel. En 2009, la commission Balladur proposait à terme la suppression de certains départements (les deux départements alsaciens seraient regroupés) et de régions (Poitou-Charentes) et le regroupement d'un certain nombre d'entre elles (Franche-Comté et Bourgogne, Rhône-Alpes et Auvergne...), afin de procéder à une simplification et à un rééquilibrage territorial.

De manière à comparer les situations des différents pays, la Commission européenne a mis en place, au début des années 1970, la **NUTS** (**nomenclature des unités territoriales statistiques**). Chaque État membre est divisé en un ensemble de régions de niveau NUTS 1. Chaque NUTS 1 est ensuite scindée en régions de niveau NUTS 2, qui sont à leur tour subdivisées en régions de niveau NUTS 3. Depuis le début des années 1990, dans un objectif statistique, la Commission a créé une classification communautaire des **unités administratives locales (UAL)**, de taille inférieure aux NUTS, et composée de deux niveaux : UAL 1 et UAL 2. Ce dernier correspond au concept de commune ou de municipalité dans l'ensemble des pays membres.

Les divisions territoriales en France, en Allemagne et en Italie

Pays	NUTS 1	NUTS 2	NUTS 3	UAL 1	UAL 2
France	9 zones d'étude et d'aménagement du territoire	27 régions	101 départements		36 683 communes
Allemagne	16 *Länder*	41 *Regierungsbezirke*	439 *Kreise*	539 *Verwaltungsgemeinschaften*	13 176 *Gemeinden*
Italie	5 *gruppi di regioni*	21 *regioni*	103 *provincie*		8 100 *Comuni*

N.B. : la France et l'Italie ne possèdent pas officiellement d'échelon UAL 1, même si, par leur taille, les communautés de communes et d'agglomérations françaises correspondent à cet échelon.

Lire aussi Aménagement du / des territoire(s) – Espace, diffusion spatiale – Géographie (histoire de la) – Territoire

Relief

L'étude du relief et de la topographie a été au cœur de l'histoire de la géographie. Il en a résulté une terminologie d'une grande richesse et d'une grande diversité, mais aussi d'une grande imprécision.

Relief et topographie

Des termes proches mais de sens différent

Le terme **topographie** possède deux sens voisins. C'est d'abord la description des formes de terrain, de leurs configurations et de leurs associations, sans prendre en considération les éléments liés à leur genèse. C'est aussi, dans un sens plus restreint, la technique permettant cette description grâce à la **planimétrie** (représentation en projection plane des détails à deux dimensions) et à l'**altimétrie** (exploitation des observations relatives à la détermination des altitudes). Une **carte topographique** est donc avant tout une représentation du relief. En France, elles sont les héritières des **cartes d'état-major** au 1/80 000e, créées entre 1818 et 1866 dans un but militaire (les premières réalisées furent celles des régions frontalières) à une époque où leur réalisation relevait d'un service spécialisé de l'armée, le Service topographique de l'Armée. Enfin, par abus de langage et dans le contexte de la géographie classique, le terme topographie est parfois devenu un synonyme d'**orographie** qui est l'étude de l'agencement du relief, notamment montagneux (*oro* signifie « montagne » en grec ancien).

Quant au terme **relief**, il désigne, étymologiquement, « ce que l'on relève » et s'applique donc, au sens strict, à une forme saillante. Cependant, au sens large et conformément à son usage courant, il désigne l'ensemble des irrégularités de la surface de la croûte terrestre. Ainsi, il se compose d'éléments en creux et d'éléments en position surélevée, que l'on qualifie parfois de « reliefs ». Un certain flou sémantique existe donc entre tous ces termes.

Les grandes formes du relief terrestre

L'on subdivise classiquement :

– la **plaine**, étendue plane ou peu ondulée, dans laquelle les vallées ne sont pas encaissées ;

– le **plateau**, étendue plane ou peu ondulée, souvent en position dominante du fait de l'encaissement des vallées. Aucun critère de taille n'entre en ligne de compte dans sa définition puisque l'on parle de plateau aussi bien pour de petites superficies que pour le plateau de Millevaches, ou pour le plateau tibétain ou encore pour les *tepuis* vénézuéliens, ces « montagnes » tabulaires dont les caractères ont inspiré Sir Arthur Conan Doyle dans son roman *Le Monde perdu* ;

– la **vallée**, volume en creux compris entre deux lignes de crête et généralement emprunté par un cours d'eau. Les **lignes de crête** ou **lignes de faîte** – reliant les points les plus hauts – se rejoignent vers l'amont en s'élevant, tandis qu'elles s'abaissent et s'écartent vers l'aval. Le **talweg** (ou **thalweg**) est la ligne qui joint les points les plus bas d'une vallée, à l'intersection des deux versants. L'**interfluve** désigne la zone comprise entre deux vallées, qui sert souvent de **ligne de partage des eaux**, séparant deux bassins-versants. Un **sommet** est le point culminant d'une ligne de crête. Quand celle-ci s'abaisse pour ensuite remonter, elle forme un **col** ;

– les montagnes (*cf.* article *Montagne*).

Montagnes et vallées possèdent des **versants**, qui relient la ligne de crête au talweg. Leur **profil**, leur allure générale, peut être concave, convexe ou rectiligne. Dans ce dernier cas et lorsque l'inclinaison est forte (30° environ), on parle de **versant réglé**. L'inclinaison d'un versant, la **pente**, est un élément déterminant de la topographie d'un lieu. Elle se mesure en pourcentage ou en degrés grâce au calcul de l'angle fait par la pente avec l'horizontale. Ainsi, un angle de 45° correspond à une pente de 100 %. L'inclinaison des versants a donné naissance à une toponymie variable selon les régions, et toujours très subjective : ainsi, un **abrupt** peut être, selon les cas, aussi bien un versant raide que subvertical. Une **ligne de rupture de pente** correspond à la ligne à partir de laquelle la pente d'un versant change de valeur, tout en conservant le même sens. Deux lignes de rupture de pente délimitent généralement un **replat**, c'est-à-dire une partie de versant en pente douce ou nulle entre deux parties en pente plus forte.

Une **dépression** est une zone en creux entourée de reliefs plus élevés. De taille et d'origine diverse, elle peut posséder un écoulement. Si cet écoulement se fait vers l'extérieur, on parle de **dépression exoréique** ; sinon, on parle de dépression fermée ou **endoréique**. Une dépression circulaire dont les pentes s'abaissent de façon concentrique vers le point le plus bas est une **cuvette**.

Une terminologie marquée par le langage courant

Du fait de l'histoire de la discipline, la terminologie utilisée par les géographes est très marquée par le langage courant et éloignée d'un langage scientifique, porteur de concepts forts. Il en résulte un grand flou sémantique.

Des termes peu précis

De nombreux termes désignent les formes du relief. Souvent issus du langage courant qui les utilise dans un sens descriptif, ils peuvent prendre en géographie un sens explicatif. Ainsi, le terme de **falaise**, parfois utilisé dans le cas d'un escarpement continental, doit être réservé à un escarpement lié à l'action marine, conformément à ses origines (du normand *faleise*, ou du picard *faloise*). Plus souvent, ces termes manquent de précision. À titre d'exemple, une **colline** désigne certes unanimement un relief souvent isolé de faible altitude relative, comme il en existe dans le Bassin parisien, mais les sommets hauts de plus de 3 000 mètres qui dominent la vallée de Katmandou sont qualifiés dans la toponymie locale de « basses collines ». Inversement, une même réalité peut être désignée par plusieurs termes : ainsi, les minces colonnes créées par ravinement dans les matériaux meubles et protégées par un bloc sommital se nomment indifféremment mais joliment **cheminées de fées** ou **demoiselles coiffées**. Ces désignations multiples se compliquent par le fait que les géographes ont souvent introduit des appellations issues de patois ou de langues étrangères : un **baou** (**baux** au pluriel) est un sommet effilé en Provence ; une **varzéa** est une plaine inondable du bassin de l'Amazone, séparée du fleuve par la **restinga**, bourrelet créé par les dépôts liés au fleuve…

Le rôle de Vidal de La Blache
dans le choix d'un vocabulaire imagé non spécialisé

« Soucieux d'atteindre un public assez large, Vidal se méfie du vocabulaire trop spécialisé et en particulier du vocabulaire de la géologie. Mais comment rendre compte de phénomènes souvent complexes sans trahir la réalité scientifique ? En 1934, son disciple Jules Sion écrit à ce propos : "Vidal débarrasse la géographie physique de tous les termes techniques qui ne sont pas nécessaires... Faut-il le blâmer de parler de *dépôts torrentiels*, non de *cônes de déjections* ?" [...]

Afin de ne pas surcharger son texte de termes trop "barbares", Vidal les renvoie souvent dans les notes infra-paginales ou dans les légendes des photographies [...].

Avare de mots savants, la langue de Vidal est, en revanche, émaillée d'images colorées et de formules bien frappées. Esquissons un tour de France géographico-linguistique. Voici [...], au bord de la Méditerranée, les Maures, "un coin de Corse dans la Provence" et " les formes aiguës et les tours éclatantes de porphyre" de l'Estérel. Les Alpes proches "sont une ruine : l'étendue de leurs débris l'emporte sur la majesté de leur hauteu". Depuis le sommet de l'Aigoual [...], on découvre les Causses « jetés comme une draperie étrangère par d'anciennes transgressions marines, lambeaux calcaires enchâssés (au milieu) des granites et des schistes". »

Numa Broc, Une histoire de la géographie physique en France, tome I, Presses Universitaires de Perpignan, 2010.

Des termes révélateurs de l'évolution de la géographie

Une caractéristique de la géographie classique est perceptible dans les registres où elle a puisé une partie de sa terminologie. Cherchant à rendre évocatrices, voire poétiques, les longues descriptions topographiques fréquentes jusque vers 1960, certains géographes ont fait appel à des termes anthropomorphiques – termes qui révèlent aussi une conception organiciste. Une **butte**, relief isolé de faible hauteur avec des versants peu inclinés, a souvent été qualifiée de **mamelon** ; si ce relief était allongé, on parlait de **croupe**. Une lèvre désignait le rebord abrupt d'une vallée, par exemple ; on a même pu parler des « lèvres d'une gorge »... : autant de termes, peut-être moins instructifs sur les formes de relief que sur les géographes eux-mêmes. Une **artère** désigne encore aujourd'hui un axe naturel (vallée...) ou de communication. De même, les termes issus du langage architectural ou militaire restent parfois employés : une **paroi** pour un grand escarpement montagnard, pouvant localement comporter des **dalles** (partie raide et sans fissuration), une

voûte pour la partie supérieure d'une grotte, et le terme de **bastion** pour désigner un sommet massif, isolé et constituant un obstacle à la circulation.

Par ailleurs, l'origine étrangère de certains termes est doublement révélatrice. Logiquement, ces termes proviennent de pays où les formes qu'ils désignent sont fréquentes. Ainsi, les termes se rapportant aux dunes viennent principalement de l'arabe (erg…), alors que les termes liés à l'érosion glaciaire sont souvent d'origine scandinave. Un ***fjell*** (mot d'origine norvégienne) est un plateau autrefois modelé par les glaces, aujourd'hui occupé par une multitude de petits lacs ; un ***ös*** (terme suédois) ou un ***esker*** (terme islandais) est un relief allongé créé par un cours d'eau sous-glaciaire et subsistant après la déglaciation dans sa plaine d'épandage, le **sandr** (ou **sandur**). Mais derrière cette constatation, on perçoit les terrains de prédilection de la géographie française : terrains de proximité comme la Scandinavie ou régions de l'ancien empire colonial pour le Sahara. En effet, si un salar (*cf.* p. 90) désigne en Amérique latine la même réalité qu'une sebkha dans le monde arabe, c'est ce dernier terme qui s'impose presque toujours. De même, la faible présence de termes d'Asie centrale est révélatrice de la rareté des études françaises concernant cette partie du monde.

Au final, les termes utilisés par les géographes sont révélateurs de l'histoire d'une géographie descriptive empruntant sa terminologie au langage courant mais aussi au naturalisme et soucieuse de couvrir le monde.

La terminologie du karst : la prédominance des termes méditerranéens

Le **karst** (terme d'origine slovène), ou **relief karstique**, est l'ensemble des formes liées à la dissolution de roches calcaires. Ces formes, très diverses, sont présentes dans de nombreuses régions du monde mais la terminologie employée par la géographie classique atteste de leur découverte dans deux régions principales : la France métropolitaine et le monde méditerranéen.
Ainsi, le terme de **causse**, qui désigne un plateau calcaire lorsque l'affleurement est de grande taille, est un terme issu de l'occitan, qualifiant les mauvaises terres agricoles marquées par la sécheresse. Les grandes dépressions karstiques fermées, allongées, à fond plat, aux versants rectilignes sont des ***poljé*** (plaine, en slave) : elles disposent parfois d'un ***ponor*** (terme slave), c'est-à-dire un gouffre par lequel sont absorbées les eaux superficielles. Le fond des poljés peut comporter des ***hums***, terme bosniaque désignant les buttes pyramidales témoins de l'érosion.

On distingue classiquement le karst de surface du karst de profondeur. Les formes karstiques de surface sont bien connues et répertoriés, notamment en zone de montagne : les **lapiaz** (Savoie) ou **lapiez**, **lapié** (jurassien) sont les ciselures superficielles d'une surface karstique qui prend l'aspect d'un rocher rainuré. Les **sotchs** (languedocien) ou **dolines** (slave) sont des dépressions fermées de forme circulaire et de petite dimension. Elles sont fréquemment tapissées d'argile de décalcification (***terra rossa***, terme italien) et sont donc fertiles. Les ***ouvalas*** (terme croate) proviennent de la coalescence de plusieurs dolines ; les ***avens*** (occitan) sont les puits et gouffres s'ouvrant à la surface du plateau.
Enfin, quelques termes spécialisés mais surtout descriptifs vont peu à peu s'imposer, sans qu'ils correspondent à une origine très précise : le terme espagnol de **canyon** est souvent supplanté dans la toponymie locale et dans le discours des géographes par celui de **gorge** (vallée étroite et profonde aux versants très raides et parfois même surplombants). Ces gorges peuvent se terminer brutalement en bordure du plateau en **reculée** formant un amphithéâtre, ou **bout du monde**, parfois marqué par la réapparition d'eaux souterraines ou **résurgence**.
La terminologie des karsts de profondeur est aussi d'une grande richesse mais privilégie le registre descriptif de la langue française : les cavernes, galeries ou grottes sont souvent couvertes de **concrétions** (stalagmites, stalactites, draperies...), qui sont des formes d'accumulation du calcaire dissous par les eaux de surface.
La découverte par les géographes français des karsts tropicaux a peu enrichi cette terminologie après 1945. Dans une perspective européocentriste, ils les comparent aux karsts européens en montrant les rapports entre les termes locaux et les termes consacrés (***cenotes*** pour dire doline au Yucatan) ou en leur adjoignant des termes descriptifs comme le **karst « à tourelles »** (vastes buttes subverticales dominant des zones planes).

Lire aussi **Géographie naturaliste, géomorphologie – Milieu, géosystème, environnement – Montagne – Risques, pollution – Sols**

Religion

La religion a longtemps été un facteur essentiel de l'organisation des sociétés. Bien que la pratique religieuse ait connu un recul dans le monde, et qu'elle soit souvent passée dans la sphère du privé, les sociétés mais aussi les territoires et les paysages continuent d'être marqués par les manifestations concrètes ou immatérielles des religions. L'impact géographique des religions est essentiellement étudié selon deux approches, géoculturelle et géopolitique.

Religion, territoires et sociétés

Religion et espace sont étroitement liés, notamment par le biais des pratiques spatiales spécifiques aux religions. Ces relations ont été étudiées dès les années 1950 en France par Pierre **Deffontaines** (1894-1978) et par l'école de Berkeley aux États-Unis. Elles le sont encore par les géographes anglo-saxons et par un certain nombre de géographes français dans le cadre des *cultural studies* (*cf.* article *Culture, géographie culturelle*).

Religion et lieux sacrés, réels et imaginaires

Les religions ont cherché à localiser concrètement un certain nombre d'événements et de lieux mythiques, et donc à s'ancrer dans l'espace. La religion est ainsi productrice de territoires dédiés mais aussi de mobilités : certains lieux, comme La Mecque, Rome ou Jérusalem, constituent ainsi des buts de **pèlerinages**, des voyages rituels pour les croyants. Ces pèlerinages ont une forte empreinte spatiale et des conséquences économiques non négligeables. Ils sont l'une des principales motivations du tourisme religieux. La Mecque reçoit entre 3 et 5 millions de pèlerins par an, et Lourdes, 5 à 6 millions de visiteurs chaque année.

Parfois, ce souci de localisation répond à des questions fondamentales comme celle qui agita l'Occident au cours du Moyen Âge : pouvait-on localiser l'Enfer et le Paradis ? La cartographie médiévale, fortement imprégnée par une vision symboliste (*cf.* p. 40), tenta d'y répondre. Pour le Paradis, elle eut souvent recours aux mythes ou aux récits imaginaires et fabuleux, comme celui du royaume catholique du prêtre Jean censé régner sur les Pygmées, les Amazones, la fontaine de Jouvence et le Paradis. La cartographie le situait au-delà et à revers d'un islam menaçant. Le mythe a donc une teneur géographique, voire géopolitique. L'autre localisation du Paradis était le ciel. Les monuments, telles les cathédrales gothiques, devaient s'élever le plus haut possible. Les montagnes, comme l'Olympe, étaient les demeures des dieux. Quant à l'Enfer (du latin *inferno*, le bas), ses portes étaient localisées dans un édifice volcanique sentant le soufre ou dans un profond abîme. Ces localisations sacralisantes se sont traduites par l'érection de croix, d'églises, de temples ou de pagodes sur les sommets, ou à proximité des lieux maudits afin de conjurer le malheur. De même, des itinéraires menant aux lieux saints ont été sacralisés au cours du temps (comme ceux de Saint-Jacques-de-Compostelle ou des sources du Gange).

La religion peut ainsi être un élément de structuration de l'espace ou de marquage territorial, comme à Jérusalem avec le mur des Lamentations, la basilique du Saint-Sépulcre et la mosquée du Dôme du Rocher. On peut aussi évoquer une territorialité héritée du découpage en paroisses dans les pays catholiques. Enfin, au sein d'une ville, tel quartier peut être réservé aux croyants, véritable **ghetto**, au sens premier du terme, c'est-à-dire fondé sur un regroupement ethnique ou religieux.

La religion produit donc des lieux sacrés, parfois tabous. Elle détermine ainsi des frontières souvent invisibles, mais parfois bien réelles, lorsque le sommet, le secteur urbain ou le monument est interdit aux non-croyants. Mais ces lieux sont susceptibles d'évolution : la ville, par exemple, est synonyme d'une nouvelle perception du fait religieux, non seulement du fait d'une certaine sécularisation, mais aussi du fait de nouvelles pratiques spatiales, de nouveaux espaces dédiés, voire de nouvelles concurrences pour l'espace. Ainsi le cimetière est-il un fort consommateur d'espace urbain, un espace de plus en plus enclavé par la croissance urbaine et donc un espace convoité.

Les religions influencent fortement les sociétés

En tant qu'explications du monde et de l'au-delà, les religions influencent tous les secteurs de la vie, des plus concrets aux plus immatériels. En cela, elles intéressent aussi bien la géographie électorale par exemple que la géographie du symbolique. Les religions peuvent être le fondement des rapports sociaux, comme par exemple l'hindouisme avec le système de castes en Inde. Une **caste** (ou ***varna***) est un groupe social rigide et héréditaire : on naît dans telle ou telle caste, du fait de ses vies antérieures. Malgré leur suppression officielle en 1947 en Inde, elles déterminent encore les rapports sociaux. Naître **intouchable** ou ***harijan*** (terme popularisé par Ghandi, dans un but d'intégration des intouchables et signifiant « créature de Dieu ») ou encore ***dalit*** (« opprimé »), c'est être issu d'une basse caste considérée comme « polluante », et donc être, aujourd'hui encore, l'objet d'une ségrégation sociale. Toute personne ayant un contact physique avec un intouchable devient « polluée » à son tour. C'est pourquoi des quartiers, mais aussi des métiers, considérés comme sales, sont réservés aux intouchables. À une autre échelle, le statut inférieur de la femme, plus ou moins fort selon les époques et les sociétés, est lui aussi fondé sur des interprétations du christianisme ou de l'islam.

Les religions dictent également des valeurs morales, indiquant « ce qui est bien et ce qui est mal », ce qui a souvent des conséquences, par exemple en matière démographique (perception de l'avortement, de la contraception...), voire du mariage.

D'autres pratiques et comportements sociaux s'expliquent en partie par le poids de la religion, comme les comportements alimentaires et les pratiques agricoles. L'interdiction de la consommation d'alcool ou de porc chez les musulmans, de la vache chez les hindous, ont des effets réels : l'Inde possède par exemple le plus grand cheptel bovin du monde. La symbiose religion-agriculture a même pu donner lieu à des cultes de la terre associée à la fertilité. Le culte de la ***Pachamama*** (littéralement la « terre mère ») dans les Andes ou les religions du riz en Asie du Sud transcendent les grandes aires religieuses, ces traditions n'étant pas antagonistes avec des pratiques catholiques ou bouddhistes.

Religion et géopolitique

La question des grandes aires religieuses

Les religions formeraient de grandes **aires religieuses**, au sein desquelles une religion est dominante voire, dans certains cas, unique. Ces aires posséderaient des traits communs incontestables. Référence commune, inséparable de l'histoire et de la culture d'un peuple, parfois promue au rang de religion d'État, la religion influence en effet très fortement le groupe social. Elle peut aussi être un acteur géopolitique primordial, aussi bien pour servir l'unité nationale que pour contester un gouvernement en place. Cependant, une très forte empreinte de la religion ne se réalise qu'à deux conditions :

– la religion doit d'abord s'inscrire dans la durée. Les religions implantées de force dans un cadre colonial marquent certes les paysages par leurs aspects monumentaux et les mentalités par divers héritages, mais elles sont souvent moins prégnantes que des religions librement choisies. Le christianisme, par exemple, n'a pas supprimé en Afrique subsaharienne ou même au Brésil les cultes animistes. Ces religions « imposées » sont parfois en recul du fait de la diffusion d'autres religions, comme l'islam en Afrique ;

– il faut ensuite qu'elle soit celle du groupe dominant. Dans les pays où coexistent plusieurs religions, la problématique est différente. La religion majoritaire en nombre, ou dominante politiquement, détermine les orientations de la société et pousse fréquemment la minorité au repli sur un statut personnel plus ou moins octroyé.

Ces aires religieuses présentent des traits communs, mais leur diversité interne, liée à leur dimension, voire à leur fragmentation, ne permet pas de les considérer comme des entités homogènes. Le catholicisme est ainsi présent aussi bien en Amérique latine qu'en Europe ou aux Philippines. Mais, malgré des similitudes, l'organisation sociale reste très différente d'un ensemble à l'autre du fait d'autres paramètres, économiques mais aussi culturels, la culture ne pouvant être réduite à la religion. Il faut donc relativiser ce concept d'aire religieuse. Une des critiques qu'on peut lui faire est qu'elle focalise l'attention sur les membres de la communauté, pratiquants ou non, comme groupe social repérable, au détriment d'une analyse des rapports entre ceux-ci et la société globale. Or, la pratique religieuse varie beaucoup d'un ensemble à l'autre, et dans un espace mondialisé, les religions fonctionnent de plus en plus selon des réseaux qui ne sont pas forcément territorialisés.

Le rôle géopolitique des religions

Bien que le religieux soit moins prégnant aujourd'hui qu'aux siècles précédents, il reste une clé d'explication géopolitique du monde.

À l'échelle des États, on distingue les États laïcs de ceux possédant une religion d'État. Un **État laïc** (la France, par exemple) est indépendant de toute religion et n'en subventionne aucune en particulier. Une **religion d'État** est la religion officielle de cet État – ainsi de l'islam pour le Maroc ou le Pakistan –, aucune séparation n'existant entre l'Église et l'État, qui

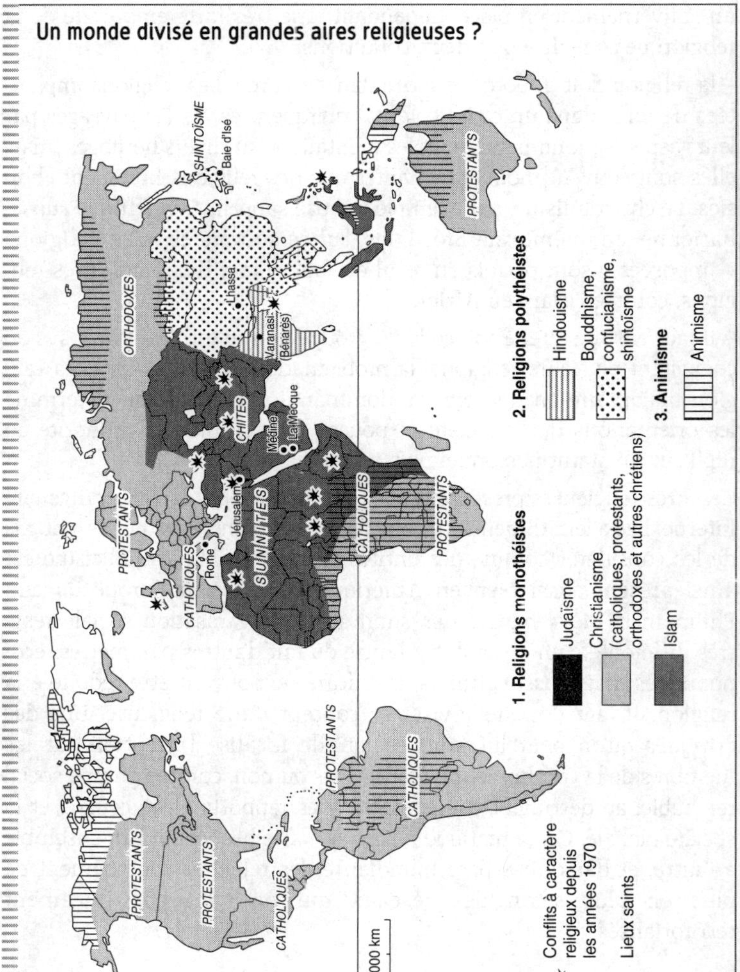

Un monde divisé en grandes aires religieuses ?

la finance. Dans ce cas, la religion peut même être le ciment de la cohésion nationale et influencer de très nombreux pans de la vie publique : plusieurs pays musulmans ont adopté des législations tenant compte de la **charia**, ensemble de règles de conduite s'imposant aux musulmans. Si la place institutionnelle de la religion est fondamentale, son rôle politique dans un pays dépend également d'autres facteurs, dont le principal est son poids réel. Les messages des Églises, ceux contre l'avortement par exemple, ont beaucoup moins d'impact en France qu'aux États-Unis. Ceux-ci ne possèdent pourtant pas non plus de religion officielle, mais la culture dominante, celle de l'élite économique et politique – les **WASP** (***White Anglo-Saxon Protestant***) – demeure fortement imprégnée par la religion protestante. Dans ce cas, les groupes religieux se comportent comme des **lobbies** (au singulier **lobby**), des groupes de pression organisés et activistes essayant de faire prévaloir leurs idées.

Un certain « retour du religieux » renforce le phénomène. Si le xxe siècle s'est plutôt traduit par une sécularisation des sociétés, le recul du religieux a souvent généré, en retour, le développement d'un **intégrisme** (attitude de conservatisme intransigeant au sein d'une religion) et une exacerbation du phénomène religieux, comme en témoigne la montée de l'**islamisme** (doctrine visant à faire de l'islam le fondement de l'organisation politique et sociale d'un pays). Ce terme a cependant des acceptions diverses et évolutives, étant parfois considéré comme synonyme d'un islam politique modéré mais de plus en plus assimilé à l'islamisme radical, anti-occidental. Quant au terme **fondamentalisme**, il désigne, à l'origine, un protestantisme radical ayant pour pilier la foi dans l'infaillibilité de la parole divine exprimée dans la Bible, mais l'usage a étendu ce terme à d'autres religions (notamment à l'islam radical). Enfin, les religions ou les Églises ont aussi servi de moyen de contestation sociale, de la Pologne communiste à l'Iran moderniste du Shah.

Dans les pays où coexistent plusieurs religions, des conflits peuvent éclater. Ces antagonismes peuvent être larvés, mais aussi violents, comme en témoigne par exemple la guerre civile qui, en Irak, oppose depuis 2005 les chiites, localisés principalement au sud du pays, et les sunnites. Si le conflit n'a évidemment pas qu'une dimension religieuse et a été favorisé par la déstabilisation du pays, suite à l'intervention américaine de 2003, il s'enracine dans l'antagonisme entre ces deux grandes branches de l'islam. Le **sunnisme** est la branche majoritaire de l'islam dans le monde. Il se réfère au Coran et à la *sunna* (« tradition »), recueil des préceptes tirés des pratiques du prophète Mahomet. Historiquement, les sunnites reconnaissent l'autorité du calife, qui n'est pas nécessairement un descendant de Mahomet. *A contrario*, le **chiisme** considère que la descendance du prophète a été usurpée depuis la mort du fils d'Ali (gendre de Mahomet) en 680 et que c'est aux membres du clergé chiite de diriger la communauté. Le courant majoritaire du chiisme - le **chiisme duodécimain** – croit en l'infaillibilité de douze imams ayant relayé le message de Mahomet. Les chiites (minoritaires au niveau mondial) sont majoritaires en Iran, en Irak, à Bahreïn notamment.

Enfin, les conflits religieux peuvent prendre une dimension internationale, en particulier dans les zones de contact entre aires religieuses différentes. La raison en est évidente : hormis peut-être les philosophies orientales (bouddhisme et confucianisme notamment), les grandes religions font du prosélytisme, ont des tendances hégémoniques et se heurtent donc, sur leurs marges, aux autres aires religieuses. Il n'en résulte cependant un conflit armé que s'il existe d'autres points d'achoppement, la religion étant alors un facteur parmi d'autres. La guerre peut malgré tout devenir une « guerre sainte » comme dans l'exemple des **croisades** au Moyen Âge (au sens littéral, « pèlerinage armé pour délivrer la croix », c'est-à-dire Jérusalem) ou du **djihad** (ou **jihad** – littéralement, le « combat sacré »). Souvent considéré par les musulmans comme le sixième pilier de l'islam, le djihad est avant tout un combat intérieur, de lutte contre soi-même. Mais il s'agit aussi d'une lutte contre les infidèles (djihad mineur). De nombreux autres conflits peuvent être analysés avec une grille de lecture religieuse. Il serait cependant extrêmement réducteur de faire de ces rivalités des conflits religieux, la religion étant dans de tels cas un relais du nationalisme.

Dans les années 1990-2000, de façon plus globale, cette grille de lecture a connu un net regain d'intérêt, à la suite de Samuel **Huntington** (*cf.* article *Géopolitique*). Selon sa thèse, depuis la fin de la Guerre froide, les conflits ne s'expliqueraient plus par des raisons idéologiques ni économiques (l'opposition Nord-Sud), mais seraient liés à un « **choc de civilisations** ». Le monde serait divisé en sept aires culturelles correspondant à des critères « ethniques » mais surtout religieux (aire musulmane, aire hindoue, aire slave-orthodoxe...). Cette conception du monde, très contestable, car négligeant volontairement l'économique et le politique ainsi que les diversités internes à chaque aire, a été l'un des supports idéologiques des interventions américaines de 2002-2003 en réponse aux attentats du 11 septembre 2001.

Lire aussi **Culture, géographie culturelle – Géopolitique – Exclusion, intégration**

Risques, pollution

À côté des risques naturels, se multiplient, depuis le début du XXe siècle, des risques technologiques et, plus généralement, une pollution importante qui inquiète les opinions publiques, mais aussi les États et les instances internationales. Les géographes se sont d'abord intéressés aux risques, par le biais de la géographie environnementale, et continuent de le faire dans d'autres branches de la géographie, dont la géographie urbaine ou la géographie culturelle.

Aléa, risque et vulnérabilité

On appelle **risque** tout danger menaçant un groupe humain (il s'agit donc d'un terme prévisionnel). Lorsque l'événement se produit, on parle alors de **catastrophe**. Il faut aussi différencier catastrophe et **événement**. Ainsi, un séisme se produisant en zone inhabitée est un événement naturel, mais n'est pas une catastrophe. Il constitue un **aléa**, terme qui conformément à son étymologie (hasard), insiste sur l'idée de probabilité et sur le caractère aléatoire, difficilement prévisible des événements.

Les risques correspondent donc aux aléas potentiellement catastrophiques pouvant entraîner des milliers de victimes. Leur prévision est par conséquent essentielle. Celle-ci repose sur une recherche fondamentale et sur la **prospective**, c'est-à-dire les hypothèses de scénario que l'on peut envisager. Depuis la fin des années 1980, la (ou les) **cindynique(s)** (du grec *kindunos*, danger – ou science(s) du danger) – fédère des activités jusqu'alors séparées. Elle a pour objectif de traiter conjointement tous les aspects des risques naturels et technologiques : scientifiques, culturels, légaux, et ce à plusieurs niveaux : étude de probabilité, moyens de prévention, conséquences sur les individus… Elle évalue notamment la **vulnérabilité** des populations et des territoires, en mesurant l'ampleur des conséquences potentielles d'un aléa sur des **enjeux** (à savoir, littéralement « ce qui est en jeu » du point de vue humain, économique…). Si pendant longtemps l'étude de l'aléa a primé dans l'évaluation du risque, c'est moins le cas aujourd'hui où la vulnérabilité intègrant des données physiques mais aussi démographiques, économiques, politiques, sociales, voire culturelles, est privilégiée. Cette vulnérabilité est logiquement plus forte dans les lieux les plus densément peuplés comme les villes ou les lieux sensibles (sites chimique, nucléaire…). Elle l'est aussi dans les espaces les moins à même de se protéger des aléas, en particulier dans les PMA et dans les quartiers urbains les plus pauvres. La prise de conscience de la vulnérabilité permet le développement d'une **culture du risque** à savoir la mise en œuvre de comportements propres à se protéger des menaces. Elle est donc un élément fondamental à considérer dans les politiques de gestion du risque. Enfin, le degré de **résilience**, soit la capacité de se relever d'une catastrophe, de se réorganiser, est un autre élément à prendre en compte en géographie des risques.

Ces thématiques sont de plus en plus intégrées par la société occidentale qui serait devenue, selon le sociologue allemand Ulrich **Beck** (né en 1944), une « **société du risque** » (du titre d'un de ses ouvrages de 1986), c'est-à-dire une société postindustrielle où les risques sont devenus centraux, se sont multipliés et complexifiés mais sont de plus en plus considérés comme inacceptables, contrairement à des sociétés traditionnelles ou même industrielles où le risque était considéré comme inévitable ou du moins indissociable du progrès. Ce que souligne Beck, c'est le paradoxe entre une situation de risque liée à l'environnement, qui nous atteint personnellement, mais aussi collectivement et le contexte de méfiance vis-à-vis d'une science considérée comme fondamentale et utile et dont on attend qu'elle comprenne, et évalue quels sont ces risques, alors qu'elle semble douter d'elle-même : les désaccords entre scientifiques sont donc vécus comme insupportables.

Risques naturels ou risques combinés ?

Les typologies des risques majeurs sont nombreuses. On distingue classiquement les risques liés à l'action de l'homme (**risques anthropiques**) et les **risques naturels** (liés à une menace naturelle tels les séismes). Cette subdivision classique est cependant remise en cause essentiellement du fait de la prédominance des **risques combinés**, liés à plusieurs phénomènes naturels et / ou anthropiques. L'accident nucléaire de la centrale de Fukushima au Japon en 2011 est révélateur : un séisme de magnitude 9 (aléa naturel) engendre un tsunami (autre phénomène naturel) qui déclenche un accident nucléaire (risque technologique) du fait de l'insuffisance des mesures de protection de la centrale (une défaillance du système de sécurité), ce qui provoque de graves conséquences sur l'environnement, l'économie et la population.

On distingue également les risques selon le type d'aléa impliqué (risques géophysiques, atmosphériques dont les risques liés à l'eau, sanitaires, technologiques). On les classe aussi selon leur prévisibilité, leur impact spatial ainsi que selon les pertes humaines et matérielles qu'ils occasionnent.

● Des phénomènes atmosphériques qui touchent inégalement les populations

Le climat et ses dérèglements sont responsables de nombreuses catastrophes. Les **sécheresses** sont des périodes plus ou moins longues d'insuffisance de pluies. Si le terme peut désigner des phénomènes habituels, comme l'aridité estivale des zones méditerranéennes, il peut aussi désigner des phénomènes inhabituels et dangereux, donc parfois considérés comme des risques. À l'opposé, une surabondance de précipitations constitue un autre risque climatique (inondations...).

Les **ouragans** sont de violentes tempêtes, surtout caractéristiques des régions tropicales, se déplaçant très rapidement et marqués par des vents violents pouvant fréquemment dépasser les 400 km/h. Ce sont donc des **cataclysmes**, des événements brutaux, désastreux et rapides. Leur passage sur une mer chaude accélère leur dynamique et accentue le risque combiné de **raz-de-marée** : au Bangladesh, des vagues de 7 mètres de haut accompagnèrent l'ouragan de mai 1985 et firent 55 000 morts et disparus. Le langage courant a multiplié les appellations pour désigner les différentes formes d'ouragans : **typhons** (terme plus employé pour le Pacifique occidental et la mer de Chine), ***hurricanes*** (terme habituellement employé pour l'Amérique du Nord) et **cyclones**. Ce dernier terme reste souvent réservé aux phénomènes touchant la zone intertropicale, mais le terme de cyclone peut désigner en météorologie toute masse d'air animée d'un mouvement de rotation en sens inverse des aiguilles d'une montre, et ce à l'inverse des anticyclones... Les **tornades** (terme générique provenant de l'espagnol *tornado* – qui tourne) définissent des perturbations atmosphériques tourbillonnaires qui s'apparentent à des cyclones mais de moindre ampleur et se déplacent sur les continents, notamment en Amérique du Nord.

Ce type d'événement fait partie des risques majeurs relativement prévisibles, fréquents et attendus. Aux Antilles et aux États-Unis, ils sont quasiment annuels et les météorologues américains leur avaient même donné pour les répertorier des prénoms féminins… seule une femme pouvant être, dans leur esprit, comparée à une telle manifestation ! Sous la pression des mouvements féministes, ils portent désormais dans le monde alternativement des prénoms de femme et d'homme, tels Marylin ou Hugo. Ces cyclones sont suivis par satellite afin de prévoir leur trajet sur plusieurs jours, d'avertir les populations concernées et de limiter les dégâts. Une différence majeure existe toutefois entre les pays du Nord, où les populations peuvent généralement supporter le choc des cyclones, et les pays du Sud, où le même phénomène représente un risque bien supérieur. Du fait du niveau de vie et de problèmes de gouvernance, la vulnérabilité des populations haïtiennes est sans commune mesure avec celle des États-Unis, alors qu'elles sont touchées par les mêmes cyclones. À une autre échelle, le passage du cyclone Katrina à la Nouvelle Orléans en 2005 (plus d'un millier de morts) a confirmé à quel point les catastrophes sont révélatrices des inégalités sociales.

● Le risque inondation, accru par les aménagements humains

Les **inondations** et les crues constituent des risques majeurs fréquents. Le terme de **crue**, souvent réservé aux rivières, parfois étendu aux lacs, ne désigne toutefois pas forcément une catastrophe. Toute rivière possède, chaque année, une période de hautes eaux, ou de crue, qui ne se traduit qu'exceptionnellement par une inondation. De plus, une crue sortant du lit de la rivière et se traduisant par une inondation n'est pas non plus forcément un désastre. Les crues régulières et nourricières du Nil étaient attendues par les paysans égyptiens comme un bienfait avant la construction du haut barrage d'Assouan, mis en eau en 1970. Enfin, une inondation peut être engendrée par une crue, mais aussi par une forte marée, un raz-de-marée, une fuite de canalisation d'eau ou une rivière rompant ses digues, tel le Rhône lors des inondations de 2003 à Arles.

Les crues exceptionnelles sont peu prévisibles. Les hydrologues estiment qu'une rivière connaît en milieu tempéré une crue exceptionnelle tous les cent ans – **crue séculaire** (ou **crue centennale**) – et une crue importante tous les dix ans – **crue décennale** –, mais il ne s'agit que d'une notion très théorique et la fréquence de ces crues catastrophiques reste mal connue. Lorsqu'elles interviennent en zone densément peuplée, ce sont alors des catastrophes majeures, comme les crues qui ont touché l'Europe centrale en 2002. Celles de la Seine à Paris en 1910 et de l'Arno à Florence en 1966 sont restées célèbres. L'étude des causes du phénomène a montré leur complexité et donc la difficulté de le prévoir. Aux fortes pluies automnales, caractéristiques du Bassin méditerranéen, se sont ajoutées la déprise rurale, responsable du manque d'entretien des rigoles en amont et l'**imperméabilisation** des sols en milieu urbain, empêchant l'imbibition de ceux-ci et favorisant un écoulement immédiat vers la rivière ; à cela s'ajoutèrent des erreurs humaines : les barrages en amont de Florence ont tardé à écrêter la crue et, du fait d'une importante artificialisation du fleuve, il s'écoula plus rapidement entre des digues trop étroites. Lors de forts orages, ou en zone de forte pente, une crue peut en effet se déclencher en quelques heures. Il n'est alors plus temps de faire quoi que ce soit. La seule prévention efficace consiste à établir des cartes de risques signalant les zones inondables et nécessite une volonté politique assez forte pour déclarer ces zones non constructibles. Créés par la loi de 1995, les **PPR** (**plans de prévention des risques**) correspondent à cette volonté. Ils comportent un volet **PPRI** (**Plan de prévention des risques inondation**) établi sur prescription préfectorale, qui recense les zones inondables, et donc inconstructibles, à garder comme zone d'expansion des crues.

Des risques géophysiques inégalement prévisibles

Les **risques géophysiques** regroupent tous les risques liés à l'instabilité de la structure profonde du globe et, par extension, tous les risques liés à l'instabilité du sol et du sous-sol. Ces risques peuvent être aggravés s'ils se produisent dans des zones sensibles. C'est le cas des tsunamis (*cf.* p. 361), fréquents le long de la **ceinture de feu du Pacifique**, une bande de forte activité volcanique de 38 000 km de long aux marges de l'océan Pacifique, des Andes à la Nouvelle-Zélande.

Les **séismes** (étudiés par la **sismologie** se traduisent par des **secousses telluriques** ou **tremblements de terre** correspondant à la propagation de l'onde vers la surface. Dans la plupart des cas, les séismes résultent du mouvement de deux plaques lithosphériques contiguës. Ils peuvent également être liés à une faille ou à son rejeu et à une montée de magma lors d'une éruption volcanique. Ils possèdent un **foyer** plus ou moins profond et un **épicentre** : le point de la surface situé à la verticale du foyer. Les séismes peuvent être superficiels (moins de 100 km), intermédiaires (100 à 300 km) ou profonds (300 à 700 km). Ils sont plus fréquents dans les régions de contact entre plaques (faille de San Andreas aux États-Unis, chaîne andine, ceinture de feu du Pacifique et Asie centrale) et peuvent exceptionnellement toucher des zones intraplaques. La France métropolitaine n'est pas à l'abri d'un séisme majeur et en a déjà connu : celui de Corrençon (Vercors), en 1962, eut une magnitude de 5,3.

Ce sont des risques de première importance quand ils affectent des zones très habitées, comme de grandes villes : le séisme de Mexico fit, en 1985, 20 000 morts. Les populations qui résident dans les grandes villes ou sur les littoraux menacés (Californie et Asie orientale, surtout) vivent dans la crainte que survienne un ***Big One***, c'est-à-dire un séisme de grande magnitude (plus de 8) qui provoquerait un très grand nombre de victimes. Cette peur est d'autant plus justifiée que les séismes importants peuvent entraîner, par leur capacité de destruction, des risques combinés, naturels ou humains. On mesure d'abord les séismes par leur **magnitude**, soit l'évaluation de l'énergie dissipée par le séisme. L'**échelle de Richter** (1935) calcule la magnitude grâce à des enregistrements sur des **sismographes**. L'échelle est ouverte et n'a donc pas de limite théorique. Les séismes de magnitude supérieure à 8 sont rares (en 1960, séisme de magnitude 9,5 au Chili). Par rapport à un séisme de magnitude 5, un séisme de magnitude 6 présente une énergie trois fois supérieure (100 fois supérieure pour une magnitude 7 et 3 150 fois pour une magnitude 8). L'**intensité d'un séisme** correspond à une échelle de dégâts. Elle se mesure à l'aide de l'**échelle de Mercalli** (1902, modifiée en 1956) qui compte 12 degrés ou par l'**échelle MSK** (Medvedev-Sponheuer-Karnik, 1964), graduée également de 1 à 12.

Étant donné l'importance de ces risques, la recherche et la prévision ont fait ces dernières années des progrès considérables, sans aboutir encore à une totale prédiction des séismes. Plusieurs méthodes de prévision fondées sur les signes avant-coureurs ont été proposées. Les Chinois, par une observation du niveau des puits et des variations du champ magnétique, ont pu prévoir deux séismes, mais ont aussi connu des échecs importants et n'ont pu prévoir le séisme du Sichuan en 2008, dont les conséquences furent catastrophiques. On privilégie actuellement en France l'établissement d'un réseau complet de stations sismologiques automatiques afin de mieux estimer le risque, de mieux connaître la structure profonde de la lithosphère et, à terme, de constituer une banque de données pouvant permettre des recherches fondamentales. Le réseau **Sismalp**, composé d'une cinquantaine de stations installées dans les Alpes françaises, a également pour but de répondre à la demande d'informations lors d'un séisme important : localisation de l'événement, diffusion d'informations auprès des médias. D'autres moyens peuvent permettre de limiter les conséquences des séismes comme l'éducation des populations des régions les plus sensibles, la

La correspondance entre échelle de Mercalli et échelle de Richter

Échelle d'intensité de Mercalli	Richter
I. Séisme perçu uniquement par quelques personnes ; détecté seulement par des instruments très sensibles.	2
II. Perçu par quelques personnes au repos et se trouvant aux étages supérieurs ; balancement d'objets suspendus.	3
III. Perçu principalement par des personnes à l'intérieur des édifices. Les automobiles stationnées peuvent bouger.	
IV. Perçu par la plupart des gens à l'intérieur des édifices et par certains à l'extérieur ; suffisant pour réveiller certaines personnes ; bris de vaisselle, fenêtres et portes.	4
V. Perçu par presque tout le monde ; plusieurs personnes sont réveillées ; bris de vaisselle et de fenêtres.	5
VI. Perçu par tout le monde ; plusieurs personnes sont effrayées et courent à l'extérieur ; quelques meubles sont déplacés ; quelques morceaux de plâtre tombent et quelques dommages aux cheminées ; dommages légers.	
VII. La plupart des gens paniquent et courent à l'extérieur ; dommages minimes aux constructions conçues pour les zones sismiques, de minimes à moyens chez les bonnes constructions ordinaires, importants chez les mauvaises constructions.	6
VIII. Dommages légers aux constructions conçues pour les zones sismiques, importants chez les bonnes constructions ordinaires avec des effondrements possibles, catastrophiques chez les mauvaises constructions.	
IX. Dommages considérables aux constructions conçues pour les zones sismiques ; édifices déplacés sur leurs fondations ; fissuration du sol ; bris des canalisations souterraines.	7
X. Quelques bonnes constructions en bois et la plupart des constructions en maçonnerie sont détruites ; sol fortement fissuré ; plusieurs glissements de terrain se produisent.	
XI. Très peu de constructions en maçonnerie restent debout ; rails tordus ; ponts détruits ; larges fissures dans le sol.	8
XII. Destruction quasi totale ; ondulations visibles à la surface du sol ; objets projetés dans les airs.	9

construction aux normes parasismiques. Mais les séismes de 1995 et 2011 au Japon ont montré que de telles mesures n'étaient pas toujours efficaces ni toujours respectées. De plus, leur coût souvent élevé les met hors de portée d'un certain nombre de populations défavorisées dans les PED comme dans les Pays du Nord.

Les **éruptions volcaniques** (*cf.* p. 233) posent des problèmes différents. Toutes ne constituent pas des risques naturels majeurs et il faut distinguer les **éruptions de type explosif**, soudaines et très dangereuses, de celles de type **effusif**, plus calmes, créant des coulées de lave fluide souvent dangereuses aussi, mais à l'impact moins immédiat. Les populations peuvent, en général, prendre leurs dispositions. La population islandaise vit ainsi depuis plus de 1 000 ans sur une île à 97 % volcanique et n'a connu qu'une catastrophe majeure, celle du Laki en 1783. Le second problème posé par les éruptions de type explosif tient à leur fréquence souvent très faible. Le volcan Pinatubo était, avant son éruption de 1991, considéré comme non dangereux par les populations habitant ses flancs.

La prévision des éruptions a fait d'immenses progrès et les volcans les plus dangereux sont sous une surveillance permanente (Etna, volcans philippins, indonésiens...). Des recherches ont été entreprises pour faire progresser les méthodes de prévision des éruptions et les techniques de guidage d'éventuelles coulées de lave, afin de les détourner des lieux habités.

Les risques liés à la pente touchent de nombreuses populations

Les risques liés aux dynamiques de pente affectent essentiellement les milieux montagnards. Les **laves torrentielles**, des coulées de boue, se produisent souvent dans le lit d'un torrent. Elles peuvent avoir comme origine une crue, donc de fortes pluies, et sont liées aux dynamiques de pente. Ce ne sont que rarement des risques majeurs, les populations connaissant ce type de risque vivant à l'abri du phénomène. Toutefois, exceptionnellement, les laves torrentielles peuvent causer des dégâts en coupant des routes, en se produisant dans des lieux inhabituels et en détruisant des habitations. Leur prévision est très difficile ; leur prévention repose notamment sur le reboisement des versants raides, seul capable d'éviter un ravinement en cas de violent orage.

On appelle **écroulement** toute chute soudaine d'une quantité énorme de matériaux. Ce terme est alors préférable à celui d'**éboulement**, trop vague car pouvant aussi désigner des phénomènes lents ou de faible ampleur. Phénomène rare, difficile à prévoir car lié à un ensemble complexe de causes, l'écroulement peut devenir une catastrophe majeure par sa soudaineté. L'**effondrement**, événement souvent lié aux mêmes causes que l'écroulement, présente un aspect topographique différent, car il correspond à un affaissement brutal d'un terrain sur lui-même. Le **glissement de terrain**, terme plus vague, désigne une dynamique de versant se produisant sur des terrains gorgés d'eau. Leur prévision reste aléatoire et repose essentiellement sur l'établissement de cartes de risques. Mais celles-ci ne peuvent prévoir la date exacte du phénomène.

D'autres risques liés à la pente ont pour origine la neige et la glace. Les **avalanches** constituent un risque relativement prévisible car ce sont les chutes de neige plus ou moins importantes et les conditions thermiques qui dictent le phénomène. Aux documents informatifs comme les **cartes de localisation probable des avalanches** (**CLPA**) se superposent des **Plans de prévention des risques** (**PPR**) qui délimitent pour les principales communes de montagne les zones « rouges » inconstructibles, « bleues » constructibles sous réserve de prescriptions particulières, ou « blanches » constructibles car en théorie à l'abri du risque d'avalanche. De tels plans limitent le danger, mais leur élaboration, parfois négociée en fonction des intérêts économiques de la commune, peut les rendre sujet à caution : en 1999, une avalanche emportait 17 chalets et faisait 12 victimes au hameau du Tour à Chamonix, dans un lieu pourtant classé en zone blanche. Enfin, Météo France annonce en hiver des échelles de risques en fonction de l'enneigement plus ou moins important et de la stabilité du manteau neigeux.

D'autres risques liés à la nature

Les risques liés à une forme de vie animale ou virale font aussi partie des risques majeurs. Les invasions de criquets, de sauterelles... se traduisent généralement par la destruction de récoltes, qui peuvent avoir des répercussions importantes (difficultés économiques, voire disettes). Les **épidémies**, c'est-à-dire la propagation rapide d'une maladie souvent infectieuse à un grand nombre de personnes, dans un territoire donné et pour une période déterminée (le terme est cependant parfois utilisé aujourd'hui pour désigner la multiplication de cas de maladies non contagieuses comme le paludisme, ce qui supprime aussi l'idée de période déterminée) et les **pandémies** (épidémie d'extension au moins continentale) ont un impact humain bien supérieur (*cf.* article *Santé*). Souvent non prévues, elles sont habituellement prévenues par des mesures d'ordre sanitaire classiques. Et si l'on pensait, il y a encore peu, que ces risques constituaient désormais le triste privilège des populations des PED aux conditions sanitaires peu satisfaisantes (choléra au Sénégal en 2005), la pandémie de **Sida** (syndrome d'immunodéficience acquise) a montré le contraire. Dans ce cas, la différence entre Nord et Sud réside essentiellement dans l'inégal accès à la prévention et aux soins qui accroît le nombre de personnes contaminées dans les PED de façon beaucoup plus importante que dans les pays riches. Certains de ces **risques sanitaires** (affectant la santé) sont accrus par l'augmentation de la mobilité des hommes : ainsi en est-il du Sida mais aussi de l'épidémie de **SRAS** (syndrome respiratoire aigu sévère) qui débuta en Chine en 2002 et qui motiva une alerte mondiale déclenchée en 2003 par l'**OMS** (Organisation mondiale de la santé, organisme de l'ONU).

Enfin, il existe des **risques secondaires**, liés à des phénomènes naturels moins importants, mais pouvant exceptionnellement s'avérer très dangereux. Ce sont, par exemple, les tempêtes de sable provoquées par le ***simoun*** (vent chaud et sec des marges sahariennes), dans les marges sahariennes, les tempêtes de neige dues au blizzard ou encore la grêle. De même, les marées de vives eaux sont un risque secondaire, quand elles sont associées à des **ondes de tempêtes** (hausse du niveau marin liée à une dépression très creusée qui s'ajoute à l'effet de la marée en se propageant vers les côtes) peuvent être catastrophiques : celles de 1953, aux Pays-Bas, firent 1 800 morts.

Des risques anthropiques en augmentation

En augmentation constante, les **risques anthropiques** (liés à l'action de l'homme), dits parfois **risques artificiels**, dont les **risques technologiques** (liés plus spécifiquement à l'industrie), entraînent des accidents mais aussi une pollution « banale » de plus en plus problématique.

Des risques en augmentation

Les risques technologiques sont souvent spécifiques, comme les explosions, rares en milieu inhabité. Mais la plupart des risques anthropiques ont souvent un aspect comparable aux risques naturels – des crues, des incendies, des affaissements de terrain peuvent aussi bien être liés à des aléas naturels qu'à des actions anthropiques.

Les **incendies de forêt**, parfois déclenchés volontairement, se trouvent également facilités par le non-entretien des sous-bois. Les effondrements sont parfois d'origine anthropique, tels, en Lorraine, les **effondrements miniers** provoqués par l'extraction sous-jacente du sel, ou en Normandie les **effondrements de marnières**. Les **marnières** sont des cavités profondes (parfois plus de 40 m), autrefois forées par les agriculteurs afin d'extraire la marne pour amender les terres agricoles. Riche en apport calcaire, la marne assurait la fertilisation des sols, compensant ainsi l'acidité des terres normandes. De nos jours, ces marnières s'effondrent parfois entraînant alors des accidents. Enfin, les **affaissements de terrain** peuvent être provoqués par un pompage excessif des eaux, notamment en milieu urbain. Le phénomène est spectaculaire à Venise ou encore à Bangkok. Dans cette ville, les 11 000 puits, qui extrayaient 10 millions de m^3 d'eau par jour au milieu des années 1990, ont contribué à un abaissement responsable de plusieurs inondations (*cf.* article *Littoral*). Cet enfoncement a pu aller jusqu'à 10 cm par an dans les années 1980. Diverses mesures l'ont limité à 2-3 cm depuis le début du XXIe siècle, mais elles sont désormais contrariées pas la remontée du niveau des mers liée aux changements climatiques.

Certains géographes, à la suite des sociologues, incluent aussi dans les risques d'origine anthropique, les **risques sociaux** ou **sociétaux** (violences urbaines par exemple), qui sont toutefois de nature fort différente des précédents.

Les pollutions liées à des accidents industriels

Du fait de l'industrialisation, les pollutions représentent un des aléas les plus fréquents. Plusieurs accidents majeurs l'ont montré ces vingt dernières années. On entend par **pollution** une atteinte grave à l'environnement. Ce sont d'abord les **marées noires** : ces déversements brutaux d'hydrocarbures en pleine mer du fait généralement d'un accident, provoquent une pollution chimique majeure. L'accident de la plateforme pétrolière BP dans le golfe du Mexique en 2010, les naufrages du Prestige sur les côtes espagnoles en 2002 ou de l'Exxon Valdes en Alaska en 1989 sont les plus spectaculaires. Les **déballastages** illicites sont fréquents en haute mer : les navires pétroliers vidangent leurs cuves qu'ils ont remplies d'eau de mer après la livraison de leur chargement de pétrole ; les autres types de navires rejettent divers résidus. On parle parfois de façon abusive de **dégazages** pour désigner ces opérations de déballastage. Enfin, le risque de pollution par marée noire peut être un risque combiné quand il est provoqué par des aléas naturels, par exemple un cyclone qui affecte des plates-formes ou des terminaux pétroliers. Ce fut le cas dans le golfe du Mexique en 2005 suite au passage de l'ouragan Katrina.

Ce sont ensuite des **pollutions chimiques** comme lors d'accidents industriels. À Seveso, en Italie, l'émission d'un nuage de gaz toxique, la dioxine, contamina 37 000 personnes en 1976. À Bhopal, en Inde, l'explosion d'une usine de l'Union Carbide, en 1984, libéra un gaz toxique responsable de 7 000 morts, 50 000 handicapés à vie et 100 000 blessés. À Toulouse, le 21 septembre 2001, l'explosion de l'usine AZF fit 30 morts, plus de 2 000 blessés et des dégâts matériels considérables dans l'ensemble de la ville. Cet accident pose le problème de la localisation de telles unités en zones urbaines. Si finalement la décision fut prise de ne pas reconstruire cette unité de production, de nombreuses usines du même type restent encore en activité à proximité immédiate de grandes villes. La lutte contre de tels risques suppose donc un solide arsenal juridique. La CEE avait pris des directives importantes, comme la **directive Seveso** en 1982. Tout établissement concerné doit avertir les populations des risques encourus, prévoir des moyens en cas d'accident et s'installer dans une zone peu urbanisée. Depuis la directive dite **Seveso 2** en 1996, l'UE distingue les usines présentant un seuil bas (Seveso) des usines plus dangereuses (dites seuil haut ou Seveso 2) : pour celles-ci l'on renforce les dispositions relatives à la prévention des accidents majeurs. Elle a parallèlement introduit quelques mesures complémentaires comme les tests des plans d'urgence, le renforcement des systèmes d'inspection et une meilleure maîtrise de l'urbanisation aux alentours des usines. Depuis 1995, dans le cas de la France, ces mesures européennes se doublent de l'établissement d'un **PPRT** (ou Plan de prévention des risques technologiques) qui obéissent aux mêmes logiques générales que les PPRI pour les inondations (*cf.* p. 441). Mais ces mesures n'empêchent pas l'accident (l'usine AZF de Toulouse était classée Seveso) et, de toute façon, s'appliquent rarement aux usines délocalisées dans les pays du Sud, notamment pour des raisons d'économie sur les normes de sécurité.

Le **risque nucléaire** est une autre menace de premier ordre. Outre celle, mal connue, de 1957 dans l'Oural, trois catastrophes majeures ont eu lieu. Celle de Three Miles Island, en 1979, aux États-Unis, irradia 40 ouvriers. Mais les deux plus importantes sont celles de Tchernobyl, en Ukraine, en 1986 et de Fukushima, au Japon en 2011, et dont le bilan précis reste encore incomplet.

● La pollution « banale » de l'air et de l'eau

Moins spectaculaire, mais aussi dangereuse, la pollution de l'eau et des nappes phréatiques est non seulement un risque, mais aussi une réalité de plus en plus fréquente. Elle concerne aussi bien les PED que les PID où les infiltrations de polluants divers, notamment de nitrates dans les nappes, constituent un risque de première importance. Dans certains PED, la pollution de l'eau peut être également liée à la pollution fécale, en l'absence de latrines privées ou publiques dûment équipées.

Le problème des **déchets** domestiques et industriels engendre également une pollution « banale », mais en augmentation. Dans les pays développés, une législation salutaire se met progressivement en place, interdisant les « décharges sauvages » et privilégiant le tri sélectif et le recyclage. Mais elle est difficilement appliquée même au sein de l'UE : la décharge à l'air libre d'Entressen à Marseille n'a fait l'objet d'un arrêté de fermeture qu'en 2006, soit neuf ans après les premières directives européennes.

De même, la pollution « banale » de l'air désigne un risque « ordinaire » mais de plus en plus inquiétant. Il s'agit par exemple des **pluies acides** liées aux fumées d'usines chargées en dioxyde de soufre qui détruiraient les forêts. Mais ce sont surtout les milieux urbains qui souffrent des méfaits de la circulation automobile, des rejets industriels et du chauffage. Dès le XIXe siècle, Londres fut touchée par le **smog**, terme créé à partir de *smoke* (fumée) et de *fog* (brouillard) pour désigner une forte pollution sous forme de fumée mêlée au brouillard. Les fortes pollutions de l'air ont pu engendrer des conséquences majeures : en 1952, on dénombra 4 000 morts à Londres du fait d'une forte concentration en polluants. Les études épidémiologiques montrent une surreprésentation des bronchites, de l'asthme et des irritations des yeux dans les villes. La prise de conscience du phénomène varie d'un pays à l'autre : en France, comme dans une vingtaine de pays, c'est la mise en place de réseaux de surveillance et d'un « **indice Atmo** » mesurant la qualité de l'air dans les grandes villes. C'est aussi dans plusieurs pays ou villes des mesures encore timides lors de pics de pollution (vitesse limitée…) ou de façon continue (péage urbain comme à Londres, circulation alternée des véhicules à Mexico…). Ces mesures sont encore trop ponctuelles et pas toujours respectées, alors même que l'ampleur du problème s'accroît (multiplication des véhicules individuels dans les pays émergents comme la Chine et véhicules vieillis et polluants dans de nombreux pays en développement).

Ces pollutions sont à l'origine de risques sanitaires, risques qui sont aussi liés à d'autres sources de pollution (pesticides contenus dans certains aliments, nuisances sonores…), mais aussi aux conditions de vie plus générales (précarité sociale…).

Des risques planétaires encore mal connus

Les risques globaux sont liés aux changements climatiques comme le relèvement du niveau de la mer, l'extrémisation du climat (*cf.* article *Climat*).

La prévention de tels phénomènes nécessite une coopération internationale initiée par quelques grandes conférences. La **Conférence de Londres** en 1990, regroupant 70 pays, avait programmé d'ici l'an 2000 la suppression des CFC, responsables du trou dans la couche d'ozone et donc en partie du réchauffement planétaire. Ce protocole fut finalement appliqué par 114 pays et, dès 2000, les CFC avaient diminué de plus de 85 %. Le **Sommet de la Terre**, organisé sous l'égide de l'ONU en 1992, à Rio de Janeiro (*cf.* article *Développement durable*), n'a pris aucune décision essentielle, par manque de volonté commune, se contentant d'établir le **protocole de Rio**, d'ailleurs non accepté par certains des pays participant au sommet : introduction du principe de précaution, du principe du pollueur-payeur (les pays les plus pollueurs devant donner les plus grosses contributions financières), nécessité d'études d'impact sur l'environnement, utilisation des meilleures techniques disponibles et de meilleures pratiques environnementales. En 1997, la Conférence de Kyoto sur le réchauffement climatique a abouti à un accord historique (**protocole de Kyoto**) prévoyant une réduction moyenne de 5,2 % des rejets de gaz à effet de serre d'ici 2012. Mais il ne s'agissait là que d'un accord de principe non doté de mesures contraignantes pour des pays émergents comme la Chine, et d'un accord non ratifié par les États-Unis notamment. Face à ces réticences, diverses conférences ont tenté sans succès de parvenir à « un accord climatique global » avant cette date de 2012 (Bali 2007, Copenhague 2009, Durban 2011). Le sommet de la Terre de 2012 qui se tenait symboliquement à Rio (sommet « Rio + 20 ») n'a de même abouti à aucun accord général. Si de telles conférences témoignent d'une prise de conscience progressive de ces risques planétaires et de l'intérêt d'une gouvernance environnementale mondiale, elles restent d'un effet limité et seuls quelques États et organisations régionales, comme l'Australie et l'Union européenne, ont une réelle politique de l'environnement.

Risques naturels et artificiels, de plus en plus combinés, peuvent donc engendrer des catastrophes importantes. Si les premiers sont les plus fréquents, les seconds sont de plus en plus nombreux et lancent un véritable défi aux sociétés industrialisées du Nord et du Sud, afin de parvenir à un développement durable.

Lire aussi **Aménagement du / des territoire(s) – Cours d'eau, hydrologie – Développement durable – Santé**

Santé

La santé dépend de très nombreux facteurs (sociaux et économiques, environnementaux...). Elle est par ailleurs un révélateur des inégalités de développement à toutes les échelles. Pour ces raisons, elle est devenue un des objets de la géographie.

La santé, un objet géographique

● La santé n'est pas seulement l'absence de maladies

En 1946, la **santé** était définie par l'**OMS** (**Organisation mondiale de la santé**, organisme spécialisé de l'ONU) comme « un état de complet bien-être physique, mental et social, et [elle] ne consiste pas seulement en une absence de maladie ou d'infirmité ». En 1986, et toujours à l'initiative de l'OMS, cette définition fut complétée lors de la première Conférence internationale sur la promotion de la santé. La **Charte d'Ottawa** proclama que « pour parvenir à un état de complet bien-être physique, mental et social, la santé constitue la mesure dans laquelle un individu ou un groupe est apte à réaliser ses aspirations et à satisfaire ses besoins et d'autre part à s'adapter à son environnement et à le modifier ».

La santé d'un individu ou d'un groupe est donc liée à de nombreux déterminants. Le terme **déterminant de la santé** est utilisé en **épidémiologie** (l'étude des facteurs influant sur la santé des populations) pour désigner l'ensemble des facteurs qui protègent ou au contraire altèrent la santé d'une population : niveau de revenu, sexe, environnement physique et social, culture... C'est la combinaison de ces déterminants qui influe sur l'état de santé d'un individu ou d'une population. Alors que la notion de déterminant privilégie le contexte par une approche systémique, les notions de **facteur de risque** pour la santé et de **risque sanitaire** sont sensiblement différentes car elles insistent plus sur les causalités et procèdent d'une démarche statistique : quel est le pourcentage de risque dans tel contexte ? Quelle est la **morbidité**, c'est-à-dire le nombre de personnes dans une population qui souffrent de cette maladie pendant un temps donné ? Dans le détail, la morbidité peut s'analyser par l'**incidence de la maladie** (combien de nouveaux cas) ou par sa **prévalence** (le nombre total de malades).

L'étude de la santé est donc géographique par son objet, l'homme en société, mais aussi par l'étude des interactions entre cette société et son environnement. La notion de **santé environnementale**, mise en place en France en 2004 par un **Plan national de Santé-Environnement** (**PNSE**), témoigne de cette prise en compte. Celui-ci « vise à répondre aux interrogations des Français sur les conséquences sanitaires à court et moyen terme de l'exposition à certaines pollutions de leur environnement » et émet des préconisations environnementales.

Les géographes et la santé

Les premiers géographes à avoir étudié les problématiques liées à la santé le firent au XIXe siècle dans le cadre des dernières grandes explorations (ce furent notamment les expéditions de Von Humboldt dans les Andes), puis dans le cadre d'une géographie coloniale naissante. Il s'agissait avant tout d'une approche par les milieux bioclimatiques et d'une **géographie des maladies** tropicales. Celle-ci procédait dans le cadre de monographies à une analyse des lieux touchés par une maladie, à sa diffusion spatiale et à ses vecteurs : ainsi des maladies de la zone intertropicale, comme la maladie du sommeil inoculée par la mouche tsé-tsé, ont-elles parfois été davantage étudiées que d'autres sévissant à l'époque en Europe.

Le contexte général de l'époque a aussi joué un rôle dans ces recherches avec le succès de l'**hygiénisme** à la charnière du XXe siècle suite aux travaux de Pasteur. Mouvement à but social, il préconisait une amélioration de la santé des couches populaires par des modifications de leur environnement, notamment urbain, et par le développement de travaux urbanistiques : assainissement et généralisation des égouts, suppression des taudis, mais aussi développement des sanatoriums et du climatisme (*cf.* p 502), des hôpitaux, création en ville d'espaces verts, de points d'eau accessibles à tous, de **jardins ouvriers** (ou **jardins associatifs**), sur des parcelles mises à disposition la plupart du temps par les municipalités afin que les couches populaires aient une alimentation correcte.

Dans les années 1930, Maximilien **Sorre** (1880-1962) joua un rôle précurseur en géographie de la santé en introduisant la notion de **complexe pathogène**, notion insistant sur l'interdépendance des déterminants de la santé. Il étudia notamment la diffusion de la **malaria** (ou **paludisme**), maladie infectieuse liée à un parasite (**parasitose**), propagée par les anophèles et endémique en région tropicale (une

endémie, du grec *endemos* : indigène, est une maladie limitée à une région et à une population donnée). Sorre montra la liaison entre la diffusion de la maladie, les caractéristiques climatiques et les densités de population, conceptualisant ainsi la notion de **paysage épidémiologique**. À sa suite, on est donc passé progressivement d'une géographie des maladies à une **géographie de la santé** aux ambitions beaucoup plus larges, puisqu'elle intègre la géographie des soins, celle de l'inégalité de santé des populations et surtout des déterminants de santé. On peut aussi signaler dans les années 1960 les travaux d'Yves **Lacoste** en Haute-Volta (Burkina Faso actuel) sur les causes de l'**onchocercose** (ou cécité des rizières), et notamment le rôle du milieu.

Mais dans le contexte de la géographie française classique, ces travaux resteront isolés jusqu'aux années 1970-1980, époque à laquelle la géographie de la santé va s'axer non seulement sur les maladies mais aussi sur les **systèmes de santé**, c'est-à-dire l'ensemble de tous les moyens qui participent à la mise en œuvre de la politique de santé d'un pays (institutions, ressources, acteurs et leurs conceptions politiques…). Cette notion de système de santé, plus large que celle de **système de soins** (ensemble des personnels et infrastructures dans les domaines médical et paramédical) a permis aux géographes de mettre au centre de l'analyse les déterminants sociaux, économiques, culturels et politiques intervenant sur l'état de santé des populations. Elle correspond à la conception de la géographie comme une science sociale.

De nos jours, les géographes appréhendent donc les problématiques de la santé de multiples façons. Il s'agit par exemple d'une approche systémique par l'évaluation des déterminants et leurs interactions, mais aussi par une approche spatiale avec l'étude des processus de **diffusion** (*cf.* article *Espace, diffusion spatiale*) : comment se diffusent les maladies, mais aussi les innovations en matière de santé ? Quels sont les itinéraires de telle ou telle **épidémie** (propagation rapide d'une maladie à un grand nombre de personnes) ou de telle ou telle **pandémie** (épidémie de taille au moins continentale) ? Comment se diffuse telle ou telle innovation ? Par exemple quels sont en Afrique les obstacles financiers mais aussi culturels à la diffusion des trithérapies dans le cadre du Sida ? Comment la mobilité accrue des populations peut-elle favoriser les risques de diffusion, dans un contexte de mondialisation ? Quel rôle jouent notamment les transports aériens ?

Dans l'étude de ces processus, les approches environnementalistes permettent de répondre à différentes questions : quels types de milieu sont favorables ou défavorables à cette diffusion : milieux physiques, mais également environnement urbain ou rural, milieu social... ? L'analyse multiscalaire est donc souvent privilégiée et de nombreuses études sont menées à l'échelle d'un quartier, d'une population donnée. De telles recherches peuvent également se combiner avec une géographie du genre (*cf.* p. 75-76) : les femmes sont-elles concernées de la même manière que les hommes ? Et pourquoi ?

L'approche par les **acteurs de la santé** est donc importante et se combine souvent avec des problématiques d'aménagement des territoires (*cf.* article *Aménagement du / des territoire(s)*). Ces acteurs sont des acteurs privés (laboratoires...), des institutions internationales comme l'OMS, la FAO (*cf.* p 126), **ONUSida** (organisme de l'ONU coordonnant les actions contre le VIH-Sida), des ONG et des organismes publics locaux ou étatiques (hôpitaux, ministères...) mais aussi les personnels de la santé. Un des champs d'action des géographes est l'étude du rôle joué par les collectivités locales ou les États : y a-t-il par exemple des **déserts médicaux**, c'est-à-dire des territoires peu médicalisés et qui connaissent donc une faible **densité médicale** (nombre de médecins pour 100 000 habitants) ? Et comment y remédier par l'aménagement des territoires ? Quels sont les actions et les objectifs que les gouvernements se fixent en matière de santé publique (**politique de santé**) ? Certains États comme la France ont ainsi par exemple des politiques de **veille sanitaire**, de surveillance de l'état de santé des populations dans un but de **prévention** (terme à comprendre ici comme l'ensemble des actions qui visent à éviter ou à diminuer les facteurs de risque et donc à diminuer le nombre et la gravité des maladies). Comment enfin sont gérées les **crises sanitaires**, ces événements touchant brutalement la santé d'une partie importante de la population ? Par exemple en 2009-2010, quelles furent les mesures prises face à l'épidémie de grippe H1N1, une **maladie émergente** (infection nouvelle engendrée par exemple par la mutation d'un agent pathogène) ? Pour quel bilan sanitaire et économique ?

Santé et développement

La santé, indicateur de développement et révélateur des inégalités

La santé est un excellent indicateur des inégalités de développement dans le monde. Si la situation sanitaire mondiale s'améliore peu à peu, les écarts restent très importants d'un pays à l'autre. Ainsi, l'espérance de vie mondiale (*cf.* p 391) est passée de 35 ans en 1900 à 69,4 ans en

2013, mais celle-ci n'atteint pas 55 ans dans plus de vingt pays africains alors qu'elle dépasse les 80 ans au Japon. Les écarts sont tout aussi importants quand on examine d'autres indicateurs de mortalité. La **mortalité infantile** (des enfants de moins d'un an) est inférieure à 4 décès pour 1 000 naissances en Europe alors que dans plusieurs pays d'Afrique subsaharienne, elle dépasse les 100, voire 120 pour mille. Le même constat vaut pour la **mortalité juvénile** (mort des enfants de moins de 5 ans). Les écarts du **taux de mortalité maternelle** (le nombre de décès de femmes venant d'accoucher pour 100 000 naissances) sont beaucoup plus importants : moins de 10 en Europe, jusqu'à 2 000 en Afrique subsaharienne. De telles différences témoignent évidemment à la fois des conditions sanitaires générales et d'une faible proportion des accouchements assistés par du personnel de santé, ce qui pose la question de l'**accès aux soins** (ou **accessibilité aux soins**, c'est-à-dire la capacité à recourir à des ressources sanitaires en fonction d'une distance, d'un temps et d'un coût.

En revanche, d'autres indicateurs sont moins tranchés : l'**espérance de vie sans incapacité** (le nombre moyen d'années de bonne santé que l'on peut espérer vivre dans les conditions médicales, sociales et sanitaires du moment) laisse entrevoir des différences moins importantes entre Nord et Sud, sans doute pour des raisons statistiques, les incapacités étant moins comptabilisées, mais aussi pour des raisons culturelles, les incapacités étant mieux prises en charge par les structures familiales dans les pays du Sud, et donc parfois non considérées comme telles.

Ces indicateurs sont surtout révélateurs des inégalités sanitaires Nord-Sud : des inégalités dans l'**hygiène** (au sens large, l'ensemble des principes et des pratiques tendant à préserver la santé), mais aussi dans la scolarisation et donc la diffusion des règles d'hygiène. Mais ce sont aussi des inégalités économiques : accès à l'eau potable, aux personnel et infrastructures médicales, aux médicaments. L'alimentation est aussi déterminante : sous-nutrition et malnutrition se traduisent par des maladies de carence et une plus grande vulnérabilité aux maladies (*cf.* p. 23). La prévention est enfin souvent plus difficile à organiser dans les pays moins développés.

Enfin, d'autres maladies, longtemps cantonnées au Nord, se développent à l'échelle mondiale et témoignent d'une certaine mondialisation culturelle : c'est le cas de l'épidémie mondiale d'**obésité** (le terme d'épidémie ayant été validé par l'OMS). Celle-ci touche par exemple 33 % des femmes américaines. Mais du fait de la transition alimentaire (*cf.* p. 23), du développement de l'agroalimentaire et d'une certaine globalisation culturelle, de nombreux pays du Sud voient ce phénomène augmenter de façon importante : en 2015, 2,3 milliards d'adultes seront en surpoids et 700 millions seront obèses (c'est-à-dire auront un **indice de masse corporelle** – le poids divisé par le carré de la taille – supérieur à 30). Et le phénomène touche déjà en masse des pays aussi différents que le Brésil, l'Arabie saoudite ou le Kazakhstan… L'étude des régions qui sont concernées et de celles qui résistent (certains États américains comme le Colorado, certains pays comme le Japon) est un des champs d'étude de la géographie culturelle, le phénomène témoignant moins de phénomènes génétiques que de pratiques sociales.

Des inégalités qu'on retrouve à toutes les échelles

L'opposition Nord-Sud est insuffisante pour rendre compte des inégalités de santé dans le monde. Son étude nécessite donc une approche multiscalaire. Certains pays dits du Nord ont une situation sanitaire très médiocre : des infrastructures de santé insuffisantes et de mauvaise qualité, des comportements culturels à risque (alcoolisme…), une forte pollution. Ainsi, l'espérance de vie en Russie (69 ans en 2013) est inférieure à celle de nombreux PED. Au Sud, la diversité est encore plus forte entre les pays émergents (*cf.* article *Développement, Sud*) et les PMA : l'espérance-vie du Mexique était de 77 ans en 2013, celle du Tchad de 50 ans.

Mais il faut surtout tenir compte des inégalités internes aux différents pays et ce à toutes les échelles : par exemple, en Île-de-France, l'espérance-vie moyenne est supérieure de près d'un an à la moyenne française. Mais les inégalités intra-régionales sont importantes : l'Est de la Seine-et-Marne a une espérance-vie supérieure de plus de 15 % à celle de certains départements de la petite couronne. Le même type d'inégalités devant la mort se retrouve à une échelle encore plus fine dans certains arrondissements de Paris. Il faut bien sûr voir là avant tout le reflet d'inégalités sociales et donc d'un accès plus ou moins aisé à l'offre de soins, mais aussi d'autres déterminants comme la qualité de l'air, la taille des logements…

D'une façon plus générale, les inégalités entre milieu rural et milieu urbain – le niveau de santé étant généralement meilleur en ville – caractérisent tous les pays, mais se complexifient progressivement : de très nombreux déserts médicaux existent encore dans les pays du Sud ou se recréent dans certains pays du Nord du fait des fermetures d'hôpitaux et de services publics. Mais le constat classique de l'existence d'un

« facteur urbain de la santé » est de moins en moins valable : l'étalement urbain et la relégation de populations défavorisées en lointaine périphérie se traduisent par des inégalités sanitaires accrues. Le problème est encore plus important dans les pays du Sud avec les habitats précaires : le paludisme qui a longtemps été moins important en ville se développe dans les bidonvilles du fait des eaux stagnantes mais aussi du fait des fortes densités de population.

Prenant en compte des préoccupations environnementales, sociales et économiques, la santé s'insère de plus en plus dans les politiques de développement durable. En 1992, la déclaration de Rio (*cf.* article *Développement durable*) proclamait le droit à la santé : « les êtres humains sont au centre des préoccupations relatives au développement durable. Ils ont droit à une vie saine et productive en harmonie avec la nature ». Ces objectifs, qui passent aussi par la solidarité internationale avec les ONG, mais aussi les institutions de l'ONU : FAO, OMS ou **UNICEF** : **Fonds des Nations unies pour l'enfance**, qui, en organisant des campagnes de vaccination massives en Afrique, a réussi à faire sensiblement reculer la mortalité infantile dans cette partie du globe.

Lire aussi **Développement, Sud – Géographie (histoire de la) – Population, démographie**

Services, secteur tertiaire

Nombreuses, variées et omniprésentes dans l'espace, les activités de services recoupent pour partie le secteur tertiaire. Celui-ci progresse très rapidement dans les pays du Sud et représente, dans bien des pays du Nord, plus des deux tiers des emplois et du PNB. Il participe à la polarisation de l'espace et des réseaux de communication et d'échanges.

La diversité des services

Un **service** est un produit de l'activité humaine destiné à la satisfaction des besoins par la mise à disposition d'une capacité technique ou intellectuelle. Il correspond donc à une prestation, ce qui est conforme à son sens premier (« rendre service ») : ni agricole ni industriel, il ne donne donc pas lieu à une production matérielle mais se caractérise par des transferts de travail et de savoir (transport, recherche, enseignement ou conseil…) et parfois de biens ; il est en effet habituel d'intégrer le commerce aux services. Certains **services** sont dits **banals**, c'est-à-dire en contact direct avec le consommateur final (**services de proximité**) qui les utilise fréquemment (boulangerie, école…), notamment parce qu'ils sont proches de son domicile et d'accès aisé. D'autres sont des **services anomaux**, plus spécialisés et auxquels on a recours plus rarement (opéra, centres hospitaliers universitaires…).

Selon une ancienne typologie, créée en 1947 par l'économiste Colin Clark, il est habituel de dire que les services forment, avec les échanges, le **secteur tertiaire**, soit l'ensemble des activités transactionnelles. Le secteur tertiaire s'opposerait aux **secteurs primaire** (ensemble des activités productrices de matières premières : agriculture, mines, forêts, pêche) et **secondaire** (ensemble des activités de transformation des matières premières). Néanmoins, cette typologie ne définissait les services qu'en creux : elle fut en effet fondée en pleine époque fordiste, dans une société très marquée par l'industrialisation et dans laquelle les services étaient encore peu nombreux. Mais l'augmentation du secteur tertiaire et la variété croissante des activités relevant de ce secteur ont conduit à une multiplicité de typologies, ce d'autant plus que de nombreuses activités de services sont désormais entremêlées avec les activités industrielles et que la barrière entre secondaire et tertiaire est de plus en plus difficile à définir, notamment en raison de l'essor des **TIC** (technologies de l'information et de la communication).

On distingue néanmoins classiquement selon le niveau de spécialisation ou selon le type d'activités :

– le **tertiaire inférieur**, qui regroupe les emplois domestiques, le commerce de détail, l'artisanat et l'ensemble des **services à la personne**, à savoir selon la définition légale en France, « l'ensemble des services contribuant au mieux-être de nos concitoyens sur leurs lieux de vie, qu'il s'agisse de leur domicile, de leur lieu de travail ou de loisirs ». Les activités du tertiaire inférieur participent parfois au **secteur informel** qui regroupe des activités de production de services mais aussi de biens qui échappent à toute réglementation et à toute forme de prélèvement fiscal. Fréquent dans les PED mais existant aussi dans les PID, il concerne notamment, pour les services à la personne, les activités de ménage, de jardinage, d'aide à domicile, les réparations simples… ;

– le **tertiaire supérieur**, qui regroupe des services de haut niveau technique employant une main-d'œuvre très qualifiée. Secteur de décision, il englobe les banques, les assurances et les professions libérales ;

– le **tertiaire quaternaire** ou **secteur quaternaire**, qui représente la recherche, l'informatique, l'enseignement et l'information.

Au sein de chaque catégorie, on distingue également, selon leur finalité :

– les **services marchands**, à but lucratif, qui sont le plus souvent soumis à la **concurrence**, à la confrontation entre plusieurs vendeurs d'un même produit ou d'une même prestation. C'est le marché qui détermine leur prix de vente. Ils incluent tout d'abord les **services commerciaux** qui regroupent le petit commerce indépendant, la vente par correspondance et les **grandes surfaces**. Celles-ci se présentent sous la forme de libres-services qui sont en France, selon leur surface, des **supérettes** (de 100 à 400 m²), des **supermarchés** (400 à 2 500 m²), ou des **hypermarchés** (plus de 2 500 m²). Les **centres commerciaux** associent aux grandes surfaces des boutiques d'accompagnement sur le modèle du *mall* nord-américain. Les services marchands concernent également les transports, les professions libérales (médecins, avocats, notaires, architectes) et les activités culturelles, le tourisme, les activités immobilières, les assurances, les banques, les services de gestion et de conseil aux particuliers ou aux entreprises. Les **services aux entreprises** font partie du tertiaire de production ou **tertiaire industriel**, ou « **tertiel** ». Il s'agit des activités d'**ingénierie** (activités de conception, d'étude et de coordination exercées par des ingénieurs et techniciens pour la réalisation ou la mise en service d'un ouvrage), de recherche, de gestion, de conseils juridiques, de commercialisation et de **communication** (services qui englobent l'échange ou le transfert d'information ainsi que la promotion publicitaire). Dans ce domaine, la distinction entre secteurs secondaire et tertiaire est parfois difficile : un comptable qui travaille dans une entreprise industrielle fait partie du secteur secondaire alors qu'un ouvrier peintre ou électricien qui travaille dans un grand magasin est comptabilisé dans le secteur tertiaire ;

– les **services non marchands** qui correspondent aux services financés par l'impôt et qui sont gérés par l'État ou les collectivités locales. Leur prix de vente n'excède normalement pas leur prix de revient et se trouve souvent inférieur à celui-ci, notamment dans le cas des **services d'intérêt général**, utiles à tous et devant donc être peu coûteux pour rester accessibles. Ils correspondent donc à la notion de **service public**, activité disponible en théorie pour tous de manière égalitaire et donc conforme à la notion d'intérêt général. Ils regroupent en France des **services sociaux** (enseignement, santé, maisons de retraite ou Pôle Emploi), la sécurité, l'animation, la culture et des **services de distribution** (postes et télécommunications, eau, gaz ou électricité). Cependant, avec la privatisation de la distribution de l'eau ou de l'électricité, ces services deviennent peu à peu des services marchands. Les services non marchands constituent l'essentiel de l'**administration** qui regroupe les personnels (en partie des fonctionnaires) et les services nécessaires au fonctionnement des pouvoirs publics et de l'État.

Les services hiérarchisent et polarisent l'espace à toutes les échelles

Les principes de localisation des activités de services

Les **services banals**, les plus nombreux, ainsi que le commerce se retrouvent en tous lieux et bénéficient de points de desserte multiples, même si le dépeuplement peut donner lieu à la disparition de certains d'entre eux, faute d'une clientèle suffisante pour en assurer une certaine rentabilité ou d'une volonté politique de les préserver (écoles en milieu rural, bureaux de poste, agences bancaires, dessertes ferroviaires...). Leur répartition se calque étroitement sur la localisation des populations. L'État intervient parfois dans la localisation des services banals, en limitant par exemple le nombre d'officines pharmaceutiques.

D'une façon générale, la localisation des services obéit aux mêmes facteurs que les autres activités économiques tels le rôle des transports et l'accessibilité, la présence d'un marché du travail ou du pouvoir d'achat d'une clientèle locale... Ces faits sont à l'origine de plusieurs réflexions théoriques en géographie et en économie spatiale. Aux États-Unis, Homer **Hoyt** (1895-1984) de l'école de Chicago met au point en 1939 un modèle sectoriel qui enrichit le modèle descriptif de Burgess (*cf.* p. 214). Traitant de manière globale des relations entre les secteurs économiques d'une ville, il montre que si la localisation des services est effectivement liée à la répartition de la population et de son pouvoir d'achat, elle est largement liée à la localisation des autres secteurs et à leurs facteurs propres (industries, accessibilité générale...).

À la même époque, le géographe Walter **Christaller** (1893-1969) (*cf.* p. 216) émet une théorie de localisation des services et des commerces selon les **lieux centraux** ou **places centrales**. Chaque équipement tertiaire découperait l'espace en hexagones formés par l'espace de recrutement de sa clientèle, l'**aire de chalandise**. La taille de celle-ci dépend étroitement du degré de banalité de l'activité. Au-delà de la limite de l'aire de chalandise (ou **portée limite**), le client renonce car la distance au service est devenue dissuasive ; il se tourne alors vers un autre centre. Cette théorie s'appuie sur le fait que les villes ont longtemps été les espaces privilégiés des services. Toute ville présente un pouvoir de **polarisation**, c'est-à-dire d'attraction sur l'espace dont elle constitue le centre, et qui détermine son influence à l'échelle régionale, nationale, voire mondiale. Or, cette capacité à attirer des consommateurs potentiels dépend étroitement des services qu'elle possède. Leur présence ou leur absence serait donc à la base des hiérarchisations urbaines.

Cette théorie a été largement contestée. Elle est de toute façon inopérante aujourd'hui pour plusieurs raisons :

– Par rapport à cette époque, nous sommes dans un nouveau cadre conceptuel de mondialisation qui change le rapport à la distance et à son coût, mais aussi et surtout dans lequel la notion même de ville a évolué (*cf.* article *Urbanisation*). Les villes-centres ne jouent plus le même rôle, les relations entre villes ont changé et les espaces intermédiaires ont un rôle nouveau. C'est cette dimension qui a été prise en compte par les tenants de la **Nouvelle économie géographique**, tels Paul Krugman et Masahita **Fujita** (né en 1943), ancien élève de Walter Isard (*cf.* p. 417). La répartition des services doit être appréhendée dans le cadre de la nouvelle division internationale du travail. La baisse des coûts permet certes un redéploiement plus facile de nombreux services dans le cadre de la mondialisation, mais l'opposition entre des régions « centres » (des quartiers centraux, des métropoles, des pays intégrés dans la mondialisation) et des périphéries (des zones rurales, des pays en marge) joue à toutes les échelles.

– En conséquence, le **comportement spatial** des consommateurs a changé. Ceux-ci ne se déterminent pas en fonction du seul caractère d'éloignement, mais cherchent aussi à limiter leur temps de déplacement en tenant compte de l'**accessibilité d'un lieu** (la plus ou moins grande facilité à l'atteindre), d'autant meilleure que les coûts financier et horaire nécessaire sont plus réduits. Ils peuvent donc choisir un centre plus éloigné de leur domicile mais mieux desservi par les voies de communication. Ils recherchent également la possibilité de grouper leurs achats en un même lieu en ayant recours parfois à un centre commercial lointain mais complet, bien desservi et qui offre des parkings. C'est ainsi que se sont développées des localisations linéaires le long des voies de communication et des implantations groupées dans les périphéries urbaines et « entrées de villes », alors que les petits commerces spécialisés des centres-villes se maintiennent difficilement.

● La ville et les services

Avec la mutation de la nature même des villes (*cf.* article *Urbanisation*), les rapports entre ville et services ont singulièrement évolué. Il convient de distinguer la localisation des services intra-urbains des services interurbains.

À l'intérieur du tissu urbain, les services présentent des localisations particulières. Les centres ont été généralement très prisés : centres anciens mais aussi **centre des affaires** (*Central Business District* ou **CBD**) des grandes villes des pays européens et des **pays neufs** (États colonisés par les Européens et ayant acquis leur indépendance précocement : Australie, Canada, États-Unis...). Ces **quartiers des affaires** sont occupés par les bureaux des entreprises et les administrations. Le lien entre centre-ville et services commerciaux est renforcé par le développement dans certains pays de rues piétonnes et par la spécialisation de certains axes ou quartiers dans un domaine ou un autre. Ainsi, à Paris, le quartier Latin est un espace de services intellectuels, le VIIe arrondissement constitue le centre administratif et politique, les commerces de luxe se concentrent dans quelques rues du VIIIe arrondissement, etc.

Certaines grandes villes ont récemment vu se développer un **polycentrisme tertiaire** (ou une **polynucléarisation**, par la présence de plusieurs centres) lié à la création de nouveaux pôles tertiaires pour répondre à l'extension des activités de service. C'est le cas dans de nombreux pays, par exemple, en France, à Paris avec le centre de Nanterre La Défense ou le Plateau de Saclay, ou dans les *edge cities* (*cf.* p. 535) du sud et de l'ouest des États-Unis.

Les périphéries urbaines sont depuis une cinquantaine d'années des lieux d'accueil privilégiés pour certaines structures très consommatrices d'espace comme les grandes surfaces, les centres commerciaux, les universités ou les aéroports. Cette tendance de fond s'est accélérée depuis les années 1980-1990 avec l'étalement urbain : beaucoup d'entreprises de services recherchent désormais des **localisations interurbaines**, c'est-à-dire en espace périphérique et à mi-chemin entre deux, voire trois, centres urbains importants.

Les services aux entreprises se rapprochent des nouvelles zones d'activités, souvent périphériques ; les technopôles sont créés près des zones universitaires et certains espaces de loisir s'installent à proximité des grandes villes comme le Parc Disneyland-Paris de Marne-la-Vallée ou à Maizières-lès-Metz, occupant d'anciennes friches industrielles. Ce type de reconversion a également été mis en œuvre à Nœux-les-Mines, dans le Pas-de-Calais, où un vaste espace de loisir a été créé (Loisinord), en aménageant notamment un ancien terril avec des pistes de ski synthétiques.

Enfin, de nombreuses villes doivent l'essentiel de leur dynamisme à des activités tertiaires : centre administratif pour Washington, centre touristique pour Acapulco (Mexique), Nassau (Bahamas) ou Cannes. Elles constituent souvent des espaces actifs et recherchés pour le nombre et le type d'emplois qu'elles proposent, ainsi que pour la qualité de leur environnement.

Un essor inégal des services à l'échelle planétaire

Les économies contemporaines ont été marquées par la **tertiarisation**, c'est-à-dire la progression importante des activités tertiaires par rapport aux autres activités. Aujourd'hui, les services représentent approximativement les deux tiers du PNB et des emplois mondiaux et un peu plus de 18 % des exportations mondiales en 2011. Le tertiaire est également le secteur d'activité le plus créateur d'emplois, notamment dans les services aux entreprises. La France occupe une place de choix dans le monde des services puisqu'elle se classe aujourd'hui cinquième exportateur mondial dans ce domaine (voyages touristiques, assurances…).

Il s'agit là d'une tendance de fond qui témoigne du passage à une **ère postindustrielle** ou **néo-industrielle**. Ce concept fut créé par les sociologues Daniel Bell et Alain Tourraine : avant 1850, le monde connaissait la prédominance du secteur primaire, avant 1960 du secteur secondaire. Depuis cette période, les pays passent les uns après les autres à une ère dominée par le tertiaire. L'importance des services constitue donc un indicateur classique de développement. Les pays les moins développés ont souvent une très faible part des services dans le PIB et dans la population active (souvent inférieure à 35 %, notamment dans les PMA). Elle est cependant en très nette augmentation dans de nombreux PED. Il faut signaler enfin que les services représentent, dans ces pays, une large part du secteur informel. Les pays du Nord ont connu une tertiarisation beaucoup plus massive du PIB et de la population active (plus de 60 %).

Cette évolution est à relier à de nombreux phénomènes :
– les gains de productivité réalisés dans les secteurs primaire et secondaire qui ont libéré de la main-d'œuvre ;
– les crises qui ont accentué la désindustrialisation ;
– l'augmentation du rôle de l'État qui a entraîné la multiplication de services publics non marchands ;
– la croissance des activités de commerce, de transport et d'échange ;
– l'essor de l'urbanisation, qui est à la fois cause et conséquence de la tertiarisation ;
– la hausse du niveau de vie et le développement de nouveaux besoins (transports, santé, loisirs, tourisme…), parfois liés aussi au vieillissement de la population ;
– la généralisation du travail féminin qui a dégagé à la fois un potentiel de main-d'œuvre et a créé de nouvelles activités de services (restauration rapide, plats cuisinés, structures de garde d'enfants).

D'une façon plus générale, la mondialisation renforce cette tendance : après avoir favorisé les délocalisations industrielles des industries des pays développés vers les PED, la mondialisation des services aux entreprises est désormais effective. Non seulement les services jouent un rôle majeur dans l'organisation des flux et des mobilités grâce aux transports, mais on assiste de plus à une délocalisation des services aux entreprises comme la publicité, les centres d'appel ou la bureautique. Ainsi, les **centres d'appel** ou ***call centers*** sont des plates-formes chargées du démarchage de nouveaux clients (le **télémarketing**) et de l'assistance téléphonique ou Internet aux utilisateurs des différents produits. Bénéficiant de la baisse du coût des communications, ces services sont de plus en plus externalisés dans des pays du Sud, en Inde par exemple, mais aussi à Maurice qui est l'un des lieux d'implantation privilégiés du fait de la double pratique de l'anglais et du français et du faible décalage horaire de l'île par rapport à l'Europe.

Lire aussi Tourisme – Transport, communications – Urbanisation – Ville

Société, géographie sociale

Si les sociétés ont toujours été étudiées par les géographes, elles l'ont été avec des préoccupations très variables d'une époque à l'autre. La géographie classique, par exemple, a longtemps eu des liens avec l'ethnographie. Aujourd'hui, la géographie considérée comme une science sociale entretient des rapports plus étroits qu'avant avec la sociologie. La géographie compte même parmi ses courants une « géographie sociale ».

La géographie classique et l'approche ethnographique des sociétés

L'étude des hommes vivant en société, objet des **sciences sociales**, a constitué pendant longtemps le champ de quelques disciplines comme l'ethnologie et la sociologie. L'**ethnologie** (ou **anthropologie sociale et culturelle**) étudie les ethnies et les comportements sociaux et culturels des hommes. La **sociologie** analyse les formes de l'organisation sociale, les groupes sociaux et les représentations que se font les hommes des sphères sociales dans lesquelles ils évoluent, des liens sociaux qui les unissent et des particularités qui les distinguent de leurs voisins. Les ethnologues comme les sociologues s'intéressent également aux milieux de vie et au rapport entre les sociétés et les réalités spatiales, mais sans considérer, comme les géographes, l'espace comme un paramètre essentiel.

La géographie classique, dominante jusqu'aux années 1960, a longtemps eu une posture de science de synthèse entre sciences humaines et sciences naturelles dont elle était pourtant beaucoup plus proche du fait de ses références naturalistes. Dans la classique division des sciences fixée dès le XIXe siècle, elle était avant tout une science concrète et proche de l'histoire, alors que la sociologie s'était définie à la même époque, suite au sociologue Émile **Durkheim** (1858-1917), comme une discipline théorique et non réductible à l'histoire. La géographie a ainsi tardé à s'intéresser de près au mode d'organisation et de fonctionnement des sociétés humaines, même si le terme de géographie sociale date probablement de 1884. Les géographes étudiaient la distribution des hommes dans l'espace et les rapports des groupes humains à leur environnement, dont ils inventoriaient les caractères et les exprimaient en termes de potentialités ou de contraintes. Ils se sont donc depuis longtemps ouverts à l'**ethnographie** (l'étude descriptive des activités des groupes humains), et ce pour deux raisons : la propension traditionnelle à la description de la géographie française et l'existence, jusqu'aux années 1930, d'une **géographie coloniale** qui décrivait les divers peuples de l'empire, mais avait également comme but la connaissance approfondie de régions récemment découvertes afin de les exploiter le plus rationnellement possible.

Un exemple de géographie coloniale : les géographes français et l'Afrique en 1914

« Il est incontestable que les nègres se trouvent à l'un des plus bas degrés de l'échelle humaine, et que leur civilisation, dans son ensemble, apparaît très inférieure à la civilisation blanche ou à la jaune. Sans doute l'excès de chaleur ou d'humidité, qui caractérise le climat des tropiques, a-t-il engourdi leurs facultés, a-t-il développé leurs instincts et leur appétit aux dépends de leur intelligence et de leur sensibilité.
On l'a dit souvent : le nègre est un grand enfant. De l'enfant, il a la mobilité de caractère, la vivacité d'imagination et la faculté de se prendre à ses propres fictions [...]. Mais si le noir présente presque toutes les insuffisances des primitifs, il en a les qualités aussi. Ses malices et ses ruses sont facilement percées à jour ; il n'a ni la malice ni la perversité complexe du jaune. »

Onésime **Reclus** (1837-1916 ; frère d'Elisée Reclus), *Grande Encyclopédie illustrée* (tome V), Éd. Bong & Cie, 1911-1914.

Outre le racisme et le sentiment de supériorité de l'homme blanc, cet extrait illustre le déterminisme naturel (cf. p. 214) et, de façon plus précise, la théorie des climats (cf. p. 50).

Cette géographie va progressivement passer à une géographie tropicale, suite aux travaux de Pierre **Gourou** (1900-1999). Celui-ci a privilégié les hommes, leur culture et leur relation au milieu au détriment de l'inventaire en termes de potentialités que menait la géographie coloniale. Dans les années 1960, le champ d'investigation privilégié de ces géographes fut l'Afrique et l'ancien empire colonial, au point que l'on a pu parler à cette époque d'une **géographie africaniste** marquée par un fort naturalisme, de fortes liaisons avec l'ethnographie mais une faible prise en compte du politique, de l'économie et donc du problème du sous-développement.

La géographie sociale

La géographie : une science sociale

Plusieurs géographes ont très tôt privilégié l'approche sociale. Il s'agissait par exemple d'Élisée **Reclus** (1830-1905). Cet anarchiste, qui prenait en compte l'histoire et la lutte des classes, a également montré le rôle du milieu sur le développement des sociétés. Il est ainsi parfois considéré comme l'un des précurseurs de l'écologie politique. Il fut l'auteur d'une ***Géographie Universelle*** à laquelle participa un autre géographe anarchiste, le prince Pierre **Kropotkine** (1842-1921). Même si de nombreux géographes, tel Jean Brunhes (*cf.* p. 75) eurent une démarche les rapprochant de la géographie sociale, il fallut cependant attendre la remise en cause de la géographie classique dans les années 1960 pour que la géographie prenne peu à peu conscience que le simple inventaire des potentialités du milieu et des modes d'organisation spatiale ne permettait pas de comprendre le fonctionnement des espaces humanisés, qui sont avant tout le produit des sociétés qui les occupent. C'est à cette époque, sous l'influence du marxisme et de géographes tel Pierre George, que la géographie s'est affirmée comme une science sociale en plaçant l'Homme en société au centre de sa réflexion. Plusieurs tendances vont se détacher : si l'accord se fait peu à peu pour dire que la géographie est une science sociale, certains privilégient l'existence d'une « géographie sociale » au sens plus restreint du terme.

Objets et méthodes de la géographie sociale

L'émergence de la **géographie sociale** en tant que courant disciplinaire date de 1982 avec le premier colloque de géographie sociale puis la parution en 1984 d'un manuel co-écrit par Armand Frémont, Jacques Chevallier, Robert Hérin et Jean Renard : *Géographie sociale.* Mais cette émergence avait été précédée par les travaux novateurs de Pierre **George** (1909-2006), auteur en 1945 d'une *Géographie sociale du monde* et surtout par ceux de Renée **Rochefort** (1924-2012) sur la Sicile. Pour la plupart des géographes sociaux, les mécanismes sociaux, les comportements politiques, mais aussi les mentalités ou les représentations produisent le territoire. Les sociétés ont donc construit l'espace qu'elles occupent et qui, dès lors, n'a pas de réalité globale sans elles. Tout territoire doit donc être considéré comme un des éléments du système social : c'est un espace de régulation sociale. Les rapports de l'homme à l'espace (ou **rapports socio-spatiaux**) ne peuvent s'envisager sans la connaissance des rapports des hommes entre eux, les **rapports sociaux**. Certains géographes parlent de **formations socio-spatiales** pour qualifier les seules unités géographiques véritablement cohérentes.

Pour ce courant de la géographie, l'espace étant une composante essentielle des dynamiques sociales, il faut prioritairement s'intéresser aux groupes sociaux, ainsi qu'aux formes de pouvoir et pratiques spatiales de ces groupes. Par ailleurs, ces groupes produisant du territoire, la géographie sociale étudie les dynamiques spatiales, les constructions territoriales et leurs acteurs. Un des domaines de recherche de la géographie sociale est par exemple constitué par l'étude des **territorialités**, c'est-à-dire des rapports que toute société entretient avec son territoire, en fonction d'un certain nombre de critères. En ce sens, la géographie sociale cherche à appréhender la société par l'étude de l'espace qu'elle occupe : on parle souvent à ce sujet de **dimension spatiale** des faits sociaux. La géographie sociale est donc aussi une géographie des problèmes de société. Enfin, elle se veut critique et engagée : elle a un regard sur les idéologies qui modèlent l'espace (*cf.* article *Systèmes politiques et économiques (géographie et)*). Ses méthodes et techniques sont très variées : si certains géographes privilégient les statistiques, d'autres se concentrent par exemple sur l'analyse de discours. Un point commun semble être la volonté de diversification des échelles d'observation, qui vont de l'aire culturelle à l'échelle locale, échelle à laquelle se noue souvent le lien social et échelle privilégiée de la **géographie humaniste** (*cf.* article *Culture, géographie culturelle*).

Qu'est-ce qu'une société ?

La géographie sociale a de nombreux liens avec les disciplines connexes et avec les grands mouvements intellectuels du XXe siècle. Elle a ainsi utilisé les apports du marxisme, mais aussi les grandes classifications des sociétés réalisées par les sociologues, la socio-linguistique ou l'étude des mouvements sociaux. Les concepts issus des autres disciplines ont donc souvent été utilisés, parfois réinterprétés par les géographes.

Une **société** est une collectivité qui occupe un territoire donné. Elle est régie par des institutions propres et, en son sein, s'expriment des formes de solidarité, des liens de coopération et d'échange et des liens culturels. Les géographes l'appréhendent dans ses rapports à l'espace soit par ses caractéristiques culturelles, soit par l'étude des relations entre ses membres, soit par ses rapports de force ou encore ses problèmes. Toute **société** s'inscrit dans l'espace qu'elle occupe, son territoire, en le transformant selon les pratiques collectives mais aussi individuelles de ses membres. On utilise le terme plus précis de **sociétal** pour ce qui concerne les faits sociaux de la vie des individus.

L'histoire des sociétés humaines, le degré de leur ouverture au monde ont donné naissance à des sociétés dont l'extension spatiale est plus ou moins importante. Il existe ainsi des micro-sociétés, alors que l'on parle de « société française » à l'échelle d'un État ou des sociétés africaines à l'échelle d'un continent. Conscients de ces différences fondamentales, certains sociologues, à la suite de Ferdinand **Tönnies** (1855-1936), ont distingué société et **communauté**, cette dernière supposant des liens plus étroits, de nature souvent sentimentale ou affective et l'appartenance à une même tradition. Souvent d'extension restreinte, une communauté est également très soudée alors que, dans une société, des individus voisins dans l'espace peuvent avoir l'impression d'avoir peu de liens entre eux ou être effectivement marqués par de grandes différences. Certains sociologues utilisent le concept de **société globale** pour désigner l'appartenance de ces micro-sociétés à une entité plus large, marquée par des traits communs liés aux institutions, aux croyances et aux comportements des individus.

L'approche historique complète l'analyse sociologique. Une société peut avoir pour origine une communauté ancienne. C'est le cas par exemple en Europe de l'Ouest ou en Chine orientale. Les deux situations demeurent cependant fort différentes, l'Europe de l'Ouest ayant bénéficié de l'apport constant de populations d'origines et de cultures différentes alors que la Chine orientale présente une **société monoculturelle**, en ce sens que ses membres descendent en majorité d'un même peuple, les Hans, constituant encore aujourd'hui l'essentiel de la population. Les **sociétés**, dont l'histoire est plus récente, sont **multiculturelles** : construites par métissage (au Brésil, par exemple) ou par l'apport de populations lointaines à une communauté originelle peu nombreuse et vite dominée (Australie, États-Unis). Une société n'est donc pas forcément marquée par une unité historique, ethnique ou culturelle.

Toute société est organisée selon un **système social** qui s'exprime par la nature des relations entre ses membres et par les pratiques sociales qu'ils entretiennent. Elle est organisée selon une **structure sociale** qui suppose une répartition de ses membres en **groupes sociaux** marqués par des cohésions ou des contraintes communes. Dans les sociétés traditionnelles, le système social est parfois centré sur la **tribu**, qui est un groupement d'hommes provenant de la même famille. Il se subdivise en **clans**, correspondant aux différentes branches familiales représentées, ou en **castes**, qui s'apparentent à des classes sociales mais traduisent une hiérarchie établie et rigide, à l'image de l'organisation sociale traditionnelle de l'Inde (*cf.* p. 431). Celle-ci est également marquée par un découpage en ***jãti*** au nombre de 4 635, qui correspondent surtout à des spécialisations professionnelles mais diffèrent selon les espaces culturels ou linguistiques.

Dans les sociétés modernes, les **classes sociales** sont des groupes sociaux nés de la division du travail et des inégalités de niveau de vie qui en résultent. On distingue, en reprenant les typologies issues du marxisme (*cf.* p. 216 et 234) la **bourgeoisie**, composée de ceux qui détiennent les moyens de production et qui tirent leur subsistance de la plus-value, du **prolétariat**, formé des populations dont le seul bien consiste en leur force de travail et du **sous-prolétariat** ou **lumpenprolétariat**, formé des personnes en situation très précaire et « sans conscience de classe ».

Toute division en classe sociale aboutit à un système de **stratification sociale** qui distingue les individus selon leur **milieu social**, c'est-à-dire leur richesse (ou leur niveau de vie), leur accès au savoir et au pouvoir. On parle parfois de **sphères sociales** pour qualifier, dans les sociétés modernes, la possibilité pour un individu d'appartenir à différents niveaux d'une même société. Pratiquer régulièrement une activité sportive permet à un individu d'accéder à une sphère sociale particulière, dont sont exclus les autres membres de la société, même s'ils appartiennent au même groupe social.

L'ensemble des relations directes et des formes de communication entre individus dans un cadre social donné forme la **sociabilité**. La famille, l'école, la rue constituent donc des **lieux de sociabilité**. Chaque individu a un **rôle social** (un comportement cohérent par rapport à son genre, à son âge et à la classe sociale à laquelle il appartient) et un **statut social**, une position (ou une place) dans une société donnée qui dépend également de son genre, de son âge, de son niveau d'instruction et de sa profession.

L'ensemble des processus par lesquels les individus apprennent les rapports sociaux entre les hommes, et donc la vie en société, forme la

socialisation. Les mécanismes de socialisation passent par des **agents de socialisation** qui sont là aussi la famille, le voisinage, le groupe d'âge, l'école, le milieu professionnel, éventuellement les médias, et qui sont différents selon les milieux sociaux. Ils entraînent l'assimilation de **valeurs sociales** (l'amour, la discipline, le respect des autres...) qui peuvent se définir comme des idéaux de vie en société, évidemment très différents selon les lieux. Ces valeurs s'incarnent dans des **normes sociales**, qui sont des règles institutionnalisées de vie commune (ne pas voler, respecter les règles de conduite routière...) et qu'il convient donc de respecter sous peine de sanctions sociales : amende, procès... Elles s'incarnent aussi dans des mœurs sociales, moins bien définies et mal délimitées. Dans les sociétés traditionnelles, la socialisation passe également par l'apprentissage de nombreux **rites sociaux**, à savoir des pratiques codifiées et symboliques qui perdurent et dont le but est d'obtenir la faveur des forces naturelles ou divines et de sacraliser certains passages importants : rites d'initiation, rites de naissance, de mariage. Ces rites perdurent parfois dans certaines sociétés modernes.

Lire aussi Culture, géographie culturelle – Géographie (histoire de la) – Religion – Territoire

Sols

Le terme **sol** désigne dans son acception la plus large le support de toute construction humaine. Dans un sens plus restreint, il est une formation superficielle d'épaisseur variable qui évolue sous l'effet des agents atmosphériques et des organismes vivants. Support essentiel de la végétation et de l'agriculture, ce sol est une ressource de première importance.

Le sol, les sols : une préoccupation ancienne des géographes

Pédologie et géographie classique

La **pédologie**, c'est-à-dire la science des sols, a vu le jour en Russie à la fin du XIXe siècle sous l'impulsion de géographes comme Vassili V. **Dokoutchaïev** (1846-1903) et Pierre **Kropotkine** (1842-1921), qui cherchaient, dans une perspective assez proche de celles des physiocrates (*cf.* p. 10), à mettre en valeur les potentialités des sols. L'objectif de la pédologie est en effet d'étudier les composants des sols ainsi que leur évolution. Il s'agit de comprendre la **pédogenèse**, soit l'ensemble des processus qui participent à la formation et à l'évolution des sols. Celle-ci se caractérise par des processus d'altération de la roche, d'accumulation et de migrations des matières organiques : migrations ascendantes, liées à l'évaporation, descendantes verticales et descendantes obliques le long des pentes. Ces dernières sont à l'origine des **catenas** ou **chaînes de sols** qui se forment par enrichissements répétés et réciproques de sols de versants.

À partir des années 1930, de nombreux géographes français se sont spécialisés en pédologie. Il s'agissait pour eux de classifier les sols et de faire de l'étude de leurs caractères une étape de l'analyse des milieux. Ils cherchaient à appréhender leurs propriétés et potentialités agricoles et à voir en quoi ils pouvaient contribuer à expliquer la nature de la végétation, le choix des systèmes agricoles, voire les contrastes de densités de population. Si certains furent tentés par une approche déterministe, Pierre

Gourou montra que la richesse des sols n'engendrait pas automatiquement une forte densité, mais que c'était leur mode de mise en valeur qui était le paramètre essentiel. Aujourd'hui, l'étude des sols n'est plus du domaine d'une géographie désormais conçue comme une science sociale. Si ses bases sont encore parfois enseignées, c'est surtout pour comprendre les formes de dégradation dont ils sont victimes et qui remettent en cause un modèle agricole.

Parallèlement, de nouvelles problématiques se développent. Puisque le sol est une ressource, la question de son prix est de plus en plus étudiée. Le sol – dans son sens classique de terre agricole – est devenu une marchandise dans un contexte de compétition pour cette ressource, à l'échelle locale comme à l'échelle internationale, comme en témoigne par exemple le *land grabbing* (*cf.* p. 14).

La richesse d'un sol : une notion relative

La géographie culturelle montre que le rapport affectif à la terre varie en fonction des sociétés ; la terre constitue souvent un patrimoine familial et un lieu mythique associé au labeur, à la fécondité (la terre-nourricière) et aux aléas climatiques, parfois perçus comme la manifestation d'interventions divines. La géographie culturelle montre aussi que, comme toute perception, la perception de la richesse ou de la **fertilité** d'un sol, c'est-à-dire sa capacité à fournir d'abondantes récoltes, est en partie fondée sur des éléments subjectifs. Pourtant, jusqu'aux années 1970, cette fertilité a été étudiée par la géographie rurale en se fondant sur des éléments « objectifs ». Ce courant a mis l'accent sur le rôle des sols et a pratiqué un déterminisme naturel en présentant par exemple la richesse des sols comme le fondement sur lequel se bâtirent les grandes civilisations de l'Asie des moussons, de la Mésopotamie et de la vallée du Nil, alors que d'autres facteurs ont bien entendu joué un rôle plus important.

Il n'en reste pas moins que le sol a un rôle physique indéniable. Il soutient la végétation, retient l'eau de pluie et assure aux plantes la nutrition complémentaire de celle fournie par l'atmosphère. Ses éléments nutritifs sont des substances minérales ou **bases échangeables** qui proviennent de la litière minéralisée et de la roche-mère altérée. Les racines ne peuvent cependant synthétiser ces aliments qu'en fonction du **complexe absorbant** regroupant l'argile colloïdale minérale et l'**humus**, c'est-à-dire la partie supérieure du sol créée par la décomposition de la matière organique. Le sol a de plus un rôle hydrologique car il retient les écoulements et assure leur régulation.

La richesse et la fertilité d'un sol dépendent de plusieurs facteurs, notamment de sa teneur en argile et de la qualité de ces argiles. Dans le sud-ouest de la France, par exemple, les **terreforts**, plus argileux que sableux, sont très fertiles mais lourds et donc difficiles à travailler alors que les **boulbènes**, plus sableux, sont moins fertiles mais plus légers. La terre de **groie**, issue de la décalcification du calcaire, est fertile mais vite asséchée alors que la terre de **brande**, qui dérive d'un sol siliceux, est plus pauvre. La **grave** est constituée de cailloutis fluviatiles très favorables à la vigne.

La richesse d'un sol est aussi liée à l'âge des matériaux qui le forment. Un sol est d'autant plus riche que les matériaux qui l'ont constitué n'ont pas été appauvris par une longue évolution. Cela explique la richesse des alluvions récentes ou des sols dérivant des cendres volcaniques et des limons. On nomme **limons** des dépôts fins d'origine souvent alluviale ou éolienne. Ce sont par exemple les **limons proglaciaires**, formés sur le front ou sur la marge des glaciers, comme les **lœss** d'origine éolienne. La partie supérieure du manteau lœssique est décalcifiée et forme le **lehm**, une excellente terre à brique.

La richesse d'un sol dépend également de ce que lui restitue la végétation. Certains arbres, comme le chêne ou le hêtre, sont dits améliorants car ils produisent des litières très riches. En revanche, l'ajonc, le pin sylvestre produisent des litières acidifiantes.

Enfin, l'intervention humaine est souvent décisive. Les **amendements** – procédés pour améliorer la fertilité d'un sol ou sa capacité à produire des rendements élevés – s'effectuent par le biais d'associations particulières de cultures, par l'irrigation, le drainage et l'adjonction d'engrais. Les **engrais organiques** proviennent de fumures animales ou résultent de l'enfouissement de cultures par labour (**engrais vert**). Les **engrais chimiques** (nitrates, phosphates...) produits par procédé industriel ont été multipliés par cinq depuis les années 1960. Ces apports fertilisants font partie des **intrants** utilisés pour augmenter la production agricole aux côtés de produits phytosanitaires (comme les insecticides, herbicides et fongicides) et des semences. Le terme d'intrant est parfois élargi à d'autres éléments comme le matériel agricole.

Face aux dégradations des sols, la nécessité de la protection

Des menaces nombreuses et en augmentation

La **dégradation** des sols, c'est-à-dire l'affaiblissement de leur potentiel productif, est un phénomène essentiel : 45 % des sols de l'Union européenne sont considérés comme « appauvris ». Cette dégradation peut conduire, à son degré ultime, à une **stérilisation**, à savoir une perte totale et irréversible de fertilité du fait de l'érosion éolienne ou par ruissellement. Or, dans beaucoup de pays, la pression sur les sols est maximale. Dans les terres cultivées des pays neufs à faible pluviométrie, aux États-Unis, au Brésil ou en Russie, la technique culturale du ***dry farming*** a eu de graves conséquences. Elle consiste à laisser le sol en jachère pendant un an tout en le travaillant pour qu'il emmagasine l'eau. Cette pratique, ne permettant pas au sol de se stabiliser ni de se recouvrir d'une végétation protectrice, conduisit à des dégradations. Ce fut le cas du Kansas, région de culture sèche du blé, où une tempête de sable en 1934 arracha une grande partie du sol cultivable. Les fortes pluies qui lui succédèrent provoquèrent la stérilisation de 400 000 hectares et la constitution de cuvettes de poussière ou ***dust bowl***.

L'irrigation excessive a également de graves conséquences sur les sols. L'une des principales est la **salinisation** des sols – leur enrichissement en sels – des sols dans les espaces semi-désertiques. Des millions d'hectares furent ainsi stérilisés en Ouzbékistan dans des zones destinées à la culture irriguée du coton (*cf.* p. 89). Le phénomène se retrouve en Californie, notamment dans les espaces irrigués des grandes vallées alluviales. Une mauvaise gestion de l'irrigation, conçue parfois sans système de drainage, peut également provoquer un **engorgement hydrique** des sols (***waterlogging***, c'est-à-dire « eaux bloquées ») qui provoque l'asphyxie des sols. C'est le cas dans certaines régions d'Inde depuis la mise en œuvre de la révolution verte. À l'inverse, un drainage excessif des sols peut causer une baisse du niveau de la nappe phréatique, un déficit hygrométrique du sol et sa **dessiccation** – formation de fissures après assèchement – favorisant l'érosion éolienne. À un degré moindre, la modification des pratiques culturales a également une influence. Ainsi, en France, la suppression des assolements liée à la mécanisation, la **débocagisation** (ou **débocagement**) c'est-à-dire la raréfaction du bocage par arrachage d'arbres et arasement des talus, les remembrements, les modifications de la voirie pour s'adapter aux machines agricoles, l'adoption de cultures épuisantes et l'emploi d'herbicides ont abouti dans les années 1990 à une suppression de certains microclimats, à une modification de la résistance des sols à l'érosion éolienne, à l'augmentation du ruissellement, au durcissement des sols et à leur appauvrissement en bases échangeables. Enfin, les régions agricoles marquées par les pratiques agricoles productivistes soumettent leurs sols à la **pollution** par l'accumulation de composés divers qui peuvent, par leur toxicité, avoir des effets nocifs sur les végétaux et sur le reste de la chaîne alimentaire. Les substances polluantes, souvent d'origine chimique, parviennent aux sols par l'intermédiaire d'engrais phosphatés et ammoniacaux ou de produits insecticides et fongicides dont l'utilisation s'est grandement accrue depuis les années 1960. Si l'emploi d'engrais n'entraîne pas forcément une pollution importante, une utilisation excessive de produits chimiques peut provoquer des atteintes graves aux sols comme aux nappes phréatiques. Il en va de même des épandages de fumier ou de lisier. La pollution des sols peut également être d'origine accidentelle : le soufre de déchets industriels par exemple ou les retombées radioactives, comme en Europe à la suite de l'accident de la centrale ukrainienne de Tchernobyl en avril 1986. Dans ce cas, la pollution des sols est d'autant plus grave qu'au-delà des conséquences immédiates, la persistance des produits dans le sol hypothèque l'avenir.

Dans un certain nombre de pays, les défrichements excessifs et le raccourcissement des jachères sont les principaux problèmes. Le recul de la végétation provoque la dégradation des sols forestiers, de savane ou de steppe, qui souvent ne se reconstituent pas. La réduction de la durée de la jachère appauvrit le sol en humus et conduit progressivement à des processus de stérilisation, notamment dans les milieux tropicaux marqués par une faible **résilience** (capacité d'un système à revenir à son état initial après avoir été perturbé). L'érosion par ruissellement provient également d'une mise en culture trop intensive. Le labour dans le sens de la pente et / ou la destruction de la forêt provoquent l'érosion des sols et l'apparition de phénomènes de ravinement à l'origine d'entailles dont les noms varient selon les régions : **ravines** en France, **roubines** en Provence, ***badlands*** ou ***gullies*** aux États-Unis et ***ovraghi*** en Ukraine. Les phénomènes de **glissements en masse** et de **solifluxion** – descente de matériaux sous forme boueuse –, sont caractéristiques de ces espaces dès lors que la pente est forte. Ils forment des grandes ravines comme les ***lavakas*** de Madagascar ou les ***voçorocas*** au Brésil.

La protection des sols : une préoccupation ancienne

La protection est une préoccupation ancienne, comme en témoigne par exemple, la jachère, l'assolement, les labours faits perpendiculairement à la pente ou certains systèmes de terrasses. Un des premiers exemples de loi est la loi de conservation des sols votée en 1936 aux États-Unis. Elle décida de 15 milliards de dollars de dépenses entre 1936 et 1955 sans réussir totalement à inverser les processus. Les techniques actuelles sont nombreuses et optent pour diverses modalités :

– la modification des techniques culturales : réduction de la monoculture, **rotation** et diversification **des cultures** par la mise en place d'**assolements** complexes en réduisant la place des céréales ; étendues plus importantes laissées à l'écart des labours ; développement des prairies artificielles et de l'engrais vert, association de l'élevage et de l'agriculture ; utilisation à bon escient des produits traitants dans le cadre de l'agriculture raisonnée ;

– le contrôle du défrichement, le maintien de rideaux d'arbres et le **reboisement**, qui consiste à replanter en jeunes arbres des espaces défrichés comme c'est le cas dans les parcs montagnards d'Italie, d'Espagne ou de Grèce, afin de reconstituer les sols et les préserver de l'érosion ;

– le labourage qui tient compte des conditions du milieu : selon les courbes de niveau sur un versant, selon une direction perpendiculaire au vent dans une vallée exposée et souvent en réduisant la dimension des parcelles et en y pratiquant des cultures alternées (***stripes*** aux États-Unis) ;

– la maîtrise de l'eau et du drainage par la construction de petits barrages ou lacs de retenue ;

– l'irrigation par aspersion ou au goutte-à-goutte ;

– le **sous-salage** dans les sols lessivés : un labourage profond destiné à remonter les éléments profonds.

Les législations d'un certain nombre de pays prennent peu à peu en compte ces mesures techniques. L'Union européenne a fait un certain nombre de tentatives dans ce sens, notamment avec la proposition par la Commission européenne d'une Directive cadre pour la protection des sols de 2007, dite « **Directive Sols** ». Reconnaissant le rôle des sols dans la rétention d'eau et leur fonction de puits à carbone, elle souhaite répertorier les zones dans lesquelles les sols sont les plus menacés, dresser des actions prioritaires et répondre aux changements climatiques annoncés et aux modifications conséquentes des sols. Toutefois, en 2013, cette directive n'était toujours pas adoptée du fait de l'opposition d'un certain nombre de pays face aux mesures contraignantes pour l'agriculture qui devraient être mises en place.

Une ressource inégale à l'échelle mondiale

La genèse des sols dépend du climat

Le sol résulte de **facteurs abiotiques** – indépendants de l'action des êtres vivants – à savoir l'altération de la **roche-mère** (qui fournit les éléments minéraux du sol) et les apports atmosphériques mais aussi de **facteurs biotiques** – liés à l'action des êtres vivants – comme les apports de la couverture végétale et de la décomposition des êtres vivants. Il est donc étroitement lié au climat.

Le support végétal fournit au sol des débris organiques qui vont se transformer en bases ou en acides humiques dans le cadre du processus d'**humification** ou de **minéralisation**. La vitesse d'humification conditionne la nature de l'humus – de type **mull** (doux) quand la vitesse de minéralisation est rapide, de type **moder** (intermédiaire) ou de type **mor** (acide) quand la vitesse de minéralisation est très faible. Lorsque le sol est en situation d'équilibre avec le climat et la vie animale et végétale, on parle de **sol climax** ou **pédoclimax**. Il se trouve à un stade pédologique optimal qui ne peut disparaître qu'en cas de modification climatique ou plus souvent d'une intervention de l'homme. Quand toutes les conditions du climax sont réunies, le milieu parvient à une situation d'équilibre entre le sol, le climat, la pente, la roche en place : c'est la **biostasie**. Si un élément est brutalement modifié, il peut avoir pour conséquence une période de déséquilibre appelée **rhexistasie**.

De la même façon, le profil d'un sol (son épaisseur, ses couches) varie en fonction du climat. Tout sol est formé d'une suite de couches de couleur, composition chimique et taille des matériaux différents : les **horizons**. Chaque superposition particulière forme un **profil pédologique** qui permet de définir un type de sol. L'**horizon A**, le plus proche de la surface, est riche en matière organique et donc qualifié d'**humifère**. Les débris végétaux et animaux, encore peu décomposés, en forment la partie supérieure dénommée **litière** et sont transformés par la suite en humus. Il varie donc énormément en fonction des conditions extérieures. L'horizon A est dit **horizon éluvial** car dominé par le **lessivage** ou **éluviation**, migration généralement vers le bas sous l'effet de la pesanteur des substances solubles et colloïdales du sol. Plus en profondeur, l'**horizon B**, ou **horizon illuvial**, est un **horizon d'accumulation** enrichi en argile, oxyde de fer ou aluminium. L'**illuviation** qualifie cette accumulation des substances du sol dans l'horizon B. Cet horizon peut présenter, en fonction du climat, des phénomènes d'**induration** (durcissement d'une partie d'un dépôt) et de **ségrégation** (séparation d'éléments initialement unis). Il se forme alors des **concrétions** – amas généralement calcaires –, des **croûtes** ou **carapaces** – formation durcie calcaire, ferrugineuse, saline ou gypseuse – et des **cuirasses**. Celles-ci peuvent être produites à la suite d'une **ferralitisation** (une libération dans un sol de fer, alumine et silice qui ensuite se solidifient). Ce sont plus fréquemment des **cuirasses d'érosion** dont l'origine provient de la disparition du couvert végétal, du décapage des horizons superficiels et du durcissement de l'horizon B parvenu en surface. Le ***bowal*** est une cuirasse latéritique typique des pays tropicaux. Enfin, l'**alios**, typique des Landes de Gascogne, est une croûte ferrugineuse née de l'accumulation d'oxyde de fer dans un sol sableux. La **garluche**, qui en dérive, était utilisée comme minerai de fer. Ce sont donc deux roches, proches de grès mais directement liées à la pédogenèse et aux phénomènes d'induration dans l'horizon B . Enfin, l'**horizon C** correspond à la roche-mère en voie d'altération aux dépens de laquelle sont formés les horizons A ou B.

Les grands types de sols dans le monde

Globalement, on peut subdiviser la planète en plusieurs groupes de sols selon l'intensité de la pédogenèse et le type d'altération qui en résulte. Ces **sols zonaux** correspondent à peu près à la trame climatique. Selon leurs compositions, on en distingue de plusieurs types :

– les sols pas ou peu évolués, également qualifiés de **sols squelettiques**, sont localisés pour la plupart dans les régions polaires, subpolaires ou de montagne. Il s'agit souvent des sols transportés – (**sols colluviaux**, alluviaux, glaciaires ou éoliens), auxquels s'ajoutent les **rankers** (sols très acides à humus de type mor) en montagne et les sols de toundra dont les plus septentrionaux sont des **gélisols**, des sols gelés, caractérisés par la présence d'un horizon profond toujours gelé (**pergélisol** ou **permafrost** ou *merzlota*) et d'une partie superficielle qui dégèle (**mollisol**) pendant la ***raspoutitsa***, période de dégel ;

– les **podzols** dominent dans les régions froides et humides, souvent sous forêt boréale. Ce sont des sols peu fertiles et lessivés. La matière organique issue des conifères, donc très acide, détruit les argiles (**podzolisation**), ce qui permet ensuite un lessivage du fer et de l'alumine accumulés dans l'horizon B ;

– les **sols bruns** et les **sols bruns lessivés** dominent dans les pays tempérés, aux précipitations modérées : ce sont des sols généralement développés sous forêt de feuillus et plus ou moins lessivés ;

– les **sols isohumiques**, caractérisés par la présence d'un humus très abondant et réparti de façon homogène dans la partie supérieure du profil, se localisent souvent à des latitudes plus basses, comme dans les steppes semi-arides à climat continental (Ukraine, Chine, Argentine). Le ***chernozem*** ukrainien ou ***tchernoziom*** est le sol isohumique le plus fertile ;

– les **sols à oxydes** sont typiques des régions méditerranéennes et tropicales. L'hydrolyse et l'oxydation sont poussées à l'extrême et la déforestation provoque la formation de **croûte** ou **cuirasse latéritique**. Ce sont les **sols rouges méditerranéens** dits **rubéfiés**, colorés en rouge par les oxydes de fer déshydratés. Ce sont également des **sols ferralitiques tropicaux** qui nécessitent un bon drainage. Dans les dépressions mal drainées en bas de pente se forment les **vertisols** (ou ***regurs*** en Inde ou **tirs** autour de la Méditerranée) : sols noirs et argileux caractérisés par la présence d'une argile gonflante, la montmorillonite.

Enfin, d'autres sols correspondent moins aux conditions climatiques qu'à des conditions locales particulières liées à la topographie et / ou à la nature de la roche-mère (**sols azonaux**).

– les **sols calcimorphes**, formés en roche-mère calcaire, sont défavorables à la végétation et à l'agriculture. La plupart d'entre eux sont des **rendzines**, sols calcaires marqués par la présence d'une argile de décomposition rougeâtre. Celle-ci est le plus souvent un **paléosol**, un sol hérité de périodes plus anciennes, souvent sous d'autres conditions climatiques ;

– les **sols halomorphes** se caractérisent par la présence de sels (***solontchak***, ***solonetz***, ***solod***...) ;

– les **sols hydromorphes** sont liés à la présence d'eau (nappe) ou au mauvais drainage des eaux de surface. Ce sont les **sols à gley** ou **pseudogley**, ainsi que les **tourbes** quand l'humus est formé à l'abri de l'air en milieu gorgé d'eau.

Lire aussi **Agriculture – Milieu, géosystème, environnement – Végétation, forêt**

Systèmes politiques et économiques (géographie et)

Les systèmes politiques et économiques des États ont des conséquences géographiques fondamentales. Ils influencent la perception du territoire national, de ses frontières, ainsi que les méthodes de son aménagement et de sa mise en valeur.

Les implications géographiques des principaux systèmes politiques

Géographie et systèmes politiques

L'étude des systèmes politiques a été, pendant longtemps, hors du champ des préoccupations des géographes. De nos jours, elle est de plus en plus prise en compte en géographie politique (*cf.* p. 252) mais aussi en géographie culturelle (*cf.* p. 74) par le biais des travaux sur les imaginaires nationaux (P. Claval, J. Agnew...). Il s'agit notamment, dans une perspective de géohistoire, de comprendre les facteurs qui ont façonné ces systèmes (systèmes de communication, armement, forces économiques...), sans pour autant procéder à une analyse purement historique. Ces nombreux facteurs ont une traduction spatiale et leur combinaison reflète des imaginaires géopolitiques successifs s'étant imposés au monde et ayant créé de nombreux réseaux. Ainsi, par exemple, pour John **Agnew** (*cf.* p. 252), le XIXe siècle fut marqué par la domination d'une Europe, sûre de son fait et de ses valeurs de démocratie et de civilisation. Les années 1870-1945 furent au contraire celles de « géopolitiques naturalisées », en fait du triomphe du positivisme et d'un nationalisme « scientifique » dont ont témoigné les systèmes politiques totalitaires.

Les grands types de systèmes politiques

De façon schématique, on peut distinguer les démocraties des dictatures. La **démocratie** est le système politique dans lequel la souveraineté émane du peuple. Au contraire, dans une **dictature**, le pouvoir se trouve entre les mains d'une ou de plusieurs personnes, de façon plus ou moins autoritaire, mais toujours sans contrôle populaire. La démocratie est le plus souvent **représentative**, comme c'est le cas de la démocratie libérale : chaque citoyen, par le droit de vote, choisit ses représentants qui disposent concrètement du pouvoir pour un temps donné, celui de leur mandat électif. Cette notion est indissociable de la **séparation des pouvoirs** exécutif et législatif et de l'indépendance du pouvoir judiciaire.

Dans le cadre d'une démocratie, les citoyens interviennent sur l'espace de plusieurs manières. Ce sont leurs représentants qui décident des grandes options en matière d'aménagement du territoire (*cf.* article *Aménagement du / des territoire(s)*). Le citoyen est donc associé à la décision par le biais du suffrage universel. La volonté nationale pouvant être contradictoire avec des choix locaux, l'État essaie de pratiquer la concertation entre les différents partenaires (les communes par exemple), à moins que le projet ne soit considéré comme d'importance vitale pour le pays, auquel cas l'État impose ses choix. Mais il arrive que les citoyens interviennent également dans ces décisions, par le biais de la contestation, de manifestations, voire par la création de véritables groupes de pression ou ***lobbies*** (***lobby*** au singulier). Les objectifs de ces derniers sont très divers et portent sur des domaines variés : lobbies industriels, financiers... Les ***think tanks*** (« laboratoires d'idées »), en principe indépendants des partis politiques, s'apparentent à des lobbies en proposant leurs analyses à ces partis.

Les géographes s'intéressent surtout aux effets du **lobbying territorial** : dans le contexte du « millefeuille des territoires », les collectivités ont de plus en plus d'autonomie et essaient de peser sur l'échelon supérieur (État, UE...) pour se faire attribuer tel ou tel équipement. Dans le cadre de la compétition territoriale, à quelle collectivité territoriale attribuer tel nouvel hôpital ? Ce lobbying territorial peut s'effectuer à l'échelon européen : **Eurocities**, par exemple, est une association européenne formée d'un réseau de villes fondé en 1986 dont le but est de défendre les villes membres. Il joue aussi à l'échelle mondiale, comme le montrent tous les quatre ans les effets du lobbying pour l'attribution des Jeux olympiques à telle ou telle ville. Le lobbying est également pratiqué par les particuliers car des choix en matière d'aménagement du territoire peuvent entraîner de fortes oppositions provoquant un effet « ***Not in my backyard*** » (littéralement, « pas dans mon jardin ») ou **Nimby**, acronyme de l'expression. Cette expression anglo-saxonne désigne le combat d'acteurs locaux, souvent sous la forme d'associations, qui s'opposent à la réalisation sur leur territoire de tel ou tel projet (autoroute, déchetterie...) considéré par ailleurs d'intérêt général (*cf.* article *Aménagement du / des territoires*). Le citoyen, dans une démocratie, est donc un véritable acteur des choix en matière d'espace.

On observe depuis quelques années une tendance à créer des organisations qui diffèrent des organisations traditionnelles tels les syndicats. Il s'agit par exemple en France, de « coordinations » (étudiants, infirmières...) formées lors de mouvements de grèves, ou encore d'associations dites citoyennes pour mettre l'accent sur leur volonté d'intervenir sur la vie de la cité. On peut citer, parmi bien d'autres, **ATTAC** (**Association pour la taxation des transactions financières et d'aide aux citoyens**), qui s'efforce d'intervenir sur les conséquences de la mondialisation (réunions, manifestations, participation aux Forums sociaux mondiaux...).

Le concept de **gouvernance** (de l'anglais *governance*), de plus en plus utilisé à toutes les échelles, recoupe en partie celui de démocratie et désigne une gestion des affaires reposant sur un terrain d'entente trouvé entre des acteurs nombreux et d'intérêts au départ fort différents, voire contradictoires. Le terme suppose donc une répartition horizontale des pouvoirs entre des acteurs obligés de discuter entre eux. L'ONU, comme ses organismes spécialisés (FMI et Banque mondiale notamment), entendent pratiquer la « **bonne gouvernance** », voire dans un cadre de mondialisation, « la **gouvernance globale** », c'est-à-dire une discussion entre des États de droit, entre des dirigeants responsables de leurs actes, ici au niveau mondial, et surtout une grande transparence des actions menées. Dans ce contexte, les adeptes de la « bonne gouvernance » pensent que les différends peuvent être aplanis et qu'une coopération peut s'installer au niveau mondial. On prône aussi, notamment en Afrique subsaharienne, les vertus d'une **bonne gouvernance économique et financière** (**BGEF**) considérée comme nécessaire pour se rapprocher des Objectifs du Millénaire pour le Développement, dans le cadre d'un développement durable. Par contre, certains dénoncent le poids excessif des pays du G20 dans les différentes formes de gouvernance internationale. Quant aux opposants à la mondialisation libérale menée par le FMI, ils dénoncent le fait que la « bonne gouvernance » exprime souvent plus une déclaration de principe qu'une véritable politique.

Dans une dictature, le citoyen bénéficie de pouvoirs plus limités. La séparation des pouvoirs est moins nette, souvent formelle, voire inexistante. Le pouvoir judiciaire, en particulier, se retrouve souvent accaparé par l'exécutif. Pour le marxisme qui considère que, dans une démocratie représentative, l'égalité entre citoyens n'est que théorique tant qu'existent des inégalités sociales, le peuple doit prendre et exercer le pouvoir (**dictature du prolétariat**) pour mettre fin à la domination d'une classe sociale, la bourgeoisie en l'occurrence. Le parti unique devient donc une nécessité qui permet d'installer une **démocratie** « totale » dite **populaire**, dont la Corée du Nord reste, en 2013, l'un des derniers exemples.

Les dictatures n'engendrent pas forcément des systèmes économiques semblables. Il y a eu des dictatures d'économie socialiste (Cuba) et des dictatures d'économie libérale (Chili) et l'exemple chinois montre même que l'on peut passer progressivement de l'une à l'autre. Cependant, les systèmes dictatoriaux ont en commun d'intervenir puissamment sur les sociétés et sur l'espace, d'une part parce qu'ils en ont les moyens politiques, d'autre part parce que cela correspond à leur volonté de tout contrôler, en particulier dans les régimes totalitaires. Les déplacements forcés de population au sein de l'URSS visaient souvent à la mise en valeur de régions difficiles comme la Sibérie ; ils s'accompagnaient de grands travaux et de la création de villes *ex nihilo*. Les fins politiques se mêlaient ainsi aux buts économiques et stratégiques, voire scientifiques. L'inexistence de contre-pouvoir explique aussi en partie que la pollution soit plus forte et l'environnement plus dégradé dans les pays qui demeurent ou étaient récemment le siège d'une dictature.

Les implications géographiques des principaux systèmes économiques

D'une façon simplifiée et en première approche, on peut opposer les systèmes économiques qui privilégient l'interventionnisme de l'État et ceux qui, au contraire, favorisent l'initiative privée.

Libéralisme et capitalisme

Le **libéralisme** est une doctrine politique et économique fondée sur la liberté individuelle. Selon les théories libérales, l'action de l'État doit se restreindre, dans le domaine politique, à garantir les libertés individuelles, notamment le droit de vote et le droit de propriété, et rester limitée, dans le domaine économique, aux secteurs qui ne génèrent que peu ou pas de profit et réputés d'intérêt général (éducation, santé...) et au contrôle des marchés afin de faire respecter les règles de la concurrence. De nos jours, bien que privilégiant encore le marché et la « loi » de l'offre et de la demande, les libéraux reconnaissent comme indispensable une intervention mesurée de l'État. En vertu de ces principes, les théories libérales dominantes imposent par exemple les privatisations d'entreprises autrefois nationalisées et favorisent la concurrence. La **déréglementation** des transports aériens en est l'exemple type et a fait l'objet de nombreux travaux en géographie des transports. Entamée aux États-Unis dès les années 1970, elle a favorisé la constitution de réseaux en étoile et la généralisation du système de *hub and spoke* (*cf.* p. 519).

D'un point de vue purement géographique, la répartition spatiale des différentes entreprises ou encore des catégories sociales dans les communes devrait donc montrer la répartition « naturelle » des phénomènes. Une telle analyse demeure toutefois caricaturale puisque d'autres facteurs jouent et que l'État libéral intervient toujours, ne serait-ce que par le jeu des subventions ou par l'aménagement du territoire.

Doctrine plus limitée, le **libre-échange** prône la liberté de circulation des biens. Théorie ancienne, formulée dès le XVIIIe siècle par Adam Smith, elle connaît un net regain de nos jours. C'est par exemple l'extension à 159 pays en 2013 d'un organisme comme l'OMC, qui tend à limiter les restrictions aux échanges internationaux.

À l'opposé de ce système, le **protectionnisme** vise à favoriser les productions nationales, principalement par l'établissement de droits de douane pénalisant les productions étrangères en limitant les importations. En vigueur avant 1914, il fut appliqué de façon très importante durant la crise des années 1930. Le protectionnisme tenta même d'aboutir dans certains cas, en Allemagne nazie notamment, à une véritable **autarcie** ; c'est-à-dire à un total isolement commercial vis-à-vis du reste du monde. De nos jours, aucun pays ne vit plus en autarcie, y compris la Corée du Nord qui s'ouvre timidement aux investissements chinois et a implanté des zones franches sur son territoire, notamment à Kaesong.

Le **capitalisme** se trouve parfois confondu dans un abus de langage avec le libéralisme. S'il prône aussi la liberté, notamment d'initiative individuelle, et la propriété privée des moyens de production et d'échange, il insiste sur la nécessité d'accumulation des capitaux, financiers mais aussi techniques et humains. La confusion entre les deux termes vient du fait que le capitalisme a souvent été un **capitalisme libéral**, qualifié de « sauvage » par ses adversaires, privilégiant l'initiative privée et luttant contre les puissances étatiques. Mais ce capitalisme a aussi compté au cours du XXe siècle avec la forte intervention de l'État et a parfois privilégié le protectionnisme. Il devint même, dans certaines circonstances, un véritable **capitalisme d'État**. Ce fut le cas pour la voie brésilienne de développement qui s'est traduite dans les années 1960 par l'incitation au développement d'industries nationales, en collaboration avec les FMN étrangères, par la création d'infrastructures importantes, de réalisations de prestige (Brasilia et le barrage d'Itaipu sont les cas les plus célèbres) et par des mutations sociales violentes, donnant lieu à de fortes inégalités. Les voies de développement, choisies par différents PED (*cf.* article *Développement, Sud*), constituent donc des révélateurs de ces choix économiques entraînant des conséquences spatiales ou sociales fortes.

Marxisme et socialisme

Le capitalisme a été critiqué dès le début du XIXe siècle, mais il faut attendre Karl Marx (1818-1883) et le marxisme pour lui voir opposer une doctrine politique et économique cohérente. Le **marxisme** est tout à la fois une doctrine politique, un programme d'action révolutionnaire et une vision de l'histoire, opposant des classes sociales dominées et dominantes. D'un point de vue économique, le marxisme dénonce le capitalisme et la propriété privée des moyens de production engendrant une « accumulation des profits », une « plus-value » du côté des possédants et une « paupérisation », une « exploitation » du prolétariat qui ne dispose lui que d'un « salaire de subsistance ». Le marxisme privilégie le rôle de l'État et la propriété collective des moyens de production et d'échange. C'est donc un **communisme**, littéralement une mise en commun des biens. D'autres formes de communisme ont pu exister avant le marxisme, mais les théories marxistes appliquées au XXe siècle ont été celles du marxisme-léninisme imposées notamment en Union soviétique, en Europe de l'Est et en Chine.

L'**économie socialiste**, mise en place dans ces pays, n'existe plus guère de nos jours qu'en Corée du Nord puisque même Cuba a réintroduit le dollar et a ouvert ses frontières aux entrepreneurs étrangers. Elle présentait de nombreuses particularités. Les moyens de production, agricoles ou industriels, étaient collectivisés à des degrés divers selon le pays. C'était une **économie planifiée** par des **plans** le plus souvent **quinquennaux**, organisant sur cinq ans toute la vie économique du pays et fixant les objectifs à atteindre. Ces **plans**, faisant force de loi, étaient **impératifs**. Le secteur industriel était souvent favorisé, en particulier les industries lourdes considérées comme industrialisantes. Une très forte subordination de la nature accompagnait ces politiques industrielles et était même valorisée, de façon symbolique, par l'idéologie : ainsi, les billets de banque de différents pays affichaient, aux côtés ou à la place des grands hommes du régime, des usines aux cheminées fumantes, montrant la réussite industrielle socialiste. Dans les pays d'économie socialiste, l'État possédait aussi le contrôle du commerce et des prix (« prix administrés ») qui lui permettait d'orienter la demande. Conséquence de cette très forte intervention de l'État, le **centralisme** était poussé à son plus haut point, malgré l'existence de coopératives en théorie autogérées. On retrouve ce centralisme dans le rôle et souvent la taille pris par les différentes capitales : Moscou a ainsi supplanté Saint-Pétersbourg. Les paysages urbains portent encore de nombreuses marques de cette période : statuaire et architecture monumentale, voire grandiloquente, de certains centres-villes.

Urbanisme et systèmes politiques, le cas d'Achkhabad

L'évolution d'Achkhabad, capitale du Turkménistan, montre comment les systèmes politiques peuvent avoir des conséquences sur l'urbanisme. En 1948, la ville fut rasée par un tremblement de terre. Elle fut reconstruite sur le modèle stalinien : présence d'un palais de la culture grandiloquent, mais surtout multiplication d'immeubles de logement tous identiques disposés de part et d'autre d'avenues disproportionnées, statues à la gloire de Staline et de Lénine. Avec l'indépendance en 1991 et l'arrivée au pouvoir du Président Niazov, la ville a fait l'objet d'une reconstruction en profondeur, menée notamment par le groupe français Bouygues. Si le but est officiellement l'embellissement de la ville, il s'agit aussi d'effacer toute trace de la ville soviétique en rebâtissant le centre, de renforcer le nationalisme par la statuaire et de répondre à la mégalomanie de Niazov : érection de statues géantes du dictateur dont une en or tournant en fonction du soleil, reconstruction des principaux monuments publics dont le palais présidentiel en marbre blanc, construction d'un zoo réfrigéré au nord de la ville destiné à accueillir une colonie de pingouins... Malgré une interruption temporaire due au décès de Niazov en 2006, les travaux continuent et « l'achèvement de la ville » est prévu pour 2020.

Tous ces systèmes politiques et économiques ont eu des implications géographiques diverses, qu'il s'agisse de la dégradation de l'environnement, de la localisation des industries, de l'urbanisme, ou encore des paysages agraires. Ainsi, la modification et l'agrandissement du parcellaire, résultant de la collectivisation, constituèrent des supports privilégiés de la propagande. En URSS, en Hongrie, le cadastre était redessiné au profit de parcelles géantes ; l'habitat groupé, plus propice à la collectivisation, était favorisé dans des pays pourtant traditionnellement d'habitat dispersé. Les géographes se sont donc depuis intéressés aux conséquences spatiales de la décollectivisation de ces campagnes au début des années 1990 : réforme des cadastres, difficulté de l'agriculture privée, investissements étrangers…

Les conséquences géographiques des changements de système politique ou économique

Les différents systèmes politiques et économiques peuvent évoluer, voire disparaître brutalement lors d'une révolution, ou graduellement par le jeu des alternances électorales. Si ces variations sont l'un des champs privilégiés de l'analyse historique et de la science politique, elles présentent aussi une dimension géographique.

Dans un contexte de révolution, les modifications géographiques sont généralement importantes. Les changements peuvent même être dramatiques comme lorsque les Khmers rouges décidèrent de « ruraliser » le Cambodge et vidèrent de sa population la capitale, Phnom Penh, en 1975.

La chute du communisme en Europe de l'Est s'est traduite par des changements territoriaux, économiques et sociaux particulièrement rapides. De façon très symbolique, les nouveaux régimes ont souvent modifié le nom des villes, dans un but d'appropriation de l'espace. Leningrad est redevenue Saint-Pétersbourg et Gorki, Nijni Novgorod. La tradition n'est certes pas nouvelle. Les Soviétiques avaient systématisé le procédé : Dzerjinski, Kalinine, Kirov, Ordjonikidze, Sverdlovsk… furent tout autant des villes que des membres du Politburo ! Ils poussèrent même le système jusqu'à l'absurde avec par exemple la ville de « Première usine intégrée de tubes lisses de l'Oural ». Avant eux, les tsars avaient fait de même, tout comme, à d'autres périodes et en d'autres lieux, de nombreux souverains : plusieurs villes de l'Antiquité se nommèrent Alexandrie ou Alexandrette, en référence à Alexandre le Grand.

La fin du communisme s'est aussi traduite par des mutations urbanistiques dont Moscou est le symbole. La construction du quartier de Moskva City en est l'exemple type : cet immense centre d'affaires, monumental et constitué de tours de verre, répond par sa modernité revendiquée à l'urbanisme de la période soviétique et à ses colonnades et tours de béton. De plus, situé loin du Kremlin et proche de la Maison blanche (le siège du Premier ministre), il symbolise la nouvelle centralité du pouvoir. La fin du bloc soviétique a également engendré des conséquences migratoires avec l'ouverture des frontières : migrations dans les années 1990 de « **pieds-rouges** », c'est-à-dire de Russes d'anciens États soviétiques devenus indépendants réintégrant la Russie, souvent dans les zones frontalières ; migrations économiques de Chinois venant travailler en Sibérie occidentale ; mobilités temporaires de Russes faisant du commerce avec la Chine ou l'Europe de l'Est (***tchelnokis***, littéralement ceux « qui font la navette », qui réalisent un « commerce à la valise »).

À une autre échelle, les changements territoriaux et frontaliers sont nombreux (ex-URSS, ex-Yougoslavie...) et se sont traduits par un émiettement territorial. La perception même de la géographie de l'Europe s'est sensiblement modifiée depuis la levée du rideau de fer. L'Allemagne, dont la partie occidentale (RFA), avait tout fait durant la Guerre froide pour s'arrimer à l'Ouest européen, a retrouvé depuis une vingtaine d'années sa place centrale en Europe, confortée par sa puissance économique. Les flux et la réorganisation des réseaux de transports européens en témoignent, faisant du territoire allemand le nœud principal des flux européens. De même, le cas de la Chine est révélateur des implications géographiques que peut avoir un changement, même partiel, de système économique. Ainsi, l'ouverture aux investissements étrangers, enclenchée par Deng Xiaoping à la fin des années 1970, a entraîné une littoralisation des industries et, plus généralement, des activités et de la population. Ceci se fait au détriment de l'intérieur – la plus grande partie du territoire –, privilégié à l'époque maoïste.

Croissance et crise économique

L'économie mondiale est marquée par une alternance de périodes de croissance et de crise d'ampleur plus ou moins grande (**cycles économiques**), qui a influencé les évolutions des espaces concernés et la vie de ceux qui les habitent.

La **croissance** correspond à l'augmentation soutenue et durable de la production industrielle, des investissements, des revenus et de la consommation. Pour qu'il y ait croissance, il faut une progression sur le long terme, et donc non conjoncturelle, de la production et du PIB. Si le mouvement d'augmentation de la production est rapide à court terme et réversible, on parle davantage d'une **expansion économique**. Si la hausse est très rapide, spectaculaire et de grande ampleur, on utilise le terme de **boom économique**, voire de **miracle économique** pour les redressements spectaculaires de l'Allemagne ou du Japon après la Seconde Guerre mondiale ou l'émergence des NPIA pendant les années 1970. Quand la croissance est suffisamment durable, elle peut conduire à une phase de **prospérité** qui se traduit par l'abondance de la production et la vigueur de la consommation. La croissance n'est pas seulement économique mais s'accompagne de changements sociaux et spatiaux.

C'est au XIXe siècle que l'on commence à utiliser la notion de croissance, du fait de la **révolution industrielle** qui fut marquée par des progrès technologiques rapides dans le domaine industriel et par la révolution des transports qui aboutit à un « rétrécissement » de l'espace (en fait de la distance-temps), mais aussi par des évolutions sociales et par l'urbanisation. L'expression d'« **âge industriel** » est aujourd'hui souvent préférée à « révolution industrielle » dans la mesure où le processus de transformation est étalé dans le temps (ce que ne transcrit pas le terme révolution) et pour insister sur la nécessité d'une approche systémique (et pas seulement technique) de ces transformations.

Au lendemain de la Seconde Guerre mondiale, une des plus importantes périodes de croissance, parfois qualifiée de **haute croissance**, vit la production industrielle mondiale multipliée par cinq. Jean Fourastié créa l'expression de **Trente Glorieuses** en 1979 pour qualifier celle-ci en France. Il s'appuya sur l'étude de Douelle, village du Quercy, dont il fit le diagnostic en 1946 et en 1975 et décrivit les évolutions : des mutations démographiques, voire physiologiques (espérance de vie accrue, augmentation de la taille des individus), des mutations professionnelles (raréfaction des agriculteurs), de niveau de vie (équipement des ménages), dans l'origine régionale (augmentation des habitants nés ailleurs)... Pendant cette période, ou plus exactement de 1951, fin de la période de reconstruction d'après-guerre, à 1973, où la France est touchée par le premier choc pétrolier, le pays connut plus de vingt ans (mais moins de trente) d'une croissance moyenne de PIB de 5,4 % par an.

On distingue traditionnellement différents types de **crises économiques**. Quand la croissance connaît un simple ralentissement, le terme de crise est exagéré, il faut alors employer le terme de **stagnation**, voire de **récession** économique, si elle devient négative. Quand la croissance s'effondre ou quand la récession dure, le terme de crise s'impose. Les crises récentes résultent essentiellement de causes financières, liées notamment à la formation de **bulles spéculatives** à la suite de hausses aberrantes des prix sur le marché des actions, de l'immobilier (ou même du marché des matières premières), sans que celles-ci soient justifiées par les réalités économiques. En 2007-2008 a éclaté la **crise des *subprimes***, crédits essentiellement immobiliers plus risqués que les « *primes* », le plus souvent hypothécaires et à taux progressifs. Ces crédits, souscrits aux États-Unis par des ménages modestes, furent réinvestis par les banques dans des fonds divers et mixés à d'autres crédits. L'impossibilité de très nombreux ménages américains de rembourser des taux d'intérêt de plus en plus élevés, a provoqué une réaction en chaîne et la faillite de certaines banques d'investissement dont Lehman-Brothers en 2008. De nombreux États ont réagi par des politiques interventionnistes, sans toutefois empêcher que cette crise financière ne se transforme en une crise générale, marquée par le chômage et l'endettement de certains États comme l'Islande. À partir de 2010, la crise de la dette publique grecque a de même, par effet de contagion, touché toute la zone euro.

Lire aussi **Aménagement du / des territoire(s) – Développement, Sud – État, nation, pays – Géopolitique – Mondialisation, système-monde**

Territoire

Le territoire, en tant qu'espace approprié par un certain nombre d'acteurs, est aujourd'hui au centre des préoccupations des géographes. Polysémique, le terme connaît plusieurs déclinaisons, elles aussi largement utilisées dans le langage disciplinaire.

Les différents sens du terme territoire

On peut donner en première approche trois définitions du mot **territoire**, définitions ne s'excluant d'ailleurs pas mutuellement.

Les deux premières acceptions en font un terme assez neutre, ne se prononçant pas sur les rapports qu'entretiennent les hommes avec cet espace. Le terme peut tout d'abord désigner un découpage administratif. Les « Territoires du Nord-Ouest » ou « du Yukon » au Canada correspondent à des espaces ayant une autorité compétente, mais n'ayant pas, dans le cas du Canada, une forte homogénéité de population. De même, la DATAR (*cf.* p. 29) nomme territoire de manière assez générale tout espace de projet correspondant à l'aménagement des territoires. Un territoire est ensuite de manière plus précise une étendue correspondant à un espace limité par des bornes, des frontières, et contrôlé par une autorité. Il abrite une population particulière, voire une nation. On parle de territoire français ou de territoire national, la plupart des États s'étant constitués par **intégration territoriale**, processus d'association, sur le long terme et à toutes les échelles, d'espaces disjoints et disparates à l'origine, dans un ensemble politique, économique et parfois culturel commun. Les Pays et Territoires d'Outre-mer (**PTOM**) correspondent donc aux deux sens précités du terme : division administrative française et existence d'un peuplement particulier disposant d'une certaine autonomie. L'État possède l'**autorité territoriale**, c'est-à-dire l'autorité politique sur tout cet espace, eaux territoriales comprises. Cette autorité peut par exemple se traduire par des **lois territoriales** s'appliquant à l'espace concerné, au contraire de l'**extraterritorialité**, situation dans laquelle une autorité étrangère peut s'exercer en dehors du territoire dudit État (cas par exemple des ambassades). Pendant longtemps, le terme a été utilisé dans un de ces deux sens par les géographes, voire, dans un flou sémantique caractérisé, comme l'équivalent pur et simple du terme espace. Ainsi, l'aménagement du territoire a longtemps été compris comme le simple aménagement d'un espace qui ne tenait pas forcément compte des attentes de ses habitants. De même, certains géographes emploient parfois encore le terme de dynamiques territoriales et de configurations territoriales au sens restreint de dynamiques spatiales et de répartition spatiale.

Exemple de territoire pratiqué à pied autour du logement (cas d'un homme de 68 ans, à Paris)

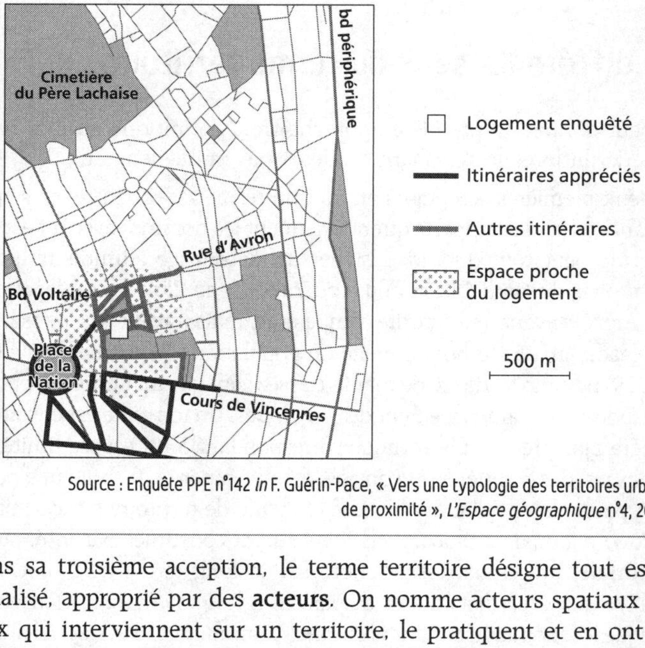

Source : Enquête PPE n°142 *in* F. Guérin-Pace, « Vers une typologie des territoires urbains de proximité », *L'Espace géographique* n°4, 2003.

Dans sa troisième acception, le terme territoire désigne tout espace socialisé, approprié par des **acteurs**. On nomme acteurs spatiaux tous ceux qui interviennent sur un territoire, le pratiquent et en ont une représentation : acteurs locaux comme les habitants ou extérieurs, acteurs politiques, économiques (FTN...), institutionnels... Un territoire est donc construit, produit par les individus et les sociétés ce qui permet de considérer comme des territoires des espaces n'ayant pourtant pas d'unité naturelle ou historique et n'étant pas polarisés par une ville ou organisés par un État. C'est cette acception de territoire qui s'est généralisée en géographie à partir des années 1980. Les géographes ont fait appel à l'interdisciplinarité, notamment à la sociologie, à l'anthropologie, mais aussi à l'**éthologie** (l'étude des comportements animaux) pour comprendre les comportements et les pratiques territoriales des hommes. Ainsi, l'étude des parcours habituels de telle ou telle catégorie de personnes permet d'arriver à dessiner des territoires du quotidien variant en fonction du lieu mais aussi du sujet.

Ce terme permet donc d'insister sur les processus de socialisation, sur les différents usages et modalités d'appropriation. Il revêt donc une dimension historique et intègre la notion de **temporalité**. Cette dernière notion, mise en valeur depuis une vingtaine d'années par les sciences sociales et notamment par la géographie, désigne une représentation du temps, d'un temps vécu dont on a fait l'expérience par la conscience. Le temps est analysé à partir du présent et se projette dans un futur en termes de projets. Les temporalités dépendent de valeurs personnelles, mais elles sont aussi le produit des sociétés inscrites dans leurs territoires. En conséquence, la notion de temporalité suppose la prise en compte des échelles temporelles, perçues par ces observateurs : on distingue classiquement le temps long, le moyen terme et le court terme (ce qui ne doit pas être confondu avec les temporalités de l'histoire élaborées par F. Braudel). Très utilisée dans le cadre d'une géographie systémique, la notion de temporalité suppose que les différents acteurs agissent à des échelles temporelles différentes : on distinguera par exemple le temps des décideurs politiques, le temps des aménageurs, mais aussi les temporalités liées à la nature..., toutes interagissant sur le même espace. Enfin, phénomène également lié aux temporalités et à la notion de territoire, le processus d'appropriation d'un espace par une communauté suppose un état des lieux à tel ou tel moment. Le processus d'appropriation peut donc être daté. Le cas le plus célèbre est sans doute celui du Massif central, qui « n'existait » pas avant le XIXe siècle. Inventé par les géologues lors de l'établissement de la carte géologique de la France, il fonctionne désormais comme un véritable territoire, les habitants du centre de la France se réclamant souvent « du Massif central » (*cf.* p. 223).

Qu'est-ce qu'un territoire ? Le cas de la Chalosse

En Gascogne, la Chalosse est un espace de petite taille, d'existence incontestable puisque les habitants des environs d'Hagetmau se déclarent « Chalossais ». Il correspond bien à la définition du territoire, espace socialisé, approprié. Pourtant, les six cantons qui forment la Chalosse n'ont historiquement jamais été unis et ne constituent pas non plus une région naturelle. Aucune ville ne structure, ne polarise cet espace et la Chalosse correspond même à un « vide urbain », selon la théorie de Christaller. Quel est alors le ciment, le point commun qui permet d'identifier la Chalosse comme un territoire ?

La réponse est donnée par les sondages. Pour les habitants du cru, la Chalosse se définit, s'individualise comme « une terre de villages loin des villes », comme « un espace vallonné, humide, argileux », mais surtout comme la « patrie du canard gras » et comme le lieu d'une mentalité particulière : le Chalossais se définit comme « sociable, convivial, accueillant », par opposition au Grand Landais qualifié de « sauvage ». On notera que le territoire s'accompagne souvent d'un sentiment territorialiste, voire d'un rejet de l'autre ! Les Chalossais mettent donc en valeur leur patrimoine. Par le tourisme, par des fêtes (bandas ou fête du canard gras), par la création d'un musée des arts et traditions populaires. Le patrimoine est donc actif, il se crée en permanence et repose en partie sur le mythe territorial, puisque, rappelons-le, la Chalosse n'a jamais été une entité unie au cours de l'histoire.
Tout est donc question d'**identité**, une notion analysée par Guy Di Meo, dans une perspective de géographie sociale, comme un récit, une construction, et donc comme un « phénomène social de reconnaissance individuelle et collective », un continuum de l'individu au territoire : une médiation du rapport espace-société.

Citations extraites de G. Di Méo, J.-P. Castaingts, C. Ducournau, « Territoire, patrimoine et formation socio-spatiale », *Annales de Géographie* n° 573, © Armand Colin, sept.-oct. 1993 et de G. Di Meo, « L'identité : une médiation essentielle du rapport espace / société », *Géocarrefour*, vol. 77 n°2, 2002.

Territoire, territorialisation, territorialité

Le néologisme **territorialisation** désigne la transformation d'un espace quelconque en territoire. Il décrit donc un processus et on parlera de **territorialité** pour désigner l'état de cette appropriation, soit, pour un groupe social donné, les spécificités de sa pratique de l'espace. C'est ce processus qui a fait l'objet de nombreuses études par les géographes dans le but de cerner ce que signifie le terme « approprié ». Un espace doit-il être approprié au point de constituer une référence identitaire ? Ou bien s'agit-il d'une référence plus vague ? Les conséquences de ce processus peuvent ainsi être dangereuses car la territorialité s'accompagne parfois de **territorialisme**, qui se traduit généralement par un rejet de l'autre, qui occupe « indûment » un territoire sacralisé.

Cette appropriation passe par le prisme des différents acteurs, soit par les habitants du territoire, soit par un regard extérieur : il s'agit parfois d'une autoréférence culturelle, comme dans le cas de la Chalosse assimilée au foie gras ou dans le cas de l'Europe parfois vue comme un

Occident chrétien. Cette appropriation peut également être politique (l'Europe vue comme le berceau de la démocratie...), historique (dans le cas des Cévennes ou de la Vendée) ou encore naturelle (la vallée de Chamonix).

L'idée d'appropriation suppose également une réflexion sur ses modalités, ce qui met au centre de la réflexion la notion de **pratiques**, c'est-à-dire de l'ensemble des comportements, des activités des acteurs sur ce territoire. Deux types d'approches peuvent être privilégiés : l'approche fonctionnelle et l'approche politique. Pour l'approche fonctionnelle, le territoire est créé par le jeu de différents acteurs, sans qu'il y ait forcément intentionnalité. Mais de nombreux cas de territorialisation politique peuvent exister. L'exemple de la Bolivie est révélateur. Le sentiment national bolivien est en partie né de la défaite de la guerre du Pacifique entre 1879 et 1884, qui se traduisit par l'enclavement lié à la perte de la bande d'Arica, seul accès à la mer. Les conséquences politiques concrètes furent la remise en cause de la capitale historique, Sucre, discréditée et trop éloignée d'Arica, et son déplacement de fait à La Paz, capitale économique du pays. Le symbole de cette territorialisation est visible dans l'existence d'un musée du littoral bolivien à La Paz, pourtant située en haute-montagne. La distinction entre appropriation fonctionnelle et appropriation politique pose également la question de l'intentionnalité : les acteurs sont-ils conscients de leur rôle de production de territoire ou sont-ils plutôt guidés par leurs références culturelles, ce qui ouvre le champ de la géographie culturelle ?

Un autre problème posé par le territoire est celui de son échelle. La Chalosse peut être considérée comme un territoire, au même titre qu'une aire culturelle (*cf.* p. 78). Les territoires sont donc emboîtés : le territoire communal dans le territoire national par exemple. Les réflexes territorialistes sont par conséquent eux aussi emboîtés. Le nationalisme, forme conceptualisée de territorialisme, n'est pas contradictoire avec l'esprit de clocher, le régionalisme étant quant à lui plus particulier.

Enfin, ces territoires peuvent être continus ou discontinus, comme l'ont montré par exemple les études sur les pratiques nomades, ou celles de Joël **Bonnemaison** (1940-1997) sur l'archipel des Vanuatu. Ce géographe a démontré, dans sa thèse, l'existence de groupes sociaux possédant un territoire que l'on peut assimiler à un « espace réticulé », les termes de **réticulaire** et de **réticulé** faisant référence à des relations en réseaux, ici à un réseau de relations entre des îles dispersées sur l'ensemble de l'archipel. Cet espace social, fondateur de l'identité du groupe, peut coexister avec celui d'autres groupes vivant dans la même aire.

L'utilisation du terme territoire n'est donc pas neutre et amène à considérer la géographie comme la science des sociétés humaines dans leur rapport à l'espace. Les mêmes questions se posent avec les termes de paysage (*cf.* article *Paysage*) et d'espace (*cf.* article *Espace, diffusion spatiale*). La géographie est-elle la science des paysages, celle de l'organisation de l'espace ou celle des territoires et pratiques territoriales ? La réponse à cette question n'est pas anodine et alimente des discussions, parfois des oppositions, entre des géographes rattachés à des écoles différentes.

Lire aussi **Aménagement du / des territoire(s) – Culture, géographie culturelle – Espace, diffusion spatiale – État, nation, pays – Frontière – Géographie (histoire de la) – Milieu, géosystème, environnement – Paysage**

Tourisme

Secteur en pleine expansion, le tourisme prend des formes variées, concerne des destinations de plus en plus diverses et joue un rôle économique essentiel. Les géographes s'attachent avant tout à décrypter les modalités de la production des espaces touristiques.

La production des espaces touristiques

Comment définir le tourisme ?

Selon la définition de l'**OMT** (**Organisation mondiale du tourisme**) qui concerne le tourisme international, un **touriste** est une personne en déplacement hors de son environnement habituel pour une durée d'au moins une nuitée, et d'un an au plus, pour des motifs non liés à une activité rémunérée dans le lieu visité. Il faut donc distinguer le tourisme de l'**excursionnisme**, de durée plus restreinte et qui a des pratiques et des territoires différents. Le Conseil supérieur du tourisme français précise quant à lui les motifs du voyage : motifs d'agrément, d'affaires, de santé (thermalisme et thalassothérapie), participation à une réunion professionnelle, sportive ou religieuse, etc. Les géographes ont fait du tourisme un de leurs centres d'intérêts préférentiels depuis les années 1960, mais avec des objets et des méthodologies qui ont évolué : description des espaces dédiés au tourisme, analyses chiffrées puis, plus récemment, analyse systémique. C'est dans ce contexte que Rémy **Knafou** (né en 1948) proposait de redéfinir le tourisme comme « un système d'acteurs, de pratiques et d'espaces qui participent de la « récréation » des individus par le déplacement et l'habiter temporaire hors des lieux du quotidien ».

Une activité récente en forte expansion

Le tourisme est né en Angleterre, au XIXe siècle, avec le mouvement romantique. Le terme de tourisme vient d'ailleurs de l'anglais *tourism*, lui-même issu du français « tour ». Il s'agissait en effet pour l'aristocratie anglaise d'aller « faire un tour », généralement sur le continent. Ce tourisme aristocratique avait ses périodes et ses lieux de prédilection, telles la Côte normande et la Côte d'Azur : la promenade de front de mer de Nice, dite Promenade des Anglais, en a gardé le souvenir (le terme de **promenade** désigne, en milieu urbanisé, un espace aménagé de façon à ce que l'on s'y promène : végétation, mobilier urbain...). La « découverte » de la vallée de Chamonix, la fréquentation de Nice, de Deauville ont été le fait de l'aristocratie anglaise et française. Mais ces lieux ont aussi été très tôt fréquentés par une bourgeoisie en quête d'ascension sociale, comme ce fut le cas de Cabourg, chère à Marcel Proust. Pour marginal qu'il soit, ce tourisme du XIXe siècle a fixé quelques-uns des principaux sites, comme l'a montré Michel **Chadefaud** (1938-1987) : le tourisme dans les Pays de l'Adour (Pyrénées) s'est développé à partir des représentations et des mythes véhiculés par ces premiers touristes qui ont ainsi donné naissance à des produits et des territoires du tourisme : le tourisme thermal, le climatisme palois, la côte Basque...

Au milieu du XXe siècle, le tourisme concerne des classes sociales plus diverses grâce aux congés payés, ce qui se traduit par l'apparition de stations familiales plus populaires. C'est dans les années 1960 que se développe, en Europe, un **tourisme de masse** c'est-à-dire touchant une grande partie de la population. Ce concept est toutefois contesté et doit de toute façon être relativisé : la majorité des Français, par exemple, ne partant pas en vacances à cette époque. Il n'en reste pas moins vrai qu'il s'est traduit par une standardisation de l'offre touristique et par l'accroissement du nombre de touristes lié à quatre facteurs essentiels. La croissance économique des Trente Glorieuses, en augmentant le pouvoir d'achat, rend possible le voyage. L'allongement des congés payés – en France, 3 semaines en 1956, 4 en 1969 – permet par ailleurs de fractionner les périodes de vacances et d'envisager des vacances d'hiver. En outre, plusieurs États adoptent des politiques touristiques et proposent l'évasion bon marché. C'est le cas de l'Espagne franquiste avec le « bétonnage » de la Costa Brava et la France des années 1960, avec l'aménagement du littoral languedocien et la création de grandes stations alpines de sport d'hiver. Enfin, les transports aériens abaissent sensiblement leurs coûts dans les années 1970, en généralisant le système des vols **charters** : les avions sont loués par des compagnies pour un vol, ce qui assure leur occupation totale.

Les formes du tourisme durable

Une représentation péjorative du tourisme de masse le présente comme une activité à la fois peu valorisante (par exemple pour ceux qui sont accusés de « bronzer idiot ») et porteuse de conséquences négatives sur les espaces concernés. Cette vision se rapproche du concept malthusien de population limite ou de surpopulation (*cf.* article *Peuplement*) et de la notion de **capacité de charge** : il existerait un seuil au-delà duquel les capacités productrices de l'espace, ici touristique, sont insuffisantes pour répondre aux besoins de la population sans dégrader le milieu (par exemple par une bétonisation excessive du bord de mer). Le touriste de masse détruirait donc le milieu tout en se fourvoyant dans une activité aliénante.

Le **tourisme durable** est promu comme une alternative à cette représentation, se présentant comme plus respectueux de l'environnement et de l'**altérité**, à savoir d'une reconnaissance de l'autre dans sa différence. Le tourisme durable cherche à développer des activités s'insérant dans le tissu social des régions visitées et dont les revenus profitent davantage aux acteurs locaux. Il se décline sous plusieurs formes qui rejoignent souvent le **tourisme alternatif**, c'est-à-dire qui se démarque des formes classiques. Le terme de **tourisme éthique** désigne de manière un peu vague toute forme de tourisme qui garantit pour le touriste le non-emploi de méthodes contraires aux Droits de l'homme et que les prestataires locaux seront convenablement rémunérés. Le **tourisme solidaire** désigne des formes de tourisme participatives passant par un cofinancement de projets de développement local et par des séjours en dehors des grandes zones touristiques. Ce type de projet peut être réalisé par des associations mais aussi par des agences.

Le **tourisme équitable** est souvent le fait d'associations diverses ; il se déroule en dehors des grandes zones de tourisme de masse. Il est ouvert sur la participation des touristes à un projet et au travail au sein des communautés d'accueil. Enfin, la notion d'**écotourisme** désigne le tourisme qui se développe dans des zones « naturelles » à forte valeur patrimoniale. Il peut consister en un **tourisme de vision** quand son objet est, comme en Afrique orientale et australe, la contemplation de la faune et de la flore.

Les différentes formes de tourisme

Il existe de très nombreuses typologies des formes de tourisme qui témoignent de l'évolution de la géographie. Pendant longtemps, on a en effet privilégié une approche descriptive en distinguant par exemple, en fonction de la durée des séjours, le **tourisme itinérant** ou **tourisme de passage**, où le voyageur va de site en site, du **tourisme de séjour**. C'est surtout ce type de tourisme qui induit des installations spécifiques et contribue donc à créer des stations touristiques. Ces typologies opposent aussi le tourisme organisé au tourisme individuel et au **tourisme familial** (fait de séjourner plusieurs jours d'affilée dans sa famille). Dans le premier cas, les touristes sont pris en charge par des organismes spécialisés, les agences de voyages ou **tour opérateurs** (***tour operators*** en anglais), qui s'occupent des transports, des hébergements, des activités et des visites. Ce type de tourisme génère beaucoup plus de profits que le tourisme individuel, dont les retombées économiques sont par ailleurs difficiles à chiffrer.

Une autre typologie prend pour critère les espaces concernés, distinguant notamment le tourisme urbain du tourisme rural, le tourisme littoral du tourisme de montagne.

Une dernière typologie descriptive se fonde sur le **tropisme**, c'est-à-dire sur l'élément qui attire le touriste. Le **tourisme balnéaire** correspond à un désir de baignade (**balnéotropisme**) et, presque toujours, à la recherche du soleil (**héliotropisme**). Il se combine souvent avec des formes de **tourisme de reversement**, notamment en pratiquant le tourisme vert dans l'arrière-pays. Le **tourisme de montagne** est fondé sur l'attraction de la moyenne ou de la haute montagne, en été mais aussi en hiver grâce à l'« **or blanc** », c'est-à-dire la neige. Le **thermalisme**, fondé sur l'utilisation thérapeutique des eaux de source, a engendré depuis le XIXe siècle la création de stations thermales comme Marienbad ou Aix-les-Bains. Du fait du déclin du **climatisme** (dont le but est de profiter des vertus tonifiantes et thérapeutiques du climat), il constitue aujourd'hui la principale forme du **tourisme de santé** qui inclut aussi les séjours à l'étranger en vue d'opérations chirurgicales, de soins dentaires… (**tourisme médical**). Le thermalisme est toutefois de plus en plus concurrencé par la **thalassothérapie** fondée sur l'exploitation des vertus thérapeutiques des eaux marines. Le tourisme sportif est en expansion avec notamment la généralisation des **trekkings** ou treks, anglicisme désignant les randonnées de plusieurs jours dans des régions parfois difficiles d'accès. Les **safaris** désignaient à l'origine les expéditions de chasse en Afrique mais évoquent, de plus en plus, les excursions à but photographique. Le **tourisme culturel** conserve une place importante et recouvre des activités variées comme la fréquentation de festivals ou la visite de musées et de monuments ou encore pour le **tourisme mémoriel**, vers des lieux de mémoire, comme les plages du débarquement en Normandie. Le **tourisme œnologique** ou **tourisme viticole** est pratiqué par les amateurs de dégustation de vin le long des **routes des vins** (axes routiers traversant les principales

communes viticoles) ; le **tourisme gastronomique** consiste à visiter une région surtout pour en apprécier les spécialités culinaires. Le **tourisme religieux**, parfois étroitement mêlé au tourisme culturel (visite de monuments religieux), en diffère cependant dans la motivation ; il s'épanouit particulièrement dans les pèlerinages (vers Lourdes, Saint-Jacques de Compostelle ou Jérusalem notamment).
Toutes ces typologies sont critiquables car, bien que commodes, elles sont généralisatrices et pensées selon des critères uniques ou restreints. Conçues comme des catalogues d'activités standardisées, elles ne prennent pas en compte le rôle des acteurs, et en tout premier lieu des touristes.

Pratiques touristiques et représentations

Les **pratiques** touristiques (*cf.* p. 497) ont connu une singulière mutation dans la plupart des pays développés. Celles-ci s'insèrent dans le contexte plus large d'une évolution des pratiques récréatives, elles-mêmes liées à l'augmentation du temps libre mais aussi de l'espérance de vie : l'allongement du temps passé en retraite autorise des pratiques nouvelles chez des personnes autrefois peu concernées par le tourisme.

D'une façon générale, les touristes choisissent leurs destinations en fonction d'attentes, qui ne sont pas toujours conformes à la réalité. Le touriste se forge une image de son futur voyage, un **territoire mental**, qui sera ensuite confronté à une « réalité », plus ou moins objective. La mode joue beaucoup dans le choix des destinations, tout comme les campagnes publicitaires réalisées par telle région ou tel pays. Ceci contribue à forger ou à renforcer des images souvent stéréotypées, pour ne pas dire erronées. La **touristification** d'un lieu, soit sa **mise en tourisme**, c'est-à-dire son aménagement en vue d'une activité touristique, tient compte de ces images et représentations. En conséquence, de nombreux lieux touristiques optent pour des aménagements standardisés, correspondant à la demande de touristes en quête d'exotisme, d'une « nature idéale », de découverte d'un patrimoine supposé riche… Il y aurait ainsi la « re-création » d'un monde idéalisé. Partant de là, des géographes ont pu avancer que le tourisme transformait le monde en un immense parc d'attraction, qu'il y avait, selon l'expression de Sylvie **Brunel** (née en 1960), une **disneylandisation** du monde, c'est-à-dire une réduction des territoires et des cultures à des archétypes.

Parallèlement, les acteurs du tourisme utilisent ces représentations pour « communiquer », en créant un discours publicitaire fondé sur des stéréotypes qui sont ainsi renforcés, systématisés et simplifiés. On qualifie parfois ce phénomène de **cartepostalisation**. Ainsi la localisation, l'ancrage territorial des lieux touristiques importent peu : ce qui compte, c'est qu'on identifie immédiatement l'image représentée (comme sur une carte postale), soit comme évoquant un lieu précis (Paris représenté par la tour Eiffel...), soit comme étant par exemple une île tropicale ou un désert. Les lieux deviennent alors en quelque sorte interchangeables, transposables : l'île tropicale peut ainsi être un littoral antillais, un atoll du Pacifique, voire une plage méditerranéenne où l'on aura eu soin de planter des palmiers. On peut ainsi parler de **non-lieux** (touristiques) selon l'expression de l'anthropologue Marc Augé pour qualifier ces espaces dont l'identité est gommée.

Par ailleurs, ces représentations varient en fonction des temporalités. Le concept de **moment de lieu**, introduit par le **MIT** (équipe de recherche **Mobilités, Itinéraires, Tourismes**), intègre ces représentations fluctuantes en fonction des époques ; il s'agit du moment où un lieu devient une référence culturelle et un modèle : Saint-Tropez au cours des années 1960, Benidorm dans les années 1970 correspondent à ce concept, en incarnant leur époque à la fois comme modèle à imiter mais aussi comme représentation fantasmée et médiatisée d'une certaine forme de tourisme.

Enfin, on peut évoquer comme conséquence de la recherche de hauts lieux touristiques, le phénomène de **patrimonialisation** c'est-à-dire la création, la fabrication de patrimoine. Le terme de **patrimoine** désigne un héritage matériel ou immatériel qui est perçu par une société comme devant être transmis aux générations ultérieures. Il s'agit donc d'une construction sociale qui intéresse à la fois le champ de la géographie culturelle et de la géographie sociale. En matière de tourisme, il peut s'agir d'un monument (château ou friche industrielle), d'un paysage (perspective urbaine ou forêt), de musiques et de danses... Le risque inhérent à la patrimonialisation est alors celui de la **muséification**, processus qui tend à figer toute évolution.

Si le tourisme fut longtemps un objet marginal en géographie, il occupe donc désormais une place de choix et peut être abordé aussi bien en termes de flux et d'aménagements, qu'en termes de territoires et de représentations. Les rapports à l'Autre - la question de l'**altérité** - ont ainsi fait l'objet de nombreux travaux, un touriste étant par nature un être « déplacé » arrivant sur le territoire « des Autres » (les résidents). Il s'agit de problèmes aussi concrets que les conflits d'usage ou les modifications des horaires d'ouverture des magasins que de réflexions sur la nature même de l'Autre : divers travaux ont étudié dans les stations balnéaires les pratiques spatiales d'anciens vacanciers devenus résidents à leur retraite et rentrant en conflit avec les nouveaux vacanciers... En conséquence, il est nécessaire de redéfinir le touriste en tant qu'acteur du tourisme. Dépassant la notion de tourisme de masse, nombre de recherches s'attachent désormais à la notion de **communautés de pratiques**, c'est-à-dire de pratiques émanant de personnes ayant des centres d'intérêt communs. Ainsi, les femmes ne pratiquent pas le même tourisme que les hommes ou que les couples. Les jeunes, les retraités, les naturistes, les différentes nationalités... ont leurs pratiques touristiques spécifiques, leurs territoires touristiques dédiés, mais aussi leurs temporalités. Ces pratiques varient en fonction du moment de l'année, de la semaine mais aussi du jour ou de la nuit, par exemple dans le cas des stations touristiques.

Les aménagements touristiques

Une typologie des lieux mis en tourisme

Tout espace est potentiellement touristique et peut devenir un lieu dédié (une station touristique comme la Grande Motte) ou un lieu touristifié (une grande ville comme Paris). Suite aux travaux du MIT, on distingue différents types de lieux en fonction de la plus ou moins grande présence de population locale, de l'échelle et de l'importance accordée au tourisme. Le **site touristique**, par exemple la Pointe du Raz, ne présente pas de capacité d'hébergement. Le **comptoir touristique**, par exemple la plupart des villages-clubs, est un lieu souvent clos, réservé à un tourisme de séjour et souvent créé *ex nihilo*. La **station touristique**, par exemple La Baule, peut avoir la même origine, mais elle est beaucoup plus ouverte sur son environnement et a une population permanente. Enfin, la **ville touristique**, Nice par exemple, présente la triple particularité d'avoir une population résidente importante, une forte fonction d'hébergement, mais également d'autres activités, même si le tourisme est la principale. Dans le détail, de nombreuses subdivisions existent et différencient ville touristifiée et ville touristique, station et station-ville... On distingue également des **enclaves touristiques**, espaces fonctionnant en circuits quasiment fermés, autour de formes d'hébergement standardisées, sur les littoraux mais aussi en mer avec les navires de croisière.

Les acteurs institutionnels et économiques

Le tourisme nécessite des équipements de transport, d'hébergement, de loisirs, etc. Il suppose donc souvent une politique touristique, à l'échelle d'une région ou d'un État, et la création d'aménagements compétitifs et donc l'intervention d'acteurs institutionnels ou privés. Les aménagements touristiques sont parfois décidés et conçus indépendamment d'une programmation régionale ou nationale. On peut alors parler d'un **aménagement touristique enclavé**. L'exemple de l'**agritourisme** est symbolique. Ayant pour but de promouvoir un **tourisme vert**, basé sur la découverte du milieu rural et issu de la volonté d'agriculteurs de trouver une activité complémentaire, il repose sur des acteurs individuels, peut cesser à tout moment et n'amène que des aménagements ponctuels comme les gîtes ruraux. Mais, étant donné l'importance économique du phénomène, de nombreux États et régions ont une volonté de programmation : on parle alors d'**aménagement intégré**. L'État prend en charge le réseau de transport (autoroutier par exemple), le logement, l'assainissement… Il peut même créer des sociétés nationales chargées de coordonner les opérations ou planifier des aménagements. En France, le **Plan Neige**, datant de 1962, et la **Commission interministérielle pour l'aménagement de la montagne**, créée en 1964, avaient pour but d'enrayer le déclin démographique des Alpes du Nord par le développement de grandes stations de sports d'hiver.

Les acteurs économiques sont nombreux. Ce peuvent être des FMN comme le groupe britannique *Intercontinental*, numéro un mondial de l'hôtellerie, mais aussi des tour opérateurs généralistes ou spécialisés, ou encore des chaînes de stations comme la « Chaîne thermale du soleil » qui regroupe 20 stations thermales françaises. Les géographes se préoccupent désormais aussi de comprendre le rôle d'autres acteurs comme les guides de voyage autant pour leur rôle économique que pour leur influence sur le choix des lieux à visiter ou leur contribution à une représentation standardisée de ces lieux.

Les aménagements liés au tourisme balnéaire

Le tourisme balnéaire étant l'un des plus anciens, il est logique que ses aménagements spécifiques soient parmi les plus importants et aient connu de sensibles évolutions au fil du XXe siècle. C'est ce qui explique l'importance du modèle de la ville touristique. Ce modèle, dominant en Europe et notamment sur la Côte d'Azur, se retrouve aussi bien à Nice qu'à Cannes ou Monaco, villes qui sont bien plus des **villégiatures**, c'est-à-dire des lieux de repos, que des **stations balnéaires** proprement dites, où l'activité principale est le bain de mer. Le développement de la cité est linéaire (le long de la côte) et les habitations de luxe, héritières du tourisme aristocratique, se situent à proximité immédiate de l'avenue de front de mer. L'habitat plus populaire est en arrière et les versants donnant sur la mer sont mités par des habitations de grand standing. On a parfois nommé **riviera** ce type d'occupation de l'espace, en référence au nom donné au littoral italien du golfe de Gênes.

Avec la démocratisation du tourisme, ce type d'aménagement a été supplanté par un bétonnage plus important des côtes et à une urbanisation parfois incontrôlée à partir de villages existants. L'aspect du littoral est donc celui d'un chapelet de comptoirs et de stations balnéaires plus ou moins bien reliés entre eux et posant parfois d'insurmontables problèmes de transport. Pour caractériser ce type d'urbanisme et plus généralement la spécialisation d'un littoral dans l'activité touristique, les géographes parlent parfois de **baléarisation** d'une côte (en référence aux îles Baléares) ou encore d'**azurisation**, en référence à la Côte d'Azur, où le phénomène est plus développé.

Dans les années 1960, une politique plus volontariste et globalisante apparaît sur les rives de la Méditerranée, donnant naissance à des **lidos**. Ce terme, créé en référence au Lido de Venise, désigne en premier lieu un cordon littoral fermant une lagune, mais aussi, par extension, les installations balnéaires et de loisirs aménagées le long d'un littoral. Les grands complexes hôteliers et les infrastructures de loisirs, qui se succèdent le long de la côte, se résument le plus souvent à une simple juxtaposition, mais ce sont parfois des **marinas** (luxueux ensembles immobiliers dotés d'un port de plaisance ou même conçus autour de ce port, comme à Port Grimaud). Lorsqu'un véritable « mur de béton » s'est constitué, que ce soit sur les côtes turques ou andalouses, on parle de **marbellisation** d'un rivage, du nom de la station espagnole de Marbella. La France, tout en créant des stations du même type en Languedoc-Roussillon, a essayé de limiter l'urbanisation du littoral : les stations nouvelles, souvent créées *ex nihilo*, comme le Cap d'Agde, sont séparées par des zones tampons, où dominent les espaces agricoles ou préservés, comme l'étang de Thau. Ces aménagements balnéaires ont été reproduits et développés dans de nombreux pays du Sud, notamment en Méditerranée et dans les Caraïbes.

Les aménagements touristiques modifient donc fortement les milieux concernés. Bénéfiques pour l'économie de la région, ils constituent cependant souvent un point de non-retour, d'autant plus inquiétant que la vive concurrence internationale et le vieillissement des installations posent un problème de désaffection.

● Les aménagements liés au tourisme de montagne

Plus récents que le tourisme balnéaire, les sports d'hiver se sont développés dans les Alpes en quatre temps, correspondant à quatre types ou **générations de stations de montagne**. Les plus anciennes étaient au départ des stations estivales. Elles constituent la première génération et se sont développées à partir de villages de montagne préexistants comme La Clusaz (**stations-villages**), qui se sont équipés, avant la Seconde Guerre mondiale, de remontées mécaniques souvent non reliées entre elles et parfois gérées par des personnes, ou sociétés, différentes. Le village s'est doté de logements locatifs mais surtout hôteliers réservés, à l'époque, à une élite. D'altitude souvent peu élevée, donc marquée par un faible enneigement, cette génération de stations s'est répandue à travers toute l'Europe, des Tatras aux Pyrénées. Certaines étaient de taille modeste, d'autres étaient déjà, comme Chamonix, des centres touristiques de premier ordre.

Dans les années 1950, une deuxième génération de stations, à l'image de l'Alpe d'Huez, se met en place dans les alpages, donc à une altitude bénéficiant d'un enneigement important et à l'écart du village. Ces aménagements ont parfois été à l'origine de phénomènes d'**inversion** (ou de **renversement**) **géographique** : les zones d'alpage auparavant peu recherchées deviennent les espaces les plus attractifs alors que les villages de versant et les communes de fond de vallée perdent de l'activité et se dépeuplent. L'urbanisme de ces stations n'est pas intégré, les remontées mécaniques sont reliées entre elles, mais des ruptures existent dans le domaine skiable, la circulation automobile occupe toujours une place importante.

C'est pourquoi dans les années 1960 naissent les stations de la troisième génération, dont le prototype est La Plagne. D'une conception rationnelle, ce sont des **stations intégrées** : les déplacements des automobiles, des piétons et des skieurs sont rigoureusement séparés. Les immeubles sont disposés en arc de cercle délimitant ainsi un **front de neige**, zone au pied des pistes où se retrouvent les skieurs et où sont localisés les commerces. Une galerie commerciale souterraine peut même permettre au vacancier qui le désire de ne jamais marcher dans la neige ! Le domaine skiable est continu et en amphithéâtre depuis le front de neige et la grenouillère. Toutefois, ces stations posent, comme celles de la seconde génération, des problèmes. Souvent situées à très haute altitude pour permettre également le ski d'été, elles n'offrent qu'un choix limité d'activités. L'urbanisation voire le bétonnage de la montagne prêtèrent le flanc à la critique : la station des Menuires en Savoie fut même longtemps surnommée « Sarcelles-sur-neige ».

Pour toutes ces raisons, ce type de stations, qui ne s'était d'ailleurs bien implanté qu'en France, fut peu à peu supplanté par une quatrième génération. Situées à une altitude moindre, ces stations, comme celle de Valmorel, combinent un domaine skiable, étendu et continu, parfois relié à d'autres stations, des activités alternatives, y compris des activités estivales (randonnées ou VTT), et un habitat qui se veut plus traditionnel, même s'il est souvent stéréotypé voire cartepostalisé. Enfin, les dernières décennies ont également vu l'apparition de « **stades de neige** », sites modestes, équipés en remontées mécaniques mais destinés à une pratique à la journée et donc dépourvus d'hébergement et de commerces autres que le magasin de location de matériel et le bar-restaurant au départ des pistes. Le complexe de Margeriaz, dans le massif des Bauges, est de ce type.

Si de grands projets existent encore, la création de stations est aujourd'hui plus rare, du fait de la crise et d'une certaine désaffection de la clientèle. Dans les années 1980, pour la première fois, une réalisation d'une certaine envergure, le stade de neige de Val Pelouse, fermait définitivement ses portes. Et, depuis 2000, certaines stations du Vercors vendent leurs remontées mécaniques dans le but de se reconvertir dans un tourisme estival plus prometteur. D'une façon générale, les montagnes sont plus fréquentées par les touristes en été qu'en hiver, mais le tourisme estival nécessite moins d'aménagements spécifiques.

Le tourisme : un rôle économique mondial

L'impact économique du tourisme

Avec l'augmentation des déplacements touristiques internationaux passés de moins de 25 millions en 1950 à plus d'un milliard en 2012, le tourisme a acquis une importance économique énorme. Ainsi, près de 9 % du PIB mondial, 35 % des exportations de services et 10 % des recettes commerciales mondiales proviennent du tourisme en 2012. Mais ces dernières sont très inégalement réparties puisque 56,3 % d'entre elles vont à la seule Europe. Les chiffres des **taux de couverture touristique**, qui établissent le rapport entre les recettes et les dépenses touristiques, montrent également de fortes disparités entre les pays riches, certains d'entre eux étant à la fois récepteurs et émetteurs. Ainsi, Paris est, au mois d'août, une zone émettrice de plusieurs millions de touristes mais aussi un formidable bassin récepteur.

Les impacts positifs du tourisme sur l'économie des aires réceptrices sont multiples. Le touriste est en premier lieu un consommateur. Le transport, suivi du logement et de la nourriture sont les dépenses premières, mais le touriste dépense aussi de très fortes sommes en produits spécifiques tels que la location de matériel, les forfaits de ski… ou encore les produits « typiques », qui alimentent un artisanat, local ou non. Le tourisme est donc créateur d'emplois : plus de 10 % des emplois créés en 2012 l'ont été dans l'industrie du voyage et du tourisme. Il s'agit en premier lieu d'emplois directs : environ un million d'emplois étaient générés en France en 2010 par la seule présence du tourisme, auxquels s'ajoutaient 291 000 salariés dans l'hôtellerie et la restauration. Des emplois indirects (plus de 2 millions d'emplois en France) les complètent dans le bâtiment ou certains secteurs industriels, allant de la fabrication de remontées mécaniques à celle de vêtements de sport. Quant au secteur des transports, aériens ou autoroutiers, il bénéficie chaque année du *rush* estival. Si l'on comptabilise tous les emplois créés par le tourisme, on arrive donc parfois à des chiffres imposants : plus de la moitié des habitants des Seychelles vivent du tourisme. L'expression de **taux de touristicité** est parfois employée pour désigner ce pourcentage d'actifs dans le tourisme par rapport à la population active totale. Le tourisme est donc un secteur clé de l'économie de nombreux pays et notamment des PMA pour lesquels le tourisme représentait en 2012, en moyenne, 70 % des exportations de services, ce qui explique une réelle concurrence internationale et même régionale.

Plusieurs réserves doivent être apportées à ce bilan. Elles tiennent à la fragilité de cette activité et à la dépendance qu'elle peut engendrer. Bon nombre d'emplois induits par le tourisme sont ainsi exclusivement saisonniers. L'activité est aussi soumise à divers aléas. Elle est notamment extrêmement sensible aux crises économiques et politiques. Ces crises sont dramatiques pour les pays qui, comme l'Égypte, fondent une partie de leur développement sur le tourisme international. La volatilité du marché touristique est donc un phénomène essentiel, dont témoigne le cas de l'Allemagne. Ce pays a pendant longtemps été déficitaire dans ce domaine en étant le premier émetteur mondial de touristes, le premier pays pour les dépenses touristiques, mais seulement le 8e ou 9e pays récepteur de touristes. L'impact économique du tourisme se traduisait donc par une

« fuite de devises ». Or, depuis 2008, avec le tourisme d'affaires, la mode des séjours à Berlin, l'Allemagne est désormais le troisième pays européen pour les rentrées touristiques, derrière l'Espagne et la France. Enfin, le tourisme peut aussi engendrer une dépendance vis-à-vis de firmes multinationales, auxquelles la plupart des pays en développement doivent faire appel pour la mise en place des infrastructures touristiques. Le développement touristique peut aussi avoir des conséquences sociales néfastes, surtout dans les PED : violents contrastes de richesse, acculturation… Enfin, l'impact du tourisme sur l'environnement peut aussi être très varié en fonction des aménagements entrepris.

Bassins et flux touristiques

Si les tour opérateurs proposent des destinations qui relevaient hier de l'aventure, allant des glaces de l'Antarctique aux sommets himalayens, l'espace touristique n'est pas totalement mondialisé, puisque certains pays ne reçoivent quasiment pas de touristes.

Les flux touristiques restent essentiellement des flux Nord-Nord. L'Europe occidentale et l'Amérique du Nord, avec 75 % des départs et des arrivées, sont en effet les principaux bassins émetteurs et récepteurs de touristes. D'une part, les populations de ces régions bénéficient d'un haut niveau de vie et d'un temps de vacances important. D'autre part, ces espaces offrent des infrastructures touristiques nombreuses et performantes. Ces raisons expliquent en grande partie les énormes contrastes Nord-Sud en matière touristique. Un pays comme la France accueille trois fois plus de touristes que le Mexique et sept fois plus que la Thaïlande.

L'Europe occupe la première place dans les statistiques du tourisme international. Les principaux flux se dirigent en effet vers la côte nord-méditerranéenne : Costa del Sol et Costa Brava espagnoles, Languedoc et Côte d'Azur française, Riviera italienne, Croatie, Grèce méridionale, îles méditerranéennes… Les autres côtes européennes, de l'Atlantique à la Baltique, sont nettement en retrait, même si elles peuvent générer un fort tourisme balnéaire. Les principales villes européennes, hauts lieux du tourisme culturel comme Rome et Berlin, sont aussi des foyers récepteurs de premier ordre. Elles accueillent des millions de touristes, grâce à leur richesse monumentale ou muséographique, mais aussi du fait d'un **tourisme d'affaires** important, lié à la présence de congrès, de foires et de salons. Quatre pays européens se partagent l'essentiel du tourisme hivernal : la France, la Suisse, l'Autriche et l'Italie.

L'autre grand bassin récepteur du tourisme international est constitué par le continent nord-américain avec, en premier lieu, les États-Unis qui connaissent une nette progression du nombre de visiteurs. Des régions comme la Floride et la Californie attirent les principaux flux d'un tourisme balnéaire essentiellement national, tandis que les grandes villes, pauvres en monuments historiques, attirent moins que leurs rivales européennes. Seules La Nouvelle-Orléans et surtout New York et Washington échappent à la règle. L'originalité des sites touristiques américains tient à l'importance du **ludotourisme** : l'attrait du jeu sous toutes ses formes explique le succès des parcs d'attraction de type Disneyland et de villes comme Las Vegas. D'autres sites, naturels notamment, sont très visités (chutes du Niagara, Grand Canyon...), mais l'espace touristique américain est beaucoup plus concentré que celui de l'Europe. Les touristes nord-américains, quant à eux, sont nombreux à se rendre dans les pays tropicaux voisins : Mexique et îles des Caraïbes.

L'Asie du Sud et de l'Est forme le troisième bassin touristique mondial. Toutefois, le tourisme y reste marginal et souvent concentré dans quelques sites : collines de Guilin, Grande Muraille et Cité interdite en Chine, Rajasthan ou Kerala en Inde, Tokyo ou Kyoto au Japon. Son impact est donc assez limité, au contraire de la Thaïlande, de l'Indonésie, et d'archipels du Pacifique, comme Hawaï, où il joue un rôle économique de premier plan.

Globalement, au sein du Sud, quelques pays seulement captent une partie notable du tourisme international. C'est le cas de ceux qui sont situés à proximité immédiate des bassins européen (Turquie, Maroc...), nord-américain et japonais. Ce sont aussi les « **îles paradisiaques** », Seychelles, Maurice ou Maldives qui, grâce aux vols charters, « vendent » soleil, cocotiers et exotisme relativement bon marché. On trouve aussi ce type de tourisme, engendrant de vastes complexes hôteliers, dans des pays comme le Sénégal. Pour ces États, la manne financière est de première importance, les recettes touristiques représentent par exemple 27 % du PIB et 60 % des rentrées en devises des Maldives. Une autre catégorie de pays en développement a mis en avant ses richesses archéologiques, en les combinant parfois à l'exotisme. L'Égypte, le Mexique et le Pérou en sont des exemples. Mais, d'une façon générale, les flux en direction des pays du Sud restent marginaux, souvent assimilés par le touriste à une « aventure ». Ils sont de plus soumis aux aléas de pays parfois instables : la Tunisie et l'Égypte ont a ainsi connu un reflux net du nombre de touristes depuis 2010-2011 et les printemps arabes.

Lire aussi **Aménagement du / des territoire(s) – Culture, géographie culturelle – Montagne – Littoral**

Les flux touristiques mondiaux

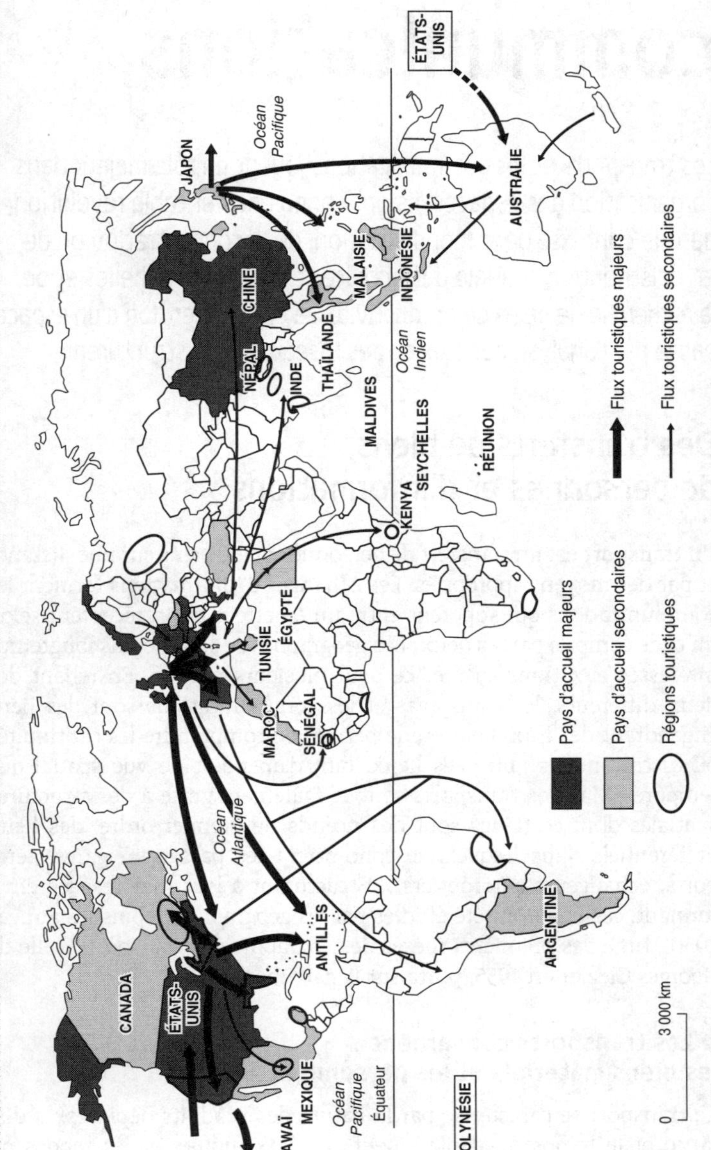

Transport, communications

Les transports et les communications jouent un rôle majeur dans l'organisation des espaces. Ils ont connu une véritable révolution dans le contexte de la mondialisation, de la concentration ou de la redistribution spatiale des activités à toutes les échelles et de la recherche de gains de productivité. La compréhension d'un espace passe par l'analyse des flux et des réseaux qui le structurent.

Des transferts de biens, de personnes et d'informations

Un **transport** est un transfert de personnes ou de biens sur une distance et par des moyens appropriés. Les échanges d'informations forment les communications qui s'opèrent entre un émetteur et un récepteur selon un code compris par les deux. Les géographes se sont depuis longtemps intéressés aux transports et ce pour plusieurs raisons. En reliant des lieux différents, les transports et les communications sont des liens engendrant des flux. Leur étude permet de comprendre les continuités ou discontinuités entre ces lieux, tant d'un point de vue spatial que temporel. Mais les transports se font également grâce à des structures spatiales dont certaines sont des **nœuds** de premier ordre, des lieux préférentiels dans lesquels se concentrent les passages : gares, aéroports, échangeurs autoroutiers... Structurant à leur tour l'espace environnant, ces lieux ont été étudiés par les géographes depuis les années 1950 ; l'une des premières thèses de géographie des transports, celle de Georges Clozier en 1955, porta sur la gare du Nord.

● Les transports concernent les biens matériels et les personnes

Le transport se caractérise par la nature des produits déplacés, la distance et le temps du déplacement, les flux induits et les modes ou moyens de transport utilisés : routier, ferroviaire, aérien, fluvial ou maritime. Certains auteurs font la distinction entre les **moyens de transport** – les supports, leurs équipements et les véhicules utilisés – et les **modes de transport**, qui désignent la manière d'opérer les transports, autrement dit la présentation des cargaisons (en vrac ou en conteneur), la distance des déplacements, leur fréquence, leur vitesse, le poids et la nature des cargaisons, ainsi que les relations entre les différents types de transporteurs. Le terme de **fret** s'applique au transport de biens matériels et définit à la fois la nature de la cargaison d'un véhicule, le prix de la prestation, le loyer demandé par un **fréteur** (propriétaire de navire ou de camion) à un **affréteur**, c'est-à-dire au locataire (organisateur de voyage par exemple).

● Les communications concernent les biens immatériels

On parle de **circulation** à propos des déplacements de biens immatériels (idées, capitaux, informations, données...), le terme étant également utilisé pour les déplacements de personnes et de biens matériels. Quand il s'agit plus spécifiquement d'échanges d'informations, on emploie plutôt le terme de **communications**, même si le concept est parfois utilisé selon un spectre plus vaste, y compris pour les déplacements de biens ou de personnes. Orthographiée au singulier, la **communication** qualifie le processus de transmission de l'information, de la simple relation entre individus aux opérations mises en œuvre par une entreprise, une institution, un territoire ou un État dans le but de modifier son image ou d'influencer les comportements de ceux qui la reçoivent. Il existe donc des **moyens de communication** comme la presse, qui sont des outils permettant ces échanges. Les **télécommunications** – ensemble des moyens permettant des communications à distance – ont pris une ampleur sans précédent depuis la fin du xxe siècle, grâce aux progrès techniques liés à la fibre optique, aux satellites et à l'informatique. Les évolutions dans ce domaine sont très rapides. La télévision est ainsi devenue un moyen de communication de masse. Dans le monde professionnel, le **télex**, par exemple, permet l'échange de documents dactylographiés dans le monde entier grâce à un réseau spécifique. Ce système, qui n'a pas été complètement supplanté par Internet, avait déjà résisté dans le années 1980-1990 au développement de la **télécopie** ou **fax** qui utilise le réseau téléphonique pour la transmission immédiate et à moindre coût de tout document. La **télématique** associe télécommunications et informatique, instaure le dialogue entre ordinateurs et autorise la consultation individuelle de banques de données (Internet, par exemple) grâce à un modem (qui permet la transmission de données numériques sur des circuits analogiques téléphoniques) et à des fournisseurs d'accès à Internet (FAI) ou opérateurs Internet.

Du fait de la révolution de la télématique, le **télétravail** s'est fortement développé, permettant de « délocaliser » le lieu de travail qui n'est plus forcément le bureau, l'entreprise…, mais peut être le domicile, le train… S'il permet le « travail nomade », il est souvent plus exigeant en termes de disponibilité horaire. Il peut utiliser la **téléconférence** (la mise en rapport de plusieurs intervenants situés dans des lieux distincts et reliés par des moyens de télécommunication) et surtout la **visioconférence**, grâce à laquelle l'on peut non seulement dialoguer, mais aussi se présenter des documents et voir ses interlocuteurs. Certains lieux concentrent toutes ces technologies de communication et d'information (satellite, vidéocommunication, téléphone, etc.) : ce sont des **télécentres** ou **téléports**, qui se développent dans les grandes entreprises et dans les technopôles.

Enfin, la multiplication des ordinateurs personnels et des réseaux permettant leur interconnexion a engendré la constitution de flux d'informations mondiaux **multimédias**, permettant la transmission d'images, de sons, de textes, de films et d'informations de tous ordres. Le développement d'Internet est significatif de l'engouement exceptionnel pour ce nouveau type de communication. Ces **autoroutes de l'information** ou **inforoutes** induisent une certaine **déterritorialisation** des communications, c'est-à-dire un affranchissement des contraintes spatiales, et annulent l'espace-temps en autorisant des connexions infinies et immédiates à l'échelle mondiale. Cette déterritorialisation n'est toutefois que partielle, une certaine logique économique et spatiale persistant dans le choix des lieux les mieux connectés. En effet, au-delà du mythe du **cyberespace** (terme créé en 1984 par un romancier et non par des géographes), c'est-à-dire d'un espace « digital », insaisissable, sans frontières et déconnecté de tout espace physique, Internet fonctionne en fait comme un réseau très largement territorialisé. Ainsi, la réalité du câblage impose diverses contraintes : par exemple, le réseau Internet en Chine fonctionne comme un immense réseau Intranet caractérisé par le très petit nombre de câbles reliés au reste du monde, ce qui facilite évidemment la censure. Par ailleurs, la géographie du câblage montre les différences entre les zones reliées par des câbles en fibre optique à très haut débit et celles moins bien pourvues. Cette différenciation spatiale, qui existe en France entre les zones urbaines et les zones rurales, se retrouve de façon plus criante dans les pays du Sud. Ainsi, malgré les investissements massifs opérés dans certains pays (la téléphonie mobile est en plein essor en Afrique), le fossé technologique est encore important et la **fracture numérique** (ou **fossé numérique**) – l'inégalité d'accès aux technologies de l'information et de la communication et notamment à l'Internet – entre le Nord et le Sud, mais aussi à l'échelle des États, y compris les plus développés, reste nette.

Dans le cadre de la globalisation financière, des transactions financières et monétaires sont aujourd'hui effectuées par ces biais sans contrainte ni contrôle. La crise financière de 2008 a fait apparaître au grand jour les effets d'une **cyberéconomie** empruntant essentiellement des inforoutes pour traverser le cyberespace, libéré des contraintes spatiales ou temporelles et souvent de contrôle politique.

Les réseaux de transport et de communication

● Qu'est-ce qu'un réseau de transport ?

Un réseau de transport et de communication se présente comme un ensemble d'axes de circulation, un **treillage**, un **système réticulaire** par lequel des hommes, des informations, des capitaux et des biens se trouvent en lien sur un espace. Il provoque un **maillage**, un quadrillage de l'espace, et se caractérise par la nature des liens qu'il induit entre des **nœuds de communication** reliés, plus ou moins directement, par des lignes qu'il sera possible de qualifier d'**axes de communication** si elles présentent un pouvoir de polarisation et d'organisation des territoires environnants. Les villes constituent l'essentiel des nœuds de communication par l'intermédiaire des gares, des ports, des aéroports ou des téléports. On parle de **couloir de communication** pour qualifier, dans une vallée par exemple, un axe de communication relativement linéaire reliant des nœuds importants. Certains nœuds de communication peuvent être implantés relativement en marge des villes dont elles dépendent ou être disproportionnées par rapport à la ville la plus proche. C'est le cas des « **gares à la campagne** » qui marquent le réseau TGV français, dont les deux exemples principaux sont la gare du Creusot-TGV, située à 15 km de la petite ville du Creusot et la gare de Haute Picardie, dite « **gare des betteraves** » car construite au milieu des champs, loin de tout centre urbain important. L'expression « gare des betteraves » ou « gare betterave » tend à s'imposer dans le discours courant et, partant, dans le discours des géographes pour caractériser ce type de gares situées loin de toute ville-centre.

Les réseaux de transport se sont construits progressivement. À partir d'une ligne destinée à remédier, par exemple, à la saturation d'un axe (TGV Paris-Lyon) se développent d'autres lignes qui desservent de nouveaux lieux. Par effet de concentration, elles finissent par constituer un réseau (français et européen pour le TGV). La morphologie d'un futur réseau ne peut se déduire de la géographie des activités ou des concentrations de population car la fréquentation de chaque ligne dépend de l'évolution souvent imprévisible du comportement des usagers face à de nouvelles possibilités. On distingue les réseaux en fonction de leur forme : un **réseau maillé** (ou **orthogonal**) est très homogène et présente une excellente connectivité ; un **réseau polaire** ou **en étoile**, très fréquent autour des villes ou lié à une centralisation au niveau national par exemple, permet la multiplication des flux centripètes et centrifuges ; un **réseau en arbre** diffuse à partir d'une source unique et caractérise, par exemple, les réseaux de télévision câblée, d'assainissement ou d'adduction d'eau.

Les réseaux peuvent être aussi analysés en fonction d'autres paramètres comme la densité des voies de communication, la **connexité** (capacité, à partir de n'importe quel nœud, de rejoindre les autres nœuds), la **connectivité** (les alternatives qu'ils proposent pour atteindre divers nœuds) ou l'homogénéité. Il s'agit ici de la cohérence en termes de distance ou de vitesse (de distance-temps) des différentes liaisons entre les nœuds : un **réseau** parfaitement homogène serait **isotrope** (toutes les directions seraient équivalentes). Le **degré d'isotropie** ou d'**anisotropie** d'un réseau peut s'évaluer par comparaison des différentes liaisons entre les nœuds : en réalité, les réseaux isotropes sont rares sur les espaces continentaux dont la variété (montagnes, grands fleuves, villes à contourner) suppose la présence de zones de **rugosité**, de plus grandes difficultés de communication et de ralentissement des liaisons.

L'évolution des réseaux de transports et de communication

Globalement, les réseaux évoluent constamment, devenant parfois plus polarisés ou au contraire, comme c'est le cas du réseau TGV ou de celui des autoroutes françaises, plus maillés. Cela répond souvent à des logiques économiques permettant, par exemple par la concentration des flux sur les meilleurs axes, de réaliser des économies d'échelle, mais aussi parfois à des logiques d'aménagement du territoire, comme la construction de l'A75, l'autoroute du Massif central desservant Montpellier depuis Paris, via Clermont-Ferrand et le viaduc de Millau.

L'augmentation des vitesses a provoqué l'allongement des étapes, la baisse du nombre de nœuds et donc un changement d'échelle des réseaux. Les nœuds abandonnés sont très visibles dans le domaine du transport par rail avec l'apparition de friches ferroviaires. Cela provoque souvent un détachement par rapport à l'itinéraire originel supposant de longs détours mais un gain de temps et de confort : trajets d'autoroutes, du TGV, des couloirs aériens. Cela aboutit également à la concentration des voyageurs et des marchandises sur quelques nœuds, qui sont souvent des espaces privilégiés dans lesquels s'implantent les entreprises. Le nombre d'étapes étant inférieur, l'accessibilité s'en trouve réduite (transports ferroviaires classiques et TGV) et l'espace entre deux étapes, traversé par un ou plusieurs axe(s) de transport mais sans possibilité d'y accéder faute de gare ou d'échangeur, peut être affecté par un **effet tunnel** : l'espace concerné subit des ruptures territoriales et des nuisances environnementales sans en retirer d'avantages. La mobilité des personnes s'en trouve modifiée avec des déplacements réorganisés dans le temps et dans l'espace et des distances parcourues souvent plus importantes. Ainsi, toute réalisation nouvelle d'infrastructure de transport, en modifiant profondément les circulations et en désenclavant tel endroit, crée ailleurs *de facto* le sentiment de ne pas avoir bénéficié de ladite infrastructure, voire un nouvel enclavement.

D'un système traditionnel, avec des liens nombreux et peu hiérarchisés, à un système en *hub and spokes*, plus fonctionnel

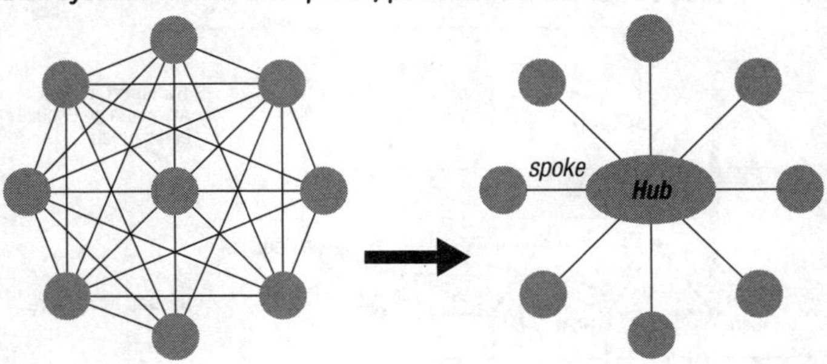

Certains nœuds de communication prennent une importance majeure. C'est le cas des aéroports fonctionnant comme des ***hubs***, c'est-à-dire des pivots qui jouent le rôle de plate-forme de correspondance en permettant une redistribution des passagers et marchandises et un éclatement des destinations. Le trafic y est centralisé avant d'être redistribué. Le système, inauguré aux États-Unis dans les années 1970 en profitant de la déréglementation des transports aériens (*cf.* p. 486), s'est diffusé ensuite dans le reste du monde, notamment sous l'influence de la firme de transport de courrier FedEx qui a construit son réseau à partir de neuf *hubs* situés sur les différents continents et qui servent de relais entre liaisons internationales et nationales. Grâce à la présence du TGV, l'aéroport de Roissy a été choisi par FedEx comme *hub* européen. On parle ainsi aujourd'hui, pour les différents modes de transport, d'une organisation des réseaux en ***hub and spokes***, littéralement « moyeu et rayons », avec une concentration du trafic sur des lignes principales, reliant les nœuds principaux (*hubs*) à partir desquels s'effectue la redistribution des flux vers les nœuds d'importance secondaire. Ce système se retrouve également dans le domaine des réseaux de télécommunications et d'Internet qui fonctionnent autour d'une épine dorsale, ou *backbone*, qui supporte le gros du trafic avec des technologies très rapides et de petits réseaux régionaux ou propres à une entreprise qui se rattachent au réseau principal. On parle de **dorsale Internet** (***Internet backbone***) pour qualifier les réseaux informatiques à longue distance et très haut débit.

Avec la mondialisation et la globalisation financière, le perfectionnement des moyens de transport et l'amélioration des réseaux de communication restent des priorités pour les États du Nord. Ils constituent l'une des clés du développement pour les pays du Sud.

La Suisse : une politique de transports globale
Des réseaux de transport intégrés

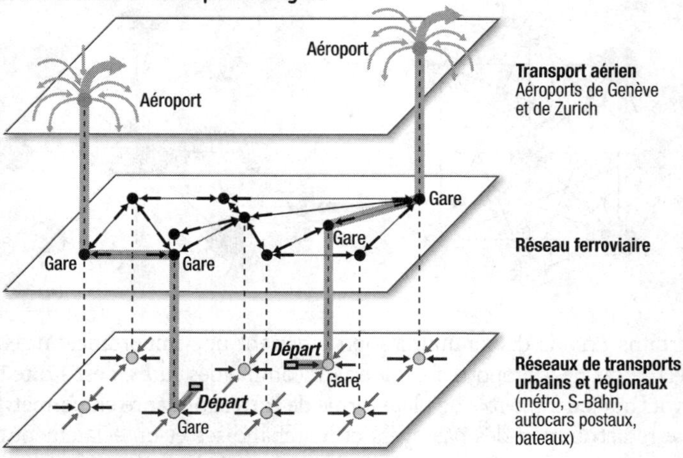

Source : Jean Varlet et Pierre Zembri, *Atlas des transports*, Éditions Autrement, 2010.

Une révolution des modes de transport porteuse de conséquences spatiales

La révolution des modes de transport

Depuis 1945, la géographie des transports a été bouleversée par des progrès techniques au service de communications plus efficaces. La mondialisation est la fois cause et conséquence de cette révolution des transports (essor des liens entre les lieux, diminution des coûts et augmentation de la demande).

Cette révolution est avant tout une révolution de la vitesse, qui a permis une contraction de l'**espace-temps** ou de la **distance-temps**, c'est-à-dire la possibilité de parcourir des distances supérieures pour une même unité de temps. La vitesse des avions a doublé dans les années 1960 pour dépasser aujourd'hui les 900 km/h et augmenter notablement leur rayon d'action. La vitesse moyenne des trains grande ligne dans les pays développés est de plus de 160 km/h et les trains à grande vitesse dépassent largement les 300 km/h. Les navires, notamment les *car-ferries*, ont fait des progrès spectaculaires dans ce domaine.

L'autre aspect de cette révolution est la **conteneurisation** et plus généralement le développement de l'intermodalité. Le **conteneur** (*container* en anglais) est un grand coffre métallique, de volume standardisé (de 30 à 60 m^3) et adapté aux chargements. La conteneurisation a facilité le développement du **transport combiné** (ou **intermodal** ou **multimodal**). L'**intermodalité** permet d'avoir recours, en un même lieu, à différents modes de transport successifs rendus compatibles – pour les marchandises – par la normalisation des contenants et des techniques de manutention. Ces techniques rendent ainsi moins contraignantes les **ruptures de charges**, ou les interruptions de la continuité, dans un mode de transport. Elles permettent à la fois des économies d'échelle, des gains de temps par réduction des escales et donc des baisses de coût.

La conteneurisation permet le déchargement direct par **transroulage** (ou ***roll-on roll-off*** ou encore ***ro-ro***) des conteneurs, des remorques routières ou ferroviaires dans les cales des **rouliers**, c'est-à-dire des navires adaptés au transroulage. Les **points de rupture de charge**, lieux où se font les changements de mode de transport, ont été aménagés pour répondre à ces progrès grâce à des **terminaux** ou **plates-formes multimodales** (ou **intermodales**). Elles existent également dans le domaine des transports de passagers par la création de **sites d'interconnexions** dans lesquels on passe d'un moyen de transport à un autre. Les exemples sont nombreux en France : liaisons rail – *ferry boat* pour se rendre au Royaume-Uni, liaison RER – aéroport pour desservir Roissy-Charles de Gaulle, création d'une ligne TGV et d'une gare à l'aéroport Saint-Exupéry près de Lyon. Plates-formes multimodales et sites d'interconnexions constituent souvent des lieux favorisant les concentrations d'activités par les possibilités de transport qu'ils autorisent.

Enfin, les capacités ont également augmenté et la course au gigantisme s'est révélée, dès les années 1960, une réalité pour les transports d'hydrocarbures (les superpétroliers ou **supertankers** de 500 000 tonnes) et de minerais. La spécialisation des véhicules a également permis des gains appréciables de temps, de meilleures prestations et une réduction de l'**espace-coût**, soit de la distance parcourue en un temps donné rapportée à un prix déterminé. La baisse du coût du transport a été l'un des facteurs de l'internationalisation des économies de l'après-guerre, puis de la mondialisation, par le biais des délocalisations des grandes entreprises et de l'**externalisation** (ou ***outsourcing***) d'une partie de leur production. Cette pratique consiste à faire fabriquer une partie de la production destinée au marché national dans un pays tiers où les coûts de production sont faibles avant de la réimporter dans le pays-source en profitant de coûts de transport faibles. Aujourd'hui, l'externalisation concerne aussi beaucoup les activités de services comme la comptabilité, les ressources humaines, le marketing... Il arrive parfois qu'une entreprise soit contrainte ou décide de pratiquer la **réinternalisation** (ou ***backsourcing***) de certaines productions au préalable externalisées.

● Les transports maritimes assurent plus de 80 % du commerce mondial

Les transports maritimes assurent la majeure partie du transport international de marchandises (plus de 90 % en poids et 80 % en valeur). Ceci résulte de l'accroissement des besoins lié à l'essor des échanges avec la mondialisation de l'économie et du développement de navires porte-conteneurs. Cette croissance s'est accompagnée d'un essor de la **flotte** mondiale (l'ensemble des navires). En 2011, 63 % de la flotte mondiale navigue sous un **pavillon de complaisance**, qui permet de domicilier un bateau dans un État qui accorde des privilèges fiscaux, et est peu contraignant en matière sociale et environnementale (Panamá, Liberia, Malte, Île de Man...).

On oppose d'une façon générale le **cabotage**, terme qui qualifie une navigation sans éloignement des côtes, à la **navigation au long cours**, qui s'effectue sur de longues routes en accédant à la haute mer. De nouvelles formes de transports maritimes sont apparues comme le ***feedering***, dont l'objectif est de permettre, à partir d'un port principal, de distribuer grâce à des navires de petits tonnages (les ***feeders*** ou navires nourriciers) sur différents ports secondaires une part de la cargaison et de collecter en retour des marchandises destinées au port principal. La pratique du *feedering* est très développée en mer Baltique à partir de Göteborg. On parle de ***hub*-ports** pour qualifier les ports où ont lieu ces transbordements vers des navires de taille inférieure destinés à des ports moins importants. En Méditerranée, Algésiras et Gioia Tauro sont les principaux *hub*-ports. D'une façon plus générale, on parle de ***gateway*** pour caractériser les lieux qui sont des portes d'entrée d'un territoire national : ports comme Rotterdam pour les Pays-Bas, aéroports (Roissy est de loin le premier *gateway* français)...

Les transports de marchandises s'effectuent par des navires de capacités différentes et de plus en plus spécialisés. La capacité d'un navire s'exprime en **tonneaux de jauge brut** (1 tjb = 100 pieds = 2,83 m^3). Le poids maximum autorisé par navire pour le transport maritime est calculé en **tonnes de port en lourd (tpl)**. Les navires destinés à transporter des marchandises diverses sont des **cargos**. D'autres sont plus spécialisés : porte-conteneurs, pétroliers, **méthaniers** qui transportent du gaz maintenu à l'état liquide par réfrigération, **minéraliers** pour les matières premières énergétiques (charbon) et industrielles (minerais), **céréaliers** qui transportent du grain et des produits alimentaires comme le soja, et **vraquiers** pour les matériaux pondéreux en vrac. Les **porte-conteneurs** transportent des conteneurs qui facilitent le chargement et le déchargement. Les navires qui véhiculent des matières hautement polluantes, notamment des hydrocarbures, sont aujourd'hui davantage contrôlés de manière à éviter la circulation de bâtiments vétustes (à simple coque par exemple) risquant de faire naufrage et de provoquer des marées noires ou d'autres pollutions graves.

Quant aux transports maritimes de passagers, ils sont peu développés et ne concernent qu'environ 2 % de la flotte mondiale, mais peuvent être localement importants dans des espaces où des bras de mer séparent des régions peuplées : détroit du Pas-de-Calais, golfe de Finlande... Ils sont assurés par des *car-ferries* (***car-ferry***, au singulier), sans cesse plus performants, qui embarquent les voyageurs et leur véhicule, par des ***ferry-boat***, terme plus général qui qualifie soit des *car-ferries*, soit des embarcations qui transportent des wagons de chemin de fer et leurs passagers, et par quelques **paquebots** (par exemple le Queen Mary 2) dans le cadre de croisières touristiques.

L'avion, des voyages plus nombreux et plus lointains

En 2012, 2,8 milliards de personnes ont pris l'avion. La progression a été continue depuis la fin de la Seconde Guerre mondiale, favorisée par l'apparition de la propulsion par réaction caractéristique des avions « jet » à turboréacteurs. On distingue les **courts courriers** (moyens de transport aérien desservant des distances inférieures à 500 km), les **moyens courriers** comme l'Airbus A310 (500 à 3 500 km), les **moyens longs courriers** (5 000 à 10 000 km), les **longs courriers** comme le Boeing 747 et l'Airbus A380 (plus de 10 000 km), voire les très longs courriers comme le futur Airbus A350 (autonomie approchant les 15 000 km). Les **avions supersoniques** sont des longs courriers qui peuvent voler à Mach 2, c'est-à-dire deux fois la vitesse du son (2 300 km/h). C'était le cas du Concorde.

L'essor du tourisme et des affaires a largement contribué au développement des transports aériens. De nombreuses compagnies organisent aujourd'hui des **charters**, avions affrétés à la demande (d'un tour opérateur par exemple), à une période où le remplissage est maximal. Les **aéroports** internationaux, pouvant accueillir des compagnies étrangères, sont recensés dans un système international qui leur attribue un code de trois lettres, le **code IATA** (par exemple LYS pour l'aéroport de Lyon). On parle d'**aérodromes** pour qualifier plus particulièrement les terrains d'envols, d'atterrissage et d'entretien des avions, le terme désignant aussi de petites structures, parfois privées et qui n'assurent aucun service public. Le terme d'**aérogare** désigne les bâtiments destinés à l'accueil des passagers. Leur localisation a été souvent étudiée par les géographes : les aéroports, se situant en périphérie urbaine et s'étalant sur de vastes zones, deviennent des facteurs de localisation des différentes zones d'activité.

Les transports terrestres

La **route** est le mode de transport le plus ancien, celui qui est le plus présent dans l'espace et propose la plus grande souplesse d'utilisation. Éclipsée temporairement par le rail à la fin du XIXe siècle, la route connaît un renouveau depuis la Seconde Guerre mondiale. Dans la quasi-totalité des pays, elle assure aujourd'hui, grâce aux automobiles et aux autocars, l'essentiel du transport des personnes et, par camions, une large part du transport de marchandises (notamment de denrées périssables) sur petite et moyenne distance. En France, en 2010, 84,6 % du transport de marchandises est ainsi réalisé par la route. L'essor des transports routiers dans le monde s'explique par plusieurs facteurs. Il s'agit d'abord du faible coût relatif du transport par camions et de la généralisation de l'automobile comme objet de consommation de masse (on parle parfois d'**automobilité**). Il s'agit ensuite de la rénovation permanente des réseaux, avec les autoroutes, les voies express, les boulevards circulaires ou **rocades** périurbaines. Cette rénovation s'est accompagnée de la multiplication d'équipements techniques et d'infrastructures coûteuses (tunnel de Seikan au Japon entre Honshu et Hokkaido, ponts suspendus sur les estuaires ou entre les îles, pont de l'Øresund entre Suède et Danemark...). Il s'agit enfin de l'existence de **transcontinentales**, c'est-à-dire de grandes voies intercontinentales comme la Transamazonienne ou la Panaméricaine.

La présence d'une voie rapide est fréquemment un facteur de localisation industrielle, notamment pour des activités de haut niveau technologique : la **route 128** aux États-Unis, qui contourne Boston par le nord, en est un exemple associant des activités de recherche à des entreprises liées aux nouvelles technologies.

Durant l'âge industriel, le **rail** a joué un rôle décisif, notamment pour le transport des **pondéreux** : matériaux lourds, de faible valeur à la tonne (charbon, minerais). Le chemin de fer a également constitué un facteur de localisation industrielle, notamment près des **gares**, lieux où s'effectue le **transbordement** (l'embarquement et le débarquement) des marchandises et des voyageurs. Il a également joué un rôle dans de grandes conquêtes pionnières à l'image du **BAM** (***Baïkal Amour Magistral***) qui avait pour but de désenclaver l'Extrême-Orient russe. Par contre, depuis la fin de la Seconde Guerre mondiale, le rail connaît un déclin lié à son coût, à son manque de souplesse et aux différences d'écartement des voies qui gênent les interconnexions. Il subit aussi la concurrence de la route et une relative désaffection des voyageurs : la SNCF ne transportait en 2010 que 11,3 % de tous les voyageurs de France. Ce déclin est moins sensible dans certains pays neufs et en Russie.

On constate cependant parfois un certain renouveau du rail. Il est sensible dans les périphéries des villes importantes ou moyennes, le transport ferroviaire étant très adapté aux mouvements pendulaires, dont beaucoup s'effectuent en France grâce au réseau des **TER** (**Transport express régional**) et, pour la capitale, par le **RER** (**Réseau express régional**). Économique par rapport à la route, notamment en période de hausse du coût des hydrocarbures, il permet en outre une fréquence et une rapidité des dessertes et s'avère nettement moins polluant et plus sûr que le transport routier et donc plus compatible avec un développement durable. Une autre cause de renouveau provient de la multiplication des lignes de **trains à grande vitesse** (**TGV**) qui dépassent les 250 km/h et parfois aujourd'hui les 320 km/h sur des voies spéciales. Depuis la mise en service du **Shinkansen** japonais en 1964 et du **TGV** français en 1981, les projets sont importants et font du rail un concurrent sérieux pour l'avion sur des distances moyennes. L'Allemagne, l'Italie et l'Espagne possèdent des lignes ou des trains à grande vitesse et la réalisation du réseau paneuropéen à grande vitesse progresse vers l'Europe du Nord et du Sud. Hors d'Europe, des États ont acquis ou sont en passe de le faire des trains à grande vitesse de technologie totalement ou partiellement française (Corée du Sud, États-Unis, Maroc, Argentine...). Enfin, le renouveau du rail est également sensible pour le transport de marchandises avec, au niveau mondial, une augmentation des trois quarts du trafic de 1997 à 2010, surtout grâce à des États comme l'Inde, la Chine, la Russie et les États-Unis. À l'inverse, en France, le transport ferroviaire de marchandises a perdu un tiers de son importance entre 1985 et 2010 alors que la route a vu son poids multiplié par 2,5. Ainsi, le **ferroutage** connaît un essor très limité. Ce mode de transport intermodal permet de passer d'un transport ferroviaire à un transport routier par l'emploi de remorques routières normalisées facilement chargées sur des wagons spéciaux. Il est aujourd'hui considéré comme une alternative possible à l'accroissement du transport par camion, notamment pour le franchissement des massifs montagneux et sur les grands axes.

Les transports terrestres s'effectuent aussi par **tubes** ou **conduites** ou encore ***pipelines***, en général enterrés, qui permettent d'acheminer de l'eau (**aqueduc**), du pétrole (**oléoduc**), du gaz (**gazoduc**) et des produits solides en suspension dans l'eau (**carboduc** pour le charbon). Ils s'effectuent enfin par fil, pour l'énergie électrique, le long de lignes à haute tension.

Les transports par voie d'eau

La **voie d'eau** est un mode de transport économique, adapté aux pondéreux mais lent et dépendant de contraintes naturelles : hautes eaux, basses eaux, inondations. Quand il s'agit seulement de traverser un fleuve ou un lac, on utilise encore dans beaucoup de pays du Sud des **bacs**, bateaux à fond plat, adaptés pour le transport de personnes, de bétail et de véhicules. De nos jours, l'utilisation des cours d'eau comme axes de transport nécessite souvent, avant d'être rentable, de lourds investissements pour la construction ou la mise au gabarit de canaux (adaptation de leur dimension maximale à celle des véhicules de transport), la construction de tunnels, de ponts ou d'**écluses** (aménagements permettant à des embarcations de relier deux plans d'eau de niveau différent). Le **canal du Midi** ou **canal des deux mers**, construit au XVIIe siècle sous le règne de Louis XIV par l'ingénieur Pierre-Paul Riquet pour relier la Méditerranée à la Garonne, en compte soixante-trois. De nombreux projets, notamment en France, sont remis en cause du fait de la conjoncture économique mais aussi de diverses contestations : l'élargissement de l'axe Rhin-Rhône est aujourd'hui officiellement abandonné et la construction du canal Seine-Nord-Europe, qui aurait relié Paris aux réseaux fluviaux belge et rhénans, est compromise depuis 2012. À une autre échelle, la voie d'eau est particulièrement utilisée en Amérique du Nord grâce au système fluvial Mississipi / Grands Lacs / Saint-Laurent, souvent nommé **Avenue de l'Amérique** ou ***Main Street America***. Elle l'est aussi en Europe à partir du Rhin. En Russie, le **système interfluvial des cinq mers** relie, grâce à des canaux et à l'axe majeur de la Volga, la mer Blanche et la mer Baltique aux mers d'Azov, Noire et Caspienne.

On considère également comme voies d'eau les **canaux interocéaniques** et les **voies maritimes** (système du Saint-Laurent, canal de Kiel, entre mer du Nord et mer Baltique, canal de Panamá et canal de Suez) empruntés quotidiennement par de nombreux navires dont la taille le permet. Le canal de Panamá par exemple reste accessible aux navires de taille **Panamax**, longtemps référence pour la construction de bateaux de marchandises, mais ne l'est pas aux navires classés **post-Panamax**, dont les dimensions leur interdisent l'accès aux écluses du canal. On parle de la même manière de **Suezmax** pour qualifier les navires trop volumineux pour franchir le canal de Panamá mais qui peuvent transiter par le canal de Suez, celui-ci n'ayant pas d'écluse. Enfin, les navires de taille **Capesize**, trop gros pour passer par les canaux de Panamá et de Suez, doivent emprunter des routes exclusivement maritimes et passer par les caps Horn et de Bonne-Espérance pour contourner l'Amérique et l'Afrique.

Les canaux sont donc contraints de s'adapter, comme c'est le cas de celui de Panamá dont les travaux d'élargissement ont commencé en 2007 et devraient s'achever en 2014. Ce projet, soutenu par les États-Unis, consiste en la construction d'une troisième voie navigable pour les navires de 150 000 tonnes, à côté des deux voies existantes. Mais, dans le contexte de mondialisation et de croissance des échanges internationaux, ce passage du Pacifique à l'Atlantique attire les convoitises et suscite des projets concurrents de traversée de l'isthme centraméricain existent : par la Colombie (projet soutenu par la Chine), par le Costa Rica (projet soutenu par la Russie), par le Mexique (projet soutenu par les États-Unis). Il s'agit à chaque fois du principe de « **canal sec** », c'est-à-dire d'un axe associant route et voie ferrée mais aussi oléoducs. L'évolution de ces canaux et leur nécessaire adaptation témoignent d'une mondialisation croissante, étroitement liée à la révolution des transports maritimes.

Lire aussi **Échanges internationaux – Frontière – Littoral – Ports – Tourisme – Urbanisation**

Urbanisation

Entamé en Europe au XIXe siècle, le mouvement d'urbanisation s'est progressivement étendu au reste du monde, transformant une planète très majoritairement rurale en un monde aujourd'hui dominé par les villes et comptant plus de 50 % d'urbains.
Cette évolution résulte notamment du développement des périphéries urbaines qui brouille la limite entre espace urbain et espace rural. Pour les plus grandes villes, elle accompagne la mondialisation dans le cadre du processus de métropolisation.

L'urbanisation du monde

Une population mondiale en majorité urbaine

En première approche, l'**urbanisation** est le processus de transformation d'un espace rural en espace urbain, d'une société rurale en une société urbaine. Elle peut être volontaire si elle a été planifiée ou spontanée si elle s'effectue sans plan préétabli. Le **taux d'urbanisation** donne le pourcentage d'urbains dans la population totale.

Les villes sont apparues dans l'Antiquité, en Mésopotamie, puis en Égypte, en Turquie et en Chine, mais c'est seulement au XIXe siècle qu'a eu lieu, dans les pays industrialisés, une accélération subite de l'urbanisation. Cette évolution, qui accompagna la révolution industrielle, est parfois qualifiée de **révolution urbaine**. Le taux d'urbanisation mondial, évalué à moins de 5 % au début du XIXe siècle, a rapidement progressé, le phénomène s'accentuant au XXe siècle dans les pays industrialisés, tout en se généralisant aux pays neufs, à certains pays socialistes où sont notamment apparues des **villes-champignons** (villes, souvent créées *ex nihilo*, ayant connu des croissances records en liaison avec l'avancée d'un front pionnier ou l'apparition d'une nouvelle activité industrielle) et, enfin, aux pays en développement.

Même si les statistiques sont approximatives en raison de la grande diversité des manières d'aborder, de définir et de délimiter le fait urbain, on considère que, depuis 2007, plus d'un humain sur deux habite en ville. Le **taux de croissance urbaine** – l'accroissement, exprimé en pourcentage, de la population urbaine en un an – est en 2013 de 1,95 % en moyenne mondiale, soit près de deux fois supérieur à celui de l'accroissement démographique planétaire. Les espaces urbanisés croissent donc à plus grande vitesse que la population, ce qui s'explique essentiellement par les flux migratoires qu'ils reçoivent. D'après l'ONU, le taux d'urbanisation devrait dépasser 60 % à l'horizon 2030, portant la population urbaine à plus de 5 milliards, dont plus de la moitié en Asie.

● Un modèle explicatif : la transition urbaine

L'évolution des taux d'urbanisation se fait selon le processus de la **transition urbaine** par lequel un État passe d'un système de peuplement rural, basé surtout sur la part importante tenue par la production agricole, à un système de peuplement urbain où les villes concentrent les activités productives et dominent des campagnes, souvent en situation de dépendance. Cette évolution n'est pas sans lien avec les autres formes de transition : transition économique et transition démographique (*cf.* p. 392). En effet, on constate le plus souvent que la première période de la transition démographique correspond à une brusque accélération du taux d'urbanisation qui continue de croître moins rapidement dans la deuxième phase avant de se stabiliser dans le régime démographique moderne. Ce phénomène s'explique par l'apparition, en début de transition démographique, de forts taux d'accroissement naturel qui entraînent à la fois un fort développement interne de la population des villes mais aussi un exode rural, qui accroît rapidement leur poids relatif. L'expression **transition économique** a parfois été employée pour décrire cette période de transition urbaine généralement marquée par le passage d'un mode de production agricole à un mode de production industriel, majoritairement concentré dans les villes.

La perspective de revenus plus importants, de l'accès à la consommation, à un cadre de vie moderne et parfois au confort attirent des populations jeunes qui alimentent de fortes fécondités. Les jeunes parents voient également la ville comme un espace offrant des perspectives pour leurs enfants (infrastructures d'éducation plus nombreuses…). La transition urbaine peut toucher les gros villages qui deviennent ainsi des petites villes, ou s'effectuer par un développement des villes moyennes ou encore selon un processus qui privilégie les plus grands centres urbains. Les pays du Sud sont souvent dans ce dernier cas, avec un accroissement prononcé des plus grandes villes qui attirent notamment en raison de leur intégration à la mondialisation.

En fin de transition démographique, alors que les taux d'accroissement naturel se réduisent, l'urbanisation progresse de manière ralentie pour ensuite pratiquement se stabiliser, à des niveaux toujours supérieurs à 70 % et atteignant parfois des valeurs très élevées, notamment dans des États de petite taille comme la Belgique et, qui plus est, dans des cités-États comme Singapour. Les deux phénomènes se trouvent d'ailleurs en interaction puisque l'urbanisation généralisée s'accompagne en général d'une chute de la fécondité, voire en constitue l'un des facteurs, notamment en raison du changement de mode de vie.

Niveau de développement et taux d'urbanisation : quelle corrélation ?

Les taux d'urbanisation sont très variables selon les États mais aussi à l'intérieur de ceux-ci, selon les régions. Les taux de croissance urbaine varient également, selon un mouvement généralement inverse, les États les moins urbanisés présentant les taux de croissance les plus élevés.

Dans les pays du Nord, les taux d'urbanisation ont progressé rapidement dans les années 1950-1970, à un rythme parfois proche de 3 % par an, la croissance économique, la baisse du taux de mortalité dans les campagnes et l'amélioration des techniques culturales provoquant un exode rural. Les PID sont aujourd'hui peuplés en moyenne aux trois quarts d'urbains, l'Amérique du Nord présentant même des taux supérieurs à 80 %. La croissance urbaine est par contre ralentie en raison de l'arrêt des flux de ruraux et d'un accroissement naturel souvent réduit, voire négatif. Ces taux, proches de zéro en Europe et au Japon, restent plus élevés en Amérique du Nord, notamment en raison d'une forte immigration qui profite surtout aux villes.

L'évolution des taux d'urbanisation dans le monde (en %)

	1950	2013
Afrique	14,8	40,4
Amérique du Nord	63,9	82,6
Amérique latine	41,1	79,6
Asie	17	46,5
Europe et Russie	65,9	73,4
Ensemble des PED	**17,4**	**47,5**
Ensemble des PID	**53,6**	**78,2**

Source : World urbanization prospects, the 2011 revision.

Les pays du Sud sont dans une autre situation, avec des taux d'urbanisation généralement plus faibles : 47,5 % en moyenne pour les PED, moins de 30 % pour l'ensemble des PMA, moins de 20 % dans certains États d'Afrique subsaharienne (Ouganda, Éthiopie). Ils présentent par contre logiquement des taux de croissance urbaine élevés, supérieurs à 1,5 % en Amérique latine (déjà très urbanisée) mais de plus de 2,3 % en Asie et atteignant 3 % en Afrique. Les grandes villes du Sud voient souvent leur population progresser à des taux encore plus remarquables (5 à 6 % par an) au point qu'on a pu parler d'**explosion urbaine**. Comme la croissance démographique, la croissance urbaine atteint ici une vitesse et une ampleur qu'elle n'a jamais eues au Nord.

Le Sud n'est cependant pas homogène face à l'urbanisation. Ainsi, l'Amérique latine, sous-continent relativement peu densément peuplé, à forte tradition urbaine, a connu au cours des années 1920 un fort mouvement d'urbanisation qui explique les taux d'urbanisation actuels très élevés. La transition urbaine s'est effectuée plus rapidement que la croissance démographique. L'Asie est dans une situation inverse, ayant entamé sa transition urbaine plus tardivement et présentant un niveau d'urbanisation plutôt faible par rapport à l'avancement de son évolution démographique. L'Asie conserve donc logiquement des taux de croissance urbaine encore élevés. Enfin, l'Afrique reste le continent le moins urbanisé, mais est en pleine transition urbaine du fait de l'industrialisation et de la tertiarisation de son économie.

Vers la métropolisation

Aujourd'hui, la croissance urbaine se traduit notamment par l'accroissement du nombre de grandes villes et de leur taille. En effet, à mesure que l'économie se mondialise, que les entreprises se délocalisent, la concentration de fonctions de commandement se fait au profit de quelques villes en mesure d'attirer les investissements, les activités, les hommes et de contrôler les flux de capitaux.

Les plus grandes villes sont les plus concernées par le phénomène de **métropolisation**. Ce processus ne se limite pas à la concentration de la population dans les très grandes villes, parfois qualifié de **mégapolisation** – une **mégapole** désignant une ville très peuplée (généralement plus de 10 millions d'habitants) sans préjuger de ses fonctions de commandement. Il traduit également l'accroissement du poids de ces villes au sein des États, notamment par la concentration des activités de commandement (économique, politique, culturel...), par l'augmentation de la taille de l'espace directement sous leur influence, par le caractère international de leurs fonctions et des activités de production qu'elles possèdent, par la concentration des activités de haut niveau (tertiaire supérieur), de la main-d'œuvre la plus qualifiée et donc des capacités d'innovation. Toutes les grandes villes ne sont pas également touchées par la métropolisation. Lagos ou Calcutta par exemple n'ont pas un rayonnement correspondant à leur taille. Les villes de plus fort rayonnement sont qualifiées de villes mondiales ou de villes globales, selon l'expression américaine *global city* forgée par la sociologue américaine Saskia **Sassen** (née en 1949). Comme toute terminologie récente, elle n'est pas encore fixée et si les deux termes sont souvent considérés comme des équivalents, selon certains auteurs les deux expressions revêtent des significations différentes. Une **ville globale** est un pôle de la mondialisation, un centre de commandement de l'économie globale grâce à la présence de bourses de valeurs, de sièges bancaires, de sièges sociaux d'entreprises multinationales. Elle bénéficie, par la possession de fonctions stratégiques, d'une forte **directionalité** selon une expression du géographe Jean-Pierre Paulet. Le même auteur utilise également, pour caractériser ces villes globales, le terme de **connectivité**, à savoir le bénéfice d'une position maîtresse au sein d'un réseau. On parle en revanche de **ville mondiale** pour qualifier une ville qui, sans être un pôle de la mondialisation, possède un fort pouvoir d'attraction, joue un rôle de porte d'entrée de flux migratoires internationaux et est marquée par une certaine **métropolité**, avec des modes de vie et de fonctionnement spécifiques. Une ville mondiale peut également parfois bénéficier d'une très forte notoriété liée à son histoire, à son patrimoine architectural ou culturel et aux représentations qu'elle suscite. Ainsi, certaines grandes agglomérations comme Venise, São Paulo ou Mexico, ne sont pas des villes globales mais peuvent être considérées, dans cette acception, comme des villes mondiales. D'autres villes, à l'image de Hong Kong, sont surtout des villes globales en raison de leur activité boursière. Cependant, pour S. Sassen, New York, Tokyo, Londres et Paris sont les seules véritables villes globales. La première est sans doute la plus aboutie : elle possède en effet la première bourse de valeurs du monde (NYSE-Euronext), le siège de l'ONU, plus de 500 firmes de très haut niveau, des services de pointe, deux CBD (*downtown* et *midtown*) et une notoriété planétaire qui en fait également une ville mondiale de tout premier plan. Plusieurs autres classements, qui ne recoupent pas celui de Sassen, ont été proposés pour hiérarchiser ces villes mondiales, sans qu'aucun ne fasse référence. Celui du Groupe d'études sur la globalisation et les villes mondiales (**GaWC**, en anglais), de l'université de Loughborough à Londres, est basé sur l'étude de la localisation de sièges sociaux d'entreprises de niveau mondial et la présence de services de pointe. Il aboutit à un classement en trois catégories principales (alpha, béta, gamma) et dix catégories secondaires. Ces hiérarchies sont bien sûr évolutives, Shanghai étant désormais au niveau de Paris.

Une classification des villes alpha pour le GaWC

Villes alpha ++	Villes alpha +	Villes alpha	Villes alpha - (exemples)
Londres, New York	Chicago, Dubaï, Hong Kong, Paris, Shanghai, Singapour, Sydney, Tokyo	Bruxelles, Kuala Lumpur, Madrid, Mexico, Moscou, São Paulo	Atlanta, Barcelone, Boston, Munich

Source: GaWC, 2011.

D'autres classements donnent des résultats proches et confirment les places de New York et de Londres comme premières villes globales : le ***Global cities index*** propose, depuis 2008, une analyse fondée sur cinq critères : l'activité économique, le capital humain (dont la part des immigrants et la qualité des universités), les communications, l'attractivité culturelle et le rôle politique.

Villes mondiales et globales contribuent donc largement à la direction du monde en concentrant les pouvoirs décisionnels (politique, financier et économique) et une part importante des échanges commerciaux. Elles forment ainsi l'**archipel mégalopolitain mondial** (**AMM**), selon un terme inventé par Olivier **Dollfus** (1931-2005), au sein duquel chaque métropole constitue une « île » qui entretient avec les autres grandes villes des relations privilégiées qui traduisent leur appartenance au même « archipel », une mégalopole à l'échelle mondiale. L'ensemble forme un réseau relié par des flux importants et associe dans un même mouvement de développement des activités de haut niveau, notamment de recherche, d'innovation et de direction.

L'étalement urbain et ses conséquences

De la métropole à la métapole ?

L'urbanisation et la métropolisation se traduisent par la tendance des villes, notamment les plus grandes d'entre elles, à croître plus rapidement en surface qu'en population. Ce processus se traduit par l'**étalement urbain** (ou ***urban sprawl***), c'est-à-dire la dilatation de ces villes par l'extension de leurs périphéries, par périurbanisation, rurbanisation ou exurbanisation (*cf.* p. 172). Cette croissance spatiale est très importante dans certains pays du Sud et dans les pays neufs, notamment en Amérique du Nord où les *suburbs* (banlieues) sont des lieux de résidence recherchés. Cet étalement, très marqué dans les grandes villes, l'est parfois encore plus dans les villes moyennes. En Amérique du Nord, le terme de ***boomburbs*** désigne des villes-champignons qui s'étalent en de grandes banlieues (*boom suburbs*). On en compte près d'une centaine aux États-Unis et au Canada. Longtemps très limité en Europe où la culture urbaine valorisait plutôt la centralité, l'étalement urbain a aussi gagné du terrain.

Les périphéries urbaines sont des lieux d'implantation d'infrastructures de transport (aéroports par exemple), de loisirs (golfs, terrains de football...), de zones industrielles et de quartiers résidentiels. Tout cela provoque des mutations fonctionnelles et donne naissance à un **polycentrisme** (ou une **polynucléarisation**) par la multiplication de centres secondaires qui provoquent des transferts de densités du centre vers les périphéries et donc une perte de fonction de la ville-centre. Ce processus se traduit par le développement des ***edge cities*** (littéralement les **villes-lisières**), espaces d'extension récente qui rassemblent des emplois, des bureaux, des espaces commerciaux et d'hôtellerie, quelques sièges sociaux… et deviennent de nouveaux centres au fonctionnement relativement indépendant de celui de la ville-centre. L'ensemble donne naissance à des espaces vastes, très peuplés, discontinus et multipolaires, à des « centres périphériques ». Ils produisent de nouvelles formes d'urbanisation par la création d'unités urbaines relativement autonomes et indépendantes de leur environnement (**urbanisation en grappes** ou **en flaques** ou encore **en *clusters***). On parle d'ailleurs parfois de **clusterisation** pour qualifier la formation de ces zones urbaines.

L'étalement urbain peut conduire à la formation de **conurbations** par la jonction de plusieurs noyaux urbains par leurs périphéries. La Ruhr, mais aussi les ensembles formés par les villes de Lille, Roubaix et Tourcoing, ou par Aix-en-Provence et Marseille ou encore par Nancy, Metz et Thionville sont des exemples anciens de conurbations. Une série de conurbations peut former une **région urbaine** à l'instar de la *Randstadt Holland* (d'Amsterdam à Rotterdam et de La Haye à Utrecht). Certaines de ces régions urbaines font partie d'ensembles urbains encore plus vastes qui forment les **mégalopoles**, c'est-à-dire des régions urbaines de plusieurs dizaines de millions d'habitants, comprenant plusieurs métropoles et grands centres urbains, et s'étendant de manière relativement continue sur plusieurs centaines de kilomètres. Les auteurs s'accordent sur l'existence de deux mégalopoles : la **Mégalopolis**, de Boston à Washington (ou ***BosWash***), qui s'étire sur environ 800 km et concentre environ 70 millions d'habitants et la **mégalopole japonaise**, de Tokyo à Kita-Kyushu. Ces mégalopoles sont des espaces de forte densité de population et d'urbanisation et ont aussi en commun de constituer des espaces de prospérité, avec un haut niveau de développement et une influence mondiale liée à la fois à leur situation portuaire et littorale, à la présence de villes mondiales et d'activités à haute valeur ajoutée. Certains auteurs qualifient également de mégalopole la **dorsale européenne** (de la région de Londres au Nord de l'Italie), centrée sur l'Europe rhénane et qui intègre également, en périphérie, Paris et Francfort. Cette mégalopole s'apparente en réalité à un **artefact**, une construction intellectuelle, une vision artificielle et déformée d'une réalité, sans doute ici destinée à équilibrer le phénomène urbain entre les membres de la Triade. L'Europe se devait de posséder une mégalopole, quitte à oublier les Alpes et le hiatus qu'elles forment au sein de ce pseudo-arc urbain européen. Cette « dorsale », ou l'ensemble discontinu qu'elle constitue, forme cependant le centre d'impulsion en termes politiques et économiques de l'Union européenne et domine les régions périphériques, moins dynamiques. D'autres régions urbaines sont parfois qualifiées de mégalopoles, comme en Afrique du Sud, le Gauteng qui recoupe les aires urbaines de Johannesburg, Pretoria au nord et Vereeniging au sud, ou autour des Grands Lacs d'Amérique du Nord à la fois aux États-Unis (***ChiPitts*** pour Chicago-Pittsburg) et au Canada, ou de San Francisco à San Diego (***SanSan***) ou encore, au Brésil, entre Rio de Janeiro et São Paulo.

Processus en cours, la métropolisation crée donc de nouvelles formes urbaines : certains parlent d'**hyperville** pour rendre compte de cette évolution. L'urbaniste et architecte François **Ascher** (1946-2009) a quant à lui proposé le terme de **métapole**. Ce serait la forme urbaine qui succède à la métropole : littéralement, métapole signifie « au-delà de la ville » dans son acception chronologique. Selon lui, la métropolisation n'est qu'une étape d'un processus historique et la métapole est un nouveau mode d'appropriation collective du territoire. Elle se forme à partir des métropoles existantes et intègre, du fait de l'étalement urbain, et de manière peu structurée, des espaces très divers, déjà urbains ou non. La métapole peut donc être mono ou polynucléaire, plus ou moins agglomérée, polarisée, dense ou étale. Phénomène touchant au moins l'ensemble des PID, ce processus de **métapolisation** jouerait à des échelles diverses : l'agglomération de Tokyo est une métapole, mais la vallée du Rhône également, du fait du développement d'un étalement urbain quasi continu entre Marseille et Lyon, voire Genève.

Enfin, l'étalement urbain existe également dans certains pays du Sud. Il peut d'ailleurs être encore plus marqué qu'au Nord, mais il est souvent lié à d'autres facteurs et principalement à l'afflux de populations pauvres dans les espaces urbanisés : au cours du XXe siècle, la superficie de Mexico a été multipliée par plus de 55 ! Il se fait notamment par la multiplication de maisons basses, développées le long de **rubans d'urbanisation** (routes, voies ferrées, canaux…). Cette croissance est donc le plus souvent anarchique, avec privatisation illégale, autoconstruction à l'écart des réseaux et des services, **bidonvilisation** d'espaces anciennement ruraux et agricoles, ce qui se traduit par une réduction des productions agricoles locales, même si de nombreuses villes conservent des parcelles cultivées. Ces couronnes urbaines sont mal desservies et manquent de réseaux d'adduction d'eau, d'égouts…, la croissance urbaine dépassant les capacités des pouvoirs publics à la gérer. Ce sont parfois des espaces à risques, l'urbanisation spontanée ayant gagné des espaces peu adaptés (fortes pentes, lits majeurs de cours d'eau…).

Les problèmes liés à l'étalement urbain

L'étalement urbain pose un certain nombre de problèmes du fait du transfert des industries et des services du centre vers la périphérie. Il tend à provoquer des phénomènes de ***spatial mismatch*** (expression traduite en français par **décalage spatial** ou **disparité spatiale**) entre les lieux où réside la population et ceux où se trouvent les emplois. Une théorie empirique de John Kain (1968) en économie urbaine en fait une explication possible des écarts de chômage entre différents groupes d'individus. Analysant les villes américaines, Kain constate que le centre historique a été progressivement abandonné aux populations défavorisées au profit des banlieues blanches aisées. Parallèlement, du fait de la délocalisation des industries dans ces banlieues (moindre coût de la terre et proximité des consommateurs), les populations défavorisées restées en centre-ville souffrent d'un taux de chômage structurel élevé. Pour Kain, la raison principale de leurs difficultés d'insertion sur le marché du travail est ainsi l'éloignement des emplois. Le *spatial mismatch* correspond à une généralisation de cette constatation : habiter loin d'un bassin d'emploi serait l'une des causes du chômage de longue durée. De même, le **décalage de compétence**, ou ***skill mismatch***, est le fait que les emplois qui se développent au centre ne trouvent plus localement les personnels compétents. Ces décalages se traduisent par des mobilités domicile-travail qui peuvent être de ***reverse commuting***, c'est-à-dire non plus des banlieues vers la ville-centre, comme dans le schéma centrifuge traditionnel, mais de banlieue à banlieue, avec un usage accru de la voiture au détriment des transports en commun. L'éloignement des emplois par rapport au centre pose des problèmes dans les plus grandes villes, quand les périphéries sont mal desservies par les transports en commun ou pour les populations peu aisées qui n'ont pas les moyens de les emprunter. Si les conclusions de Kain sur le chômage sont aujourd'hui largement remises en cause, elles témoignent toutefois d'une **fragmentation socio-spatiale** (un type d'organisation marqué par l'éclatement et un manque d'articulation entre les espaces), d'une **ségrégation socio-spatiale** marquée par une séparation de groupes sociaux, et d'une certaine relégation urbaine : de nombreux travaux de sociologues et de géographes étudient par exemple désormais la sensation d'isolement des populations périurbaines et sa réalité.

L'étalement urbain pose ensuite différents problèmes de **gouvernance** (*cf.* article *Systèmes politiques et économiques (géographie et)*). Une partie de ces nouveaux espaces correspond à ce que l'urbaniste David Mangin a nommé la **ville franchisée** du fait du poids des franchises commerciales. Il s'agirait de lieux libérés de toute contrainte, de tout projet urbain d'ensemble. Cette ville, qui échappe donc aux cadres régulateurs classiques, est soumise à l'hégémonie de l'économie, à l'entre-soi (ces espaces sont des lieux de vie) et à la sectorisation. Ils sont créateurs de nouvelles centralités : le centre-ville de beaucoup de villes moyennes est-il le centre historique ou le magasin Ikea qui vient de s'installer dans un espace périurbain ?

L'étalement urbain pose enfin des problèmes environnementaux, en grande partie liés aux déplacements, souvent effectués en voitures individuelles. Les tenants du développement durable cherchent donc à promouvoir, outre des transports en commun, une « ville compacte » (*cf.* p. 103).

Les mégapoles de plus de 12 millions d'habitants en 2012

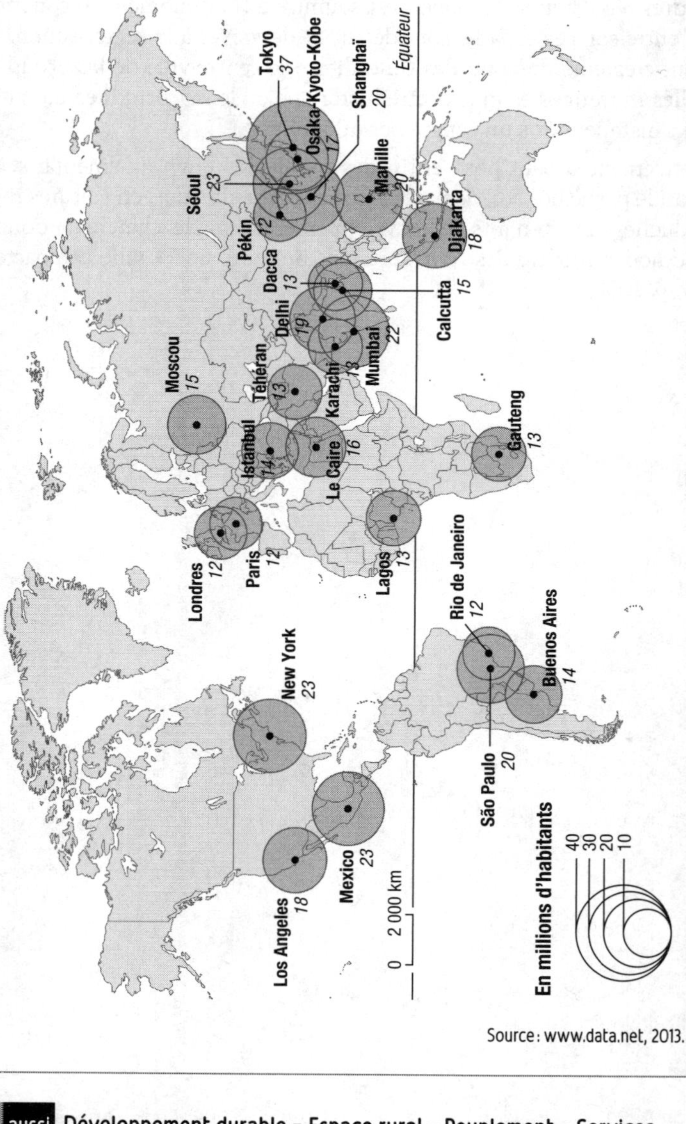

Source : www.data.net, 2013.

Lire aussi **Développement durable – Espace rural – Peuplement – Services, secteur tertiaire – Villes**

Végétation, forêt

La couverture végétale étant l'une des composantes essentielles de l'environnement, les géographes s'y sont intéressés en tant qu'élément constitutif des milieux, mais aussi pour étudier la manière dont les sociétés humaines l'exploitent.
De nos jours, la forêt est l'objet d'étude préférentiel du fait de son intérêt économique mais aussi patrimonial.

Des formations végétales modifiées par les sociétés

L'étude des formations végétales, de leur distribution dans les différents milieux et de leur exploitation par les sociétés, constitue une partie du champ de la **biogéographie**. Cette discipline a été partie prenante de l'histoire de la géographie moderne, notamment en Allemagne et au Royaume-Uni (travaux de Von Humboldt, de Darwin...). Elle est aujourd'hui très minoritaire et seuls quelques thèmes sont des objets d'étude particuliers pour les géographes. Il s'agit d'abord des **espaces verts**, parcs, jardins ou arbres isolés le long des rues. C'est notamment parce qu'ils procurent une illusion de nature et participent de manière positive à la perception des paysages urbains que les géographes les étudient. Il s'agit aussi et surtout des forêts.

● La forêt, patrimoine menacé

Une **forêt** est un espace couvert d'arbres en formation relativement serrée, dominant souvent un sous-bois arbustif ou herbacé. Le terme est généralement réservé à des étendues conséquentes, contrairement aux **bois**, plus restreints. Dans le détail, la définition d'une forêt est plus ou moins restrictive selon les pays et varie selon divers paramètres (hauteur, densité, sous-bois...). Le globe porte environ 4 milliards d'hectares de forêts (soit 31 % des terres émergées) et 10 pays seulement possèdent plus de 60 % de la forêt mondiale. Cette forêt joue un rôle écologique majeur en participant tout d'abord au maintien des grands équilibres écologiques en fournissant à l'atmosphère de l'oxygène et de la vapeur d'eau par **évapotranspiration** et en jouant un rôle de filtre épurateur dans les secteurs pollués. Elle permet également de limiter l'érosion des sols par ruissellement, de réguler l'écoulement des eaux de surface, de ralentir les crues torrentielles et de limiter les effets du vent. La fonction alimentaire traditionnelle (cueillette, chasse) de la forêt est aujourd'hui réduite à quelques zones reculées. Elle reste par contre encore largement utilisée pour sa fonction énergétique, notamment pour la production de bois de chauffage. La **sylviculture**, c'est-à-dire l'entretien et l'exploitation de la forêt, est une activité essentielle. États-Unis, Canada, Russie et Chine sont les principaux producteurs de bois et de produits dérivés : bois industriel et pâte à papier, produits chimiques et pharmaceutiques (4 milliards de m^3 de bois en 2012). Les plantations de forêts à but industriel sont qualifiées de **futaies** en raison de la taille et de la forme en fût des arbres.

Le patrimoine forestier mondial recule chaque année de 7,3 millions d'hectares, essentiellement par la destruction des forêts tropicales, notamment au Brésil et en Indonésie. Cette déforestation est responsable d'environ 20 % de l'émission de gaz à effet de serre. La pollution atmosphérique contribue à détruire la partie sommitale des forêts et des incendies ravagent chaque année des centaines d'hectares dans les milieux méditerranéens… Ces prélèvements et ces atteintes réduisent la **biodiversité**, c'est-à-dire la richesse et la variété des espèces animales et végétales. La prise de conscience de ces évolutions a montré la nécessité d'une meilleure gestion des ressources forestières. Les organismes internationaux font pression sur les États pour qu'ils limitent les défrichements excessifs, notamment dans les pays intertropicaux. Des opérations de **reboisement** sont mises en œuvre pour freiner la désertification, fixer les sols, éviter la constitution de friches, produire de la matière première. La préservation de la qualité du paysage forestier est également recherchée pour développer la fonction récréative de certaines forêts.

Le cas de la forêt en France

La France métropolitaine, qui ne possédait plus que 7 millions d'hectares enforestés à la fin du XVIIIe siècle, en compte en 2012 plus de 16,3 millions, la forêt occupant 29 % du territoire, auxquels s'ajoutent 3,2 % d'autres espaces boisés (bosquets, arbres épars, haies boisées…). Elle possède la 4e surface forestière d'Europe après la Suède, la Finlande et l'Espagne. Il faut ajouter à ces surfaces plus de 7,5 millions d'hectares de forêts dans les DROM, essentiellement en Guyane. Les feuillus occupent plus des deux tiers du territoire boisé.

L'**Office national des forêts** gère les **forêts publiques**, qui comprennent les **forêts domaniales** – appartenant à l'État – (10 % de la surface forestière du pays) et les forêts des collectivités territoriales (16 %). Le reste (74 %) appartient donc à des propriétaires privés, souvent regroupés en associations locales dont les activités sont coordonnées par le Centre national de la propriété forestière.

La forêt joue un rôle dans la prévention des risques naturels et la protection de l'environnement. Depuis 1976, plusieurs types de forêts accèdent au statut de **forêts de protection** : des forêts de montagne, dont certaines appartiennent à cette catégorie depuis les années 1920, des forêts dunaires, des forêts alluviales et des **forêts périurbaines**, c'est-à-dire situées à moins de 30 km d'une agglomération d'au moins 50 000 habitants. La **loi d'orientation pour la forêt** du 9 juillet 2001 a d'ailleurs reconnu le rôle de la forêt dans le développement durable du territoire, en inscrivant sa gestion dans un cadre international de gestion durable de la forêt européenne. Enfin, 40 % des sites « naturels ou semi-naturels » protégés et recensés par l'UE dans le cadre du réseau **Natura 2000** sont, dans le cas de la France, en zone forestière.

La forêt joue un rôle dans la **filière-bois**, l'ensemble des activités et des acteurs concernés par la sylviculture, l'exploitation forestière et l'industrie du bois, qui procure 550 000 emplois en 2011. Toutefois, du fait de l'évolution du marché dans un cadre mondialisé, les importations de bois ont crû de 40 % entre 2002 et 2010.

La forêt participe à l'évolution des paysages. L'extension du couvert forestier est principalement liée aux opérations de reboisement, consécutives à la multiplication des friches agricoles. Mais ces opérations privilégient les espèces les plus rentables, essentiellement des résineux. Ceci entraîne une **fermeture des paysages**, qui se traduit par un nouveau paysage, marqué par un assombrissement à l'origine parfois d'un sentiment d'oppression chez les usagers. En moyenne montagne, ce phénomène est fréquent et aboutit, en raison de la multiplication des plantations en « **timbres-poste** », c'est-à-dire en taches sombres dispersées sur le territoire, à la fermeture de certaines clairières agricoles. La croissance de la production de sapins de Noël n'est pas étrangère à cette évolution.

La forêt est aussi un espace récréatif support d'activités de loisirs, de promenades à pied ou sur des pistes cyclables. Les forêts périurbaines, et tout particulièrement celles qui cernent la capitale, ont vu se développer des **parcours aventure**, qui proposent une succession d'ateliers ludiques en contact avec les arbres, et l'**accrobranche** qui consiste à grimper et se déplacer dans les arbres grâce à des systèmes de cordes.

Les grandes aires biogéographiques

Plusieurs typologies de formations végétales

Le **manteau**, **tapis** ou **couverture végétal(e)** désigne l'ensemble des espèces végétales qui couvrent le sol. Celles-ci constituent, à la surface du globe, des associations particulières appelées **formations végétales** ou **biomes**. Elles se définissent à l'aide de nombreux critères, dont en tout premier lieu leur nature : forêts, formations arbustives, formations herbacées, formations marines, littorales... On quantifie également leur degré de couverture du sol en distinguant les **formations fermées** qui couvrent entièrement le sol et les **formations ouvertes** ou **discontinues** avec des espèces végétales espacées qui laissent apparaître entre elles le soubassement minéral. La **luxuriance** (évaluation du nombre d'espèces différentes qui composent une formation végétale) et la **stratification** (existence de plusieurs niveaux ou étages de végétation) sont de bons indicateurs de la vigueur de l'activité végétale. On distingue, de la plus proche du sol à la plus éloignée, les **strates muscinale**, **épiphytique**, **herbacée**, **arbustive** et **arborescente**. La partie sommitale de la strate arborescente forme la **canopée**. On prend enfin en compte la **biomasse** : la masse totale formée par l'ensemble des êtres vivants sur un espace donné. On peut en évaluer la production annuelle, le stock et donc le taux de renouvellement qui dépend de la vigueur de la photosynthèse. La biomasse est forte dans la forêt équatoriale (400 t/ha) et faible dans la toundra (5 t/ha). Les formations végétales forment le **climax** et sont qualifiées de **climaciques**, lorsqu'elles sont adaptées au climat et en équilibre par rapport aux conditions du milieu naturel. C'est le cas des rares **formations végétales primaires** (non affectées par les interventions humaines). L'action anthropique se caractérise par des **défrichements**, c'est-à-dire l'enlèvement de la végétation naturelle, généralement dans la perspective d'une mise en culture. Les notions de **déboisement** ou de **déforestation** sont moins générales et ne concernent que les espaces boisés et forestiers. Des **formations dégradées** ou **secondaires** succèdent à l'intervention humaine quand celle-ci n'a pas remplacé les espaces défrichés par des cultures, des voies de communication ou des bâtiments. Elles donnent naissance à des **formations végétales** dites **de recru**. L'étude de ces formations végétales combine donc une approche zonale et une étude de leur dégradation par rapport à un état originel.

Les formations végétales en milieu intertropical

Quatre grands types de formations végétales se déploient de façon zonale des tropiques à l'équateur :
– les **déserts biologiques** sont des espaces où la végétation est quasi absente (*cf.* article *Déserts arides*) ;
– le second domaine correspond à la zone des climats semi-désertiques, marqués par une longue saison sèche. Les formations végétales y sont donc discontinues et **xérophiles** (« aimant la sécheresse »), adaptées au manque d'eau dans le sol et dans l'air. C'est le domaine de la **steppe**, formation végétale basse, ouverte et constituée de plantes herbacées et de buissons qui présentent un système radiculaire très développé et des surfaces feuillées réduites, parfois jusqu'à l'**aphyllie** (absence de feuille). La steppe connaît sa plus grande extension au Sahel mais on la trouve également en Afrique du Sud (le ***veld***) et dans le ***sertaõ*** du Nordeste brésilien où on la nomme ***caatinga*** (terme également affecté à des espaces de savane arborée). Enfin, la **brousse** est une formation primaire ou secondaire marquée par une végétation de steppe arbustive en milieu tropical sec ;
– avec l'accroissement des pluies en direction de l'équateur, se développe une autre formation zonale : la **savane**, composée d'herbes hautes (parfois de près de 4 m) et piquetée d'arbustes et de grands arbres. On distingue plusieurs catégories de savane, de la **savane buissonnante** (le ***bush*** d'Afrique du Sud) qui fait la transition avec la steppe, à la **savane boisée**, composée de beaucoup d'arbres aux cimes presque jointives et qui, elle, fait la transition avec les formations tropicales plus humides. Entre les deux, des formes à dominante herbeuse (le ***llano*** du Venezuela), arbustive (***campo cerrado*** au Brésil) ou arborée (la ***caatinga*** au Brésil) existent et se déclinent en une grande variété de formes selon les continents. La savane s'étend parfois dans le domaine des forêts sur les sols secs et sablonneux (**savane édaphique**), le long des cours d'eau (**savane-galerie**) ou en montagne (**savanes d'altitude**). La savane n'est pas une formation strictement zonale vu sa présence sous plusieurs climats. Il existe des **savanes** anciennes, **primaires**, naturelles et donc climaciques formées généralement sur des sols ferrugineux tropicaux, notamment en zone de climat soudanien. Il existe aussi des **savanes secondaires** (***alang alang***, en Indonésie) d'origine anthropique liées aux **feux de brousse** ou **brûlis** (***ladang***, en Indonésie) qui, pratiqués depuis des siècles, auraient progressivement dégradé les forêts tropicales par le processus de la **savanisation** ;

– dans les zones où la saison sèche est moins longue et les sols plus profonds, apparaissent les forêts. De nombreuses formes de forêts font la transition avec la savane. Les **forêts-parcs** sont constituées de bosquets d'arbres entourés de savane. La **forêt-galerie** ou **forêt ripuaire** (littéralement « qui aime les rives ») s'étire dans les talwegs humides empruntés par des cours d'eau, alors que les interfluves restent le domaine de la savane. La **forêt sèche** ou **forêt tropophile** est adaptée au climat soudanien et aux sols ferralitiques secs. Elle est formée d'arbres espacés qui perdent leur feuillage en saison sèche. En direction de l'équateur et sur sols humides apparaissent les **forêts denses**. C'est d'abord la **forêt mésophile** (littéralement « qui aime les conditions moyennes »), dense mais formée d'espèces caducifoliées et sempervirentes. La **forêt des moussons** ou **jungle** en Asie (ce terme qualifie également soit un type de savane indienne, soit des formations forestières secondaires inextricables) constitue une forêt mésophile. C'est ensuite la **forêt ombrophile** (« qui aime la pluie ») ou **forêt vierge.** Elle est stratifiée et le plus souvent composée d'**espèces sempervirentes**, c'est-à-dire toujours vertes car les feuilles sont remplacées au fur et à mesure qu'elles meurent, la saison végétative durant toute l'année. Les **lianes** et autres **épiphytes**, formations non parasitaires qui se développent sur d'autres plantes, sont nombreuses. La canopée de cette forêt est aujourd'hui mieux connue grâce aux nombreuses études menées depuis l'expédition « Le Radeau des cimes » mise en œuvre par le botaniste Francis Hallé en 1986.

Dans les zones littorales tropicales se développent des forêts basses riches en palétuviers et nommées **mangroves**. Le delta des Sundarbans, partagé entre Inde et Bangladesh, possède la plus grande mangrove du monde, inscrite au patrimoine mondial de l'UNESCO. Les mangroves ont été fortement affectées par les activités humaines.

La disparition alarmante des mangroves

« Les mangroves sont des forêts à feuilles persistantes et tolérantes au sel, qui se situent le long des littoraux, des lagunes, des fleuves ou des deltas dans 124 régions et pays tropicaux et subtropicaux, protégeant les zones côtières contre l'érosion, les cyclones et le vent. Ce sont des écosystèmes importants fournissant du bois, de la nourriture, du fourrage, des plantes médicinales et du miel. Elles sont également des habitats pour nombre d'animaux et contribuent à la protection des récifs coralliens contre l'envasement résultant de l'érosion des terres. Or, le monde a perdu environ 3,6 millions d'hectares de mangroves depuis 1980, soit une perte de 20 % de la superficie. Comme causes principales de la destruction des mangroves, la FAO évoque la pression démographique élevée, l'utilisation à grande échelle des zones de mangroves pour la pisciculture, l'élevage de crevettes, l'agriculture, les infrastructures et le tourisme, aussi bien que la pollution et les catastrophes naturelles. Si le déboisement des mangroves se poursuit, il peut provoquer des pertes considérables de biodiversité et de moyens d'existence, en plus de l'intrusion du sel dans les zones côtières et de l'envasement des récifs coralliens, des ports et des couloirs de navigation. »

D'après le site Internet de la FAO, article du 31 janvier 2008.

Les formations végétales en milieu subtropical

Dans la zone méditerranéenne, la végétation climacique est la **forêt sclérophylle** sempervirente ou **durisilve**. C'est une **suberaie** ou forêt de chênes-lièges sur sol cristallin, une **yeusaie** ou forêt de chênes verts sur sols calcaires, une **pinède** ou forêt de pins sur les littoraux sablonneux. Ces formations primaires se sont transformées en formations dégradées sous l'effet des défrichements, des incendies et du surpâturage. Celles-ci se présentent sous l'aspect de formations arbustives formées d'épineux et de **plantes xérophiles** (adaptées au manque d'eau). C'est la **garrigue** sur sol calcaire et le **maquis** ou ***mattoral*** ou encore ***chapparal*** au Mexique et en Californie sur sols siliceux. La garrigue est une formation ouverte avec des chênes kermès et une grande diversité de **plantes calcicoles** (qui préfèrent les sols calcaires). Le maquis, au contraire, présente une formation dense et peu pénétrable composée d'arbustes et de quelques arbres (arbousiers, cistes, bruyères) et autres **plantes silicoles** (qui apprécient les substrats siliceux) et en général également **calcifuges** car elles ne se développent pas volontiers sur sol calcaire. Une dégradation plus profonde des formations primaires aboutit à la steppe, **steppe à alfa** ou **steppe à armoise**, qui peut également être une formation climacique au Maghreb et sur les marges sèches du domaine méditerranéen. En montagne, on retrouve fréquemment la **hêtraie** (forêt de hêtres ou **fayards**).

Sur les façades est des continents, les contrastes entre des hivers froids et des étés chauds et humides provoquent la formation de riches associations végétales. C'est le cas de la **forêt appalachienne**, composée d'un mélange d'espèces tempérées (chênes), nordiques (conifères) et méridionales, ou de la **forêt chinoise** dans laquelle se mélangent des espèces tropicales et tempérées (magnolias, théiers, ginkgo biloba). Cette luxuriance s'explique par l'ancienneté de formations épargnées par les glaciations quaternaires.

Les formations végétales en zone tempérée

Le domaine tempéré océanique de façade ouest des continents est caractérisé par de faibles amplitudes thermiques entre des hivers doux et des étés tièdes. C'est le milieu de la **forêt tempérée caducifoliée** (ou **décidue**), c'est-à-dire composée de **feuillus** ou **arbres à feuilles caduques**, dont le feuillage tombe en saison froide. Les espèces les plus représentées sont les hêtres (hêtraie) et les chênes (**chênaie**), qui se retrouvent parfois associés (**chênaie-hêtraie**). Il existe cependant deux cas particuliers. C'est tout d'abord la **lande**, formation basse et fermée avec fougères, ajoncs et bruyères. Elle peut être climacique dans les zones très ventées ou résulter d'une dégradation d'une forêt préexistante. Ce sont ensuite les grandes **forêts de conifères** de la façade ouest du continent américain (séquoias et tsugas de Colombie britannique, **forêt valdivienne** au Chili).

Dans la zone tempérée continentale, les espaces marqués par l'aridité sont fréquemment dénués de toute végétation ou occupés par des **formations halines** ou **halophiles**, littéralement « qui aiment le sel ». Les zones tempérées à tendance continentale sont des domaines exclusivement forestiers et qui ne se retrouvent que dans l'hémisphère Nord. En Eurasie, la **forêt mixte** russe associe des espèces caducifoliées (chênes, charmes) et des espèces sempervirentes (épicéas). L'équivalent américain est la **forêt laurentienne** dans laquelle se mélangent hêtres, érables, bouleaux et résineux. Plus au nord, on passe à la **taïga** russe et à la **forêt hudsonienne** canadienne qui se développent dans les zones où le climat n'est pas trop rude et où les sols ne gèlent pas en profondeur. Ce sont des forêts pauvres, composées d'une majorité de **conifères** sempervirents (sapins, pins, mélèzes, épicéas) et de quelques feuillus (bouleaux, trembles). Dans les creux humides se développent les **tourbières** : **formations végétales hygrophiles** (littéralement « qui aiment l'humidité »), qui se comblent progressivement par une végétation de **sphaignes** (mousses) ou de carex.

Les zones continentales plus méridionales à étés chauds sont les domaines de la **prairie**. C'est une formation herbeuse qui recouvre totalement les sols. Elle prend le nom de **steppe** en Asie centrale, ce qui introduit un élément de confusion avec les steppes tropicales, de **pampa** en Amérique latine. On distingue d'abord la **prairie haute** dans les zones assez humides (700 à 1 000 mm) qui s'étale jusqu'au contact avec les forêts caducifoliées. Elle peut être parfois arborée (Ukraine). Il existe également des **prairies mixtes** formées d'herbes hautes et touffes plus courtes qui poussent sur les sols noirs ou *chernozem* formant les terres céréalières très fertiles. On trouve enfin des **prairies basses** dans les zones où les précipitations sont inférieures à 400 mm.

Les formations végétales des hautes latitudes

Dans le prolongement des zones tempérées continentales, les formations végétales sont contraintes de s'adapter à des conditions climatiques plus rudes marquées par des températures moins clémentes et la présence de sols peu épais et constamment gelés en profondeur (**pergélisol**). C'est le domaine de la **toundra**, formation végétale rase et pauvre, dominée par la présence de plantes herbacées, de mousses et de lichens. On distingue la toundra nue, uniquement herbeuse, la toundra buissonnante et la toundra arborée avec arbustes et arbres nains.

Les formations végétales de montagne

La montagne modifie les conditions climatiques (*cf.* article *Montagne*), ce qui entraîne une dégradation des espèces des plaines environnantes et leur remplacement progressif par des formations mieux adaptées. Il s'ensuit un **étagement** des formations végétales. La présence de versants induit un élément supplémentaire de distinction selon l'exposition différente entre l'adret et l'ubac (*cf.* p. 356).

Un exemple d'étagement de la végétation en Suisse

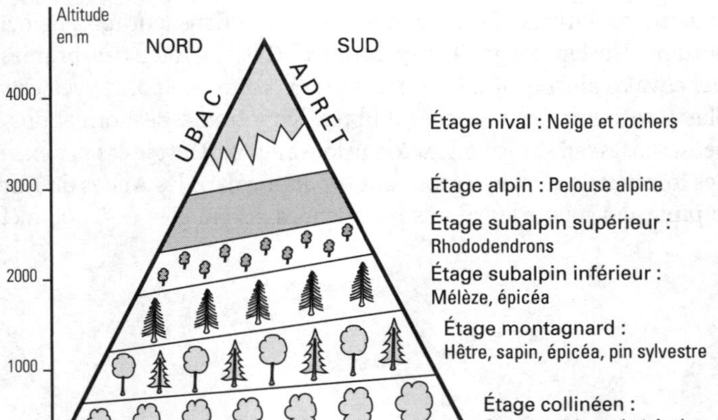

Dans les montagnes européennes, on distingue plusieurs étages. Les plus bas sont forestiers : le chêne domine dans l'**étage collinéen**, alors qu'apparaît dans l'étage montagnard une **forêt mixte** où alternent les espèces caducifoliées et les résineux : les **pessières** (épicéas), les **sapinières** (sapins) et les **pinèdes** (pins sylvestres). L'**étage subalpin** se divise en deux sous-étages selon la présence ou non de forêt. On trouve encore des bois d'épicéas et de mélèzes dans l'étage subalpin inférieur alors que l'étage subalpin supérieur, au-delà de la **limite de la forêt**, n'est plus occupé que par des rhododendrons et quelques arbres isolés. Ces limites évoluent avec les époques et l'intensité du pâturage qui tend à éliminer les pousses de haute altitude les plus fragiles. Au-delà de la **limite des arbres isolés** se développe l'**étage alpin** avec une vie végétale réduite à quelques espèces rases qualifiées, selon que l'on évoque la formation végétale ou son utilisation, de **prairie d'altitude**, **pelouse alpine**, **alpe**, **alpage**, **estive**. Enfin, au-delà de la ***snow line*** ou **limite des neiges persistantes**, il n'y a plus de végétation continue. C'est l'**étage nival**, où persistent quelques lichens dans des creux et quelques fleurs résistantes. Sous d'autres latitudes, les forêts de montagne prennent parfois des noms particuliers : c'est le cas de la **forêt valdivienne** des zones très pluvieuses du Chili, peuplées de conifères et d'une espèce particulière de hêtres, les **nothophagus**.

Sous les tropiques, dans les étages peu élevés, entre 1 000 et 2 000 mètres, les forêts sont souvent denses, peuplées surtout de conifères couverts d'épiphytes et de fougères de grande taille. C'est la ***rain forest*** ou **forêt pluviale**. Les étages supérieurs, au-delà de 2 000 mètres, restent le domaine d'arbres plus modestes, complexes dans leur morphologie et portant des feuilles petites et coriaces. C'est la forêt des brumes ou ***nebelwald***, ainsi qualifiée en raison de la forte nébulosité. Les espaces plus élevés demeurent dénués d'arbres. On y trouve des formations herbeuses rases qui s'apparentent à la pelouse alpine. C'est le cas par exemple des formations steppiques formant le ***páramo*** dans les Andes du Nord et la ***puna***, qui couvre les pentes péruviennes jusqu'à près de 5 000 mètres.

Lire aussi **Climat – Milieu, géosystème, environnement – Sols**

Ville

Difficile à définir et à délimiter, la ville constitue pourtant le lieu de vie de plus de la moitié de l'humanité, ainsi qu'un milieu social et économique. Ce géosystème, marqué par des paysages spécifiques, des fonctions et des besoins particuliers, connaît aussi des problèmes, liés notamment à des phénomènes de ségrégation sociale et spatiale. Des politiques urbaines tentent parfois d'y répondre.

Comment définir la ville ?

Ville ou espace urbanisé ?

Le concept de ville est en apparence sans ambiguïté. Une **ville** est en première approche une commune, une entité administrative qui se distingue du village par sa taille, son bâti, les populations et les activités qu'elle concentre. Il apparaît cependant une première difficulté qui tient à la diversité du fait urbain selon les régions et les pays, rendant difficile la mise en évidence de points communs et donc l'élaboration d'une définition valable. La seconde difficulté concerne la délimitation des villes sur leurs marges du fait de l'**étalement urbain**, c'est-à-dire la tendance des villes à se déployer sur des espaces toujours plus larges, moins densément occupés. De nos jours les processus d'urbanisation sont de moins en moins impulsés par les villes (*cf.* articles *Espace rural* et *Urbanisation*). Selon les termes de Françoise Choay, historienne des théories et des formes urbaines, « l'urbain a tué la ville » : l'opposition millénaire entre ville et campagne, mise en valeur dès le XIXe siècle par le marxisme, est de moins en moins porteuse de sens. Nous assisterions non seulement à un processus de nature démographique et géographique d'étalement urbain, mais aussi à un processus civilisationnel : la notion même de ville serait en train de disparaître ! Les géographes comme les urbanistes, les historiens ou les sociologues ont donc été contraints d'adopter des définitions mouvantes et encore parfois peu fixées : par exemple, les **espaces urbanisés** (ou **espaces urbains**) sont ceux qui englobent la ville elle-même, mais aussi les espaces qui en dépendent directement et donc des périphéries qui, bien qu'ayant conservé une apparence rurale, sont peuplées de personnes qui travaillent en ville et dépendent, notamment pour leur consommation, de celle-ci. La ville est donc une réalité complexe dont on ne peut apprécier les contours qu'en cherchant à en déterminer les caractères spécifiques, sachant que ceux-ci se combineront de manière différente selon les États et régions du monde.

Le terme de **cité** pose lui aussi des problèmes de définition. Parfois considéré comme un équivalent pur et simple de ville, le terme peut désigner d'autres réalités : le quartier le plus ancien de cette ville (la cité médiévale) et, dans un sens très restreint, le centre des affaires dans le monde anglo-saxon (la *City*), une forteresse (cité est alors un équivalent de citadelle), un espace clos, d'où par analogie le fait de qualifier certains quartiers de grands ensembles de « cités », un espace idéal (les cités-jardins, *cf.* p. 560) ou, conformément à son étymologie (*civitas*, vivre ensemble, qui a aussi donné le terme de civilisation), un pouvoir constitué par la ville sur un territoire (les cités-États).

Des définitions officielles fondées sur le nombre d'habitants

La ville est avant tout un lieu de concentration d'hommes et de bâtiments sur un espace restreint. Elle présente donc des densités de population supérieures à celles de son environnement. Mais bien des espaces ruraux (la vallée du Nil par exemple) enregistrent des densités très élevées, alors que certaines villes (en Australie notamment), s'étalent sur de grands espaces avec des densités seulement moyennes.

De ce fait, l'urbaniste américain Melvin Webber a proposé le concept d'**intensité** pour résoudre cette contradiction. Partant du principe que ce ne sont ni la taille ni la densité de population mais les interactions entre citadins qui donnent à la ville ses caractéristiques, l'intensité mesure la densité des communications entre les habitants qui fournit une « qualité spatiale indépendante du site ». De même, selon Webber, le terme polysémique d'**urbanité** (*cf.* p. 555) ne lierait plus forcément des groupes sociaux à un espace « urbain » spécifique mais concernerait avant tout des individus indépendamment de l'endroit où ils habitent du moment qu'ils pratiquent la ville ; de ce fait cette urbanité serait plus intense à Los Angeles qu'à New York, alors même que la densité de population est de loin supérieure à New York.

Il est donc très difficile de définir statistiquement ce qu'est une ville. En effet, l'étalement urbain rend fort délicate la délimitation et l'évaluation de la population exacte des plus grandes villes. Les définitions statistiques reposent souvent sur le critère de taille en considérant le nombre d'**habitants agglomérés** (dont les résidences sont distantes, généralement, de moins de 200 mètres) mais avec des seuils forts variables selon les pays. On parle de ville à partir d'une agglomération de 200 habitants en Suède ou en Islande, de 2 000 en France et de 50 000 au Japon ! Certains États combinent plusieurs critères pour aboutir à cette définition : un nombre d'habitants agglomérés, un seuil de densité, voire une part minimale d'habitants ayant une activité non agricole.

En France, la définition officielle de la ville a été affinée. L'INSEE a défini en 1954 la notion d'unité urbaine. Est considérée comme **unité urbaine** toute commune ou groupe de communes comportant au moins 2 000 habitants avec une continuité du bâti. Une unité urbaine peut être une commune isolée ou une agglomération multicommunale. Le fait urbain devenant plus difficile à délimiter, l'INSEE a créé en 1962 la notion de **ZPIU, Zone de peuplement industriel et urbain**. Une ZPIU regroupait une agglomération urbaine constituée d'une ou de plusieurs unités urbaines et le bassin de main-d'œuvre l'entourant. Elle englobait donc des communes rurales industrielles et des communes-dortoirs dont un fort pourcentage des habitants travaille en dehors de la commune, dans des professions non agricoles. Les ZPIU concernaient en 1990 plus de 28 500 communes, c'est-à-dire plus de la moitié du territoire national et 96 % de la population. Si elle permettait de bien mesurer la polarisation exercée par la ville principale sur son environnement proche, la notion de ZPIU a contribué à donner une image exagérée de l'importance du fait urbain et a été abandonnée au milieu des années 1990. Depuis, l'INSEE a créé la distinction entre des « **espaces à dominante urbaine** » et des « **espaces à dominante rurale** » (*cf.* article *Espace rural*). Les premiers sont centrés sur des **aires urbaines**, composées d'un **pôle urbain** important, c'est-à-dire une unité urbaine offrant plus de 5 000 emplois, et de sa **couronne périurbaine**, elle-même composée des communes dont au moins 40 % des actifs travaillent dans le pôle urbain ou dans d'autres communes de l'aire urbaine. Une aire urbaine est donc avant tout un bassin d'emploi. En 2010, 77,4 % des Français vivaient dans des aires urbaines (sur 32,4 % de la superficie) et 85 % dans des espaces à dominante urbaine. Ceux-ci comprennent les aires urbaines mais aussi des **communes multipolarisées** dont au moins 40 % de la population travaille dans différentes aires urbaines. Les **espaces à dominante rurale** (qui regroupent 15 % des Français) sont composés de **pôles ruraux**, c'est-à-dire des unités urbaines offrant moins de 5 000 emplois, et de **communes rurales** de moins de 2 000 habitants, avec discontinuité du bâti.

Aux États-Unis, on distingue depuis 2004 les zones à caractère urbain, qui concentrent au total plus de 93 % de la population nationale, et des espaces du rural profond. Les zones à caractère urbain se déclinent en aires métropolitaines – qui regroupent 82,6 % de la population – et en aires micropolitaines, dans lesquelles résident un peu plus de 10 % d'Américains. Les **aires métropolitaines** sont composées de **MSA** (***Metropolitan Statistical Area***) ou aires urbaines statistiques de référence, formées de groupes de comtés autour d'une ville de plus de 50 000 habitants avec un ou plusieurs noyaux urbains et des banlieues. Elles comportent aussi des **CMSA** (***Combined Metropolitan Statistical Area***) qui sont des regroupements de plusieurs MSA, comme c'est le cas de l'ensemble Los Angeles-Riverside-Orange County qui rassemble 16,3 millions de personnes. Les **aires micropolitaines** sont centrées sur un noyau moins peuplé (de 10 000 à 50 000 personnes) avec un caractère mi-urbain mi-rural et une population totale ne dépassant pas les 180 000 habitants.

D'autres façons de définir la ville

En l'absence d'une définition universellement reconnue du fait urbain, on peut tenter de définir la ville selon une approche morphologique, mais aussi selon une approche fonctionnelle.

La ville se caractérise par sa morphologie (**morphologie urbaine**) qui induit l'agencement des quartiers (le **tissu urbain**) et leur aspect, notamment un habitat serré et vertical, la présence de bâtiments imposants, voire monumentaux, l'existence de quartiers, de rues et non de routes, d'un ou de plusieurs **centres historiques** (à partir desquels se sont développés les villes) ou fonctionnels, d'un espace de transition en périphérie, etc. L'espace disponible est rare, ce qui explique en partie le prix très élevé du **foncier** (le terrain) et de l'**immobilier** (ce qui est construit). Ce critère n'est cependant pas spécifiquement urbain puisque certaines parcelles cultivées, par exemple dans les terroirs viticoles les plus prestigieux, atteignent également des niveaux de prix très élevés. Du fait de cette morphologie, la ville est un **géosystème** : son fonctionnement et ses caractéristiques résultent de la combinaison de multiples éléments en interaction les uns avec les autres. Elle possède donc des ressources propres, mais aussi des contraintes particulières. Elle doit par exemple lutter contre des problèmes spécifiques ou dont l'ampleur est particulière (pollution, ségrégation entre les quartiers, circulation), auxquels correspondent des besoins particuliers (voirie, parcs de stationnement, liaisons intra-urbaines et périphériques, **assainissement**, c'est-à-dire traitement des eaux usées dans des stations d'épuration, etc.).

La ville se définit également par des **fonctions urbaines** souvent spécifiques. L'agriculture y tient une place marginale, même si de nombreuses villes possèdent leur part d'agriculteurs et des **ceintures maraîchères**, produisant pour les marchés urbains des fruits et légumes. On estime ainsi que l'agriculture urbaine nourrit 800 millions de personnes dans le monde. En revanche, l'industrie tient une place encore importante, de même que certaines fonctions spécifiques liées au domaine militaire par exemple. Les zones urbaines sont également l'espace privilégié des services : les fonctions d'échange sont essentielles, la santé, la banque, l'éducation, la recherche restent le plus souvent situées dans les villes. Enfin, la ville, par l'influence qu'elle exerce sur les espaces environnants, possède fréquemment une fonction politique et administrative.

La ville et ses habitants

Relier la ville à ses habitants permet de repérer un certain nombre de caractéristiques contribuant à la définition du fait urbain. Conformément aux pratiques de la géographie culturelle (cf. article *Culture, géographie culturelle*), cette approche s'intéresse à l'**habiter** (*cf.* p. 380) : les comportements des habitants, leurs pratiques sociales et spatiales spécifiques, les rythmes et le mode de vie particulier qui en résulte... La ville est ainsi un espace sociétal.

Même si les deux termes sont souvent confondus, il convient de séparer l'**urbain** (qui habite en ville) du **citadin**, ce dernier pouvant être défini comme un urbain ayant conscience de l'être, voire le revendiquant. La **citadinité** est donc un processus, une relation engagée entre l'individu et sa ville, marquée par une culture spécifique et son affirmation, et un certain nombre de représentations de sa ville. Le terme d'**urbanité** pose problème. Il peut désigner simplement le caractère urbain d'un espace. Pourtant, au sens premier, le terme désigne une forme de politesse, donc le suivi de règles au sein de relations sociales. Par extension, être urbain suppose ainsi d'avoir des liens sociaux dans la ville, l'urbanité est donc un phénomène sociétal dans le cadre de l'espace de la ville. Par ailleurs, la ville présente des spécificités culturelles (la culture urbaine), également traduites par le terme d'urbanité, qui renvoie donc ici à un mode de vie, à des comportements (« vivre en ville »). Enfin, ce terme désigne parfois l'ensemble des représentations liées à la perception de ce qui est urbain. L'urbanité se définit alors essentiellement par opposition à la **ruralité** des campagnes (ce terme qualifiant parfois simplement « ce qui est rural »). Aux XVIIIe et XIXe siècles, sous l'influence de Jean-Jacques Rousseau, de Thomas Jefferson ou de Jules Méline, l'urbanité était associée à des images négatives, la ville étant considérée comme un lieu de perdition auquel s'opposait le monde des campagnes. L'urbanité a ensuite été connotée plus positivement, représentant le dynamisme qui tranchait avec la torpeur des campagnes, la modernité opposée à la tradition, le changement à l'immuabilité... Aujourd'hui, si elle conserve son pouvoir d'attraction dans les pays du Sud, semble avoir partiellement perdu de son attrait dans les PID au profit de valeurs pseudo-naturelles, considérées de nouveau comme plus authentiques. Dans le même temps, des préoccupations esthétiques tendent à modeler l'espace urbain, grâce aux processus d'artialisation (*cf.* p. 370) : développement des œuvres d'art et des réalisations architecturales, par exemple à Paris les Colonnes de Buren ou la Pyramide du Louvre, qui façonnent l'identité de la ville. Cette tendance va de pair avec des politiques de **verdissement**, de promotion du végétal dans la ville : toits et murs végétalisés, espaces verts, « coulées vertes ». Ces politiques s'inscrivent dans le **paysagisme** (agencement des espaces extérieurs, refonte des paysages, ici urbains, pour qu'ils correspondent aux valeurs que l'on projette sur eux). Cette artialisation a ses lieux préférentiels : autour des monuments représentatifs de la ville (**monumentalisme**), le long des berges des fleuves, mais aussi dans les **entrées de villes**, des espaces maltraités jusque-là par l'urbanisme et désormais mis en valeur car dotés de charge symbolique forte.

Organisation et dynamique des espaces urbanisés

● Site, plan et quartiers urbains

Le **site** d'une ville est l'ensemble des caractères spécifiques (notamment des conditions topographiques) de l'emplacement choisi pour la fondation de la ville et qui ont donc influencé son installation en permettant des aménagements, ou en imposant au contraire des contraintes à son développement. Il existe une typologie informelle des sites en fonction de la motivation de l'implantation originelle. On parle de **site de défense** (butte, colline, fond de vallée, méandre, île), de **site de protection** (haute terrasse alluviale), de **site de franchissement** (pont, gué, pied de col), de **site de ressource** (sources d'eau de consommation, source thermale, énergie hydraulique, gisement minier), de **site d'échange** (port, mouillage, fond d'estuaire). Si cette typologie accorde un rôle au milieu physique, il faut se garder de tout déterminisme car un site avantageux à une époque peut s'avérer contraignant par la suite. La plupart des villes ont ainsi débordé de leur site originel et présentent aujourd'hui des **sites éclatés**, dont la dispersion traduit les différentes phases de l'histoire urbaine.

Le **plan** des villes peut être **orthogonal** ou **en damier** (à angles droits) comme dans les **bastides**, villes nouvelles du Moyen Âge dans le Sud et le Sud-Ouest français (Aigues-Mortes, Montauban) ou les **sauvetés**, villages neufs dont les habitants bénéficient d'une extraterritorialité protectrice garantie par l'église catholique (Mimizan, Nogaro) ; il peut être **radioconcentrique** (en une succession de cercles concentriques) ou irrégulier. Le plan indique la forme du réseau de circulation ou **réseau viaire**, c'est-à-dire la **voirie** (l'ensemble des voies), la hiérarchie des axes et des nœuds et exprime l'organisation des communications entre les différentes parties de la ville. Une voie de circulation urbaine est qualifiée d'**artère**, anthropomorphisme qui témoigne de l'importance donnée aux flux qui la parcourent. Une **avenue** est une artère large et longue, plutôt rectiligne qui s'étire entre le centre-ville et la périphérie et qui permet donc de « venir » en ville. Le terme de **boulevard** désigne une voie large, souvent perpendiculaire aux avenues, et qui à l'origine suivait le tracé des anciens remparts.

Le plan différencie des **quartiers**, des portions de l'espace urbain présentant des caractères communs, eux-mêmes composés d'**îlots** (ou ***blocks*** dans les villes anglo-saxonnes) cernés par des rues. En ville, les quartiers sont identifiés par leur position (centraux, périphériques), leur âge, leur aspect, leur ambiance, leur fonction dominante (résidentielle, d'affaire, d'administration) et leurs caractères sociaux (quartier populaire, ouvrier, aisé), voire l'origine de leur population quand il existe des formes de **ghettoïsation**, c'est-à-dire de ségrégation sociale et spatiale. La dynamique interne de la ville et son mode d'évolution vers la périphérie dépendent de cette géographie des quartiers et des réseaux de circulation.

Centres-villes et villes-centres

L'espace urbain est polarisé par une **ville-centre**, c'est-à-dire la ville inscrite dans ses limites communales, qui domine la banlieue. Ville-centre et banlieue forment classiquement l'**agglomération**.

La ville-centre présente une partie centrale, un **centre-ville**, qui n'est pas forcément son centre géométrique mais est surtout son centre vital. Il correspond généralement au **noyau urbain**, au **centre historique** de la ville, qui s'est développé en premier. C'est souvent le quartier de la cathédrale dans les grandes villes européennes ; c'est la ***médina***, la ville fortifiée traditionnelle, en Afrique du Nord et au Moyen Orient, avec sa ***casbah*** (ou *kasbah*, citadelle résidence du pouvoir politique), sa ***medersa*** (collège ou université religieuse au Maghreb) et son centre de commerce et d'artisanat (**souk**, selon le mot arabe ; **bazar**, selon le mot persan). C'est la ville coloniale en Amérique latine, souvent organisée autour d'une place d'armes, ou les vieux quartiers coloniaux des villes d'Afrique subsaharienne. C'est la ville du XVIIIe et du début du XIXe siècle aux États-Unis.

Les centres-villes sont des lieux de pouvoir politique, administratif, religieux et économique. Ils possèdent une forte **centralité**, c'est-à-dire une influence sur l'ensemble de l'agglomération. Le centre traditionnel, avec ses commerces, ses services de haut niveau et ses rues piétonnes, constitue l'**hypercentre** des villes européennes, nommé ***downtown*** aux États-Unis. Le **centre des affaires** (ou **quartier des affaires**), aussi nommé ***City*** à Londres, et plus généralement ***Central Business District*** (**CBD**), souvent composé de gratte-ciel, est occupé par des bureaux de banques, de compagnies d'assurance et des sièges sociaux d'entreprises financières ou de production. Ce type de quartier se retrouve désormais dans la plupart des grandes villes mondiales. En effet, depuis les années 1980-1990, les centres d'affaires se sont multipliés dans les métropoles des pays émergents (Dubaï, Pudong à Shanghai…), symboles de leur réussite. L'extension du CBD déborde parfois les capacités du centre-ville, ce qui conduit à la création d'un centre-relais en bordure de la ville : c'est le sud de Manhattan par rapport à *downtown*, ou le quartier rénové des docks à Londres. Le concept de « **phénomène de *City*** » désigne la déshumanisation du centre-ville par la multiplication des bureaux, désertés le soir et vides pendant la nuit.

Les centres-villes, à la faveur de l'évolution des prix du foncier et des politiques de restauration des bâtiments sont souvent des lieux où se concentrent des populations aisées. Cependant, les métropoles des États-Unis sont caractérisées par la coexistence en centre-ville de quartiers très défavorisés, qui sont parfois des **quartiers ethniques**, c'est-à-dire à forte concentration de populations appartenant à des minorités, comme le South Bronx à New York, voire de ghettos, et de **quartiers gentrifiés**, c'est-à-dire reconquis par des populations très aisées. Enfin, dans les PED, des quartiers pauvres, voire des bidonvilles, peuvent se situer au centre-ville, à l'image des ***cortiços***, littéralement « ruches » au Brésil, anciens immeubles taudifiés, occupés aujourd'hui par des familles pauvres.

Au-delà des centres-villes se sont développés des quartiers à vocation industrielle, souvent centrés autour de la gare mais en périphérie de la ville ancienne en raison de la consommation d'espace des activités industrielles, des nuisances qu'elles engendrent et de la nécessité de construire des logements près des usines et des réseaux de transports. Parallèlement, des quartiers résidentiels se sont développés en périphérie du centre, notamment le long de grands boulevards parfois modifiés par des travaux d'urbanisme, comme ceux réalisés à Paris avec les percées haussmanniennes. Le terme de **percée** désigne une grande avenue rectiligne réalisée sans tenir compte du bâti préexistant et ayant pour but l'ouverture d'un quartier sur l'extérieur. Du point de vue socio-spatial, la principale différence entre la ville préindustrielle et la ville industrielle et postindustrielle est que la seconde est moins homogène, avec des espaces plus nettement séparés selon leurs fonctions productive, résidentielle, commerciale et de transport.

Le concept de banlieue

Autour des villes-centres se sont développées les **banlieues**, constituées par les communes environnantes, parfois d'anciens **faubourgs** (bourgs situés en dehors de l'enceinte, donc **extra-muros** par opposition au centre-ville **intra-muros**) et rattachés à la ville-centre par l'extension de l'urbanisation. Étymologiquement, la banlieue désignait le territoire situé autour de la ville, parfois dans un rayon d'une lieue et qui était soumis au « ban », c'est-à-dire à la juridiction de la municipalité. L'aspect des banlieues est très varié car il dépend des structures villageoises anciennes, de l'urbanisation qui s'est surimposée et des équipements que la ville-centre a été contrainte de rejeter hors de ses limites : complexes sportifs, hospitaliers, campus universitaires, usines, entrepôts, espaces de circulation. Il est à noter que les communes de banlieue possèdent elles-mêmes des centres-villes.

On distingue les banlieues selon la distance qui les sépare de la ville-centre : **proche banlieue** ou **petite ceinture** (ou petite couronne) ou encore ***inner suburb*** dans les pays anglo-saxons, **grande banlieue** ou **grande ceinture** (ou grande couronne) ou ***outer suburb***. On distingue également les banlieues selon leurs fonctions, leur morphologie et leurs caractères sociaux. Il existe ainsi des banlieues industrielles centrées sur des zones d'activités, des banlieues commerciales avec centres commerciaux et grandes surfaces et des banlieues résidentielles. Parmi ces dernières, en Europe, des **banlieues ouvrières** (ou populaires), apparues au XIXe siècle, présentent des pavillons (**banlieue pavillonnaire**), des immeubles, des **grands ensembles**, construits surtout au cours des années 1960 et quelquefois regroupés en **cités**. On parle de **banlieue-dortoir** pour qualifier les espaces qui n'offrent presque exclusivement que des logements. Il existe également des banlieues résidentielles aisées marquées par la présence de maisons individuelles installées sur de plus grandes parcelles de terrain et parfois qualifiées de cités-jardins. Au sens propre, le concept de **cité-jardin** émane d'un socialiste britannique, Ebenezer **Howard** (1850-1928), dont l'objectif était, au début du XXe siècle, de résoudre l'antagonisme entre villes et campagnes en imaginant des villes complètes, équilibrées, stables et offrant à la fois les avantages de la vie urbaine (sans ses inconvénients) et de la vie rurale. Certains utopistes français du XIXe siècle, dont Étienne **Cabet** (1788-1866), avaient déjà imaginé et même fondé des cités « idéales », les **phalanstères**, basées sur le principe d'égalité. La cité-jardin d'Howard était une création ex *nihilo*, sur un terrain appartenant à la municipalité (donc non soumis à la spéculation), avec une forte structuration de l'espace : jardins intérieurs, ceinture verte inaliénable, industries rejetées à l'extérieur… Combattues par certains, dont Le Corbusier, les idées d'Howard furent cependant à l'origine de nouvelles conceptions de la ville et ont largement inspiré les villes nouvelles anglaises, américaines ou françaises.

Enfin, de nos jours, en Europe, aux États-Unis et dans certains pays émergents, dans les **banlieues résidentielles** plus ou moins **aisées**, se développent des lieux de résidence spécifiques, sous la forme de lotissements plus ou moins sécurisés et fermés que sont les ***gated communities*** (**communautés fermées**) et où l'on vit « entre soi ».

Les espaces périurbains et exurbains

Au-delà des banlieues, on parle d'**espaces périurbains**, composés de communes distinctes de la banlieue et plus éloignées de la ville-centre, mais habitées essentiellement par des personnes qui dépendent de la ville-centre par leur emploi, leurs loisirs et leur mode de vie. En théorie, les densités de population déclinent vers la périphérie selon un gradient assez régulier. Certaines villes asiatiques font pourtant exception : les ***desakota*** (en indonésien, *desa* signifie village et *kota* ville) asiatiques, ainsi dénommées par le géographe néo-zélandais Terry MacGee, sont des formes originales de métropoles bordées, dans leur périphérie, d'espaces ruraux à fortes densités de population dont la plus grande part sont des riziculteurs indispensables à l'approvisionnement de la ville voisine.

Les termes désignant les processus en jeu sont plus ou moins arrêtés. La **périurbanisation** désigne d'abord l'extension spatiale, géométrique des villes et des banlieues vers leurs périphéries. La **suburbanisation** (de l'anglais *suburb*, banlieue), terme employé souvent dans le même sens, qualifie plutôt le développement en périphérie des villes anglo-saxonnes d'un urbanisme assez homogène sous la forme de maisons individuelles qui se développent sur de vastes espaces. La **rurbanisation** désigne plus particulièrement la transformation d'un espace au caractère rural en un espace de type urbain par la construction de quartiers d'habitat pavillonnaire, le plus souvent en **lotissements**, espaces viabilisés et divisés en lots sur lesquels sont construites des maisons individuelles ou mitoyennes, souvent assez semblables. Enfin, l'**exurbanisation** qualifie le transfert depuis la ville-centre ou la banlieue d'infrastructures coûteuses en terme d'espace (complexes sportifs, infrastructures de communication, entreprises, station d'épuration…), mais également de logements sous la forme de lotissements qui se multiplient à distance de la ville-centre, jusqu'à quelques dizaines de kilomètres.

Si l'on raisonne en termes d'espaces, là aussi des différences peuvent être mises en évidence entre les termes. Il faudrait réserver l'usage de « ***suburb*** » (terme féminin) et de l'adjectif « **suburbain** » pour qualifier les périphéries des villes anglo-saxonnes, à vocation presque exclusivement résidentielles à l'origine, marquées par le maintien de faibles densités de population, d'espaces verts et donc d'un cadre de vie évoquant une certaine ruralité. Aujourd'hui la *suburb* des villes américaines s'est diversifiée et accueille aussi des commerces, parfois concentrés en ***mall*** (centre commercial), et de nombreux emplois.

Tout ce qui est autour de la ville fait donc partie du périurbain et englobe, selon certains auteurs, les banlieues, mais surtout les espaces situés au-delà, à l'urbanisme plus aéré. Les **espaces rurbains** ou **rurbanisés** correspondent aux franges rurales de l'espace urbanisé, progressivement occupées par des urbains. Ils se distinguent des espaces strictement périurbains par une densité souvent plus faible, une distance à la ville-centre supérieure et un urbanisme moins dense avec la volonté de conservation d'un certain caractère villageois. Pour rendre compte de la volonté des nouveaux habitants (néoruraux) de vivre aux lisières d'un monde rural idéalisé, plusieurs termes ont été proposés par les géographes. Celui de **périrural** rend sans doute mieux compte que celui, plus classique, de périurbain des processus mis en œuvre (la volonté d'être en ville mais près de la « nature »). Celui de **littoralisation** (de la population urbaine par rapport au monde rural) est plus proche d'une analyse spatiale. Enfin, si les « *exurbs* » américains ont un sens voisin, on distingue parfois les **espaces exurbains** souvent encore plus périphériques, moins bien intégrés à la ville-centre et marqués par les infrastructures qu'ils ont accueillies (entreprises industrielles...). Les espaces périurbains, mais surtout rurbains, sont marqués par des formes de **mitage** de l'espace par la construction de maisons, relativement espacées les unes des autres. L'expression de **tiers espace** permet de mettre en avant la nouvelle identité du périurbain, qui ne serait plus seulement un sous-produit de l'urbain mais une troisième catégorie d'espace, ni rural ni urbain, qui pose notamment des problèmes spécifiques d'aménagement. C'est un espace marqué par l'importance des constructions récentes, fortement concentrées à proximité des limites de l'agglomération mais plus aérées au-delà.

Les espaces périurbains sont marqués par les **mouvements pendulaires** qu'effectuent les **navetteurs** entre leur domicile, en périphérie, et leur emploi, dans la ville-centre ou en banlieue. Ils participent à la spécificité des **mobilités urbaines**, marquées notamment par des contraintes et des difficultés (engorgement, stress, pollution), des conflits d'usage, mais aussi des évolutions rapides, au gré des politiques urbaines.

Si les périphéries urbaines sont surtout des lieux de résidence de classes moyennes et aisées, elles riment aussi avec ségrégation, marginalisation et bidonvilisation. Dans les pays du Sud, bon nombre de **bidonvilles** sont situés aux pourtours de la ville. Ce sont des espaces défavorisés dont les habitations sont construites, de façon illégale, à partir de matériaux de récupération. Ils prennent des noms très variés selon les pays : ***ciudades esperdidas*** (villes perdues) en Amérique latine, ***favelas*** au Brésil, ***barriadas*** au Pérou, ***barracas*** au Mexique, ***slums*** ou ***bustees*** en Inde, ***gourbis*** au Maghreb. Ils forment des **zones d'habitat spontané** ou **zones d'habitat sous-intégré**. Si les bidonvilles de construction récente sont souvent peu structurés socialement et mal intégrés au fonctionnement global de la ville, ce n'est pas le cas des plus anciens qui ont connu un processus de consolidation grâce à l'enracinement de leurs occupants qui ont cherché à valoriser ces lieux plutôt que de les quitter. On trouve donc dans certains bidonvilles, notamment en Amérique latine, des populations de classe moyenne et une véritable vie de quartier, avec des infrastructures scolaires, des centres de soin... Les ***townships*** d'Afrique du Sud, dont le plus symbolique est sans doute Soweto, dans la banlieue de Johannesburg, représentent un cas particulier. Ils témoignent de la mise en place de l'**apartheid urbain**, politique de **ségrégation** raciale et spatiale officialisée par la loi de 1950 (*Group Areas Act*) – abolie en 1991 – qui organisait la séparation entre les populations blanches et les autres. Les *townships* étaient au départ des quartiers formalisés, regroupant les populations non blanches (Noirs, Indiens...) et localisés en périphérie du centre de la ville blanche, séparés de celle-ci par des zones tampons (zone industrielle, fleuve, terrain vague...). Composés de maisons « **boîtes d'allumettes** » (identiques et alignées), plus ou moins bien équipés en services, ce ne sont donc pas des bidonvilles.

Hiérarchie et réseaux urbains

De la mégapole au bourg

Les **hiérarchies urbaines** (le classement des villes selon leurs poids démographique et économique) sont complexes et il existe de nombreux intermédiaires entre les très grandes villes, d'envergure mondiale, et les villes plus petites. D'un point de vue méthodologique se pose le problème statistique de la mesure du nombre d'habitants : où s'arrête la ville ? Quelle est la fiabilité des mesures ? Ainsi, notamment dans les pays du Sud, les recensements officiels sont souvent très contestables. Mexico, par exemple, a été considérée dans les années 1990, à la suite d'une erreur de recensement, comme la ville la plus peuplée de la planète (20,2 à 21 millions d'habitants selon l'ONU en 1990, mais seulement 15,2 à 15,9 millions en réalité, pour sans doute un peu plus de 20 millions en 2012).

Les plus grandes villes sont des **mégapoles** (ou **macropoles** ou encore ***megacities***). En prenant pour base le seuil donné par l'ONU de 10 millions d'habitants, 32 agglomérations géantes peuvent aujourd'hui être considérées comme des mégapoles. Ces villes sont souvent des **métropoles** (littéralement « ville-mère »), à savoir des villes qui possèdent un rayonnement et un fort pouvoir de commandement du fait qu'elles concentrent des fonctions économiques, politiques ou de décision. Il n'y a pas de seuil reconnu à partir duquel on qualifie une ville de métropole, même si le cap du million d'habitants est souvent évoqué. Ces métropoles dominent fortement leur espace proche (**région métropolitaine**) et entretiennent avec lui des rapports nombreux et complexes. Certains auteurs mentionnent un **taux de métropolisation**, qui serait la part de la population d'un pays habitant dans des villes millionnaires. Ce sont également très souvent des **capitales politiques** (ville où siège le gouvernement ou le parlement d'un État), des **capitales économiques**, c'est-à-dire des villes qui concentrent les entreprises les plus puissantes et qui produisent le plus de richesses, des **capitales financières**, dans lesquelles se trouvent les grandes places boursières. La dimension culturelle y est souvent également importante (Rome, Paris, Istanbul ou Mumbai) au point de les qualifier parfois de **capitales culturelles**. Les métropoles font enfin figure de vitrines pour des États soucieux de leur image, mais les représentations liées aux mégapoles sont parfois négatives, comme en témoignent les termes de « monstruopole » ou de « smogopolis » qui mettent l'accent sur les problèmes d'urbanisme et de pollution.

Par **grandes villes**, on désigne habituellement des villes moins peuplées et ayant une zone d'influence moins grande que les précédentes, comme Marseille. Ce sont souvent des **capitales régionales** et des **métropoles régionales**, dotées de services suffisants pour satisfaire l'ensemble des habitants de la région qu'elles commandent et leur éviter d'avoir recours à une ville plus importante. On parle de **villes moyennes** et de **petites villes** sans qu'il existe de critère quantitatif précis pour les caractériser. Les villes les plus réduites forment des **bourgs**, bien que le terme désigne également de gros villages, montrant une fois de plus la difficile définition du fait urbain.

Les réseaux urbains

Les villes jouent un rôle majeur dans l'organisation de l'espace. Elles polarisent les flux et hiérarchisent l'espace autour de centres de niveaux différents. Les logiques de répartition des villes dans un espace ont donc depuis longtemps préoccupé les géographes. La géographie classique s'est intéressée à la **situation** des villes par rapport à leur espace relationnel, local, régional ou international. Les **situations de carrefour** sont fréquentes, **situations de confluence** ou de **convergence de vallées**, situation de contact entre des régions différentes, situation littorale… Mais, là encore, le déterminisme est à proscrire : de grandes villes se sont installées sur de petites rivières (Berlin) et de grandes confluences ne présentent pas de ville (Arkansas-Mississippi).

Les géographes ont cherché à comprendre les liens existant entre les villes. Un **réseau urbain** se caractérise d'abord par le **semis urbain**, c'est-à-dire la répartition des villes dans l'espace. Il comprend un ensemble de villes différenciées par leur taille et leur fonction et reliées par des axes de communication et des flux, ce qui constitue la **trame urbaine**. On parle plutôt d'**armature urbaine** pour qualifier le pouvoir d'encadrement qu'exerce une ville sur son territoire. Ce modèle suggère une représentation en escalier des hiérarchies urbaines, de nombreuses villes secondaires possédant le même rang et donc approximativement le même poids (*cf.* article *Géographie (histoire de la)).* Au contraire, la **loi rang-taille** ou **loi de Zipf** suggère une représentation en courbe, la quatrième ville d'un État étant censée posséder un poids démographique quatre fois plus faible que la ville de rang 1. Sur un graphique dont les deux axes présentent une graduation logarithmique, l'application de la loi de Zipf aboutit à la construction d'une droite idéale le long de laquelle devraient se disposer les villes. Il est ainsi possible de mettre en évidence des hiérarchies urbaines relativement équilibrées (Italie, États-Unis, Chine, Inde…) ou non (France, Argentine…). Les théories de Christaller (*cf.* p. 215-216) ou de Zipf sont des modèles qui n'ont donc jamais répondu à la réalité du terrain et qui sont encore moins pertinents avec l'essor de l'urbanisation et l'extension de l'influence des villes hors de leur environnement proche. On préfère aujourd'hui employer le terme de **système de villes** pour qualifier les interactions complexes entre les villes d'un espace. Ces interactions ne dépendent pas forcément des liaisons entre pôle dominant et pôle dominé : elles peuvent aussi varier selon les activités considérées. Le **système urbain** d'un État représente la totalité de ces systèmes de villes.

Dans la pratique, les géographes emploient souvent le terme de **réseau urbain** pour exprimer la morphologie des systèmes de villes. En France, par exemple, on distingue cinq types de systèmes de villes différenciés par la forme de leur réseau : **réseau bipolaire** (comme entre Toulouse et Bordeaux), **réseau articulé**, quand les villes ont des niveaux plus proches (comme en Bretagne), **réseau linéaire** (avec un alignement de villes, de Perpignan à Nice), **réseau polarisé articulé**, quand il y a polarisation autour de centres importants et articulation dans les vallées (Rhône-Alpes), **réseau** fortement **polarisé** autour d'un seul pôle comme en Île-de-France. Dans ce dernier cas, le poids de Paris est tel qu'il atteint un niveau de concentration d'hommes, d'activités et de fonctions de commandement exceptionnel et qu'il empêche tout développement d'un centre secondaire à proximité immédiate de Paris. On parle alors de **macrocéphalie urbaine**. Cet anthropomorphisme, signifiant littéralement « grosse tête », désigne le fait qu'une ville a atteint un tel poids démographique (allant jusqu'à représenter parfois l'essentiel de la population d'un pays) qu'elle se trouve en situation de disproportion par rapport aux villes de rang immédiatement inférieur. Ce phénomène prend encore plus d'ampleur dans certains pays du Sud : Buenos Aires concentre presque un tiers de la population argentine totale, Montevideo plus de 40 % de celle de l'Uruguay et Lima les deux tiers de la population urbaine du Pérou. Cette hyperconcentration de la population urbaine, voire de la population totale, induit des déséquilibres considérables : Bangkok regroupe les deux tiers des médecins thaïlandais, les trois quarts des automobiles et produit plus de la moitié du PIB national. L'**indice de primauté** (ou, selon un anglicisme, **de primatie**), qui se calcule en divisant la population de la ville la plus peuplée par celle de la deuxième ville du classement, permet d'évaluer le degré de macrocéphalie de la hiérarchie urbaine d'un État. Certains États connaissent un **bicéphalisme**, comme le Chili avec le couple Santiago-Valparaiso ou la Bolivie avec La Paz et Santa Cruz.

Gérer la ville

La ville : un espace fragmenté

Toute ville est soumise à des phénomènes de ségrégation sociale et donc de fragmentation. La notion de **fragmentation urbaine** renvoie à l'idée d'un objet, la ville, qui éclaterait en de nombreux morceaux sans cohérence spatiale (**fragmentation spatiale**) ou sociale (**fragmentation sociale**). De nos jours, l'extension des villes par leurs périphéries s'accompagne en effet d'une spécialisation croissante de l'espace qui produit de la **différenciation spatiale** et souvent une **ségrégation sociale** ou **socio-spatiale** de plus en plus marquée.

Cette fragmentation obéit à plusieurs logiques. La première est une **logique centre-périphérie** selon laquelle, en général, le centre est l'espace où les prix du foncier sont les plus hauts, ce qui le rend inaccessible aux pauvres, sauf dans les espaces taudifiés. Le centre est favorisé par la proximité des emplois les plus recherchés, notamment dans les villes américaines ou asiatiques, du cœur historique et culturel. Les prix pratiqués au centre provoquent une **ségrégation démographique** en favorisant la concentration de jeunes adultes célibataires, de ménages sans enfants et de personnes plus âgées. Les familles moins aisées ou plus nombreuses doivent opter pour les périphéries.

Mais plusieurs facteurs peuvent relativiser, voire contester, cette logique centre-périphérie. Il s'agit tout d'abord de la **rente de situation** qui avantage les zones proches des grands axes de transports, des commerces ou des emplois. Les pôles secondaires constitués par les *edge cities* sont également dans une situation favorable, comme les espaces proches des zones scolaires ou universitaires. Les populations les plus pauvres restent généralement à l'écart de ces espaces et souffrent à la fois d'un accès limité aux emplois et services de haut niveau mais aussi d'une position en marge des principaux axes de communication, ce qui les conduit à un certain isolement. La notion de rente de situation a été popularisée par l'**École de Chicago**, notamment par l'économiste Homer Hoyt (*cf.* p. 461), qui a transformé le schéma classique d'organisation de la ville américaine du sociologue Ernest **Burgess** (1886-1966). Ses successeurs Harris et Ullman proposèrent un modèle polycentrique, montrant que l'organisation de l'espace s'articule autour de pôles secondaires et des axes de transport (*cf.* article *Géographie (histoire de la)*). Ces analyses s'inscrivent dans une **écologie urbaine**, présupposant une interdépendance entre le citadin et son environnement urbain : la ville est considérée comme le « milieu naturel » des citadins, dans lequel se déroulent des relations de compétition, « d'invasion » (d'un groupe social dans tel quartier), de succession entre eux… Les mobilités sont donc au cœur de cette analyse car elles traduisent ces changements sociaux et en sont aussi les conséquences.

La logique centre-périphérie est également perturbée par la **rente de site** qui avantage certains quartiers, éventuellement périphériques, en fonction de leurs aménités. Sont notamment recherchés les fronts de mer et les quartiers situés en hauteur, proposant une atmosphère moins polluée et un panorama intéressant. Les plages de Malibu ou Beverly Hills, à Los Angeles, les pentes à l'ouest de Mexico, les quartiers proches des plages de Rio de Janeiro sont dans ce cas. D'une certaine manière, les périphéries des villes européennes qui, dans les années 1960-1970, ont attiré des populations des centres-villes en quête d'espace et de possibilité d'acquérir un terrain constructible à un prix abordable, ont bénéficié à la fois d'un foncier bon marché et d'une certaine rente de site. Ce mouvement est aujourd'hui en partie compensé, en France et en Europe, mais surtout aux États-Unis, par un retour au centre, l'augmentation du prix du foncier en périphérie et les atouts des centres-villes (commodités, animation, etc.), suscitant de nouveaux mouvements centripètes qui se traduisent par le retour des classes aisées (*gentry* en anglais) qui reviennent de la périphérie (la **gentrification**). De ce fait se crée une nouvelle répartition des populations urbaines, un **réagencement social**, marqué par l'arrivée de populations favorisées, mais aussi par une **relégation sociale**, par un départ de populations moins aisées. Il y a donc une absence de continuité, une **segmentation sociale** entre des quartiers très proches.

La logique centre-périphérie peut enfin être modifiée par des politiques d'aménagement urbain. Certaines ont été volontairement ségrégatives, notamment en Afrique du Sud avec les *townships*, mais elles cherchent le plus souvent à organiser le développement urbain de façon non discriminatoire.

La gestion de la ville et des espaces urbains : le cas de la France

Du fait de l'imbrication des pouvoirs et de la multiplicité des niveaux décisionnels concernant les espaces urbains, leur gestion, à l'échelle locale aussi bien que nationale, suppose une véritable politique urbaine. Celle-ci repose sur un arsenal législatif, des mesures d'aménagement du territoire et de nombreux acteurs.

À l'échelle locale, il s'agit essentiellement de concevoir l'**urbanisme**, de « penser » la ville, de contrôler l'extension urbaine et périurbaine, de créer de nouveaux quartiers ou de réaménager des quartiers préexistants, devenus inadaptés. Il s'agit en France d'un phénomène ancien puisqu'une des plus spectaculaires opérations de remodelage du tissu urbain central fut menée, au cours du Second Empire, par le baron Georges **Haussmann** (1809-1891). Celui-ci transforma les quartiers centraux de Paris en remplaçant 60 % des habitations par des immeubles bourgeois, en ouvrant de grands axes rectilignes, en créant des ponts, des parcs, des captages d'eau… dans le but d'améliorer la circulation, l'hygiène, la sécurité, mais aussi de rendre plus difficiles les soulèvements urbains. Un des effets recherchés de ces opérations était de contraindre les populations modestes à quitter le centre pour les banlieues.

De nos jours, la gestion de la croissance des villes vers la périphérie est une préoccupation de nombreux pays qui mettent en place des politiques de **zonage**, à savoir de subdivision de l'espace urbain en secteurs distincts selon le mode d'utilisation du sol permise ou souhaitée. Les contraintes architecturales, la densité de l'urbanisation et son évolution sont envisagées, pour décider des espaces constructibles, distinguer les espaces consacrés à l'implantation de zones industrielles ou tertiaires des espaces à usage résidentiel, opter pour un habitat individuel aéré, en lotissement, ou pour un habitat collectif en petits ensembles ou plus grandes structures. Ainsi, la France a institué, dès 1958, des **Plans d'urbanisme directeurs** (**PUD**) qui déterminent par exemple les **Zones à urbaniser en priorité** (**ZUP**) pour loger de nouveaux arrivants, parfois dans des **HLM** (**habitations à loyer modéré**) qui ont succédé aux **HBM** (**habitations bon marché**), souvent sous la forme de grands ensembles en barre. Ceux-ci se situent dans des **ZAD** (**Zones d'aménagement différé**) qui ont permis la constitution de réserves foncières publiques et la lutte contre la spéculation, ou dans des **ZAC** (**Zones d'aménagement concerté**), définies comme des « zones à l'intérieur desquelles une personne publique décide d'intervenir pour réaliser ou faire réaliser l'aménagement et l'équipement des terrains, qu'il s'agisse d'habitations, de commerce, d'industries ou de zones touristiques... ». Les centres urbains ont dû se doter d'un **Schéma directeur d'aménagement et d'urbanisme** (**SDAU**), rebaptisé **SD** (**Schéma directeur**) depuis le processus de décentralisation (lois du 7 janvier 1983), puis **SCoT** (**Schéma de cohérence territoriale**) depuis la **loi SRU** (**solidarité et renouvellement urbains**), votée en 2000. Le SCoT permet d'envisager l'équilibre à respecter entre espaces urbanisés, espaces naturels et espaces agricoles. Il est complété par un **Plan de déplacement urbain** (**PDU**) et, à l'échelle communale, par le **Plan local d'urbanisme** (**PLU**), document opposable au tiers, que chaque commune, qu'elle soit rurale ou urbaine, est susceptible d'élaborer. Le PLU a remplacé, depuis la loi SRU, l'ancien **Plan d'occupation des sols** (**POS**). Depuis cette loi, les communes n'ont plus d'obligation formelle de bâtir un tel schéma, même si elles y sont fortement incitées. Le PLU établit un **zonage** de l'espace communal, une division par secteurs, constructibles ou non. Conforme au SCoT, le PLU organise notamment la circulation en prévoyant la construction de voies rapides de contournement, **rocades** et **périphériques** (ou boulevards périphériques). Le **coefficient d'emprise au sol** (**CES**) détermine la surface maximale au sol d'une construction en fonction de la taille du terrain, le **coefficient d'occupation du sol** (**COS**) définissant pour chaque parcelle la surface maximale de plancher constructible. En direction de la périphérie, ces coefficients se réduisent de façon à créer un gradient de densité et à espacer les constructions. Des mesures comparables ont été prises dans de nombreux États, surtout du Nord.

Face à la persistance de poches de pauvreté, les États cherchent également à se doter de moyens législatifs d'intervention en faveur d'une évolution du tissu urbain. La France a identifié par exemple des **ZUS** (**Zones urbaines sensibles**), au nombre de 751 en 2012, qui regroupent 8 % de la population nationale et sont marquées par une surreprésentation de certaines catégories défavorisées (ouvriers, personnes sans qualification, étrangers) et dans lesquelles le chômage et l'exclusion sont importants. Ces quartiers accueillent les mesures prioritaires de la politique de la ville. Les quartiers en difficulté sont devenus des **zones de redynamisation urbaine** voire, pour les plus en difficulté, des **zones franches urbaines** qui bénéficient surtout d'exemptions d'impôts afin de favoriser la création d'emplois en attirant des entreprises qui doivent en contrepartie de ces aides embaucher au moins 20 % de personnel dans la zone franche. L'ensemble s'insère depuis 2003 dans le **PNRU** (**Programme national de rénovation urbaine**).

On parle de **politique de la ville** pour qualifier l'ensemble des mesures destinées à améliorer la qualité de vie des urbains et à trouver des réponses aux problèmes des quartiers en difficulté. En France, l'outil principal de la politique de la ville est aujourd'hui le **contrat de ville**. D'une durée de sept ans dans le cadre d'un plan (actuellement 2007-2013), il est passé entre l'État et les collectivités territoriales et peut concerner aussi d'autres intervenants comme les organismes HLM ou les sociétés de transports. L'objectif est l'amélioration de la vie quotidienne des habitants dans les quartiers en difficulté par des actions en faveur de l'emploi, de l'habitat, du cadre de vie, de la santé, de l'éducation et de la prévention de la délinquance. On cherche spécifiquement à améliorer la situation des populations faisant partie de l'***urban under class***, selon l'expression du sociologue américain Julius Wilson, qui qualifie ainsi les pauvres, mais également les personnes légèrement plus aisées qui vivent dans les poches de pauvreté urbaine. À partir des années 1960, la gestion des centres est devenue encore davantage une préoccupation des urbanistes qui engagèrent dans de nombreuses villes des opérations de **rénovation**, c'est-à-dire de reconstruction de nouveaux bâtiments après la destruction des anciens ou de **réhabilitation**, c'est-à-dire de restauration de l'habitat primitif. Elles s'inscrivent souvent dans des politiques de **requalification urbaine** (ou de **renouvellement urbain**) destinées à repenser le tissu urbain, pour améliorer les infrastructures, pour gagner en dynamisme et parfois en mixité sociale.

À l'échelle nationale, de nombreux États, au Nord comme au Sud, sont confrontés à une armature urbaine déséquilibrée. Les politiques d'aménagement du territoire (*cf.* article *Aménagement du / des territoire(s)*) peuvent chercher des moyens de rééquilibrage. En France, outre la politique des métropoles d'équilibre (*cf.* p. 30), il fut décidé, dans les années 1960, la création *ex nihilo* de **villes nouvelles** à l'exemple des ***new towns*** anglaises, afin de réduire les mouvements pendulaires en fixant les populations et restructurer les banlieues. Il s'agissait également de créer la ville idéale, dans laquelle chacun habiterait un appartement ou une maison confortable, entourée de verdure et avec emplois et commodités à proximité. Neuf villes nouvelles voient ainsi le jour, dont cinq dans la périphérie parisienne de l'autre côté d'une **ceinture verte** entourant Paris, zone forestière protégée (*cf.* p. 29). La réalité n'a pas été à la mesure des projets : ces villes nouvelles, notamment en province, n'ont pas connu la progression espérée, en partie à cause de l'incapacité des aménageurs à créer suffisamment d'emplois. La DATAR fut également à l'origine, en 1991, de la création des « **réseaux de villes** », associant des villes moyennes entre elles qui souhaitent collaborer ou une métropole régionale et des villes de son aire d'influence, afin de créer des dynamiques et ouvrir de nouvelles possibilités de développement.

Ville et développement durable

Les villes, et plus généralement les espaces urbains et périurbains, renvoient à toutes les problématiques du développement durable (*cf.* article *Développement durable*), qu'il s'agisse des aspects économiques (maintien ou création d'activités économiques, notamment dans les villes des PED), sociaux (lutte contre la fragmentation et pour la mixité sociale...) ou environnementaux. Ces dernières préoccupations correspondent à une prise de conscience relativement récente, en raison du contexte général, mais aussi de l'évolution de l'urbanisation. Conformément à la Charte d'Athènes (*cf.* p. 103), on cherchait jusqu'il y a peu à favoriser le **desserrement urbain**, c'est-à-dire la diminution de la densité au sein des villes-centres. Face aux nuisances engendrées par l'étalement urbain lié à ce desserrement (*cf.* article *Urbanisation*), on cherche aujourd'hui à promouvoir des villes plus compactes, conformément à la Charte d'Aalborg (*cf.* p. 103). De nombreuses villes affichent comme objectifs, parfois dans le cadre d'Agendas 21, de mieux préserver la « nature » en ville (eau, air…), de mieux organiser le traitement des déchets, d'envisager les risques industriels et de s'en prémunir, et enfin d'améliorer le cadre de vie (création de jardins, recherche esthétique, réduction des pollutions, y compris sonores…). Plusieurs villes se présentent même comme des **villes durables**, dont le fonctionnement est suffisamment maîtrisé pour ne pas compromettre le renouvellement des ressources naturelles, ne pas dégrader les écosystèmes, consommer le moins possible d'énergie, mais aussi pour assurer le bien-être et la sécurité des habitants, une certaine mixité sociale… et, enfin, pour être « citoyenne », c'est-à-dire accorder une large place à la concertation des habitants et leur fournir les moyens d'orienter les politiques. Curitiba, ville brésilienne de 1,5 million d'habitants, passe pour un exemple de ville durable grâce à la manière dont elle a su gérer les transports (priorité aux transports publics), collecter les déchets, créer des emplois, développer des espaces verts… Cependant, aucune ville ne peut véritablement être qualifiée de ville durable : il s'agit même parfois d'effet d'annonce… et la durabilité ne semble pour l'instant réalisée qu'à l'échelle d'espaces très restreints, d'**écoquartiers**, comme le quartier Vauban à Fribourg-en-Brisgau en Allemagne ou le quartier de Bonne à Grenoble. De plus, dans ces cas, l'accent est souvent mis sur le pilier environnemental du développement durable. Enfin, dans la plupart des villes du Sud, le manque de moyens financiers et la forte croissance urbaine rendent difficile la réalisation des objectifs du développement durable. La priorité reste donc souvent la création d'infrastructures de base telles que voirie ou adductions d'eau.

Lire aussi **Aménagement du / des territoires(s) – Développement durable – Espace rural – Services, secteur tertiaire – Urbanisation**

Index

C

D

E

F

G

H

N

O

P

Q

R

S

U

V

W

X

Y

Z